suhrkamp taschenbuch 1402

Max Frisch
Gesammelte Werke
in zeitlicher Folge
Jubiläumsausgabe
in sieben Bänden
Zweiter Band

Max Frisch

Gesammelte Werke in zeitlicher Folge

Jubiläumsausgabe
in sieben Bänden
1931-1985
Band II
1944-1949

Herausgegeben von
Hans Mayer
unter Mitwirkung von
Walter Schmitz

Max Frisch

Santa Cruz
Nun singen sie wieder
Die Chinesische Mauer
Als der Krieg zu Ende war
Kleine Prosaschriften
Tagebuch 1946-1949

Suhrkamp Verlag

Die Jubiläumsausgabe ist textidentisch mit der Ausgabe
der Gesammelten Werke in zeitlicher Folge, Band I–VII.

Die Ausgabe erschien als *Gesammelte Werke in zeitlicher Folge*
in sechs Bänden 1976 im Suhrkamp Verlag; sie wurde 1986
um den siebten Band erweitert. Die Bände I–VI wurden
für die Jubiläumsausgabe durchgesehen.

suhrkamp taschenbuch 1402
Erste Auflage der Jubiläumsausgabe 1986

Druck: Claussen & Bosse, Leck · Printed in Germany
Umschlag nach Entwürfen von
Willy Fleckhaus und Rolf Staudt

1 2 3 4 5 6 – 91 90 89 88 87 86

Santa Cruz
Eine Romanze

(1944)

Personen: Elvira, *eine Frau von fünfunddreißig Jahren*
Viola, *ihre Tochter* · Der Rittmeister, *ihr Gatte*
Pelegrin, *ein Vagant* · Eine Wirtin · Ein Doktor
Ein Diener · Ein Schreiber · Ein Bursche · Ein Neger
Ein Gendarm · Pedro, *ein gefesselter Poet* · Pächter
Matrosen · Totengräber

Das Stück spielt in sieben Tagen und in siebzehn Jahren

Vorspiel

In einer Pinte.

Auf der einen Seite sitzen die Bauern und spielen Karten, langweilig und stumpf. Auf der andern Seite, im Vordergrund, sehen wir den Doktor und den Vaganten, der auf dem Tische hockt, Gitarre spielt und summt.

VAGANT Ein javanisches Lied... das haben sie immer gesungen, die Matrosen, diese braunen Teufel mit den Katzenaugen, wenn wir droben auf dem Achterdeck lagen und nicht schlafen konnten vor Hitze! Wir fuhren um das große Kap, wir fuhren sieben Wochen lang, unsere Fässer stanken zum Himmel, aber der Mond hing wie ein silberner Gong über dem Meer, er hing wie ein Lampion zwischen den Masten... da haben sie es immer gesungen, Nächte lang, all die Nächte ohne Wind...

Er summt es noch einmal.

DOKTOR Josephine?

Ein Mann ist eingetreten und schüttelt seinen Mantel ab.

MANN Uh! wie das schneit... Drüben im Kirchhof haben sie schon wieder ein Begräbnis, lieber Doktor! Als sie da kamen mit Weihrauch und Sang, die Leiche voran, nun finden sie, Gott verdamm mich, das Grab nicht mehr – so schneit es da draußen.

Er setzt sich.

Mir einen Kirsch.

DOKTOR Und hier, Josephine, noch eine Flasche!

Die Wirtin geht.

VAGANT Sie hat mich geliebt.

DOKTOR Wer?

VAGANT Mag sein, ich habe mich wie ein Schuft benommen, damals vor siebzehn Jahren, und dennoch, mein lieber Doktor, glauben Sie es mir, – so wie man ein Wunder glaubt, bedingungslos: sie hat mich geliebt!

DOKTOR Wer?

VAGANT Ich wußte kein anderes Mittel, sie wiederzusehen; ich brauchte ein Schiff, das erste beste – wir haben es gekapert, als es vor Marokko lag. Die armen Franzosen! Wir schleiften sie über Bord, besoffen wie sie waren, platsch, platsch, platsch! Das Wappen übermalten wir... wir hißten die Segel, und dreizehn Wochen lang fuhr ich ihr nach.

DOKTOR Wem?

VAGANT Daß ich nicht lache, wenn ich an ihren Herrn Vater denke! Ich habe eine Perle von Tochter, sagte er: Ihr aber, meine Burschen, ihr seid es nicht wert, sie anzusehen! Wo ist sie denn? fragte ich. Das geht dich nichts an, brummte der alte Herr: sie ist verlobt.

DOKTOR Verlobt?

VAGANT Mit einem Edelmann, mit einem Rittmeister!

DOKTOR Im Ernst?

VAGANT Im Ernst: noch in der gleichen Nacht war sie auf meinem Schiff, in meinen Armen, in meiner Kajüte --

DOKTOR Wer?

VAGANT Elvira, ein herrliches Mädchen.

DOKTOR Elvira? Unsere Rittmeisterin? Unsere Herrin vom Schloß?

VAGANT Still!

Die Wirtin bringt eine neue Flasche.

WIRTIN Herrschaften, das ist meine letzte Flasche.

DOKTOR Unser Freund hat Durst.

WIRTIN So scheint es.

DOKTOR Unser Freund, müssen Sie wissen, ist weit in der Welt herumgekommen, hat mehr erlebt, als eine Josephine träumen kann. –

WIRTIN Wissen Sie denn, was ich träumen kann?

DOKTOR Herumgekommen, sage ich, bis ihn das Fieber erwischt hat.

WIRTIN Das Fieber?

DOKTOR Ein ganzes Jahr hat er nichts trinken dürfen, müssen Sie wissen – heute feiern wir seine Genesung!

WIRTIN Ich gratuliere... *Sie füllt die Gläser.* Wenn es wahr ist.

VAGANT Und ob es wahr ist!

WIRTIN Wollen es hoffen, Herr. Er hat drum schon vieles geplaudert, der liebe Doktor, er meint es gut mit den Menschen, drum lügt er so oft.

VAGANT Sie können getrost sein, Frau, er hat nicht gelogen, kein Wort.

WIRTIN Woher wissen Sie das?

VAGANT Woher! Weil er kein Wort gesprochen hat, ich selber habe es ihm sagen müssen, daß ich gesund bin!

WIRTIN Ja dann...

VAGANT Gesunder als je seit meiner Geburt!

WIRTIN Wohl bekomms.

Sie setzt sich ein wenig.

Es war auch schon anders, wissen Sie, da hat man getrunken und gelacht, Genesung gefeiert, wir kennen das nämlich, und einen Monat später lag er drüben im Kirchhof, jedesmal, der andere mit der Genesung... Nun ja, ich erzähle ja nur... Und alles das, verstehen Sie, aus purer Menschenliebe; er heilt an den Leuten herum, bis es hoffnungslos ist, und dann übernimmt ihn jedesmal sein gutes Herz: Warum sollen sie nicht lustig sein, sagt er, die Hoffnungslosen?

VAGANT Sie können getrost sein, gute Frau –

WIRTIN Ich weiß, ich weiß!

VAGANT In einem Monat? sagen Sie.

WIRTIN Jesses Maria, verstehen Sie mich recht!... *Er lacht.*

VAGANT In einem Monat, gute Frau, bin ich schon lange wieder draußen auf dem Meer!

Er trinkt.

Im Ernst, lieber Doktor, in Kuba gibt es eine Farm, verlassen, verbrannt und verdorrt, eine Farm, die auf mich wartet, um Früchte zu tragen, Früchte: Ananas, Pfirsich, Pflaumen, Feigen, Trauben! In einem Monat fährt das Schiff... in einem Jahr, bei meiner Ehre, bekommt ihr den ersten Kaffee!

WIRTIN Kaffee?

VAGANT All diese Wochen, als ich da oben lag, krank und verloren, verdammt in einer Hölle von Fieber, ein Gefangener in eurem Krankenhaus, und jeder, der mir ein gutes Wort sagte, er wurde verlegen, denn er hielt es für eine Lüge, daß ich noch einmal gesund würde, daß ich noch einmal auf diesen Beinen stehe, gehe, wohin es mich zieht... all diese Wochen, die nun vergangen sind: Noch einmal eine Flasche trinken, dachte ich immer, noch einmal unter lebenden Menschen sein!...

DOKTOR Ich weiß, das sagten Sie oft.

VAGANT Und nun?

DOKTOR Noch ist die Flasche nicht leer –

VAGANT Schau einer diese Leute an!

DOKTOR Ich sehe sie.

VAGANT Warum leben sie nicht?

DOKTOR Wie meinen Sie das?

VAGANT Das Leben ist kurz. Wissen Sie es nicht? Warum singen sie nicht? Warum leben sie nicht?... leben ––

Lärm bei den Bauern.

ERSTER Ich sage dir, leck mich am Arsch!

ZWEITER Morgen bringe ich die Ochsen –

ERSTER Ich füttere sie nicht, das habe ich schon vorgestern auf dem Markte gesagt, und wenn sie mir der Teufel in den Stall bringt, ich füttere sie nicht –

DRITTER Im Frühling, wenn man sie vor den Pflug spannen kann, im Frühling, bist du auch froh darum.

ERSTER Im Frühling!

DRITTER Der Rittmeister hat es gut gemeint –

ERSTER Gut gemeint! Ochsen kaufen kann jeder, wenn er Geld hat. Und wenn der Pächter sie füttern muß! Nächste Woche ist Martini, und ins Gesicht sagen werde ich es unserem Rittmeister, ins Gesicht: Gut meinen und gut handeln, Euer Gnaden, das ist zweierlei!

DRITTER Mit solchen Reden verderben wir alles...

ERSTER Trumpf...

Sie spielen weiter, wortlos, aber mit Schlag auf den Tisch.

VAGANT Was sind das für Herren?

WIRTIN Pächtersleute.

DOKTOR Sie gehören zum Schloß.

VAGANT Zum Schloß?

DOKTOR Wie das Roß an den Karren.

WIRTIN Seit Monaten streiten sie allabendlich um die beiden Ochsen, die ihnen der Rittmeister gekauft hat; bald wäre es das beste, man würde die Ochsen fragen, was mit ihnen geschehen soll...

VAGANT Der Rittmeister, sagen Sie?

WIRTIN Unser Rittmeister! wie die Leute hier sagen. Unser Schloß. Und dabei hat keiner noch das Schloß betreten, sein Lebtag nicht.

VAGANT Warum nicht?

WIRTIN Die lassen schon keinen herein. Außer den Pächtern natürlich, wenn sie an Martini ihre Gans bringen.

VAGANT Und warum lassen sie keinen herein?

WIRTIN Warum? Gehen Sie hin und fragen Sie, wenn Sie es wissen wollen; versuchen Sie es, der Rittmeister wird eine tolle Freude haben an Ihnen!

VAGANT Warum?

WIRTIN Ein Mann der Ordnung, wie er ist, das Gegenteil von einem Vaganten...

VAGANT Wie sieht er eigentlich aus?

WIRTIN Der Rittmeister?

VAGANT So – sagen wir: wie ein Adler, der eine Tabakpfeife raucht?

DOKTOR Genau so!

WIRTIN Wie ein Adler, der eine Tabakpfeife raucht –

VAGANT Und Kinder hat er auch?

DOKTOR Ein Töchterlein.

VAGANT Ah –

DOKTOR Verwundert es Sie?

VAGANT Ein Töchterlein...

WIRTIN Man munkelt allerlei, wenn Sie es wissen wollen, man munkelt allerlei, es gleicht dem Vater sehr wenig, das holde Kind... ich erzähle ja nur, was man so sagt, meiner Seel, auch eine Rittmeisterin ist eine Frau, auch eine Rittmeisterin ist einmal jung gewesen?

VAGANT Nun ist sie es nicht mehr?...

WIRTIN Er sagt das fürwahr, als täte es ihm leid! Auch die, kann ich Ihnen sagen, auch die ist weit in der Welt herumgefahren –

VAGANT Wenn ich noch eines fragen darf.

WIRTIN Was denn?

VAGANT Wie heißt sie denn eigentlich?

WIRTIN Wer?

VAGANT Die Mutter, die Rittmeisterin, die Herrin, die Gattin, die drüben auf dem Schlosse wohnt.

WIRTIN Warum müssen Sie das wissen?

VAGANT ...Elvira?

WIRTIN Mir scheint, mein Herr, Sie wissen Bescheid!

VAGANT Oh... nicht eigentlich –

Er zupft an der Gitarre.

Ein schöner Name.
Für eine Dame.

Man hört Gepolter von Schuhen.

WIRTIN Jesses, Jesses, wer kommt denn da?

Die Wirtin geht hinaus.

DOKTOR Sie scheinen betroffen, mein Freund.

VAGANT Ich gehe aufs Schloß.

DOKTOR Sie? Im Ernst?

VAGANT Ich gehe aufs Schloß.

DOKTOR Sie meinen, man werde Sie empfangen?

VAGANT Noch einmal unter lebenden Menschen sein... Sie meinen: von wegen meiner Schuhe, von wegen meiner Jacke? Sie hat mich geliebt. So, wie ich bin. Warum sollen wir einander nicht grüßen?... Mehr will ich nicht... Einmal, eine Weile lang, sind wir allein, Elvira und ich. Ich halte die Kerzen. Ich küsse sie nicht. Entweihen wir nicht das Gewesene. Wiederholen wir nichts. Ich sehe, sie atmet. Das sei mir genug. Und morgen reise ich weiter.

DOKTOR So wird es sein, genau so!

VAGANT Wie immer es sein wird, lieber Doktor, es ist das Leben, noch einmal das Leben –

Zwei Männer sind eingetreten und stellen ihre Spaten an die Wand.

DER MANN Nun, meine Herren Totengräber, habt ihr es gefunden?

DER LANGE Was sollen wir gefunden haben?

DER MANN Ich meine das Grab.

DER KURZE Teufel noch mal, ein Klafter tief haben wir gegraben und geschaufelt heute morgen, ein Grab, wie es besser nicht geschaufelt werden kann; seit ich begnadigt worden bin, habe ich an die siebzig Gräber geschaufelt –

DER LANGE Und wie sie es gefunden haben!

DER KURZE Der Pfaff hat es gefunden.

DER MANN Wie das?

DER LANGE Sehr einfach, mein Bester, sehr einfach –

DER KURZE Auf einmal, seinen Text in der Hand, versank er im Schnee – schwupp! mitsamt seinem Trost.

DER LANGE So ist es recht, ein Schnaps, ein tüchtiger Schnaps...

Die Bauern, die über ihre Karten hinweg zugehört haben, geben die Geschichte herum.

ERSTER Wer?

ZWEITER Der Pfaff!

Gelächter der Bauern.

WIRTIN Heda? Wo geht er hin? Was soll das denn heißen? Heda! Wohin mit der Gitarre?... Heda?... Vagant!...

Die Wirtin läuft ihm nach.

DER LANGE Das muß ich sagen, Doktor, ihr macht uns viel Arbeit mit eurer Heilkunst da droben. Arbeit ist Verdienst, sage ich, ihr müßt mich verstehen, und ehrlicher Verdienst, sage ich, denn man arbeitet dafür, einen lieben kalten Morgen lang, und sterben müssen die Leute ja sowieso. Warum sollen sie nicht hieher kommen, um es zu tun – wir leben davon, sage ich mir...

Die Wirtin kommt zurück.

WIRTIN So ein Halunke! Läuft er einfach davon, der Vagant! Mit meiner Gitarre!... Sie können lachen, es ist meine Gitarre, nicht Ihre Gitarre!

DOKTOR Ich lache ja gar nicht.

WIRTIN Läuft er einfach davon –

DOKTOR Keine Sorge, Josephine! Die Gitarre bekommen Sie wieder.

WIRTIN Das sagen Sie so –

DOKTOR Ich bürge dafür.

WIRTIN Wann? Wann?

DOKTOR Sehr bald.

WIRTIN Und wie? möchte ich wissen. Wie?

DOKTOR Sie wird nicht weit gelangen, die Gitarre, nicht weiter als er –

WIRTIN Was soll das heißen?

Sie erblickt etwas auf dem Tisch.

Und das?

DOKTOR Seine Bezahlung: eine Koralle.

WIRTIN Eine Koralle?

DER LANGE Eine wirkliche Koralle?

DER KURZE Ich habe noch nie eine Koralle gesehen.

Die Totengräber kommen herzu.

DER KURZE Hast du schon einmal eine Koralle gesehen?

WIRTIN So ein Vagant...

Sie betrachten das Ding.

DOKTOR Er will ein Ständchen bringen, verstehen Sie, drüben auf dem Schloß.

WIRTIN Meint er, sie lassen ihn herein?

DOKTOR Er meint es.

WIRTIN Mit meiner Gitarre! Wenn er beim Gesinde hocken darf, drunten in der Küche, dann ist es viel.

Man hört Musik, das javanische Lied.

DOKTOR Hören Sie? So ist ihm zumute, ein wunderbarer Zustand, eine Euphorie, wie sie im Buche steht; alles erscheint ihm so möglich und leicht, er fühlt sich voll Leben, mehr als wir alle zusammen, voll Musik...

WIRTIN Auch der?

DOKTOR Auch der.

WIRTIN In einem Monat?

DOKTOR In einer Woche.

Die Wirtin bekreuzigt sich.

DER LANGE Aus aller Herren Länder kommen sie; wir aber leben davon, sage ich mir...

WIRTIN In einer Woche?...

DOKTOR Fast beneide ich ihn.

WIRTIN Daß er nur noch eine Woche lang lebt?

DOKTOR Sagen wir: daß er eine Woche lang lebt...

Erster Akt

Im Schloß.
Der Rittmeister steht und stopft sich eine Pfeife. Ein Schreiber sitzt am Tisch, wo die Kerzen stehen. Ein Bursche wartet.

RITTMEISTER Das ist alles, Kurt, was ich dir sagen muß. Der Fall ist klar. Reden wir nicht mehr davon... Dort ist dein Lohn.

BURSCHE Euer Gnaden wollen mich entlassen?

RITTMEISTER Ordnung muß sein.
Er zündet sich die Pfeife an.
Ordnung muß sein. Acht Jahre lang bist du nun mein Pferdebursch gewesen –

BURSCHE Acht und ein halbes.

RITTMEISTER Und jeden Tag, wenn du mir diesen Beutel hast füllen müssen, jedesmal hast du, wie ich heute erfahren muß, eine Handvoll von meinem Tabak gestohlen, acht und ein halbes Jahr lang.

BURSCHE Euer Gnaden, es tut mir leid.

RITTMEISTER Mir auch, Kurt.

BURSCHE Ich weiß, ich hätte es nicht tun sollen; übrigens war es nicht eine Handvoll, wie Euer Gnaden sagen, sondern eine Prise, nur eine Prise, das ist ein Unterschied, immerhin, das macht etwas aus, Euer Gnaden, acht und ein halbes Jahr lang –

RITTMEISTER Ich mochte dich gut. Ein fröhlicher Bursche bist du gewesen. Nicht viele gibt es, die in diesem Hause singen, acht Jahre lang. Die meisten verlernen es nach und nach; sie meinen, weil ich selber nicht singen kann, ich möge das Singen nicht... Du hast die Pferde gut besorgt, ich hatte nie einen besseren Burschen.

BURSCHE Euer Gnaden sagten es oft.

RITTMEISTER Es tut mir leid, dich zu entlassen.

BURSCHE Und wenn ich den Tabak zurückgebe? Man könnte ausrechnen, wieviel das macht, acht und ein halbes Jahr lang, jeden Tag eine Prise – und ich gäbe es in der gleichen Sorte!

RITTMEISTER Es geht nicht um den Tabak, junger Mann.

BURSCHE Warum wollen Euer Gnaden mich denn entlassen, wenn es nicht um den Tabak geht?

RITTMEISTER Ordnung muß sein.

Im Ton des Anfanges: Dort ist dein Lohn. Die Nacht kannst du im Hause bleiben. Aber morgen, wie gesagt, ich möchte dich nicht mehr treffen.

Der Bursche nimmt seinen Lohn und geht.

RITTMEISTER Es tut mir leid. Wenn ich ihm verzeihe, er würde sich denken, ich täte es am Ende nur darum, damit ich keinen neuen Burschen suchen muß, und hätte er vielleicht nicht recht? Es wäre bequemer für mich, in der Tat, aber ihm täte ich einen schlechten Dienst: er würde frech. Er braucht einen Herrn, den er achten kann; er wird sich selber nicht Herr.

Zum Schreiber: Wo sind wir stehen geblieben?

SCHREIBER »Drittens, was die beiden Ochsen betrifft, die ich gekauft habe, damit ihr sie im Frühling vor den Pflug spannen könnt, und nun, da es Winter ist, will keiner sie füttern.«

RITTMEISTER Ich rate euch, nehmt euren Verstand zusammen und euren guten Willen dazu, damit es reicht. Ich muß es auch, damit wir miteinander leben können, jeglichen Tag. Übermorgen ist Martini; wenn ihr auf das Schloß kommt, werden wir reden darüber.

Der Schreiber schreibt noch.

Das ist alles. – Oder schreibe noch: Was die Klauenseuche betrifft, die uns soviel Sorgen macht –

SCHREIBER »Die uns soviel Sorgen macht...«

RITTMEISTER Wenn ihr die Viecher, wie ich neulich habe sehen müssen, Schnaps saufen laßt und weiß Gott welche Wunder davon erwartet, so ist es verlorener Schnaps! Bürstet die Tiere, wie ich befohlen habe, und dann sauft ihn selber, euren Schnaps – erst aber bürstet das Vieh!

Er wendet sich weg.

Das ist alles für heute. –

SCHREIBER Nur noch das Tagebuch.

RITTMEISTER Damit verschone mich!

SCHREIBER Euer Gnaden, noch die ganze Woche ist leer.

Der Rittmeister setzt sich.

RITTMEISTER Was erlebt schon unsereiner in einer Woche? Die Tage werden kürzer, Pflichten wie Schnee, nicht einmal reiten, nicht einmal das Abenteuerchen einer Hasenjagd... Sonntag, am soundsovielten, Geburtstag meiner lieben Frau, wir haben eine Gans gegessen, wunderbar... ferner: Habe meinen Pferdeburschen entlassen... ferner: Ordnung muß sein...

SCHREIBER »Ordnung muß sein.«

RITTMEISTER Mensch! du schreibst??

SCHREIBER »Was erlebt ein Rittmeister in einer Woche.«

RITTMEISTER Schweig!

SCHREIBER Ich dachte gewiß, Ihr redet die Wahrheit.

RITTMEISTER Laß es stehen. Aber lies es niemandem vor, lies es mir selber nicht vor... Und mach, daß du zu deinem Feierabend kommst! Es ist wieder spät geworden.

Der Schreiber packt zusammen, verneigt sich und geht.

RITTMEISTER Ich sehe das Jüngste Gericht: neben dem Herrgott, der meinen Namen gesprochen, steht dieser Spitzbub von Schreiber, Posaunen ertönen: er liest vor – Ordnung muß sein, Ordnung muß sein... allen Engeln des Himmels, mir selber, noch bleich vom Sterben, liest er vor.

Ein Diener ist eingetreten.

RITTMEISTER Was gibt es schon wieder?

DIENER Ich störe Euer Gnaden?

RITTMEISTER Du bringst das Holz, das ist recht.

DIENER Ich dachte: es schneit... draußen –

RITTMEISTER Das tut es, ja, sieben Tage schon.

DIENER Und sieben Nächte.

Er steht mit dem Holz im Arm.

Sieben Tage und sieben Nächte schon schneit es. Das ist noch niemals vorgekommen. Es schneit eine Stille ringsum, die immer höher und höher wird. Es schneit auf den Wald, auf die Wege, auf jeden Stein und jeden Zweig und jeden Pfosten schneit es; Stille, nichts als Stille und Schnee; sieben Tage schon und sieben Nächte. Wo man hinschaut, schneit es. Sogar auf die Eiszapfen schneit es. Und es schneit auf den Bach, und alles verstummt…

Er starrt vor sich hin.

Euer Gnaden?

RITTMEISTER Ja?

DIENER Unser Brunnen im Hof ist nicht mehr. –

RITTMEISTER Hast du Angst?

DIENER Angst?

Er kniet und macht Feuer im Kamin.

Drunten in der Küche, wir sitzen alle drunten in der Küche, seit letzten Sonntag ist keiner mehr in seine Kammer gegangen, jeder sagt, seine Kammer sei kalt und der Schnee treibe unter den Ziegeln herein, und da schlafen wir nun alle drunten in der Küche, die Kinderlein schlafen in einem Gemüsekorb, dieweil wir oft die halbe Nacht lang schwatzen, und Josef sagt, das sei noch niemals vorgekommen, daß es so lange habe schneien können. Sieben Tage und sieben Nächte ohne Unterlaß, das bedeute was, sagen sie, und nur der Fremdling, der mit seiner Gitarre auf dem Tische sitzt, lacht uns allemal aus…

Er dreht sich.

Euer Gnaden, das ist ein wunderlicher Mensch!

RITTMEISTER Wer?

DIENER Der Fremdling, der mit der Gitarre auf dem Tische sitzt und uns von nackenden Völkern erzählt, die den Schnee überhaupt nicht kennen, auch keine Angst, auch keine Pflichten, keine Zinsen, keine schlechten Zähne. Das gibt es. Und es gibt Berge, die Schwefel und Rauch und glühende Steine in den blauen Himmel speien, einfach so; er hat es selber gesehen. So heiß ist unsere Erde im Innern. Und Fische gibt es, welche fliegen können, wenn sie wollen, und unten im Meer, sagt er, wenn man emporschaut, da glitzert die Sonne wie Scherben von grünem Glas… Er hat eine Koralle in der Hosentasche, Euer Gnaden, wir haben sie selber gesehen.

RITTMEISTER Was ist das für ein Kauz? Wo kommt er denn her?

DIENER Von überall, sozusagen. Eben erzählte er von Marokko, von Spanien, von Santa Cruz –

RITTMEISTER Santa Cruz?

Der Rittmeister erhebt sich.

DIENER Ja, vor sechs Tagen kam er ins Schloß. Er schien uns betrunken, er wußte nicht einmal, was er wollte. Wir legten ihn auf Stroh. Am andern Morgen aber schneite es und schneite... Glauben Euer Gnaden, daß es einmal wieder aufhört?

Der Rittmeister steht vor dem Globus.

RITTMEISTER Einmal hört alles auf, Kilian.

DIENER Alles?

RITTMEISTER Sogar die Pflichten, die Zinsen, die schlechten Zähne, die Klauenseuche, die Ochsen, alles, das Ankleiden, das Auskleiden, das Essen, der Brunnen im Hof. Einmal schneit es immerzu. Die Akropolis, die Bibel... eine Stille wird sein, als wäre das alles nie gewesen.

DIENER Das Feuer brennt. Gestatten Euer Gnaden, daß ich wieder in die Küche gehe?

Elvira ist eingetreten.

ELVIRA Hier ist es wärmer... Damit ich es nicht vergesse, Kilian: wir essen hier, nicht drüben.

DIENER Wie Euer Gnaden befehlen.

Der Diener entfernt sich, das Ehepaar ist allein. Sie kauert zum Kamin, ihre Hände wärmend; er steht noch immer vor dem Globus.

ELVIRA Hier ist es wärmer. Das Wasser gefriert in der Vase.

RITTMEISTER Santa Cruz...

ELVIRA Wie meinst du?

RITTMEISTER Santa Cruz... Erinnerst du dich an Santa Cruz?

ELVIRA Wozu.

RITTMEISTER Das Wort ist voll fremder Gassen und Bläue, voll Bögen, Palmen und Agaven, Mauern, Maste, Meer... Es riecht nach Fischen und Tang, ich sehe den Hafen, wie Kreide so grell, als wäre es gestern gewesen. Ich höre noch heute den Kerl, wie er in der schmutzigen Spelunke stand: Wir fahren nach Hawai, sagte er. Sehen Sie das Schiff mit dem roten Wimpel?

Er lacht.

In einer Viertelstunde fahren wir nach Hawai!

ELVIRA Reut es dich noch immer, daß du damals nicht gefahren bist? Daß du an meiner Seite geblieben bist?

RITTMEISTER Ich denke oft an den Kerl.

ELVIRA Du antwortest mir nicht.

RITTMEISTER Ob er Hawai schon erreicht hat? Oft drehe ich die Kugel da: Florida, Kuba, Java – vielleicht lebt er heute in Java.

ELVIRA Oder er ist umgekommen.

RITTMEISTER Das nicht.

ELVIRA Vielleicht hat ihn die Seuche erwischt.

RITTMEISTER Das nicht.

ELVIRA Oder der Krieg. Oder der Sturm, der ihn erbärmlich ersäufte –

RITTMEISTER Das nicht.

ELVIRA Wieso nicht?

RITTMEISTER Er lebt, solange ich lebe.

Sie blickt ihn verwundert an.

ELVIRA Woher weißt du das?

RITTMEISTER Solange ich lebe, begleitet ihn meine Sehnsucht; er hat sie zu seinem Segel genommen, das ihn über die Meere treibt, und ich, so wie ich sitze, ich weiß es nicht einmal, wo er mit all meiner Sehnsucht umhertreibt, – während ich arbeite, – Häfen, Küsten, Städte, die ich alle nicht kenne.

ELVIRA Laß ihn treiben!

RITTMEISTER Ich lasse ihn…

Kleines Schweigen.

ELVIRA Übermorgen ist Martini. Hast du daran gedacht, daß die Leute kommen? Wir werden ihnen eine heiße Suppe geben, meinst du nicht auch?

Er hört es nicht.

RITTMEISTER Manchmal… weißt du, was ich manchmal möchte?

ELVIRA Nach Hawai.

RITTMEISTER Ich möchte ihn noch einmal kennenlernen, ihn, der mein anderes Leben führt. Nur dies. Ich möchte wissen, wie es ihm ergangen ist. Ich möchte hören, was ich alles nicht erlebt habe. Ich möchte sehen, wie mein Leben hätte aussehen können. Nur dies.

ELVIRA Was für ein Hirngespinst!

RITTMEISTER Es ist kein Hirngespinst. Es ist eine leibhaftige Person, die von meinen Kräften lebt und zehrt, von meiner Sehnsucht sich nährt, sonst wäre ich nicht immer so müde, so alt.

ELVIRA Bist du das?

RITTMEISTER Oft, zu oft.

Elvira scherzt.

ELVIRA Vielleicht ist es der Vagant, der drunten in der Küche singt, der Kerl, der unser Gesinde unterhält mit Koralle und Gitarre? Meine Zofe erzählte mir davon. Vielleicht ist es der!

RITTMEISTER Vielleicht.

ELVIRA Nun aber genug! –

Sie ist aufgestanden.

Macht euch der Schnee denn alle verrückt? Meine Zofe träumt von Fischen, welche fliegen können.

Kleine Stille.

RITTMEISTER Wenn ich am Feierabend neben dir sitze, zum Beispiel, wenn ich lese – was suchen wir denn anderes als Ihn, der unser anderes, vielleicht unser wirklicheres Leben führt, das Leben, das ich heute selber führen würde, hätte ich damals das fremde Schiff bestiegen, das Meer erwählt und nicht das Land, das Ungeheure, nicht das Sichere. Ihn suchte ich, an den ich immer wieder denken muß, auch wenn ich unseres Glückes mich freue... unseres Kindes, unseres Landes, wenn es Sommer ist, wenn ich am frühen Morgen durch die Felder reite und die Saaten, wenn am Abend die dämmernden Gewölke über das Korn ziehen, unser Korn – Gott, ich weiß, daß ich glücklich bin!

ELVIRA Ich dachte, du wärest es.

RITTMEISTER All das hier – ich glaube nicht mehr, daß es für mich das einzig mögliche Leben gewesen sei. Verstehst du?

ELVIRA Sondern?

RITTMEISTER Ich glaubte es einmal durchaus, solange es noch Ziel war, nicht Erfüllung, nicht Besitz, nicht Alltag.

ELVIRA Dann glaubst du auch nicht mehr an Gott.

RITTMEISTER Wieso?

ELVIRA Mir scheint so. Mein Vater selig schrieb einmal in einem Brief: Fürchte die Zufälle nicht. Wenn du einen Seeräuber heiratest oder einen Rittmeister, dein Dasein wird ziemlich verschieden aussehen: du aber bist immer Elvira... Ich war beschämt, damals, und zuversichtlich zugleich, und der nächste Zufall war ein Rittmeister, wie du weißt, und ich sagte Ja... Das war in Santa Cruz.

RITTMEISTER Vor siebzehn Jahren oder so...

Er hat sich erhoben.

Es ist wohl Zeit, daß ich mich umziehe. Man esse hier, sagst du?

Der Diener ist eingetreten und deckt den Tisch.

ELVIRA Noch eines, Kilian –

DIENER Euer Gnaden?

ELVIRA Bringe noch ein drittes Gedeck.

RITTMEISTER Wen erwartest du?

ELVIRA Und sage dem Fremden, der unten in der Küche sitzt, ohne daß wir ihn kennen, wir erwarten ihn zum Abendessen – hier.

DIENER Der Vagant?

ELVIRA Wir erwarten ihn als unsern Gast.

DIENER Wie Euer Gnaden befehlen.

Der Diener entfernt sich.

RITTMEISTER Was soll das?

ELVIRA Du willst ihn kennenlernen, sagtest du nicht?

RITTMEISTER Du bist eine Närrin!

ELVIRA Ich dachte, ich tue dir einen Gefallen. Wir werden dein anderes Leben kennenlernen, wie du das nennst. Es wird ein interessantes Abendessen geben.

Elvira hat sich an das Klavichord gesetzt.

Im Ernst, mein lieber Mann, was würdest du empfinden, wenn ich der Erinnerung mich hingäbe, so wie du? Wenn ich so redete von einer Elvira, die mein anderes, vielleicht mein wirklicheres Leben führte – ferne von hier...

RITTMEISTER Die Frau, sagt man, kann leichter vergessen.

ELVIRA Sagt man. Ich habe nicht vergessen. Pelegrin hieß er. –

Kleine Stille.

Aber die Frau, siehst du, spielt nicht mit der Liebe, mit der Ehe, mit der Treue, mit dem Menschen, dem sie gefolgt ist.

RITTMEISTER Spiele ich?

ELVIRA Was vorher war, es ist vergangen, es hat kein Recht mehr auf meine Gegenwart; keinen Platz in meinem Denken! Wenn eine Frau sagt: Ja, ich folge dir! dann handelt sie auch Ja, und alles andere opfere ich, ich denke nicht mehr daran, ich bereue es nicht. Denn ich liebe. Ich möchte, daß der Mann, der mir ein Alles ist, auch seinerseits ein Ganzes an mir habe.

RITTMEISTER Ich glaube es, Elvira. Ich weiß es.

Er küßt sie ehelich.

Und ich beneide dich um solche Treue. Ich vermag sie im Tun, Gott weiß es, – aber nicht im Geist.

Der Diener kommt zurück, er legt das dritte Gedeck, während der Rittmeister sich entfernt.

ELVIRA Du hast ihn eingeladen?

DIENER Gewiß, Euer Gnaden.

ELVIRA Er kommt?

DIENER Man wird es sehen.

ELVIRA Er wird verlegen sein, der arme Kerl!

DIENER Glauben das Euer Gnaden?

ELVIRA Wer selber nicht zur Herrschaft gehört, was stellt er sich alles darunter vor!

Elvira tändelt am Klavichord.

DIENER Euer Gnaden?

ELVIRA Ja?

DIENER Unser Brunnen im Hof ist nicht mehr.

Dann legt er wieder Besteck.

Ich denke, der Gast sitzt hier. Wenn er kommt. Denn mit Verlaub gesagt, er scheint mir betrunken.

ELVIRA Betrunken?

DIENER Nicht gräßlich, Euer Gnaden, nicht besinnungslos. Immerhin.

ELVIRA Immerhin? Wieviel ist das: Immerhin?

DIENER Ich sage es nur, damit Euer Gnaden wissen, warum ich nicht die venezianischen Gläser gebe--

ELVIRA Warum nicht?

DIENER Der Kerl – unser Gast... es ist so eine Lebensart von ihm, daß er das Glas, wenn es leer ist, jedesmal, wenn es leer ist, in eine Ecke wirft.

ELVIRA Wunderbar...

DIENER Wie Euer Gnaden es finden.

ELVIRA Kilian!

DIENER Ja?

ELVIRA Ich möchte, daß die venezianischen Gläser auf dem Tische sind.

DIENER Es sind unsere besten, Euer Gnaden, der Rittmeister liebt sie über alles, Erinnerung an seine Reise, an das Meer--

ELVIRA Eben drum.

Der Vagant ist in die Türe getreten, ohne daß er bemerkt wird; Elvira klimpert, der Diener tischt.

ELVIRA Kilian, wie sieht er denn aus, unser Gast?

DIENER Wie er aussieht?

ELVIRA Beschreibe ihn! Hat er einen Bart wie ein böhmischer Landstörzer? Ich denke, seine Haare wachsen ihm über den Kragen hinab, als wären die Haarschneider ausgestorben.

DIENER Er hat keinen Kragen.

ELVIRA Als Kind habe ich einmal einen Landstörzer gesehen: er nahm seinen Bart und wischte sich die Suppe vom Mund – puh!

DIENER Er hat keinen Bart, unser Gast.

ELVIRA Schade.

DIENER Euer Gnaden werden dennoch erstaunt sein.

ELVIRA Seine Schuhe? Erzähle mir von seinen Schuhen! Hast du schon die Schuhe gesehen, die in den braunen Tümpeln liegen, wenn die Zigeuner durch das Land gezogen sind?

DIENER Ungefähr so, ja.

ELVIRA Der Arme! Wir werden ihm ein Paar Schuhe geben, nachher.

DIENER Das wäre edel von Euer Gnaden.

ELVIRA Nachher! Verstehst du. Der Rittmeister möchte ihn kennenlernen, so wie er ist... Betrunken? hast du gesagt?

DIENER Ich fürchte, Euer Gnaden werden wenig Freude haben an diesem Abendessen.

ELVIRA Im Gegenteil!

DIENER Er ist wirklich arm, meine ich.

ELVIRA O, so bin ich nicht, daß ich die armen Leute nicht mag!

DIENER Ich meine, er hat nichts zu verlieren. Solche Leute haben eine Art, die Wahrheit zu reden –

ELVIRA Was für eine Wahrheit?

DIENER Jede, die ihm gerade einfällt. Es ist ja nicht schwer, Euer Gnaden, mutig zu sein, wenn man schon auf dem Hund ist.

ELVIRA Ich schätze die Wahrheit.

DIENER Auch wenn sie unanständig ist? Er hat halt viel erlebt, glaube ich.

ELVIRA Zum Beispiel?

DIENER Dafür ist er auch einmal im Gefängnis gewesen.

ELVIRA Im Gefängnis?

DIENER Die Weiber haben wohl auch ihre Schuld daran...

ELVIRA Im Gefängnis ist er gewesen, sagst du?

DIENER Er behauptet es.

ELVIRA Wunderbar!

DIENER Sie wollten ihn hängen, glaube ich.

ELVIRA Wunderbar, ganz wunderbar.

DIENER Warum finden Euer Gnaden das wunderbar?

ELVIRA Warum?

Sie dreht sich zum Klavichord zurück.

Weil es einem Mann, der mit seinem Schicksal nicht mehr zufrieden sein möchte, die Flausen austreiben wird und die fixen Ideen, – darum.

Elvira klimpert, der Diener will gehen, in der Türe trifft er den Gast.

DIENER Euer Gnaden, der Gast.

ELVIRA Ah! Hat denn der Gong schon geschlagen...

Elvira dreht sich, um dem Gast entgegen zu gehen; sie erstarrt, als sie ihn sieht.

VAGANT Guten Abend, Elvira.

ELVIRA Pelegrin??

PELEGRIN Man hat mich eingeladen, wenn es stimmt, zum Abendessen.

ELVIRA Pelegrin...

Stille.

PELEGRIN Erschrick nicht, Elvira; ich werde bald wieder gehen, ich habe nicht viel Zeit.

Stille.

Ihr wohnt so schön, wie ich es mir immer dachte... Nur dieses Scheit, ich glaube, man sollte es mehr in den Kamin schieben – wenn du gestattest.

Er nimmt den Feuerhaken.

Du wunderst dich, Elvira, wie ich in diese unmögliche Gegend komme... Ich war krank, Fieber, Fieber, als brenne mir die Hölle im Blut. Nun bin ich genesen. Das gibt es: genesener als je!...

Er steht vom Kamin wieder auf.

In Kuba gibt es eine Farm, verbrannt und verdorrt, eine Farm, die wartet auf mich, um Früchte zu tragen: Früchte, Ananas, Pfirsich, Pflaumen, Feigen, Trauben! In einem Monat fährt das Schiff... in einem Jahr, Elvira, bekommt ihr den ersten Kaffee!

Elvira, die ganze Zeit stumm wie eine Säule, wendet sich plötzlich, rafft ihren Rock und entfernt sich in entschlossener Flucht.

Warum das? Erschrecken wollte ich dich nicht... Und das ist euer Kind!

Er steht vor einem Bild.

Ein wenig gleichst du deiner Mutter. Die Augen fast wie die Augen der Rehe. Mag sein, nun weint sie, deine Mutter, vor Zorn – ich habe sie an Dinge erinnert, die du nicht wissen sollst, man bleibt ein Narr, und das Leben ist kurz, das vor allem.

Er schaut sich um.

Und alle die Bücher...

Indem er eines zur Hand nimmt:

Einmal, ich weiß nicht wann, da werd' ich euch lesen, euch alle, ihr schönen Waben voll Geist der Jahrhunderte, Kerzentropfen darauf.

Der Rittmeister erscheint; er stutzt über das Verhalten seines Gastes, der sich keineswegs stören läßt, sondern auch während des Folgenden weiterblättert.

RITTMEISTER Gott grüß Euch.

PELEGRIN Euch ebenso... Euer Gnaden, scheint es, sind auch ein Freund von Kupferstichen? Sie sammeln, ein liebwertes Lasterchen.

RITTMEISTER Meine Frau wird jeden Augenblick kommen.

PELEGRIN Glauben Sie?

RITTMEISTER Man sagt mir, Sie wären schon fast eine Woche in unserem Haus; der Schnee hat Sie gefangen.

PELEGRIN Auch das.

RITTMEISTER Wir haben selten so viel Schnee.

PELEGRIN Einmal sammelte ich auch – indianische Schädel, drüben in Amerika. Der Teufel weiß, wie sie das machen, so groß sind sie, wie eine Faust, ein veritabler Menschenkopf. Tot natürlich. Aber tadellos erhalten, das Fleisch, die Haut, die Augen, das Haar, auch die Züge der Person, nur alles verkleinert! Auf der Farm, wo ich damals diente, hatte ich ein ganzes Gestell voll solcher Herren: man hält sie wie eine Kartoffel in der Hand – einmal, da ärgerten mich die Weiber: da warf ich mit Köpfen, bis ich keinen mehr hatte!

Er lacht.

Warum sehen Sie mich so an?

RITTMEISTER Mir ist, wir haben uns schon einmal gesehen...

PELEGRIN Haben wir?

RITTMEISTER Ich weiß nicht, erinnern Sie sich an mich...

Der Diener tritt ein.

DIENER Die gnädige Herrin lasse sich entschuldigen. Sie habe Migräne, sagt sie, oder Magenschmerzen.

RITTMEISTER Danke.

Der Diener entfernt sich.

RITTMEISTER Setzen wir uns.

PELEGRIN Ich glaube, es war in Santa Cruz... Danke... es war in Santa Cruz, in der verdammten Spelunke, wo sie mir das silberne Amulett gestohlen haben!

RITTMEISTER Ich?

PELEGRIN Die Neger! Erinnern Sie sich noch an den Neger, der die Austern verkaufte? Ich behaupte noch heute, sie haben gestunken... Danke... Ich habe Sie damals auf unserem Schiff erwartet; Sie sagten doch, Sie kämen mit? Das Schiff mit dem roten Wimpel, wissen Sie noch?

RITTMEISTER Ich weiß es wohl.

PELEGRIN Viola hat es geheißen.

RITTMEISTER – Viola??

PELEGRIN War das eine Fahrt! Bei Madagaskar kamen die Franzosen und schnappten uns. Neun Wochen saßen wir im Gefängnis und nagten unsere Nägel, wir fraßen den Schimmel von der Mauer! Zum Glück wurde ich krank – man verurteilte uns zur Galeere. Seeräuber! Aber zuvor, damit ich zur Verdammnis taugte, trugen sie mich in ein Hospital. Eine Krankenschwester gab mir Blut... Ja, das gibt es: sie streifte ihren weißen Ärmel zurück, saß und gab mir Blut... Später sprang ich damit über die Mole und schwamm, Sie verstehen: mit dem Blut der Krankenschwester, ich schwamm, schwamm, es war eine Mondnacht und draußen lag ein holländischer Frachter, der den Anker löste. Und ich hörte schon, wie er den Anker löste. – Verzeihung.

RITTMEISTER Was ist?

PELEGRIN Sie reden ja kein Wort.

RITTMEISTER Ich höre zu...

PELEGRIN Ich schwatze und schwatze, und Sie essen ja nicht einmal. Ich bin nicht höflich.

RITTMEISTER Ich höre gerne zu, wirklich. Lassen Sie sich nicht stören von meiner Neugier, zu hören, was alles in meinem Leben ich nicht erlebt habe.

PELEGRIN Stoßen wir an! Ich bin nicht höflich.

Sie stoßen an.

Auf Ihre Gattin!

Sie trinken.

Später kamen wir nach Hawai...

Sie wollen weiteressen, aber auf einmal hört man Musik: sie horchen, schauen sich an, erheben sich und horchen, die Servietten in der Hand.

RITTMEISTER Was soll das bedeuten?

PELEGRIN Musik...

RITTMEISTER Woher?

PELEGRIN Das haben sie immer gesungen, die Matrosen, diese braunen Teufel mit den Katzenaugen, wenn wir droben auf dem Achterdeck lagen und nicht schlafen konnten vor Hitze, Nächte lang, all die Nächte ohne Wind...

RITTMEISTER Was soll das bedeuten?

Ein junges Mädchen steht in der Türe.

VIOLA Vater.

RITTMEISTER Was ist geschehen?

VIOLA Ich weiß es nicht.

RITTMEISTER Etwas ist geschehen...

VIOLA Mama weint, sie sagt nicht warum.

RITTMEISTER Wenn ich vorstellen darf: unsere Tochter.

PELEGRIN Gott grüße dich!

RITTMEISTER Viola mit Namen.

PELEGRIN Viola...?

Das Bild verdunkelt, aber die Musik dauert an, das Lied der Matrosen kommt näher und näher.

Zweiter Akt

Auf dem Achterdeck.
Es ist Nacht, Matrosen liegen umher und singen das Lied, wovon soeben die Rede gewesen ist; einmal bricht es ab.

ERSTER Der Wind läßt auf sich warten.
ZWEITER Der Wind hat Zeit...
DRITTER Unsere Fässer stinken zum Himmel!
ERSTER Der Mond hangt wie ein silberner Gong über dem Meer.
ZWEITER Mir scheint, der Mond hangt wie ein Lampion zwischen den Masten...
DRITTER Pedro?! Pedro?
ERSTER Er schläft. Er spürt die Fesseln nicht, wenn er schläft.
DRITTER Pedro? He?
PEDRO Ich schlafe nicht.
DRITTER Pedro, was gibt es Neues im Lande der Märchen?
PEDRO Ihr glaubt mir ja nichts, kein Wort, und dennoch soll ich immer erzählen, ihr ärgerliches Gesindel, ihr, die ihr mich fesselt, wenn ich die pure Wahrheit sage!
DRITTER Gemach, mein Freund –
PEDRO Wer hat mich drei Nächte lang auf den Bauch gelegt, damit ich die Sterne nicht sehe?
DRITTER Du sollst uns nicht sagen: die Sterne singen. Wenn man es gar nicht hört. Es ist nicht wahr, was du erzählst. Darum haben wir dich gefesselt.
PEDRO Wenn es nicht wahr ist, was ich sage, warum wollt ihr denn, daß ich erzähle? Warum hört ihr denn zu?
ERSTER Weil es uns langweilig ist...
PEDRO Und warum ist es euch langweilig?
ZWEITER Er ist ein Poet! Laß ihn.
DRITTER Das eben vertrage ich nicht, das verdammte Geflunker! Immer redet er von Sachen, die ich mit eignen Augen nicht sehe – jawohl! sage ich: wir fahren dich um die ganze Erde herum, bis wir es sehen, daß es wahr ist, was du erzählst, eine einzige von all deinen Geschichten! Dann binden wir dich los –

PEDRO Bis ihr es seht, was wahr ist?

DRITTER Keinen Augenblick früher! Lache nicht!

PEDRO Bis ihr es seht, ihr, die Blinden! Ihr mit dem unheilbaren Besserwissen eurer Mehrheit, ihr gräßliches Pack, ihr mit dem unverschämten Anspruch eurer Öde und Langeweile, ihr Leere, ihr Faß ohne Boden, ihr Publikum!...

Gelächter und Lärm.

Nie wieder werde ich euch erzählen! Nie wieder!

DRITTER Ich stelle Antrag: drei Tage kein Brot!

ZWEITER Drei Tage kein Wasser.

MEHRZAHL Beschlossen.

Eine Stimme anderswo auf dem Schiff singt wieder das Lied.

PEDRO Vor siebzehn Jahren, sage ich, und auf diesem Schiffe hat er sie entführt, Elvira hat sie geheißen, ein Fräulein, sage ich euch, ein Fräulein, und dort in die Kajüte getragen, ob ihr es glauben wollt oder nicht, dort ist es geschehen –

ZWEITER Was?

PEDRO Vor siebzehn Jahren...

DRITTER Alles erlogen, erfunden und erlogen!

PEDRO Heute ist sie die Frau eines Rittmeisters, sie wohnt in einem Schloß, ferne von hier, auf der anderen Seite der Welt, dort, wo es jetzt Winter ist. Wir können nicht schlafen vor Hitze, und dort, so müßt ihr euch denken, dort sitzen sie vor dem Kamin, der Rittmeister und die Rittmeisterin. Sie wissen nicht, wovon sie reden sollen, so lange schon sind sie verheiratet. Ein Diener tritt herein. Was ist geschehen? fragt der Rittmeister. Ein Vagant ist im Hause. Sie laden ihn zum Essen, langweilig wie es ihnen ist, und als die Rittmeisterin sieht, wer es ist, – was meint ihr, daß sie tut, – was meint ihr, daß sie tut?

ERSTER Wer ist es denn?

PEDRO Unser Kapitän! Wer sonst...

DRITTER Alles erlogen, erfunden und erlogen.

PEDRO Was meint ihr, daß sie tut, die Rittmeisterin, als sie es sieht, wer da heraufkommt aus dem Untergeschoß ihres ehelichen Schlosses? Sie wendet sich ab, ohne ein Wort –

ERSTER Warum denn?

PEDRO Der Rittmeister und der Vagant, sie sitzen alleine bei Tisch, sie essen und trinken, sie plaudern von vergangenen Zeiten, und auf einmal, da hören sie Musik... Musik... Was soll das bedeuten? sagt der Rittmeister: Was soll das bedeuten?

ZWEITER Und?

PEDRO Ei nun, es ist das Lied, das wir eben gesungen haben, was sonst!

ZWEITER Wie ist das möglich?

PEDRO Erinnerung, Freunde, Erinnerung, da hilft euch keine Ferne dagegen, die Rittmeisterin hört unser Lied, und wenn sie am anderen Ende der Welt liegt, dort, wo es jetzt Winter ist, wo es schneit; sie liegt in der Kammer ihres ehelichen Schlosses, die Gute, sie weint in die Kissen, sie will nichts mehr wissen davon, was hier in der Kajüte geschehen ist vor siebzehn Jahren – von wegen der Treue...

ERSTER Kann ich mir denken!

ZWEITER Von wegen der Treue!

PEDRO Nur manchmal die Träume –

DRITTER Alles erlogen, erfunden und erlogen.

PEDRO Nur manchmal die Träume: da kommt er noch immer, der Verführer von einst, frech wie er war, jung wie er war, damals... Es war eine Nacht wie heute, draußen die silberne Straße des Mondes: da führt er sie noch einmal herüber, sie träumt, sie wäre noch einmal ein Mädchen, träumt, wie sie ihre Unschuld noch einmal verlöre –

ZWEITER Wunderbar! Hört ihr, was die Rittmeisterin träumt? Wie sie ihre Unschuld noch einmal verlöre!

ERSTER Nichts geht über die Unschuld und den Durst, man kann soviel anfangen damit...

DRITTER Alles erlogen, erstunken und erlogen!

PEDRO Still.

DRITTER Erlogen! sage ich. Erlogen!!

PEDRO Da kommen sie – hinter uns...

Es erscheinen Elvira, in der Seide ihres Nachtgewandes, und Pelegrin, so wie er vor siebzehn Jahren aussehen mochte.

PELEGRIN Noch eine Stufe.

ELVIRA Ich darf nicht straucheln, sonst erwache ich.

PELEGRIN Ich halte dich.

Sie kommen herab.

PEDRO Mir tut nur der Rittmeister leid, der alles das nicht sehen kann: hinter der Stirne seiner schlafenden Frau...

Das Lied hat aufgehört.

PELEGRIN Auf, ihr Leute! Auf! Was lungert ihr in eurem Singsang herum und keiner steht auf, wenn ich komme? Was heißt das? Tummelt euch, die Segel empor! Wir fahren weiter. Träumt ihr?

Die Matrosen erheben sich benommen.

Wir fahren weiter! Sofort! Verstanden?

Die Matrosen gehen ans Werk, nur Pedro, der gefesselt ist, bleibt im Dunkeln liegen.

ELVIRA Das ist nun euer Schiff?

PELEGRIN Viola heißt es, ja –

ELVIRA Viola?

PELEGRIN Ein armseliges Ding, fürwahr! Wir haben es neulich gekapert, als es vor Marokko lag, die Mannschaft war gänzlich besoffen, es kam uns nicht teuer, drei Menschenleben von den unsern, mehr ist es nicht wert – aber es genügt, es ist ein Schiff, um mit Elvira hinauszufahren, wo es nichts anderes mehr gibt als den Mond und das Meer, das Meer...

ELVIRA Hier hast du gesagt, daß ich schön sei.

PELEGRIN Du bist es, Elvira!

ELVIRA Du hast es anders gesagt... damals.

PELEGRIN Elvira, ich kenne eine Muschel, die es nicht gibt, eine Muschel, die man nur denken kann, so schön ist sie, und wenn man an den Küsten aller Meere streifte und wenn man Tausende und Hunderttausende von Muscheln eröffnete, sie alle zusammen, nie sind sie so schön wie die Muschel, die man sich denken kann, nie sind sie so schön – du aber bist es!

ELVIRA O Pelegrin!

Sie sinkt in Ohnmacht; er hält sie, setzt sie auf ein Faß.

PELEGRIN Jehu?

ELVIRA Ich habe nicht kalt. Sicher nicht!

PELEGRIN Jehu!

ELVIRA Ich möchte nicht, daß sie den roten Teppich bringen –

PELEGRIN Jehu! Herrgott nochmal, wo steckt er denn? Jehu?

ELVIRA Ich habe keinen Durst. Ich werde ihn nie wieder trinken, euren gelben Wein, nie wieder! Hörst du, Pelegrin? Ich will nicht – *Ein junger Malaie erscheint.*

PELEGRIN Bringe dem Mädchen, das unser Gast ist, einen Teppich. Bringe uns Früchte, bringe uns Speise, bringe uns Wein, bringe vom besten – bringe uns alles, was es gibt.

Der junge Malaie entfernt sich.

PELEGRIN Daß ich nicht lache, wenn ich an deinen Vater denke! So ein gestrenger Herr! Morgen, wenn er zeitig aus dem Bette steigt – ich habe seinem Diener hinterlassen, was er sagen soll: Dort draußen, so wird der Diener ihm sagen, seht Ihr das Schifflein mit dem roten Wimpel? Ich sehe nichts. Und der Diener wird sagen: Ich auch nicht mehr!...

ELVIRA Mein armer Vater, wie tut er mir leid um seiner Tochter willen.

PELEGRIN Man muß nicht allen jungen Männern sagen: Ich habe eine Perle von Tochter, ihr aber, meine Burschen, seid es nicht wert, sie anzusehen! Wo ist sie denn? fragte ich. Das geht dich nichts an! brummte er: sie ist verlobt –

ELVIRA Er hatte recht.

PELEGRIN Sie ist verlobt! sagte er, und der Stolz, oh, es troff ihm der Stolz von den Mundwinkeln: mit einem Edelmann, mit einem Rittmeister?!

ELVIRA Im Ernst, Pelegrin –

PELEGRIN Im Ernst: seit dreizehn Wochen fahre ich dir nach – *Ein sonderbarer Singsang von Rufen ertönt.*

ELVIRA Was ist das?!

PELEGRIN Ich wußte kein anderes Mittel, dich wiederzusehen, ich brauchte ein Schiff, das erste beste... noch höre ich das finstere Klatschen, die armen Franzosen, wir schleiften sie über Bord, besoffen wie sie waren, platsch, platsch, platsch! Das Wappen übermalten wir –

ELVIRA Was ist das?

PELEGRIN Sie hissen die Segel. Sie machen es im Takt. Sobald der Mond verschwunden ist, ich wette, wir haben Wind! Und morgen, wenn du erwachst: ein Morgen wird es sein, ein Morgen voll jauchzender Sonne, ein Morgen voll Bläue und Wind, ein Morgen ohne Küste, schrankenlos –

ELVIRA Ich weiß es, wie es sein wird, Pelegrin: wir haben ihn erlebt.

Der junge Malaie bringt einen Korb nach Tizian.

ELVIRA Mein Gott, mein Gott!

PELEGRIN Ich denke, es soll uns nicht langweilig werden, bis der Morgen graut. Ich liebe die Früchte! Sie machen mich jedesmal fromm. Die Früchte, scheint mir, die sind unserem Herrgott gelungen... Jehu, wir danken dir!

Der junge Malaie entfernt sich.

PELEGRIN Ich liebe den Burschen, er geht, als berühre er den Boden nicht, er hat den Blick eines traurigen Tieres, er hat eine Stimme wie Samt, wenn er lacht...

Er will anstoßen.

Auf unser Wohl!

ELVIRA Ich trinke keinen Wein.

PELEGRIN Der Wein ist gut. Das muß man den Franzosen lassen...

ELVIRA Nie wieder, Pelegrin, nie wieder!

PELEGRIN Warum denn nicht?

Er will anstoßen.

Stoßen wir an, bevor er verschüttet ist!

Elvira tut es nicht.

Der Wein, den man in solcher Nacht verschmäht, er ist gefährlicher, als wenn du ihn trinkst!

ELVIRA Wieso?

PELEGRIN Ich müßte ja denken, das Mädchen hat Angst. Und wovor? So müßte ich fragen, wovor hat es Angst? Das bringt den Mann auf verwegene Gedanken, und am Ende, wenn du nicht trinkst, am Ende meint er sogar, daß auch das Mädchen sie denke.

Elvira nimmt das Glas.

PELEGRIN Auf unser Wohl!

Er trinkt, Elvira blickt in ihr Glas.

ELVIRA Alles das, warum träume ich es immer wieder? Ich weiß genau, später wirst du mich im Stiche lassen, du wirst dich wie ein Schuft benehmen. Das alles weiß ich, denn ich habe es ja erlebt. Vor vielen Jahren. Und alles das, es ist vergangen, für immer vergangen, und dennoch hört es nicht auf, daß ich es erlebe. Später werde ich einen Rittmeister heiraten, es ist komisch, wie genau ich das weiß: ich liege in der Kammer unseres Schlosses, und er, der Gute, in diesem Augenblick kommt er herauf, er schaut auf mein schlafendes Gesicht – in diesem Augenblick...!

Eine Wache tritt auf.

WACHE Herr!

PELEGRIN Was gibt es, du schleichender Hund?

WACHE Eine Korvette!

PELEGRIN Wo?

WACHE Backbord!

PELEGRIN Was wollen sie?

WACHE Wir haben kein Wappen, Herr, man hält uns für Räuber –

PELEGRIN Mag sein.

WACHE Herr, sie werden auf uns schießen, sobald der Morgen graut.

ELVIRA Sie werden auf uns schießen?

Er leert sein Glas und wirft es über Bord.

PELEGRIN Natürlich werden sie auf uns schießen. Ordnung muß sein. Was sollen sie auf dieser Welt schon anderes tun... Sag es den Leuten: alle Mann auf den Posten! Ich selber, wenn es wirklich losgeht, ich bin auf der Brücke!

WACHE Zu Befehl.

Die Wache geht.

PELEGRIN Gehen wir in die Kajüte, liebe Elvira. Der Mond wird uns helfen, indem er untergeht. Es ist nicht das erste Mal, daß wir ihnen entwischen!

ELVIRA Pelegrin, ich gehe nicht in die Kajüte.

PELEGRIN Warum nicht?

ELVIRA Nie wieder, Pelegrin, nie wieder!

PELEGRIN Was soll das heißen? Ich verstehe nicht...

ELVIRA Ich gehe nicht in die Kajüte! Um nichts in der Welt!

PELEGRIN Es ist am besten dort, du kannst es mir glauben, am sichersten. Du wirst ein Lager haben, das einzige auf unserem Schiff, und wenn es vorbei, dann wecke ich dich!

ELVIRA Und dann?

PELEGRIN Hier kann es gefährlich werden. Das Achterdeck, das ist kein Ort für dich! Ich kenne sie, diese Idioten da drüben: sie nehmen das Leben so blutig und ernst, das Leben der anderen nämlich, die sie beneiden, denn zu einem eigenen bringen sie es nicht...

Da Elvira nicht folgt:

Warum starrst du mich an?

ELVIRA Ich glaube es dir wieder wie damals.

PELEGRIN Was?

ELVIRA Später, wenn ich an diese Nacht habe denken müssen, da schien es mir immer: es war eine List von dir, ein Plan, das mit der Kajüte und alles, ein ganz gemeiner Plan –

PELEGRIN Elvira, wir müssen gehen, ich beschwöre dich!

ELVIRA O Pelegrin...

PELEGRIN In der Kajüte bist du geborgen. Und allein.

ELVIRA Ich weiß es doch, Pelegrin, was in der Kajüte geschehen ist, – als die Schießerei vorüber war... vor siebzehn Jahren...

Sie schreit auf.

Mein Gott! Was ist das für ein Mensch, der hier gefesselt liegt?

PEDRO Ich bin es.

PELEGRIN Pedro?

PEDRO Ich kann nichts dafür, Herr: sie haben mich gefesselt, die Ungläubigen!

ELVIRA Großer Gott, man hat uns belauscht...

PELEGRIN Es ist nur ein Poet, dem niemand glauben wird, wenn er redet... Komm, Elvira, komm! Gehen wir in die Kajüte, dort bist du am sichersten.

Man hört eine Kanone.

Da pulvern sie schon, diese Idioten der Ordnung –

Sie fällt in seine Arme.

ELVIRA Alles das, alles das, warum träume ich es immer wieder?

Er trägt sie zur Kajüte.

PEDRO Und der Rittmeister, der alles das nicht sehen kann: hinter der Stirne seiner schlafenden Frau...

Dritter Akt

Im Schloß.
Der Schreiber sitzt am Tisch, wie schon einmal. Am Boden steht Gepäck. Der Diener wartet daneben.

SCHREIBER Es ist Mitternacht vorbei.
DIENER Ich verstehe nicht, was das bedeuten soll...
SCHREIBER Seit siebzehn Jahren stehe ich in Diensten, nie eine Laune, nie eine Willkür, man hatte seinen Feierabend, seine Nachtruhe, seine Menschenwürde. Noch gestern abend, als ich an diesem Tische saß, hätte ich meinen Kopf gewettet, daß der Rittmeister, unser Herr, ein Mann von Vernunft sei, ein Mann von Anstand, ein Mann, der es zu schätzen weiß, daß er einen Schreiber hat wie mich. Wie oft schon sagte ich zu ihm: Wenn es nottut, Euer Gnaden, arbeite ich auch nachts – und man konnte sich darauf verlassen, daß er es nicht mißbrauchte.
DIENER Pscht!
Sie lauschen.
Das ist der Vagant.
SCHREIBER Ist er denn auch noch wach?
DIENER Ich traf ihn vorhin, als ich die Koffer aus dem Estrich schleppte. Danke, sagte er, als ich ihm sein Zimmer zeigen wollte: Er wolle nicht schlafen, es sei schad um die Zeit, er schaue sich die Bilder an.
SCHREIBER Schafskopf.
Er gähnt.
DIENER Wißt Ihr, was ich glaube?
SCHREIBER Ich soll einen Brief schreiben – mitten in der Nacht.
DIENER Schuld an allem ist der Vagant. Das glaube ich. Mit den Magenschmerzen unserer Herrin fing es an. Dann haben sie bis Mitternacht getrunken, der Rittmeister und der Vagant. Nüsse haben sie geknackt, sehe sich einer diesen Schutthaufen an, und immer noch eine Flasche...!
SCHREIBER Ich friere wie ein Hund.

DIENER Kann denn ein Mann, der ein Schloß hat, eine Frau hat, ein Kind hat, kann er denn einfach verreisen? Übermorgen ist Martini, und wenn die Pächter kommen, wer soll mit ihnen verhandeln? Sagt mir das. Was soll aus den Ochsen werden? Und wer zahlt uns den Lohn? Ich kann nicht glauben, daß ein Rittmeister einfach verreisen kann, als gäbe es nur ihn.

SCHREIBER Wenn ihn die Sehnsucht zieht, stärker als die beiden Ochsen?

DIENER Ihr redet als ein Junggeselle. Was weiß ein Junggeselle, und wenn er um die Welt führe...!

SCHREIBER Schwatze nicht, Kilian, – wenn ich gähnen muß!

DIENER Das alles kennt ein Junggeselle nicht –

SCHREIBER Morgen werde ich dir antworten.

DIENER Ich kann es nicht glauben, daß ein Rittmeister einfach tun kann, was ihn lockt.

SCHREIBER Erst wollte er im Nachtkleid verreisen. Ich sagte es ihm. Sehr richtig, brummte er, sehr richtig, es ist ja Winter, hierzulande ist es immer Winter!

DIENER Das ist übertrieben.

SCHREIBER Jetzt ist er gegangen, sich umzukleiden. Er will, sagte er, das Wams seiner Jugend noch einmal anziehen –

DIENER Was will er anziehen?

SCHREIBER Das Wams seiner Jugend. Drum geht es so lange. Er wird seine liebe Mühe haben...

DIENER Ich verstehe das alles nicht.

SCHREIBER Mein Freund, es gibt Dinge, die gar nicht dazu vorkommen, damit wir sie verstehen. Dennoch kommen sie vor. Man nennt das Wahnsinn –

DIENER Still!

Der Rittmeister erscheint im Wams seiner Jugend.

RITTMEISTER Der Schlitten bereit?

DIENER Gewiß, Euer Gnaden.

RITTMEISTER Die Pferde geschirrt?

DIENER Gewiß, Euer Gnaden.

RITTMEISTER Die Koffer verladen?

DIENER Euer Gnaden befehlen –

RITTMEISTER Kilian!

DIENER Ja?

RITTMEISTER Leise. Es darf niemand erwachen. Es ist Nacht. Unsere Herrin schläft. Und träumt –

Der Diener schleppt das Gepäck hinaus.

RITTMEISTER Wo sind wir stehen geblieben?

SCHREIBER »An meine Gattin, geschrieben in der Stunde der Abreise, welche sich nicht aufschieben läßt, da mir die Kürze unseres Daseins bewußt geworden, morgens um ein Uhr: – Teure Elvira, da du nicht wissen kannst, daß ich es weiß, und da ich meinerseits nicht wissen kann, wo du dich in dieser Nacht befindest, wohin du gefahren bist mit dem fremden Mann, dessen Namen ich dreimal aus deinem Munde vernommen habe, schreibe ich dir diesen Brief, während du scheinbar droben in unserem Gemache schlummerst, wie all die Jahre, und lege ihn auf den Tisch unseres Hauses, falls du am Morgen, wie all die Jahre, zum Frühstück wieder herunterkommst, als wäre nichts geschehen, und dich allein finden wirst, was mir von Herzen leid tut. In dieser Nacht, als ich neben dir stand, habe ich eine Süße der weiblichen Stimme gehört, teure Elvira, die ich in meinem Leben bisher nicht kannte –«

RITTMEISTER Der Gürtel, scheint mir, hat sich verzogen!

Er schleudert ihn weg.

Habe ich eine Süße der weiblichen Stimme gehört, die ich in meinem Leben bisher nicht kannte... ja.

SCHREIBER So weit sind wir gekommen.

RITTMEISTER Keine Bemerkungen... Unter diesen Umständen, schreibe er, unter diesen Umständen halte ich dafür, daß auch meine Sehnsucht, die ich Jahre lang tötete, tötete und mit Schweigen begrub, damit sie dich nicht erschreckte, teure Elvira, daß auch meine Sehnsucht reisen darf.

SCHREIBER »...reisen darf.«

Der Rittmeister, der durch das Zimmer gegangen ist, während er diktierte, bleibt stehen; er spricht zu sich oder zu Elvira.

RITTMEISTER Noch einmal das Meer... Begreifst du, was ich

meine? Noch einmal die Weite alles Möglichen: nicht wissen, was der nächste Augenblick bringt, ein Wort, das ans andere Ende der Welt lockt, ein Schiff, ein Zufall, ein Gespräch in der Spelunke, einer sagte: Hawai! Und da man erwacht, ringsum das Klatschen der Wellen, nichts als der Himmel, nichts als die Wölbung des Wassers, Kontinente hangen daran, irgendwo, und die ich liebe, die ich denke im einsamen Jubel solcher Stunde, sie alle sind weit von hier, sie sind auf dem gleichen Gestirn, das blühend durch die Weltnacht schwebt – ja: da unten, die Füße gegen meine Füße, wandeln sie!

SCHREIBER Leise, Euer Gnaden.

RITTMEISTER Seit ich mit diesem Fremdling gesprochen habe, wie fühle ich auf einmal, daß wir sterblich sind! Vor uns die Unzeit, das finstere Unwissen der Dinge; nach uns die Unzeit, das finstere Unwissen der Dinge, die Leere eines Gottes, der in Vulkanen versprüht, in Meeren verdunstet, in Urwäldern blüht und verwelkt, verwest und verkohlt und abermals blüht, ein Gott, der kein Auge hat, seine endlosen Sommer zu schauen – wir aber, wir, seine einzige Hoffnung, daß er geschaut werde, daß er sich spiegle in dem Glanze eines sterblichen Menschenauges, wir, dieser unwahrscheinliche Augenblick, den man die Menschheit nennt, wir, dieser Sonderfall eines einzelnen, eines langsam erkaltenden Gestirnes... und ich, ich selber ein Funke dieses Weltaugenblickes: das zu fühlen, das zu wissen, das zu leben –

SCHREIBER Leise, leise!

RITTMEISTER Elvira, ich möchte noch einmal leben, noch einmal weinen können, lachen können, noch einmal lieben können und erschauern vor dem Duft einer Nacht, jauchzen können. Wir erinnern uns kaum, was das war; es waren ja nur Augenblicke in Jahren. Ich möchte noch einmal fühlen, welche Gnade es ist, daß ich lebe, in diesem Atemzuge lebe – bevor es uns einschneit für immer.

Der Diener kommt zurück.

DIENER Euer Gnaden, der Schlitten ist bereit.

Der Diener geht wieder.

RITTMEISTER Wo sind wir stehen geblieben?

SCHREIBER »Unter diesen Umständen... und so weiter, teure Elvira, daß auch meine Sehnsucht reisen darf.«

RITTMEISTER Bevor es uns einschneit für immer.

Der Rittmeister entfernt sich, während der Schreiber noch schreibt.

SCHREIBER »– bevor es uns einschneit für immer.«

Er streut Sand auf den Brief.

So ist das nun... der verfluchte Vagant! Da schlendert er im Hause herum und knackt Nüsse, betrachtet die Bilder, der elende Heuchler, und unterdessen, droben in der Kammer, da fährt er mit unsrer Herrin auf allen Meeren des Traumes herum... entführt sie noch einmal auf dem Schiffe der Erinnerung...

Pelegrin ist schon vor einer Weile, als der Schreiber gesprochen hat, in der Türe erschienen; er knackt Nüsse, die er aus seiner Hosentasche holt, und kaut.

PELEGRIN Draußen schneit es noch immer.

SCHREIBER Sieh da! Gerade habe ich Sie verflucht, jawohl, niemand anders als Sie!

PELEGRIN Warum?

SCHREIBER Wissen Sie eigentlich, mein Herr, was Sie angerichtet haben in dieser Nacht?

PELEGRIN Ich? Was?

SCHREIBER Sie Vagant, Sie Gespenst, Sie, was fällt Ihnen eigentlich ein? Ihretwegen hat man mich geweckt, jawohl, mitten in der Nacht. Was haben Sie zu suchen, möchte ich wissen, was haben Sie zu suchen in den Träumen einer verheirateten Frau?

PELEGRIN Ich?

SCHREIBER Nicht einmal rot werden Sie...

PELEGRIN Ich weiß von nichts.

Indem er knackt: Wunderbare Nüsse, was ihr da habt!

Der Schreiber packt zusammen.

SCHREIBER Wir sind im Bild. Hier dieser Brief! Mitten in der Nacht... meinen Sie eigentlich, Sie können alle Zeiten durcheinander machen? Wir sind ein Haus der Ordnung, verstanden! Was vergangen ist, das ist vergangen. Gestern, heute, morgen! Sie blättern in den Jahren herum, vorwärts und rückwärts – so eine Schweinerei!

PELEGRIN Ich verstehe nicht, warum Sie böse sind?

SCHREIBER Warten Sie nur, bis unsere Herrin erwacht: sie wird es Ihnen nicht danken, sie wird es Ihnen schon sagen –

PELEGRIN Was?

Schlittengeklingel.

SCHREIBER Da! Hören Sie es nicht? Da fährt er weg, mitten in der Nacht, auf und davon –

PELEGRIN Wer?

SCHREIBER Der Rittmeister.

PELEGRIN Wohin...

Während des Folgenden hört man das silberne Schlittengeklingel, wie es sich nach und nach in der nächtlichen Ferne verliert.

Draußen schneit es noch immer. Es schneit eine Stille ringsum, die höher und höher wird. Es schneit auf den Wald, auf die Dächer, auf jeden Weg und jeden Zweig und jeden Pfosten schneit es, Stille, nichts als Stille und Schnee. Wohin man schauen kann, schneit es. Sogar auf die Eiszapfen schneit es. Und es schneit auf den Bach, und einmal wird alles verstummt sein.

SCHREIBER Ich gehe schlafen.

PELEGRIN Tun Sie das.

SCHREIBER Und Sie, warum gehen Sie denn nicht schlafen?

PELEGRIN Ich warte.

SCHREIBER Sie warten auf unsere Herrin?

PELEGRIN Stören Sie sie nicht, solange sie träumt; wecken Sie sie nicht.

Der Schreiber geht, und Pelegrin steht am Fenster.

PELEGRIN Ich glaube, ich lebe nicht mehr sehr lange... In wenigen Stunden wird der Morgen grauen.

Vierter Akt

In Santa Cruz.

PEDRO Santa Cruz… Palmen und Agaven, Mauern, Maste, Meer. Manchmal ein Lärm aus dem Hafen, ein Singsang von irgendwoher… Das also ist die Spelunke von Santa Cruz, so wie sie damals aussehen mochte. Vor siebzehn Jahren! Es riecht noch immer nach Fischen. Drunten an der Mole, wo unser Schiff vor Anker liegt, da ist es grün wie eine Flasche, das Wasser, eine faule Melone schwimmt darin, vielleicht auch ein Flecken von schillerndem Öl. Und so weiter. Auch damals, denke ich, war es ein solcher Tag, wie Kreide so grell, die Schatten wie Tusche. Droben ein Zwickel von Himmel, natürlich wolkenlos. Die Vögel kenne ich nicht. Und manchmal, mitten in der blauen Stille voll Singsang, rasselt eine Kette – eine Kette… Das ist alles, Santa Cruz, so wie man es später erinnert. Auch der Nigger ist da!

Es kommt der Neger, der Austern verkauft.

NEGER Ei, ei! Ei, ei!

PEDRO Ich liebe sein einfaches Gemüt.

NEGER Was muß ich sehen?

PEDRO Obschon er ein Schurke ist. Er war es, der damals das silberne Amulett stahl, als Pelegrin mit ihm raufte. Man kann sich fragen: Warum hat Pelegrin mit ihm gerauft? Wir werden es sehen –

NEGER Warum bist du gefesselt?

PEDRO Darum.

NEGER Ich wollte sagen: Frische Austern, mein Herr! Wie willst du denn die Austern essen, wenn du gefesselt bist? Du bist kein Geschäft für mich… sie sagen, du bist ein Poet!

Der Neger grinst, dann geht er weiter.

PEDRO Ich liebe sein schlichtes Gemüt. Er glaubt an den lieben Gott, wie wir es ihn gelehrt haben. Man muß das Rechte tun. Was aber ist das Rechte? Es könnte vorkommen, daß es ein Rechtes nicht gibt. Wie damals in unsrer Geschichte, wie öfter zwischen Mann und Frau. Was immer sie tun werden, Elvira und Pelegrin, es kann nur schmerzlich sein. Womit sie das verdient haben? Weil sie einander lieben, Mann und Frau, die Gott füreinander geschaffen hat, damit sie schuldig werden aneinander. Das ist die Welt eines Gottes, den wir den »Lieben« nennen, weil er sich unser erbarmte, – nachher...

Elvira und Pelegrin sind erschienen.

PELEGRIN Hier ist Schatten.

ELVIRA Ich kann nicht mehr.

PELEGRIN Ich sehe nicht ein, meine Liebe, warum du weinst? Kein Tag vergeht, da du nicht weinst. Wer redet denn von verlassen? Ich beschwöre dich, wer will dich denn verlassen?

ELVIRA Du.

PELEGRIN Wie kannst du so reden!

ELVIRA Du wirst mich verlassen – wenn du weiterfährst.

PELEGRIN Ich fahre nicht ohne dich!

ELVIRA Pelegrin, ich fahre nicht weiter.

Pedro sitzt im Vordergrund.

PEDRO Es ist das alte Lied. Sie lieben sich, kein Zweifel, und sie werden einander verlassen müssen, kein Zweifel. Das ist der Widersinn. Man mag es glauben oder nicht. Es kommt die Stunde, wo es keine Lösung mehr gibt.

Elvira hat sich gesetzt; Pelegrin steht vor ihr.

PELEGRIN Glaubst du eigentlich, daß ich ein Schuft bin? Daß ich dich in diese Spelunke führe und auf einmal bin ich verschwunden, ich löse den Anker und lasse dich sitzen? Hier unter Negern und Matrosen? Glaubst du das? Ich mache mich aus dem Staube wie ein Dieb, ein Abenteurer, dem du nichts anderes wärest als ein Glas voll Wein, das man leert und stehen läßt, unbekümmert, ob es in Scherben geht...

Zu Pedro: Pedro, wo sind unsere Leute? Sie sollen eilen. Sie sollen uns rufen, sobald das Schiff bereit ist.

PEDRO Ich will es melden.

PELEGRIN Warum bist du gefesselt? Schon wieder?

PEDRO Ein dummer Scherz. Ich erzähle ihnen eine Geschichte, sie binden mich los, sobald sie sehen, daß es zutrifft. Aber in diesem Augenblick, wenn die Mehrzahl es sieht, daß es zutrifft, in diesem Augenblick ist die wahre Geschichte natürlich schon weiter, und wenn ich das sage, dann glauben sie es wieder nicht, bevor sie es sehen, und fesseln mich abermals.

PELEGRIN Was ist das für eine Geschichte?

PEDRO Eine alte Geschichte, Freund –

PELEGRIN Es ist keine Zeit für alte Geschichten. Sie sollen mich rufen, sobald unser Schiff bereit ist.

Pedro bleibt.

Wir müssen weiter. Der Teufel hole dieses Santa Cruz! Schon all die dreizehn Tage, seit unser Schiff da unten liegt, ich zittere jeden Augenblick, man werde entdecken, woher es stammt, entdecken, daß das Wappen übermalt ist. Was dann? Ich möchte nicht hängen, Elvira. Ich habe es getan um unsrer Liebe willen. Das alles weißt du. Wir müssen weiter.

Er bleibt stehen.

Nun weinst du schon wieder.

ELVIRA Das ist es ja, Pelegrin, du siehst es nicht einmal ein, warum es so nicht weitergeht, für mich nicht, für eine Frau nicht.

PELEGRIN Was geht nicht weiter?

ELVIRA Ich bin nicht geboren für ein solches Leben. Ich kann nicht mehr. Es war ein holder Traum, der mich verführt hat –

PELEGRIN Ein Traum.

ELVIRA Ich fühle, daß ich erwache, und ich kann nicht mehr.

PELEGRIN Ein Traum. Ich verstehe. Und die Wirklichkeit, das ist das Schloß, das dir der andere versprochen hat, der Edelmann. Du hast ihn verlassen. Ein Traum. Nun erinnerst du dich, daß er dir ein Schloß versprochen hat. Das ist die Wirklichkeit. Ich verstehe.

ELVIRA Wie gräßlich du reden kannst!

PELEGRIN Herrgott im Himmel, was soll ich denn tun? Sage mir doch, was soll ich tun!

ELVIRA Ich sage es ja immer.

PELEGRIN Was?

ELVIRA Ich möchte, daß wir zusammenbleiben.

PELEGRIN Was will ich denn anderes...

ELVIRA Für immer. Verstehst du das nicht? Ich möchte, daß wir an einem festen Orte bleiben, wo man weiß: Hier sind wir daheim. Nur dies. Einmal werden wir ein Kind haben, Pelegrin.

PELEGRIN Ja.

ELVIRA Begreifst du das?

PELEGRIN Ein Kind?

ELVIRA Begreifst du das?

PELEGRIN Es soll kommen, wenn es Lust hat. Es soll sehen, wie weit die Welt ist, wie wunderlich der Mensch! Was weiter...

ELVIRA Ich möchte, Pelegrin, daß wir heiraten.

PELEGRIN Heiraten...

Er löst sich von ihr.

Ich habe dieses Wort gefürchtet. Schon lange. Und nun, da unser Leck geflickt sein wird und uns die Meere wieder offen stehen, in diesem Augenblick, da sie die Segel hissen, in diesem Augenblick sagst du es.

ELVIRA Ich habe dich nicht geheißen, Pelegrin, daß du mich entführen solltest.

PELEGRIN Heiraten!

ELVIRA Ich möchte nur, was jede Frau, die liebt, von ihrem Geliebten möchte –

PELEGRIN Ein Nest, das man nicht mehr verläßt.

ELVIRA Wenn du kein schöneres Wort dafür weißt, ja.

PELEGRIN Nenne es, wenn es dir besser gefällt, einen Sarg. Die Ehe ist ein Sarg für die Liebe... Nur dies: der Mann soll sich die Flügel, das bißchen Flügel, das der Mensch schon hat, abschneiden. Sonst willst du nichts von ihm.

ELVIRA Der Mann denkt immer nur an sich.

PELEGRIN Und du?

ELVIRA Ich denke an das Kind.

PELEGRIN Immer das Kind.

ELVIRA Denke nicht, das Kind ist kleiner als wir. Das Leben, das vor ihm liegt, es ist länger als das unsere.

PELEGRIN Soll ich mich um des Kindes willen begraben, muß ich mich selber umbringen, damit es leben kann!

Er muß lachen.

Elvira! Ich sehe es vor Augen, wie wir an einem festen und sicheren Orte sitzen: ich werde Kohlen schaufeln, damit wir leben können oder meinen, daß wir leben, oder ich handle mit Lebertran. Warum nicht! Ich werde verdienen, daß es eine Art hat, es wird mein Ehrgeiz sein, daß es keinen Lebertran mehr gibt, der mich nicht bereichert, im Umkreis von hundert Meilen. Ich werde, Gott stehe mir bei, den Lebertran verbessern. Dir zuliebe! Ich werde nicht rasten und ruhen, Tag für Tag, Woche um Woche, Jahr um Jahr, damit wir leben können, in Sicherheit leben können. Wozu wir leben? Wozu – der Lebertran will es, die Pflicht, die Sicherheit für Weib und Kind, für Zofe, Diener, Köchin, Knecht, der liebe Gott, das Vaterland...

Mit ganzem Ernst: Elvira, ich kann das nicht. –

ELVIRA Es ist ein Opfer, ich weiß.

PELEGRIN Niemand kann leisten, was er nicht wollen kann... und nicht einmal du kannst es wollen: Ich werde in dem Hause sitzen, dir zuliebe, aber meine Sehnsucht wird gegen dich sein! Kannst du das wollen?

ELVIRA Nicht ich, Pelegrin –

PELEGRIN Wer denn? Wer redet uns denn in die Liebe hinein?

ELVIRA Das Kind. –

PELEGRIN Elvira, ich kann nicht heiraten. Ich kann das nicht.

Pedro, der im Vordergrund sitzt.

PEDRO Das Schiff ist flott, sagen sie. Ein leichter West liegt über der Bucht.

Pedro bleibt wie zuvor.

ELVIRA Ich fahre nicht weiter, Pelegrin.

PELEGRIN Elvira!

ELVIRA Du wirst mich verlassen – wenn du fährst.

PELEGRIN War es nicht schön, was wir erlebten? Bisher. Die uferlosen Nächte da draußen, unsere Nächte, das silberne Scherbeln der Wellen, die glitzernde Straße des Mondes, und alles das andere, was niemand nennen kann, und dann die Morgen, die Sonne, die Segel da oben, die Bläue, die Stille des tosenden Windes, draußen die jagenden Schäume des Meeres: unser Tag, unser Tag ohne Küste... das alles, Elvira, reut es dich?

ELVIRA Es reut mich nichts.

PELEGRIN Das alles, Herrgott, ist es nicht schön gewesen?

ELVIRA Es ist gewesen: solange ich ein Mädchen war... Das Leben ist wunderlich, Pelegrin, das Leben vollzieht sich immerfort, es entfremdet uns das Glück, noch wenn wir es in Händen halten. Ich bin kein Mädchen mehr.

PELEGRIN O, ich flehe dich an –

ELVIRA Niemand kann leisten, was er nicht wollen kann. Wie recht du hast!

PELEGRIN Fahren wir!

ELVIRA Siehst du, Pelegrin, auch ich kann nicht.

Er schweigt.

Bleibe bei mir, Pelegrin. Was ist Hawai? Ein Name, ein Wort.

PELEGRIN Auch du kannst nicht...

ELVIRA Und wenn ich dich frage, Liebster: was willst du auf Hawai? Diese Insel im Stillen Ozean, irgendwo, was macht sie dir so wunderbar über alles? Allein die Angst, du müßtest verzichten darauf. Das ist Hawai.

PELEGRIN Du kommst nicht mit...

ELVIRA Bleibe bei mir, Pelegrin!

PELEGRIN Und ich kann nicht bleiben, und keines will das andere verlassen, wir lieben einander, und wir können uns nicht trennen, ohne daß wir unsere Liebe verraten, ohne daß wir schuldig werden, und wenn wir zusammenbleiben, geht eines von beiden zugrunde, es tut, was es nicht leisten kann, nicht kann, und auch das ist die Schuld für das andere, auch das...

Er wirft sich auf die Knie.

Was sollen wir tun, Herrgott, was sollen wir tun, Mann und Frau, die Gott füreinander geschaffen hat, auf daß sie einander lieben, einander lieben müssen – was sollen sie tun, das nicht ein Widersinn ist!

Der Neger ist wieder aufgetaucht, hält ihm den Korb hin.

NEGER Frische Austern, meine Herrschaften, frische Austern?

PELEGRIN Scher dich zum Teufel!

NEGER Ganz frisch. Die Herrschaften können versuchen, wenn sie nicht glauben –

PELEGRIN Du sollst dich zum Teufel scheren.

NEGER Keine einzige ist Leiche, meine Ehre, stechen die Herrschaften selber, sehen die Herrschaften, wie munter das alles noch lebt...

PELEGRIN Scher dich zum Teufel, sage ich. Sie stinken zum Himmel.

NEGER Wohin stinken sie?

PELEGRIN Zum Himmel!

NEGER Gerade vorhin –

PELEGRIN Und du, zum letzten Mal, scher dich zum Teufel, wo du herkommst!

NEGER Ich will Euch sagen, wo ich herkomme. Gerade vorhin habe ich einen fremden Edelmann bedient, ganz nobler Herr, eben angekommen, und schon hat er zwanzig Austern gegessen – lauter Leichen, meine Ehre, nun habe ich nur noch muntere Tierlein, frische Tierlein.

PELEGRIN Ich sage, sie stinken!

Plötzlich ist die Rauferei da.

Sie stinken, sie stinken...

NEGER Hilfe! Erwürgen! Hilfe!

PELEGRIN Ich sage, sie stinken.

Allerlei Gaffer stellen sich ein.

DIE GAFFER Was ist los? Was gibt es? Da raufen sie! Es ist vorbei! Nur immerzu! Es ist zu spät...

NEGER Er hat mich erwürgen wollen. Ich hole die Gendarmerie, alles muß er zahlen! Ich hole die Gendarmerie.

PELEGRIN Komm, Elvira, komm.

Pelegrin und Elvira entfernen sich, der Neger erhebt sich, die Gaffer versuchen die Austern, die auf der Straße liegen. Es erscheint der Rittmeister im Wams seiner Jugend. Er schaut sich um und sieht Pedro, der im Vordergrund liegt.

PEDRO Ganz richtig, Euer Gnaden! Das ist der Hafen von Santa Cruz. Wie es scheint, sind Euer Gnaden eben angekommen?

RITTMEISTER Ein munteres Leben.

PEDRO Viel Lärm um nichts.

RITTMEISTER Ich liebe das muntere Leben.

Indem er die Handschuhe auszieht: Bist du ein Wahrsager?

PEDRO Gewissermaßen.

RITTMEISTER Ich dachte es.

PEDRO Euer Gnaden haben einen bemerkenswerten Scharfsinn – noch in der Stunde heimlicher Verwirrung –: Sie sehen meine Fesseln und schon wissen Sie, daß ich die Wahrheit sage.

Der Rittmeister lacht höflich, dann aber stutzt er.

RITTMEISTER In der Stunde heimlicher Verwirrung? Wieso das?

PEDRO Wer weiß es besser als Sie.

RITTMEISTER Was?

PEDRO Euer Gnaden wollen verreisen.

RITTMEISTER Das könnte jedes Kind erraten, wenn es einen Mann sieht mit Gepäck, und das in Santa Cruz. Dazu braucht es keinen Wahrsager! Was weiter?

PEDRO Ja, was weiter...

RITTMEISTER Es wundert mich.

PEDRO Sie wissen ganz genau: eine Frau hat Sie verlassen... Vielleicht war es vor vielen Jahren, vielleicht war es in dieser letzten Nacht. Das spielt keine Rolle. Eine Frau, die Sie lieben, ist mit einem anderen davon. Mag sein, daß es noch manchmal vorkommt, genau das Gleiche, und immer wieder werden Sie an diesem Orte stehen: vor Ihnen das offene Meer, die Schiffe, die Maste, das andere Leben. So stehen Sie da mit klopfendem Herzen, in der Not einer heimlichen Verwirrung: Was weiter...?

RITTMEISTER Ja, was weiter.

PEDRO Sie sind ein Edelmann.

RITTMEISTER Was heißt das?

PEDRO Sie können sich an einer Frau, wenn sie in Not ist, nicht rächen, zum Beispiel. Sie können kein solcher Egoist sein, wie

Sie möchten. Sie können nicht tun wie der Andere, den Sie zeitlebens beneiden.

RITTMEISTER Warum kann ich das nicht?

PEDRO Weil keiner ein anderes Leben hätte führen können als jenes, das er führte... Das ist es, was ich Ihnen wahrsage: Auch wenn Sie noch einmal, später vielleicht und nach vielen Jahren, nach Santa Cruz kommen und verreisen wollen, nie wird es anders sein als heute. Sie können nicht anders, Sie sind ein Edelmann.

Eine Weile bleibt der Rittmeister starr, dann versucht er zu lächeln.

RITTMEISTER Was kostet diese Weisheit?

PEDRO Tränen, heimliche Tränen und schlaflose Nächte – sonst nichts.

Pelegrin kommt aus dem Hause zurück, rasch, fiebrig, entschlossen.

PELEGRIN Pedro –

RITTMEISTER Gott grüß Euch.

PELEGRIN Euch ebenso... Wir fahren, Pedro, sofort.

RITTMEISTER Darf ich fragen, wohin Sie fahren?

PELEGRIN Hawai.

Zu Pedro: Wir fahren, sage ich. Der Neger mit seinen blödsinnigen Austern, er holt die Gendarmerie. Die Austern zahle ich gern. Aber die Gendarmen wollen wir meiden. Wir haben ein übermaltes Wappen, wir müssen weiter.

PEDRO Verstehe.

PELEGRIN Wir müssen weiter, ich kann nicht heiraten, ich kann mich nicht hängen lassen!

Zum Rittmeister:

Sehr geehrter Herr, ich bin nicht höflich gewesen, vorhin –

RITTMEISTER O, Sie haben Eile.

PELEGRIN Hawai... Wissen Sie, was das heißt? Was das ist? Was das bedeutet?

RITTMEISTER Es ist eine Insel.

PELEGRIN Auch das.

RITTMEISTER Sehr weit von hier –

PELEGRIN Je weiter, um so schöner!

RITTMEISTER Sie reden mir aus dem Herzen.

PELEGRIN Hawai... Hawai...

Als wäre es der Rittmeister, der ihm sagte, daß Hawai nichts Besonderes sei.

Sie, da blühen die Zitronen, die Ananas, die Pfirsiche, die Feigen, die Datteln, die Bananen, alles zusammen! Ich sage Ihnen: da gibt es keinen Winter –

RITTMEISTER Keinen Winter.

PELEGRIN Keine Spur von Winter, müssen Sie wissen. Ich habe einen Matrosen gekannt, der ist auf Hawai gewesen. Er hatte einen Stock, ich sage Ihnen, einen alten niederländischen Knotenstock. Auf Hawai ließ er ihn stehen. Aus Versehen, Sie begreifen. Er hatte sich so auf den Stock gestützt, als er, wie man sich denken kann, ein Mädchen sah... die Mädchen von Hawai, vielleicht haben Sie davon schon gehört? Kurz und gut, so einem Mädchen ging er nach, den Stock ließ er stehen. Nach einem Jahr, das Schicksal des Matrosen wollte es, kam er wieder nach Hawai... Was, glauben Sie, war geschehen? Der Stock, den er aus Versehen hatte stehen lassen, der alte niederländische Knotenstock: er blühte. –

RITTMEISTER Er blühte?

PELEGRIN Das ist Hawai!

RITTMEISTER Und da fahren Sie hin?

PELEGRIN Wollen Sie mir sagen, Hawai sei nichts Besonderes?...

Er reicht ihm die Hand.

Leben Sie wohl!

RITTMEISTER Ich möchte eines fragen...

PELEGRIN Wie ich heiße? Ich heiße nicht.

RITTMEISTER Nehmen Sie mich mit? Wenn ich zahle?

PELEGRIN Von wegen dem Knotenstock?

RITTMEISTER Nehmen Sie mich mit?

PELEGRIN Mein Herr, – ist das Ihr Ernst?

RITTMEISTER Es ist die Sehnsucht eines Mannes, der keine andere mehr hat.

PELEGRIN Verstehe...

RITTMEISTER Sie zögern.

PELEGRIN Wissen Sie: der Weg ist lang –

RITTMEISTER Der Weg ist immer das Schönste.

PELEGRIN Eine nette Maxime, sehr nett, aber es könnte sein, daß uns die Franzosen schnappen. Die Franzosen, das sind so komische Leute und Erdenbrüder, die suchen ein Schiff, ein ganz gewisses Schiff, das in Marokko untergegangen ist, man weiß nicht wie... und dann, wissen Sie, die Stürme, wir müssen um das Große Kap. Der Durst, die Zeit der Monsune, das Fieber... das Fieber, die Piraten –

RITTMEISTER Ich halte mich für einen Mann.

PELEGRIN Und wenn Sie zahlen: topp.

Handschlag.

In einer Viertelstunde fahren wir. Es ist das Schiff mit dem roten Wimpel. In einer Viertelstunde fahren wir, mein Freund, wir warten nicht –

Als Gruß: Hawai!

RITTMEISTER Hawai!

Pelegrin entfernt sich, während auf der anderen Seite wieder die Gaffer kommen, in ihrer Mitte der Neger und der Gendarm.

NEGER Hier hat er mich gewürgt.

GENDARM Das sagst du so.

NEGER Und hier, ich schwöre es, hier hat er meine Austern auf die Straße geworfen.

GENDARM Auch davon sehen wir nichts.

NEGER Man muß auch einem Neger glauben, du!

GENDARM Lassen wir die Negerfrage... Gehen wir in das Haus, wohin er geflohen ist.

Sie gehen ins Haus. Es bleiben der Rittmeister und Kilian, der Diener, wie er vor siebzehn Jahren aussehen mochte.

DIENER Das auch?

RITTMEISTER Alles, sage ich. In einer Viertelstunde muß es unten sein.

DIENER In einer Viertelstunde?

RITTMEISTER Hast du verstanden, Kilian: es ist das Schiff mit dem roten Wimpel –

DIENER So ein dreckiges Schiff, Euer Gnaden?

Er rafft das Gepäck zusammen.

Euer Gnaden, ich vertrage das Meer nicht. So auf Bildern, ja. Es hat eine schöne Farbe, aber es stinkt, meistens … Ich dachte es mir anders, Euer Gnaden: Ich würde ein Diener auf dem Schloß, dachte ich. So hat es geheißen in unserem Vertrag. Ich würde die Gläser auf den Tisch stellen, die Vorhänge ziehen, die Kerzen bringen, dachte ich, ich lege Holz in den Kamin –

RITTMEISTER Vorwärts, Kilian, vorwärts!

DIENER Auch im Garten, Euer Gnaden, auch im Garten könnte ich helfen. Wenn ich denke, wie ich mich eignen würde als Diener in einem Schloß!

RITTMEISTER Mein guter Bursche, auch ich habe es mir anders gedacht –

DIENER So ein schönes Schloß, Euer Gnaden, was wir da hätten haben können!

Er nimmt die Sachen auf.

Das Schiff mit dem dreckigen Wimpel, sagt Ihr?

Der Neger und der Gendarm kommen aus dem Hause zurück.

NEGER Wir haben sie!

GENDARM Es tut mir leid, schönes Fräulein, daß Euer Galan ein solcher Schuft ist, der sich aus dem Staube macht und lieber sein Mädchen im Stiche läßt, als daß er die Austern bezahlt. Es tut mir leid …

NEGER Man muß auch einem Neger glauben, Fräulein.

Zum Gendarm: Er hat gesagt, sie stinken, sie stinken, sie stinken –

Elvira erscheint unter der Türe und bleibt stehen.

RITTMEISTER Du, Elvira?

NEGER Ei, ei! Ei, ei!

GENDARM Halte dein weißes Maul!

RITTMEISTER Gendarm –

GENDARM Euer Gnaden?

RITTMEISTER Was ist hier geschehen?

NEGER Ich bin ein Neger –

GENDARM Nichts weiter, Euer Gnaden, es kommt alle Tage vor.

NEGER Ich bin ein Neger –

GENDARM Du mußt nicht sagen, was jeder sieht. Er ist ein armer Kerl, man hat ihn erwürgen wollen, aber es gelang nicht.

NEGER Dieser Herr hat selber von meinen Austern gekauft und ich frage den Herrn: Wie waren die Austern, frisch oder nicht?

GENDARM Euer Gnaden, das spielt keine Rolle. Man hat ihm die Austern auf die Straße geworfen, faktum. Jemand muß sie bezahlen, faktum. Auch die Negerfrage spielt keine Rolle –

RITTMEISTER Ich will es zahlen.

GENDARM Das ist nicht nötig, Euer Gnaden, wir haben ein Pfand, das uns durchaus genügt –

RITTMEISTER Und das Mädchen lassen Sie in Ruhe.

Der Rittmeister zahlt.

NEGER Ein schlauer Herr.

GENDARM Bedanke dich!

NEGER Ich?

GENDARM Wo ist dein Anstand?

NEGER Herr, ich habe die Austern nicht auf die Straße geworfen. *Indem er zurückgrinst:* Ein schlauer Herr: Er zahlt die Austern und er kauft das Mädchen.

Der Rittmeister und Elvira bleiben allein.

RITTMEISTER Hier also treffen wir uns wieder.

ELVIRA Ja, es ist traurig.

RITTMEISTER Wie du sehen kannst, Elvira, verreise ich.

ELVIRA Wohin?

RITTMEISTER Hawai...

ELVIRA Zu hoffen, daß wir uns wiedersehen, ich wagte es kaum mehr. Und dennoch dachte ich immer, wie es sein müßte! Und ich schämte mich in den Boden hinein, obschon ich an allem nicht schuld bin; dennoch schämte ich mich.

RITTMEISTER Das Weib ist niemals schuld, ich weiß. Allein der Anschein, daß das Weib nicht handelt, spricht schon zu seinen Gunsten.

ELVIRA Wie begreife ich deine bitteren Worte! Wie tust du mir leid, mich so zu sehen...

RITTMEISTER Ich danke für dein Mitleid.

ELVIRA Das alles, mein treuer Freund, du hast es nicht verdient!

RITTMEISTER Dennoch werde ich reisen.

ELVIRA Ich kann dich nicht halten, ich weiß, mit aller Liebe nicht. Wie sollst du meiner Liebe glauben können? Ich habe dich nie vergessen...

Sie verbirgt ihr Gesicht.

So gräßlich ist alles!

RITTMEISTER Elvira, ich kann nichts dafür.

ELVIRA Mein Freund, wie hätten wir es schön haben können! Wenn mein Vater von deinem Schloß erzählte, machte es mich immer ganz melancholisch: Womit, sagte ich oft, womit habe ich das verdient, daß ich auf einem Schloß sitzen soll? Mein Vater lachte dann und sagte: Weil du schön bist, Elvira... Und gerade das ist nun mein Unglück geworden, das uns alles, was hätte sein können, zu Scherben geschlagen hat, so, daß ich dasitze an diesem Ort und dankbar sein darf für die Güte, die mich von einem Neger loskauft.

RITTMEISTER So mußt du nicht reden.

ELVIRA Dankbar für die schmerzliche Trauer, mein Freund, daß ich dich noch einmal habe sehen dürfen. Ich gäbe die Schmerzen nicht hin, damit es nicht gewesen wäre.

Der Diener holt das letzte Gepäck.

DIENER Euer Gnaden, sie lösen den Anker...

Der Diener geht mit dem letzten Gepäck.

ELVIRA Ich verstehe, wenn du mich jetzt verlassen wirst. Nach allem, was uns geschehen ist, ich verstehe es ganz und gar.

RITTMEISTER Und du?

ELVIRA Es ist dein gutes Recht. Ich kann dir nicht zürnen, wenn du mich verlassen wirst...

RITTMEISTER Und du?

ELVIRA Darum kümmere dich nicht.

RITTMEISTER Elvira!

ELVIRA Dein Diener hat gesagt, sie lösen den Anker...

RITTMEISTER Sage mir, was aus dir werden soll?

ELVIRA Ich sage dir: Lebe wohl!

RITTMEISTER Und du? Du? Sage mir das.

ELVIRA Sie lösen den Anker. Hörst du? Mir ist, ich fühle es am eigenen Leib: Sie lösen den Anker, dann stoßen sie mit den langen Stangen, dann drehen sie das Steuer, das ächzt, dann blähen die Segel... Mir schwindelt. Ich möchte nicht, daß du bleibst, daß es dich reut, wenn du bleibst; du sollst nicht bei mir bleiben aus Mitleid, aus Anstand... Was aus mir werden soll? Ich warte auf dich. Vielleicht, daß du noch einmal wiederkehrst, und was sollte ich anderes machen mit meiner Liebe zu dir, als daß ich warte, als daß ich dir nachschaue, deinem Wimpel, wie er versinkt am Horizont dieser Stunde, und dennoch hoffe, dennoch dich liebe...!

RITTMEISTER Von wem redest du?

ELVIRA Von wem? Von dir...

Sie bricht zusammen, so daß er sie halten muß.

DIENER Euer Gnaden?!

RITTMEISTER Schweig!

DIENER Euer Gnaden – sie fahren...

RITTMEISTER Ich weiß.

Sie stehen reglos da, – während Pedro als einziger, der sich noch bewegt, nach vorne tritt: er ist nicht mehr gefesselt, er schlenkert die Fesseln in der Hand.

PEDRO So ungefähr war es damals, so ungefähr... Sie gingen auf das Schloß ihrer Ehe, Elvira und der Rittmeister. Er ist ein Edelmann, ich sagte es ja: Er kann nicht anders. Ein Kind kam zur Welt. Und so weiter. Der Andere fuhr um das Große Kap, in Madagaskar schnappten ihn die Franzosen, die Aussicht auf Galeere, das Fieber, eine Krankenschwester gab ihm Blut... Das alles wissen wir schon... Wir spielen noch das letzte Bild: heute, siebzehn Jahre später. Es ist, auch dieses wissen wir, die letzte Nacht, die Pelegrin zu leben hat.

Fünfter Akt

Im Schloß.
Pelegrin steht am Fenster, so, wie wir ihn am Ende des vorletzten Bildes gesehen haben. Er knackt Nüsse. Immer noch. Und Elvira sitzt in einem Sessel, ebenfalls wartend; es brennen die Kerzen.

PELEGRIN In einer Stunde wird der Morgen grauen.

ELVIRA Ich frage dich noch einmal, Pelegrin: Was hast du dem Rittmeister erzählt? Ihr habt bis Mitternacht getrunken, höre ich –

PELEGRIN Getrunken?

ELVIRA Du hast ihm erzählt, was damals zwischen uns gewesen ist? Vor siebzehn Jahren. So wie das Männer unter sich erzählen!

PELEGRIN Wie Männer unter sich erzählen... Woher weißt du das? Du mußt nicht alles glauben, was in den Büchern steht, Elvira.

ELVIRA Ich beschwöre dich, Pelegrin: was hast du ihm erzählt?

PELEGRIN Von uns, meinst du?

ELVIRA Von uns.

PELEGRIN Kein Wort.

ELVIRA Kein Wort?

PELEGRIN Ich habe nicht wissen können, daß der Rittmeister nichts davon weiß. Offen gestanden, ich dachte gar nicht daran, was ich alles hätte anrichten können...

Indem er in die Hosentasche greift.

Wunderbare Nüsse, was ihr da habt!

ELVIRA Ich weiß nicht, was ich denken soll. Von dieser Nacht. Was ist denn geschehen?

PELEGRIN Ich habe ihm von Hawai erzählt –

ELVIRA Hawai?

Der Diener tritt ein.

ELVIRA Und?

PELEGRIN Er selber sagte nicht viel.

ELVIRA Und?

DIENER Euer Gnaden, wir sind in der Stallung gewesen. Wie Euer Gnaden befohlen haben.

ELVIRA Und?

DIENER Zwei Pferde sind weg, die Rosinante und der Casanova. Auch der Schlitten ist weg.

ELVIRA Es ist kein Traum.

DIENER Euer Gnaden: der Rittmeister ist verreist.

ELVIRA Verreist...?

DIENER Wie ich schon sagte.

ELVIRA Mitten in der Nacht? Hinaus in den Schnee?

DIENER Es scheint so, Euer Gnaden.

ELVIRA So ein Wahnsinn... Wer hat ihm die Pferde geschirrt, das möchte ich wissen! Mitten in der Nacht! Wecke die Leute, frage sie. Und schicke den Tölpel hieher.

DIENER Wie immer Ihr ihn nennen wollt, Euer Gnaden, ich bin es.

ELVIRA Du selber?

DIENER Der Herr haben es befohlen.

ELVIRA Und dann, wo es auf jeden Augenblick ankommt, damit wir ihn einholen, dann gehst du hinüber in den Stall, um nachzusehen, ob der Schlitten noch dort sei, den du selber geschirrt hast?

DIENER Euer Gnaden haben es befohlen.

ELVIRA Großer Gott, was soll das alles heißen –?

DIENER Euer Gnaden haben mir nicht glauben wollen.

ELVIRA Verreist, sagst du? Wohin?

DIENER Das haben der Herr nicht gesagt.

ELVIRA Was hat er denn gesagt?

DIENER Der Herr haben gesagt, zum Beispiel –

ELVIRA Besinne dich genau!

DIENER Leise! hat er gesagt. Unsere Herrin schläft, unsere Herrin träumt –

ELVIRA Träumt?

DIENER Leise! hat er gesagt, damit unsere Herrin nicht erwacht, ich glaube, ihr Traum ist schön!

ELVIRA Was hat er sonst gesagt?

DIENER Kilian, hat er gesagt, halte mir den Mantel –

ELVIRA Und?

DIENER Kilian, du hast das Leben nie begriffen, hat er gesagt, das Leben ist eine muntere Sache, das Leben ist ein großer Traum.

ELVIRA Und?

DIENER Genau das war alles.

Kurze Stille.

ELVIRA Es setze sich einer auf das andere Pferd, mein eigenes Pferd. Sofort! Er reite dem Rittmeister nach, bis er erfährt, was das bedeuten soll. Und wenn mein Pferd zu Tode sinkt, ich werde ihn belohnen, daß seine Enkel noch davon erzählen mögen.

DIENER Euer Gnaden befehlen.

ELVIRA Ich warte hier.

Der Diener entfernt sich.

Mein guter Mann, mein lieber Mann! Wenn ihm nur nichts zustößt!

PELEGRIN In einer Stunde wird der Morgen grauen.

ELVIRA Da fährt er hinaus in den Schnee, in diese Sintflut von Schnee, vor drei Tagen noch haben sie die Bäumlein gesteckt, den ganzen Weg entlang, schon gestern sah man keinen Zweig mehr davon, nichts, nichts! Wenn ich daran denke, daß er durch das Tobel fährt – so ein Wahnsinn!...

Sie bleibt stehen.

Warum tust du uns das alles an?

Da Pelegrin sich wendet.

Ja – du!

PELEGRIN Was tue ich an?

ELVIRA Was suchst du hier? Was willst du überhaupt?

PELEGRIN Man hat mich eingeladen.

ELVIRA Ich sage dir, Pelegrin, unsere Ehe ist glücklich, vollkommen glücklich, und wenn man hundertmal über die Ehe lächelt –

PELEGRIN Wer tut das denn?

ELVIRA Ein Wunderbares ist um die Ehe! Als wir uns heirateten, damals vor siebzehn Jahren, ich habe nicht gewußt, wie sehr, wie ehrlich ich ihn einmal würde lieben können! Man muß sich kennenlernen, so wie wir, ohne daß man verliebt ist. Ein Mann wie Er, ich habe ihn fast nicht verdient!

Lächelnd:

Manchmal, wenn ich ihn nicht sehe, kommt er mir vor wie der liebe Gott, so kann man sich verlassen auf ihn. Als ich das letzte Jahr an einer Grippe lag, zehn Wochen lang, und dann, als ich zum ersten Male aufstehen durfte – mein Papagei! ich hatte ihn wahrscheinlich vergessen, aber siehe er lebt! Er hat ihn gefüttert, zehn Wochen lang, obschon er ihn haßt. So ist er, an alles denkt er...

Pelegrin futtert Nüsse und nickt.

Das ist das Gräßliche: Was immer er tut, ich weiß genau, er tut es mir zuliebe. Und wenn er in die Nacht hinausfährt und mich verläßt, der ganze Wahnsinn dieser plötzlichen Reise: er meint vielleicht, ich wolle allein sein mit dir. Der Gute! Er weiß es nicht, daß du für mich überhaupt keine Rolle mehr spielst...

Der Diener ist wieder erschienen.

ELVIRA Was gibt es?

DIENER Euer Gnaden –

ELVIRA Er ist zurück? Um Himmelswillen!...

DIENER Euer Gnaden, ich bringe die neuen Kerzen.

Er stellt sie hin und entfernt sich.

PELEGRIN Du fragst, was ich wollte?

Er kommt vom Fenster zurück.

Ich saß in der Pinte – ja, schon eine Woche ist es her – ich hörte, wer auf diesem Schlosse wohnt, ein Zufall! Ein andrer Zufall, und ich hätte es nicht gehört: wir hätten einander auf dieser Erde nicht wiedergesehen. Hundert Schritte, und wir wären aneinander vorübergegangen, du und ich, hinaus in die Nacht...

Elvira schweigt.

Morgen reise ich weiter.

Elvira schweigt.

Zwei Menschen, daß sie zur selben Zeit in einem Raume stehen können, jetzt und hier, daß sie zur selben Zeit auf dieser Erde leben, es dünkte mich so wunderbar... nichts weiter... Ich nahm die Gitarre, ich weiß nicht, was anderes ich wollte: es war Musik.

ELVIRA Du wolltest mir, sagtest du nicht, einen Besuch machen?

PELEGRIN Zum Beispiel, ja, man nennt das so.

ELVIRA Und wozu?

Höhnisch.

Weil wir uns einmal liebten? Früher.

PELEGRIN Das glaube ich auch, daß wir uns einmal liebten.

ELVIRA Und nun, da du gerade in der Gegend warst, lockte es dich, zu sehen, wieviel davon geblieben ist? O, ich verstehe.

Pelegrin schaut sie an und schweigt.

Oder du wolltest im Vorübergehen schauen, ob Elvira weiß, wie weit du es gebracht hast: ohne sie. Rund um die Welt! Ich bin unterrichtet, meine Zofe hat es mit Bewunderung erzählt.

Pelegrin schaut sie an und schweigt.

Oder du wolltest vielleicht erfahren, ob ich glücklich bin, obschon du vor siebzehn Jahren – mir gegenüber – ein Schuft gewesen bist?

PELEGRIN Das sagst du so.

ELVIRA Ja, ich bin glücklich, Pelegrin. Ich bin's. Was willst du weiter? Soll ich es unterschreiben, damit du getrost von hinnen reisen kannst?

PELEGRIN Ohne Unterschrift, ohne dein Angebot einer Unterschrift, ich hätte es geglaubt.

ELVIRA Einmal, vor Jahren, hast du mir geschrieben, es war ein Gruß aus Java, glaube ich.

PELEGRIN Korea.

ELVIRA Weißt du auch, wie mir zumute war, als dieser alberne Gruß in meinen Händen lag, dies alberne Geschwätz nach Jahr und Tag?

PELEGRIN Wenn wir wüßten, wie dem Empfänger zumute ist, Elvira, wo würde noch ein Brief geschrieben? Das macht den Zauber des Briefes: er ist ein Wagnis...

ELVIRA Mir graute vor Scham, daß ich den Kerl, der diesen Wisch geschrieben, einmal von Herzen geliebt habe, ja, mir ekelte vor dir! Verstehst du das?

PELEGRIN Offen gestanden: nein... eigentlich nein.

ELVIRA Mir ekelte, je älter unsere Ehe wurde in diesem Haus, mir ekelte vor einem solchen Feigling, wie du es bist. Du hast mir, wie du auf jenem albernen Fetzen schreibst, einen treuen und verlässigen Gatten gewünscht...

PELEGRIN Es war mein Ernst.

ELVIRA Ja: damit du selber dich ins Reich der Verlorenen entziehen kannst, dorthin, wo man jung und unvergänglich bleibt, unverwüstlich! Das ist es doch. Du hast die Ehe nicht gewollt, damit dir meine Sehnsucht erhalten bliebe. Es ist eine Hinterlist ohnegleichen. Du wolltest mehr als das Weib neben dir: du wolltest in ihrem Traume sein...! Und den Tag und die Nähe, das Wirkliche, das sich in tausend Küssen der Gewöhnung verbraucht und verleert, das Alltägliche, das ließest du gerne dem andern, dem treuen und verlässigen Gatten, den du mir gewünscht hast... Wozu? Damit ich keinen andern Geliebten mehr habe, gebunden in ehelicher Treue, keinen anderen außer dem vergangenen: außer dir! *Pelegrin lächelt.* War es nicht so?

PELEGRIN Soviel, ich gebe es zu, habe ich darüber niemals nachgedacht.

ELVIRA Tue es, und am Ende wirst du einen Schuft finden, einen Meuchler der Liebe, einen Feigling vor dem wirklichen Leben, das aufzubrauchen du den Mut nicht hattest, nie, auch mit den anderen Frauen nicht – denn ich weiß, ich bin nicht die Einzige gewesen...!

PELEGRIN Elvira?

ELVIRA Willst du das Gegenteil sagen?

PELEGRIN Daß du nicht die Einzige gewesen bist, Elvira, meine liebe Elvira, das ist doch selbstverständlich.

ELVIRA Verstehe.

PELEGRIN Vielleicht bist du die Einzige, Elvira, die das versteht...

ELVIRA Verstehe: die Untreue des Mannes, womit er sich schmeichelt, es ist eure Art von Putz, nichts weiter, ein wenig Glanz von Abenteuer, von Leidenschaft um jeden Preis, worauf ihr eitel seid...

Ausbruch.

Pelegrin! Warum bist du gekommen? Nichts verstehe ich, gar nichts! Sage es mir: warum? Nach siebzehn Jahren! Was willst du von mir?

Er schweigt.

Bist du gekommen, um Nüsse zu knacken? Um hier in einem Buch zu blättern?

PELEGRIN Warum nicht...

ELVIRA Warum nicht.

PELEGRIN Ich liebe die Bücher, die ich nicht kenne.

ELVIRA Bist du gekommen, um zu sehen, ob ich noch immer an dir hange? An dir leide? Auf dich warte?

Er blättert.

Oder wolltest du sehen, wie ich dich hasse, wie ich dich durchschaue, wie ich dich verachte?

Er blättert.

Warum bist du gekommen? Daß uns das Vergangene noch einmal rühre, nichts weiter, man verzeiht sich, alles in Minne, man lächelt, man scherzt über vergossene Tränen, nichts weiter, es war eine Episode für den Mann, und die Wehmut, sie macht noch einmal ein Episödchen daraus, einen Nachtrag der Wonne, einen Besuch im Vorübergehen, einen gefühlvollen Abend bei Nüssen und Wein...

Er blättert.

Du schweigst dich aus.

PELEGRIN Elvira, du bist nicht großmütig... Du willst mich zwingen, daß ich rede. Daß ich lüge. Daß ich mich selber deute! Darum und darum bin ich gekommen. Als ob ich es selber wüßte. Du willst aus meinem Munde nur das Wort, das mich ins Unrecht setzt: damit du mich los wirst... Ich weiß nicht, Elvira, warum du dich fürchtest vor deinem eigenen Herzen.

ELVIRA Tue ich das?

PELEGRIN Weiß einer, wie es war? Vor Jahr und Tag. Weißt du es oder ich, was jetzt, in dieser Stunde unseres nächtlichen Wartens, die ganze Wahrheit ist.

Er nimmt sich ein anderes Buch.

Hätten wir, so wie wir stehen, nur eine Stunde lang schweigen können! Nur das... Du hättest sticken können oder lesen; ich hätte diese Bücher betrachtet, Schmetterlinge, all diese gemalten Pflanzen: Melaleuca folia zum Beispiel... und dann, ja, dann wäre ich weiter gegangen.

ELVIRA Und dann?

PELEGRIN Für immer, glaube ich.

ELVIRA Und dann?

PELEGRIN Noch einmal wäre das Leben um uns gewesen.

Er setzt sich ans Klavichord.

In Honolulu kannte ich einmal einen Kapitän, der, alt wie er war, nur noch eine einzige Geliebte hatte, die Astronomie. Da ging ihm nichts darüber. Wir lachten ihn jedesmal aus, weil er nichts anderes schwatzen konnte. Alles andere war eine Nebensache, seit er in der Kajüte so einen dicken Schmöker gefunden hatte. Vielleicht das erste Buch, das er in seinem Leben las, und wie er es las! Wenn er in die Kneipe kam, wo wir mit Negerinnen tanzten, erzählte er von der Milchstraße, als wäre sie gestern geschehen...

Er nimmt eine Apfelsine aus dem Teller.

Jedesmal wenn man sich zu ihm setzte, nahm er eine solche Apfelsine: Das, sagte er, das ist der Mond. Er duldete kein Lächeln dabei! Und jener Globus dort, das ist die Erde. Und das ist der Mond. Sieben Schritte mußten es sein, ich weiß noch genau. Und was ist dazwischen? sagte er: was ist dazwischen? Nicht einmal Luft, nicht einmal Licht, nichts als die Nacht, das All, der Tod, nichts, was auch nur einen Namen verdient – nichts!

ELVIRA Wer sagte das?

PELEGRIN Der Kapitän von Honolulu... Gesetzt den Fall, sagte er, ich habe eine Schwester, die ist in Europa geblieben, die

Gute; gesetzt den Fall, sie steht auf dem Markte von Barcelona, und in diesem Augenblick, was tut sie, sie hält eine Melone in Händen: das wäre der erste Stern, eine Melone in Barcelona: der nächste Stern – und was ist dazwischen? sagte er. Nichts als die Nacht, das All, der Tod. So groß, meine Freunde, so groß ist das Nichts, so selten das Leben, das Warme, das Vorhandene, was ihr begreift, das Lichtlein, das brennt. So selten ist das, was ist.

Er schält die Apfelsine.

Ich wette keinen Schnitz, daß die Verhältnisse stimmen. Er war ein Kauz. Ich konnte keine Apfelsine mehr schälen, ohne daß ich daran denken mußte.

ELVIRA Warum erzählst du mir das?

PELEGRIN Ich kam so drauf... Hätten wir zusammen eine Apfelsine geschält, Elvira; noch einmal wäre das Leben um uns gewesen...

Sie horcht.

ELVIRA War das nicht ein Schlittengeklingel?

Es scheint nicht der Fall zu sein.

PELEGRIN So, wie du in dieser Nacht gesprochen hast, ich hörte nur, wie klug du bist.

ELVIRA Und die Frau, sie soll ja nicht klug sein!

PELEGRIN Du hast Geheimnisse, glaube ich, die dein Verstand behüten muß; du brauchst ihn sehr, drum wird er so spitz.

ELVIRA Bist du gekommen, um mir die eigenen Geheimnisse auszuplaudern?

PELEGRIN Was gehen sie mich an...

ELVIRA Ja eben, du willst ja nicht wissen, wozu du gekommen bist!

PELEGRIN Könnte es wirklich nicht sein, Elvira, daß ich überhaupt nichts mehr wollte?

ELVIRA Dennoch bist du gekommen.

PELEGRIN Dennoch bin ich gekommen...

Er ißt seine Apfelsine.

Ich dachte es mir richtig, sogar schön. Wir sind ja, dachte ich, nicht Richter über einander. Du kannst mich für einen Schuft halten; Gott wird mich danach empfangen, wenn ich es war, und meinerseits denke ich in diesem Augenblick, das Weib ist nicht großmütig. Gott, wenn er ebenso denkt, wird dich empfangen danach ... aber auf jeden Fall, dachte ich, sind wir einander in diesem Leben begegnet, wir haben einander geliebt, jedes nach seiner Art, nach seinem Alter, nach dem Vermögen seines Geschlechtes. Und beide leben wir noch: jetzt in diesem Augenblick, an diesem Ort... Warum sollen wir einander nicht grüßen? dachte ich.

ELVIRA Warum sollen wir es?

PELEGRIN Unser Leben ist kurz.

ELVIRA Glaubtest du am Ende, du könntest mich noch einmal entführen?

PELEGRIN Wozu?

ELVIRA Noch einmal eine Episode für den Mann...

Pelegrin hat einzelne Tasten angeschlagen. In der Art eines Kindes, das spielen möchte und es nicht gelernt hat. Schon vorher ist Viola erschienen, sie steht im Nachtkleid unter der Türe.

ELVIRA Um Gottes willen...! Kind, wie kommst denn du hieher?

VIOLA Ich kann nicht schlafen.

ELVIRA Um diese Zeit!

VIOLA Ich habe so gräßliche Angst, Mama...

ELVIRA Warum denn?

VIOLA Ich träume so gräßliches Zeug, Mama...

ELVIRA Aber Kind!

VIOLA Mama, der Tod ist im Haus.

Sie schaut die Mutter an, dann erschrickt sie über ihre eigene Gewißheit, sie weint, Elvira muß sie halten.

ELVIRA Komm, Viola, komm! Setz dich! Hab keine Angst, ein bloßer Traum hat dich erschreckt. Nichts weiter. Du mußt nicht weinen. Wir trinken einen heißen Tee... Hörst du? Ich werde dir den Mantel holen... Kilian!

Elvira geht hinaus. Pelegrin versucht zu spielen.

PELEGRIN Der Morgen graut. –

Viola schweigt.

Sie müssen sich nicht fürchten, mein liebes Kind, gar nicht. Es ist nichts Gräßliches dabei: Ich habe gelebt.

Viola schweigt.

Können Sie spielen? Wenn ich noch einmal leben würde, ich möchte es lernen; ich denk' es mir schön.

VIOLA O ja.

PELEGRIN Auch Malen ist schön.

VIOLA O ja, und vieles noch.

PELEGRIN Sehr vieles...

Viola schweigt.

Ich kenne eine Muschel, die es nicht gibt, eine Muschel, die man nur denken kann, so schön ist sie, und wenn man an allen Küsten streifte und tausend Muscheln eröffnete, alle zusammen: nie sind sie so schön wie die Muschel, die ich mir denken kann... Du aber bist es! sagte ich den Mädchen, wenn ich sie liebte: du aber bist es! Weiß Gott, ich meinte es ernst, und die Mädchen glaubten es, so wie ich selber es glaubte. Aber die Mädchen vergehen, es werden Frauen daraus, und auch die Frauen vergehen – und am Ende bleibt nur noch die Muschel, die es nicht gibt, die Muschel, die man sich denken kann.

Schlittengeklingel.

Darf ich fragen, mein Kind, wie alt Sie sind?

VIOLA Ich? Siebzehn.

PELEGRIN Siebzehn?

VIOLA Warum schauen Sie mich so an?

Schlittengeklingel.

PELEGRIN Da ist er, glaube ich. Da ist er!

VIOLA Wer?

PELEGRIN Der Rittmeister: Ihr Vater... Wir kennen einander seit siebzehn Jahren, Ihr Vater und ich. Schon damals wollte er nach Hawai, damals wie heute.

VIOLA Mein Vater?

PELEGRIN Er ist ein Edelmann.

VIOLA Und warum ging er nicht?

PELEGRIN Weil ein Kind auf ihn wartete, damals wie heute... Da ist er, glaube ich, gehen Sie ihm entgegen. Da ist er.

Viola gehorcht ihm, langsam entfernt sie sich, ohne den Fremdling aus den Augen zu lassen; auch er schaut ihr nach, bis sie im Dunkeln der Türe verschwindet.

PELEGRIN Man kann nicht beides haben, scheint es. Der eine hat das Meer, der andere das Schloß; der eine hat Hawai – der andere das Kind...

Elvira kommt mit dem Schreiber zurück.

ELVIRA Was für ein Brief? Gib her!

SCHREIBER Euer Gnaden –

ELVIRA Bist du es, der geritten ist?

SCHREIBER Euer Gnaden verzeihen, wenn ich so aussehe. Ich komme aus dem Bett. Es ist das zweite Mal in dieser Nacht, daß man mich weckt...

ELVIRA Was ist das für ein Brief?

SCHREIBER Unser Herr, der Rittmeister, haben ihn geschrieben in dieser Nacht, damit ich ihn zum Frühstück lege.

ELVIRA Zum Frühstück?

SCHREIBER Kilian meinte, jetzt, da Euer Gnaden schon aufgestanden sind...

Elvira liest den Brief.

Sind das nicht Schritte gewesen? Euer Gnaden, ich glaube, der Rittmeister ist schon wieder da...

Der Schreiber, der keinerlei Antwort bekommt, entfernt sich.

ELVIRA So ist das nun!... Er möchte noch einmal leben, schreibt er, noch einmal weinen können, lieben können und erschauern vor dem Duft einer Nacht, jauchzen können: bevor es uns einschneit für immer... Warum konnten wir nicht ehrlicher sein?

Sie kann sein Gesicht nicht sehen, so wie er am Klavichord sitzt: es ist reglos und weiß wie eine Maske aus Wachs.

O Pelegrin! Glaube kein Wort, was ich dir sagte in dieser Nacht... Ich habe dich einen Schuft genannt: weil ich es für schuftig hielt, daß ich träumte von dir, siebzehn Jahre lang träumte von dir... Jetzt darf ich es sagen, Pelegrin: es ist schön, daß du gekommen bist...

Der Rittmeister steht unter der Türe.

ELVIRA Warum konnten wir nicht ehrlicher sein?

RITTMEISTER Ich wollte verreisen.

ELVIRA Ich weiß.

RITTMEISTER Es ist nicht möglich... Und du?

ELVIRA Ich habe gewartet auf dich. Ich habe geträumt...

RITTMEISTER Ich weiß.

ELVIRA Und als ich erwachte, da suchte ich dich umsonst im ganzen Haus. Hier fand ich Pelegrin. Ich habe ihn verhöhnt, dir zuliebe.

RITTMEISTER Mir zuliebe?

ELVIRA Der Treue zuliebe. Seit siebzehn Jahren glaubte ich, ich müßte lügen, ich müsse, damit ich dir treu sei, so, wie ich meinte, daß du es seist... Und dann habe ich deinen Brief gelesen, gerade jetzt.

RITTMEISTER Hast du.

ELVIRA Warum konnten wir nicht ehrlicher sein? Es fehlte so wenig. Wie hätten wir einander begriffen! Du hast deine Sehnsucht begraben, wie du schreibst, Jahre lang, damit sie mich nicht erschreckte, und ich habe mich meiner Träume geschämt, Jahre lang, weil ich wußte, sie würden dich erschrekken. Keines wollte das andere enttäuschen... das ist die kleine Komödie, die wir so lange, so lange gespielt haben: bis Pelegrin gekommen ist.
Sie schreit, da sie den Toten gewahrt.
Pelegrin??

RITTMEISTER Jetzt begreife ich...

ELVIRA Warum lächelst du so?

RITTMEISTER Jetzt begreife ich, was er mir sagte in dieser Nacht. Er sagte es so heiter, ich konnte nicht glauben, daß es sein Ernst sei.

ELVIRA Pelegrin!

RITTMEISTER Er hat es gewußt.

ELVIRA Warum hast du es mir nicht gesagt, o Freund! Lächle nicht so, ich knie vor dir. Wir haben uns Unrecht getan, wir alle zusammen. Gott hat das alles viel schöner gemeint... Wir dürfen uns lieben, wir alle, jetzt kann ich es sehen: das Leben ist anders, die Liebe ist größer, die Treue ist tiefer, sie muß unsere Träume nicht fürchten, wir müssen die Sehnsucht nicht töten, wir müssen nicht lügen... O Pelegrin! Hörst du mich? Wir werden zusammen eine Apfelsine essen, hörst du, wir werden zusammen eine Apfelsine essen: Noch einmal wird das Leben um uns sein... Lächle nicht so!

RITTMEISTER Elvira...

ELVIRA Warum habe ich es nicht gehört, solange du gesprochen hast, warum?

RITTMEISTER Weine nicht, Elvira. Es ist, hat er gesagt, nichts Gräßliches dabei: Ich verwünsche nichts, was ich erlebt habe, und nichts, was ich erlebt habe, wünsche ich noch einmal zurück... Er sagte es so heiter.

Während alles ringsum, die Wände des Zimmers und Elvira und der Rittmeister, der die Zusammenbrechende hält, so wie er sie schon einmal hat halten müssen, als Pelegrin sie verließ – während das alles ins Dunkel versinkt, ertönt Musik, und rings um ihn erscheinen die Gestalten.

DIE ERSTE Ich bringe von Kuba den ersten Kaffee.

DIE ZWEITE Ich bin das Mädchen, das du nie berührt hast, Anatolia.

DIE DRITTE Ich bringe dir die Früchte: Ananas, Pfirsich, Feigen, Trauben; es sind die Früchte des nächsten, des kommenden Jahres.

DIE VIERTE Ich bin die Schwester, die dir Blut gab, im Hospital auf Madagaskar.

DIE FÜNFTE Ich bringe dir die Bücher: Sophokles, Virgil, Konfuzius, Byron, Cervantes und alles, was du noch einmal hättest lesen wollen. Waben voll Geist der Jahrhunderte, Kerzentropfen darauf.

DIE SECHSTE Ich bin der Kapitän von Honolulu, der sich, Gott weiß warum, noch dreimal wird an dich erinnern müssen.

DIE SIEBENTE Ich bringe dir den Wein, den du verschüttet hast.

DIE ACHTE Ich bin die Mutter, die du nie gesehen hast, Pelegrin; ich starb an dir.

DIE NEUNTE Ich bin der Tod.

PELEGRIN Das wissen wir...

DIE LETZTE Ich bin aus deinem Blute das Kind, Viola, die alles von neuem erfährt, die alles noch einmal beginnt.

›*Zu* Santa Cruz‹

Santa Cruz, das ist der Name eines fremden und offenbar spanischen Hafens, aber man suche ihn nicht auf der Karte – am ehesten, wenn überhaupt, findet man ihn in der eignen Erfahrung, in der Gegend jener Erkenntnis, die jedermann schon gemacht hat, jener traumhaft überraschenden, wenn man vor einer bestimmten Lebenslage steht und weiß: Das alles habe ich schon einmal erlebt, ich weiß nicht wann und nicht wo, aber im Grunde genau so, und wohin ich auch gehe, ich werde es immer wieder erleben –.

Das ist Santa Cruz.

Das Stück, das sich eine Romanze nennt, macht den Versuch, diese bekannte Erfahrung nicht allein im Worte wiederzugeben, sondern auch auf der Bühne darzustellen und dem Auge zu zeigen. Das heißt, es möchte die Dinge nicht spielen lassen, wie sie im Kalender stehen, sondern so, wie sie in unserem Bewußtsein spielen, wie sie auftreten auf der Bühne unseres seelischen Erlebens: also nicht Chronik, sondern Synchronik. Oder fürs Auge gesprochen: Transparenz aller Gegenwart, die immer wieder vor einer Landschaft der Erinnerung spielt. Wir wissen ja, daß die Dinge, die wir als Erinnerung bezeichnen, Gegenwart sind. Nämlich für unser Erleben. Sie sind da. Sie klingen mit, ja, es mag sogar sein, daß sie den Vordergrund übertönen und überleuchten, zuweilen –

Warum sollen sie nicht auch auf der Szene da sein?

Das Stück spielt in einer Nacht, während es schneit, und in einem Schloß, das man als Bild der Ehe betrachten mag oder des behausten Lebens überhaupt: zugleich spielt es vor siebzehn Jahren und auf der andern Seite unsrer Erde, dort, wo der Sommer ist und das offene Meer. Und auf beiden Ebenen wiederholt sich das gleiche. Denn erst da, wo sich ein Damals und ein Heute in unserem Erleben begegnen, erst da, wo die Wiederholung uns dazu verhilft, gewinnen wir die Erkenntnis, daß wir offenbar ein Schicksal haben, ein Kreuz, das man auf sich nehmen muß, eine crux oder cruz, um spanischer zu reden. Das Damals und das Heute: beide zusammen gemeint als das Immer, das diesen drei Menschen gesetzt ist in ihrem Verhältnis zueinander, das ungefähr ist es, was die erwähnte Synchronik zeigen möchte über sich selber hinaus. Jedes Kreuz ist schwer, zugleich tröstlich: Es ist, mindestens in den wesentlichen Wendungen, kein Zufall in unserem Leben, wie es der Rittmeister eines Abends fürchtet, und es lohnt sich nicht, das Vergangene zurückzuholen; denn keiner hätte ein anderes Dasein leben können als jenes, das er lebte, der Rittmeister nicht, Elvira nicht, Pelegrin nicht. Das aber, wenn wir es dem Wahrsager ernstlich glauben können, wäre die Überwindung aller Wehmut –.

Es stirbt der ewige Andere in uns.

Pelegrin sagt:

»Ich verwünsche nichts, was ich erlebt habe, und nichts, was ich erlebt habe, wünsche ich noch einmal zurück.«

(1946)

Nun singen sie wieder

Versuch eines Requiems

(1945)

Personen (in der Reihenfolge ihres Auftretens): Herbert
Karl · Der Pope · Maria · Oberlehrer · Liesel · Leutnant
Der Andere · Eduard · Der Funker · Hauptmann
Gefreiter · Thomas · Benjamin · Eine Frau · Hauswart
Der Alte · Das Kind · Jenny · Der Bub

Erster Teil

Erstes Bild

Herbert, ein Offizier, und Karl, ein Soldat.

HERBERT In einer Stunde ist es Nacht... Wir müssen sehen, daß wir weiterkommen; unsere Aufgabe ist erfüllt.

KARL Ja, in einer Stunde ist es Nacht...

HERBERT Was ist mit dir?

KARL Unsere Aufgabe ist erfüllt...

HERBERT Du schaust in die Welt, als hättest du dich selber erschossen!

KARL Wir müssen schauen, daß wir weiterkommen...

HERBERT Sobald der Pope einmal fertig ist, sobald er den Graben gedeckt hat.

KARL Unsere Aufgabe ist erfüllt...

HERBERT Das sagst du jetzt zum dritten Mal!

KARL Im Frühling, wenn der Schnee schmilzt, im Frühling habe ich Urlaub... im Frühling, wenn die Knospen kommen, die Sonne, dann kommt auch dieser Graben zum Vorschein. Wir können dem Popen befehlen: Schaufle ein Grab, so und so lang, aber schnell! Wir können befehlen: Nun schaufle das Grab wieder zu, aber schnell! Alles können wir befehlen in dieser Welt, alles, nur das Gras nicht, das Gras nicht, das darüber wachsen soll, aber schnell. Man wird den Graben sehen, so und so lang... im Frühling, wenn der Schnee schmilzt, im Frühling, wenn ich bei Muttern auf Urlaub bin und Kuchen esse.

HERBERT Rauche eine Zigarette!

Herbert gibt ihm eine Zigarette.

KARL Streuselkuchen... Danke... Mehl und Zucker haben sie gespart, ein ganzes Jahr hindurch, für diesen Streuselkuchen!

Herbert gibt ihm Feuer.

Einmal, als Bub, ging mir der Streuselkuchen über alles...

HERBERT Rauche deine Zigarette, schwatze nicht; du bist müde, Karl.

KARL Im Frühling habe ich Urlaub.

HERBERT Wir dürfen alles, nur nicht müde werden, nur nicht die Nerven verlieren, das gibt es nicht, Karl, bei uns nicht.

KARL In einer Stunde ist es Nacht... Maria schreibt, sie höre die Schwalben. In dieser Jahreszeit! Sie sehe die Schmetterlinge! In dieser Jahreszeit! Maria schreibt, die Quellen warten auf unseren Urlaub, sie warten unter dem Schnee...
»Frühling läßt sein blaues Band
Wieder flattern durch die Lüfte.«
Kennst du Mörike?

HERBERT Vielleicht besser als du.

KARL Ich liebe ihn.

HERBERT »Süße wohlbekannte Düfte
Streifen ahnungsvoll das Land.
Veilchen träumen schon,
Wollen balde kommen.
Horch, von fern ein leiser Harfenton!
Frühling, ja du bist's,
Dich hab ich vernommen.«
Stille.

KARL Herbert, kannst du mir sagen, warum wir diese einundzwanzig Leute erschossen haben?

HERBERT Was geht es dich an.

KARL Ich habe sie erschossen –

HERBERT Es sind Geiseln gewesen.

KARL Sie haben gesungen. Hast du gehört, wie sie gesungen haben?

HERBERT Jetzt schweigen sie.

KARL Sie haben gesungen: bis zuletzt.
Herbert blickt hinüber.

HERBERT Ich sehe es kommen, der alte Pope macht uns noch eine Legende daraus! wenn wir ihn schwatzen lassen, wenn wir ihn leben lassen.

KARL Herbert!

HERBERT Was denn?

KARL Soll das heißen, daß auch der Pope –

HERBERT Er schaufelt, als habe er eine Zwiebel gesteckt, so sorgsam schaufelt er, und was für eine kostbare Zwiebel; im Frühling, wenn es gut geht, da kommt eine Tulpe heraus!

KARL Herbert, der Pope hat keine Schuld –

HERBERT Haben die Geiseln nach ihrer Schuld gefragt? Er schaufelt sie zu, als glaube er wirklich an ihre Auferstehung; nun liest er die einzelnen Steine heraus!

KARL Herbert, der Pope hat keine Schuld –

Herbert wendet sich wieder zurück.

HERBERT Hast du das schöne Fresko bemerkt? Drüben in der mittleren Apsis?

KARL Was für ein Fresko...

HERBERT Eine Kreuzigung und eine Auferstehung, was sonst. Eine bemerkenswerte Sache, byzantinisch, zwölftes Jahrhundert vielleicht, vorzüglich erhalten... Ich muß an deinen Vater denken, Karl.

KARL Warum?

HERBERT Unser Oberlehrer, wenn er das sehen könnte, er würde sich alle zehn Finger lecken. Und einen Vortrag würde er halten: Alle diese Gestalten, würde er sagen, hier stehen sie nicht vor den Zufällen einer Landschaft, die sie geboren hat und die sie bedingt; vor einem Goldgrund stehen sie, das aber heißt, sie stehen vor dem unbedingten Raume des Geistes – und so weiter...

KARL Warum sagst du das jetzt, gerade jetzt?

HERBERT Ich muß an unseren Oberlehrer denken, oft, nichts kann ich sehen, ohne zu wissen, was seine Bildung dazu sagen würde. Nichts Schönes, meine ich. Er hat ja immer nur über das Schöne gesprochen... Weißt du übrigens, wie es ihm heute geht?

Der Pope ist erschienen.

HERBERT Nun, Väterchen?

DER POPE Sie sind begraben.

HERBERT Und du?

DER POPE Ich habe sie begraben, wie du befohlen hast.

HERBERT Ein gehorsamer Mann!

DER POPE Gott gebe ihnen die Ruhe.

HERBERT Und du?

DER POPE Ich verstehe es nicht.

HERBERT Was?

DER POPE Warum Gott euch geschickt hat.

HERBERT Du glaubst also daran, daß Gott uns geschickt hat?

Herbert tritt vor ihn.

Schwöre, daß du nicht schwatzen wirst, wenn wir weggegangen sind; schwöre es.

DER POPE Ich schwöre es.

HERBERT Schwöre, daß du nichts mit eigenen Augen gesehen hast.

DER POPE Du hast mir die Augen verbunden.

HERBERT Schwöre es!

DER POPE Ich habe nichts gesehen, ich schwöre es.

HERBERT Und auch gehört hast du nichts?

DER POPE Sie haben gesungen.

HERBERT Schwöre, daß du nichts gehört hast, oder wir erschießen dich auch.

DER POPE Mich?

HERBERT Ich zähle bis zehn. Verstanden?

DER POPE Mich?

HERBERT Eins, zwei, drei, vier, fünf, sechs, sieben –

DER POPE Ich schwöre es.

Der Pope kann gehen.

HERBERT Pfui Teufel! Pfui Teufel, sage ich, über all diese Halunken in Gott!

KARL Wären wir ihm nicht begegnet, Herbert, er wäre kein Halunke geworden; du hast ihn dazu gemacht –

HERBERT Angst, Angst, alle haben Angst vor uns!

KARL Das ist die Macht, die wir haben.

HERBERT Und der Geist, der höher als unsere Macht sein soll, wo ist er denn? Was suchen wir denn anderes als ihn? Wo ist er denn, dieser Gott, den sie an alle Wände malen, Jahrhunderte lang, den sie im Munde führen? Ich höre ihn nicht.

KARL Vor einer Stunde haben sie gesungen –

HERBERT Angst, Angst! Alle haben Angst vor unsrer Macht; sie schwören uns Eide, die Meineide sind, sie sind erstaunt, daß dieser Gott uns nicht bezwingt! Wir griffen zur Macht, zur letzten Gewalt, damit der Geist uns begegne. Laß mich erfahren, ob es wahr ist, was sie reden: ich schieße auf sie – laß mich eine einzige Auferstehung sehen! Ich habe Hunderte erschossen, und ich habe keine gesehen.

KARL Wir sind nur Mörder geworden –

HERBERT Wir griffen zur Macht, zur letzten Gewalt, damit der Geist uns begegne, der wirkliche; aber der Spötter hat recht, es gibt keinen wirklichen Geist, und wir haben die Welt in der Tasche, ob wir sie brauchen oder nicht, ich sehe keine Grenze unsrer Macht – das ist die Verzweiflung.

Er wendet sich.

Auch der Pope wird erschossen.

KARL Warum?

HERBERT Weil ich es befehle. Ich habe gesagt: Mache ein Grab für diese einundzwanzig Leute. Er hat es getan. Ich habe gesagt: Schaufle es wieder zu. Er hat es getan. Ich habe gesagt: Schwöre bei Gott, daß du nichts gehört hast. Er hat es geschworen. Jetzt sage ich: Der Pope wird erschossen...

KARL Das begreife ich nicht...

HERBERT Und du, der es nicht begreift, du wirst es tun.

KARL Ich?

HERBERT Ich befehle es dir.

KARL Herbert –

HERBERT In fünf Minuten ist es geschehen.

Karl steht und schweigt.

Wir können seinem Eide nicht glauben. Er schwört bei einem Gott, den es nicht gibt; sonst könnte er keine Meineide schwören und seines Weges gehen. Er wird sich rächen für seinen eigenen Verrat, sobald er nicht mehr vor unseren Läufen steht, verlasse dich drauf! denn er hat Angst vor uns, und immer ist es die Angst, vor allem die Angst, was sie auf Rache sinnen läßt. Ich sage, in fünf Minuten ist er erschossen. –

KARL Und wenn ich sage: ich tue es nicht?

HERBERT Du weißt, was das heißt.

KARL Ich weiß.

HERBERT Du wärest nicht der erste, Karl –

KARL Ich weiß.

HERBERT Ich stelle dich selber an die Wand, wenn es sein muß, und zwar sofort; du kannst es mir glauben, Karl. Wir haben noch immer getan, wie wir gesprochen haben; das kann in dieser Zeit nicht jeder von sich sagen. Man kann sich verlassen auf uns.

KARL Ich kenne dich.

HERBERT Überlege es dir.

KARL Und wenn ich singe dabei?

HERBERT Ich gebe dir fünf Minuten.

KARL Und wenn ich singe dabei?

HERBERT Nachher gibt es keine Worte mehr. Ich gebe dir fünf Minuten.

Herbert entfernt sich.

KARL Nun singen sie wieder...

Der Pope erscheint und wartet; man hört den Gesang.

DER POPE Ich solle mich melden bei dir.

KARL Nun singen sie wieder...

DER POPE Ich solle mich melden bei dir.

KARL Was willst du?

DER POPE Ich solle mich melden bei dir.

KARL Sage mir eines: –

DER POPE Was denn?

KARL Oder nein... Du hast einen Meineid geschworen. Warum hast du einen Meineid geschworen? Du hast deinen Herrgott verleugnet, den du am Halse trägst. Zwanzig Jahre lang, so sagtest du doch, zwanzig Jahre lang hast du in diesem Kloster gelebt, gebetet, gedient –

DER POPE Das habe ich.

KARL Noch ehe der Hahn kräht! So heißt es doch ungefähr? Noch ehe der Hahn kräht... Warum hast du das getan?

DER POPE Kümmere sich jeder um seine eigene Schuld.

KARL In einer Stunde ist es Nacht... sage mir eines: wenn ich in dieser Richtung gehe, immerzu, Wälder, Heide, immerzu, wenn ich durch die Flüsse schwimme, immerzu, wenn ich durch die Sümpfe wate, immerzu, solange die Nacht ist, immerzu, immerzu, wo komme ich hin?

Der Pope schweigt.

Rede! Wo komme ich hin? Rede! Es rettet dir das Leben.

Der Pope schweigt.

Ich gehe. Verrate mich! Ich gehe zur Mutter. Sage es ihnen: ich gehe zur Mutter!

Karl entfernt sich.

DER POPE Mein Ort ist hier. Ich verrate dich nicht. Deine Flucht, sie rettet mich nicht, sowenig wie dich. Jeder Weg, den du auf Erden noch gehst, – er führt dich hierher.

Zweites Bild

Maria mit dem Kind.

MARIA Maikäfer, flieg!
Der Vater ist im Krieg,
Die Mutter ist im Pommerland,
Pommerland ist abgebrannt,
Maikäfer, flieg...

Im Frühling, wenn der Schnee schmilzt, im Frühling kommt Karl. Das ist dein Vater. Du hast ihn nie gesehen. Drum sag ich es dir, mein Kind. Ein guter Vater, ein lieber Vater, er wird dich auf die Knie nehmen, reite, reite, reite! Und Augen hat er wie du, mein Kind, so lauter und blau wie ein See. Und lachen kann er, dein Vater; er wird dich auf die Schultern heben, du kleiner Wicht, da kannst du dich an seinem Schopfe halten, reite, reite, reite!...

Maikäfer, flieg!
Der Vater ist im Krieg,
Die Mutter ist im Pommerland,
Pommerland ist abgebrannt –

O Gott, was immer geschieht, einmal wird es Frühling werden. Die Erde ist Jahrtausende alt; noch keinmal ist er ausgeblieben, was immer die Menschen auch taten: – es tropft von den Bäumen, das ist der Schnee, der schmilzt, denn die Sonne scheint auf die Erde. Sie scheint nicht überall hin; hinter den Wäldern ist lange noch Schatten, da ist es kühl und naß, wenn man vorbeikommt, der Boden schmatzt, da fault noch das Laub der verlorenen Herbste... Aber der Himmel, oh, zwischen den Stämmen ist überall Himmel, ein Meer von Bläue, wir stehen im Wind, wir tragen die Sonne wie schmelzendes Silber im Haar, es klaffen die finsteren Äcker nach Licht, und draußen verzetteln sie Mist, es dampfen die Rosse, es gurgeln die Quellen... Im Frühling, wenn der Schnee schmilzt, im Frühling kommt Karl! Es kommen die Abende bei offenem Fenster: man hört ihre Helle voll zwitschernder Vögel, es ist, als spüre man die Luft, die wehe Erregung der Knospen, die Weite der Felder... O Kind, wie ist es schön auf der Erde, wie ist es schön auf der Erde!

Der Oberlehrer ist eingetreten.

MARIA Ich glaube, er schläft.

OBERLEHRER Ich komme von drüben.

MARIA Und?

OBERLEHRER Man hat sie noch immer nicht gefunden.

MARIA Im Frühling, wenn Karl kommt, was wird er sagen, wenn er seine Mutter nicht mehr sieht?

OBERLEHRER Ja.

MARIA Im Frühling, wenn Karl kommt.

OBERLEHRER Ich habe noch einmal gesprochen mit ihnen...

MARIA Gesprochen mit wem?

OBERLEHRER Es sind Fremde, Kriegsgefangene, eigentlich sollte man nicht reden mit ihnen...

MARIA Was haben sie denn gesagt?

OBERLEHRER Einer davon, so ein Gefangener, er ist selber einmal verschüttet gewesen, zwanzig Stunden lang, sagt er, ganz am Anfang des Krieges...

MARIA Und?

OBERLEHRER Das ist alles. Jetzt haben sie aufgehört.

MARIA Sie graben nicht weiter?

OBERLEHRER Es sind schon fünfzig Stunden her. Sie graben nicht weiter. Es heißt, man setze sie an anderen Orten ein, wo die Verschütteten vielleicht noch leben –

MARIA Sie graben nicht weiter.

OBERLEHRER Darum bin ich zurückgekommen. Fünfzig Stunden habe ich da unten gestanden. Ich hatte schon lange die Hoffnung verloren, daß Mutter noch lebt. Der Schutt ist gepreßt und gefroren, daß man bohren muß, so hart ist er. Ich hatte schon lange keine Hoffnung mehr, weiß Gott... Nun graben sie nicht weiter; nun denke ich plötzlich, in diesem Augenblick – ob unsere Mutter nicht immer noch lebt?

MARIA Mutterlein!

Maria schluchzt.

Warum das alles? Sage mir das. Was hat ihnen denn unser Mutterlein zuleide getan? Ein Mensch wie Mutterlein! ... sage mir das.

OBERLEHRER Ja.

MARIA Warum das alles?

OBERLEHRER Satane sind es.

MARIA Was in aller Welt, was wollen sie denn von uns!

OBERLEHRER Satane sind es... sie ertragen es nicht, daß wir ihnen überlegen sind. Das ist alles. Sie ertragen es nicht, daß wir die Welt verbessern wollen, daß wir die Welt verbessern könnten. Satane sind es.

Maria horcht.

MARIA Es hat geklopft?

OBERLEHRER Wer kann das sein –?

MARIA Ich weiß es nicht.

OBERLEHRER Ich bin nicht zu Hause –

MARIA Und wenn es Karl ist?

OBERLEHRER Das meinst du jedesmal, wenn es klopft, seit einem Jahr –

MARIA Ich werde schauen, wer es ist.

Maria geht zur Türe.

OBERLEHRER Satane sind es. Satane. Ich wollte sie sehen, nur ein einziges Mal, von Angesicht zu Angesicht!

Maria und Liesel, die einen Blumentopf bringt.

MARIA Es ist nur die Liesel.

LIESEL Herr Oberlehrer –

MARIA Sie will dir einen Blumentopf bringen.

LIESEL Wegen Ihrer Frau.

OBERLEHRER Wer weiß es denn, Liesel, ob sie in diesem Augenblick nicht immer noch lebt?

LIESEL Blumen sind es gerade nicht, Herr Oberlehrer. In dieser Jahreszeit! Es ist eine Zwiebel darin; im Frühling, wenn es gut geht, da kommt eine Tulpe heraus.

MARIA Wir danken dir.

Sie stellt den kahlen Topf auf den Tisch.

LIESEL Kommen diese Zeiten wohl wieder, Herr Oberlehrer?

OBERLEHRER Welche Zeiten?

LIESEL Sie haben uns durch die alte Stadt geführt, durch die Schlösser und Galerien, Sie haben uns die Bilder erklärt, daß man es nicht mehr vergißt, was Sie nur alles über so ein berühmtes altes Gemälde haben sagen können! Sie haben uns die Augen geschenkt für das Schöne, wissen Sie, für das Edle und so.

OBERLEHRER Wie geht es Herbert?

LIESEL Mein Bruder ist an der Front. Zurzeit sind sie in einem Kloster, schreibt er, da gebe es mittelalterliche Fresken: unser Oberlehrer würde staunen, schreibt er.

OBERLEHRER Herbert ist mein bester Schüler gewesen.

LIESEL Das sagen Sie immer.

OBERLEHRER Herbert ist mein bester Schüler gewesen, Zeit meines Lebens, und Cello hat er spielen können, wir haben eine Zeitlang viel zusammen gespielt, dein Bruder und ich, jede Woche –

LIESEL Ich weiß.

Sie wendet sich plötzlich an Maria.

Weißt du, daß Karl in der Stadt ist?

MARIA Karl?

LIESEL Ich glaube ganz sicher, daß er es war, ganz sicher –
MARIA Karl?
OBERLEHRER Mein Sohn?
MARIA Wo? Wann? Das ist ja nicht möglich.
LIESEL Gestern nacht, ich ging um die Ecke, gerade da drüben, wo die Mutter verschüttet ist, da rennen wir plötzlich zusammen. Denn es war dunkel. Verzeihung! sagte er –
MARIA Unser Karl?
LIESEL Es war seine Stimme, ganz gewiß, sonst hätte ich ihn überhaupt nicht erkannt. Karl? sagte ich – da war er schon weg.
OBERLEHRER Mache dir keine Hoffnung, Maria. Das ist eine Täuschung; Karl ist an der Front, viele Meilen von hier –
LIESEL Ist er denn nicht bei euch gewesen?
MARIA Im Frühling kommt er auf Urlaub, hat er geschrieben, im Frühling...
OBERLEHRER Reden wir nicht mehr davon!
LIESEL Freut es Sie nicht, daß Karl in der Stadt ist?
MARIA O Karl!
OBERLEHRER Siehst du, nun weint sie.
MARIA Wir haben ein Kind, und er hat es noch niemals gesehen. Im Herbst habe er Urlaub, hat es immer geheißen, und dann, im Herbst, da kam die neue Offensive.
LIESEL Vielleicht habe ich mich wirklich getäuscht.
OBERLEHRER Wir haben schon soviel gehofft; wir hoffen immer blinder. Es wäre besser, Liesel, du hättest geschwiegen.
LIESEL Ich war drum selber erschrocken; erst später fiel mir ein: Er hat mich im Dunkeln nicht gekannt – erst später lief ich ihm nach. Karl? rief ich...
MARIA Du hast ihn nochmals getroffen?
LIESEL Ich meinte es, ja; aber als ich ihn endlich einholte, da war es ein andrer –
OBERLEHRER Siehst du!
LIESEL Ich dachte selber: du hast dich getäuscht. Ich glaubte es nun selber. Ich ging zurück, und drüben an der Ecke traf ich ihn wieder, den Gleichen, der mich vorher fast überrannt hat.

Karl? sagte ich: Kennst du mich nicht?

MARIA Und?

LIESEL Ich hielt ihn am Ärmel, verstehst du; aber er blieb nicht stehen. Karl! sagte ich: Karl! und ließ ihn nicht los: Ich kenne dich doch, Karl, was ist denn mit dir?

MARIA Er ist es gewesen?

LIESEL Ich habe ihn gesehen, so nahe wie dich, gestern nacht –

OBERLEHRER Das ist nicht möglich.

MARIA Gestern nacht?

OBERLEHRER Das ist nicht möglich; sonst wäre er zu uns gekommen, unser Karl, er streicht doch nicht wie ein Gespenst herum.

LIESEL Karl? sagte er endlich und blieb stehen: Ich heiße nicht Karl, Sie haben Pech, mein liebes Kind, versuchen Sie es mit einem andern Mann! und schlug mir eines auf die Finger, so daß ich ihn sofort loslassen mußte...

Man hört ferne Sirenen.

MARIA Nun kommen sie wieder!

OBERLEHRER Gehen wir in den Keller.

MARIA Nun kommen sie wieder, und der Kleine ist eben eingeschlafen –

OBERLEHRER Satane sind es! Satane sind es!

LIESEL Vielleicht habe ich mich wirklich getäuscht...

Sie löschen das Stubenlicht.

OBERLEHRER Satane sind es, ich wollte sie nur einmal sehen: von Angesicht zu Angesicht –

Drittes Bild

Sieben junge Flieger warten auf ihren Einsatz; aus einem Lautsprecher hört man muntere Tanzmusik; sie sitzen in modernen Stahlrohrsesseln, lesen, rauchen, spielen Schach oder schreiben Briefe.

LEUTNANT Schach!

DER ANDERE Ich glaube nicht mehr daran, daß wir heute nacht

an die Reihe kommen. Nun ist es zwanzig Uhr vorbei.

LEUTNANT Schach! habe ich gesagt.

DER ANDERE Das war vorauszusehen, mein Lieber. Das kostet einen Springer. Und dich die Dame.

LEUTNANT Wieso?

DER ANDERE Du bist am Zug.

Er steckt sich eine Zigarette an.

Ich glaube wirklich nicht, daß wir heute nacht noch an die Reihe kommen... übrigens: draußen regnet es in Strömen.

Er raucht.

Hast du Köln gekannt, als es noch stand?

LEUTNANT Nein.

DER ANDERE Ich auch nicht.

LEUTNANT Mein Urgroßvater hat Europa verlassen, weil er es müde war. Mir geht es nicht anders, obschon ich seinen Boden noch nie betreten habe... Schach!

Aus dem Rundfunk hört man plötzlich, an Stelle der Tanzmusik, einen Choral aus der Matthäuspassion von Johann Sebastian Bach.

DER FUNKER Abstellen!

EDUARD Warum?

DER FUNKER Abstellen! sage ich. Abstellen!

Die Musik wird gedämpft.

Diese Art von Musik verdaue ich nicht.

EDUARD Ich suche ja nur, was in der Luft ist. Ich finde sie immerhin schön, diese Art von Musik...

DER FUNKER Darum geht es nicht.

EDUARD Sondern?

DER FUNKER Laß mich meine Briefe schreiben! Ich möchte nicht aus diesem Leben scheiden, bevor das Luder weiß, was ich von ihr halte... Du sagst es ja selber: Ich finde sie immerhin schön. Immerhin! Ich ebenfalls.

EDUARD Also.

DER FUNKER Darum geht es nicht!

EDUARD Sondern? ... Weil es deutsche Musik ist? Musik ist ihr Bestes.

Der Funker schreibt seinen Brief, schweigend.
Ich stelle nicht ab, bevor du deine Gründe sagst.

DER FUNKER Ich finde das Schöne zum Kotzen.

EDUARD Ein trefflicher Grund!

DER FUNKER Die Welt ist nicht schön. Was solche Musik uns vormacht, das gibt es nicht. Verstehst du das? Es ist eine Illusion.

EDUARD Mag sein...

DER FUNKER Die Welt ist nicht schön.

EDUARD Aber die Musik ist schön. Ich meine: es gibt die Schönheit einer Illusion, wie du das nennst. Was hast du gewonnen, wenn wir auch das aus der Welt schaffen? Am Ende ist es das einzige, was unsere Bomben nicht zerschmettern können.

DER FUNKER Das ja – und deine albernen Witze.

EDUARD Es ist kein Witz, Kamerad.

DER FUNKER Sondern?

EDUARD Ich glaube an die Illusion. Auch das, was nirgends vorkommt auf der Welt, auch das, was man mit Händen nicht greifen und mit Händen nicht zerstören kann, auch das, was nur als Wunsch vorkommt, als Sehnsucht, als Ziel über alles Vorhandene hinaus: auch das hat seine Macht über die Völker.

DER FUNKER Glaubst du das?...

EDUARD Sein Reich komme! Nichts ist wirklicher als diese Illusion. Sie hat die Dome erbaut, sie hat die Dome zertrümmert, Jahrtausende haben gesungen, gelitten, gemordet für dieses Reich, das niemals kommt – und dennoch macht es die ganze menschliche Geschichte! Nichts auf Erden ist wirklicher als diese Illusion.

Ein Dritter, der auf eine Zigarettenschachtel zeichnete.

THOMAS Das glaube ich auch.

DER FUNKER Was?

THOMAS Jeder Krieg hat ein Ziel. Auch dieser Krieg. Sonst wäre doch alles ein Unsinn, ein Verbrechen, was wir da machen. Es ist das Ziel dieses Krieges, daß der Friede besser wird, vor allem für uns Arbeiter. Vor allem für uns Arbeiter...

Kleines Schweigen um ein Mißverständnis.

DER FUNKER Ich habe einen Menschen gekannt, der spielte solche Musik, wunderbar. Es war vor dem Krieg, als wir noch keine Feinde waren, er und ich. Wir hielten uns sogar für Freunde! Er redete über solche Musik, daß unsereiner nur staunen konnte, so klug, so edel, so innerlich, verstehst du, so innerlich! Und doch ist es der gleiche Mensch, der Hunderte von Geiseln erschießt, Frauen und Kinder verbrennt – genau der gleiche, so wie er Cello spielt, so innerlich, verstehst du, so innerlich...

Er klebt den Umschlag zu, erhebt sich.

Herbert hat er geheißen.

EDUARD Was willst du damit sagen?

DER FUNKER Du hast deine Mutter, deinen Vater, deine kleine Schwester nicht verloren. Rede nicht! du hast es nicht mit Augen gesehen: – Satane sind es... Satane sind es...

Ein Gefreiter ist eingetreten.

HAUPTMANN Was gibt es?

GEFREITER Einsatz –

HAUPTMANN Wann?

GEFREITER Zwanzig Uhr fünfzig.

HAUPTMANN Danke.

Der Hauptmann erhebt sich und klopft langsam seine Pfeife aus.

Ihr habt es gehört?

Pause.

DER ANDERE Zwanzig Uhr fünfzig? hat er gesagt...

LEUTNANT Da werden wir noch lange fertig. Du bist am Zug.

DER ANDERE Das drittemal in dieser Woche!

LEUTNANT Spiel jetzt.

DER ANDERE Gestern hatte ich einen scheußlichen Traum... Unser Kasten hatte Feuer, wir sprangen hinaus, eins, zwei, drei, vier, fünf, ich habe das schon öfter geträumt: es ist, als wolle der Fallschirm überhaupt nicht auf die Erde sinken, und am Ende lande ich jedesmal in meiner Vaterstadt, eine Stadt wie am Sonntag, verstehst du, ein wenig öde, langweilig, fremd, ungefähr so, als käme man nach Jahrhunderten zurück, die Straßen, die man gekannt hat, die Plätze, plötzlich ist es eine Wiese, und die Ziegen weiden darauf, aber das Kaffeehaus steht offen wie eine Ruine, deine Freunde sitzen darin, sie lesen Zeitung, und auf den marmornen Tischlein ist Moos, Moos, keiner weiß, wer du bist, keine gemeinsame Erinnerung, keine gemeinsame Sprache und so weiter... ein scheußlicher Traum!

LEUTNANT Spiel jetzt.

Der Hauptmann zieht seine Bluse an.

HAUPTMANN Benjamin?

BENJAMIN Hauptmann.

HAUPTMANN Ich denke, wir nennen dich einfach Benjamin. Du bist der Jüngste von uns, Benjamin... Aufstehen mußt du deswegen nicht.

BENJAMIN Ich bin nicht jünger als viele andere auch.

HAUPTMANN Du wirst sehen, man gewöhnt sich daran.

BENJAMIN Woran?

HAUPTMANN Es ist ein Alltag wie irgendeiner. Da ist unser Leutnant, der immerfort Schach spielt, wenn er kein Mädchen hat, und immerfort verliert... Thomas dort hinten, er zeichnet das Haus, das nach dem Kriege jeder Arbeiter bekommen wird. Jeder richtet sich ein... Heute, das ist dein erster Einsatz?

BENJAMIN Ja.

HAUPTMANN Ich sage das nicht zum Trost, das mit dem Alltag. Man gewöhnt sich an alles. Ich selber bin der Älteste, gewissermaßen ein Greis, denn ich mache es schon das fünfte Jahr. Früher hatte ich das Geschäft meines Vaters, wir handeln mit Wolle, auch das war manchmal sehr langweilig –

BENJAMIN Ich habe keine Angst.

HAUPTMANN Angst?

BENJAMIN Sie lächeln vielleicht...

HAUPTMANN Auch das wirst du sehen, Benjamin, es gibt so ein paar Dinge, wovon wir niemals reden. Tabu! Ob einer Angst hat oder nicht, wer fragt danach?

BENJAMIN Ich wollte nicht sagen, daß ich Mut habe. Ich habe

auch keinen Mut, glaube ich. Aber auch keine Angst. Ich kenne mich selber noch nicht.

HAUPTMANN Wie alt bist du denn?

BENJAMIN Zwanzig. Das heißt, zwanzig und ein halbes.

HAUPTMANN Schreibe deinem Mädchen, ich lasse es grüßen! Mit zwanzig Jahren, da hatten wir es noch schöner –

BENJAMIN Ich schreibe an kein Mädchen.

HAUPTMANN Warum nicht?

BENJAMIN Weil ich keines kenne.

HAUPTMANN So siehst du mir aus, Benjamin!

BENJAMIN Nach der Schule, da kam der Krieg –

HAUPTMANN Ich habe dir zugeschaut, wie du schreibst, zwei Stunden lang, Benjamin; so schreibt man nur an ein Mädchen, an ein sehr liebes und sehr gutes Mädchen.

BENJAMIN Ich schreibe an niemand.

HAUPTMANN Soll das heißen – daß du ein Dichter bist?

BENJAMIN Ich möchte es werden, Hauptmann: wenn der Krieg uns nicht wegnimmt.

Der Hauptmann wird gerufen.

HAUPTMANN Ich komme. –

Der Hauptmann entfernt sich.

LEUTNANT Ich gebe nicht auf.

DER ANDERE Wir werden nicht fertig, ich sage dir, du bist verloren.

LEUTNANT Wollen wir sehen!

DER ANDERE Es hilft dir alles nichts.

LEUTNANT Wir lassen es stehen, genau so; wir machen es morgen zu Ende. Ich bin am Zug.

Sie ziehen ihre Blusen an.

DER FUNKER Und alles andere, was geschehen ist? Auch ich habe es nicht glauben wollen, mein Lieber, es ist behaglicher, ich weiß! Auch ich habe es nicht glauben wollen: Tote, die einen Fleischerhaken im Unterkiefer haben, Kinderschuhe mit abgeschlagenen Kinderfüßen darin –

EDUARD Hör auf!

DER FUNKER Auch ich habe es nicht glauben wollen. Und dennoch, mein Lieber, dennoch ist es geschehen: Tausende, Hunderttausende – wie Ungeziefer vergast, verkalkt, vernichtet ...

EDUARD Hör auf! sage ich.

DER FUNKER Die Welt ist nicht schön.

EDUARD Glaubst du, daß wir sie schöner machen in dieser Nacht?

DER FUNKER Was sollen wir tun? Ich frage dich. Sollen wir uns töten lassen?

EDUARD Unsere Bomben machen sie nicht besser – und uns auch nicht.

DER FUNKER Versuche du es mit Musik! Versuche es –

EDUARD Ich versuche zu denken, das ist alles.

DER FUNKER Wir können nicht anders!

EDUARD Mag sein. Das ist der Fluch ...

Schweigen.

DER FUNKER Als meine Mutter, mein Vater, meine kleine Schwester noch lebten ... weiß Gott, ich dachte nicht anders als du. Es gibt nur ein einziges Recht auf der Erde, das Recht für alle. Es gibt nur eine einzige Freiheit, die diesen Namen verdient, die Freiheit für alle. Es gibt nur einen einzigen Frieden, den Frieden für alle –

EDUARD Und jetzt?

DER FUNKER Oh, ich fühlte mich so weise dabei!

EDUARD Und jetzt: jetzt hast du alles verloren – zuletzt deine eigene Einsicht?

DER FUNKER Es ist keine Einsicht, Eduard, es ist keine Einsicht, was unserem Erlebnis nicht standhält! Es ist ein Wunsch, eine Träumerei, ein großes Wort –

EDUARD Wir haben es der Welt gegeben, das große Wort: wir sprachen von Recht, und was wir bringen, das ist Gewalt, wir sprachen von Frieden, und was wir stiften, ist abermals Haß ...

DER FUNKER Du hast deine Mutter, deinen Vater, deine kleine Schwester nicht verloren ... Du hast es nicht mit Augen gesehen: meinen Vater haben sie vor der Haustüre erschossen, bevor er fragen konnte, was geschehen sei, meine Mutter, meine kleine Schwester haben sie in die Kirche getrieben, das ganze

Dorf, Frauen, Mädchen, Säuglinge, dann haben sie die Kirche verbrannt, Flammenwerfer... Du hast es nicht mit Augen gesehen. Oh, wie ich deinesgleichen beneide.

Eduard schweigt.

Auch ich versuche zu denken, weiß Gott, es vergeht mir kein Tag – Das alles, denke ich, es muß und es wird seine Rache finden.

EDUARD Rache?

DER FUNKER Es ist nicht unsre Rache –

EDUARD Sondern?

DER FUNKER Man kann nicht den Menschen verhöhnen und meinen, es treffe den Menschen nicht, der es tut, es treffe die eigene Mutter nicht, die eigenen Kinder nicht... Es ist nicht unsere Rache... Ihre Lüge, ihr Übermut, ihr Größenwahn: was ginge uns das alles an, wenn wir nicht seine Opfer würden? Es gäbe Schöneres zu tun, ich weiß, Geige spielen, Bücher lesen, Pferde reiten, Kinder haben –

EDUARD Vielleicht käme mehr dabei heraus.

DER FUNKER Es gibt keinen Frieden mit dem Satan, wenn man auf dem gleichen Gestirn wohnt. Es gibt nur eines: stärker sein als der Satan!

EDUARD Unterdrücken, meinst du – ganze Völker...

DER FUNKER Ausrotten, meine ich, ausrotten!

EDUARD Ausrotten?

DER FUNKER Es gibt nichts anderes. –

Der Funker ist zum Einsatz fertig, während Eduard noch nestelt.

EDUARD Ich glaube nicht an die Gewalt, nie, auch wenn sie eines Tages in unseren Händen ist. Es gibt keine Gewalt, die imstande ist, den Satan auszurotten –

DER FUNKER Wieso nicht?

EDUARD Immer da, wo die Gewalt ist, bleibt auch der Satan. –

DER FUNKER Rede nicht! Träume nicht! Du hast es nicht mit Augen gesehen – Satane sind es!...

Der Hauptmann kommt zurück, eine Karte in der Hand.

HAUPTMANN Kameraden!

Sie treten an.

Unser Auftrag ist nicht leicht. Unser Auftrag ist der folgende: –

Benjamin bleibt abseits.

BENJAMIN Es ist sonderbar, was ich mir denken kann: Vielleicht stürzen wir in den Tod, ganz plötzlich, und wir merken es lange nicht, daß das der Tod gewesen ist. Wir wissen lange nicht, wo wir uns befinden. Das Mädchen, das in derselben Stunde stirbt, wir werden es kennenlernen. Vielleicht haben wir es getötet. Es wird das Leben sein, das wir zusammen hätten führen können; es wird die Reue sein, wo wir uns alle finden... Das wird es sein.

HAUPTMANN Benjamin?

Benjamin tritt in die Reihe.

Unser Auftrag ist der folgende: –

Viertes Bild

Karl und sein Vater, der Oberlehrer.

KARL Mutter ist tot –

OBERLEHRER Du kannst es noch immer nicht glauben, Karl.

KARL Mutter ist tot –

OBERLEHRER So ist das nun alles, ja. Sie hat sich auf deinen Urlaub gefreut. Im Frühling kommt Karl, sagte sie immer, im Frühling –

KARL Reden wir nicht davon.

OBERLEHRER Sie wurde verschüttet; man hat sie noch immer nicht gefunden.

KARL Was weiter?

OBERLEHRER Du sagst: Was weiter?...

KARL Im Frühling, wenn der Schnee schmilzt, im Frühling habe ich Urlaub. Es sind noch viele Mütter tot, im Frühling, wenn der Schnee schmilzt...

OBERLEHRER Du bist verstört. Was ist mit dir?

KARL Und wo ist Maria?

OBERLEHRER Maria lebt.

KARL Sage die Wahrheit!

OBERLEHRER Maria lebt, Maria ist droben in der Wohnung.

KARL Maria lebt...

OBERLEHRER Auch eurem Kleinen geht es gut.

KARL Maria ist droben in der Wohnung...

OBERLEHRER Wir haben dir alles geschrieben, Karl; ihr Haus wurde getroffen, zum Glück war Maria nicht daheim. Nun lebt sie bei uns, mitsamt eurem Kind.

KARL So ist das alles.

OBERLEHRER Ja.

KARL Mutter ist tot, und ich habe sie nicht mehr gesehen, und Maria, da droben in der Wohnung, sie wartet auf meinen Urlaub, wenn der Schnee schmilzt, und auch Maria werde ich nicht mehr sehen...

OBERLEHRER Karl! Was redest du? Karl?

KARL So ist das nun.

OBERLEHRER Herrgott im Himmel –

KARL Laß ihn.

OBERLEHRER Herrgott im Himmel, was ist denn geschehen? Karl? Ich komme in den Keller und treffe meinen Sohn, der sich im Keller versteckt hat. Wie kommst du hieher? Ich frage dich zum drittenmal: Wie kommst du hieher?

KARL Zu Fuß.

OBERLEHRER Warum steckst du da unten, Karl, wenn du Urlaub hast und Maria wartet auf dich, wir alle –

KARL Ich habe keinen Urlaub.

OBERLEHRER Wieso bist du denn hier?

KARL Verstehst du?

Der Oberlehrer starrt ihn an.

Ich bin gegangen.

OBERLEHRER Karl?

KARL Ich bin gegangen... zu Fuß...

OBERLEHRER Weißt du, was das bedeutet?

KARL Besser als du...

Kurzes Schweigen; Karl steckt sich eine Zigarette an.

OBERLEHRER Wenn es jetzt Alarm gibt und die Leute kommen in den Keller, die Leute sehen dich, die Leute kennen dich, – weißt du, was das bedeutet?

KARL Warum sollen wir uns nicht endlich kennenlernen?

OBERLEHRER Weißt du, was du tust?

KARL Ich weiß, was ich getan habe, ich allein, denn ich habe es getan, heute vor einer Woche, ich, Karl, dein einziger Sohn, ich, der ich selber eine Frau hatte, ein Kind hatte, eine Mutter hatte, die zur gleichen Zeit verschüttet wurde. Was weiter? Es sind nicht die ersten gewesen...

OBERLEHRER Karl, melde dich sofort zurück!

KARL Nie wieder.

OBERLEHRER Bevor die Leute dich sehen, Karl. Du sagst: Ich habe mich verlaufen, ich habe mich verirrt, ich habe –

KARL Rede nicht.

OBERLEHRER Ich beschwöre dich, Karl, ich flehe dich an, dein Vater; hörst du mich nicht? Du hast den Kopf verloren, mein lieber Karl, nimm dich noch einmal zusammen, es ist das Einzige, was dich retten kann, dich und uns, Maria, deinen Vater – melde dich sofort zurück!

Karl blickt ihn wortlos an.

Hörst du mich nicht?

KARL Hast du schon einmal auf Frauen und Kinder geschossen?

OBERLEHRER Melde dich sofort zurück.

KARL Nichts leichter als das; sie knicken, fast langsam, sie fallen zur Seite, meistens, andere fallen nach vorne. Was weiter? Hast du schon einmal auf Frauen und Kinder geschossen, und sie haben, da du es tust, gesungen dazu? Sie haben gesungen dazu?

Er beginnt zu singen, das Lied der Geiseln, das den Keller mit einem hohlen, einem dröhnenden Echo erfüllt.

OBERLEHRER Wenn jemand dich hört! Wenn jemand kommt und dich sieht, wir sind verloren.

KARL Ich weiß.

OBERLEHRER Bist du gekommen, um uns alle auszuliefern?

KARL Wir sind verloren, Vater, auch wenn uns niemand sieht. Verlaß dich drauf.

OBERLEHRER Karl, höre mich an –

KARL Es ist das Einzige, worauf wir uns verlassen können.

OBERLEHRER Ich verstehe dich –

KARL Das ist nicht möglich; du hast es nicht getan.

OBERLEHRER Karl, du hast es auf Befehl getan! Ich sage dir: wir haben keine Schuld daran –

KARL Glaubst du das noch immer?

OBERLEHRER Karl! Karl!

KARL Werde nicht feierlich.

OBERLEHRER Zwei Minuten, Karl, nimm deinen Kopf zusammen und höre mir zu, zwei Minuten, und dann erst entscheide, was du tun willst –

Er setzt sich zu seinem Sohn.

KARL Ich kenne es genau, was du mir sagen willst.

OBERLEHRER Auch mir, Karl, auch mir hat man schon Dinge befohlen, die ich aus freien Stücken nie getan, die ich nie auf meine eigene Verantwortung genommen hätte; mit kleinen und nebensächlichen Dingen fing es an, du weißt es, und warum habe ich es getan?

KARL Wo es am Mute fehlt, da fehlt es nie an Gründen.

OBERLEHRER Euch zuliebe habe ich es getan, Mutter zuliebe, dir zuliebe! Ich hatte damals die Wahl, ich konnte Oberlehrer oder brotlos werden, brotlos, arbeitslos, mittellos. Du lachst!

KARL Ich lache nicht –

OBERLEHRER Damals war es ein Schrecken, der größte, damals, und dann war auch viel Gutes an der Sache, und ich sagte ja, euch zuliebe, Mutter zuliebe.

KARL Mutter ist verschüttet –

OBERLEHRER Dir zuliebe, Karl! Ich wollte nicht, daß du es büßen müßtest, ich wollte nicht, daß dir die ganze Jugend verhunzt sei –

KARL Sie ist verhunzt.

OBERLEHRER Ich sagte ja. Später ging es nicht mehr um Stelle und Brot, es ging darum, ob man auf dieser Erde noch eine

Heimat hatte oder nicht, und ich sagte noch einmal ja, denn ich wollte dir nicht die Heimat rauben. Begreifst du mich?

KARL Weiter.

OBERLEHRER Ich habe, so wie die Dinge liegen, jedesmal nur das Beste gewollt, Karl –

KARL Sagen wir: das Günstigste.

OBERLEHRER Ich dachte an euch. Du weißt nun, was das heißt, eine Frau haben, ein Kind haben –

KARL Weiter.

OBERLEHRER Später ging es nicht mehr um Heimat oder Fremde, verstehst du, nach und nach ging es um den Kopf, und ich sagte ja. Karl! auch das ist ein Gewissen: man tötet nicht seine Frau der eignen persönlichen Gesinnung zuliebe, seine Frau, seinen Sohn –

KARL Lieber die andern!

Er steht wieder auf.

Hast du schon einmal auf Frauen und Kinder geschossen?

OBERLEHRER Ich sage dir: du hast es auf Befehl getan!

KARL Und wer hat es befohlen?

OBERLEHRER Es ist nicht deine Schuld, Karl, was alles auch befohlen wird, es ist nicht unsere Schuld –

KARL Das ist es ja!

OBERLEHRER Du lachst?...

KARL Jedes Wort, das du sagst, es klagt uns an. – Es gibt das nicht, es gibt keine Ausflucht in den Gehorsam, auch wenn man den Gehorsam zu seiner letzten Tugend macht, er befreit uns nicht von der Verantwortung. Das ist es ja! Nichts befreit uns von der Verantwortung, nichts, sie ist uns gegeben, jedem von uns, jedem die seine; man kann nicht seine Verantwortung einem andern geben, damit er sie verwalte. Man kann die Last der persönlichen Freiheit nicht abtreten – und eben das haben wir versucht, und eben das ist unsere Schuld.

Stille.

Es gibt kein Zurück, Vater, verlaß dich drauf.

Man hört ferne Sirenen.

OBERLEHRER Das ist Alarm.

KARL Schon wieder.

OBERLEHRER Jetzt kommen die Leute hierher... Karl... Habe ich alles auf mich genommen, damit es am Ende umsonst war?

KARL Ich sehe keinen Ausweg, Vater, für keinen von uns; das ist die Schuld.

OBERLEHRER Melde dich zurück... Jeden Augenblick kommen die Leute in den Keller... auch Maria soll dich nicht sehen, Maria, die dich nicht lassen wird, bis wir verloren sind.

KARL Maria!

OBERLEHRER Karl, ich bitte dich um unser Leben.

KARL Nun kommt sie die Treppe herab, Maria, unser Kind, das ich noch nie gesehen habe... nun kommen sie die Treppe herab...

Er faßt den Vater.

Du, trag ihnen Sorge!

Karl verschwindet, bevor die Leute kommen.

LIESEL Da ist er ja schon... Maria, der Oberlehrer ist ja schon unten! So komme doch.

EINE FRAU Das ist das dritte Mal, heute schon das dritte Mal.

HAUSWART Schweigen Sie doch endlich!

DIE FRAU Ich sage ja bloß: das ist das dritte Mal...

HAUSWART Das wissen wir auch.

DIE FRAU Herrgott nochmal, jede Nacht hockt man im Keller, jeden zweiten Tag, nicht einmal reden darf man – was meinen Sie denn eigentlich, Sie, wer sind Sie denn eigentlich?

HAUSWART Ich bin Luftschutz.

DIE FRAU Ich bin ein Mensch –

JEMAND Das sind wir alle, gute Frau.

DIE FRAU Wollen Sie mir das Schnaufen verbieten, wollen Sie mir alles verbieten? Wozu führen wir denn eigentlich Krieg, das möchte ich wissen –

JEMAND Lesen Sie die Zeitung!

DIE FRAU Wozu?

JEMAND Lesen Sie die Zeitung...

DIE FRAU Wenn man nicht schnaufen darf, nicht reden darf,

nichts, kein Licht, nichts, warum lassen wir uns nicht töten? Nicht einmal das darf man...

HAUSWART Jede Panik muß vermieden werden. Das ist meine Pflicht, dafür bin ich geschult, dafür bin ich verantwortlich –

DIE FRAU Und ich sage Ihnen trotzdem: sie kommt!

HAUSWART Was?

DIE FRAU Die dritte Welle!

Man hört ein fernes Bombardement.

HAUSWART Herrgott, haben wir ein Glück, Herrgott, es ist wieder nicht unser Quartier...

OBERLEHRER Weine nicht, Maria.

LIESEL Immer hat sie Angst, das Kindlein sei tot; es schläft aber nur.

OBERLEHRER Weine wirklich nicht. Es ist vorüber; für diesmal ist es vorüber.

LIESEL Es ist wunderbar, wie es schläft; es hört von all dem nichts. Sehen Sie, wie es die winzigen Fingerlein bewegt? Du kleiner Wicht! Sehen Sie nicht, wie es atmet?

MARIA Jaja.

LIESEL So ein liebes Wurm!... Es atmet wirklich.

DIE FRAU Wie alt ist es denn?

MARIA Ein Jahr, bald ein Jahr...

DIE FRAU Es wird nichts mehr von diesem Kriege wissen, wenn es groß ist. Denken Sie das! Es wird sehen, wo unsere Stadt gestanden hat, das schon; aber es wird sich nicht selber erinnern – das ist viel, denken Sie! das ist viel. Überall dort, wo sich niemand mehr selber an diesen Krieg erinnern kann, dort fängt das Leben wieder an!

JEMAND Oder der nächste Krieg.

DIE FRAU Wieso?

JEMAND Weil sich niemand mehr selber daran erinnern kann.

Die Frau horcht auf.

DIE FRAU Hören Sie? Das ist die Ambulanz –

HAUSWART Hol Sie der Teufel!

DIE FRAU Darf man das auch nicht sagen?

HAUSWART Wenn Sie nicht sofort Ihr dummes Maul halten –

DIE FRAU Was denn?

HAUSWART Ich muß Sie verhaften lassen, verstehen Sie, ich muß. Wenn ich es unterlasse, so kann mich jeder andere anzeigen. Sie dürfen nicht nur an sich selber denken, Frau! Auch ich habe eine Frau...

Immer wieder hört man einen unbestimmten Lärm.

MARIA Wenn es nur Frühling würde, wenn es nur Frühling würde!

OBERLEHRER Frühling wird es sicher.

MARIA Im Frühling kommt Karl, dann muß man nicht in der Stadt bleiben, wir gehen hinaus in den Wald, das kann man sehr gut, auch wenn es regnet, man kann im Walde wohnen... Als wir uns kennenlernten, im letzten Urlaub, als wir mit dem Faltboot gingen, da haben wir es auch gemacht, im Walde gewohnt, Tage lang, oh, es war herrlich!

OBERLEHRER Ich glaub's.

MARIA Wenn es nur noch einmal Frühling würde, nur noch ein einziges Mal!...

Ein alter Mann ist eingetreten, der offensichtlich niemanden kennt; schließlich wendet er sich an irgendwen, an den Oberlehrer.

DER ALTE Das Münster ist getroffen.

HAUSWART Das spielt keine Rolle.

DER ALTE Wie meinen Sie das?

HAUSWART Man wird alles wieder aufbauen.

DER ALTE Wer?

HAUSWART Schöner als zuvor! Nach dem Kriege.

DER ALTE Jaja, natürlich...

DIE FRAU Kommen sie wieder mit Phosphor?

DER ALTE Die Leute rennen über die Straße –

HAUSWART Schweigen Sie doch!

DER ALTE Wenn ich es gesehen habe?

HAUSWART Schwatzen ändert nichts!

DER ALTE Schweigen auch nicht.

DIE FRAU Vielleicht hat er recht, Alter, man sollte nicht reden davon, wir alle, wir sollten nie wieder reden.

Der Alte redet für sich.

DER ALTE Die Leute rennen über die Straße, aber sie kommen nicht durch den Teer, der brennt; in einer Minute sind sie verkohlt... sie bleiben wie schwarze Baumstrünke in der Straße...

OBERLEHRER Wohin denn, Maria? Wohin denn?

MARIA Ich muß hinaus –

OBERLEHRER Wahnsinn!

MARIA Ich will in den Wald –

OBERLEHRER Jetzt doch nicht!

MARIA Es erstickt hier, glaube mir, es erstickt hier –

OBERLEHRER Jetzt nicht! Maria, hörst du?

MARIA Ich höre, ich höre –

Man hört ein Bombardement in der Nähe.

JEMAND Brandbomben. Das sind Brandbomben, bald vorüber.

Ein Mann vom Luftschutz erscheint unter der Türe.

LUFTSCHUTZ Herr Oberlehrer, Ihr Sohn –

MARIA Karl!

LUFTSCHUTZ Draußen ist Ihr Sohn – er hat sich erhängt...

OBERLEHRER Mein Sohn.

LUFTSCHUTZ Die Straße brennt!

DIE FRAU Phosphor?

LUFTSCHUTZ Die Straße brennt!

Der Mann vom Luftschutz eilt wieder weg.

OBERLEHRER Maria! – wo ist sie denn hin?

Er geht Maria nach, die mit dem Kind hinausgelaufen ist.

DIE FRAU Sie ist wahnsinnig. Ich habe es kommen sehen. Jedesmal hat sie diese Angst, das Kind ersticke.

JEMAND Das ist ihr Mann, der sich erhängt hat?

LIESEL Er ist es doch gewesen. Unser Karl...

DER ALTE Sie rennen über die Straße, aber die Straße brennt, sie kommen nicht durch den Teer, in einer Minute sind sie verkohlt, sie bleiben wie schwarze Baumstrünke in der Straße.

Der Oberlehrer ist zurückgekommen. Der Lärm verliert sich.

OBERLEHRER Die Straße brennt.

DIE FRAU Gott strafe den Feind! Gott strafe den Feind! Gott strafe den Feind!...

JEMAND Auch unsere machen das gleiche.

HAUSWART Wer hat das gesagt?

DIE FRAU Ich nicht.

HAUSWART Wer hat das gesagt? Ein Feigling, der sich nicht meldet, ein Verräter, der an die Wand käme, wenn er sich melden würde.

OBERLEHRER Auch unsere machen das gleiche.

HAUSWART Sie?

DIE FRAU Das ist nicht wahr –

HAUSWART Sie kennen wir schon, Herr Oberlehrer, Sie haben das nicht gesagt.

OBERLEHRER Auch unsere machen das gleiche. Ich sage es jetzt: Auch unsere machen das gleiche.

Völlige Stille.

HAUSWART Ich muß Sie um Ihren Namen bitten, verstehen Sie, ich muß...

Zweiter Teil

Fünftes Bild

Der Pope steht und schneidet Brot, das er auf den steinernen Tisch legt; man hört den Gesang der Geiseln.

DER POPE Nun singen sie wieder... Gott geb ihnen die Ruhe!

Ein Kind ist erschienen; der Pope zählt die Brote.

DAS KIND Väterchen.

DER POPE Was gibt es?

DAS KIND Nun schießt es wieder!

DER POPE Vierzehn, fünfzehn, sechzehn, siebzehn... Es kann uns nichts mehr geschehen, mein Kind. Das ist der Krieg, der weitergeht. Sag ihnen, es kann uns nichts mehr geschehen.

DAS KIND Wir singen alle.

DER POPE Ich höre es. – Nimm diesen Krug, mein Kind. Das ist der Wein, das Blut unseres Herrn, und sag ihnen, das Brot werde ich bringen.

DAS KIND Wie gut du bist, Väterchen.

Das Kind entfernt sich mit dem Krug.

DER POPE Siebzehn, achtzehn, neunzehn, zwanzig, einundzwanzig – so haben sie gestanden, einundzwanzig in der Reihe, und so, wie jetzt, so haben sie gesungen.

Unterdessen sind auch die Flieger erschienen: der Hauptmann, der die weiße Binde einer ersten Hilfe trägt, der Leutnant, der Gefreite, der Funker.

HAUPTMANN Gott grüß euch.

DER POPE Gott grüß euch ebenso.

HAUPTMANN Ich hoffe, wir stören hier nicht!

DER POPE Wir wollen es hoffen. *Kleine Pause.*

HAUPTMANN Wer ist es, der da singt?

DER POPE Viele sind es, Herr, viele –

HAUPTMANN Das höre ich. Ein Chor. Ich liebe die Chöre; wir kennen das aus dem Rundfunk. Aber ich meine, was sind es für Leute?

DER POPE Ich habe sie nicht gekannt.

HAUPTMANN Nicht?

DER POPE Immer, wenn sie schießen hören, singen sie wieder. Gott geb ihnen die Ruhe.

Kleine Pause.

HAUPTMANN Und du?

DER POPE Ich gebe ihnen das Brot. Manchmal fange ich auch Fische. Dann bringe ich ihnen die Fische –

HAUPTMANN Hast du vielleicht auch Brot für uns?

DER POPE Wenn du Hunger hast.

HAUPTMANN Hunger haben wir alle!

LEUTNANT Hunger und Durst!

DER POPE Wir haben nur Wein...

LEUTNANT Roten oder weißen?

DER POPE Es ist das Blut unseres Herrn...

LEUTNANT Also roten!

DER POPE Ja.

HAUPTMANN Brot und Wein, das wäre schön! Wir danken dir.

Der Pope entfernt sich.

LEUTNANT Ein wenig komisch, dieser Pope –

GEFREITER Fürs erste sind wir in Deckung, das ist die Hauptsache; fürs erste sind wir in Deckung.

LEUTNANT Und ob das ein Kloster ist!... Vielleicht haben wir Glück, Leute, Glück, wie es in Büchern steht: vielleicht ist es ein Nonnenkloster? Hol mich der Teufel, es gibt ganz tolle Nonnen, so ein junges Ding, das die Sünde erst vom Beten kennt, das noch alles lernen kann! Nichts macht mich so verrückt wie ein scheues Weib; Widerstand muß sein.

DER FUNKER Schon denkt er wieder daran.

LEUTNANT Wenn der Krieg einmal zu Ende ist, Kameraden, unsere Jugend gibt uns keiner zurück. Man muß die Weiblein nehmen, die jungen, solange sie uns locken, und so wahr ich jetzt an diesem sonderbaren Orte steh: mich locken sie!

Sie haben sich unterdessen gesetzt.

HAUPTMANN Ich dachte schon, das ist der Tod, das ist er. Wenn das der Tod ist, dachte ich, was haben wir dagegen ... übrigens: Ihr habt ein Kreuz verdient, ein Kreuz. Ich werde es unserem Feldmarschall melden, sobald er hieher kommt.

DER FUNKER Ein Stück Brot ist mir lieber.

HAUPTMANN Wo ist Benjamin?

LEUTNANT Benjamin ist hier.

HAUPTMANN Ich sehe ihn nicht –

LEUTNANT Ich habe ihn geschickt, er soll den Ort erkunden, Vorsicht tut not.

HAUPTMANN Sein erster Flug, der brave Junge, sein letzter Flug ... Wie ist das alles zugegangen?

DER FUNKER Eins, zwei, drei.

HAUPTMANN Und wo ist Thomas?

LEUTNANT Gerettet. Er ist gesprungen, bevor wir Feuer hatten.

HAUPTMANN Gerettet. –

LEUTNANT Ich habe ihn gesehen.

DER FUNKER Auch Eduard ist gesprungen, bevor wir Feuer hatten.

HAUPTMANN Und Alexander?

DER FUNKER Das weiß ich nicht.

HAUPTMANN Das ist ein Schlag für dich, Leutnant, von uns spielt keiner Schach!

LEUTNANT Daran habe ich auch schon gedacht. Ich war am Zug.

GEFREITER Ich habe ihn gesehen –

HAUPTMANN Alexander?

GEFREITER Sein Fallschirm brannte.

HAUPTMANN Der arme Kerl ...

LEUTNANT Immer hat er geträumt, der Fallschirm trüge ihn in seine Vaterstadt.

Schweigen.

HAUPTMANN Und wo sind wir?

DER FUNKER Das eben ist die Frage.

GEFREITER Fürs erste sind wir in Deckung, das ist die Hauptsache; fürs erste sind wir in Deckung.

HAUPTMANN Brot und Wein, mir scheint, fürs erste können wir zufrieden sein, und wenn wir Geduld haben, werden wir es schon noch erfahren, wo wir uns befinden. Man hält uns nicht für Feinde. Das scheint mir gewiß. Und unsere Sprache versteht man auch.

Benjamin kommt.

HAUPTMANN Nun?

BENJAMIN Hauptmann...

HAUPTMANN So rede schon!

BENJAMIN Ich habe nur die Leute gesehen, die singen. Es sind Greise, Frauen, Kinder. Sie sitzen an einer langen Tafel, einundzwanzig im ganzen, und singen, ihr Brot in der Hand. Der Anblick ist sehr sonderbar.

HAUPTMANN Greise, Frauen, Kinder?

DER FUNKER Können wir nicht einfach fragen, rundheraus?

GEFREITER Welches Land?

DER FUNKER Ja.

GEFREITER Unsinn.

DER FUNKER Warum?

GEFREITER Man wird Alarm schlagen: Feinde sind da. In einer Stunde sind wir gefangen.

LEUTNANT Da hat er recht.

GEFREITER Gesetzt den Fall, wir sind eine Meile von der Grenze entfernt, eine halbe –

DER FUNKER Nur müssen wir wissen, wo diese Grenze ungefähr liegt! bevor sie uns nützt.

GEFREITER Wir werden es erfahren.

DER FUNKER Aber wie? Unser Funkgerät ist zum Teufel.

GEFREITER Wir werden es erfahren. Man redet so über allerlei, immer ganz harmlos, wir bringen den Popen ins Plaudern – laß mich nur machen!

DER FUNKER Vielleicht sind wir im eigenen Land –

HAUPTMANN Möglich ist alles.

DER FUNKER Wir sind im eigenen Land, aber wir fragen nicht, wir sitzen in Deckung, das ist die Hauptsache, und eines Tages, wenn der Krieg schon lange vorbei ist, da hocken wir noch immer in unsrer Deckung, wie gelernt, wir fragen nie, wir erfahren es nie, daß wir daheim sind –

GEFREITER Daheim, sagst du: in diesen Ruinen –

DER FUNKER Glaubt ihr, Kameraden, daß unsere Heimat viel anders aussehen wird?

BENJAMIN Still! –

LEUTNANT Er bringt uns wirklich Wein und Brot?

Der Pope bringt Wein und Brot, wobei das Kind ihn begleitet; er verteilt das Brot.

DER POPE Das ist alles, was wir noch haben.

HAUPTMANN Wir danken dir!

DER POPE Wir müssen neues backen, sobald ihr es gegessen habt.

Die Flieger stehen und essen das Brot, wortlos, und trinken den Wein, jeder nimmt einen kleinen oder großen Schluck aus dem Krug, dann gibt er ihn weiter.

DAS KIND Väterchen?

DER POPE Sie tun dir nichts.

DAS KIND Wann hört das Schießen wieder auf?

DER POPE Das weiß ich nicht, mein Kind. Es kann uns nichts mehr geschehen. Gar keine Angst mußt du haben; nie wieder kann es dich treffen, mein Kind.

DAS KIND Was sind das für Männer?

DER POPE Ich kenne sie nicht.

DAS KIND Sind das die Feinde gewesen?

DER POPE Ich weiß nicht, mein Kind, sie haben Hunger.

DAS KIND Alle haben Hunger...

DER POPE Nimm diesen Krug, er ist leer, und hole den andern!

Das Kind gehorcht.

HAUPTMANN Ist das dein eigenes Kind, Väterchen?

DER POPE Nein.

Das Kind bringt den anderen Krug.

GEFREITER Sag mal, das ist wohl ein Kloster?

DER POPE Gewesen.

GEFREITER Und wo ist denn das nächste Dorf?

DER POPE Das nächste Dorf –

Er gibt den Krug weiter.

Das nächste Dorf, das gibt es nicht mehr.

GEFREITER Eines muß doch das nächste sein!

DER POPE Ich kenne es nicht, ich sehe es nicht. Zwar hast du recht, junger Mann: eines muß das nächste sein, immer, und wenn es noch so ferne ist.

GEFREITER Wie ferne denn?

DER POPE Ich kenne es nicht.

GEFREITER Ungefähr?

DER POPE Das nächste Dorf, das ich gekannt habe, das lag ganz nahe bei unserem Kloster; es ist verbrannt, seine Leute sind tot, und es kann ihnen nichts mehr geschehen. Dann kommen die Wälder, die Felder, wo früher das Korn wuchs, Roggen vor allem, auch Hafer. Dann kommen die Sümpfe, die Heide, wo immer wieder die berühmten Schlachten sind. Vielleicht ist auch das übernächste Dorf, das ich niemals gekannt habe, niedergebrannt –

GEFREITER Vielleicht.

DER POPE Das ist nun einmal so. Verstehen kann ich es nicht; erklären kann ich es nicht.

GEFREITER Willst du uns also sagen, daß du es selber nicht weißt, wie weit es zum nächsten Dorf ist, zum nächsten Menschen, der lebt?

DER POPE Ich weiß es nicht.

GEFREITER Sag mal, – wie hältst du das aus?

DER POPE Mein Ort ist hier.

GEFREITER Hältst du das aus?

DER POPE Man muß es lernen, junger Freund. Es ist nicht schwer, wenn man weiß, daß man es nie mehr erreichen wird, das nächste Dorf.

GEFREITER Nie mehr?

DER POPE Mein Ort ist hier.

Der Hauptmann gibt den leeren Krug zurück an das Kind.

HAUPTMANN Brot sollen wir backen, hast du gesagt?

DER POPE So sagte ich.

HAUPTMANN An uns, Väterchen, soll es nicht fehlen! Zwar habe ich noch nie in meinem Leben ein Brot gebacken, das muß ich gestehen, ich weiß nicht, wie man das macht –

DER POPE Oh, es ist einfach.

HAUPTMANN Hat einer von euch schon sein Brot gebacken?

DER POPE Wir werden es zusammen lernen.

Er wendet sich an den Gefreiten:

Das Kind wird dir zeigen, wo die Axt ist. In allen Trümmern findest du Holz, verkohlte Balken, Stücke von Bildern, deren Farbe versengt ist. Du mußt es nur ordentlich spalten, dann können wir heizen und backen.

GEFREITER Heizen und backen –

DER POPE Alles kann das Kind dir zeigen.

GEFREITER Väterchen!

DER POPE Was noch?

GEFREITER Warum hast du das vorhin gesagt? Daß man es nie mehr erreichen wird, das nächste Dorf...

DER POPE Weil es so ist, Freund.

GEFREITER Nichts ist so weit, daß wir es nicht erreichen, nichts, wenn wir immerzu gehen, immerzu gehen! Warum lächelst du?

DER POPE Tue ich das?

GEFREITER Meinst du, du kannst mich in Angst versetzen?

DER POPE Tue ich das?

GEFREITER Nichts ist so weit, daß wir es nicht erreichen, wir, die wir jung sind. Jung! Weißt du denn, wie jung wir sind? Der Krieg, er hat uns die Jahre genommen; schaue nicht unsere Gesichter an! ich sage dir, unser Leben ist jung, wir sind ja noch Knaben, die das Leben nicht kennen. Leben? haben wir nicht alles, was Leben heißt, noch vor uns?... Ach, was rede ich!... Du machst mir keine Angst. Wir haben dem Tod in die Augen geschaut, mehr als einmal, wir sind durch die Wände von Feuer geflogen: neben uns, mitten aus dem Geschwader, sackten sie ab, und sie fielen wie eine Fackel auseinander. Wir kennen das Feuer am eigenen Flügel, wir kennen die Salve im Rücken: man hört sie kaum, aber der Freund, der neben dir sitzt, er gibt keine Antwort mehr, und es tropft ihm das Blut aus den Haaren. Wir kennen das Sinken, das schiefe, das rasende Sinken über dem nächtlichen Meer – wir haben dem Tod in die Augen geschaut, mehr als einmal!

DER POPE Warum erzählst du mir das?

GEFREITER Ich frage: Wo ist das nächste Dorf? Du machst mir keine Angst.

DER POPE Ich weiß es nicht.

GEFREITER Wo ist das nächste Dorf!...

Er hat seinen Revolver gezogen.

Wo ist das nächste Dorf!...

HAUPTMANN Er ist verrückt.

GEFREITER Wo ist das nächste Dorf... Wo ist das nächste Dorf...

Die Kameraden bezwingen den Tobenden.

DER POPE Es kann mir nichts mehr geschehen.

Nach einer Weile des Schweigens: das Kind nähert sich dem Gefreiten, bietet ihm die Hand, und der Gefreite folgt ihm.

DER POPE Auch frisches Wasser müssen wir haben –

LEUTNANT Das hole ich.

DER POPE Schön von dir. Ich will dir zeigen, wo unsere Quelle war –

LEUTNANT Ich werde es schon finden!

DER POPE Das glaube ich nicht.

LEUTNANT Hast du Angst, daß ich die Nonnen finde?

DER POPE Es ist unsere einzige Quelle, und es kann sein, daß sie schon wieder verschüttet ist.

DER FUNKER Ich werde helfen.

HAUPTMANN Der Krieg macht vieles zunichte...

Der Pope entfernt sich mit dem Leutnant und mit dem Funker.

Und du, Benjamin? Du redest kein Wort.

BENJAMIN Ich höre zu.

HAUPTMANN Wo meinst denn du, daß wir sind?... Du schweigst, du antwortest nicht.

BENJAMIN Ich hatte nur Vater und Mutter. Sie werden weinen, jetzt, sie werden sagen: wir sind tot.

HAUPTMANN Tot...?

BENJAMIN Für euch ist alles das schwerer. Sie haben eine Frau, Hauptmann, ein eigenes Kind, oder zwei, und alle die andern auch, sie hatten eine Freundin, und wenn es auch eine Freundin ist, die man ein Luder nennt, weil sie uns verlassen hat –

HAUPTMANN Da hast du recht: man hält uns für tot, kein Zweifel, man hält uns für tot –

Benjamin horcht, man hört den Gesang.

BENJAMIN Nun singen sie wieder. Frauen, Greise, Kinder, sie sitzen an einer langen Tafel, einundzwanzig im ganzen, und singen, ihr Brot in der Hand. Und mit geschlossenem Mund. Der Anblick ist sehr sonderbar.

Der Hauptmann erwacht zu einem plötzlichen Entschluß.

HAUPTMANN Benjamin!

BENJAMIN Zu Befehl.

HAUPTMANN Gehe hinaus: schaue dich um! Du gehst, bis du einen Menschen findest, einen Bauern, ein Kind, ein Mädchen, was weiß ich. Schaue ihn an, jeglichen Menschen, rede mit ihm. Wir warten hier, bis du wiederkommst. Wir warten auf jeden Fall.

BENJAMIN Zu Befehl.

HAUPTMANN Wir müssen wissen, wo wir uns befinden.

BENJAMIN Zu Befehl!

HAUPTMANN Noch eins!... Wenn du einem Menschen begegnest, einem lebenden Menschen, wer immer es sei: gib ihm diesen Ring.

Benjamin geht, und der Hauptmann ist allein.

Jenny, Jenny... nun geht sie mit den Kindern über die Straße, Jenny in Schwarz: sicher steht es ihr gut, und die Kinder fragen sehr viel... Warum, warum, warum... Jenny wird weinen: am letzten Abend, als wir uns sahen, ich war so verstimmt. Ich weiß nicht warum. Ich war so verstimmt.

Der Pope kommt zurück.

DER POPE Das ist die Mühle. Wir haben keine andere. Sie ist alt, und das Mahlen geht langsam –

HAUPTMANN Ich verstehe!

DER POPE Was?

HAUPTMANN Es scheint, wir müssen von vorne beginnen.

DER POPE Ich werde den Roggen verlesen...

Sie machen sich an die Arbeit.

HAUPTMANN Denke dir, Väterchen, wir haben noch nie unser eigenes Brot gebacken! Alles mußt du uns zeigen. Wir sind vom Himmel gefallen, so groß wir sind, gewissermaßen...

DER POPE Wir werden es lernen.

HAUPTMANN Wenn Jenny das sehen könnte! Meine Frau heißt Jenny.

DER POPE Du hast eine Frau?

HAUPTMANN Eine Frau, zwei Kinder, eine ganze Familie sind wir. Am letzten Abend, als wir uns sahen, ich war so verstimmt, ich weiß nicht warum... Ich war so verstimmt... Vieles muß anders werden! Ich meine, nach dem Krieg. Wir hatten ein großes Geschäft; wir handeln mit Wolle. Das alles werde ich aufgeben. Mein Großvater hat seine Schafe noch selber geschoren! Ich werde mit Jenny wieder auf das Land hinausgehen, nicht für ein Picknick, verstehst du, nicht in die Ferien. Das Geld, das große Geschäft! meinetwegen dürfen es andere machen, ich werde sie nicht mehr beneiden, das ist die Freiheit. Meinst du nicht? Unsere Wagen, unseren Diener, unsere ganze Gesellschaft, das alles gebe ich auf, und Jenny wird glücklicher sein... Du schweigst, Väterchen?

DER POPE Ich höre dir zu, Hauptmann.

HAUPTMANN Vieles muß anders werden. Wir hatten ein Haus, verstehst du, es war uns viel zu groß. Ich habe es bauen lassen, damit die Leute uns beneiden. Um unser Glück, das dennoch nicht kam. Das Haus, es war so groß wie mein Ehrgeiz, verstehst du, und ebenso leer. Auch das werde ich aufgeben... Du schweigst, Väterchen?

DER POPE Ich höre dir zu, Hauptmann.

HAUPTMANN Aber du schweigst.

DER POPE Viele Brote müssen wir machen, viele Gäste werden noch kommen.

HAUPTMANN Gäste?

DER POPE Hörst du nicht, wie es wieder schießt?

HAUPTMANN Ich höre es immer weniger. Sonderbar! Vielleicht haben wir auch das überschätzt?

DER POPE Was meinst du?

HAUPTMANN Die Geschichte. Die Historie. Was man da hört.

DER POPE So ist es recht: ganz langsam mußt du es mahlen… immerzu…

HAUPTMANN Sag mal: wer ist eigentlich das Kind, das uns den Krug gehalten hat?

DER POPE Ich habe es nicht gekannt.

HAUPTMANN Es ging mit wunderlich! Unser eigenes Kind, es hätte das nicht anders gemacht, das mit dem Krug… ich liebe die Gebärde, die es immer und überall gibt, solange es Menschen gibt, und es wird mindestens solange Menschen geben, als es Schlachten gibt –

DER POPE Sicherlich.

HAUPTMANN Reiche zerfallen, Völker erwachen, sie machen die Geschichte eines Jahrzehntes, eines Jahrhunderts, Staaten, Grenzen, Kriege. Das ist die Welt der Ereignisse! Wir redeten viel von ihr, die Zeitung, der Rundfunk, die Bücher der Geschichte melden nur sie, und je gräßlicher ihre Ereignisse waren, je tödlicher, um so eher hielten hielten wir dafür, es sei die wirkliche Welt, die einzig wirkliche!

DER POPE Sehr wirklich ist sie schon.

HAUPTMANN Ich glaube, Väterchen, man hätte anders leben sollen, ganz anders, jedenfalls Jenny und ich… Unser wirkliches Leben, am Ende ist es im Anblick eines Kindes, das den Krug hält, im Wehen eines Windes, der durch die Bäume streicht, im Spiel eines endlosen Wassers, das über die fremden Steine rinnt – Warum haben wir nicht anders gelebt?

DER POPE Ich weiß es nicht.

HAUPTMANN Ich habe das Gefühl von einer ganz anderen Welt, Väterchen, die es gibt… eine Heimat, die uns nicht trennt! Wer sie nicht überall hat, der hat sie nirgends. Nicht alles ist eins! das meine ich nicht. Man kann den anderen kein Bruder sein, wenn man sich selber aufgibt… Ich habe das Gefühl von einer Heimat, die man hätte entdecken sollen, eine Heimat, die rings um die Erde geht – *Er bricht ab, lacht.*
Ich sage das: Man hätte anders leben sollen – als lebte ich nicht mehr!

Der Gefreite kommt mit verkohltem Holz und legt es hin.

DER POPE So ist es recht! Viel Brot müssen wir backen...

Der Gefreite entfernt sich wieder.

Was zögerst du?

HAUPTMANN Viel Brot müssen wir backen, sagst du immer, und wenn wir so backen, Gott weiß, wie lange das geht, wir backen und backen – da frage ich mich plötzlich, woher das Korn?

DER POPE Ja, das Korn.

HAUPTMANN Woher?

DER POPE Ich glaube, die Lebenden werden es missen.

HAUPTMANN Sie werden Hunger leiden?

DER POPE Es ist das Korn, das man in all den Jahren und auf allen Feldern, wo die Schlachten waren, hätte pflanzen können. Der Krieg hat es getötet. So ist es unser Korn.

HAUPTMANN Das begreife ich nicht –

DER POPE Nun, ich denk es mir so.

HAUPTMANN Meinst du, Väterchen, daß auch Jenny wird Hunger leiden? Und die Kinder? Sie sind doch nicht schuld? Sie sind doch nicht schuld?

Der Leutnant kommt.

LEUTNANT Die Quelle ist offen.

DER POPE So ist es recht!

LEUTNANT Nun brauchen wir den Krug –

DER POPE Den Krug hat das Kind.

Der Leutnant geht.

Brav sind die Burschen...

HAUPTMANN Wie bist eigentlich du an diesen Ort gekommen?

DER POPE Das ist schon lange her.

HAUPTMANN Wann?

DER POPE Das war im letzten Krieg, im Krieg davor. Ich war Soldat –

HAUPTMANN Auch du.

DER POPE Ich hatte eine Braut und war Soldat. Mein Gott, was waren wir noch jung! Ich werde warten, bis du wiederkommst, sagte sie, und ich glaube noch heute: sie war schön.

Sie winkte mit dem roten Tuch, wie es bei uns die Bauernmädchen tragen. Ich habe sie nicht mehr gesehen.

HAUPTMANN Wieso?

DER POPE Wir kamen an die Front, ich wurde verwundet und später gefangen. Drei Jahre lang war ich gefangen... Das Mädchen blieb mir treu, noch als es glaubte, daß ich gefallen sei. Später, als ich nach Hause kam, da wohnte sie schon lange im Kloster. Ob sie es je vernommen hat, daß ich nach Hause kam, das weiß ich nicht. Wir wollten Bauern sein wie unsere Eltern. Ich weiß auch nicht, ob meine Braut noch lebt. Ich konnte ihr nicht näher sein als hier.

HAUPTMANN Im Kloster.

DER POPE Ja, es war schon immer ein einsames Kloster, ein einziger Mönch war damals darin, ein kranker Russe. Wir machten zusammen den Altar, der nun wieder verschüttet ist. Am Sonntag sang er den Bauern, wir halfen ihnen bei der Ernte, wir trugen die Toten ins Grab, wir machten die Kerzen und hatten zwei eigene Ziegen. Eines Tages begruben wir auch ihn, und die Bauern, so gut sie es konnten, sangen für ihn... Dann, zwölf Jahre lang, war ich allein: bis dieser Abend kam.

HAUPTMANN Was für ein Abend?

DER POPE Wochenlang fuhren die fremden Panzer vorbei, Soldaten kamen ins Kloster, wollten alle Keller sehen und gingen wieder, eines Morgens brannte das Dorf, am Abend brachten sie die einundzwanzig Geiseln, ich mußte einen langen Graben schaufeln, dann ging es sehr schnell: sie mußten vor dem Graben stehen, Greise, Frauen, Kinder... sie haben gesungen, bis der Letzte erschossen war.

HAUPTMANN Das hast du selber gehört, Väterchen?

DER POPE Ich mußte schwören, daß ich es nicht gehört habe.

HAUPTMANN Und du hast geschworen?

DER POPE Ja.

HAUPTMANN Einen Meineid also –

DER POPE Ja.

HAUPTMANN Warum?

DER POPE Ich hatte Angst. Er zählte mit den Fingern. Bei sieben hatte ich Angst. Ich schwor. Später kamen sie zurück und sagten: Wir glauben keinem Eide mehr!

HAUPTMANN Mit einigem Recht...

DER POPE So wurde auch ich erschossen.

HAUPTMANN Und nun?

Karl, der sich erhängt hat, ist erschienen.

KARL Ich bin es, der sie erschossen hat. Ich tat es auf Befehl...

Sie bemerken ihn nicht.

HAUPTMANN Und nun?

DER POPE Es wird noch lange dauern, etliche auch von den Toten denken noch immer an Rache. Ich glaube, es wird noch lange dauern, bis nichts mehr zurückbleibt.

HAUPTMANN Wie meinst du das?

DER POPE Bis nichts mehr zurückbleibt, meine ich, von allem Gräßlichen, was geschehen ist.

HAUPTMANN Du redest ja, als wäre es ihre Schuld, daß man sie schändete, und sie sollen es abtragen, was Gräßliches geschehen ist?

DER POPE Darum allein, daß wir als ihre Opfer starben, darum sind wir noch keine guten Menschen gewesen.

HAUPTMANN Und jene, die es getan haben?

DER POPE Kümmere sich jeder um seine eigene Schuld.

HAUPTMANN Heißt das, daß du den Mördern vergeben willst?

DER POPE Ich bin nicht Richter, mein Freund, nicht einmal vergeben kann ich. Ich hatte Angst wie die meisten. Ich werde fischen, so gut ich kann, und ich werde ihnen das Brot backen, solange sie es verlangen, solange sie meiner bedürfen –

HAUPTMANN Und alles dies: wozu?

DER POPE Ich glaube, wir alle sind da, bis wir das Leben kennenlernen, das wir zusammen hätten führen können. Solange sind wir da. Das ist die Reue, unsere Verdammnis, unsere Erlösung.

Karl ist näher getreten.

KARL Ich bin es, der sie erschossen hat. Ich tat es auf Befehl...

Sie bemerken ihn nicht.

HAUPTMANN Ich verstehe, Väterchen. Aber ich weiß nicht, wie

ich es meinen Burschen sagen soll; es sind so junge Menschen.

DER POPE Was mußt du ihnen denn sagen?

HAUPTMANN Benjamin – er hat ein Dichter werden wollen! Er sagte es mir am letzten Abend, als ich zum erstenmal mit ihm redete. Glaubst du, er wäre ein Dichter geworden?

DER POPE Vielleicht wäre vieles geworden.

HAUPTMANN Wie soll man es ihnen sagen: daß das schon der Tod ist, wo wir uns befinden – sie sind nicht gefaßt darauf; sie haben ja noch nie gelebt.

Man hört den Gesang.

KARL Nun singen sie wieder!...

Karl bricht auf die Knie.

HAUPTMANN Wer ist das denn?

DER POPE Jeder Weg führt ihn hieher, Karl heißt er, ein junger Mensch, der seine Mutter sucht.

Karl schreit.

KARL Ich bin es, der sie erschossen hat, ich bin es!

DER POPE Ich weiß es, Karl... da ist eine Frau, die du erschossen hast; sie sagt, sie sei deine Mutter.

KARL Wie ist das möglich?

DER POPE Willst du sie sehen?

KARL Meine Mutter?

DER POPE Willst du sie sehen?

KARL Wie ist das möglich –

DER POPE Alle Mütter sind eins, Karl, alle Mütter sind eins... Willst du sie sehen?

Karl hält seine Hand vor die Augen.

KARL Herr Gott!

Sechstes Bild

Maria allein.

MARIA Mag sein, nun ist der Frühling da... Es tropft von den Bäumen, das ist der Schnee, der schmilzt; denn die Sonne scheint auf die Erde. Sie scheint nicht überall hin; hinter den

Wäldern ist lange noch Schatten, da ist es kühl und naß, wenn man vorbeikommt, der Boden schmatzt, da fault noch das Laub der verlorenen Herbste. Aber der Himmel, oh, zwischen den Stämmen ist überall Himmel, ein Meer von Bläue. Ein Schmetterling ist da... Das alles hast du nie gesehen, mein Kind, drum sag ich es dir: Es ist schön auf der Erde, besonders im Frühling, da gurgelt es nun überall, es klaffen die finsteren Furchen nach Licht, und draußen verzetteln sie Mist, es dampfen die Rosse... Das alles hast du nie gesehen... Die Paare, die leben, sie tragen die Sonne wie schmelzendes Silber im Haar. Der Abend ist warm: man hört seine Helle voll zwitschernder Vögel, es ist, als spüre man die Luft, die wehe Erregung der Knospen, die Weite der Felder... Du bist gestorben, mein Kind, bevor du eine Knospe hast sehen können, einen Vogel, der zu unseren Füßen hüpft, nicht einmal eine Krähe, die über den braunen Acker fliegt – drum sag ich es dir: Es ist schön auf der Erde, besonders im Frühling, da gurgelt es nun überall, das ist der Schnee, der schmilzt, denn die Sonne scheint auf die Erde...

Benjamin ist erschienen.

BENJAMIN Darf ich fragen, wo wir uns befinden? Ich bin ein Flieger gewesen... Nirgends habe ich einen Menschen getroffen, den ich hätte fragen können. Sie haben uns abgeschossen: mitten aus der Nacht, als es regnete. Das ist es. Nun wissen wir nicht, wo wir uns befinden. – Ja...

MARIA Warum schweigen Sie auf einmal?

BENJAMIN Sie haben recht.

MARIA Wieso?

BENJAMIN Vielleicht sind wir Feinde...

MARIA Wir kennen uns ja nicht.

BENJAMIN Ich bin sehr froh, daß Sie da sind! Als ich durch die Felder stapfte, ein schöner Tag, die rötlichen Weiden, der letzte Schattenschnee, die Pferde, der braune Acker, der die Sonne schluckt, ein blauer Tag, ein Tag wie aus heiterem Glas, ein herrlicher Tag, weiß Gott, aber es kam mir vor, als wandere ich auf dem Mars; ich werde nicht froh.

MARIA Haben Sie denn unsere Bauern nicht gesehen, die um diese Jahreszeit den Mist verzetteln?

BENJAMIN Sie meinen den Greis, der nicht hört?

MARIA Die jungen Männer sind nicht auf dem Acker.

BENJAMIN Ich habe ihn gerufen. Ich glaube, er hört nicht. Ich habe aus Leibeskräften gerufen. Ich glaube, er sieht nicht; ich habe ihm den Ring gezeigt... Es ist der Ring unseres Hauptmanns.

Benjamin setzt sich neben Maria.

Ich bin so froh, daß Sie mich hören! Ich heiße Benjamin.

MARIA Ich heiße Maria.

BENJAMIN Schauen Sie, was ich gefunden habe–

MARIA Was ist das?

BENJAMIN Eine Versteinerung, glaube ich.

MARIA Versteinerung?

BENJAMIN Wir haben das in der Schule gelernt. Das ist ein kleines Tier gewesen; das hat gelebt, bevor es Menschen gab, Adam und Eva–

MARIA Weiß man das?

BENJAMIN O ja, man weiß sehr viel.

MARIA Wieso?

BENJAMIN Das, was Sie in den Händen halten, das ist der Schlamm eines Meeres, das einmal über unsern Ländern lag, eines uralten Meeres. Da lebte dieses kleine Tier und schwamm darin und starb, versank in Schlamm, der in Jahrtausenden versteinerte. Es kamen die Gletscher, dann schmolzen sie wieder, wenigstens für eine Weile: ein Urwald blühte darüber, es kamen die Affen, die Menschen, die Griechen und die Chinesen, wenigstens für eine Weile... Sehen Sie, wie schön es ist? Nur seine Form ist geblieben.

MARIA Ich glaube, das war eine Schnecke.

BENJAMIN Kann sein.

MARIA Nicht einmal eine Schnecke hast du gesehen, mein Kind!

BENJAMIN Sie haben ein Kind?

MARIA Ja, es ist tot.

BENJAMIN Haben wir es getötet?

MARIA Du?

BENJAMIN Vielleicht haben wir es getötet.

MARIA Sie sagten: der bloße Luftdruck... ich wollte hinaus in den Wald, hinaus auf die Straße. Ich hatte es auf dem Arm, aber die Straße brannte. Und auf einmal war es mir aus den Armen gerissen, das ist alles, was ich noch habe sehen können.

BENJAMIN Vielleicht haben wir es getötet.

MARIA Warum schauen Sie mich so an?

BENJAMIN Wir hätten einander lieben können... Ich habe noch nie ein Mädchen gekannt.

MARIA Nie?

BENJAMIN Oh, ich habe viele Mädchen gesehen, die mir Freude machten, wenn ich sah, daß sie in die gleiche Straßenbahn stiegen, oder vor dem gleichen Schaufenster verweilten, vielleicht mir zuliebe. Das schon! Ich bin auch öfter hinausgegangen, so wie hier; ich kenne den Frühling sehr gut, aber allein. Man sieht soviel, wenn man alleine wandert, man hört soviel–

MARIA O ja.

BENJAMIN Die Quellen.

MARIA O ja.

BENJAMIN Und um alles war immer so eine Erwartung... Ich habe oft so gesessen, genau so, ich habe meine Pfeife geraucht, wie ein Erwachsener, ich habe alles Mögliche gedacht. Wenn man auf dem Rücken liegt, die Hände unter dem Kopf, und droben ziehen die Wolken, manchmal bin ich sehr weit gegangen, immerfort, querfeldein, immerfort, und dann, wenn es Frühling ist, man stapft durch den Wald, zwischen den Stämmen ist nichts als der Himmel, die Bläue, der Wind, kennen Sie das auch?

MARIA Was?

BENJAMIN Und um alles war immer so eine große Erwartung... besonders im Frühling...

MARIA Das kenne ich wohl.

BENJAMIN Ich habe noch nie mit einem Mädchen gesessen, so wie jetzt; nach der Schule, da kam der Krieg, da wurde ich Flieger–

Er betrachtet seinen steinernen Fund.
Ich glaube, wir hätten einander lieben können.
Es erscheinen nun Herbert und ein Soldat, der Oberlehrer mit verbundenen Augen.

HERBERT Wir sind am Ort.

SOLDAT Besonderes Vorgehen?

HERBERT Geschossen wird auf die Brust.

SOLDAT Gewöhnlicher Verrat–

HERBERT Salve auf Befehl.
Der Soldat entfernt sich.
Machen Sie sich das Folgende klar:–

OBERLEHRER Daß ich erschossen werde. Ich weiß.

HERBERT Machen Sie sich das Folgende klar: Wenn Sie rufen, niemand wird es hören.

OBERLEHRER Ich schreie nicht.

HERBERT Wenn Sie eine vorbildliche Haltung wahren, niemand wird es verhindern; denn niemand wird es sehen.

OBERLEHRER Schießen Sie!

HERBERT Geschossen wird nur auf meinen Befehl.

OBERLEHRER Was wollen Sie noch? Ich habe Briefe unterschrieben mit verbundenen Augen; was wollen Sie noch?

HERBERT Sie sollen erfahren, was Sie mit verbundenen Augen unterschrieben haben, nur dies.

OBERLEHRER Ich will es nicht wissen.

HERBERT Ob Sie es wollen oder nicht.

OBERLEHRER Schießen Sie!...

HERBERT Herr Oberlehrer!
Der Oberlehrer wendet den verbundenen Kopf.

OBERLEHRER Wer ist das, der so zu mir redet?

HERBERT Machen Sie sich das Folgende klar: Sie stehen nicht auf einem berühmten Gemälde, das man den Schülern zeigt, es ist kein Goldgrund hinter Ihnen, sondern eine Kiesgrube ohne Hoffnung, gesehen zu werden.

OBERLEHRER Wer ist das, der so zu mir redet?

HERBERT Machen Sie sich das Folgende klar: Ihr Tod, niemand wird ihn kennen, niemand wird ihn auf die Leinwand malen, man bewundert ihn in keiner Galerie, Sie sterben nicht mit den Gesetzen des Schönen, Vordergrund, Mittelgrund, Hintergrund, Führung des Lichtes–

OBERLEHRER Warum das alles?

HERBERT Warum?

OBERLEHRER In diesem Augenblick: Warum!

HERBERT Machen Sie sich das Folgende klar: Im gleichen Augenblick, da Sie erschossen werden – die Bauern verzetteln den Mist, die Vögel singen, die Soldaten essen aus ihrer Gamelle und zoten, ein Staatsmann redet im Rundfunk, ich selber werde eine Zigarette rauchen, ein anderer sitzt in der Sonne und fischt, die Mädchen tanzen, andere stricken, andere waschen das Geschirr, Schmetterlinge flattern über die Wiese, die Eisenbahn fährt weiter ohne den geringsten Ruck, andere sitzen in einem Konzert, sie klatschen einen rauschenden Applaus – Ihr Tod, Herr Oberlehrer, eine ausgemachte Nebensache: man bemerkt ihn überhaupt nicht auf dem Bilde der Wirklichkeit...

OBERLEHRER Woher kennen Sie mich?

HERBERT Aus der Schule, Herr Oberlehrer.

OBERLEHRER Wer sind Sie?

HERBERT Sie hätten mich kennen können. Sie hatten Zeit genug. Sie wollten den Menschen nicht kennen, ich weiß! Humanismus nennen Sie das–

OBERLEHRER In Gottesnamen, wer sind Sie?

HERBERT Ihr Schüler.

Er tritt zu ihm.

Ich werde Ihnen die Binde von den Augen lösen, damit Sie sich überzeugen können, wer ich bin.

Er reißt ihm die Binde ab.

OBERLEHRER Herbert–?

HERBERT Zweifeln Sie keinen Augenblick daran, daß Sie erschossen werden.

OBERLEHRER Herbert – du bist es?

HERBERT Ich zeige Ihnen, was Sie uns niemals gezeigt haben: die Wirklichkeit, die Leere, das Nichts–

OBERLEHRER Ich verstehe nicht.

HERBERT Deswegen stehen Sie hier.

OBERLEHRER Weswegen?

HERBERT Ihre Hinrichtung ist eine vollkommene. Wir erschießen nicht Sie allein, sondern Ihre Worte, Ihr Denken, alles, was Sie als Geist bezeichnen, Ihre Träume, Ihre Ziele, Ihre Anschauung der Welt, die, wie Sie sehen, eine Lüge war–

Er wendet sich um.

Gewehre laden!

Wieder zum Oberlehrer:

Wäre es wahr, was Sie uns gelehrt haben, all dieser Humanismus und so weiter, wie könnte es möglich sein, daß ich, Ihr bester Schüler, so vor Ihnen stehe, daß ich Sie, meinen Lehrer, wie ein gefesseltes Tier erschießen lasse?

OBERLEHRER Kann sein, daß ich selber nicht wußte, wie wahr es ist, was ich ein Leben lang lehrte; daß ich selber nicht ganz daran glaubte, was ich sagte–

HERBERT Das allerdings kann sein.

OBERLEHRER Ich begreife die Fügung, denn es ist kein Zufall, im Grunde kein Zufall, daß du es bist, Herbert, der dieses Verbrechen an mir vollstreckt–

HERBERT Nein, Zufall ist es nicht.

OBERLEHRER Oft habe ich von Fügung gesprochen; zum erstenmal glaube ich an sie!

HERBERT Es ist auch keine Fügung!

OBERLEHRER Sondern?

HERBERT Ich habe mich darum beworben.

OBERLEHRER Du?

HERBERT Ich.

OBERLEHRER Warum?

HERBERT Warum... Erinnern Sie sich an den Morgen, als wir in das Lehrerzimmer kamen, es ging um die Freiheit des Geistes, die Sie uns lehrten; wir brachten das Lehrbuch und sagten Ihnen: diese und diese Herren wollen wir nicht. Wir drohten Ihnen, ja. Wir rissen die Seiten heraus, die uns nicht recht geben wollten, vor Ihren Augen. Und was taten Sie?

OBERLEHRER Ich konnte mich nicht wehren.

HERBERT Was taten Sie?

OBERLEHRER Ich hatte eine Familie, damals noch.

HERBERT Sie nennen es Familie, wir nennen es Feigheit, was zum Vorschein kam. Sie haben den Mut bewundert in den Versen unserer Dichter, ja, und ich selber bin es gewesen, der diese alberne Sache ins Rollen brachte, damals, ich wollte meinen Kameraden zeigen, wie es sich verhalte mit dem Geist, den sie selber nicht hatten, meine Kameraden, und den sie darum einen Schwindel nannten, dumm wie sie waren. Und wie verhielt es sich? Der Geist gab nach, wir klopften dran, und es war hohl. Das war die Enttäuschung! Die Kameraden hatten recht, so dumm wie sie waren; es war ein Schwindel, was man uns lehrte.

OBERLEHRER Und darum stehen wir hier?

HERBERT Es ist das Einzige, was ich im Augenblick glaube, und danach, wenn Sie auf diesem Boden liegen werden–

OBERLEHRER Was?

HERBERT Der Verbrecher, wie Sie mich nennen, er ist dem Geiste näher, er fordert ihn durch die Gewalt heraus, er ist ihm näher als der Oberlehrer, der vom Geiste redet und lügt... Das ist alles, was ich sagen wollte.

OBERLEHRER Das ist alles–

HERBERT Ich werde töten, bis der Geist aus seinem Dunkel tritt, wenn es ihn gibt, und bis der Geist mich selber bezwingt. Man wird uns fluchen, ja, die ganze Welt wird uns fluchen, Jahrhunderte lang. Wir aber sind es, die den wirklichen Geist ans Licht gezwungen, wir allein – gesetzt den Fall, daß nicht die Welt mit uns zugrunde geht, weil es den Geist, den unbezwinglichen, nicht gibt.

Er wendet sich.

Zum Schuß fertig.

Er entfernt sich.

OBERLEHRER Das ist alles. Herbert ist mein bester Schüler gewesen...

Aus der Ferne.

HERBERT Ein Schuß: Feuern.

Stille.

OBERLEHRER Nun haben sie geschossen.

Aus der Ferne.

HERBERT Mir nach: Marsch.

OBERLEHRER Nun hören sie mich nicht mehr...

Er steht unverändert.

BENJAMIN Ich glaube, er sieht uns. Ich werde ihn bitten, ob er mit uns kommt.

OBERLEHRER Können Sie mir sagen, wo wir uns befinden?

BENJAMIN Komme mit uns. Es ist ein Kloster, eine Art von zerschossenem Kloster; dort backen wir Brot, alle zusammen–

OBERLEHRER Wer?

MARIA Du hast es oft gesagt: Satane sind es, du möchtest sie nur einmal sehen, von Angesicht zu Angesicht.

Letztes Bild

Im hellen Vordergrund erscheinen die Überlebenden: Eduard als Offizier, Thomas, der einen Kranz trägt, Jenny im schwarzen Schleier und ihre beiden Kinder, wovon das größere ein Bub ist.

JENNY Hier also liegen sie begraben?...

EDUARD Ihr Tod ist nicht umsonst gewesen.

JENNY Am letzten Abend, als wir einander sahen, er war so verstimmt. Ich weiß nicht warum. Er war so verstimmt...

EDUARD Denken Sie jetzt nicht daran, liebe Jenny!

JENNY Wenn er wüßte, daß auch unser Haus in Trümmern liegt! Unser schönes und großes Haus; die Leute sind immer davor stehen geblieben – es war das beste Haus in unserer Stadt, sagten sie immer. Sein ganzer Ehrgeiz hing daran.

EDUARD Wir werden es wieder erbauen, Jenny.

JENNY So wie es war?

EDUARD Genau so.–

Zu Thomas, der den Kranz trägt: Du schüttelst den Kopf?

THOMAS Es ist schade um ihn. So wie er zuletzt war, unseren Hauptmann sollten wir haben, jetzt, da es Friede werden soll: Er würde anderes bauen. Es ist schade um ihn.

EDUARD Gib mir den Kranz–

THOMAS Auch Geiseln sollen hier begraben sein, heißt es. Einundzwanzig Leute aus dem Dorf. Es heißt, sie hätten gesungen, als man sie erschoß–

JENNY Gesungen?

THOMAS Wissen Sie, was die Leute sagen? Nun singen sie wieder! sagen sie: Immer wenn sie schießen hören oder sonst wenn ein Unrecht geschieht, nun singen sie wieder!

Man hört den Gesang der Geiseln.

Einundzwanzig sollen es gewesen sein...

Hinter den Überlebenden, die horchen, erscheint die Tafel der Toten: die einundzwanzig Geiseln, die in einer Reihe sitzen, ihr Brot in der Hand und mit geschlossenem Mund. Ferner der Pope, der sie speist, die gefallenen Flieger; Maria, der Oberlehrer. Und Karl, der immer noch vor den Geiseln kniet, seine Hand vor den Augen. Aber die Lebenden können nicht sehen, was hinter ihnen erscheint.

EDUARD Kameraden! Wenn ihr es wissen könntet: der Krieg ist aus, der Sieg ist unser–

HAUPTMANN Das ist Jenny, meine Frau. Das ist Jenny mit den Kindern. So gehen sie über die Straße, Jenny in Schwarz–

DER BUB Mama, warum weinst du denn?

JENNY Hier ist dein Vater, Kind. Hier ist dein Vater!

DER BUB Ich sehe ihn nicht.

JENNY Man kann ihn nie wieder sehen–

Jenny weint lautlos; der Hauptmann tritt hinter sie.

HAUPTMANN Jenny, ein einziges Wort, bevor du weitergehst.

JENNY O Gott, o Gott!

HAUPTMANN Wir hätten anders leben sollen, Jenny. Wir hätten es können.

JENNY Wo hast du die Blumen, Kind, wo hast du die Blumen?

DER BUB Sie sind ganz naß, Mama–

HAUPTMANN Unser Haus, Jenny, baue es nie wieder auf!

JENNY So schöne Blumen...

HAUPTMANN Hörst du mich, Jenny?

JENNY Nun lege sie hin...

DER BUB Wohin denn, Mama?

HAUPTMANN Unser Haus, Jenny, baue es nie wieder auf! Wir waren nicht glücklich darin, wir waren es nicht. Jenny! Wir hätten es werden können–

Die Blumen des Kindes liegen am Boden.

JENNY Was würde er Freude haben, dein Vater, wenn er deine schönen Blumen sehen könnte! Wenn er sehen könnte, wie lieb du bist–

DER BUB Du hast sie mir ja gegeben, Mama.

JENNY Du sollst ein Mann werden wie er–

HAUPTMANN Jenny!

JENNY Immer bist du sein heimlicher Ehrgeiz gewesen–

HAUPTMANN Hörst du mich nicht, Jenny?

JENNY Alles das Stolze, alles das Ehrenvolle, was dein Vater in seinem Leben erstrebt hat–

HAUPTMANN Es ist ein Irrtum gewesen, Jenny, das meiste!

JENNY Du, sein Sohn, du wirst es weiterführen!

HAUPTMANN Jenny–

DER BUB Nun weinst du schon wieder, Mama?

Jenny verdeckt ihr Gesicht und wendet sich ab.

HAUPTMANN Sie hört mich nicht mehr, Väterchen. Sag du es ihnen! Er soll die Schafe scheren, er soll mein Erbe nicht sein. Sag du es ihnen: Besser werden als die andern, keinem soll es verwehrt sein; besser haben als die andern soll es keiner, bevor er der Bessere ist.

DER POPE Sie können nicht hören.

HAUPTMANN Rufe es ihnen!

DER POPE Sie werden es hören, einst, wenn sie gestorben sind.

Eduard legt den Kranz nieder.

DER FUNKER Nun legen sie den Kranz! Damit es ihnen wohler ist, wenn sie gehen. Und auch die Schleife: so, damit der liebe Gott sie lesen kann.

EDUARD Kameraden, die Stunde eurer stummen Anklage ist da!

Das alles, es muß und es wird seine Rache finden. Du hattest recht! Es gibt keinen Frieden mit dem Satan... Ich hatte meinen Vater, meinen Bruder noch nicht verloren, damals. Satane sind es; du hattest recht!

DER FUNKER Eduard –

EDUARD Kameraden!...

DER FUNKER Nun meint er, wir verstehen uns.

EDUARD Was immer wir in Zukunft machen werden, in eurem Namen wird es geschehen! Das Schwert des Richters liegt in eurer Hand! Die Stunde eurer stummen Anklage ist da; sie wird nicht überhört.

Eduard legt einen Offiziersdegen zum Kranz.

DER FUNKER Wir klagen nicht an, Eduard, das ist nicht wahr. Wir suchen das Leben, das wir zusammen hätten führen können. Das ist alles. Haben wir es denn gefunden, solange wir lebten?

EDUARD In diesem Sinne, Kameraden, verlassen wir euer Grab, nicht euer Gedächtnis; euer Tod ist nicht umsonst gewesen.

HAUPTMANN Er ist umsonst gewesen.

EDUARD Das geloben wir!

HAUPTMANN Er ist umsonst gewesen...

Eduard tritt vom Kranz zurück, sichtlich erleichtert; er zieht wieder seine Mütze an.

DER FUNKER Väterchen, – sie machen aus unserem Tode, was ihnen gefällt, was ihnen nützt. Sie nehmen die Worte aus unserem Leben, sie machen ein Vermächtnis daraus, wie sie es nennen, und lassen uns nicht reifer werden, als sie selber sind.

Eduard hat Jenny den Arm geboten; der Ton ist anders.

EDUARD Gehen wir?

JENNY Ach ja...

EDUARD Bevor es Abend wird.

JENNY Mein einziger Trost: daß wir alles wieder erbauen, so wie es war –

EDUARD Genau so.

THOMAS Leider...

EDUARD Gehen wir. Nehmen wir einen Imbiß. Wir haben noch Zeit.

Sie entfernen sich, die Blumen bleiben am Boden zurück.

HAUPTMANN Es ist umsonst gewesen.

DER POPE Traure nicht, Hauptmann. Viel Brot werden wir bakken. Alles ist umsonst, der Tod, das Leben, die Sterne am Himmel, auch sie sind umsonst. Was sollen sie anderes sein.

BENJAMIN Und die Liebe?

DER POPE Die Liebe ist schön.

BENJAMIN Sage uns, Väterchen, ob auch die Liebe umsonst ist?

DER POPE Die Liebe ist schön, Benjamin, die Liebe vor allem. Sie allein weiß, daß sie umsonst ist, und sie allein verzweifelt nicht.

Er reicht den Krug einem nächsten, der Gesang wird lauter.

›*Zu* Nun singen sie wieder‹

Der Ort, wo diese Szenen spielen, geht immer aus dem gesprochenen Wort hervor. Kulissen sollten nur soweit vorhanden sein, als sie der Schauspieler braucht, und auf keinen Fall dürfen sie eine Wirklichkeit vortäuschen wollen. Denn es muß der Eindruck eines Spieles durchaus bewahrt bleiben, so daß keiner es am wirklichen Geschehen vergleichen wird, das ungeheuer ist. Wir haben es nicht einmal mit Augen gesehen und man muß sich fragen, ob uns ein Wort überhaupt ansteht. Der einzige Umstand, der uns vielleicht zur Aussage berechtigen könnte, liegt darin, daß wir, die es nicht am eigenen Leibe erfahren haben, von der Versuchung aller Rache befreit sind. Der Zweifel bleibt dennoch bestehen. Es sind Szenen, die eine ferne Trauer sich immer wieder denken muß, und wäre es auch nur unter dem unwillkürlichen Zwang der Träume, wie sie jeden Zeitgenossen heimsuchen; andere werden sich andere denken.

(1946)

Die Chinesische Mauer

Eine Farce

(1946. 1972)

Figuren:
Der Heutige · Hwang Ti, *Kaiser von China*
Mee Lan, *seine Tochter* · Wu Tsiang, *ein chinesischer Prinz*
Olan, *eine chinesische Mutter* · Der Stumme, *ihr Sohn*
Siu, *eine Dienerin* · Da Hing Yen I, II, III, *Zeremonienmeister*
Fu Tschu, *ein chinesischer Scharfrichter*
Mandarine, Kellner, Eunuchen, Journalisten
Masken:
Romeo und Julia · Napoleon Bonaparte · Columbus
Inconnue de la Seine · Pontius Pilatus · Don Juan Tenorio
Brutus · Philipp von Spanien · Cleopatra · Emile Zola
Iwan der Schreckliche · Henry Dunant · Ein Bettler
Ein Herr im Frack · Ein Herr im Cut

Das Vorspiel

Vor einen Zwischenvorhang, der die Chinesische Mauer in sachlicher Weise abbildet, tritt der Heutige.

DER HEUTIGE Meine Damen und Herren. Sie sehen die Chinesische Mauer, das größte Bauwerk der Menschheit. Es mißt (laut Konversationslexikon) über zehntausend Li, das entspricht der Strecke Berlin–New York, zum Beispiel. Laut Zeitungsberichten soll sich das Bauwerk in argem Zustand befinden, neuerdings sogar von Staats wegen abgetragen werden, da es dort, wo es steht, ohnehin keinen Zweck mehr hat. Die Chinesische Mauer (oder wie die Chinesen sagen: Die Große Mauer), gedacht als Schutzwall gegen die barbarischen Völker der Steppe, ist einer der immerwiederholten Versuche, die Zeit aufzuhalten, und hat sich, wie wir heute wissen, nicht bewährt. Vollendet wurde dieses Werk unter dem glorreichen Kaiser TSIN SCHE HWANG TI, der heute abend persönlich auf unserer Bühne erscheinen wird... Was im übrigen den heutigen Abend betrifft, so verlese ich Ihnen, damit keine falschen Erwartungen entstehen, die weiteren Figuren unseres Spiels:
Er liest von einem Zettel:

ROMEO UND JULIA
PHILIPP VON SPANIEN
MEE LAN, eine chinesische Prinzessin
PONTIUS PILATUS
INCONNUE DE LA SEINE
NAPOLEON BONAPARTE
BRUTUS
DON JUAN TENORIO
CLEOPATRA
CHRISTOPH COLUMBUS
EMILE ZOLA
IWAN DER SCHRECKLICHE
LOHENGRIN
ABRAHAM LINCOLN

Es erscheinen zwei chinesische Gestalten, Mutter und Sohn.

DER HEUTIGE Ferner werden Sie sehen: Allerlei Volk, Höflinge, Mandarine und Verwaltungsräte, Kellner, Scharfrichter, Eunuchen und Journalisten–

Die zwei chinesischen Gestalten verbeugen sich.

Was gibt es denn?

MUTTER Ich bin eine chinesische Bäuerin. Ich heiße Olan. Ich bin die Mutter, die niemals eine Rolle spielt in der Geschichte der Welt.

DER HEUTIGE (Das sagt sie natürlich nur, weil sie später, wie wir sehen werden, durchaus eine Rolle spielt, sogar eine entscheidende Rolle.)

MUTTER Wir leben in der Zeit des Ersten Erhabenen Kaisers, Tsin Sche Hwang Ti, genannt der Himmelssohn, der immer im Recht ist. Wir kommen aus dem Lande Tschau. Ein Jahr lang sind wir gepilgert. Sieben Mal kamen wir in eine Überschwemmung, dreißig Mal kamen wir unter die Soldaten, neunzig Mal verfehlten wir den Weg, weil's keinen gibt. Schau einer meine Füßchen an! Du aber bist ein redlicher Mensch, Herr, das sehen wir wohl, und wenn du uns sagst, Herr, daß wir in Nanking sind–

DER HEUTIGE Wir sind in Nanking.

MUTTER Wang! Hast du gehört?

Der Sohn nickt.

Wang! Wir sind in Nanking. Wang!

Die Mutter umarmt ihren Sohn.

DER HEUTIGE Warum weinen Sie?

MUTTER Ein Jahr lang, Herr, ein volles Jahr–

DER HEUTIGE – sind Sie gepilgert, ich verstehe.

MUTTER Kennst du den Jangtsekiang?

DER HEUTIGE Aus dem Atlas, gewiß.

MUTTER Ein Jahr lang hinauf, dann links: Eine liebliche Gegend, Herr, eine fruchtbare Gegend, du kannst mir glauben, viel Arbeit für uns, viel Ernte für den Kaiser, Hafer und Hirse, Reis und Tabak, Bambus, Baumwolle, Mohn, auch Taifune gibt es dort, Affen und Fasane–

DER HEUTIGE Und da kommt ihr her.

MUTTER Da kommen wir her.

DER HEUTIGE Was wollt ihr in Nanking?

MUTTER Wang! Hast du gehört? Er fragt, was wir in Nanking wollen. Wang! Das fragt er. Hast du gehört?

Der Sohn lacht ohne Stimme.

Wir wollen unseren Kaiser sehen! Tsin Sche Hwang Ti, genannt der Himmelssohn, der immer im Recht ist. Sie sagen, es ist nicht wahr.

DER HEUTIGE Was ist nicht wahr?

MUTTER Sie sagen es im ganzen Land.

DER HEUTIGE Was?

MUTTER Er ist kein Himmelssohn, sagen sie... Das ist mein Sohn. Mein Sohn ist stumm. Er hat es nicht von mir.

DER HEUTIGE Stumm?

MUTTER Vielleicht ist es ein Glück, daß er stumm ist... Wirklich, mein Sohn, wirklich! Es wird so viel dummes Zeug geredet, bloß weil die Leute reden können. Was kommt dabei heraus! Seit vierzig Jahren schon sagen sie, es müsse anders werden. Besser werden. Gerechtigkeit werden. Friede werden... Herr, hast du das Neueste gehört?

DER HEUTIGE Noch habe ich in Nanking mit niemand gesprochen.

Die Mutter tuschelt ihm ins Ohr.

Min Ko?

MUTTER So heißen sie ihn. Stimme des Volkes! Aber niemand hat ihn je gesehen. Man kennt nur seine Sprüche.

Man hört Trommeln.

Da kommen sie schon wieder!

Auftreten ein chinesischer Ausrufer, ein Soldat mit Trommel, ein Soldat mit Lanze, ein Soldat mit Schemel für den Ausrufer.

AUSRUFER »Wir, Tsin Sche Hwang Ti, das aber heißt: Der Erste Erhabene Kaiser, genannt der Himmelssohn, der immer im Recht ist, erlassen an die gehorsamen Völker unseres Reiches die folgende Kunde:–«

Trommelwirbel.

»Der Sieg ist unser. Zerschmettert sind die hündischen Barbaren der Steppe, unsere letzten Feinde. In den Lachen ihres eignen Blutes, wie versprochen, liegen die hündischen Barbaren der Steppe, das aber heißt: Die Welt ist unser.«

Trommelwirbel.

MUTTER Heil. Heil. Heil.

Der chinesische Ausrufer blickt auf den Heutigen und wartet.

DER HEUTIGE Heil–

Trommelwirbel.

AUSRUFER »Völker unseres Reiches! Es lebt an diesem Tag ein letzter Widersacher in unserem Land, ein einziger Mann, der sich die Stimme des Volkes nennt: Min Ko. In den hintersten Winkeln unseres Reiches werden wir ihn suchen und finden. Sein Kopf auf die Lanze! Und einem jeden, der seine Sprüche in den Mund nimmt, soll das gleiche geschehen: Sein Kopf auf die Lanze!«

Trommelwirbel.

Lang lebe unser Erster Erhabener Kaiser, Tsin Sche Hwang Ti, genannt der Himmelssohn, der immer im Recht ist.

MUTTER Heil. Heil. Heil.

Der chinesische Ausrufer blickt auf den Heutigen und wartet.

DER HEUTIGE Heil.

Der Ausrufer und die drei chinesischen Soldaten ziehen weiter, wie sie gekommen sind: gleichgültig, pflichttreu, mechanisch.

MUTTER Hast du gehört, Herr?

DER HEUTIGE Min Ko: Stimme des Volkes – Sein Kopf auf die Lanze... Das riecht nach Krise einer Macht, die alles besiegt hat, bloß die Wahrheit noch nicht. Ich verstehe.

MUTTER Komm, mein Sohn, komm!

DER HEUTIGE Nur noch eine Frage:–

MUTTER Ich weiß von nichts, Herr, ich weiß von nichts. Komm, mein Sohn! Und danke den Göttern, daß du stumm bist.

Mutter und Sohn ziehen weiter.

DER HEUTIGE Soviel über die Lage in Nanking... Sie werden fragen, meine Damen und Herren, was mit alledem gemeint sei. Wo liegt (heute) dieses Nanking? Und wer ist (heute)

Hwang Ti, der Himmelssohn, der immer im Recht ist? Und dieser arme Stumme, der nicht einmal Heil sagen kann, und Wu Tsiang, der General mit den blutigen Stiefeln, und wie sie alle heißen: Wer ist gemeint? Hoffentlich werden Sie nicht ungehalten, meine Damen und Herren, wenn Sie darauf keine Antwort bekommen. Gemeint (Ehrenwort!) ist nur die Wahrheit, die es nun einmal liebt, zweischneidig zu sein.

Erster Gong.

Das Spiel beginnt! ... Ort der Handlung: diese Bühne. Zeit der Handlung: heute abend. (Also in einem Zeitalter, wo der Bau von Chinesischen Mauern, versteht sich, eine Farce ist.)

Zweiter Gong.

Ich spiele darin die Rolle eines Heutigen.

Dritter Gong.

Das Spiel

Die Bühne bleibt Bühne: rechts eine Freitreppe in chinesischer Manier, links im Vordergrund eine Sesselgruppe in moderner Manier. Man hört festliche Musik und Stimmen einer unsichtbaren Gesellschaft. Nach einer Weile (wenn der Zuschauer die Bühne kennt) erscheint ein jugendliches Paar in Kostümen, die jedem Theatergänger bekannt sind.

I

SIE Willst du schon gehn? Der Tag ist ja noch fern.
Es war die Nachtigall und nicht die Lerche,
Die eben jetzt dein banges Ohr durchdrang;
Sie singt des Nachts auf dem Granatbaum dort.
Glaub, Lieber, mir: es war die Nachtigall.
ER Die Lerche wars, die Tagverkünderin–
Nur Eile rettet mich; Verzug ist Tod.
SIE Trau mir, das Licht ist nicht des Tages Licht–
Drum bleibe noch, zu gehn ist noch nicht not.
ER Laß sie mich greifen, ja, laß sie mich töten!
Ich gebe gern mich drein, wenn du mich liebst–
SIE Man kommt! Ich hör Geräusch. Leb wohl!
ER Leb wohl!
SIE O denkst du, daß wir je uns wiedersehn?
Ein Kellner im Frack erscheint von rechts.
KELLNER Darf ich die Herrschaften bitten: Die Polonaise beginnt auf der Terrasse. Die Herrschaften werden erwartet.
Der Kellner verschwindet.
ER Wenn ich bloß wüßte, wo wir sind! – und wann?
Mir graut vor der Gesellschaft hier. Es scheint,
Sie haben alle Truhen aufgetan:
Kostüme wimmeln, und es riecht nach Mottengift.
Es ist, als sei'n sie tot, doch reden sie
Und tanzen auch und drehen sich im Kreis,

Wie sich Figuren einer Spieluhr drehn.

SIE Was ist geschehn?

ER Die Zeit, die Zeit blieb stehn–

SIE Auf, Lieber, auf! und laß uns fliehn!

ER Wohin?

Ein Kellner im Frack erscheint von links.

KELLNER Darf ich die Herrschaften bitten: Die Polonaise beginnt auf der Terrasse. Die Herrschaften werden erwartet.

Der Kellner verschwindet.

SIE O Gott, ich hab ein Unglück ahnend Herz!

ER Was, weiß ich nicht, doch etwas ist geschehn.
Was heißt das: Entropie? Was heißt: Atom?
Ein jeder sagts, doch keiner kanns verstehn.
Was heißt: der Wärmetod der Welt? Und so.
Ich fühle bloß: Die Zeit, die Zeit blieb stehn.

SIE Gib Nachricht jeden Tag und jede Stund!
Schon die Sekund' enthält der Jahre viel,
Ach, so zu rechnen bin ich alt, bin tot,
Eh wir uns wiederfinden Mund an Mund.

ER O Julia! diese Nacht ruh ich bei dir.

SIE O Romeo, o holder Romeo!

ER Wie oft sind Menschen, schon des Todes Raub,
Noch fröhlich worden. O mein Herz! Mein Weib!
Bald ist die Welt ein einzig Grab. Ihr Augen,
Nehmt euer Letztes! Arme, nehmt die letzte
Umarmung – und so im Kusse sterb ich.

Auftritt der Polonaise mit Kostümen aller Art: Napoleon, Cleopatra, Don Juan, die Jungfrau von Orleans, Friedrich der Große, Helena, Wallenstein, Maria Stuart, Lohengrin und so weiter.

JEMAND Hier sind sie ja: Romeo und Julia, das klassische Paar!

Romeo und Julia werden von der munteren Polonaise entführt. Es bleiben Napoleon Bonaparte (im halben Profil, die Hand in der weißen Weste) und der Heutige, der ihm nicht ohne Respekt in den Weg getreten ist.

DER HEUTIGE Exzellenz! – kann ich Sie einen Augenblick sprechen? Vielleicht freut es Sie zu hören, Exzellenz, daß Ihr Ruhm die ersten hundertfünfzig Jahre überstanden hat.

NAPOLEON Was sagt Ihr?

DER HEUTIGE Was meine Wenigkeit betrifft, Exzellenz, so gehöre ich zu den Menschen, die heute gerade auf der Erde sind und leben möchten.

NAPOLEON Hundertfünfzig Jahre? sagt Ihr? Und was (meldet mir!) ist seither geschehen?

DER HEUTIGE Ich will es Ihnen melden, Exzellenz, dazu bin ich gekommen... Sie starben, wenn ich nicht irre, im Frühjahr 1821. Aber noch heutigen Tags, Exzellenz, sind Sie ein Inbegriff. Ihre Persönlichkeit, Ihr Profil, das innere wie das äußere, Ihre gloriosen Feldzüge und die Vorliebe Ihrer Hand, sich in die weiße Weste zu bergen, kennt jeder Gebildete, jeder Halbgebildete, und das ist heutzutage die große Menge. Man bewundert Sie, Exzellenz, und nicht nur in Frankreich. Ihre Briefe sind in jeder Bibliothek zu lesen, auch die intimen, in Faksimile. Wenn ich mich so ausdrücken darf, Exzellenz: Sie sind uns vertraut. Sie gehören zu den Figuren, die unser Hirn bevölkern, und insofern, als Figur unseres Denkens, sind Sie durchaus noch lebendig – wie könnte ich sonst mit Ihnen sprechen, Empereur de la France! – lebendig und gefährlich.

NAPOLEON Ich frage, was geschehen ist? Was machen die Franzosen? Und die Briten, die Russen? Darf ich hören, daß sie geschlagen sind?

DER HEUTIGE Exzellenz–

NAPOLEON Rußland kann geschlagen werden; es war ein ungewöhnlich harter Winter, als wir gen Rußland zogen.

DER HEUTIGE Das ist uns sehr bekannt.

NAPOLEON Rußland muß geschlagen werden!

DER HEUTIGE Exzellenz–

NAPOLEON Europa ist die Welt–

DER HEUTIGE Nicht mehr, Exzellenz, nicht mehr!

NAPOLEON –wer ist Herr von Europa?

DER HEUTIGE Exzellenz!...

NAPOLEON Warum sprecht Ihr nicht, Bürger?

DER HEUTIGE Exzellenz – das Atom ist teilbar.

NAPOLEON Was heißt das?

DER HEUTIGE Die Sintflut ist herstellbar. Sie brauchen nur noch den Befehl zu geben, Exzellenz. Das heißt: Wir stehen vor der Wahl, ob es eine Menschheit geben soll oder nicht. Wer aber, Exzellenz, hat diese Wahl zu treffen? die Menschheit selbst oder – Sie?

NAPOLEON Ihr seid Demokrat?

DER HEUTIGE Ich bin besorgt, ja. Wir können uns das Abenteuer der Alleinherrschaft nicht mehr leisten, Exzellenz, und zwar nirgends auf dieser Erde; das Risiko ist zu groß. Wer heutzutag auf einem Thron sitzt, hat die Menschheit in der Hand, ihre ganze Geschichte, angefangen bei Moses oder Buddha, inbegriffen die Akropolis, die Tempel der Maya, die Dome der Gotik, inbegriffen die ganze abendländische Philosophie, die Malerei der Spanier und Franzosen, die Musik der Deutschen, Shakespeare, inbegriffen dieses jugendliche Paar: Romeo und Julia. Und inbegriffen uns alle, unsere Kinder, unsere Kindeskinder. Eine einzige Laune von Ihm, der heutzutag auf einem Thron sitzt, ein Nervenzusammenbruch, eine Neurose, eine Stichflamme seines Größenwahns, eine Ungeduld wegen schlechter Verdauung: Und alles ist hin.

NAPOLEON Warum sagt man das uns: Napoleon Bonaparte, der auf Sankt Helena verbannt ist?

DER HEUTIGE Ganz offenheraus: Sie dürfen nicht wiederkehren, Exzellenz, auch keine hundert Tage. Die Epoche der Feldherrn (und wäre einer noch so vortrefflich) ist vorbei.

NAPOLEON Und wenn die Völker mich rufen?

DER HEUTIGE Das tun sie nicht. Die Völker wollen leben.

NAPOLEON Und wenn ich Euch sage, Monsieur, daß Ihr Euch irrt? Daß ich die Rufe höre, Monsieur, Tag für Tag?

Gelächter im Hintergrund. Der Heutige wendet sich an die Zuschauer.

DER HEUTIGE Sie sehen schon, meine Damen und Herren, wie heikel es ist, mit diesen Herrschaften zu sprechen, die unser Hirn bevölkern und nicht begreifen wollen, was ihnen ein

Heutiger meldet, mit diesen Lemuren einer Geschichte, die nicht zu wiederholen ist.

Auftritt ein neues Maskenpaar: ein Greis, offenkundig ein spanischer Seefahrer, und ein sehr junges Mädchen, das barfuß in lächelnder Verzücktheit vor sich hin tanzt.

MÄDCHEN »Entrez dans la danse,
Voyez comme on danse,
Sautez, dansez,
Embrassez cell'que vous voudrez!«

GREIS Ich verstehe das nicht...

MÄDCHEN »Entrez dans la danse,
Voyez comme on danse–«

Der Greis schüttelt den Kopf.

Es ist ein Fest, mein Freund, ein großer Ball, wie ich ihn tausendmal erträumte hinter geschlossenen Lidern, wenn ich nicht schlafen konnte unter den Brücken der Seine.

GREIS Ich verstehe das nicht...

MÄDCHEN Ich liebe die rauschenden Feste, mein Freund, ich liebe die Gärten, die ich nie betreten habe, ich liebe die Seide, die Musik, die alles möglich macht. Ich liebe das Leben der feinen Leute. Dies alles, wissen Sie, kenne ich vom Lesen der Journale.

GREIS Amerika nennen sie es...

MÄDCHEN Wir müssen eilen, mein Freund, damit wir die Polonaise nicht verlieren. Geben Sie mir den Arm!

GREIS ... Amerika nennen sie es. Amerika! Und es ist nicht Indien, sagen sie, was ich entdeckt habe. Verstehen Sie das? Nicht Indien, nicht die Wahrheit!

Die beiden Masken verschwinden.

NAPOLEON Wer ist das gewesen?

DER HEUTIGE Columbus, denke ich, der alte Columbus.

NAPOLEON Ich meine das Mädchen.

DER HEUTIGE Die hat keinen Namen.

NAPOLEON Sie sprach von der Seine.

DER HEUTIGE Niemand hat ihr Leben gekannt, Exzellenz, niemand hat danach gefragt. Wir kennen bloß die Maske ihres

Todes; sie hängt in den Schaufenstern, beim Trödler kann man sie kaufen. Wir nennen sie: L'Inconnue de la Seine.

NAPOLEON Heißt das, daß auch sie, diese Barfüßige, zu den Gästen gehört?

DER HEUTIGE Es scheint so.

NAPOLEON Und warum meldet man uns nicht, wessen Gäste wir eigentlich sind?

Man hört einen Peitschenknall. Ein chinesischer Hofmeister erscheint mit einem Rudel von Kulis, die den Thron bringen und auf die Bühne stellen. Alldies vollzieht sich mit raschem und tadellosem Drill, linksum und rechtsum, wobei aus dem Unsichtbaren jedesmal ein Peitschenknall ertönt. Dann verschwinden sie wieder.

Was soll diese Chinoiserie?

DER HEUTIGE Das ist der Thron.

NAPOLEON Und wer sind diese hier –?

DER HEUTIGE Ich werde fragen.

Er tritt zu einer Maske.

DER HEUTIGE Wer sind Sie?

Die Maske schweigt.

DER HEUTIGE Abraham Lincoln, aber er schweigt, der erste Präsident der Vereinigten Staaten, der ermordet worden ist. Auch er scheint sich zu wundern über den Gang der Geschichte...

Er tritt zu andern Masken.

DER HEUTIGE Wer sind Sie?

IWAN Iwan der Schreckliche, so nennt mich dieser Bettler. Wieso der Schreckliche? Wenn ich vernehme, was andere tun, Jossif Wissarionowitsch Dschugaschwili zum Beispiel–

DER HEUTIGE Und Sie?

BETTLER Ein Bettler.

DER HEUTIGE Heinrich Pestalozzi?

BETTLER Ich bettle für eine Schule.

DER HEUTIGE Ich wollte Ihre Unterhaltung nicht stören.

Von der Gegenseite erscheinen abermals zwei Masken, die promenieren in der Art, wie man vor einem Anlaß, der auf sich warten läßt, in zufälliger Gesellschaft hin und her promeniert;

es sind: ein Römer und ein jugendlicher Spanier, der ungeduldig, dieweil er zuhört, mit einem Handschuh tändelt und heimlich sich umsieht.

DER RÖMER ... Was ist Wahrheit? Zu jener Zeit nämlich gab es sich, daß ich Statthalter war in einer Provinz, die Hebräisch heißt: Erez Jisrael –

DER SPANIER Ich weiß, ich weiß.

DER RÖMER Eines frühen Morgens (es war aber der Rüsttag des Passah) brachten sie ihn in das Richthaus, und ich sprach zu ihnen: Was für eine Klage bringet ihr wider diesen Menschen? Die Juden aber antworteten und sprachen so und so. Da ging ich wieder zu ihm und sprach zu ihm: Bist du der König der Juden? Er aber antwortete: Mein Reich ist nicht von dieser Welt –

DER SPANIER Ich weiß!

DER RÖMER Nach diesem, da er also gesprochen hatte, ging ich zu den Hohenpriestern und sprach: Ich finde keine Schuld an ihm. Da schrieen sie und antworteten: Er hat sich selbst zu Gottes Sohn gemacht! Da ich nun dieses Wort hörte, fürchtete ich mich sehr und ging wieder hinein zu ihm und sprach zu ihm: Woher bist du? Er aber gab mir keine Antwort. Ich saß nun auf dem Richterstuhl (was auf Hebräisch Gabbatha heißt) und wartete auf seine Antwort vergeblich. Ein jeder, der aus der Wahrheit sei, höre seine Stimme! Da sprach ich: Was ist Wahrheit?

DER SPANIER Ich weiß, das ist bekannt.

DER RÖMER Ich liebe aber die Entscheidungen nicht. Wie kann ich entscheiden, was Wahrheit ist? Es war aber ein Aufruhr, und vor dem Richthaus schrien sie: Kreuzige, kreuzige ihn! Und ich sprach: Ich habe aber eine Gewohnheit, daß ich euch Einen lediggebe auf das Passah; welchen wollet ihr, daß ich euch lediggebe? Da schrieen sie wieder alle und sprachen: Nicht diesen, sondern den Barabbas.

DER SPANIER Ich weiß – ich weiß.

DER RÖMER Barabbas aber war ein Räuber.

DER SPANIER Ein Mörder!

DER RÖMER Da übergab ich ihnen den andern, daß er gekreuziget werde, und sah, wie derselbe hinausging an den sogenannten Schädelort (was auf Hebräisch Golgatha heißt)–

Der Spanier ist zur Inconnue getreten und küßt ihr die Hand.

DER SPANIER Mademoiselle de la Seine?

INCONNUE Wer gibt mir die Ehre?

DER SPANIER Ein Mann, der Sie beneidet! nicht um die Größe Ihres Ruhmes, dem der meine, fürchte ich, nicht nachsteht; ich beneide Sie, Mademoiselle de la Seine, um die Art Ihres Ruhmes!

INCONNUE Wie meint das der Monsieur?

DER SPANIER Alle Welt bildet sich ein, mich zu kennen. Zu Unrecht, Mademoiselle, zu Unrecht! Ihnen gegenüber gibt die Welt es zu, daß sie nichts von Ihnen weiß, nichts als den Namen: L'Inconnue de la Seine! Wie ich Sie beneide!

INCONNUE Ich bin aber lungenkrank, Monsieur, und schwanger–

DER SPANIER Mein Name ist Don Juan.

DER HEUTIGE Von Sevilla? Don Juan Tenorio?

DON JUAN Sie irren sich! Sie kennen mich vom Theater–

Ad spectatores: Ich komme aus der Hölle der Literatur. Was hat man mir schon alles angedichtet! Einmal nach einem Gelage, das ist wahr, ging ich über den Friedhof (der Abkürzung wegen) und stolperte über einen Totenkopf. Und mußte lachen, Gott weiß warum. Ich bin jung, ich hasse das Tote; das ist alles. Wann habe ich Gott gelästert? Das beichten die Ehebrecherinnen von Sevilla, und ein Pfaff, Gabriel Tellez, hat es in Verse gebracht; ich weiß. Strafe Gott ihn für seine dichterische Phantasie! Einmal kam ein Bettler, das ist wahr, und ich hieß ihn fluchen, denn ich bin ein Tenorio, Sohn eines Bankiers, und mir ekelte, in der Tat, vor den Almosen der Tenorios. Was aber wissen Brecht und sein Ensemble sonst von mir? Im Freudenhaus, das ich nicht nötig habe, spiele ich Schach: Schon hält man mich für intellektuell. Liebe zur Geometrie! Was immer ich tue oder lasse, alles wird mir verdeutet und verdichtet. Wer hält das aus? Ich möchte sein, jung wie ich bin, und nichts als sein. Wo ist das Land ohne Literatur? Das ist es, meine Damen und Herren, was ich suche: das Paradies. Ich suche das Jungfräuliche.

Er wendet sich an Columbus: Sie sind, wie ich höre, der Entdecker von Amerika?

COLUMBUS So nennen sie's.

DON JUAN Dazu ein Landsmann!

COLUMBUS Ich stehe im Dienst der spanischen Krone, ein geborener Genueser–

DON JUAN Es handelt sich, verehrter Freund und Landsmann, um das Folgende–

COLUMBUS Es handelt sich um die Wahrheit. Wir sind nicht ausgefahren im Namen der spanischen Krone, um einen Erdteil zu entdecken, den man heutzutage (ich weiß nicht warum) Amerika nennt. Um ganze Völker auszurotten, wie es später im Namen der spanischen Krone geschah, dazu sind wir nicht ausgefahren. Und daß man die Felder zerwühlte nach Gold! Das war nicht unser Ziel!

DON JUAN Ich weiß, ich weiß.

COLUMBUS Fünf Jahre mußte ich warten, reden und warten, bis sie die Schiffe mir bauten, fünf Jahre, bis sie mir trauten. Ich habe gesagt, daß wir nach Indien kommen. Und dann der Sturm! Es ging nicht um Indien, nicht um die Schätze von Indien; es ging um die Wahrheit. Tod und Gefahr und Hunger und Durst, Gott weiß es, wir haben geduldet, und dann diese Nächte, da ich gefesselt stand, all diese heulenden Nächte: ich habe gewußt, daß wir nach Indien kommen! und wir sind nach Indien gekommen – Warum schüttelt Er den Kopf?

DON JUAN Ich?

COLUMBUS Jener dort.

DER RÖMER Ja eben: – Was ist Wahrheit?

DON JUAN Ich habe vergessen, Sie vorzustellen: Pontius Pilatus... Es handelt sich, Kapitän, um Folgendes: Ich möchte Europa verlassen–

INCONNUE Ah!

DON JUAN Ich weiß, Mademoiselle, was Sie jetzt denken. Mozart in Ehren! aber es hat nichts mit Frauen zu tun. *Er wendet sich an die Männer:* Meine Herren, Europa ist der Tod –

2

Don Juan kann nicht weitersprechen, da sich die Aufmerksamkeit einem chinesischen Hofmeister zuwendet, der sich ausführlich verbeugt.

DA HING YEN Mein Name ist Da Hing Yen, Zeremonienmeister des Herbstes. Ich habe die unverdiente Ehre, unsren Gästen vorzutragen, was unser Speisezettel vormerkt zur Ehre unseres siegreichen Feldherrn, Tsin Sche Hwang Ti, unseres Ersten Erhabenen Kaisers, genannt der Himmelssohn, der immer im Recht ist und soeben die Weltherrschaft angetreten hat.

PILATUS Wer?

DA HING YEN Tsin Sche Hwang Ti.

PILATUS Nie gehört.

DER HEUTIGE Zweihundert Jahre vor Christus, in Rom nicht bekannt, Erbauer der Chinesischen Mauer.

DA HING YEN Erster Gang: Suppe mit jungen Bambussprossen, Meerrettich, angemacht mit Morgenrosentau, gemästete Entenleber in Reiswein, Fasan nach Pekinger Art, Granatäpfelchen in siamesischem Essig, Schwalbennester gedämpft–

DON JUAN Gedämpft?

DA HING YEN Gedämpft... Zweiter Gang: Tibetanisches Huhn, gefüllt mit jungem Affenhirn, Schmetterlingssalat mit indischen Kirschen, Taubeneier geröstet–

INCONNUE Geröstet?

DA HING YEN Geröstet... Dritter Gang: Allerlei Fisch, in der Morgenfrühe von den kaiserlichen Kormoranen gefangen, von der kaiserlichen Stafette nach Nanking gebracht, dazu gezuckerte Lotoskerne, Pomeranzen gepfeffert, Muscheln mit sauren Ameiseneiern –

3

Kirchenmusik, ein schwarzer Monarch erscheint.

DER HEUTIGE Sire!

MONARCH Weiß Er, mit wem Er spricht?

DER HEUTIGE Philipp von Spanien vermutlich.

MONARCH Warum kniet Er nicht?

DER HEUTIGE Sire – es ist dringend.

MONARCH Warum kniet Er nicht?

Der Heutige kniet nieder.

Mich schon gesprochen also?

DER HEUTIGE Sire – ich bin – ich muß gestehen, Sire – sogleich nicht vorbereitet, was ich als Bürger dieser Welt gedacht, in Worte eines Untertans zu kleiden, zumal – Ich weiß nicht, Sire, ob Sie schon unterrichtet sind? Wir haben (um mich kurz zu fassen, Sire) den Zweiten Weltkrieg hinter uns, und was das stolze Spanien anbelangt – Sie gestatten, Sire, daß ich mich erhebe?

MONARCH Redet aus!

DER HEUTIGE Wir verehren Picasso, Lorca, Casals.

MONARCH Ihr hattet mir noch mehr zu sagen.

DER HEUTIGE Das wissen Sie, hoffe ich: Die Niederlande sind frei. Gibraltar ist britisch. Spanien ist zwar keine Demokratie geworden, jedoch ein Stützpunkt von Amerika. Und so weiter!... Ich will Sie nicht stören, Sire, wenn Sie wirklich beten.

MONARCH Die Niederlande – Ihr wagt es, zu sagen –

DER HEUTIGE Was Tatsache ist.

MONARCH Gibt es denn keine Inquisition mehr?

DER HEUTIGE Und ob.

MONARCH Ich habe das Meinige getan –

DER HEUTIGE Dafür, Sire, sei Gott Ihnen gnädig.

MONARCH Ich kenne die Ketzer. Ich habe sie verbrannt, Tausende und Zehntausende. Es gibt kein anderes Mittel.

DER HEUTIGE Sie irren, Sire. Es gibt ein anderes Mittel. Wir haben neuerdings die Wasserstoffbombe.

MONARCH Was heißt das?

DER HEUTIGE – das heißt, die andern haben sie auch. Und das ist das Gute dran, mit Verlaub gesagt; denn wer den andern verbrennen will, weil er etwas andres glaubt, verbrennt sich selbst. Es ist so einfach nicht mehr, Sire, so einfach nicht, die Christenheit zu retten! Es bleibt uns, in der Tat, nur noch das christliche Verfahren.

MONARCH Sonderbarer Schwämer!

DER HEUTIGE Sire–

Der Monarch steht immerzu mit gefalteten Händen.

Mit einem Wort: Sie sollten nicht wiederkehren, Sire. Verbleiben Sie im Escorial! Dort steht Ihr Bett: mit Guckloch auf den Hochaltar.

MONARCH Ihr wart in meinem Schlafgemach?

DER HEUTIGE Als Tourist...

Er wendet sich an die Umstehenden: Sie alle, meine Herrschaften, Sie sollten nicht wiederkehren. Es ist zu gefährlich. Eure Siege, eure Reiche, eure Throne von Gottesgnaden, eure Kreuzzüge hin und Kreuzzüge her, es kommt nicht mehr in Frage. Wir wollen leben. Eure Art, Geschichte zu machen, können wir uns nicht mehr leisten.

Kellner sind erschienen, Aperitif anbietend.

KELLNER Mit oder ohne Gin? Mit oder ohne Gin?

DER HEUTIGE Ich bitte Sie, meine Herrschaften, mich anzuhören–

KELLNER Mit oder ohne Gin?

DON JUAN Mit.

DER HEUTIGE Sire! – *Er wirft sich auf die Knie.*

Geben Sie die vier Freiheiten!

MONARCH Vier–?!

DER HEUTIGE Erstens die Gedankenfreiheit–

KELLNER Mit oder ohne Gin?

Der Heutige, vom Kellner unterbrochen, kann nicht weitersprechen; er kniet, für einen Augenblick durchaus sprachlos vor der zudringlichen Höflichkeit des Kellners, der das Tablettchen mit den Aperitifs etwas senkt.

Mit oder ohne Gin?

4

Fanfaren ertönen, und man hört fernen Volksjubel.

DA HING YEN Einzug unseres Ersten Erhabenen Kaisers, genannt der Himmelssohn, in Nanking... Versäumen Sie nicht, Herrschaften, Augenzeuge dieses unbeschreiblichen Schauspiels zu sein. Eine Farbenpracht sondergleichen, Herrschaften, eine niedagewesene Menschenmenge, die sich soeben auf die Knie geworfen hat, vierzigtausend Fahnen erfüllen die Straßen von Nanking. Eine ohrenbetäubende Woge der Freude, Herrschaften, geht unserem Kaiser voraus, der noch nicht zu sehen ist. *Fanfaren ertönen.*

Versäumen Sie nicht, Herrschaften, Augenzeuge dieses historischen Schauspiels zu sein: Einzug von Tsin Sche Hwang Ti, genannt der Himmelssohn, in Nanking, das aber heißt: in der Mitte der Welt.

Da Hing Yen weist nach rechts, und die Masken, ihren Aperitif in der Hand, begeben sich nach rechts, um sich die Sache höflich anzusehen. Nur der Heutige, der sich erhoben hat und seine Hose abwischt, bleibt zurück.

Wer bist du? Wo kommst du her? Wer hat dich eingeladen? Bist du eine historische Figur?

DER HEUTIGE Lassen Sie sich nicht stören.

DA HING YEN Jeden Augenblick erscheint der Erste Erhabene Kaiser –

DER HEUTIGE – Tsin Sche Hwang Ti, oder wie man das ausspricht, Erbauer der Chinesischen Mauer; ich weiß. Ich möchte ihn sprechen.

Er steckt sich eine Zigarette an.

Denken Sie, Herr, heute noch stehen die Reste eurer Mauer, die jedes Kind von Bildern kennt. Und wenn die Menschheit zugrunde geht – was immer wahrscheinlicher wird: mit all diesen Lemuren, die da promenieren und lauern auf ihre historische Wiederkunft, taub für jede Entwicklung unseres Bewußtseins! – von allen Menschenwerken wird sie, eure Mauer, das einzige sein, was man beispielsweise vom Mars herüber sehen kann: diese Schlange aus Stein, dieses Unding, dieses Denkmal des Wahns, man kann es verblasen wie die Asche einer Zigarette: – so...

DA HING YEN Ich heiße Da Hing Yen, Zeremonienmeister des Herbstes. Wenn ich nicht weiß, wer einer ist, so heißt das: Vor die mongolischen Hunde mit ihm! Wenn ich nicht verstehe, was einer spricht, so heißt das: Vor die mongolischen Hunde mit ihm.

Wenn ich verstehe, was unserem Ohr nicht gefällt, so heißt das:–

DER HEUTIGE Wer ist das?

DA HING YEN Scht!

Da Hing Yen macht Kotou, und der Heutige versteckt sich.

5

Auftritt Mee Lan, die junge Prinzessin, gefolgt von ihrer Dienerin.

DA HING YEN Prinzessin, genannt Mee Lan, das aber heißt: Die Schöne Orchidee! selig preist sich dein billiger Diener, der die unverdiente Ehre genießt auszusprechen, was süße Freude bringt in das Herz unsrer Prinzessin: Zerschmettert sind die hündischen Barbaren der Steppe, der Sieg ist unser, die Welt ist unser!

MEE LAN Was gibt es Neues sonst?

DA HING YEN Heil. Heil. Heil.

Da Hing Yen zieht sich mit Kotou zurück.

MEE LAN Was gibt es Neues sonst?

SIU Gestern, sagen sie, ist unser Hofnarr gestorben.

MEE LAN Wer, meinst du, wird seine Rolle übernehmen?...

Mee Lan setzt sich.

Bring uns den Tee!

Mee Lan fächelt sich.

Was für eine Welt! Ich verstehe sie nicht, Siu, immer reden sie von Sieg. Ich finde die Männer so langweilig. Und so dumm.

Mein Papa zum Beispiel! Nun schickt er seine Trommler durchs ganze Reich und will die Stimme des Volkes verhaften. Wie stellt er sich das vor?

SIU Nicht die Stimme des Volkes, Prinzessin. Du hast mich mißverstanden. Sie suchen einen Mann, der sich so nennt, Min Ko, die Stimme des Volkes.

MEE LAN Was ist das für ein Mann?

SIU Ein böser Mann, sagen sie, ein spöttischer, ein ungläubiger, ein zersetzender, ein böser Mann.

MEE LAN Wie sieht er aus?

SIU Das, Prinzessin, weiß man nicht. Man kennt nur seine Rede. Es ist eine böse Rede, sagen sie, eine spöttische, eine ungläubige, eine zersetzende, eine böse Rede.

MEE LAN Und drum will Papa ihn töten lassen?

SIU Nichts ist ihm heilig, sagen sie, nicht einmal der Krieg.

MEE LAN Ach.

SIU Drum sagen sie: Sein Kopf auf die Lanze!

MEE LAN Ich möchte ihn sehen!

Mee Lan hat sich erhoben und fächelt sich.

Was gibt es Neues sonst?

SIU Vielleicht, Mee Lan, kehrt auch der Prinz zurück, der jugendliche Held, der um dich freit, der dir zuliebe die Schlacht von Liautung gewann. Noch hat man nichts von seinem Tod gehört–

MEE LAN Noch immer nicht?

SIU Mee Lan–

MEE LAN Ich liebe ihn nicht.

SIU Das ist der achte Prinz, Mee Lan, der achte!

MEE LAN Ich zähle sie nicht.

SIU Einen nach dem andern schickst du in die Schlacht, Prinzessin, weil du nicht lieben kannst–

MEE LAN Lieben!

Mee Lan setzt sich.

Bring uns den Tee! Und frage, ob es wahr ist, daß man vom Tod des Prinzen noch immer nichts gehört hat.

Siu macht Kotou und geht.

6

MEE LAN Der achte Prinz! Er kämpfe und sterbe für mich, das sagt jeder, der dieses Reich zu erben hofft. Sollen sie sterben! Ich bin ja nicht blöd –

Sie gewahrt die Zuschauer:

Wer seid ihr?

Sie fächelt sich.

Eine Prinzessin in Seide und Jade, ja, gafft mich bloß an, ihr werdet ihn ja kennenlernen, meinen Papa, genannt der Himmelssohn, der immer im Recht ist –

Sie parodiert:

»Die Welt ist unser, es ist erreicht, die Welt ist frei. Es gibt auf dieser Welt nur noch eine einzige Ordnung, unsere Ordnung, das aber ist die Große Ordnung und die Wahre Ordnung und die Ewige Ordnung.«

Sie fächelt wieder.

Ihr aber schweigt, ihr alle, die ihr erwachsen seid und wißt, was los ist, ihr hört euch seine Reden an, ihr alle, ihr sitzt in der Reihe und schweigt –

7

Der Heutige ist aus seinem Versteck getreten.

DER HEUTIGE Fräulein –

MEE LAN Hilfe!

DER HEUTIGE Erschrecken Sie nicht.

MEE LAN Siu! Hilfe! Siu!

DER HEUTIGE Ich habe Sie nicht belauschen wollen, Prinzessin, es tut mir leid, wenn ich Sie erschreckt habe.

Er nimmt sich eine Zigarette.

DER HEUTIGE Ich habe mit dem Kaiser von China zu sprechen. Es ist dringlich. Warum starren Sie mich an? Ich bin kein Prinz. Ich trage das Kostüm unsrer Zeit: Konfektion.

MEE LAN Bist du Min Ko?

DER HEUTIGE Ich–?

MEE LAN Bist du die Stimme des Volkes?

Er hat sein Feuerzeug angeknipst, jetzt hält er inne, das Feuerzeug in der Hand, ohne die Zigarette anzuzünden.

MEE LAN Und du wagst dich in den kaiserlichen Park?

Sie weist auf den anderen Sessel.

DER HEUTIGE Danke, Prinzessin, danke.

Sie setzen sich.

DER HEUTIGE Wer hätte gedacht, daß es dies alles noch gibt: 283 Jahre nach dem Sturm auf die Bastille, 124 Jahre nach Marx und Engels, 45 Jahre nach dem Langen Marsch – ein zierlicher Park!... Der Erste Erhabene Kaiser, genannt der Himmelssohn, wird jeden Augenblick erwartet, ich weiß.

MEE LAN Ich bewundere deinen Mut.

DER HEUTIGE Offen gesprochen: Ihr Papa kommt 2000 Jahre zu spät. Wir müssen es ihm begreiflich machen, Prinzessin, es wird nicht einfach sein.

MEE LAN 2000 Jahre?

DER HEUTIGE Ungefähr.

MEE LAN Wie ist das möglich?

DER HEUTIGE Das frage ich mich auch... Wir leben in einer andern Zeit, Prinzessin, ich lebe 2000 Jahre später: heute.

MEE LAN So weißt du unsere Zukunft schon?

DER HEUTIGE In einem gewissen Sinn, o ja, was beispielsweise die Zukunft dieses Reiches betrifft–

MEE LAN Und meine?

Er betrachtet sie als Mädchen.

MEE LAN Ich bin jung. Wen werde ich lieben? Ich sitze und warte, du siehst es, mit offenen Augen und dennoch blind: nicht eine Stunde kann ich vorwärts sehen, ach, nicht eine Minute! – und du weißt die Zukunft über 2000 Jahre?

Er zündet sich die Zigarette an.

MEE LAN O sagt mir, was Ihr wißt!

Siu, die Dienerin, bringt den Tee, Schweigen, bis sie Kotou gemacht hat und verschwindet.

DER HEUTIGE Was wir wissen... Zum Beispiel: Energie gleich

Masse mal Lichtgeschwindigkeit im Quadrat. Wobei die Lichtgeschwindigkeit (300000 Kilometer in der Sekunde) die einzige absolute Größe ist, die wir kennen. Alles übrige ist relativ, die Zeit eine Funktion des Raumes. Tempus absolutum, eine Zeit, die überall gilt im ganzen All, eine Weltzeit gibt es nicht.

MEE LAN Ach.

DER HEUTIGE Ferner wissen wir, daß der Raum nicht endlos ist, jedoch unbegrenzt, nämlich der Raum krümmt sich in sich selbst zurück.

MEE LAN Das kann ich mir nicht vorstellen.

DER HEUTIGE Ich auch nicht, Prinzessin, trotzdem ist es so.

MEE LAN Sprich weiter!

DER HEUTIGE Energie gleich Masse mal Lichtgeschwindigkeit im Quadrat, das heißt: Masse ist Energie, eine ungeheuerliche Ballung von Energie, und wehe, wenn sie losgeht! Und sie geht los. Schätzungsweise seit zwei Milliarden Jahren. Was ist unsere Sonne? Eine Explosion. Das ganze All: eine Explosion. Es stiebt auseinander. Sozusagen. Und was wird bleiben? Die Wahrscheinlichkeit (so lehrt die moderne Physik) spricht für das Chaos, für den Zerfall der Masse. Die Schöpfung (so lehrt die moderne Physik) war ein Ereignis der Unwahrscheinlichkeit. Und bleiben wird Energie, die kein Gefälle mehr hat, die nichts vermag. Wärme-Tod der Welt, so nennt man das: das Endlose ohne Veränderung, das Ereignislose.

MEE LAN Das ist es, was Ihr wißt?

DER HEUTIGE Unter anderem.

MEE LAN Und was wißt Ihr vom Menschen?

Da Hing Yen, der Zeremonienmeister, kommt mit drei Soldaten.

DA HING YEN Vor die Hunde mit ihm, dort sitzt er, vor die mongolischen Hunde mit ihm!

Die Soldaten legen eine Schlinge um den Heutigen, aber Mee Lan ist aufgestanden und nimmt die Schlinge weg, legt sie dem Zeremonienmeister selbst um den Hals.

MEE LAN Vor die mongolischen Hunde mit ihm.

Die Soldaten gehorchen, und Da Hing Yen, der hinausgeschleift wird, heult fürchterlich.

DER HEUTIGE Danke.

Mee Lan gießt den Tee ein und reicht die Tasse.

MEE LAN Was wißt Ihr vom Menschen?

DER HEUTIGE Zum Beispiel: daß er in einem Zustand der Entfremdung lebt... Ein köstlicher Tee! – einige wissen auch, was zu diesem Zustand der Entfremdung geführt hat und was verändert werden müßte, damit der Mensch nicht in einem Zustand der Entfremdung lebt...

Er horcht.

MEE LAN Das sind die mongolischen Hunde.

Gebell, dann Stille.

MEE LAN Sprich weiter!

DER HEUTIGE Du bist eine liebe Prinzessin.

MEE LAN Sprich weiter!

DER HEUTIGE Was wir wissen... Einiges hat auch Kung Fu Tse schon gewußt, euer Meister, aber es hat die Herrscher noch nie überzeugt.

MEE LAN Zum Beispiel?

DER HEUTIGE »Jedermann im Volk führe seinen Titel nach dem, was er leistet. Er genieße die Früchte seiner Arbeit zu seiner Zeit. Er bekomme seine Stellung nach seiner Arbeit. Auf diese Weise wird erreicht, daß das Volk brüderlich ist. Wenn das Volk brüderlich ist, so wird Unzufriedenheit selten, und Unruhen erheben sich nicht.«

MEE LAN Das sagte Kung Fu Tse?

DER HEUTIGE Das sagte Kung Fu Tse.

MEE LAN Warum überzeugt es die Herrscher nicht?

Da Hing Yen, der Nachfolger des ersten, kommt mit drei Soldaten.

DA HING YEN Mein Name ist Da Hing Yen, Zeremonienmeister des Herbstes, Da Hing Yen der Zweite. Wenn ich nicht weiß, wer einer ist, so heißt das: Vor die mongolischen Hunde mit ihm. Wenn ich nicht verstehe, was einer spricht, so heißt das: Vor die mongolischen Hunde mit ihm. Wenn ich verstehe, was unserem Ohr nicht gefällt, so heißt das: Vor die mongolischen Hunde mit ihm.

Die Soldaten legen die Schlinge um den Heutigen, aber Mee Lan ist aufgestanden und nimmt die Schlinge weg, legt sie dem Zeremonienmeister selbst um den Hals.

MEE LAN Vor die mongolischen Hunde mit ihm.

Die Soldaten gehorchen, und Da Hing Yen der Zweite, der hinausgeschleift wird, heult anders als sein Vorgänger, aber ebenso fürchterlich.

DER HEUTIGE Habt Ihr noch viele von dieser Sorte?

MEE LAN Es ist ein begehrter Posten.

Sie nehmen wieder ihre Teetassen zur Hand.

DER HEUTIGE Wie gesagt, ich bin gekommen, um mit dem Kaiser von China zu sprechen. Denn nach allem was wir heutzutage wissen, kommt seine Herrschaft nicht mehr in Frage.

MEE LAN Darüber willst du mit Papa sprechen?

DER HEUTIGE Ich will es versuchen.

MEE LAN Papa ist aber ziemlich dumm.

DER HEUTIGE Andere sind der Meinung, man soll mit seinesgleichen nicht sprechen, sondern sie aufhängen. Das ist leichter gesagt als getan–

Gebell der mongolischen Hunde.

DER HEUTIGE Heute machen sie's nicht mehr mit Hunden.

Stille.

MEE LAN Sprich weiter!

DER HEUTIGE Die Rechnung unsrer Wissenschaft nämlich hat sich als richtig erwiesen: eines der Ergebnisse ist die Wasserstoffbombe. Zwar haben wir uns daran gewöhnt, daß es sie gibt, aber es gibt sie trotzdem – ich habe auch bereits mit Bonaparte gesprochen und mit andern, die keinesfalls wiederkehren dürfen... Die Wasserstoffbombe, das gebe ich zu, verhindert zwar nicht den Krieg ohne Wasserstoffbombe; sie treiben es wie Tsin Sche Hwang Ti, nur haben wir dafür noch eine Maschine, die das menschliche Hirn übertrifft, sie errechnet im Nu, was den Herrschern nützt, ein Druck auf den Schalter, und sie weiß.

MEE LAN Ach.

DER HEUTIGE Ohne sie wären wir nicht auf den Mond gekommen.

MEE LAN Wer ist auf den Mond gekommen?

DER HEUTIGE Der Mensch.

MEE LAN Und was tut er da?

DER HEUTIGE Er hüpft. Er steckt eine Flagge in den Mond. Das kann man fernsehen, Prinzessin, ziemlich klar. Er sieht nicht ohne weiteres wie ein Mensch aus, sondern wie eine Puppe, aber man hört seine menschliche Stimme. Er steckt eine Flagge in den Mond und salutiert, dann hüpft er weiter und sammelt Gestein.

MEE LAN Und dann?

DER HEUTIGE Für die Wissenschaft.

MEE LAN Und dann?

DER HEUTIGE Dann kehrt er auf diese Erde zurück–

Da Hing Yen, der Nachfolger des zweiten, kommt ohne Soldaten und macht Kotou.

DA HING YEN Mein Name ist Da Hing Yen, Zeremonienmeister des Herbstes, Da Hing Yen der Dritte.

DER HEUTIGE Und so weiter.

DA HING YEN Selig preist sich dein billiger Diener, der die unverdiente Ehre genießt, Freude zu bringen in das Herz unsrer Prinzessin: Dein Vater, Tsin Sche Hwang Ti, genannt der Himmelssohn, ist da!

Trommeln.

DA HING YEN Heil, Heil, Heil.

Da Hing Yen macht Kotou und verschwindet.

DER HEUTIGE Tja.

MEE LAN Was sagst du?

DER HEUTIGE Die Farce geht weiter.

Trommeln.

MEE LAN Verstecke dich!

Aufmarsch der Eunuchen zum Empfang des Kaisers.

DA HING YEN Spalier! habe ich befohlen. Spalier! Und hier, wo ist der Abstand? Dreizehn Schritte für Eunuchen!

JOURNALIST Wenn ich bitten darf: wir sind keine Eunuchen, wir sind die Herren von der Presse!

DA HING YEN Dreizehn Schritte! sage ich–

Ein Blitzlicht blitzt.

Was – war – das?

JOURNALIST Danke sehr.

Fanfaren ertönen zum zweiten Mal, und die Eunuchen werfen sich zu Boden. Doch statt des Kaisers erscheinen zwei promenierende Masken: L'Inconnue de la Seine und ein Mann in Toga. Sie bleiben auf der Treppe stehen.

DIE TOGA Ich sagte mir:
»Es muß durch seinen Tod geschehn. Ich habe
Für mein Teil keinen Grund, ihn wegzustoßen,
Als fürs gemeine Wohl. Er wünscht gekrönt zu sein!«
Da Hing Yen winkt, sie sollen verschwinden.
Ich sagte mir:
»Der warme Tag ist's der die Natter zeugt;
Das heißt mit Vorsicht gehn. Ihn krönen? Nein.
Und dann ist's wahr, wir leihn ihm einen Stachel,
Womit er kann nach Willkür Schaden tun–«
Da Hing Yen winkt, sie sollen verschwinden.
»Drum achtet ihn gleich einem Schlangenei,
Das, ausgebrütet, giftig würde werden
Wie sein Geschlecht, und würgt ihn in der Schale!«
L'Inconnue nimmt ihn am Arm.

INCONNUE Hier kommen wir nicht durch.

DIE TOGA Was soll das bedeuten?

INCONNUE Hier findet etwas statt, scheint es.

DIE TOGA Ich schätze solchen Aufmarsch nicht.

INCONNUE Er gilt nicht uns, mein edler Freund. Sie feiern ihren Kaiser, nichts weiter.

DIE TOGA Caesar, so dacht' ich, sei tot–?!

Die Fanfaren ertönen zum dritten Mal, und auf der Treppe erscheint Tsin Sche Hwang Ti, Kaiser von China. Er hat ein rundes und weiches Gesicht, eine sanfte Stimme. Er lächelt. Ein Bluthund, wie man vielleicht erwartet hat, ist er ganz und gar nicht. Er wirkt fast schüchtern.

HWANG TI Meine Getreuen!...

DIE EUNUCHEN Heil! Heil! Heil!

Die Toga tritt vor die Eunuchen.

BRUTUS Mein Nam' ist Brutus. Wer ihr immer seid,
Hört Brutus an! Mit eigner Hand erdolcht
Hab ich den großen Caesar, meinen Freund,
Da er, der Ehrsucht untertan und taub
Für seiner Freunde Rat und offne Warnung,
Wie ein Tyrann sich feiern ließ vor uns,
Was ist geschehn seither? Ihr duldet es,
Daß frech gesinnte Tyrannei gedeiht,
Bis jeder nach dem Los der Willkür fällt?
Noch ist es Zeit, laßt ihr euch nicht betören;
Ihr habt, nach eurem Urteil nicht befragt,
Des Rechts beraubt, für das gemeine Wohl
Zu streiten mit Vernunft des offnen Worts,
Ihr habt (wie lange noch?) nur eins: den Dolch–

INCONNUE Kommen Sie! Wir stören nur!

BRUTUS Soll Rom (die Welt) vor Einem Manne beben?

INCONNUE Das hat keinen Zweck, mein edler Freund. Man hört Sie nicht. Das alles spielt doch in einer ganz anderen Zeit...

BRUTUS Ist Caesar nie gestürzt? Des Freundes Blut
An diesem Dolch, hat's Brutus nicht gebüßt
mit seinem und der Gattin teurem Leben?
Heißt dies Geschichte, daß der Unverstand
Unsterblich wiederkehrt und triumphiert?

INCONNUE Kommen Sie!

BRUTUS 's ist wie ein böser Traum, erblick ich dies...

INCONNUE Gehen wir zu den Teichen, mein edler Freund, ich werde Ihnen die Goldfische zeigen.

L'Inconnue nimmt Brutus weg.

HWANG TI Meine Getreuen! Seit ich auf diesem Throne bin, ihr wißt es, habe ich für eine einzige Sache gekämpft: Für den Frieden, aber nicht für den barbarischen Frieden, sondern für den wahren Frieden, für den endgültigen Frieden, das aber heißt: für die Große Ordnung, die wir nennen die Wahre Ordnung und die Glückliche Ordnung und die Endgültige Ordnung.

DIE EUNUCHEN Heil! Heil! Heil!

HWANG TI Meine Getreuen! Es ist erreicht: Die Welt ist frei. Das ist alles, was ich euch sagen kann in dieser Stunde: Die Welt ist frei. Ergriffenen Herzens stehe ich vor euch. Verstummt sind die hündischen Barbaren der Steppe, die sich dem großen Frieden widersetzten (was sie wollten, ihr wißt es, waren Friedensverträge auf zwanzig Jahre!), und die Welt ist unser, das aber heißt: es gibt auf dieser Welt nur noch eine einzige Ordnung, unsere Ordnung, die wir nennen die Große Ordnung und die Wahre Ordnung und die Endgültige Ordnung.

DIE EUNUCHEN Heil! Heil! Heil!

HWANG TI Hier ist mein Plan–

Er nimmt eine Rolle hervor.

Fürchtet euch nicht vor der Zukunft, meine Getreuen. Denn so, wie es ist, wird es bleiben. Wir werden jede Zukunft verhindern.

Er gibt die Rolle an Da Hing Yen.

Lies vor!

Da Hing Yen macht Kotou, dann liest er.

DA HING YEN »Die Chinesische Mauer oder die Große Mauer. Chinesisch: wanli-tschang-tscheng, wörtlich: die Mauer von zehntausend Li. Größtes Bauwerk der Welt. Bis sechzehn Meter hoch und oben (Wehrgang) fünf Meter breit. Beginnt westlich Sutschou, endet am Golf von Liautung. Als Schutzwall gegen die Stämme des Nordwestens erbaut unter Tsin Sche Hwang Ti (221-210 v. Chr.).«

HWANG TI Damit wird morgen begonnen.

DIE EUNUCHEN Heil. Heil. Heil.

HWANG TI Was das weitere betrifft, ich hoffe, zur Feier ist alles bereit; unsere Gäste sind vollzählig?

DA HING YEN Ein kleines Versehen, Majestät: Ein Herr namens Hitler, der behauptet, ein Deutscher zu sein, wurde nicht hereingelassen; mein Vorgänger traute ihm nicht, da dieser Herr auf den ersten Blick einen sehr schlechten Eindruck macht.

HWANG TI Und die Damen?

DA HING YEN Eine jugendliche Königin aus Ägypten, Majestät, beharrt darauf, sozusagen keine Kleider zu tragen, sozusagen überhaupt keine; sie beteuert, das sei historisch.

HWANG TI Damit wir es nicht vergessen: – Bevor wir zur großen Tafel gehen, um uns zu freuen, und eure Freude, meine Getreuen, soll vollkommen sein, wie versprochen!... es lebt an diesem Tag nur noch ein letzter Feind, ein einzelner Widersacher in unserm eigenen Reich, ein Mann, der sich die Stimme des Volkes nennt, ihr wißt es: Min Ko. Ihr kennt seine Sprüche. Mit Abscheu, ich weiß, mit Abscheu. Ihr könnt getrost sein: Min Ko ist verhaftet.

MEE LAN Min Ko?

HWANG TI Ich halte Gericht.

DA HING YEN Bevor wir zur Tafel gehen?

HWANG TI Es wird uns nicht lange aufhalten... Ihr aber, meine Getreuen, rüstet das Fest. Es soll das Fest unseres Lebens sein. Man sorge für Musik, für klassische Musik. Und überhaupt: An nichts soll es fehlen, was unseren fremden Gästen und uns selber Eindruck macht, an nichts. Man sorge für Weihrauch und Theater, koste es, was es wolle, für Feuerwerk und Kultur!

Da Hing Yen und das Gefolge entfernen sich.

9

Hwang Ti und Mee Lan sind allein.

HWANG TI Sei mir gegrüßt, mein Kind, du vor allen!

MEE LAN Papa...

HWANG TI Mee Lan: meine schöne Orchidee!

Er setzt sich in den Thron, um auszuruhen.

Es ist erreicht. Endlich kann ich es sagen! Ein letzter Widersacher, ein Einzelner – ich lächle über ihn, über alle, die hoffen, daß es in Zukunft anders wird. Sie werden ihre Zukunft nie erleben. Denn die Macht ist unser. Ich werde die Zukunft verhindern, ich werde eine Mauer erbauen, das heißt, das Volk wird sie bauen – Mein Kind, was schaust du mich so an?

MEE LAN Ich weiß nicht, Papa, ob du es weißt?

HWANG TI Was?

MEE LAN Wegen der Zukunft... Der Mensch fliegt auf den Mond, und das alles weißt du nicht, Papa, und auf der Erde lebt er im Zustand der Entfremdung.

HWANG TI Was sagst du?

MEE LAN Du kommst 2000 Jahre zu spät, Papa, die Zukunft hat schon stattgefunden.

Hwang Ti schweigt.

MEE LAN Du kommst nicht mehr in Frage, Papa.

Hwang Ti lacht.

MEE LAN Ich sage dir die Wahrheit.

Hwang Ti blickt väterlich.

HWANG TI Du hast zuviel gelesen, mein Kind, und du weißt, das mag ich nicht – Literatur... Setze dich zu mir und sei eine Prinzessin, wie es sich gehört, eine artige Prinzessin, eine fröhliche Prinzessin, eine positive Prinzessin. Setze dich! Auch dir, Mee Lan, habe ich eine gute Kunde.

Mee Lan setzt sich auf die Treppe.

Er lebt!

MEE LAN Wer?

HWANG TI Dein Prinz, Wu Tsiang, das aber heißt: Der tapfere

Prinz. In der Tat, er hat seinen Namen verdient. Es hing an einem Haar; unversehens kamen sie von Norden und von Süden, die hündischen Barbaren der Steppe, wir waren umringt. Was tun? Schon boten sie den Frieden an, die hündischen Barbaren: jedoch nicht uns, sondern der Truppe. Verstehst du, mein liebes Kind, was das heißt? Da sprach Wu Tsiang, der Tapfere: Wir kämpfen bis zum letzten Mann! Und also geschah es. Er opferte seine ganze Truppe, dreißigtausend –

MEE LAN Und er selber lebt?

HWANG TI Er ist der geborene General, kein Zweifel. Es gebührt ihm der Preis des Vaterlandes. In dieser Stunde noch wird er erscheinen, mein Kind, als Freier vor dem versammelten Hof.

Mee Lan hat sich heftig erhoben.

Was denn?

Mee Lan fächelt sich heftig, Rücken gegen den Papa.

MEE LAN Min Ko verhaftet: wo niemand weiß, wie er aussieht!

HWANG TI Da er verhaftet ist, nun wissen wir wohl, wie er aussieht, dieser Wasserträger, dieser Maulaffe, dieser Eseltreiber. Warum lächelst du? Wir zogen durch die Stadt, und wo sie ihren Kaiser sehen, da tost es von Jubel. Nur Einer war da, der jubelte nicht. Ich sah ihn sofort. Er glotzte mich an und schwieg. Ich sagte zu meinen Leuten: Mich wundert, was jener Stumme denkt, achtet auf ihn, wenn ich vorüber bin.

MEE LAN Und?

HWANG TI Alle andern, kaum war ich vorüber, alle, die eben noch gejubelt hatten –

MEE LAN – drehten sich um, ich kann es mir denken, und munkelten ihre Sprüche des Spottes wie immer.

HWANG TI Ja.

MEE LAN Ausgenommen dieser Eine.

HWANG TI Ja.

MEE LAN Und darum hat man ihn verhaftet, den einzigen Braven?

HWANG TI Wenn einer den Braven spielt so öffentlich, mein Kind, das muß ein schöner Schurke sein. Ich mag die Braven nicht. Ich traue ihnen nicht. Warum hat er nicht gejubelt? Sage mir das.

MEE LAN Ich weiß nicht. Vielleicht ist er stumm.

HWANG TI Stumm –?

MEE LAN Das gibt es doch, Papa.

HWANG TI Stumm ... Der Einfall ist gut. Wir suchen Min Ko, die Stimme des Volkes, und nun, so will er uns glauben lassen, nun haben wir einen Stummen verhaftet. Heißt das nicht, daß er uns abermals verhöhnt?

MEE LAN Papa ...

HWANG TI Wieso soll er stumm sein? Wieso gerade der?

Er erhebt sich.

Es wird sich ja zeigen.

Er verliert zum ersten Mal seine sanfte Stimme und brüllt:

Einer muß es doch sein! Was nützt uns aller Sieg, der größte aller Siege, wenn dieser Spötter ihn wieder verspottet? Soll ich denn niemals, niemals meinen Frieden haben? Wir können keine größeren Siege mehr erfechten, es fehlen die Feinde dazu. Begreift man, was das heißt? Es fehlen die Feinde dazu –

Hwang Ti, der in seiner Wut umhergegangen ist, bleibt stehen.

Wer ist das?

10

Der Heutige tritt aus seinem Versteck hervor.

DER HEUTIGE Sie gestatten, daß ich mich vorstelle –

HWANG TI Bist du Min Ko?

Hwang Ti zieht seinen Dolch.

MEE LAN Papa!?

Mee Lan ist dazwischengetreten.

HWANG TI Wer bist du?

DER HEUTIGE Ein Intellektueller.

HWANG TI Ein – was?

DER HEUTIGE Doktor jur.

HWANG TI Du kommst wie gerufen, Doktorjur!

Er steckt seinen Dolch zurück.

Gehe und rufe die Mandarine meines Hofes, sie sollen sich versammeln. Man bringe den Wasserträger, den wir verhaftet haben, hierher. Ich halte Gericht.

DER HEUTIGE Majestät –

HWANG TI Warum gehst du nicht? –

DER HEUTIGE Ich wollte sprechen mit Ihnen, Majestät.

HWANG TI Was?

DER HEUTIGE Meine Kenntnisse der Geschichte sind durchschnittlich, aber vielleicht von Nutzen für Sie.

HWANG TI Wir werden eine Mauer erbauen –

DER HEUTIGE Gegen die Barbaren; ich weiß. Denn die Barbaren sind immer die andern. Das ist noch heute so, Majestät. Und die Kultur, das sind immer wir. Und darum muß man die andern Völker befreien; denn wir (und nicht die andern) sind die freie Welt.

HWANG TI Zweifelst du daran?

DER HEUTIGE Ich habe Ihren blanken Dolch gesehen, Majestät; wie sollte ich zweifeln?

HWANG TI Und warum tust du nicht, was ich verlange?

DER HEUTIGE Verlangen Sie, Majestät, daß ich die Wahrheit sage (soweit sie uns bekannt ist), oder verlangen Sie, Majestät, daß ich zum Schau-Prozeß rufe?

HWANG TI Schau-Prozeß?

DER HEUTIGE Ich frage nur.

Hwang Ti zückt neuerdings seinen Dolch.

Majestät – ich habe verstanden!

Der Heutige macht Kotou und will gehen, trifft aber auf eine Maske, die verloren umhersteht.

DER HEUTIGE Suchen Sie jemand?

Die Maske schweigt.

DER HEUTIGE Henry Dunant?

Die Maske nickt.

DER HEUTIGE Er hat das Rote Kreuz gegründet, Majestät, er meint es gut, er möchte nur lindern, nichts weiter.

Er nimmt eine Zeitung aus seiner Tasche:

Es sieht schlimm aus, Monsieur, mit unsern neuen Waffen. Lesen Sie diese Zeitung! Sie ist von heute –

Er gibt die Zeitung.

Ich eile, Majestät, ich eile.

11

Hwang Ti ist plötzlich allein und wendet sich an die Zuschauer.

HWANG TI Ich weiß genau, was ihr denkt, ihr da unten. Aber ich lächle über eure Hoffnung. Ihr denkt, noch heute abend werde ich von diesem Thron gestürzt, denn das Spiel muß doch ein Ende haben und einen Sinn, und wenn ich gestürzt bin, könnt ihr getrost nach Hause fahren, ein Bier trinken und einen Salzstengel essen. Das könnte euch so passen. Ihr mit eurer Dramaturgie! Ich lächle. Geht hinaus und kauft eure Zeitung, ihr da unten, und auf der vordersten Seite, ihr werdet sehen, steht mein Name. Denn ich lasse mich nicht stürzen; ich halte mich nicht an Dramaturgie.

12

Eine junge Ägypterin, ziemlich nackt, ist erschienen.

CLEOPATRA Ich finde Sie allein, mein Fürst, nicht in der heiteren Laune, die sich ziemt für solchen Mummenschanz.

HWANG TI Wer bist du?

CLEOPATRA Das fragen Sie? Ich heiße Cleopatra. Habe ich mich zu sehr verkleidet?

Cleopatra setzt sich auf sein Knie.

Warum so ernst?

HWANG TI Die Lage ist ernst.

CLEOPATRA Ist sie das nicht seit Jahrtausenden?

HWANG TI Noch nie so ernst wie heute.

CLEOPATRA Das sagte Caesar auch, ich erinnere mich, und auch

Antonius. Ich kenne die Männer, die Geschichte machen. Einmal kommen sie römisch, einmal spanisch, einmal chinesisch. Nur ich, Sie sehen, bleibe meinem Kostüm treu. Ich liebe die Männer, die Geschichte machen, überhaupt die Männer –

Cleopatra streichelt Hwang Ti.

Wie einsam Ihr seid!

HWANG TI Seit ich auf diesen Thron gekommen bin, habe ich gekämpft für den Frieden! Dreizehn Jahre lang habe ich es gesagt und gesagt und wieder gesagt, daß ich ihr Retter bin. Warum glaubt man es nicht? Dreizehn Jahre hat man mich verleumdet, und wenn ich sie töten ließ, meine Verleumder, so galt ich als Mörder –

CLEOPATRA Wirklich?

HWANG TI Bin ich ein Bluthund?

CLEOPATRA Wer sagt das?

HWANG TI Min Ko.

CLEOPATRA Töte ihn!

Cleopatra streichelt ihn.

HWANG TI Man zwingt mich dazu... Meint man, ich mache die Kriege zu meinem Vergnügen? Sie wollten meinen Frieden nicht.

CLEOPATRA Ich verstehe.

HWANG TI Die Welt ist unser. Begreift denn niemand, was das heißt! Die Lage ist ernster denn je: Es sind keine Siege mehr möglich – die Welt ist unser.

Cleopatra streichelt ihn.

Cleopatra nennst du dich?

CLEOPATRA Ich bin das Mädchen, das die Sieger tröstet. Woher ich das nur habe! Ich war noch fast ein Kind, als Caesar kam, und ziemlich unerfahren; er fühlte sich als Herr der Welt, so daß er mich erbarmte. Und auch Antonius! er brauchte mich so sehr, um seiner Siege sich zu freuen.

HWANG TI Cleopatra! –

CLEOPATRA Ja?

HWANG TI Sage mir eins: –

CLEOPATRA – Ich glaube an dich!

Hwang Ti, von ihrer richtigen Antwort gerührt, küßt ihren nackten Schenkel, und es erscheint Da Hing Yen.

HWANG TI Was denn schon wieder?

DA HING YEN Wu Tsiang, das aber heißt: Der Tapfere Prinz! läßt melden, daß er eingetroffen ist. Soeben steigt er vom Pferd, das er zu Tode geritten hat.

HWANG TI Er trete ein.

Da Hing Yen entfernt sich.

Der Prinz kommt wie gerufen. Ich werde mich vom Staatsgeschäft zurückziehen. Was meinst du? Der Prinz soll meine Tochter heiraten und die Geschichte übernehmen. Was soll ich auf diesem Thron? Ich bin gar nicht so. Man verkennt mich.

CLEOPATRA Ich nicht.

HWANG TI Im Grunde, siehst du, bin ich Privatmann –

CLEOPATRA Mach's kurz mit diesem Prinz!

HWANG TI Ich werde mich zurückziehen! Das ist es! Das wollte ich eigentlich von Anfang an. Irgendwohin aufs Land. Ich liebe sehr die Natur. Im Grunde bin ich ein innerlicher Mensch. Ein Bungalow genügt mir. Und ich werde ein Buch lesen, das ich schon immer habe lesen wollen, ein Buch von diesem Kung Fu Tse, und ich werde Bienen züchten. Oder fischen. Das ist alles, was ich auf dieser Welt zu sein begehre: ein schlichter Fischer –

CLEOPATRA – und ein Landschaftsmaler!

HWANG TI Woher, meine Süße, weißt du das?

CLEOPATRA Ich, mein Süßer, verkenne Euch nicht.

HWANG TI Cleopatra!

Hwang Ti, neuerdings von ihrer Antwort gerührt, küßt neuerdings ihren nackten Schenkel, und es erscheint Wu Tsiang, der Prinz.

13

PRINZ Lange lebe Hwang Ti, unser Erster Erhabener Kaiser, genannt der Himmelssohn, der immer im Recht ist, Retter des Vaterlandes – er lebe! *Trommelwirbel.*

Er lebe! *Trommelwirbel.*

Er lebe! *Hwang Ti erwidert die Geste des Saluts.*

HWANG TI Sie kommen zur guten Stunde, Held von Liautung. Wer solche Schlachten überlebt als Einziger von seiner ganzen Truppe, das ist ein Offizier von Rang, wir wissen es, und darum sage ich: Sie kommen zur guten Stunde, mein Prinz, zur Stunde des Festes und des Dankes.

PRINZ Wer seine Pflicht als Pflicht erfüllt, Majestät, der tut es nie um eines Lohnes, um eines Dankes willen.

HWANG TI Wir kennen, mein Prinz, Ihre noble Gesinnung, die uns nicht hindern wird, Ihnen die höchsten Orden zu verleihen; denn die Orden sind da, und je mehr Tote, um so mehr Orden gibt es, mein Prinz, für die Überlebenden.

PRINZ Majestät, ich habe nicht für Orden gekämpft –

HWANG TI Kein Wort mehr davon!

PRINZ Ich habe für den Frieden gekämpft, Majestät, und für die Ordnung, die wir nennen die Wahre Ordnung und die Glückliche Ordnung und die Endgültige Ordnung.

HWANG TI Wir wissen es, mein Prinz. Der Dank des Vaterlandes erwartet Sie. Ich halte mein Wort: mein Kind soll Ihre Gattin sein, Held von Liautung, heute noch!

Sie wiederholen die Zeremonie des soldatischen Saluts, dann wechseln Ton und Gehaben plötzlich; der Prinz nimmt seinen chinesischen Helm ab, aufatmend, und wischt sich den Schweiß.

PRINZ Uh!

CLEOPATRA Ich nehme an, Sie haben Durst?

PRINZ So eine Hitze!

CLEOPATRA Wodka oder Whisky, was trinkt man hierzuland?

PRINZ Diese historischen Kostüme sind ja zum Ersticken. Allein dieser Unfug von Kragen!

CLEOPATRA Und Sie, mein Fürst, was trinken Sie?

HWANG TI Wir trinken keinen Alkohol...

CLEOPATRA Weltverbesserer!

Cleopatra mixt.

HWANG TI Um geschäftlich zu sprechen, mein lieber Prinz: Die Sache mit der Großen Mauer –

PRINZ Einverstanden!

HWANG TI Sie haben mein Schreiben schon erhalten?

PRINZ Einverstanden!

HWANG TI Sie übernehmen die Leitung. Ich bin Verwaltungsrat. Und wie gesagt: es bleibt bei Sandstein.

PRINZ Granit wäre besser, höre ich.

HWANG TI Mein Sandstein ist billiger.

PRINZ Das schon.

HWANG TI Ihr Vater rät uns zu Granit, ich weiß, Ihr Vater ist ein treuer Mandarin, und seine Provinz, höre ich, ist voll Granit. Doch auch voll Holz. Und meine Provinzen, soviel ich weiß, sind arm an Holz. Was ich dem Vaterland in diesem Fall verkaufen kann, ist Sandstein. Doch fällt mir ein: Der Bau wird viel Gerüste brauchen. Viel Holz, mein Prinz, das uns Ihr werter Vater liefern mag –

PRINZ Zu welchem Preis?

HWANG TI Die Preise kenn' ich nicht...

Cleopatra reicht ein Glas.

PRINZ Oh – danke sehr!

Der Prinz will trinken.

HWANG TI Ich habe eine andere Sorge, Prinz –

PRINZ Woher die Arbeitskräfte?

HWANG TI Wir brauchen eine gute Million, und manche werden sterben; jedoch die Million muß bleiben, das ist klar. Und unser Volk, so höre ich, ist nicht begeistert von dem Plan.

PRINZ Umso besser!

HWANG TI Wieso?

PRINZ Umso billiger! Wer nicht begeistert ist von unserm Plan, ist unser Feind und somit Zwangsarbeiter –

Er hebt sein Glas: Also Prost!

Er trinkt, und auftritt der Heutige.

Wer ist denn das?

HWANG TI Mein neuer Hofnarr.

PRINZ Ah.

HWANG TI Mein Doktorjur.

14

HWANG TI Was gibt's?

DER HEUTIGE Die Herren Eures Hofes, Majestät, versammeln sich, wie befohlen, zum Schau-Prozeß. Der Angeklagte ist unterrichtet, daß Beweise von Unschuld ihm nichts nützen und daß es schneller geht, wenn er sich selbst des Hochverrats beschuldigt. Das Urteil, das auf Tod lautet, wird eben abgefaßt.

HWANG TI Gut.

DER HEUTIGE Das ist kein Witz.

HWANG TI Sie sehn, mein Prinz, wie alles sich erfüllt an diesem Tag: Min Ko, mein letzter Widersacher, ist verhaftet –

PRINZ Das habe ich gehört, Majestät, deutlich genug.

HWANG TI Wo?

PRINZ Ich freue mich, Sie in solcher Ruhe zu treffen, Majestät, trotz des Aufruhrs vor den Toren. Ohne mein treues Gefolge wäre ich nicht durchgekommen! Sie spien nach uns. Und als ich rief: Im Namen des Kaisers! da pfiff es und hagelte von Steinen. Gebt ihn heraus! brüllen sie. Gebt ihn heraus!

HWANG TI Vor meinen Toren –?

PRINZ Neun meiner Treuen sind tot, ganz zu schweigen von meinem Pferd. Mit blankem Säbel mußten wir uns eine Gasse hauen. Sie sehen, Majestät, das Blut an meinen Stiefeln!

HWANG TI Aufruhr –?

PRINZ Das wußten Sie nicht?

Cleopatra reicht ein Glas.

CLEOPATRA Das ist für Sie, mein Fürst.

HWANG TI Kein Alkohol?

CLEOPATRA Ehrenwort!

Hwang Ti nimmt das Glas.

PRINZ Also Gesundheit!

HWANG TI Wieso Aufruhr?

PRINZ Sie wollen ihn befreien –

HWANG TI Min Ko?

PRINZ Damit er nicht gerichtet wird.

HWANG TI Er wird gerichtet.

PRINZ Alles andere wäre ein Zeichen von Schwäche.

HWANG TI Sein Kopf auf die Lanze!

Hwang Ti trinkt und hat Milch an den Lippen.

DER HEUTIGE Und wenn's nicht der Richtige ist?

HWANG TI Schweig.

DER HEUTIGE Ich schweige.

HWANG TI Was hast du sagen wollen?

DER HEUTIGE Nichts.

HWANG TI Wir brauchen einen Kopf, Doktorjur, es kann auch der deine sein. Was hast du sagen wollen?

DER HEUTIGE Ich wollte sagen: – Heutzutage... Es kommt sehr selten vor, daß das Volk auf die Straße geht. Heutzutage. Denn die Waffen, die das Volk nicht hat, werden immer besser. Trotzdem kommt es vor. Aber heutzutage – wir regen uns nicht darüber auf, Majestät, wir wissen von vornherein: Das ist nicht das wahre Volk, was auf die Straße geht, das ist nicht unser Volk.

PRINZ Sondern?

DER HEUTIGE Agitatoren. Spione. Terroristen. Elemente.

PRINZ Was heißt das?

DER HEUTIGE Das heißt: Wer das Volk ist, bestimmen die Herrscher. Und wer heutzutage auf die Straße geht, kann nicht erwarten, als Volk behandelt zu werden; denn das Volk, das wahre, ist mit seinen Herrschern stets zufrieden.

HWANG TI Gut.

PRINZ Sehr gut.

DER HEUTIGE Nicht wahr? Das Blut an Ihren wackeren Stiefeln, Prinz, wie könnte es das Blut unseres Volkes sein? Es wäre peinlich.

HWANG TI Wie heißen diese Worte?

DER HEUTIGE Terroristen, Elemente, Agitatoren. Sehr nützliche Worte, Majestät; sie ersticken die Wahrheit im Keime.

HWANG TI Doktorjur, du bleibst in unserem Dienst.

DER HEUTIGE Auch dies, Majestät, ist kein Witz.

Hwang Ti erhebt sich und wiederholt die Zeremonie des Saluts.

HWANG TI Held von Liautung!

Der Prinz erhebt sich und zieht wieder seinen Helm an.

Ich begrüße Sie, Held von Liautung, als Schwiegersohn und Erbe meines Reiches: sofern Sie auch die letzte Probe noch bestehn.

PRINZ Zu Befehl.

HWANG TI Vor unsern Toren stehn die Elemente –

PRINZ Verstanden.

HWANG TI Sie wissen, Prinz, was auf dem Spiele steht.

PRINZ Ich werde sie behandeln, wie sie es verdienen, als Agitatoren, Spione, Terroristen.

HWANG TI Ich verlasse mich auf Sie, mein Prinz. Sie sind die Treue in Person. Sie kämpfen für ein Reich, das Ihnen heilig ist, mein Prinz, Sie kämpfen für Ihre eigene Erbschaft!

Der Prinz wiederholt die Geste des Saluts.

Wir sehen uns später, ich hoffe bald, bei Fest und Feuerwerk!

Hwang Ti begibt sich zum Fest, Arm in Arm mit Cleopatra. Die Musik wird lauter. Der Prinz ist allein und wendet sich an die Zuschauer.

15

PRINZ Sie haben es selber gehört: Sofern ich auch die letzte Probe noch bestehe! – und so, ich schwöre, geht es schon seit Jahr und Tag. Geduld! Und immer noch einmal Geduld, Geduld, Geduld! Und immer das Gerede von der Großen Ordnung, von der Wahren Ordnung, die uns alle glücklich macht, von der Endgültigen Ordnung, die da kommen soll: Sofern ich

auch die letzte Probe noch bestehe!... Es ist das alte Lied, Sie kennen es, das Lied von den Vorgängern: sie können alles, bloß nicht sterben. Sie trinken Milch und rauchen nicht, sie schonen sich, bis man an Staatsstreich denkt –
Gelächter der Gesellschaft.

16

Es kommt die Gesellschaft der Masken. L'Inconnue de la Seine geht mit einem Körbchen umher.

INCONNUE Ein Cotillon, meine Herrschaften, ein Cotillon!

NAPOLEON ... Ich dürfe nicht wiederkehren! sagen sie: Ich dürfe nicht! Die Zeit der Feldherrn sei vorbei. Was soll das Geschwätz? Ich werde wiederkehren. Ich werde sie gen Rußland führen...

INCONNUE Ein Cotillon, Sire?

MONARCH ...Nicht wiederkehren! sagt er auch zu mir. Gedankenfreiheit? Sonderbarer Schwärmer! Neu zum wenigsten ist dieser Ton –

INCONNUE Darf ich bitten, Sire!

MONARCH Was, sagt Ihr, sollen wir?

INCONNUE Sie wissen nicht, Sire, was ein Cotillon ist? Sie müssen tanzen mit der Maske, die ein gleiches zieht.

MONARCH Was? Tanzen – wir? – mit einem Totenkopf?

INCONNUE Versuchen Sie's ein zweites Mal.

MONARCH Ah.

INCONNUE Schon wieder ein Totenkopf!

MONARCH Soll sich der ganze Hof an diesem Schauspiel weiden?
Don Juan hält sich an Columbus.

DON JUAN Sie sehn: Es ist ein Totentanz. Sag ich es nicht? Wir sind verloren, Kapitän, wenn Sie uns nicht hinübernehmen.

COLUMBUS Wohin?

DON JUAN Wenn ich an eure Zeiten denke: Marco Polo, der China erreichte, und es war, als ob er das Jenseits erreichte, Vasco da Gama und Sie – das war noch eine Welt, die ringsum offenstand, umbrandet von Geheimnis. Da gab es noch Inseln, die niemand betreten, Länder, von keinem Menschen entdeckt, Küsten der Hoffnung. Ein Zweig, der auf dem Meere schwamm, es war ein Zweig der Verheißung. Das alles gab es noch, oh, noch war die Erde eine Braut. Es gab das Elend auch, ich weiß, das Unrecht und den Hunger, die Willkür der Monarchen, und doch: Es gab die Hoffnung noch. Es gab, was meine Sehnsucht lohnt: Früchte, die niemand gehören, Paradiese, die noch nicht verloren sind. Noch gab es das Unbekannte, das Abenteuer. Noch gab es das Jungfräuliche. Und es war nicht eine Erde so wie heut: ein Globus, ausgemessen ein für alle Mal, eine Kugel, die handlich auf dem Schreibtisch steht: ohne die Räume der Hoffnung! Denn überall ist schon der Mensch, und alles, was wir fortan entdecken, es macht die Welt nicht größer, sondern kleiner... Wir fliegen, Kapitän! In sieben Tagen (oder zwei, ich weiß nicht mehr) fliegt man um Ihre ganze Welt, und all die Räume, die euch noch eine Hoffnung waren, verwandeln sich in Zeit, die uns nichts nützt, denn wir, wir haben keine Hoffnung mehr für sie: wir haben kein Drüben! – wenn Sie es uns nicht wiedergeben, Kapitän.

COLUMBUS Woher, mein junger Mann, soll ich es nehmen?

DON JUAN Entdecken Sie es!

COLUMBUS Damit man es wieder Amerika nennt?

L'Inconnue tritt hinzu.

INCONNUE Ein Cotillon, meine Herren, ein Cotillon?

DON JUAN Totenköpfe, nichts als Totenköpfe...

INCONNUE Der junge Herr tönt gar verzweifelt.

DON JUAN Ich bin es, ja, wir alle, die jung sind –

COLUMBUS Kein Grund dazu.

INCONNUE Nicht wahr?

COLUMBUS Noch ist Indien, das ich meinte, nicht entdeckt.

DON JUAN Indien?...

COLUMBUS Auch Euch, mein junger Mann, verbleiben noch immer die Kontinente der eigenen Seele, das Abenteuer der Wahrhaftigkeit. Nie sah ich andere Räume der Hoffnung.

17

Mee Lan ist erschienen: sie trägt nun ein heutiges Abendkleid, womit sie jenes Aufsehen erregt, das sofort alles andere verstummen läßt.

MEE LAN Wo ist der Heutige?

Der Prinz wirft sich vor Mee Lan auf die Knie. Die Masken verschwinden.

PRINZ Tochter unseres Ersten Erhabenen Kaisers, Mee Lan, das aber heißt: Die schöne Orchidee –

MEE LAN Jaja, ich weiß.

PRINZ – zu deinen keuschen Füßen kniet Wu Tsiang, der Tapfere Prinz, der um dich freit und dir zuliebe in die Schlachten zog, Prinzessin, dir zuliebe alles gewagt hat –

MEE LAN Ich hab's gehört.

PRINZ – ohne Rücksicht auf Verluste –

MEE LAN Stehen Sie auf.

PRINZ – heimkehrend als Sieger, von keinem Feind bezwungen, bezwungen allein von seiner Liebe zu dir, heimkehrend, um deine keuschen Füße zu küssen!

Während der Prinz ihre Füße küßt, schaut Mee Lan sich nach dem Heutigen um, den sie vergeblich sucht; die Masken sind verschwunden, und man ist allein.

MEE LAN Ich bitte Sie. Was soll das chinesische Getue? Ich suche einen Andern. Es ist dringend.

Der Prinz ist aufgesprungen und verstellt ihr den Weg.

Lassen Sie mich gehn.

PRINZ Mee Lan!

MEE LAN Sie tun mir weh. Was wünschen Sie? Daß Sie die Schlacht überlebt haben, ich seh's; ich beglückwünsche Sie –

PRINZ Mee Lan?

MEE LAN Sie tun mir wirklich weh, mein Herr!

PRINZ Erinnerst du dich nicht an die Nacht, eh ich hinauszog? Es schien der Mond, der volle Mond; wir saßen hier im Park –

MEE LAN Man küßte sich, ich weiß, ich war dabei.

PRINZ Mee Lan –

MEE LAN Ich erinnere mich. Wenn Ihnen nichts einfällt, dann sagen Sie immer: Mee Lan! Mee Lan! Mee Lan!

Der Prinz will sie küssen.

Wozu das!

Der Prinz läßt sie und schweigt.

Jetzt sind Sie wieder beleidigt. Ich erinnere mich: Immer sind Sie beleidigt, weil Ihnen nichts einfällt...

Der Prinz zieht seinen chinesischen Säbel.

Was soll das?... Was kann ich tun für Sie?... Ich habe Sie nicht beleidigen wollen, mein Herr; ich liebe Sie nur nicht... Warum so grimmig?...

PRINZ Ich bin es, der den Sieg erfochten hat!

MEE LAN Wer leugnet es?

PRINZ Ich lasse mich nicht betrügen!

MEE LAN Wer betrügt Sie denn? Sie haben für den Kaiser von China gekämpft; was hat das mit meiner Liebe zu tun? Ich liebe Sie nicht; was hat das mit dem Kaiser von China zu tun? Sie sind wirklich komisch.

PRINZ Lache nur!

MEE LAN Ich lache ja gar nicht.

PRINZ Dein Lachen wird dir noch vergehen –

Der Prinz steckt den Säbel zurück und will weg.

MEE LAN Wohin?

PRINZ Vor den Toren steht das Volk.

MEE LAN Man sagt es.

PRINZ Ich soll es zerstreuen.

MEE LAN Und?

PRINZ Und: wenn ich es nicht zerstreue? Wenn ich das Reich nicht schütze, das meinen Glauben nicht lohnt? Wenn ich dem Volk, das vor den Toren droht, die Tore selber öffne?

MEE LAN Ich verstehe.

PRINZ Ich lasse mich nicht betrügen!

MEE LAN Das sagten Sie schon...

Sie schweigen einander an.

PRINZ Ich tu's.

MEE LAN Ich werde Ihr Glück nicht sein.

PRINZ Und wenn ich dich zwinge dazu?

MEE LAN Das ist alles, was ich dazu sagen kann: Ich werde Ihr Glück nicht sein.

Der Prinz kniet vor Mee Lan.

Warum gehen Sie nicht?

PRINZ Mee Lan –

MEE LAN Ich liebe Sie nicht.

PRINZ Zum letzten Mal –

MEE LAN Ich liebe Sie nicht

PRINZ Mee Lan!

MEE LAN Sie sind lächerlich. Gehn Sie! Sie glauben an die Macht. Aller Erfahrung zum Trotz. Sie glauben an das Glück durch Macht. Sie tun mir leid. Sie sind dumm.

Fanfaren ertönen.

Gehn Sie!

Fanfaren ertönen.

Da kommt schon der Hof.

Einmarsch der Mandarine und Eunuchen, Aufzug zum Gericht, während der Prinz nach einiger Unschlüssigkeit aufsteht.

PRINZ Man wird noch von mir hören!

Der Prinz geht weg. Wenn der ganze Aufzug vollendet ist, Stille, man wartet auf den Kaiser.

DER HEUTIGE Tsin Sche Hwang Ti, der Erste Erhabene Kaiser, läßt auf sich warten. Wir werden klingeln, sobald er kommt.

Pause.

18

Die Aufstellung der Mandarine und Eunuchen wie vorher; der Kaiser im Ornat ist erschienen und sitzt auf seinem Thron.

HWANG TI Mandarine meines Reiches! Ich habe euch versammelt, wie schon so manches Mal, um eurer Geisteskräfte willen. Eurem Gericht übergebe ich meinen letzten Widersacher, einen Mann, der sich die Stimme des Volkes nennt. Laßt eure Geisteskräfte walten! Denn ich selbst, meine Getreuen, werde schweigen, sonst heißt es: Ich habe zu meinen Gunsten gerichtet. Das soll es nicht heißen! Ich werde schweigen.

Hwang Ti setzt sich auf den Thron.

DA HING YEN Man führe ihn vor!

Trommelwirbel.

Eine Zeremonie hat begonnen: Da Hing Yen und vier Mandarine haben sich erhoben, jeder hält ein großes Buch auf den Armen.

DA HING YEN Wir verlesen, wie die Sitte erheischt, die Sätze aus dem Buch der Sitte: LI GI, DER MEISTER, SPRACH.

ERSTER »Der Meister sprach: Wenn auf der Erde die rechte Bahn herrscht, so kommt es daher, daß ein Himmelssohn da ist, der diesen Namen verdient.«

DA HING YEN »So aber war es nicht unter dem Hause Tsin.«

ZWEITER »Der Meister sprach: Es kommt nicht darauf an, wie groß das Reich ist, sondern darauf, daß man das Herz seiner Bürger gewinnt.«

DA HING YEN »So aber war es nicht unter dem Hause Tsin.«

DRITTER »Der Meister sprach: Wenn die Oberen Gerechtigkeit haben, so kommen Staat und Haus in Ordnung; wenn die Oberen gute Sitte haben, so streitet das Volk nicht, und es erheben sich keine Unruhen.«

DA HING YEN »So aber war es nicht unter dem Hause Tsin.«

VIERTER »Der Meister sprach: Gerechtigkeit ist die Wurzel des Nutzens. Wenn man den Nutzen als Ziel setzt, so kommt Schaden daraus.«

DA HING YEN »So aber war es unter dem Hause Tsin: Sie waren nicht so, daß sie achteten auf Sitte und Recht, und die Ordnung des Volkes war nicht harmonisch. Was man schätzte, war die Nachricht von Siegen; die Oberen waren geizig auf Besitz bedacht; die Starken waren hinterlistig auf Ersparnis ihrer Kraft bedacht. Sie hatten ein Buch der Sitte, aber die

Mächtigen lebten nicht nach der Verfassung. Ein Eunuch hatte den Prinzen auf den Thron gebracht und lehrte ihn Prozesse führen wider alle, die ihn warnten. Die weisen Ratgeber hießen Umstürzler und Verräter, und man verwendete die Geisteskräfte nicht, um das Unrecht abzustellen. Der Himmel aber vergilt es einem jeden, der keine Geisteskräfte walten läßt, immer durch sein eigenes Volk.«

Sie schließen die Bücher und setzen sich nieder.

DA HING YEN Der Angeklagte!

Man bringt den Angeklagten: den stummen Sohn aus dem Vorspiel. Hilflos und verständnislos glotzt er in den Zuschauerraum. Hwang Ti hat sich unwillkürlich erhoben, setzt sich aber wieder.

Hierher! auf uns mußt du schauen!

HWANG TI Weiter!...

DA HING YEN Angeklagter, du stehst unter dem Verdacht, der Mann zu sein, der sich die Stimme des Volkes nennt, Min Ko, und dessen Sprüche jeder kennt. Ich frage im Namen des Rechts: du weißt, welche Sprüche wir meinen?

HWANG TI Genug!

DER HEUTIGE Was ich durchaus verstehen kann, Majestät! Ihr künstlerischer Wert ist gering. Zu gering, in der Tat, als daß der Staatspreis, den Majestät gestiftet haben, dafür in Frage käme.

DA HING YEN Ich frage im Namen des Rechts: bist du der Mann, der diese Sprüche erfunden und über das ganze Reich verbreitet hat von Mund zu Mund?

DER HEUTIGE Er ist es nicht.

HWANG TI Schweig!

DER HEUTIGE Zufällig weiß ich es...

DA HING YEN Wenn du schweigst, mein Sohn, so bedeutet das: du willst nicht erkannt sein. Wenn du nicht erkannt sein willst, so heißt das: du bist der Mann, den wir suchen. So heißt das: dein Kopf auf die Lanze. Darum frage ich: Gestehst du es oder bestreitest du es?

Der Stumme schüttelt den Kopf.

Du bestreitest es nicht?

Der Stumme nickt heftig.

Du gestehst es?

Der Stumme schüttelt den Kopf.

Majestät, der Angeklagte bestreitet –

HWANG TI Man beweise es ihm. Weiter!...

DA HING YEN Zu Diensten.

DER HEUTIGE Du bist es nicht, ich weiß es. Warum redest du nicht? Sie haben Angst vor deinem Schweigen. Siehst du es denn nicht? Sie meinen, du denkst die Wahrheit, mein Sohn, bloß weil du schweigst.

HWANG TI Weiter!...

DER HEUTIGE Schweige nicht, mein Sohn, rette dich: lobpreise sie mit deiner ganzen Stimme!

HWANG TI Weiter! Sind wir versammelt, um einen Narren anzuhören? Weiter!...

DA HING YEN Es ist ein alter Brauch, Majestät: der Mann, der die Unschuld verteidigt vor dem Herrscher unseres Reiches, war von jeher der Narr.

HWANG TI Unschuld?

DA HING YEN In den Augen eines Narren, Majestät; wir werden das Gegenteil beweisen.

HWANG TI Ich warte drauf.

DA HING YEN Zu Diensten.

Er gibt ein Zeichen.

Fu Tschu, der Scharfrichter!

In der kleinen Pause, die in Erwartung des Scharfrichters entsteht, erscheinen wieder einmal zwei Masken, die promenieren: die Maria Stuart von Schiller und Pontius Pilatus.

PILATUS Da ich nun auf dem Richterstuhl saß (was auf Hebräisch Gabbatha heißt), antwortete ich und sprach zu ihm: Was ist Wahrheit?

DA HING YEN Ruhe!

PILATUS Es war aber ein Aufruhr vor dem Richthaus, und die Hohenpriester schrien und sprachen: Hinweg mit ihm, kreuzige ihn! Da geißelte ich ihn, und als ich nun sah, daß ich nichts ausrichte, da nahm ich Wasser und wusch die Hände vor dem Volk und sprach: Ich bin unschuldig am Blut dieses Gerechten.

DA HING YEN Ruhe!

PILATUS Der andere aber hieß Barabbas und war ein Räuber –

DA HING YEN Ruhe!

PILATUS – oder Mörder...

Auftritt der chinesische Scharfrichter.

DA HING YEN Fu Tschu, der Scharfrichter.

Mee Lan hält sich beide Hände vors Gesicht.

Wir fahren weiter im Namen des Rechts. Da der Angeklagte bestreitet, der Angeklagte zu sein, und nicht willens ist, sich selbst anzuklagen –

DER HEUTIGE Er ist stumm!

HWANG TI Schweig.

DER HEUTIGE Ich weiß es!

DA HING YEN Stumm?

DER HEUTIGE Ich kann nichts dafür, Majestät, es ist ein Witz: – Sie suchen die Stimme des Volkes, um sie zum Schweigen zu bringen, und was Sie verhaftet haben, siehe da, es ist ein Stummer.

HWANG TI Woher weißt du das?

DER HEUTIGE Ein Mensch, der eure Gerechtigkeit sieht und schweigt, statt daß er eure Gerechtigkeit lobpreist, um sich vor eurer Gerechtigkeit zu retten, das kann nur ein Stummer sein, scheint mir, oder ein Heiliger, der sein Martyrium sucht... Bist du ein Heiliger?

Der Stumme schüttelte den Kopf.

Der Angeklagte bestreitet, ein Heiliger zu sein.

HWANG TI Kann jeder bestreiten!

DER HEUTIGE Ausgenommen ein Heiliger. Denn er ist ein Heiliger, dann lügt er nicht, dann ist er's. Also: – Majestät gestatten die Logik? – ein Mensch, der eure Gerechtigkeit sieht und nicht heuchelt, kann nur ein Heiliger oder ein Stummer sein; da aber der Angeklagte, wie feststeht, kein Heiliger ist –

Hwang Ti steht auf.

HWANG TI Die Folter wird ihn sprechen lehren!

DER HEUTIGE Und was, Majestät, soll er sprechen?

HWANG TI Die Wahrheit!

DER HEUTIGE Wozu?

HWANG TI Meint man, ich kenne die Wahrheit nicht?

DER HEUTIGE Umso besser, Majestät, dann braucht's keine Folter...

Hwang Ti sieht sich um wie ein gefangenes Tier.

HWANG TI Stumm? Jetzt auf einmal? Wieso? Nachdem er mich zehn Jahre lang auf allen Straßen und Plätzen verhöhnt hat? Soll ich denn niemals, niemals –

Hwang Ti sieht sich die Mandarine an.

Habe ich meine Richter nicht gelehrt, wie man Verhöre führt, damit man zum Ziele kommt?

DA HING YEN Zu Diensten.

HWANG TI Weiter! sage ich. Oder soll ich mich auch noch von einem Stummen verhöhnen lassen? Weiter!...

Hwang Ti setzt sich wieder.

DER HEUTIGE Du siehst, mein Sohn, wieviel einfacher es wäre, wenn du heucheln könntest wie alle andern. Dein Schweigen bringt alles durcheinander. Am Ende zwingst du sie noch, die Wahrheit selbst zu sagen.

DA HING YEN Wir fahren weiter im Namen des Rechts. Angeklagter! dein Todesurteil ist gefällt, und der Kaiser, dessen Gnade uns teuer ist, wartet auf dein Geständnis. Denn es ist eine chinesische Sitte von altersher, daß wir keine Todesurteile vollstrecken ohne Beweis oder Geständnis der Schuld. Warum also schweigst du? Verweigerst du nämlich das Geständnis, daß du des Hochverrats schuldig bist, so deutest du an, daß unser Kaiser, genannt der Himmelssohn, der immer im Recht ist, nicht im Recht ist, und bist abermals des Hochverrates schuldig. Verstehst du, mein Sohn, was ich dir sage? Im Namen des Rechts, wiewohl es für deine Hinrichtung keinen Unterschied macht, frage ich zum letzten Mal: Gestehst du, des Hochverrats schuldig zu sein, oder bestreitest du es?

Der Stumme schüttelt den Kopf.
Das soll heißen: du bestreitest es?
Der Stumme nickt.
Das soll heißen, du gestehst es?
Der Stumme schüttelt den Kopf.
Es steht dir nicht zu, mein Sohn, den Kopf zu schütteln über unser Gericht. Antworte! Ich frage zum letzten Mal: gestehst du oder bestreitest du?
Der Stumme nickt und schüttelt den Kopf und nickt immer schneller.
Zum Drachen mit dir! so rede doch – oder bist du denn wirklich stumm?
Der Stumme nickt.
Majestät –
Hwang Ti springt von seinem Throne auf.

HWANG TI Foltert ihn! Das ist nicht wahr! Foltert ihn! Das ist gelogen wie alles, was er je gesagt hat. Foltert ihn.

DER HEUTIGE Was hat er denn je gesagt, Majestät?

HWANG TI Verräter, du elender, du verstockter, meinst du, wir wissen nicht, was du denkst hinter deiner dreckigen Stirn, du Maulaffe, du verlumpter, du Mann von der Straße – Die Große Mauer, sagst du, nichts als Geschäft! Millionen verrecken dabei, sagst du, für unser Geschäft – bestreite es, wenn du kannst!
Der Stumme schweigt.
Blutegel, sagst du, mein ganzer Hof, sagst du, eine Gesellschaft von Blutegeln! Meinst du, ich habe es nicht gehört? Ich, Tsin Sche Hwang Ti, der die Völker befreit, ich, der die Welt befriedet hat, ich: ein Blutegel – sagst du – ich sauge das Blut der Armen, ich nähre mich von den Früchten eurer Kraft! Deiner Kraft!
Hwang Ti versucht Hohnlachen.
Ha! Ha!
Der Stumme schweigt.
Glotze mich an, ja, und zittere! Ich werde dich zum Schweigen bringen, du Schwätzer, du zersetzender, und wenn du kein

Wort aus deinem stinkigen Halse bringst, ich weiß genau, was deinesgleichen denkt: Ich bin nicht der Retter eures Vaterlandes, ich bin ein Räuber am Volk, ein Mörder am Volk, ein Verbrecher – bestreite es, wenn du kannst!

Der Stumme schweigt.

Du bestreitest es nicht?!

Der Stumme schweigt.

Man wagt es – mir ins Gesicht – ein Verbrecher – das wagt man – vor allen Mandarinen meines Hofes – mir ins Gesicht... Ich, der mächtigste Mann in der Welt, ich, sagst du, ich: ein Feigling, ein lächerlicher Tropf, ein Idiot, eine Vogelscheuche meiner eignen Angst, sagst du, ich schlottere, ja, sagst du, ich wage nicht, zu hören, was meine Getreuen in Wahrheit denken, denn ich weiß, daß sie mich hassen, sagst du, und es gibt keinen redlichen Mann, sagst du, in meinem ganzen Reich, der mir, wenn er könnte, nicht ins Gesicht speien möchte –

Hwang Ti wendet sich an den Hof; wieder gelassen und lächelnd:

Meine Getreuen, ist das wahr? Ich frage euch ganz offen: Ist einer in dieser Versammlung, der mir ins Gesicht speien möchte?

Brutus tritt vor.

Ich meine: von meinen Zeitgenossen, die es könnten...

Brutus tritt zurück.

Ich frage euch vor aller Welt: Ist einer da, der mir ins Gesicht speien möchte?

Alle schütteln den Kopf.

Das heißt: Ihr liebt mich?

Alle nicken mit dem Kopf.

MEE LAN Papa! Hör auf! Das ist doch Wahnsinn. Wozu das? Ein jeder weiß, du hast die Macht. Papa! Du änderst doch nichts an der Wahrheit. Wer glaubt das denn? Ich halte das nicht aus. Was soll das denn! Hör auf, Papa, mit dieser Farce –

Es entsteht eine Stille, ein Mandarin tritt vor.

MANDARIN Endlich!

HWANG TI Wie meint das mein Getreuer?

MANDARIN Der Mund deines eigenen Kindes hat es gesprochen. Endlich! Du hast es gehört.

Hwang Ti blickt sich um, die Stille dauert an, er lächelt. Alles erstarrt. Hwang Ti gibt ein winziges Zeichen an Da Hing Yen. Da Hing Yen gibt es weiter an Fu Tschu, das winzige Zeichen, und Fu Tschu gibt es weiter, man sieht nicht wohin, und der Mandarin wird rückwärts, ehe er's begreift, lautlos abgeschleift. Niemand rührt sich, als sei nichts geschehen.

HWANG TI Ich frage euch noch einmal vor aller Welt: Ist es denn wahr, meine Getreuen, daß ihr alle heuchelt, bloß weil ihr meine Folterkammer kennt?

Alle schütteln den Kopf.

Und du, Mann von der Straße, du wagst es, mir zu sagen – mir ins Gesicht – Meine Herrschaft, sagst du, das ist die Folter. Du sollst sie kennenlernen, du Lügenmaul, du verdammtes, du – mir ins Gesicht! Ein Verbrecher, sagst du, man muß ein Verbrecher sein, um nicht in meine Gefängnisse zu kommen. Und wer noch Geisteskräfte hat, sagst du, der soll sie verbergen. Was weißt denn du von Geisteskräften, du Rotznase? Denn ich, sagst du, ich töte jede Geisteskraft, ich bin die Lüge in Person, ich bin die Pest auf dem Thron, und wer mir die Hand reicht, der stinkt nach Aas, ich bin kein Himmelssohn und bin kein Mensch, ich bin die Geisteskrankheit meiner Zeit – bestreite es, wenn du kannst!

Der Stumme schweigt.

Du bestreitest es nicht!

Der Stumme schweigt.

Soll ich dich mit meinen Händen erwürgen, du Schwätzer, du – damit du endlich schweigst, du mit deinen Geisteskräften, du Stimme des Volkes, meinst du, ich lasse mich verhöhnen am Tag meines Sieges – meinst du –

Hwang Ti hat plötzlich einen Gedanken: Hast du einen Vater?

Der Stumme nickt, dann schüttelt er den Kopf.

Was heißt das?

DER HEUTIGE Sein Vater ist in eurem Krieg gefallen.

HWANG TI Hast du eine Mutter?

Der Stumme nickt und strahlt.

Dann werde ich deine Mutter foltern lassen –

Der Stumme wirft sich auf die Knie, ohne schreien zu können.

Fu Tschu!

Der Scharfrichter tritt vor.

Ist es wahr, Scharfrichter, was dieser Lästerhund redet auf allen Straßen und Plätzen des Reiches? Ich sei der Henker meiner Freunde, sagt er. Ich frage dich, Henker, vor der ganzen Welt: Von allen, die du gefoltert hast, war einer je mein Freund?

Fu Tschu schüttelt den Kopf.

Ihr hört es...

Hwang Ti gibt dem Stummen einen Fußtritt.

Stimme des Volkes, du, hast du gehört?

Mee Lan schluchzt laut.

Genug! Die Wahrheit, denke ich, ist erwiesen – Ich, Tsin Sche Hwang Ti, ich: ein Blutegel, ich mäste mich von eurer Kraft! Ich: der Henker meiner Freunde, der Mörder meines Volkes – ich schicke euch in den Krieg, sagst du mir ins Gesicht! Ich selbst mache den Krieg, sagst du, um eure Wut auf die andern zu lenken, um mich zu retten mit eurer Vaterlandsliebe – mir ins Gesicht! Meinst du, ich lasse unser Heiligstes in den Schmutz ziehen, unseren Krieg, unseren Kampf für den Frieden? Die hündischen Barbaren der Steppe, sagst du, sie hätten uns gar nichts getan, wenn ich sie nicht überfallen hätte. Woher weißt du das? Was niemand wissen kann, du Maulaffe, der keine Zeitung zu lesen versteht, du Wasserträger, du Eseltreiber, du verlumpter, woher weißt du, wie es gekommen wäre, wenn ich sie nicht überfallen hätte – überfallen, ja! ja! natürlich haben wir sie überfallen!

Hwang Ti wird heiser.

Schweig! sag ich. Schweig!

Hwang Ti packt und schüttelt ihn.

Ein Wort noch, und ich erwürge dich, du, ein Wort noch!

Hwang Ti schleudert ihn zu Boden.

Tausende, Hunderttausende, sagst du, geschlachtet für eine Lüge, verblutet, verkrüppelt für das Reich eines Geisteskranken – und das mir! – verblutet, sagst du, für mich! Für einen Verbrecher! Und das heute – am Tag unsres Siegs! Meinst du, ich lasse sie alle verhöhnen von dir, die Helden meines Heeres, Tausende und Hunderttausende, die für mich gestorben sind – für mich ja! Ja! Ja! für mich –

Hwang Ti hat fast keine Stimme mehr.

Schweig! sag ich.

Hwang Ti wankt auf den Thron zurück.

Foltert ihn! Er ist's. Foltert ihn, bis er gesteht! Ich will ihn nimmer hören. Foltert ihn, bis er das Krachen seiner eigenen Knochen hört!

Fu Tschu, der Scharfrichter, schleift den Stummen hinaus.

Ich habe mich erregt, Herren meines Hofes, ihr habt den Verleumder gehört – Nichts mehr davon! Es war unser letzter Widersacher... Meine Getreuen, versammelt im Zeichen dieses glorreichen Tags, laßt uns zur Tafel unsrer Freude schreiten!

Hwang Ti erhebt sich erschöpft von seinem Thron. Ein Herr in der Kleidung des 19. Jahrhunderts tritt hervor, ein Manuskript in der Hand.

HWANG TI Wer bist denn du?

ZOLA – J'ACCUSE.

DER HEUTIGE Der Herr heißt Zola, Emile Zola, französischer Schriftsteller, heute weniger gelesen, aber berühmt für seinen Mut.

ZOLA J'ACCUSE.

DER HEUTIGE Es handelte sich auch um Justiz. Sein Aufruf hat sogar etwas erreicht. Daher gilt Herr Zola heute noch als Vorbild; kein Literat von Anstand läßt es sich nehmen, bei Gelegenheit zu protestieren.

ZOLA J'ACCUSE.

Musik hat eingesetzt, man schreitet zum angesagten Fest, Hwang Ti schreitet Arm in Arm mit Cleopatra, gefolgt von seinem Hof, der es nicht an Choreographie fehlen läßt. Es blei-

ben Mee Lan (im heutigen Abendkleid) und der Heutige. Zola bleibt stehen, wo er gestanden hat, also im Leeren.

ZOLA J'ACCUSE.

19

DER HEUTIGE Du verachtest mich?... Du bist enttäuscht... Was hast du erwartet?

MEE LAN Du weißt, daß er stumm ist.

DER HEUTIGE Ja.

MEE LAN Und du hast es zugelassen, daß ein Stummer gefoltert wird, du, der alles weiß?

DER HEUTIGE Zugelassen?

MEE LAN Du zuckst die Achsel. Das ist alles! Die Achsel zucken und eine nächste Zigarette anzünden, während sie einen Stummen foltern und zum Schreien bringen, weil du, der Sprache hat, daneben stehst und schweigst – das ist alles!

DER HEUTIGE Was konnte ich tun?

MEE LAN Ihr mit eurem Wissen! Zeit und Raum sind eins; wie tröstlich! Wärme-Tod der Welt; wie aufregend! Und die Lichtgeschwindigkeit ist unübertrefflich; wie interessant! Energie gleich Masse mal Lichtgeschwindigkeit!

DER HEUTIGE (Im Quadrat).

MEE LAN Und was kommt dabei heraus? Ihr mit euren großen Formeln! Die Achsel zucken, wenn ein Mensch geschunden wird, und eine nächste Zigarette anzünden...

DER HEUTIGE *schweigt eine Weile, dann schreit er plötzlich:* Was kann ich denn tun?!

Er nimmt sich unwillkürlich eine Zigarette; sehr ruhig: Er wird gefoltert. Ich weiß. Wie schon einige Tausend gefoltert worden sind. Zuerst die Fingerschrauben, dann die Nagelpeitsche, dann die Sache mit dem Flaschenzug (der ihm die Sehnen reißt, so daß er später die Arme nicht mehr heben kann), dann der glühende Draht, zuletzt die Knochenmühle, Wiederholung nach Bedarf – das alles, ich weiß, gibt es bis zum heutigen Tag. Und ob wir weinen oder lachen, ob wir tanzen, schlafen, lesen: Es gibt (vermutlich) keine einzige Stunde, da nicht ein Mensch gefoltert, geschunden, gemartert, geschändet, gemordet wird zu unsrer Zeit.

Er steckt sich die Zigarette in den Mund und schnappt das Feuerzeug an.

Du hast recht Mee Lan: die Achsel zucken und eine nächste Zigarette anzünden, das ist alles, was unsereiner zuzeiten vermag...

Er zündet die Zigarette an.

MEE LAN Ich hasse dich!

Sie wirft sich in einen Sessel.

DER HEUTIGE Und du – was hast denn du getan? Ich sehe, du hast dich umgekleidet. Du willst eine heutige Frau sein, ich sehe, und doch erwartet ihr noch immer das Wunder vom Mann? Du warst dabei genau wie ich. Warum hast nicht du ihn gerettet? Gelitten hast du, ja, geweint, gehofft. Worauf? Auf die andern, auf mich, auf einen Mann. Du findest: Ein Mann, der nicht imstande ist, die Welt zu ändern –

MEE LAN Du bist kein Mann!

DER HEUTIGE Sonst hätte ich mich umbringen lassen, meinst du, auf der Stelle. Das ist es, was du erwartet hast? Es hätte die Welt nicht verändert (denn an Toten fehlt es ihr nicht!), aber du hättest gefunden, ich sei ein Mann – tot, aber ein Mann.

Er lächelt spöttisch.

Also doch eine chinesische Prinzessin?

Sie wendet sich ab.

Du bist jung. Nun schluchzest du. Sogar sehr jung. Du kennst die Hoffnung, Mee Lan, aber die Hoffnung ist nicht das Maß unsrer Taten – oder Nicht-Taten – du kennst die Welt nicht...

Zola steht noch immer wie vorher.

ZOLA J'ACCUSE.

DER HEUTIGE Wir kennen das, Herr Zola, wir kennen das; wir haben es zu oft wiederholt, als daß es noch irgendeine Wirkung hätte...

Es kommen zwei Herren mit Zigarren, ein Frack und ein Cut.

FRACK Eine ausgezeichnete Zigarre!

CUT Nicht wahr?

FRACK Haben Sie schon einmal mit Lohengrin gesprochen?

CUT Lohengrin ist auch hier?

FRACK Alles was zur Kultur gehört!

CUT Wie ist er denn?

FRACK Lohengrin? Wenn er nicht singt, sehr merkwürdig.

CUT Ich unterhielt mich mit Maria Stuart.

FRACK Ach.

CUT Meint man immer, man habe keine Kultur. Aber man kennt doch allerhand. Eine sehr feine Person, diese Stuart. Und dann sag ich immer: Was die schon für eine Sprache haben, diese Klassiker! Schade, daß meine Frau nicht da ist. Ohne Klassiker kann meine Frau gar nicht leben, sagt sie, und das ist echt bei ihr.

Sie nicken sehr höflich nach der Seite.

Haben Sie eine Ahnung, wer eigentlich dieser Römer ist, der uns die ganze Zeit beobachtet?

FRACK Kenne ich doch!...

CUT Nicht wahr?

FRACK Auch ein Klassiker –

Brutus tritt hinzu, eine Tageszeitung wie eine Pergamentrolle haltend.

BRUTUS Ein Wort, ihr Bürger! Schein ich finster euch,
So kehrt die Unruh meiner Blicke sich
Nicht gegen Männer bürgerlichen Sinns.
Bedenken sinds von streitender Natur,
Betreffend Wiederherstellung des Staats
(Den ich, ihr wißt, mehr als mich selbst geliebt),
Und Kenntnis, öffentlich nicht auszusprechen,
Die Schatten wohl auf meine Miene werfen.

FRACK Hm.

BRUTUS Die Stund ist ernst. Doch eure Zeitung hier –
Verloren habt ihr sie – ermuntert mich
(Versteh ich eure Zeitung recht!), nicht länger,

Des Herzens heiße Regungen begrabend,
Abseits zu gehn. Was habt ihr vor?
Versteh ich eure Zeitung recht, seid ihr's,
Die jetzo meine Bundesbrüder sind,
Oh edle Wirtschaftsführer, Freunde Roms,
Die ihr das Recht und das gemeine Wohl
Heißliebend schützen wollt wie ich, bereit,
Die Freiheit nur, wo nicht, den Tod zu wählen.
Versteh ich, Bürger, eure Zeitung recht?

CUT Jaja – durchaus…

BRUTUS Mein Nam' ist Brutus.

CUT Ah.

FRACK Wie sagt er?

CUT Brutus.

FRACK Hm.

BRUTUS Der Menge Ungestüm, vernehm ich, droht.
Was Recht, verständ'ger Männer ernstes Werk,
Was Republik, der Ordnung stolzer Name,
Was Freiheit heißt, in einer Stunde Wut
(Wie wohl, wenn ich den Mißbrauch seh
Von alledem, versteh ich solche Wut!)
Selbstmörderisch dem Untergang zu weihn.
Ists etwas, dienlich zum gemeinen Wohl,
Verschweiget nicht vor mir, was ihr berät!
Der Aufruhr, des Geschrei uns schon erreicht,
Ist einer Flamme gleich, vom Sturm gepeitscht,
Bald links, bald rechts sich gierig auszutoben.
Was soll geschehn? Das Unheil ist im Zuge,
Nimmt, welchen Lauf es will, wenn Männer nicht
Entschloßnen Muts (und träf's den eignen Freund)
Ausmerzen, was das Volk zum Aufruhr reizt.
Ihr wißts? Dann tut euch kund. Was will dies Volk?

FRACK Höhere Löhne. Was sonst.

BRUTUS Denkt, Freunde, nicht, daß ich der Unvernunft
Ein Anwalt sei, wenn ich, des Aufruhrs Feind,
Euch frage nach des Aufruhrs Grund und Ursach.

CUT Eine Lohnerhöhung, das ist beschlossen, kommt nicht in Frage. Wo führte das hin! Zu höheren Preisen; aber das erklären Sie einmal der Masse! Ganz abgesehen davon, es besteht kein zwingender Grund; die Polizei ist Herr der Lage.

BRUTUS Nicht kenn ich die Verfassung eures Staats,
Doch ists (verstand ich eure Zeitung recht)
'ne Republik –

CUT Jaja – durchaus…

FRACK Und ob!

CUT Und wie!

FRACK Und daran lassen wir auch nicht rütteln!

BRUTUS So hört es Brutus gern.

FRACK Und von Betriebsräten schon gar nicht!

BRUTUS Nicht kenn ich die Verfassung eures Staats,
Doch hoff ich, daß, sprecht ihr von Polizei,
Es nicht die Leibwach der Tyrannen sei,
Der Herr der Lage ist. Denn wär es so,
O ewge Götter! – dann, ihr Bundesbrüder,
Laßt unsre Händ in Caesars Blut uns baden
Bis an die Ellenbogen! Färbt die Schwerter!
So treten wir hinaus auf offnen Markt,
Und, überm Haupt die roten Waffen schwingend,
Ruft alle dann: Erlösung! Friede! Freiheit!
Frack und Cut blicken einander an.

FRACK Wenn es Ihnen nichts ausmacht, Herr – hier kann man uns hören…
Sie führen ihren Klassiker zur Seite.

BRUTUS Gebt eure Hand mir, einer nach dem andern –
Sie verschwinden. Es bleiben Mee Lan und der Heutige, die von dem Brutus-Intermezzo, das über den Vordergrund ging, keinerlei Notiz genommen haben.

DER HEUTIGE Was hast du erwartet von mir?
Mee Lan nimmt sich eine Zigarette.

MEE LAN Hast du Feuer?

DER HEUTIGE Kann man das Martyrium wählen, wie man einen Beruf wählt? Und doch hast du recht. Ich weiß! Es bleibt dem

Geist, wenn er Geschichte will, nichts als das Opfer seiner selbst –

MEE LAN Hast du Feuer?

DER HEUTIGE Du schweigst.

MEE LAN Ich sehe dich reden, ich höre dich nicht. Ich höre nur den Stummen. Er ist der einzige Mensch in diesem ganzen Spuk.

Er nimmt sein Feuerzeug hervor, noch ohne Feuer zu geben.

DER HEUTIGE Vielleicht bin ich feige. Sonst würde ich sehen, was ich zu tun habe. Ich sehe es nicht –

Don Juan ist erschienen und verbeugt sich.

DON JUAN Diesmal, Prinzessin, ein Walzer –?

Mee Lan begibt sich zum Tanz.

DER HEUTIGE Mee Lan?... Mee Lan! –

Mee Lan tanzt mit Don Juan und verschwindet.

20

Es kommen Hwang Ti, Cleopatra am Arm, ein Glas in der Hand, und sein Gefolge in Stimmung.

HWANG TI ...Immerhin, mein süßes Kind, immerhin – eine Mauer ist eine Mauer, und darum sage ich: – uff! sage ich: Wir bauen sie! Morgen schon, heute schon, gestern schon... Warum lacht ihr? Eine Mauer, die uns vor jeder Zukunft schützen wird, sage ich – uff! Ich spüre das Getränk, aber die Lage ist ernst, meine Getreuen, ausgesprochen ernst, und darum sage ich – Cleopatra, wo bist du? Stoßen wir an! Wanli-tschang-tscheng, sage ich, und was drinnen wohnt, das ist die Republik, die Freiheit, die Kultur – uff! das sind wir, und was draußen wohnt... Meine Getreuen! Wir trinken auf die Große Mauer, wie sie in den Büchern steht, meine Getreuen, später einmal – heißt das, für Augenblicke ist mir, als würden wir eine Sache beschließen, die schon seit Jahrtausenden – gewissermaßen – als bauten wir eine Sache, uff! die schon verbröckelt ist – heißt das, als liege unsere Zukunft – gewissermaßen – uff! hinter uns...

Hwang Ti setzt sich in den Thron.

– stoßen wir an...

Sie stoßen an, auf das Gelächter folgt plötzliche Stille.

Was ist das?

Maschinengewehre in der Ferne.

Ich glaube, meine Getreuen, mir ist nicht wohl. Ein Leben lang habe ich Milch getrunken, Fruchtsäfte, um klar zu sehen wie ein Himmelssohn, nie geraucht – um zu sehen, was wir nennen die Große Ordnung und die Endgültige Ordnung...

Er fängt selber zu lachen an.

Eigentlich ist mir sehr wohl!

Maschinengewehre in der Ferne.

Was ist das?

Der Heutige tritt vor.

DER HEUTIGE Das ist der Aufstand.

HWANG TI Aufstand – wieso?...

DER HEUTIGE Das Volk, meine Herrschaften, ist unberechenbar. Wer ist das Volk? Wir alle: wir stehen hinter dem Vorhang, wenn der Nachbar verhaftet wird und abgeführt. Und man wird vorsichtig im Umgang mit Nachbarn. Aber vergeblich. Eines Morgens (so gegen vier Uhr) holen sie den eigenen Vater; die nächste Welle nimmt den eignen Bruder weg. Und jedesmal, wenn die Sonne wieder aufgeht über diesem Land, ist nichts geschehen; im Gegenteil: die Zeitungen berichten von einer niedagewesenen Reis-Ernte. Und die Freunde wissen nicht, ob der Freund noch lebt, aber sie erkundigen sich nicht, damit sie nicht selbst geholt werden. Und wer noch lebt, lebt harmlos, und so, in der Tat, wird es friedlich im Lande... Jetzt noch einen Aufstand? Wieso – plötzlich genügt eine Bagatelle: ein harmloser, irgendeiner, den wir doch alle nicht kennen, ein Stummer wird gefoltert –

HWANG TI Ein Harmloser?

DER HEUTIGE – und das Volk, Jahrzehnte lang erschrocken, geht auf die Straße, unerschrocken im Gedächtnis an seine Toten;

aber das Volk, meine Herrschaften, hat keine Stimme: wenn wir sie ihm nicht leihen, irgendeiner von uns!

HWANG TI Was redet er?...

DER HEUTIGE Nehmen Sie mich, meine Herrschaften, als die Stimme des Volkes!

HWANG TI Uff.

DER HEUTIGE Ja.

HWANG TI Du bist Min Ko? – Du?

DER HEUTIGE So gut wie irgendeiner.

HWANG TI Meint er, ich sei betrunken...

DER HEUTIGE Um zu vernehmen, was das Volk denkt, foltern Sie nicht länger einen Stummen! Ich will es Ihnen sagen. Hören Sie mich an!

Hwang Ti sieht sich um.

HWANG TI Wo ist Fu Tschu?

FU TSCHU Hier.

Der Scharfrichter tritt zwei Schritte neben den Heutigen.

HWANG TI Wir hören dich an – Sprich!

Der Heutige steht vor einem großen Halbkreis, dem sich mittlerweile auch die Masken zugesellt haben, und hat die typische Vortragsart eines Intellektuellen: nicht laut, durchaus unfeierlich, etwas verlegen, aber nicht verwirrt, vor Nervosität zuweilen lächelnd oder mit einer Zigarette spielend, während sein Ernst sich in der Sachlichkeit bezeugt.

DER HEUTIGE Was ich zu sagen habe, ist banal, Sie lesen es in jeder Tageszeitung... Wir befinden uns, meine Herrschaften, im Zeitalter der Wasserstoffbombe, beziehungsweise Kobaltbombe, das bedeutet (ohne in die Erkenntnisse der heutigen Physik näher einzutreten): Wer heutzutag ein Tyrann ist, gleichgültig wo auf diesem Planeten, ist ein Tyrann über die gesamte Menschheit. Er hat (was in der Geschichte der Menschheit erstmalig ist) ein Mittel in der Hand, um sämtlichem Leben auf dieser Erde – aus einem Bedürfnis heraus, das absurd erscheint, jedoch bei schweren Neurotikern nicht selten ist – den Garaus zu machen.

Lachen einiger Ungläubiger.

Zum ersten Mal in der Geschichte der Menschheit (denn bisher war der Tyrann, der sein Rom in Flammen aufgehen ließ, immer bloß eine temporäre und durchaus lokale Katastrophe) – zum ersten Mal (und darum, meine Herrschaften, hilft uns keine historische Routine mehr!) stehen wir vor der Wahl, ob es die Menschheit geben soll oder nicht. Die Sintflut ist herstellbar. Technisch kein Problem. Je mehr wir (dank der Technik) können, was wir wollen, um so nackter stehen wir da, wo Adam und Eva gestanden haben, vor der Frage nämlich: Was wollen wir? vor der sittlichen Entscheidung... Entscheiden wir uns aber: Es soll die Menschheit geben! so heißt das: Eure Art, Geschichte zu machen, kommt nicht mehr in Betracht. Eine Gesellschaft, die den Krieg als unvermeidlich erachtet, können wir uns nicht mehr leisten, das ist klar –

HWANG TI Was sagt er? – ich komme nicht mehr in Betracht...

DER HEUTIGE Denn Krieg bedeutet Sintflut.

HWANG TI Uff!...

DER HEUTIGE Wobei ich Sie aufmerksam machen darf, meine Herrschaften: Es gibt keine Arche gegen Radioaktivität.

HWANG TI Er meint, ich sei betrunken?... Ich komme in Betracht! Was heißt Radioaktivität? Wieso darf ich nicht auch Radioaktivität haben? – heißt das: Man vertraut mir nicht?

Der Heutige sieht sich unterbrochen und schweigt.

Bin ich ein Tyrann?

Fu Tschu ordnet sachlich-gelassen die Schlinge, um bereit zu sein.

Warum antwortest du nicht?

DER HEUTIGE Soviel ich weiß, hat noch keiner, der es war, sich selbst als Tyrann bezeichnen lassen; der Posten ist begehrter als der Titel.

HWANG TI Antworte: Ja oder Nein!

DER HEUTIGE Was soll dieser Henker?

HWANG TI Bin ich ein Tyrann?

Der Heutige steckt sich unwillkürlich eine Zigarette an.

DER HEUTIGE – ja.

Fu Tschu legt die Schlinge um den Heutigen.

HWANG TI Laß ihn!...

Fu Tschu nimmt die Schlinge wieder weg.

Sprich weiter! Ich werde dir das Gegenteil beweisen. Sprich weiter! Ich schätze sehr deine Geisteskräfte.

DER HEUTIGE Es ist gesagt, was ich zu sagen habe.

HWANG TI Wir hören dich mit Freude an.

Der Heutige, unsicher durch dieses Verhalten des Hwang Ti, der lächelt, sieht sich um wie jemand, der sich verhöhnt fühlt, und wird plötzlich unmittelbar.

DER HEUTIGE ...ich sehe unsere Erde, die keine mehr ist, Planet ohne Leben, kreisend in der sturen Finsternis des Alls; ja: von der Sonne beschienen, aber kein Wesen fühlt die Wärme ihrer Strahlen, und tot ist die Grelle ihres Tages, ich sehe die streifenden Schatten ihrer Gebirge, das Violett ihrer Meere, die tot sind, Wolken wie silberner Schimmel, und tot sind die Länder, bleich wie der Mond und fruchtlos und kahl, ein taubes Gestirn, kreisend wie Milliarden von Gestirnen; ich sehe die Stätten der Menschheit, die es einmal gab, die verlorenen Oasen der Zeit: Griechenland, Italien, Europa! wie der wandernde Morgen sie erreicht, aber niemand erlebt diesen Morgen, kein Vogel, kein Kind, keine Stimme begrüßt ihn, nicht einmal eine Stimme, die klagt. Nichts. Es tosen die Wasser, Brandung und Wind, aber lautlos, denn kein Ohr vernimmt sie, und das Licht – das gleiche Licht wie hier: bläulich in der Luft, braun oder grün auf der Erde, weiß oder purpur auf eurem Gewand oder gelb oder karmin – ist farblos! denn kein Auge sieht es; taub und blind wie die Dinge ist Gott, blind und leer und ohne Schöpfung: ohne Spiegel im Glanz eines sterblichen Menschenauges, ohne unser Bewußtsein von Zeit, zeitlos – Kontinente, die einmal aus der Unzeit aufleuchteten durch Bewußtsein: Asien, Europa, Amerika – bewußtlos! sinnlos! geistlos! menschlos! gottlos!

Allgemeines Schweigen.

HWANG TI Wo ist Da Hing Yen, der Zeremonienmeister?

DA HING YEN Hier.

Da Hing Yen tritt an die Stelle des Scharfrichters.

HWANG TI Lies ihm die Urkunde vor!

Da Hing Yen entrollt eine Urkunde.

DA HING YEN »Was wäre das mächtigste Reich dieser Welt, siegreich über alle Barbaren, ohne den strahlenden Glanz und Zierat seiner Geisteskräfte? Darum ist es ein alter Brauch, daß wir die Geisteskräfte, die wir mit Freude angehört, belohnen und ehren. Und darum verkünden wir: –«

Trommelwirbel.

»Der große Preis des Kung Fu Tse, gestiftet von unserem Ersten Erhabenen Kaiser, Tsin Sche Hwang Ti, genannt der Himmelssohn, der immer im Recht ist, alljährlich verliehen an die Geisteskraft, die der Welt zu schildern vermag, was dieser Welt bevorsteht, wenn sie es wagen sollte, unser Feind zu sein, ehre in dieser Weihestunde den Mann, der es in so treffender und ergreifender Weise verstand, den Tyrannen jenseits der Chinesischen Mauer die vollkommene Wahrheit zu sagen.«

Trommelwirbel.

HWANG TI Legt ihm die goldene Kette um den Hals!

Da Hing Yen legt ihm die goldene Kette um den Hals.

CLEOPATRA Und ein Kuß von mir...

Alle erheben die Gläser, Fanfaren ertönen, dann ein plötzlicher Schrei.

21

Die Aufständischen sind da, Männer mit Armbinden und Maschinenpistolen; man erblickt sie erst jetzt, da die Gesellschaft auseinanderweicht. Hwang Ti steht allein und lacht noch als Letzter.

HWANG TI Uff! – wer seid ihr?

Der Prinz tritt vor, nunmehr in Hose und Hemd.

PRINZ Das ist er, euer Himmelssohn! Kaum stehen kann er –

HWANG TI Mein Prinz?

PRINZ Ich bin kein Prinz!

HWANG TI Und in diesem Kostüm –

PRINZ Liquidiert ihn!

DER HEUTIGE Halt!

PRINZ Feuer!

DER HEUTIGE Halt! sage ich... Halt.

Er holt die chinesische Mutter aus dem Volkshaufen.

Hier ist die Mutter!

Es ist plötzlich still.

Sie geben vor, die Befreier deines Sohnes zu sein – *Er wendet sich an alle:* Seht ihr denn nicht, was hier gespielt wird? Unser Prinz, der jetzt als Mann des Volkes sich aufspielt (wie das bei Militärputschen üblich ist), dieser geborene General, der seine dreißigtausend Mann geopfert hat, um sich selbst aufzusparen für die Aufgaben der Nachkriegszeit, – der würde es natürlich begrüßen, wenn die Stimme des Volkes, das er mißbraucht, ein Stummer wäre!

PRINZ Auch den! Liquidiert sie! Alle!

DER HEUTIGE Wir kennen diese Figur, die so leicht zu durchschauen ist; nur das Volk, das unselige, durchschaut sie immer zu spät... Die einzige Hoffnung in diesem Spiel, die letzte Hoffnung, die ich sehe, bist du!

Er tritt zur Mutter: Du bist die chinesische Mutter, die gute und arme Mutter, die meint, daß sie keine Rolle spiele in der Geschichte dieser Welt. Nicht wahr?

MUTTER Ja, Herr, ja...

DER HEUTIGE Hast Du mir von deinem Sohn nicht erzählt, daß er stumm ist?

MUTTER Ja, Herr, ja...

Er winkt nach rechts.

DER HEUTIGE Bitte.

Fu Tschu bringt den gefolterten Stummen.

MUTTER Wang!!!

DER HEUTIGE Ist das dein Sohn?

MUTTER Mein Wang! mein armer Wang –

DER HEUTIGE Sag es vor aller Welt, Mutter, was du weißt! Bezeuge, daß er stumm ist!

MUTTER Was haben sie aus dir gemacht? Wang! Wer hat dir die Finger gebrochen? Wer hat dir die Schulter ausgerenkt? Mein armer Wang, mein lieber Wang, mein dummer Wang! Erkennst du mich nicht? Wer hat dir die Zunge versengt? Wer hat dir die Haut von den Armen gerissen? Mein Blut, mein Blut, ich küsse dich! Du sollst nicht vorne stehen; warum hast du nicht auf deine Mutter gehört? O Wang, mein Sohn! Schau mich an! Warum hörst du nicht, wenn du schon nicht reden kannst? O Wang! O Wang!...

DER HEUTIGE Fasse dich.

MUTTER Warum haben sie das mit dir gemacht?

DER HEUTIGE Es wird nie wieder geschehen. Wenn du vor allen, die uns hören, die Wahrheit sagst: – dein Sohn ist stumm, nicht wahr?

MUTTER Ja, Herr, er ist mein Sohn...

DER HEUTIGE Er ist nicht Min Ko, er ist nicht der Mann, der die Sprüche gemacht hat. Bezeuge es!

MUTTER Sprüche?

DER HEUTIGE Stumm wie er ist!

MUTTER Wang – was hast du gemacht?

DER HEUTIGE Nichts hat er gemacht.

MUTTER Wang?...

DER HEUTIGE Bezeuge die Wahrheit, nichts weiter. Bezeuge mit einem einzigen Wort, daß er stumm ist.

MUTTER Habe ich dir Unrecht getan, Wang? Ich habe immer gemeint, du bist dumm. Mein Wang, mein armer Wang! Ist das wahr, du hast die Sprüche gemacht?

DER HEUTIGE Aber gute Frau –

MUTTER Mein Sohn ist nicht dumm!

DER HEUTIGE Das behauptet ja niemand –

MUTTER Warum soll er es nicht sein? Mein Sohn? Warum soll er keine Sprüche machen?

DER HEUTIGE Es ist nicht wahr –

MUTTER O Wang, mein süßer Wang, mein unglücklicher Wang, mein Sohn, warum hast du es deiner Mutter nicht gesagt, mein stolzer Wang, daß du es bist?

DER HEUTIGE Es ist nicht wahr!

MUTTER Warum soll mein Sohn kein wichtiger Mann sein?

DER HEUTIGE Weib...

MUTTER Ja – er ist's. Ja! Ja!

Die Aufständischen brechen in Jubel aus, die Menge nimmt den Gefolterten auf die Schulter und will ihn auf die Straße tragen. Es wird stiller, da Mee Lan erschienen ist, und ganz still; Mee Lan steht mit offenem Haar und zerschlissenen Kleidern da.

MEE LAN Hier bin ich, Prinz.

DER HEUTIGE Mee Lan?!

MEE LAN Geschändet von der Gewalt, die Sie gerufen haben. Ich habe es Ihnen gesagt: ich werde Ihr Glück nicht sein. Hier bin ich.

PRINZ Weiter!

Es rührt sich niemand.

PRINZ Liquidiert sie!

DER HEUTIGE Halt! –

PRINZ Alle! Alle!

Schüsse fallen, das Licht löscht einen Augenblick aus, Lärm der Menge, Schreie, und wie das Licht wieder angeht, ist die Szene menschenleer. Kulissen sind gestürzt, und die Bühne erscheint als Bühne; man sieht die Maschinerie. Man hört noch immer Volkslärm in der Ferne. Es kommen Brutus und die zwei Herren, sich die Zerstörungen anzusehen.

22

FRACK Was sagen Sie dazu?

CUT Was sagen Sie jetzt?

BRUTUS Der Menge Ungestüm, verständlich ists,
Doch schlecht, weil Leidenschaft und Trieb,
Entsprungen aus dem gleichen Schoß wie Tyrannei,
Begierig, bar der männlichen Vernunft;
Schafft Unrecht bloß, um Unrecht abzuschaffen,

Und blutig endet, was einst Hoffnung war
Auf Freiheit, Recht, gemeines Wohl.

CUT So ist es, jawohl.

BRUTUS Denn auf den Schultern des empörten Volks,
Des Kraft zu lang mißachtet und mißbraucht,
Die dreiste Tyrannei zerbrach, sitzt schon,
Der jetzt sie führt, ihr nächster Unterdrücker.

FRACK Wenigstens ist es ein ehemaliger General.

CUT Das schon.

FRACK Mit Generälen kann man verhandeln, sage ich mir.

CUT Da haben Sie recht.

FRACK Generäle haben immerhin eine gewisse Tradition.

BRUTUS (O ihr, Octavius und Mark Anton,
Wie oft noch sehen wir uns bei Philippi?)

CUT Wie bitte?

BRUTUS O nichts! Ich sprach nur zur Erinnerung –

CUT Wie beurteilen Sie denn unsere heutige Lage?

Brutus legt seine Hände auf ihre Schultern.

BRUTUS Ich rat euch: Seid getrost! Die Art und Weis,
Wie ihr Geschäfte führt, ihr wackern Männer,
Ihr edlen Wirtschaftsführer, Freunde Roms,
Kennt Brutus wohl; hat sie sich nicht bewährt?
Ich seh euch wohlgenährt. Was zittert ihr?
Und was das Volk betrifft, bedenkt bloß eins:
Wie täglich Brot, glaub ich, so unerläßlich
Sind ihnen Willkür, Hochmut, Fehl und Unrecht
Der andern nämlich, die man Große nennt.
Wer Unrecht leidet (fragt die eigne Brust),
Dünkt selber sich, bloß weil er leidet, schon
Gerecht, kann fordern, was er selbst nicht leistet.
Ich hab es oft bedacht. Ist es nicht so?

CUT Sehr interessant –

FRACK In der Tat –

CUT Einmal psychologisch betrachtet –

BRUTUS Wie wäre es möglich sonst, daß euresgleichen
Zweitausend Jahr, nachdem der Caesar fiel

Fürs Recht, noch immer auf der Bühne steht.
So wohlbeleibt wie sie, die Caesar liebt?

CUT Sie meinen –

BRUTUS Ich meine: Seid getrost! Ihr sterbt nicht aus,
O edle Bürger mit der hohlen Hand,
Und wenn man euch in dieser Stund erdolcht –
Er hat plötzlich einen Dolch in jeder Hand.
(So bitter hat Erfahrung mich gemacht.)
Er sticht die Dolche plötzlich in ihre Bäuche.
Getrost! – als Sorte bleibt ihr an der Macht.

Die beiden Herren, die mit mißtrauischer Spannung ihrem Klassiker zugehört haben, greifen sich an die Seite, wo der Dolch steckt – während Brutus, zwei Schritte vorschreitend, sich an den Heutigen wendet, der eben auftritt.

BRUTUS Was gibt's?

DER HEUTIGE Wir spielen nicht weiter!

BRUTUS Was ist der Grund?

DER HEUTIGE Weil die ganze Farce soeben von vorne beginnt...

23

Auftreten Romeo und Julia wie zu Anfang, Musik wie zu Anfang.

JULIA Es war die Nachtigall, und nicht die Lerche,
Die eben jetzt dein banges Ohr durchdrang;
Sie singt des Nachts auf dem Granatbaum dort.
Glaub, Lieber, mir, es war die Nachtigall.

ROMEO Nur Eile rettet uns, Verzug ist Tod.

JULIA O denkst du, daß wir je uns wiedersehn?
Ein Kellner im Frack erscheint von rechts.

KELLNER Darf ich die Herrschaften bitten: Die nächste Polonaise. Die Herrschaften werden erwartet.
Der Kellner verschwindet.

JULIA O Gott, ich hab ein Unglück ahnend Herz!
Ein Vogelsang, ein lispelnd Blatt am Baum

Schon macht mich bang, ob wir uns wiedersehn,
Wir Liebeskinder aus entzweiter Welt,
Von fremder Zwietracht mörderisch umstellt.
Kein Augenblick, der mich nicht fürchten läßt,
Kein Kuß so süß, der nicht vergiftet wär'
Von Ahnung, daß der Tod die Küsse zählt.
O Liebespein! O Pein der Seligkeit!
So voll von Glück, so voll sind wir von Angst,
So wach für die Vergänglichkeit der Welt.
Ist denn kein Ort für unsrer Liebe Glück?
Ich möchte leben bis zum Jüngsten Tag.
Kein Atemzug, der nicht voll Jubel wär',
Und keine Träne, ach, kein Herzeleid,
Kein noch so bittrer Schmerz der Sehnsucht soll
Mich je verführen, daß ich sage: Nein,
Sie ist nicht hold, die Welt, sie soll nicht sein!
Ein Vogelsang, ein lispelnd Blatt am Baum
Schon macht mich froh. Sieh, wie der Mond verblaßt!
Der Sterne weißes Licht erblindet auch,
Vom blauen Osten überstrahlt. Schon blinkt
Ein Fluß, der Dämm'rung zager Spiegelglanz,
Und Vögel, frierend im Gezweig der Nacht,
Begrüßen laut des Morgens ersten Schein.
Dann säumt die Wolke sich mit Glut und schmilzt,
Und bald, geküßt vom ersten Sonnenstrahl,
Blitzt Tau, der Sträucher flüchtiges Geschmeid,
Und Schatten fliehen unter Busch und Stein.
O Tag! O unbegreifliches Geschenk!
O Licht! O trautes Licht! O Hauch,
Der Farb und Duft aus tausend Blüten weckt –
Zu lieblich, ach, um wirklich zu bestehn? –
Erinnerung an den Geruch von Laub,
Gewürz der Beeren, ach, wie Lippen süß,
Erinnerung an muschelbuntes Meer,
An alles, was es sei, ob groß, ob klein,
An Tändelei mit einem Schmetterling,

An meine sonnenwarme Fensterbank,
An stummen Stein, von stummer Hand befühlt,
Und an das eigne Bild im klaren Teich
Und ach, an meines Liebsten Stimm und Antlitz –
Erinnerung an einen einz'gen Tag,
Den bange Sehnsucht mir vor Augen stellt,
Schon ist genug, daß wir um Leben flehn.
O sel'ge Welt! O bittre Welt! O Welt!
Wir lieben dich; du sollst nicht untergehn.

Ein Kellner im Frack erscheint von links.

KELLNER Darf ich die Herrschaften bitten. Die Herrschaften werden erwartet.

Der Kellner verschwindet.

ROMEO Wenn ich bloß wüßte, wo wir sind? – und wann?
Kostüme wimmeln, und es riecht nach Mottengift;
Es ist, als sei'n sie tot, doch reden sie
Und tanzen auch und drehen sich im Kreis,
Wie sich Figuren einer Spieluhr drehn.

JULIA Auf, Lieber, auf! und laß uns fliehn!

ROMEO Wohin?

Auftritt die Polonaise der Masken. Sie bewegen sich in der Art einer Spieluhr: jede Figur, wenn sie vorne ist, hat das Wort und dreht sich um sich selbst weiter.

NAPOLEON Ich dürfe nicht wiederkehren! sagen sie, ich dürfe nicht! Was soll das Gerede? Rußland muß geschlagen werden. Es war ein ungewöhnlich harter Winter. Ich werde euch gen Rußland führen...

INCONNUE Ich bin das Mädchen aus der Seine, die Namenlose. Man kennt nur die Maske meines Todes; beim Trödler kann man sie kaufen. Niemand fragt nach unserem Leben...

PILATUS Ich liebe die Entscheidungen nicht. Wie soll ich entscheiden, was Wahrheit ist? Ich bin unschuldig am Blut dieses Gerechten...

ZOLA J'ACCUSE. Ich habe es geschrieben und veröffentlicht: J'ACCUSE. Ich veröffentliche es immer wieder: J'ACCUSE.

MONARCH Ich kenne die Ketzer, ich habe sie verbrannt,

Tausende und Hunderttausende, ich habe das Meinige getan...

DON JUAN Ich suche das Paradies. Ich bin jung. Ich möchte sein, nichts als sein. Ich suche das Jungfräuliche...

BRUTUS Heißt dies Geschichte, daß der Unverstand
Unsterblich wiederkehrt und triumphiert?
's ist wie ein böser Traum, erblick ich dies...

CLEOPATRA Ich bin Cleopatra, ich bin das Weib, das an die Sieger glaubt; ich liebe die Sieger, ich liebe die Männer, die Geschichte machen, überhaupt die Männer...

COLUMBUS Ich verstehe das nicht; Amerika nennen sie es, und es ist nicht Indien, sagen sie, was ich entdeckt habe, nicht Indien, nicht die Wahrheit...

ROMEO O Julia! diese Nacht ruh ich bei dir.

JULIA O Romeo, o holder Romeo!

ROMEO Wie oft sind Menschen, schon des Todes Raub,
Noch fröhlich worden. O mein Herz! mein Weib!
Bald ist die Welt ein einzig Grab. Ihr Augen,
Nehmt euer Letztes! Arme, nehmt die letzte
Umarmung! Und so, im Kusse, sterb ich...

Im Vordergrund, links und rechts auf der Bühne, stehen Mee Lan und der Heutige, während die Figuren ihre Sprüche wiederholen: lauter und leiser, alle gleichzeitig und durcheinander, bis die Bühne dunkel geworden ist.

Wo spielt unser Stück?

Brief an die Darstellerin einer Nebenrolle

Liebes und verehrtes Fräulein!
Es überrascht mich, daß Sie sich plötzlich soviel Sorgen machen darüber, wo unser Stück eigentlich spiele. Ich habe mich noch einmal besonnen. Es spielt auf der Bühne. Ich finde keine andere Antwort, im Ernst, oder wie es in dem ersten Satze heißt, den Romeo spricht:

»Hier, am Rande der Musik –.«

Genau dort, glaube ich, spielt unser Stück.

Schon bei der Romanze, die man im letzten Frühjahr aufführte, kam es einmal vor, daß ein Darsteller einigermaßen verzweifelte. Er hatte, wie ein erschreckter Traumwandler, plötzlich sein ganzes Gleichgewicht verloren, weil er nur noch die eine Seite seiner Seele anerkennen wollte, die rechte Seite, nämlich den Verstand, und da wollte er nun wissen, und zwar genau, ob diese und jene Szene, die er voll Leidenschaft spielte, wirklich sei oder nur geträumt. Dabei war die Geschichte so einfach, nichts anderes als die Erfahrung, die jedermann macht: daß wir ein Wunschleben haben, das uns begleitet, ein Angstleben, und daß eben dieses Leben, das wir nur ersehnen und erfürchten, aber nicht äußerlich leben, unser täglicher Gegenspieler ist. Wir nannten ihn Pelegrin, eine Gestalt, die in dem Sinne wirklich ist, als sie unsere täglichen Entschlüsse bestimmt, ob wir es wissen oder nicht, und Wirkung hat auf unser sogenannt wirkliches Leben. Und ich sehe auch nichts Unerhörtes daran, daß dieser Gegenspieler zuweilen auf die Bühne tritt, leibhaftig und sichtbar; dieses Theater spielt unsere Seele ja täglich. Der Psychologe, soviel ich weiß, nennt es Projektion, wenn ein Mensch auftritt, irgendein andrer, und wir behaften ihn mit unserem Wunsch-Ich, mit unserem Angst-Ich. Ganze Völker, die Angst haben vor ihren schlechten Eigenschaften, wollen sich damit helfen, daß sie diese beispielsweise in den Juden projizieren: damit sie ihrem

Angst-Ich einmal leibhaftig begegnen, damit sie es quälen und schlagen und töten können auf eine Manier, die ihnen selber nicht wehtut, aber dafür auch nicht hilft. Das alles, wie Sie sehen, sind äußerst bekannte Wirklichkeiten.

In der Kunst nennt man es Surrealismus.

»Ich bin der Meinung«, heißt es in einem Sammelbuch von Jung, »daß die Psyche die mächtigste Tatsache in der Menschenwelt sei. Sie ist die Mutter aller menschlichen Tatsachen, der Kultur und des menschenmordenden Krieges. All dies ist zunächst psychisch und unsichtbar. Solange es ›bloß‹ psychisch ist, so ist es zwar nicht durch die Sinne erfahrbar, aber trotzdem unleugbar wirklich.«

Was nun unsere chinesische Maskerade betrifft:

Ihre andere Frage, ob die verschiedenen Masken, die immer wieder aus den Kulissen auftauchen, historisch gemeint sind oder wie, habe ich mir ebenfalls noch einmal überlegt. Sie sind, glaube ich, überhaupt nicht gemeint. Sie sind einfach da. Zum Beispiel so: in der vergangenen Nacht träumte mir von einem Düsenflugzeug, es war widerlich wie ein urweltliches Getier, und später fahre ich an meine tägliche Arbeit, sehe einen Zeitungsmann, denke an die Köpfe, die demnächst gehängt werden, und während ich einen Bekannten begrüße, der seine entschiedenen Meinungen hat, unterhalte ich mich mit Napoleon, mit einer flüchtigen Geburt aus allgemeinen und unzureichenden Kenntnissen, gewissermaßen mit einer Maske, die plötzlich in mein Bewußtsein tritt und durch meinen Alltag spaziert, und ich hoffe inständig, daß sich aus solchen umherlungernden Masken nicht abermals ein handelnder Feldherr entpuppt, ja, ich bitte ihn darum, daß er nicht wiederkehre, oder anders gesprochen, ich bekämpfe den Irrtum meines Bekannten, daß ein Feldherr weiterhin unsere Hoffnung sein könnte, ein Napoleon mit Düsenflugzeug, und unterdessen, wie gesagt, fahre ich Straßenbahn und weiß, daß auch die andern, die Straßenbahn fahren, ebenfalls eine solche Bühne in ihrem Kopfe tragen, größer und kleiner, idyllischer oder dramatischer, so oder so bevölkert. –

Viel mehr kann ich Ihnen das nicht erklären.

Was Kolumbus betrifft, so glaube ich, daß er selber auf Ihre dritte und letzte Frage antworten kann, und Sie dürfen es dem Mann nicht übelnehmen, wenn seine Hoffnung nicht mehr nach Amerika segelt, das sich kaum als eine Entdeckung erwies, nur als eine Erweiterung. Unsere Kolumbusse, glaube ich, müssen sich auf andere Meere wagen. Auch meine Hoffnung geht nach Osten, aber ziemlich weit...

Oder wie es unser Kolumbus sagt:

»Es bleiben uns nur noch die Kontinente der menschlichen Seele; das Abenteuer der Wahrhaftigkeit – ich sehe keine anderen Räume der Hoffnung.«

Soviel in Eile!

Und nun, mein liebes und verehrtes Fräulein, auf Wiedersehen, und wenn Sie abermals meinen, daß Sie eine Szene nicht verstehen, fragen Sie niemals den Verfasser, der die Deutungen, die er gibt, selber nur selten deuten kann. Fragen Sie den Osten, fragen Sie nach Innen, erinnern Sie sich bloß, wie Sie selber erleben, zum Beispiel, welche Figuren durch Ihren eigenen Kopf huschen und mit Ihnen reden, während Sie frühstücken – und wenn Sie ehrlich sind, woran ich nicht zweifle, so werden Sie lachen und sehen, wie alltäglich unser Spiel ist, das Ihnen heute noch so chinesisch erscheint, wie selbstverständlich, wie harmlos-vereinfacht!

Zürich, 6. 10. 1946. Ihr Max Frisch

Zur Chinesischen Mauer

Sicher ist unser Verhältnis zum Handwerklichen in der Literatur (wo Handwerk ja nur im übertragenen Sinn zu verstehen ist) auch eine Sache des Lebensalters. Der jugendliche Schriftsteller neigt dazu, an der Begabung zu verzweifeln, sobald es nicht ohne Handwerk geht. Und wenn uns ein Gedicht, eine entscheidende Stelle der Erzählung, eine Szene, die nach Erlebnis aussieht, nicht in den Schoß gefallen ist wie eine Frucht, sondern von uns selber gemacht werden muß, so hat man fast ein schlechtes Gewissen; denn man glaubt sich die Künstlerschaft nur, wo man ein glückhafter Dilettant ist. Woher solches Mißverständnis? Vielleicht haben es Schriftsteller andrer Sprachen insofern leichter, als das Axiom, daß Gestammeltes echter sei als Gekonntes, in ihrem Sprachraum nicht geläufig ist. Man spricht von Kunst, wenn man von »métier« spricht; Handwerk hingegen, im Deutschen, bezeichnet etwas Biederes, Statthaftes, für das Nicht-Genie sogar Unerläßliches, aber es ist beileibe noch nicht das Künstlerische. Wird ein Kunstwerk als »Mache« bezeichnet, so ist es ja ein eindeutiges Verdikt, zu überbieten nur noch durch die Beschimpfung, ein Kunstwerk sei intellektuell. Es ist ein Ausdruck höflicher Geringschätzung, wenn wir von einem Gedicht sagen, es sei »gekonnt«. Wir wollen mehr als nur das Gekonnte (l'art pour l'art, das mag den Franzosen genug sein!) und sind in diesem hohen Anspruch so gierig, daß wir oft, erschüttert, mit einem Weniger zufrieden sind, nämlich mit einer bloßen Nichtkönnerschaft, die eben dadurch, daß sie nichts zur Evidenz bringt, den Eindruck erweckt, es sei etwas »dahinter«. Geht es aber in der Kunst nicht eben darum, das »Dahinter« hervorzubringen, zur Gestalt werden zu lassen? Das hieße: es zählt nicht, was hinter einem Kunstwerk ist, sondern nur was (durch das Kunstwerk) da ist, eben das Hervorgebrachte. Mitunter ist unser Erlebnis, das dahinter steht, einfach zu schwach, als daß es der Arbeit des Hervorbringens standzuhalten vermöchte, und was uns dann bleibt, ist wirklich bedeutungslos, nämlich Handwerk, das nichts hervorgebracht hat; aber das spricht nicht gegen das Handwerk. Was uns als junge Schriftsteller vielleicht vor allem verführt, das Metier zu unterschätzen, ja, geradezu die Vernachlässigung des Metiers zu demonstrieren, um auf die Echtheit unseres Erlebnisses hinzuweisen, ist auch der Umstand, daß Erstlinge oft eine traumwandlerische Vorwegnahme jener Souveränität zeigen, die der Meister aus beherrschten und infolgedessen schon fast wieder unbewußtem Handwerk gewinnt. Beim Erstling handelt es sich allerdings um eine Souveränität, die sich doch meistens, wenn die Persönlichkeit eigenständig wird, als entliehen und zufällig herausstellt. Es folgt die übliche Krise nach dem ersten Treffer, die so oft, wenn der Intellekt fehlt, zum künstlerischen Bankrott führt; oder was häufiger ist: wenn der Intellekt eben als etwas Verfemtes ausgeschlossen wird. Dann bleibt, was eben bleibt, wenn wir uns mit Eingebungen begnügen, nämlich jenes Vielversprechende, das nie eingelöst wird. Daß das Handwerk selbst die Kunst ist – Handwerk als das äußerst heikle, weil von persönlichen Gaben und Grenzen bedingte, daher von keinem Meister ohne weiteres übernehmbare, sondern nur aus der wachen Selbsterprobung zu entwickelnde Verfahren, Eingebungen in jenen Aggregatzustand umzuwandeln, wo sie mitteilbar werden, ohne daß man sie dabei ins Uneigene verliert – das ist eine Selbstverständlichkeit, so sollte man meinen, und wenn ich gestehen muß, daß es im eignen Fall durchaus keine Selbstverständlichkeit, sondern die Einsicht der Mannesjahre ist, so hat man ein mitleidiges Lächeln wohlverdient.

Die Chinesische Mauer, eine Farce, ist die neue Fassung eines Stückes, das, 1946 am Zürcher Schauspielhaus uraufgeführt, auch über deutsche Bühnen gegangen ist; hinzu kamen tschechische und finnische Aufführungen. In den folgenden Jahren waren es immer wieder Laien, die sich des Stücks annahmen, Studenten in Holland, eine Mädchenschule in Basel, die Einheimischen eines bündnerischen Bergdorfes und andere, die Freude am Theaterspielen haben. Die einzige Laien-Aufführung, die ich gesehen habe, fand im vergangenen Herbst statt; das

Berner Gymnasium, dessen Schüler neun Monate geprobt, Kostüme und Bühnenbild und Musik selbst verfertigt hatten, nötigte mich zur Wiederbegegnung mit der alten Arbeit, die ich in der Tat, zur ungläubigen Verwunderung der verkleideten und geschminkten Schüler, weitgehend aus dem Gedächtnis verloren hatte. Die Aufführung war zuweilen komisch, so daß man auch die eigne Sache von der heiteren Seite nehmen konnte, dann wieder verblüffend durch naive Treffsicherheit, so daß ich mich keineswegs darauf hinausreden konnte, die Aufführung hätte das Stück verfälscht. Alles in allem war es – und ähnlich empfand es Dürrenmatt, der mir an jenem Abend das freundschaftliche Geleit gab – eine Ermunterung, das Theater nicht aufzugeben. (Die ermüdenden Erfahrungen mit dem heutigen Berufstheater, das ein Theater der Regisseure ist, beziehen sich ja nicht nur auf die eigenen Stücke; man erlebt es ebenso an Lorca oder Giraudoux, die nun doch, so sollte man meinen, Stil-Physiognomien sind, und im Zug der Enttäuschungen kommt man unschwer dahin, Brecht zu verstehen: es hat keinen Sinn, für das Theater zu schreiben, wenn man seine Stücke nicht eigenhändig inszeniert, und wer das Talent nicht hat, sein erster Regisseur zu sein, der soll das Stückeschreiben eben lassen. Und wenn Brecht uns als Ausnahme erscheint, so belehrt uns ja die Geschichte, daß der Dichter, der sich selbst inszeniert oder gar spielt, nur heute zur Ausnahme geworden ist; vor Brecht waren es Shakespeare, Molière, Nestroy und eine ganze Kette der Größten. Lorca hat seine Wanderbühne, Giraudoux seinen Jouvet, und das scheint das äußerste an Spaltung zu sein, was noch geht, der Dichter-Schauspieler als Janus-Kopf einer Freundschaft. Alles andere ist Lotterie… wobei man auch Glück haben kann.) Was bei der genannten Laien-Aufführung besonders auffiel: wie sich diese Schüler bemühten, in erster Linie einmal den Vorfall zu schildern. Haben sie damit nicht recht? Ein Stück besteht aus Vorfällen, aus einer Kette von Vorfällen; die Art und Weise, wie sie untereinander verkettet sind, ist bedeutungsvoller als der einzelne Vorfall (zum Beispiel: daß Woyzeck ein scharfes Messer kauft), aber das Bedeutungsvollere, wenn es vorhanden sein sollte, kommt nicht, wenn die Vorfälle nicht kommen; die Inszenierung darf über allem, was sie an Reizen aufzubieten weiß, nicht versäumen zu zeigen, daß Woyzeck tatsächlich ein Messer kauft. Eine Binsenwahrheit! Und wie oft wird sie vergessen, so daß wir vor lauter Einfällen, die uns faszinieren, den Vorfall nicht sehen; wir verfolgen dann Gänge, aber keinen Vorgang und wundern uns, daß wir das Stück nicht verstehen können. Darin liegt das Erfrischende einer Laien-Aufführung, daß der Laienspieler, gerade weil er fast nichts »kann« und eher mit einem Zuviel an verfremdendem Ungeschick versucht, auf die Geschichte hinzuweisen, wohl wissend, daß er gar nicht auf der Bühne gewünscht wird, wenn uns nicht die Geschichte interessiert, sich auf das Zeigen – zur Schau spielen – verlegt. Das sei kein Lob der Nichtkönnerschaft! Der Laienspieler kann nicht das Vorbild sein, vielleicht aber ein Wegweiser für ein Heer verirrter Könner.

Zum Stück selbst:

Es erschien mir als eine verpaßte Gelegenheit. Ich beneidete mich um die Geschichte, nicht um ihre Auslegung.

Im Gegenteil, die Auslegung ärgerte mich, wie sie ehedem meine Kritiker geärgert hat, und das ärgerte mich doppelt. Sprechen wir vom Fehler so mancher Regisseure, die immer inszenieren wollen, was dahinter ist, statt zu zeigen, was da ist, so hat der Verfasser sich an den eignen Ohren zu nehmen; er beging genau den gleichen Fehler: statt die Geschichte von dem Tyrannen und dem Stummen hervorzubringen, bemüht sich das Stück, uns die *Bedeutung* eben dieser Geschichte einzupauken. Abgesehen davon, daß mir die Geschichte vieldeutiger erscheint als damals, ist es immer ärgerlich, wenn ein Verfasser uns zu einem Ereignis ruft, dann aber selber die ganze Zeit davorsteht, statt daß er uns zuschauen läßt; es ist wie bei einem Unfall auf der Straße, man hört bloß Gerede und Meinungen der andern, man möchte doch Augenzeuge sein und sich selbst überzeugen. Ein Monat, so dachte ich auf der Heimfahrt, dürfte genügen, um die »Bedeutung« abzukratzen und das Stück auf seine blanke Handlung zu reduzieren.

Drei Umstände wirkten förderlich.

Eines Abends verlangten meine Kinder, daß ich ihnen eine Geschichte erzählte; ich versuchte in der Verlegenheit, ihnen die Geschichte aus jenem alten Stück zu erzählen. Es war nicht leicht. Erst am vierten Abend gelang es, die Geschichte so zu bringen, daß nun die Kinder sie selber erzählen können... Förderlich war ferner die Erinnerung an die tschechische Aufführung. Ein eigenes Stück zu sehen, ohne die Sprache zu verstehen, mag ähnlich sein, wie wenn der Maler gelegentlich sein Bild, um alle Gegenständlichkeit auszuleeren, auf den Kopf stellt. Bekanntlich sollte es auch dann noch Malerei sein. Die tschechische Aufführung (Prag 1947) hatte mit der Deutlichkeit eines Röntgenbildes gezeigt, was wir unter der szenischen Figur verstehen; was daran stimmte, was nicht; was von der Geschichte auf die Bühne gelangt, was nicht... Und das Dritte: die zeitliche Distanz von der Erfindung. Lust und Sorge um die Erfindung, die sonst immer wieder verwirren, waren abgetan. Die Erfindung, obgleich eine eigene, war hinzunehmen wie eine Sage, wie etwas Objektives, und es ging nur noch darum, sie möglichst unverstümmelt aus dem Unglück der ersten Fassung herauszuarbeiten. (Aus dem Monat, den ich mir dazu nahm, wurde ein halbes Jahr.) Wieweit das gelungen ist, und ob eine solche Umarbeitung nur eine Fingerübung bleibt, nützlich allein für den Schriftsteller selbst, oder ob auch dem Publikum daraus ein reineres Vergnügen entsteht, mag sich nun zeigen. Daß der Verfasser nicht daran denkt, alles Vertane nochmals umzuarbeiten, braucht wohl kaum geschworen zu werden.

Ein freundlicher Leser der Druckbogen schreibt (zustimmend) von einer »Bibel-Parodie« – und das wäre genau, was der Verfasser keineswegs will. Wieso denn Parodie? Ein Heutiger, irgendein durchschnittlicher Intellektueller als Teilhaber am heutigen Bewußtsein, tritt den Figuren gegenüber, die unser Hirn bevölkern: Napoleon, Cleopatra, Philipp von Spanien, Brutus, Don Juan, Inconnue de la Seine, Columbus, Romeo und Julia und so fort – um diesen Figuren (das heißt: sich selbst) klarzumachen, daß wir ihre Art, Geschichte zu machen, uns nicht mehr leisten können; sein Wissen freilich, da es selbst nicht Geschichte wird, bleibt ohnmächtig... Eine weitere Figur in diesem Reigen, der natürlich nur fragmentarisch sein kann, ist Pontius Pilatus, der, in Gegenwart Christi unfähig zu entscheiden, was die Wahrheit ist, nach Jahrtausenden noch betroffen ist von jenem Tag, da er seine Hände in Wasser wusch und sich begnügte, nicht schuldig zu sein am Blut dieses Gerechten. Könnte aber dieser Pilatus nicht ebenso gut, um nicht Bibelsprache auf die Bühne zu bringen, irgendein »Römisch« sprechen, ein Deutsch mit lateinischer Syntax? Die Figuren, die unser Hirn bevölkern, haben ihre Existenz ausschließlich in der Sprache. Daher die Stil-Zitate: Brutus nach Shakespeare, Philipp von Spanien nach Schiller. Pilatus kennen wir aber nicht aus der römischen Geschichte, sondern aus der Bibel. Daher das Bibel-Zitat. Wenn jemand diesen Auftritt als parodistisch empfindet, liegt es vielleicht daran, daß Pilatus ausgerechnet im Gespräch mit Don Juan Tenorio auftritt? Don Juan Tenorio, wie wir wissen, ist eine jener Gestalten, die überhaupt nur aus dem Christentum heraus zu begreifen sind. Ein Zusammentreffen von Pilatus und Don Juan ist zumindest nicht das sinnloseste, wenn auch (das gebe ich zu) vom Kostüm her lustig. Ist das Lustige denn schon Lästerung? Parodie heißt: Gegengesang, Nachahmung zum Zweck der Verspottung. Eben damit es nicht Nachahmung werde, bleibt dieser Pilatus möglichst im Zitat. Kann man die Bibel überhaupt parodieren? Aristophanes konnte Sophokles parodieren, aber nicht die Götter. Kann man auch nur die Natur parodieren? Man kann die Art und Weise parodieren, wie das Gewitter in den Opern vorzukommen pflegt, nicht aber das Gewitter. Denn parodieren kann man nur Menschenwerk. Ist es übrigens nicht eine vertraute Sache, daß die Figuren, die unser Hirn bevölkern, zuweilen in der wunderlichsten und in einer sozusagen frivolen Tischordnung zusammenkommen? Daraus ergibt sich keine Parodie auf das Heilige – was gar nicht möglich ist – höchstens eine Parodie auf unser Bewußtsein, eine Farce des Inkommensurablen. Das Stück nennt sich denn auch eine Farce.

(1955)

Chinesische Mauer 1965

Der junge Autor, dessen Namen ich zu tragen habe, hat es sich leicht gemacht: ein visueller Anreiz (Maskenball), ein intellektueller Schock (Bikini) und dazu Einfälle auf dem Fahrrad (ich war damals Radfahrer, daher die wendige Dramaturgie des Stücks), und noch im selben Jahr ist die Uraufführung im Züricher Schauspielhaus. 1946. Das sind jetzt neunzehn Jahre her. Ich erinnere mich noch: ich war eine Hoffnung. Das wiegt viele Mängel auf. Aber wie lange? Sicher nicht neunzehn Jahre.

1955, als Oscar Fritz Schuh sich das Stück für die Berliner Festwochen wählte, mußte ich schon zur Schreibmaschine greifen. Ich hatte inzwischen in Prag eine tschechische Aufführung gesehen, wobei ich kein Wort verstand. Als Pantomime sozusagen, vom Text befreit, gefiel es mir wie zur Zeit des ersten Einfalls. Aber der Text dazu, so schien mir, wurde immer unreifer. Schade um den Einfall. Der junge Autor hatte beispielsweise vollkommen übersehen, daß sich die Figuren der Historie, die seinen Mummenschanz bevölkern, natürlich auch durch ein Sprach-Kostüm unterscheiden müßten. So entstand die Zweite Fassung, die inzwischen Schullektüre geworden ist, insofern eigentlich unantastbar.

Und nun soll sich zeigen, wie die Sache sich nach einem weiteren Jahrzehnt ausnimmt, 1965, wieder ist es Oscar Fritz Schuh, der mich vor jene Instanz holt, die zu fürchten ist: die Zeit.

Die Entfremdung hat auch ihr Vergnügen; ich fühle mich dem Stück gegenüber als Dramaturg, der lediglich mit dem Rotstift einzugreifen vermag: der weiß, was der Autor damals nicht hat wissen können und was heute alle wissen, und der das vorliegende Stück nicht umschreibt. Der Witz ist ja gerade, daß es kein neues Stück ist. Aufgabe des Dramaturgen: der Aufführung zu helfen, soweit das durch Striche möglich ist. Und sobald ich mich nicht als Autor fühle, sehe ich Unnötiges auf jeder Seite; es ist nicht zu fassen, daß der Autor (auch jener von 1955) das nicht gesehen hat, und wenn es ihn noch gäbe, müßte er nicken; da ist ein Satz, und genau die richtige Fortsetzung steht eine halbe Seite weiter unten. Nicht wahr? Ich deute da nichts um; ich lasse ihm seine Einfälle, seinen Ernst und seinen Spaß, seine Meinungen; ich schneide nur herunter, was nichts damit zu tun hat. Es war allerhand.

Die Zeit! – und dann hat sich doch nicht soviel geändert: wir leben zwar mit der Bombe, und je größer sie wird, um so alltäglicher, sie ist kein intellektueller Schock mehr, aber sie könnte trotzdem losgehen, und Bonaparte, der immer noch Rußland unterwerfen will, und Philipp, der Ketzerverbrenner, und Brutus, der die Welt zu ändern hofft durch Attentat, und die namenlose Mutter, ihr verstümmelter Sohn, Romeo und Julia in geteilter Welt und alle die andern gibt es eigentlich heute noch...

Die meisten Menschen haben ein Glück, dessen sie sich nie bewußt werden: sie brauchen nicht zu hören, was sie vor Jahrzehnten gesagt haben, und nicht zu sehen, wie sie sich vor Jahrzehnten bewegt haben. Der Schriftsteller, ob er will oder nicht, ist dieser Prüfung unterworfen und zwar öffentlich; nicht nur der Schriftsteller. Was ich damit sagen will? Ich finde uns tapfer.

Als der Krieg zu Ende war

Schauspiel

(1947/48. 1962)

Personen: Agnes Anders, *eine deutsche Frau* · Horst Anders, *ihr Mann* · Stepan Iwanow, *ein russischer Oberst*
Jehuda Karp, *ein Warschauer Jude* · Gitta, *eine Berlinerin*
Halske, *ein Pianist*
Ferner kommen vor: Drei russische Offiziere · Ein Kind

Das Stück spielt in Berlin: Frühjahr 1945

Erster Akt

Erstes Bild

Waschküche im Keller.

Man hört eine Marschmusik. Agnes sitzt mit einer Flickarbeit, die sie auf den Schoß hat sinken lassen. Alle horchen. Am Kellerfenster steht Gitta, die auf die Straße späht. Horst steht mit einer Axt in der linken Hand; sein rechter Arm hört beim Ellbogen auf; er trägt eine Uniform ohne Gürtel und Abzeichen. Man hört das Geschlurf von Kolonnen. Nur der kleine Martin schläft weiter.

GITTA Es kommen immer mehr.

Schweigen, Marschmusik.

Tanks und Flammenwerfer sind auch dabei.

Schweigen, Marschmusik.

Lauter Mongolen.

Schweigen, Marschmusik.

AGNES »Das war eine bittere Zeit. Von Morgen bis Abend, Tage lang, hörte man nichts als das Geschlurf der Kolonnen, die Truppen der Sieger; die Stadt war gefallen; der Feind war da. Hell wie frisches Blut flatterte seine Fahne vor dem finsteren Himmel. Es war mitten am Tage, es war Frühling, Mai, aber der Himmel war finster von Asche und Rauch, und die Sonne schien nicht auf den Boden herab. Auf der Straße lagen die toten Soldaten, die fremden und die eigenen, plötzlich ohne Unterschied. Andere hingen an den Bäumen. Weil sie nicht mehr hatten kämpfen wollen, sondern leben. Von einzelnen Dächern wurde noch immer geschossen, blindlings, aber in wenigen Stunden mußte der Krieg, der verfluchte, zu Ende sein.«

Schweigen, Geschlurf der Kolonnen.

»Aber die Angst war nicht zu Ende.«

Schweigen, Geschlurf der Kolonnen.

»Eines Morgens, es war ein Mittwoch, mußte Agnes den Keller verlassen, sie hatten kein Wasser mehr, und der Kleine war ohnmächtig vor Durst. Agnes wickelte ein häßliches Tuch um den Kopf, damit sie den Russen nicht gefiele, nahm einen Eimer und ging hinaus. Aber der Eimer wurde so schwer, daß sie ihn kaum tragen konnte, sie löste das häßliche Tuch von ihrem Kopf, wickelte es um den Draht, damit es nicht ihre Finger zerschnitt. So ging sie zurück, sorgsam, damit sie kein Wasser verschüttete, und achtete kaum, was sie umgab. Im Garten draußen stellte sie den Eimer noch einmal nieder, zu Tode erschrocken über den Mann, ihren Mann, der hinter den Kiefern stand und meinte, er wäre versteckt. Agnes glaubte ihren Augen nicht. Er lebte. Er nahm ihren Eimer, und sie gingen zusammen in das Haus: hinunter in diesen Keller.«

Schweigen, die Musik entfernt sich.

GITTA Sie gehen weiter – zum Brandenburger Tor.

Gitta kommt vom Fenster zurück. Agnes nimmt ihre Flickarbeit wieder auf. Horst rumort in der hinteren Ecke.

HORST Wenn's noch ein paar Tage regnet, können wir rudern... Dahinten drückt es schon herein.

AGNES Wasser?

HORST Wenn's bloß Wasser wäre...

Gitta setzt sich zu Agnes.

GITTA Was machst du eigentlich?

HORST Die Brühe kennen wir! Stinkt nach Verwesung –.

GITTA Du stickst ja den Namen hinein?

AGNES Besser ist besser.

GITTA Martin Anders, Berlin Zehlendorf, geboren neunzehnhunderteinundvierzig. Das finde ich ja rührend, Du – sogar sein Geburtsjahr?

AGNES Ich habe Zeit.

GITTA Wozu das?

Man hört eine Balalaika, aber die Leute scheinen daran gewöhnt.

HORST Beschissen ist bloß, daß ich keinen andern Anzug habe. Wenn ich das hätte wissen können! Nicht eine einzige Hose, oder wenigstens ein Mantel, der nicht verbrannt wäre –.

Schweigen, Balalaika.
In diesen Klamotten bin ich erledigt.

GITTA Die Geschichte mit Günther wißt ihr schon?... Das ist auch so ein Fall. Drei Jahre untergetaucht, und wir alle, die's wissen, setzen unsern Kopf aufs Spiel. Wozu das! Zwei Mal haben sie uns das Haus durchsucht. Und die ganze Schleicherei mit den Lebensmitteln, wo Günther doch keine Karte hatte. Am schlimmsten wars ja für die Kleine. Mund halten! Das war unsere einzige Bedingung, weißt du. Auch wenns die Freunde ihres Vaters waren. Ich halte durch! sagte er immer. Aber die Kleine? Die Kleine geht an den Wannsee und badet, geht ins Konzert, weiß jeden Augenblick, ihr Vater hockt im Keller. Hinter der Kohle. Sie darf sich ja nichts merken lassen... Und dann! Endlich die Befreiung: der gute Günther kann nicht warten, du kennst ihn ja, sofort hinaus auf die Straße, zum ersten Mal seit drei Jahren, die ganze Armee will er umarmen – nun ja, da sieht er eben, wie die Armee gerade sein Kind umarmt, er stellt sich dazwischen, natürlich sind sie alle besoffen – verstehen kein Wort – ein Kolben auf den Kopf, und da liegt er.
Schweigen, Balalaika.
Sind Sie zufrieden, Horst, daß Sie leben.

HORST Wie eine Maus in der Falle.

GITTA Sie haben einander gefunden. Und wie! Das ist schon ein bares Wunder.

AGNES Das sage ich auch.

GITTA Wenn ich wüßte, wo Otto ist –
Lärm und Gelächter. Sie blicken zur Decke.
Wieviele sind es eigentlich?
Agnes zuckt die Achseln.
Seit gestern abend?
Horst horcht an der Mauer.

AGNES Du kannst die Schritte nicht hören, Horst, wenn sie drüben im Wohnzimmer sind...
Zu Gitta: In der Diele hört man jeden Stiefel. Zum Wahnsinnigwerden. Auch drüben in der Küche. Aber im Wohnzim-

mer, wo der große Teppich ist, – daran habe ich nicht gedacht. Die ganze Nacht haben wir nicht gewußt, ob sie noch da sind. Wir haben kein Auge geschlossen.

Gelächter und Gesang.

GITTA Und du meinst, sie haben keine Ahnung, daß jemand im Hause ist?

Horst schlägt mit der Axt an die Mauer.

AGNES Laß das.

HORST Hörst du nichts?

AGNES Das hat doch keinen Sinn, Horst. Damit ändern wir nichts.

HORST Schweinerei –

AGNES Wenn sie es hören, kommen sie herunter. Bestimmt.

HORST Schon gestern den ganzen Abend –

AGNES Solang sie tanzen, machen sie nichts andres.

HORST Da!... Da!...

AGNES Horst?

HORST Da – überall!...

AGNES Ich bitte dich.

HORST Ratten – das sind doch Ratten...

Agnes erbleicht.

AGNES Ratten?

Horst horcht an der Mauer.

GITTA Wenn Otto mal entlassen wird, ich bin überzeugt, daß er noch lebt, und wenn er mich zuhause nicht findet, das weiß ich genau, daß Otto mich bei den Eltern sucht. Wenn er durchkommt. Und wenn wir durchkommen. Aber es hat keinen Sinn, meine ich, daß wir noch Tage lang warten und warten...

HORST Die kommen von drüben. Wo früher die Vorräte waren. Das wimmelt nur so.

AGNES Ratten?

HORST Was hast du denn? Du bist ja ganz bleich –

AGNES Nichts.

HORST Wegen ein paar Ratten?

AGNES Schweig, ich bitte dich!

HORST Die Tierlein kennen wir. Sind immer dabei, wo's Vorräte gibt oder Leichen –

AGNES Schweig!

HORST Was denn ...?

Neuer, großer Lärm, sie blicken zur Decke und warten, bis es stiller wird.

AGNES Ich bin ja so froh, daß der Kleine wenigstens schlafen kann.

Neuer, großer Lärm, dann Balalaika.

GITTA Und Sie sind ganz sicher, Horst, daß Ihre Schwester noch einen Anzug hat?

HORST Was heißt sicher!

GITTA Ich meine nur. Wenn ich nach Potsdam laufe – ich tue es, wenn es einen Sinn hat, das ist klar. Ohne Euch bin ich sowieso verloren.

HORST Ich habe Sie nicht drum gebeten.

GITTA Warum sagen Sie das wieder.

HORST Es ist nicht meine Art, andere Leute zu schicken. Für meine Person. Das können Sie mir glauben, Gitta. Das habe ich auch draußen nie gemacht.

GITTA Ich meine es ja nicht so.

HORST Wenn nicht diese Klamotten wären –

GITTA Horst, darüber müssen wir doch nicht reden!

Man hört einen Schuß, einen zweiten und dritten.

HORST Jetzt knallen sie wieder auf die Flaschen. Oder weiß der Teufel auf was.

GITTA Ich frage ja nur. Wenn ich nach Potsdam laufe und Ihre Schwester hat keinen Anzug – ich stehle einen, meinetwegen, aber dazu muß man nicht nach Potsdam laufen. Aufs Geratewohl. Ich mache alles, wenn es einen Sinn hat ... Wir müssen einfach raus!

HORST Das sage ich ja.

GITTA Sobald als möglich!

HORST Sobald ich einen Anzug habe. Das sage ich ja die ganze Zeit: weg von hier, weg von diesen Russenschweinen!

Agnes blickt ihn betroffen an.

AGNES Nun sagst du das auch?

HORST Ich weiß wirklich nicht, was du noch immer übrig hast für dieses Volk!

AGNES Ich?

HORST Ja.

AGNES Ich kenne sie ja nicht. Nur aus deinen Erzählungen. Damals im Urlaub. Aus deinen Briefen. Weihnachten bei russischen Bauern! Damals hast du immer so rührende Geschichten erlebt –

HORST Damals.

AGNES Wunderbare Menschen! Geschwärmt hast du ja –

HORST Kann sein. Im ersten Jahr.

AGNES Solang es vorwärts ging.

HORST Was willst du damit sagen?

Agnes wendet sich ihrer Arbeit zu.

GITTA Vielleicht finde ich auch ein Rad...

AGNES Russenschweine, weißt du, das erinnert mich so an Judenschweine und all das andere, was unsere eigenen Schweine gesagt haben – und getan.

HORST Was willst du damit sagen?

AGNES Wir haben uns lang nicht gesehen, Horst, mehr als zwei Jahre –

Agnes tritt zu ihm:

Du?

Horst rührt sich nicht.

Zwei Jahre sind eine lange Zeit... Aber wir haben uns nicht verändert, Horst, wir werden uns wieder verstehen! Gelt?

Es klopft an der Türe, sie verstummen und starren einander an.

GITTA Gott im Himmel!...

Dann hört man, wie nebenan eine andere Kellertüre gerüttelt und kurz darauf mit gewaltsamen Fußtritten gesprengt wird. Dazu russische Flüche. Martin ist erwacht, Agnes nimmt ihn sofort zu sich. Dann klopft es neuerdings an ihrer Türe.

AGNES Wer klopft?

Agnes gibt Zeichen, daß sie sich verstecken, sie gibt ihnen auch den kleinen Martin.

Was wünschen Sie?

Agnes öffnet die Türe, hereinstolpert ein Bursche in Uniform, ziemlich betrunken, seinerseits verwirrt und sprachlos.

Was suchen Sie?

JEHUDA Madam –

AGNES Sprechen Sie deutsch?

JEHUDA Madam – ich hob nischt gewußt, ich hob getracht, is keiner nischt in Hois...

AGNES Wie bitte?

JEHUDA As kein Mensch is in Hois, hob ich getracht.

AGNES Sie wollen Wein?

JEHUDA Mir willen Scholem...

AGNES Was ist das?

JEHUDA Scholem – mir willen no Scholem, dos is Friedn... Zwanzig Wuchn ohn a Hois, stendig arim fuhren, Madam wet moichl sein! Mir alle sennen glicklich – dos Hois von Eich, Madam, is a Palazz. Un die Madam soll nor nischt hobn kein Schreck. Mir machen nit kaputt das Hois... Der Krieg ist toit! Der Krieg is vargessen! Kein Mensch muß mehr nit starben –

AGNES Nehmen Sie diese Flaschen.

JEHUDA Madam?

AGNES Unsere letzten.

JEHUDA Madam, Ihr seid a guter Mensch! Oich mir sennen gute Menschen, alle sennen gute Menschen –

AGNES Nehmen Sie sie besser in den Arm.

JEHUDA Kamerad Kommandier wet lachen! Er wet sogn: Tovarisch, dos is a groisser Tog!

AGNES So – und hier die andern.

JEHUDA Mir sennen orem, Madam, mir hobn nischt kein Wein, mir hobn nur Durscht!

AGNES Verstehe.

JEHUDA A sach Männer, a sach Durscht!

Agnes hält ihm die Türe.

Ich heiße Jehide Karp. Ich bin a Jid, ober nit kein vargaster –

AGNES Verstehe.

JEHUDA Ihr, Madam, varsteiht allz!

Agnes will die Türe hinter ihm schließen, der Bursche kommt nochmals zurück, die Flaschen fallen ihm fast aus dem Arm.

Madam!

AGNES Ja?

JEHUDA Will nit die Madam aroif kummen zu uns? Alle seinen Offizieren. Ich nur Ordonnanz. Ober die Offizieren seinen reine Menschen. Un alle wellen tanzen... Madam gloibt mir nit? Madam macht Oign asoi wie a Tier?... Madam will nit aroif kummen?

AGNES Nein.

JEHUDA Kamerad Kommandier wet sein seier troirig.

AGNES Sagen Sie nichts von mir. Bringen Sie den Wein, die Herren warten drauf. Und stolpern Sie nicht auf der Treppe.

JEHUDA Kamerad Kommandier wet sein seier gekränkt...

Jehuda geht, Agnes riegelt die Türe, die andern kommen vor.

AGNES Jetzt wissen sie natürlich, daß ich da bin.

GITTA Warum hast du ihn herein gelassen?

AGNES Wenn er uns einfach die Türe sprengt –.

HORST Daß ich den Kerl nicht umgelegt habe.

AGNES Unsinn.

GITTA Wenn sie herunterkommen, ich beiße mir die Adern auf, das sag ich dir, das mache ich nicht ein zweites Mal! Um nichts in der Welt! Erschießen sollen sie mich – aber das nicht!

Großer Lärm.

Hörst du?

HORST Jetzt haben sie den Wein.

GITTA Und die Nachricht.

Großer Lärm, dann Balalaika.

AGNES Also los. Aber rasch.

GITTA Was denn?

AGNES Und leise!... Hier hast du die Brote, Martin, aber nur essen, wenn du Hunger hast. Gelt? Und immer bei der Gitta bleiben!... Kein Mensch wird euch sehen, ihr versteckt euch einfach hinter der Kellertreppe, und wenn er wieder kommt – ich laß ihn herein, verstehst du, und sobald ich die Türe geschlossen habe: los!

GITTA Und wenn sie alle herunter kommen?

AGNES Um so besser, ich lasse sie herein, bis ihr verschwunden seid.

GITTA Und ihr?

Agnes kniet zu Martin.

AGNES Martin, wir werden uns wiedersehen –

MARTIN Ich weiß schon, Mama.

Agnes küßt ihn, weint, erhebt sich.

AGNES Also – los!... los.

GITTA Und ihr?

AGNES Wir kommen, sobald es geht. Sobald Horst einen Anzug hat.

GITTA Ich will alles versuchen –

Agnes öffnet die Türe.

AGNES Pscht.

Gitta geht mit Martin hinaus, Agnes riegelt die Türe und steht, die Klinke in der Hand.

Hoffentlich ist das richtig...

HORST Wie meinst du?

Agnes bleibt an der Türe.

AGNES »Martin Anders, geboren neunzehnhunderteinundvierzig, Berlin Zehlendorf, zum letzten Mal erblickt an diesem Freitag: in der Dämmerung verloren, in nächtlichen Trümmern verirrt, in einen Schacht gefallen, wo kein Mensch ihn hörte, sechs Wochen lang verschollen, gefunden von einem Hund, verhungert, vier Jahre alt.«

Agnes verbirgt ihr Gesicht.

HORST Was denn? Agnes?

Agnes faßt sich.

AGNES Wo ist der graue Koffer?

HORST Wozu –

AGNES Ich hab schon, danke.

HORST Es ist eine Schande, weißt du, daß ich diese Frau nach Potsdam gehen lasse. Für meinen Anzug. Alles müssen die andern für mich tun.

AGNES Hier ist dein Bademantel!

HORST Wozu?

AGNES Zieh ihn über!

HORST Jetzt?

AGNES Damit man dein Zeug nicht sieht. Und laß mal die verdammte Axt verschwinden. Horst, ich bitte dich. Hat doch keinen Sinn. Die knallen dich einfach nieder.

HORST Das bin ich nicht gewohnt –

AGNES Was?

HORST Alles müssen die andern für mich tun. Draußen im Feld, das kann ich wohl sagen, hilflos war ich nie. Und wenn wir im größten Schlamassel waren. So oder so konnte man sich immer noch wehren – so oder so – als ich den Arm nicht mehr hatte...

Horst ist in den Bademantel geschlüpft.

Kannst du mir das knüpfen?

Agnes knüpft ihm die Kordel.

Sag mal – Danke!... Was hast du eigentlich vor?

Agnes horcht.

Jetzt ist es still.

AGNES Die Tür habe ich verriegelt?

HORST Soeben.

AGNES Wenn sie nochmals kommen, du wirst dich sofort verstecken –

HORST Und du?

AGNES Dich dürfen sie auf keinen Fall sehen!

Agnes horcht an der Mauer.

HORST Verrecken lassen sie uns ja sowieso.

Balalaika und Gesang.

AGNES Hast du noch eine Zigarette?

Horst gibt ihr eine Zigarette.

Vielleicht kommen wir noch einmal durch. Wenn ich denke, was ich schon in diesem Keller gesessen habe. Eigentlich hatten wir noch immer Glück, verglichen mit andern Leuten.

HORST Vielleicht.

AGNES Damals auf Sylt – erinnerst du dich? Ich bin ein Sonntagskind, hast du immer behauptet. Überhaupt diese vier

Wochen auf Sylt. Wie du aus Frankreich gekommen bist, und wir dachten, der Krieg ist vorbei. In diesem Mantel habe ich dich kennen gelernt. Weißt du das? Wenn ich heute daran denke...

Horst bringt die Schlackenkiste aus dem Waschherd.

Was soll das?

HORST Asche.

AGNES Wozu?

HORST Verschmieren sollst du dich. Was sonst.

AGNES Ich denke nicht daran.

HORST Agnes?

AGNES Ich bin kein Schwein. Warum soll ich so aussehen, daß sie mich für ein Schwein halten?

Horst blickt sie an, reglos.

Laß dir von Gitta erzählen, was die Asche ihr geholfen hat!... Ihrer sind fünf in den Keller gekommen, und wie sie sich wehrt, nehmen sie einfach das Messer. Um ihr die Hose aufzuschneiden, verstehst du. Weil sie den Reißverschluß nicht begreifen. Was soll sie schon machen? Gegen fünf Betrunkene. – Wenigstens hat sie die Hose gerettet, das Letzte, was sie anzuziehen hat.

Agnes zerdrückt die Zigarette.

Nachher kommt der Offizier, wenigstens einer, der nicht betrunken ist. Als Gitta ihm zeigt und zwar deutlich, was geschehen ist, als sie es ihm unter die Nase hält: bitte – natürlich schickt er die Soldaten hinaus... nun ja, und er ist der Sechste. Trotz ihrem verschmierten Gesicht.

Agnes hat sich erhoben und bleibt beim Fenster.

Was willst du.

Agnes kommt zurück, sieht die halbe Zigarette am Boden, nimmt sie und bläst sie ab.

Warum siehst du mich so an?

Horst gibt nochmals Feuer.

Unsere letzten Zigaretten! Soll man nicht auf den Boden schmeißen...

HORST Das meine ich nicht.

AGNES Sondern?

Horst setzt sich neben sie.

HORST Agnes, ich habe ein Recht, das zu fragen. Glaube ich. Ohne daß es dich kränkt. –

AGNES Was denn?

HORST Wir sind alle nur Menschen. Ich meine, was ich dich gestern schon fragte... Ob du mich noch liebst wie früher – Du mußt nicht sagen, was gewesen ist; nur Ja oder Nein.

AGNES Nichts ist gewesen, Horst.

HORST Nichts...

AGNES Ich weiß, du glaubst es nicht.

HORST Zwei Jahre sind eine lange Zeit.

AGNES O ja! Wenn man keinen Abend weiß, wer den andern Morgen erleben wird... Warum glaubst du mir nicht?... Es wurde viel gelebt hier, das ist wahr, und über keiner Frau, die es anders hielt, würde ich jemals den Stab brechen. Ich wußte nicht einmal, ob du noch am Leben bist. Du mußt das nicht Treue nennen oder so, es war grauenhaft – ich weiß nicht – im Grunde ist alles ganz anders, als man es sagen kann. Ich wollte einfach leben. Ich wollte nicht vor die Hunde gehn –.

HORST Agnes!

AGNES Verstehst du, was ich meine? Ohne die Hoffnung, daß du eines Tages wieder kommst –

Es klopft, sie horchen und schweigen, es poltert heftig.

Einen Augenblick!

Horst versteckt sich, Agnes öffnet die Türe. Jehuda kommt.

JEHUDA Madam –

AGNES Was gibt es denn?

JEHUDA Kamerad Kommandier –

AGNES Sie brauchen nochmals Wein?

JEHUDA Nit Wein – mir bedarfn Madam.

AGNES Lassen Sie das!

JEHUDA Ich nit! Kamerad Kommandier –

AGNES Ich brauche Ihren Arm nicht.

JEHUDA Oi, a Broch!

Agnes läßt ihn stehen.

AGNES Was ist der Befehl?

JEHUDA Bafehl? Var wus Bafehl? Keiner sogt Bafehl. Der Krieg is vargessen. Bafehl? Kamerad Kommandier winscht sich die Madam zu sehn –

AGNES Wozu?

Jehuda lächelt.

Und wenn ich nicht komme?

JEHUDA Kamerad Kommandier wet sein troirig. Seier troirig. Kamerad Kommandier wet persenlich mussen kommen.

AGNES Hierher?

JEHUDA Zu wos warten, Madam? In der Heiach is a sach schöner. In der Heiach sennen Teppicher, Madam. In Keler is hart, in Keler is mies. Ich kenne die Keler, Madam, ich bin a sach in Keler gewesen...

Jehuda legt die Hand auf ihre Schulter.

Zu wos warten, Madam?

AGNES Sie sollen mich nicht anrühren – ja!

JEHUDA Tschort Tjebia vas!...

Agnes entfernt sich drei Schritte.

AGNES Spricht er deutsch?

JEHUDA Wer?

AGNES Der Kommandant.

JEHUDA Ober natirlech! Wie a Buch. Er hot seier lieb die Bicher. Er hot a sach Respekt var dem Geist – un var die Neinte Symphonje von Beethoven! Er hot gesugt: as kein Buch darf vardorben werden. Un a soich das deitsche Buch is seier a schein Buch... Er will mit Eich reden, Madam.

AGNES Ist das wahr?

JEHUDA Gethe, Johann Wolfgang Gethe! Un Marx, Karl Marx, Hegel, Gerhard Hoiptmann: Die Waber! Einstein, Ossietzky, allz Nobelpreis – allz deitsche Sprach!... Wet die Madam kummen?

AGNES Aber nicht sogleich. Nicht so.

JEHUDA Var wos nit?

AGNES In einer halben Stunde. Ich muß mich umziehen.

JEHUDA Madam is jung un schein!

AGNES Melden Sie den Herren, was ich sage: ich bitte um eine halbe Stunde.

JEHUDA Kamerad Kommandier wet sich freien.

AGNES Bitte.

Agnes öffnet die Türe.

JEHUDA In eine halbe Stund arim?... Kamerad Kommandier wet allein kommen, wenn die Zeit is aweg gegangen, Kamerad Kommandier wart nit.

Jehuda geht hinaus.

HORST Du wirst nicht gehen.

AGNES Wie spät hast du jetzt?

HORST Agnes, das ist doch ein Wahnsinn –

AGNES Und wenn sie herunter kommen?

Agnes geht zur Türe zurück und öffnet.

Martin und Gitta sind los –.

Agnes nimmt einen Koffer und öffnet ihn.

Wenn es stimmt, daß er deutsch versteht – das ist die einzige Hoffnung jetzt. Ich werde sprechen mit ihm.

HORST Was?

AGNES Wie soll ich das wissen...

HORST Hörst du nicht, wie sie besoffen sind? Du? Hörst du nicht?

Agnes nimmt ein Abendkleid heraus.

Was soll das?

AGNES Ich werde mich so schön machen als möglich –

Agnes streift die Schuhe ab.

Wenn du so lieb sein willst, gib mir doch die andern Schuhe, die schwarzen. Mit der silbernen Spange. Die müssen auch im Koffer sein –

Agnes streift ihr Kleid herunter.

HORST Und wenn sie nicht anhören, was du sagst? Wenn sie dir einfach Gewalt antun?

Agnes steht in der weißen Wäsche.

Agnes! Ich werde das nicht überleben. Verstehst du? Ich werde nicht!

AGNES Wir beide nicht.

HORST Ich hänge mich auf –

Agnes tritt zu ihm.

AGNES Horst? Wir beide nicht... Das ist doch klar.

Agnes hält ihn an seinen beiden Schultern. Großer Lärm von droben, Gelächter und Gesang. Horst starrt sie an. Der Lärm wird schwächer; es bleibt die Balalaika.

Laß uns vernünftig sein.

HORST Du träumst ja! Agnes –

AGNES Wollen wir uns aufhängen? Jetzt in dieser Waschküche? Und alles bisher – Wenn ich an Erika denke... Warum hat man nicht Schluß gemacht, lange schon?

HORST Wieso Erika?

AGNES Erika ist nicht bei den Großeltern –

HORST Sondern?

AGNES Ich habe gelogen.

HORST Wo denn?

AGNES Drüben, wo die Ratten sind.

HORST Erika...

AGNES Luftmine. Am elften Februar. Ich wollte es dir erst später sagen.

HORST Auch das.

AGNES Ich werde sprechen mit ihm. Ich werd' es versuchen. Und wenn ich umsonst gegangen bin, wenn es nichts ist mit dem Sonntagskind – wir werden einander nicht im Stich lassen, Horst... Du?... Wollen wir nicht leben, solang es geht? Und wenn es nicht geht, wenn's nur noch auf allen Vieren geht: dann nicht!

Agnes blickt ihm in die Augen.

Dann nicht.

HORST Dann nicht.

Agnes küßt ihn auf die Stirne, wie man bei einem Versprechen oder bei einem Abschied küßt. Großer Lärm von droben. Dann nimmt Agnes das lange Abendkleid, um sich umzuziehen.

AGNES Sag mir wieviel Zeit ich noch habe.

Vorhang.

Zweites Bild

Das Wohnzimmer.

Vier mehr oder minder betrunkene Russen unterhalten sich ungefähr auf die folgende Art: Piotr, ein blonder Bursche und offenbar der Spaßmacher, sitzt auf dem schwarzen Flügel und spielt Balalaika; das Lied geht eben zu Ende, und es entsteht eine kleine Stille. Ein andrer, Ossip, sitzt im Diwan und blickt auf seine Uhr.

OSSIP Pòltschessa? Jessli annà nee pridjòt, tawarisch Kommandirr, tak ja jijo sa wòlossi privolokù.

/ Halbe Stunde? Wenn sie nicht kommt, Genosse Kommandant, dann hole ich sie an den Haaren. /

Der Kommandant, der in einem Polstersessel sitzt, antwortet nicht, er füllt sein Glas und trinkt für sich allein. Alle sind ohne Waffenrock. Ein dritter, Mihail, bedient das Grammophon; er liest von der Platte, die er auflegen will:

MIHAIL Drei Großen Opper.

Die Platte wird gespielt. Unterdessen blättert er weiter in der Plattenmappe, zieht jedesmal eine Platte heraus, hält sie empor, und Ossip, der im Diwan liegt, schießt mit dem Revolver darauf, so daß die Platte jedesmal zerspritzt.

GRAMMO »Und der Haifisch, der hat Zähne
Und die trägt er im Gesicht
Und Macheath, der hat ein Messer
Doch das Messer sieht man nicht.«

Schuß.

»Ach es sind des Haifischs Flossen
Rot, wenn dieser Blut vergießt
Mackie Messer trägt 'nen Handschuh
Drauf man keine Untat liest.«

Schuß.

»An der Themse grünem Wasser
Fallen plötzlich Leute um
Es ist weder Pest noch Cholera
Doch es heißt: Macheath geht um.«

Schuß.
»Und das große Feuer in Soho
Sieben Kinder und ein Greis
In der Menge Mackie Messer, den
Man fragt und der nichts weiß.«
Schuß – aber dieser Schuß geht daneben, die Platte bleibt ganz, Gelächter, sie sehen nach, wohin er getroffen hat, und finden das Schußloch in der Türe rechts, Piotr zeigt mit dem Finger darauf, Ossip erhebt sich schwankend, und sie öffnen die Türe, die aber ins Leere führt: man spürt es an ihrem Zurückweichen, verblüfft und verstummt starren sie in die klaffende Ruine hinunter, während die Platte zu Ende spielt.
»Und die minderjährge Witwe
Deren Name jeder weiß,
Wachte auf und war geschändet –
Mackie, welches war dein Preis?«
Stille.

STEPAN Berlin –.
Der Kommandant bleibt sitzen.
Nazàd, nazàd! Dwer astànjetza zapertoi.
/ Zurück, zurück. Türe bleibt geschlossen. /
Unterdessen ist Agnes eingetreten. Sie trägt das lange Abendkleid, dazu einen Überwurf aus weißem Pelz. Sie wurde nicht sogleich bemerkt; erst jetzt, nachdem sie die erwähnte Türe wieder geschlossen haben, wendet sich Piotr.

PIOTR Ah... Frau – schöne Frau!

AGNES Entschuldigen Sie, meine Herren, wenn ich störe.
Stepan erhebt sich. Piotr hat sich sofort an den Flügel gesetzt, er spielt das Horst Wessel Lied. Worauf Ossip sein Messer zieht, sich hinter den Flügel stellt und die Saiten zerschneidet, eine nach der andern, bis die Melodie nicht mehr geht.
Man hat mich gerufen. Mein Name ist Anders, Agnes Anders. Man hat mir gesagt, der Kommandant möchte mich sprechen –

PIOTR Gnädig Frau!

AGNES Lassen Sie das.

PIOTR Oho!

AGNES Rühren Sie mich nicht an, ich bitte Sie.

Piotr greift ihren Rock.

PIOTR Zachaditje, Tawarischi, zachaditje!

/ Kommt herein, Genossen, kommt herein. /

Piotr hebt ihr den Rock und bekommt eine Ohrfeige.

AGNES Sie sollen das lassen, habe ich gesagt.

Unterdessen nähert sich Ossip, der auf die Platten geschossen und die Saiten zerschnitten hat, sein Kopf ist rot vor Jähzorn, er will ihr zeigen, was sie sich erlauben kann und was nicht, er faßt sie am Pelz.

OSSIP Ti schto dumajesch? Ti dumajesch nass moschne bizj po mardamm ti swinjà, njemètzkeja, ti swòletsch germanskaya!

/ Was denkst du? Du denkst, du kannst uns schlagen auf die Fresse, du Schwein, deutsches, du Mistvieh, germanisches! /

Ossip hebt ihr ebenfalls den Rock und bekommt ebenfalls eine Ohrfeige. Sofort setzt er ihr den Revolver auf die Brust. Agnes schließt die Augen. Stepan schlägt ihm die Waffe aus der Hand, so daß sie auf dem Teppich liegt, und die andern reißen Ossip zurück. Bei diesem Lärm ist auch Jehuda erschienen.

STEPAN Protsch revòlver!

/ Weg mit dem Revolver. /

OSSIP Kto pobitïtjel, ti ali ja?

/ Wer Sieger, du oder ich? /

STEPAN Wikinti jewò.

/ Werft ihn hinaus. /

OSSIP Njimètskaya swinja, swòlitsch germanskaya...

/ Deutsches Schwein, Mistvieh, germanisches. /

STEPAN Maltschèt!

/ Schweigt! /

Agnes blickt zu Jehuda.

AGNES Sagen Sie den Herren, ich möchte mit dem Kommandant allein sprechen.

STEPAN Maltschèt! Moi prikàs: njemèdlno razaitìs. Kto ètu schènschinu passmèjet trònutch budjet rassrèlen na mèstje.

/ Schweigt. Mein Befehl: sofort auseinander gehen. Wer diese Frau wagt anzutasten, wird erschossen auf der Stelle. /
Sie befolgen den Befehl. Sie verlassen das Zimmer. Jehuda als Letzter zieht die Schiebetüre zu. Es bleiben Agnes und Stepan.

AGNES Vielen Dank.
Stepan deutet auf einen Sessel.
Ich werde stehen.
Stepan zieht seinen Waffenrock an.
Wenn Sie der Kommandant sind – ich nehme an, daß der Bursche nicht gelogen hat... Von mir aus wäre ich nicht gekommen. Sie haben unser Haus besetzt, Krieg ist Krieg, ich habe hier nichts zu fordern, darüber bin ich mir klar –.
Stepan bietet eine Zigarette an.
Danke – nein.
Stepan nimmt sich selber eine Zigarette.
Ich weiß nicht, wozu Sie mich gerufen haben. So wie es hier aussieht – das heißt, ich kann es mir denken. Sie sind Männer, und ich bin eine Frau, ich kann mich nicht wehren... Wenn das Ihr Wille ist: ich beiße mir die Adern auf, das ist alles, was Sie erreichen können.
Stepan zündet seine Zigarette an.
Ich bin gekommen, Sie anzuhören.
Stepan betrachtet sie und lächelt.
Ich kann Ihr Schweigen schon verstehen, Ihr Mißtrauen – nach allem, was in diesen Jahren geschehen ist... Ich rede eine Sprache, ich weiß, die Sie wahrscheinlich mit Haß und Ekel erfüllt... Ich weiß wirklich nicht, was ich Ihnen sagen soll. Solang ich diese Sprache rede – das Einzige, was Sie aus meinen Worten hören: daß ich eine Deutsche bin...
Stepan schweigt und raucht.
Ich bin eine Deutsche. Ja.
Stepan schweigt und raucht.
Sehen Sie, mein Mann ist im Osten gewesen. Ihr Feind also. Und ich könnte Ihnen Briefe zeigen, die er damals aus der Ukraine geschrieben hat – dort im Schreibtisch, gerade wo Sie

sitzen, ein ganzes Bündel... Wenn Sie lesen, was er damals geschrieben hat, vielleicht würden Sie mir glauben, auch wir sind nicht so, wie man den Feind sieht: ohne Unterschied. Es gibt kein Volk – einfach so! Ich habe nie daran geglaubt. Sonst stünde ich auch nicht hier: vor einem Russen, wo ich weiß, was meiner Freundin geschehen ist. Und all das andre, was sich tut, diese beispiellose Schweinerei – ein Mensch wie Günther, ein Mann, der euch ersehnt hat wie kein zweiter: kommt aus dem Keller, wird mit dem Kolben erschlagen, und kein Hahn kräht danach!... Und überhaupt –.

Stepan schweigt und raucht.

Wozu das.

Stepan schweigt und raucht.

Ich weiß, daß Sie über manches anders denken. Vielleicht auch anders empfinden – und im Stillen über mich lächeln. Ich kann nicht denken, ich weiß! Aber ich empfinde es doch, daß es so nicht weitergeht – Herrgott! mit all diesen Redensarten, die keinen Schuß wert sind, gar nichts, dieser ganze Irrsinn mit den Völkern: als wären wir nicht alle aus Fleisch und Blut, Menschen aus Fleisch und Blut, Sie und ich...

Stepan erhebt sich, geht zum Fenster und wirft seine Zigarette hinaus.

Warum reden Sie kein Wort zu mir?

Agnes setzt sich, Stepan steht beim Fenster, indem er sich auf den Sims stützt, und schaut sie immerfort an.

Als Kind lebte ich lange in China, mein Vater arbeitete beim Norddeutschen Lloyd, und ich war elf Jahre alt – einmal hatte ich mich verirrt und stand draußen in einem Reisfeld, nichts als Halme ringsum, ich habe nie ein größeres Grauen erlebt: diese plötzliche Vorstellung, daß ich allein auf diesem Gestirn wäre – ich – zwei Tage und zwei Nächte, wolkenlos, Sonne und Mond, nichts als Halme und Wasser... Ein Chinese hat mich später gefunden, zufällig, ein Landstreicher, dem ich kein Wort habe sagen können, keinen Namen, keinen verständlichen Ton. Aber im Augenblick fiel es mir gar nicht auf, wissen Sie, so war ich daheim, als dieser andere Mensch durch die Halme kam ... Bisher hatte ich nur immer bemerkt, daß sie andere Augen haben als wir, andere Haut, einen geschorenen Schädel, und zum ersten Mal – es war übrigens gar kein besonderer Kerl, muß ich sagen, er hat meinem Vater einen Finderlohn erpreßt, schandbar! aber ein Mensch, ein Wesen wie ich ... Ich weiß nicht, ob Sie mich begreifen? Heute noch sehe ich den Kerl, wie er aus den hohen Halmen kommt, plötzlich, zuerst der kahle Kopf, dann die Arme und die ganze magere Gestalt ... Wenn ein Mensch schreit, wenn einer blutet – zum Beispiel – irgendwo hört es doch einfach auf, daß ich nach seiner Nase frage, nach seiner Sprache, nach seinen Ansichten, nach dem Ort seiner Geburt – wenigstens für mich.

Stepan wendet sich und geht zum Flügel.

Ich weiß nicht, wie Sie sich dazu stellen.

Stepan holt eine Flasche und zwei Gläser.

Wenn Sie die Briefe lesen wollen – dort im Schreibtisch – vielleicht glauben Sie, daß es auch hierzulande Menschen gibt, und Sie würden nicht einfach schweigen, wie man zu einem Tier schweigt ... was sage ich! zu einem Ding.

Stepan bietet ihr ein volles Glas an.

Ich nicht! Danke sehr.

STEPAN Säär gutt!

AGNES Danke. Ich kenne die Marke.

Stepan stößt an und wartet.

Wirklich nicht. Sie müssen mich entschuldigen.

Stepan trinkt allein, Agnes hält das volle Glas.

Warum schweigen Sie, warum sagen Sie nicht, was Sie meinen? Wenn Sie mich schon haben kommen lassen! ... Sie haben gedacht: ein Weib, ein Abenteuer, das nimmt man auch vom Feind! und da komme ich und stehe da, fordere, daß Sie mich für einen Menschen nehmen – und Sie lächeln! ... nach allem, was Sie vielleicht erfahren haben durch Leute meiner Sprache – oder am Ende haben Sie sich überhaupt geschworen, mit unseresgleichen kein Wort zu reden; es sei denn, daß Sie einen Beweis haben, wer vor Ihnen steht –.

Agnes stellt ihr Glas hin.
Und wenn ich diesen Beweis gebe?
Stepan füllt neuerdings sein Glas.
Wenn ich Ihnen mein ganzes Vertrauen schenke, wenn ich Ihnen zeige, daß ich unser Schicksal ganz und gar in Ihre Hand gebe – ohne Hinterhalt, ohne Deckung – werden Sie mir glauben, daß auch das übrige, was ich sage, nicht gelogen ist? Ja? Wenn ich Ihnen sage – Es ist an mir, den Anfang zu machen mit dem Vertrauen; Sie haben recht!... und wenn ich Ihnen ganz offen sage: mein Mann –
Agnes zögert, Stepan trinkt.
Mein Mann sitzt unten im Keller.
Stepan wischt sich den Mund.
Mein Mann ist Hauptmann. Das heißt, gewesen. Vor zwei Jahren, damals in Stalingrad, kam er in Gefangenschaft, ich weiß nicht wohin. Er redet nicht davon. Ich wußte ja nicht einmal, ob er noch lebte... Vorgestern, als ich das Wasser holte, stand er plötzlich im Garten. Schon eine ganze Nacht, sagt er, hatte er sich hinter den Kiefern versteckt, er wußte ja nicht, wer im Hause war; ob ich überhaupt noch lebte. Sie können sich denken, was das heißt! Er hat den rechten Arm verloren, aber sonst... Vor einem Monat ist er aus der Gefangenschaft getürmt. Während einer Verladung, sagt er.
Stepan schweigt und betrachtet sie.
Mehr kann ich Ihnen nicht sagen –.
Stepan füllt zum dritten Mal sein Glas.
Wenn Horst nicht gewesen wäre, ich weiß nicht, wie man all diese Jahre hätte ertragen können – ohne das Bewußtsein, daß es da draußen auch Menschen gab wie Horst – keine Engel, wissen Sie, aber Menschen, die nicht vor die Hunde gingen, Menschen wie Horst, die sich im Letzten doch hatten bewahren können... ohne dieses Bewußtsein – und daß man selber einen solchen Menschen kennt... Er ist nicht der Einzige, Gott bewahre, aber Einer, wo ich es weiß, und ohne dieses Bewußtsein, ich weiß nicht, woher man sein Gesicht nähme in dieser Zeit! Und in diesem Land! Woher ich den Mut nähme,

hier zu stehen und zu fordern, daß man uns als Menschen behandelt –.

Stepan schweigt und trinkt.

Wenn Sie wünschen, daß wir das Haus verlassen, wenn es Sie stört – ich frage Sie. Oder können wir wenigstens im Keller bleiben? Sagen Sie mir doch, was geschehen soll.

Stepan leert das Glas und schweigt.

Ja oder Nein?

Stepan schweigt. Agnes bricht in Weinen aus.

Herrgott im Himmel! was erwarten Sie denn noch? Muß ich mich auf die Knie werfen, damit Sie mir antworten? Was habe ich Ihnen denn getan?

Stepan erhebt sich und scheint verlegen, Gebärde eines Erstaunten, der bedauert.

Verstellen Sie sich nicht! ich weiß genau, daß Sie deutsch verstehen –.

STEPAN Jehude?

AGNES Oder der Bursche hat mich belogen!

STEPAN Jehude?... Jehude –

Stepan geht zur Türe, die er öffnet, man hört wieder die Balalaika und den Gesang der andern.

AGNES Hunde! gemeine –

Agnes rennt zur andern Türe, woher sie gekommen ist, findet sie geschlossen und rennt zur dritten Türe, die ins Leere führt, rüttelt umsonst.

Nicht einmal das –

Stepan kommt mit dem Burschen zurück, der eine Küchenschürze trägt, eine Pfanne und einen Lappen in der Hand hat. Inzwischen hat Agnes die Waffe erblickt, die auf dem Teppich lag; im Augenblick da sie kommen, steckt sie den Revolver unter ihren Pelz.

Sie haben mich in eine Falle gelockt! Kein Wort versteht er! Kein Wort. Alles gelogen!

JEHUDA Madam –

AGNES Sie gemeiner Hund, Sie!

JEHUDA Madam varstehn kein Spaß?

AGNES Pfui Teufel.

JEHUDA Kamerad Kommandier loßt Eich sogn, as er hot a groisse Freid mit Madam.

AGNES Danke.

JEHUDA A seier groisse Freid, sogt Kamerad Kommandier. Madam soll noch einmal sogn, und ich soll ibersetzen.

AGNES Was?

JEHUDA Allz.

Stepan deutet auf den Sessel, Agnes steht.

AGNES Fragen Sie, wie lange die Herren in unserm Haus bleiben werden.

JEHUDA Anà chòtsched znatj skolke mui jischscho zdjes astàhnjemsa.

/ Sie will wissen, wieviel wir noch hier bleiben. /

STEPAN Njeznàju.

/ Ich weiß nicht. /

JEHUDA Anà nass bajjïtsa.

/ Sie fürchtet uns. /

STEPAN Nidjèli tri, dschetïri...

/ Drei Wochen, vier. /

Jehuda wendet sich zu Agnes.

JEHUDA Kamerad Kommandier weiß nit. Kamerad Kommandier sogt drei Wuchn, vier Wuchn – weiß nit.

AGNES Sagen Sie dem Herrn Oberst, ich mache den folgenden Vorschlag –

Agnes unterbricht, da die andern wieder in der offenen Schiebetüre erschienen sind, sie wartet, bis Stepan begreift.

STEPAN Sakròi dwer!

/ Türe zu. /

Die Türe wird geschlossen, die andern verschwinden.

AGNES Ich mache folgenden Vorschlag: ich werde tun, was er von mir verlangt, ich werde seine Maitresse sein – Nein, sagen Sie das nicht!

JEHUDA Was will Madam?

AGNES Sagen Sie: – ich werde mit ihm trinken... jeden Abend, wenn er will. Unter zwei Bedingungen: alle andern verlassen unser Haus. Der Oberst bürgt dafür. Und zweitens: die Stunde kann der Oberst bestimmen, aber er verpflichtet sich, nicht nachzuforschen, wo ich mich in der andern Zeit aufhalte... Bitte, übersetzen Sie.

JEHUDA Mit greßtem Vergnigen, Madam.

AGNES Wenn ich zur vereinbarten Stunde nicht zur Stelle bin, versteht sich, dann kann er mich holen lassen. Aber wenn ich mein Versprechen halte – und ich werde es halten und erwarte, daß auch er es hält. Als Offizier.

Jehuda übersetzt:

JEHUDA Anà djelajet predloschzènije: waperwich –

/ Sie macht den Vorschlag: erstens – /

Der Rest bleibt unverständlich, man sieht, wie er mit den Fingern die beiden Bedingungen erläutert, es ergibt sich ein längeres Geflüster.

STEPAN Charaschò.

/ Gut. /

Jehuda wendet sich zu Agnes.

Ja dowolen.

/ Ich bin zufrieden. /

JEHUDA Kamerad Kommandier loßt sogn, as er is seier einvarstanden mit Madam.

Jehuda verbeugt sich und geht. Stepan und Agnes sind allein. Stepan nimmt das gefüllte Glas, das Agnes vorher weggestellt hat, und gibt es ihr. Er will anstoßen. Zuerst stellt er sich vor.

STEPAN Iwanow. Stepan Iwanow.

AGNES Agnes –

Agnes fällt in Ohnmacht.

STEPAN Jehude! Jehude!

Jehuda kommt zurück.

Anà w òbmarok upàla!

/ Sie ist in Ohnmacht gefallen. /

JEHUDA Eto gòlod. / Das macht der Hunger. /

Stepan und der Bursche nehmen die Bewußtlose, betten sie auf den Diwan, so daß sie halb sitzt, halb liegt. Durch die wieder offenstehende Schiebetüre hört man Balalaika. Agnes wird mit einem Offiziersmantel bedeckt. Stepan betrachtet sie eine Weile lang, dann gibt er dem Burschen einen Wink; der Bursche soll etwas Ordnung machen im Zimmer und die Scherben zusammenlesen. Stepan hilft dabei, und beide knien auf dem Teppich, einer stößt an den Tisch, eine Flasche fällt auf den Boden – Agnes reißt die Augen auf, ohne sich sonst zu bewegen; die beiden knienden Männer, die ihrerseits den Atem anhalten, können ihre offenen Augen nicht sehen.

Man sieht die Waffe in ihrer Hand.

Stepan erhebt sich. Agnes schließt die Augen. Der Bursche nimmt den Teller mit den Scherben, um ihn hinauszutragen; er geht auf den Zehen. Stepan, allein mit der schlafenden Frau, betrachtet sie eine Weile; dann will er weitersammeln; er kniet unmittelbar vor dem Sofa, als er plötzlich aufstöhnt – Agnes fährt unwillkürlich empor, so, daß sie nun sitzt; er kniet; sie blicken einander an. Stepan lächelt langsam.

AGNES Sie bluten ja... Sehen Sie doch, wie das auf den Teppich tropft!... Verstehen Sie nicht, was ich sage? Ihre Hand, Iwanòw, schauen Sie doch auf Ihre linke Hand!

STEPAN Iwanòw. Stepan Iwanòw.

AGNES Stepan Iwanòw, Sie bluten ja...

Vorhang.

Zweiter Akt

Drittes Bild

Die Waschküche.

Horst steht am Fenster. Abendsonne. Agnes richtet ihm ein Abendbrot. Sie schweigen lange.

HORST Morgen sind es genau drei Wochen.

Schweigen.

AGNES Ein wenig Knäckebrot hat es auch noch –.

Schweigen.

HORST Wenn man jetzt ins Freie könnte!

Agnes bleibt stehen.

AGNES »Gestern ist Agnes im Freien gewesen. Um sieben Uhr, als Agnes wie immer hinaufging, wartete er bereits in Mantel und Mütze. Stepan hatte sich einen Wagen verschafft, einen Mercedes, und so fuhren sie zusammen hinaus. Grunewald, Schlachtensee, die letzte Sonne in den Kiefern. Am Wannsee stiegen sie aus; mit den schwarzen Ballschuhen durch den Sand; sie nahmen ein Boot; Agnes im langen Abendkleid. Die Sonne war unter, aber die Dämmerung war warm, und fast zwei Stunden blieben sie draußen auf dem Wasser; Agnes hatte seinen Mantel über den Schultern, der nach Benzin roch, nach Tabak, nach Schweiß und Öl. Es war schön.«

Horst verläßt das Fenster.

HORST Wenn man jetzt ins Freie könnte.

Agnes stellt ihm einen Teller hin.

AGNES In Wannsee draußen baden sie schon! Und überhaupt wie das wieder grünt und blüht. Als wäre nichts gewesen. In Kladow, wo wir früher Golf gespielt haben – ein paar Geschütze und die verrosteten Scheinwerfer, sonst merkst du überhaupt nichts. Nur das Klubhaus hat es erwischt.

HORST Woher weißt du das alles?

AGNES Ich? Was?

HORST Wie es in Kladow draußen aussieht.

AGNES In Kladow – waren wir noch im Februar, Gitta und ich. Wegen Holz.

HORST Und daß sie am Wannsee schon baden?

AGNES Ich denk es mir. Warum nicht. Ich stell es mir vor – Ende Mai!

Man hört einen Klavierstimmer.

Warum schüttelst du den Kopf?

HORST Jetzt fängt er nochmals an!

AGNES Höre nicht hin.

HORST Das ist zum Irrsinnigwerden. Und das schon den ganzen Tag! Das könnte der Satan erfunden haben!... Und dann wieder Mozart!

AGNES Dein Essen ist bereit.

HORST Klavierkonzert in d-Moll.

Horst setzt sich.

AGNES Ich begreife die Gitta nicht. Wenn sie uns schon diesen Zettel durch das Fenster wirft! Und kein Wort, wie es Martin geht – das kann sie sich doch denken, was ich mich um den Kleinen sorge! Nicht eine Zeile –.

HORST Warum willst du nichts essen?

AGNES Ich kann nicht.

HORST Du wirst immer elender, Agnes, das geht doch nicht.

AGNES Mach dir keine Sorge, mein Lieber, wirklich –!

HORST Bekommst du droben was Besseres...

Agnes wendet sich scharf.

AGNES Wofür hältst du mich eigentlich?

HORST Nun ja – der Mensch muß doch leben...

AGNES Ich frage dich, wofür du mich hältst.

HORST Herrgott –

AGNES Glaubst du eigentlich, ich bin eine Hure?

Agnes weint.

HORST Was denn?

AGNES Rühr mich nicht an!

HORST Nun weinst du wieder –

AGNES Daß du immer so gemein sein kannst!

HORST Ich bitte dich, Agnes, was habe ich denn gesagt? Du?

Nimm doch nicht alles so schwer –.

Agnes entfernt sich von ihm.

Das ist es ja, was ich sage: du hast keine Nerven mehr, Agnes, weil du nichts essen willst. Mit jedem Tag wirst du schmaler, man sieht es ja.

Agnes setzt sich und streift ihre Schuhe ab.

AGNES Wie spät hast du jetzt?

HORST Zwanzig bis sieben. Genau: einundzwanzig.

Agnes zieht die schwarzen Schuhe an.

AGNES Das hat doch wirklich keinen Sinn, daß ich dir die paar Sachen wegesse, wenn ich kein Bedürfnis habe. Du wirst noch froh sein um jeden Bissen.

HORST Wenn mein Anzug kommt, brauchen wir keine Vorräte mehr. Nur was wir in die Taschen kriegen –

AGNES Woher weißt du, daß der Anzug kommt.

HORST Wenn Gitta einen Zettel schreibt: Anzug kommt Donnerstag. Ich bitte dich.

Agnes schweigt.

Du bist schon komisch, Agnes. Da warten wir drei Wochen in dieser verfluchten Waschküche, und wenn es endlich soweit ist, daß ich den Anzug kriege –

Agnes nimmt ihr Abendkleid.

AGNES Jetzt weg von hier? Hat das einen Sinn?

HORST Ich verstehe dich nicht.

AGNES Es geschieht uns ja nichts. Natürlich – das Leben in dieser Waschküche, eine Stunde lang Sonne... Aber die bleiben ja nicht ewig, und wenn sie gehen, haben wir unser Haus. Immerhin das. Wegen ein paar Tagen mehr oder weniger. Wenn wir fliehen, haben wir überhaupt nichts mehr. Nicht einmal ein Dach über dem Kopf... Das muß man sich auch überlegen.

HORST Heißt das, daß du bleiben willst?

AGNES Unser Vorrat reicht mindestens noch eine Woche.

HORST Wenn du keinen Bissen nimmst, sicher.

AGNES Jedenfalls würde ich nicht einfach ins Leere laufen. Hals über Kopf. In einer Woche ist das Haus vielleicht leer!

HORST Vielleicht.

AGNES Also.

HORST Vielleicht auch nicht.

Agnes geht mit dem Abendkleid hinter die Wand.

AGNES Du jammerst immer, daß du dich zu Tode langweilst, und wenn man dir Bücher bringt, ich weiß nicht, warum du nicht lesen willst.

HORST Bücher –.

AGNES Früher hast du immer so viel gelesen.

HORST »Bismarck, eine Zeit und ihr Werk« …

AGNES Ich habe nicht aussuchen können, sage ich ja. Ich habe nehmen müssen, was ich bei der Türe erwischte.

HORST »Die schönsten Sagen des klassischen Altertums« … Odysseus kommt nach Ithaka. Odysseus als Bettler im Saal. Penelope vor den Freiern. Odysseus abermals verhöhnt. Die Nacht und der Morgen im Palast –

AGNES Es ist ja auch anderes dabei.

HORST Darüber haben wir als Pennäler unsere Witze gemacht … »Anna Karenina« … »Volk ohne Raum« … »Reitvorschriften für eine Geliebte« … »Untergang des Abendlandes« … »Herz auf Taille« … »Betrachtungen eines Unpolitischen«, Thomas Mann … »Liebesbriefe aus drei Jahrhunderten«, hast du mir geschenkt.

AGNES Ich? *Agnes kommt im Abendkleid hervor, das noch nicht geknöpft ist. Sie hat eine Haarspange zwischen den Zähnen und die Hände am Haar.*

HORST Meinem geliebten Horst nach unserem ersten Ball in der Ermitage von seiner glücklichen Agnes.

AGNES Wie spät ist es jetzt?

HORST Dreiviertel sieben. Der Oberst hat dich zur Pünktlichkeit erzogen, das muß man ihm lassen.

Agnes stellt sich hin, damit er die Knöpfe an ihrem Rücken schließt.

Warum willst du eigentlich nicht sagen, wie er aussieht?

AGNES Das weißt du doch, wie die Russen aussehen.

HORST Überhaupt erzählst du immer weniger … Im Anfang war das anders, weißt du. Wenn du heruntergekommen bist, ja, du bist sehr verstört gewesen, aber du hast erzählt. Eure ganzen abendlichen Gespräche. Und jetzt?

Agnes macht einen prüfenden Griff nach hinten.

AGNES Danke.

Agnes kämmt sich vor dem Spiegel.

HORST Eure Gespräche über Heine, über Marx und all die andern Herren, die man uns einfach verboten hat – zum Beispiel die Sache mit dem Ossietzky, das sind ja alles Namen, die unsereiner nie gehört hat, und ich finde es ja großartig, daß so ein Russe besser Bescheid weiß als wir. Über unsere eignen Köpfe! Irgendwie rührend... Und wir, die immer an einen Steppenwolf denken, wenn man von Russen redet – geht mir ja selber so! Und dabei bin ich lang genug im Osten gewesen, weiß der Teufel. Was haben wir manchmal für Menschen getroffen, anders als wir, aber trotzdem – herrliche Menschen. Nur daß man nicht reden konnte mit ihnen. Sie stellen dir Milch auf den Tisch, wunderbar, und wenn sie aus der Stube gehen, zuckt man zusammen und denkt: Was haben sie im Sinn? Schon hat man wieder das Mißtrauen. Einfach wegen der verdammten Sprache!... Und da sitzt nun ein Russe in unserem eignen Haus, einer, der tadelloses Deutsch spricht, und plötzlich, wenn du mir von euren Gesprächen erzählst – plötzlich erscheint alles ganz anders; gewisse Namen und so – was ich nicht riechen konnte – plötzlich bekommt alles ein ganz anderes Licht, wenn man dich so reden hört, fast eine Art von Glanz – im Ernst.

Agnes kämmt sich und schweigt.

Verstehst du das?

AGNES Und darum willst du weg von hier?

HORST Aber in letzter Zeit, wenn ich nicht frage, wirst du immer stummer.

Man hört wieder Mozart.

AGNES Übrigens finde ich es auch sonderbar, daß du nichts erzählst. Zwei Jahre bist du verschollen gewesen: kein Wort, was du erlebt hast, wo du gewesen bist – seit Warschau.

Horst horcht.

HORST Wenn das die Gitta wäre?

AGNES Wieso?

HORST Hast du nichts gehört?

AGNES Gitta?

HORST Jemand hat meinen Namen gerufen. Ganz deutlich.

AGNES Gitta kommt sicher nicht, bevor es dunkel ist.

Agnes erhebt sich.

Wie spät hast du jetzt?

Agnes feilt ihre Fingernägel.

Warum schaust du mich so an?

HORST Du machst dich wirklich sehr schön, Agnes –.

AGNES Soll das ein Vorwurf sein? Wenn wir als Schlampen umhergehen, weißt du, dann ist alles verloren. Das kannst du als Mann nicht begreifen, aber es ist so. In Paris, im Sommer vierzig, hast du es begriffen.

Agnes setzt sich wieder zum Spiegel.

HORST Nur wie er ausschaut, davon willst du also nicht reden!

AGNES Wer?

HORST Wer!

AGNES Ich sage dir ja, er ist Russe... Und wie Russen aussehen, das weiß doch jedes Kind. Wozu gibt es Bilder. Jedes Volk hat eine Fahne und ein Gesicht. Der Jude hat eine krumme Nase und dicke Lippen, vom Charakter zu schweigen. Der Engländer ist hager und sportlich, solang das Spiel zu seinen Gunsten steht. Der Spanier ist stolz, der Italiener hat eine beneidenswerte Stimme, aber er ist faul und oberflächlich, der Deutsche ist treu und tief. Und der Franzose hat Esprit, aber das ist auch alles... Der Russe, nun ja, denk an die Partisanen, die du getroffen hast –

HORST Ich habe keine getroffen.

AGNES Denk an die Illustrierte! Genau so sieht er aus, und am Hals hat er eine Narbe, glaube ich, oder ein Muttermal.

Agnes pudert sich.

Und jetzt, mein Lieber, was hast du davon?

Durch das Kellerfenster kommt eine Hand, die an die Mauer klopft, aber von beiden nicht bemerkt wird. Der Klavierstim-

mer spielt wieder Mozart. Die Hand kommt nochmals und hält ein Bündel, das sie fallen läßt. Horst bemerkt es. Er schaut, ob es auch Agnes bemerkt hat, was aber nicht der Fall ist; Agnes pudert sich. Mit einem Entschluß, der aus einem kurzen, schweigenden Zögern hervorgeht, nimmt Horst das Bündel und schiebt es unter die Pritsche. Der Klavierstimmer bricht ab.

Weißt du, was Kolchos ist?

HORST Warum?

AGNES Gestern hat er die ganze Zeit von Kolchos erzählt.

Agnes malt sich die Lippen.

Da ist also eine Gruppe von Bauern, verstehst du –

Agnes hält inne.

»Vor drei Wochen, als Agnes zum erstenmal hinaufging, hatten sie einander geschworen, daß sie ihr Leben nicht mit Schande erkauften. Aber da es eine Liebe war und nicht eine Schande, was sollte sie tun? Die vierzehn Stufen, die Agnes hinaufging, und die vierzehn Stufen, die sie hinunterging, Abend um Abend, und die Stunden da oben, wo sie liebte, und die Stunden da unten, wo sie log: was sollte sie tun. Horst war gerettet, solange er glaubte, und was immer sie redete: er glaubte, damit er gerettet war.«

Beide schauen einander an.

HORST Warum schaust du mich so an?

AGNES Und du? Warum schaust du mich an?

HORST Du siehst herrlich aus, Agnes, wie auf unserm ersten Ball. Damals in der Ermitage.

AGNES Du wolltest was andres sagen.

HORST Weiß nicht.

AGNES Sag es doch.

HORST Du gehst gerne hinauf?

AGNES Horst –

HORST Ich frage ja nur.

Agnes wirft sich an seine Schulter.

AGNES Laß mich nicht gehen! Nie wieder!

HORST Agnes?

AGNES Halte mich! Halte mich!

HORST Du...

Horst streicht ihr Haar.

AGNES Laß mich nie wieder gehen.

HORST Und wenn sie herunter kommen?

AGNES Erschieße mich.

HORST Agnes –

AGNES Uns beide.

Agnes schluchzt an seiner Schulter.

HORST Er liebt dich... Das kann ich verstehen, Herrgott, das ist noch kein Verbrechen. Wenn nichts geschehen ist – ich weiß, es war gemein von mir, wie du das erste Mal herunter gekommen bist; ich werde nie wieder verlangen, daß du schwörst!

AGNES Es ist kein Meineid gewesen –.

HORST Du warst auch so sonderbar. Sieh mich nicht an wie ein Tier! hast du gesagt. So feindlich. Tage lang hast du mir nicht in die Augen geschaut. Du hast es mir nicht leicht gemacht, weißt du, drei Stunden in diesem Keller – vier Stunden!... du mußt mich schon verstehen, Agnes, aber ich werde nie wieder fragen. Ich verspreche es dir. Nie wieder. Hörst du? Du bist auch ganz anders als die ersten Male, glaub mir! Du hast selber keine Angst mehr, das fühle ich doch, Agnes. Es ist nicht leicht gewesen, dir zu glauben, aber jetzt – Warum zitterst du denn?... Wenn bis jetzt nichts geschehen ist, Agnes, jetzt mußt du wirklich keine Angst mehr haben; von einer Frau, die man liebt – kein Mann wird erzwingen, was sie versagt – das weißt du genau.

AGNES Erschieße mich!

Agnes nimmt die Waffe aus dem Pelz.

Tu es! Jetzt! Tu es!

Horst nimmt ihr die Waffe aus der Hand.

Glaube an mich, oder erschieße mich!

Agnes bricht auf die Knie.

HORST Was soll das, Agnes... Komm... Steh auf, komm... Laß uns vernünftig sein... Wenn du jetzt nicht gehst – Daß ich dir glaube, Agnes, das ist doch klar – sonst sind wir verloren, beide... Hörst du?

Agnes auf den Knien, die Hände vor den Augen.

AGNES »Wenn du jetzt nicht gehst. Daß ich dir glaube, Agnes, das ist doch klar. Sonst sind wir verloren, beide.«

Man hört wieder Mozart.

HORST Agnes, es ist sieben vorbei.

Vorhang.

Viertes Bild

Das Wohnzimmer.

Am Flügel sitzt ein Herr namens Halske, der Mozart spielt. Dann bricht er ab, und es folgt wieder die öde Klavierstimmerei. Der Bursche geht hin und her; er tischt für das Abendbrot.

HALSKE Sagen Sie dem Oberst, die zerschnittenen Saiten sind ersetzt. Wie befohlen. Aus meinem eigenen Konzertflügel. Aber die Saiten sind das wenigste. Ich weiß nicht, was die Herren sich unter einem Flügel vorstellen; die ganze Kiste stinkt nach Wein.

Jehuda geht wieder hinaus.

Wenn das jetzt die Herren der Welt sind! So was von Schweinen –.

Jehuda kommt mit einer Flasche.

JEHUDA Ich heer nit gern die deitsche Sprach, ober ich varsteih sie.

HALSKE Ich pflege zu sagen, was ich denke. Auch wenn man es versteht.

Jehuda sieht ihn an.

Klavierstimmen ist schließlich nicht mein Beruf.

Jehuda setzt den Korkenzieher an.

JEHUDA Wie asoi send Ihr nit toit?

HALSKE Wie bitte?

JEHUDA Wie asoi send Ihr nit toit?

HALSKE Tot? Ich? Wieso?

JEHUDA Der Herr flegn zu sogn, was er denkt.

HALSKE Allerdings.

JEHUDA Wos hot der Herr gedacht, as man ihn hot gelοßt leben in die lange zwölf Johr?

Jehuda zieht den Korken.

HALSKE Ich beschwere mich nicht, Sie verstehen mich recht. Andere müssen schippen. Bei strömendem Regen! Ich kann nicht erwarten, daß Ihnen mein Name ein Begriff ist. Es geschieht zur Zeit noch ganz anderes Unrecht, weiß Gott –.

Jehuda schweigt und tischt.

Was hat unsereiner verbrochen? Ich bitte Sie. Nur weil meine großen Erfolge gerade in diese Zeit fielen. Was hat Mozart zu tun mit dem Dritten Reich? Und was habe ich anderes getan: als Mozart gespielt – mitten im Luftterror, ich bitte Sie, Frühjahr neunzehndreiundvierzig!

Jehuda schweigt und tischt.

Das glauben Sie nicht, wie?

Jehuda schweigt und tischt.

Na ja –.

Halske versucht es nochmals mit dem Klavierkonzert; er spielt wirklich sehr gut. Jehuda reibt unterdessen die Gläser, die er gegen das Licht hält. Wie die Musik wieder abbricht, reibt er weiter.

JEHUDA Neinzehndreiundverzig – bin ich gewesen in Ghetto – in Warsche... Sei loßn das Wasser arein in die Kanaln, as mir solln dertrinken weren, un wenn mir von die Kanaln arois steigen, warten sei mit die Pistoletten: Tatatata! Einer von uns muß zu die Rußn. Ober wie? Mein Mutter is dertrinken, mein Vater is varschossen vor unsre Oign, mein Schwesterle is vargast – Sog ich zu die Weiber: Leigt mich aroif uf den Wugn von die Toite, ich muß arois! Un sei greifen mich un leign mich uf den Wugn von die Toite. Asoi bin ich gekommen arois. Brieder, hob ich gesogt: Nit zuschitten, nit zudecken! Wenn es wet tunkel wern, steih ich oif un geih weiter –.

Jehuda stellt die Gläser hin.

HALSKE Ich weiß nicht, warum Sie mir das erzählen. Gerade mir. Damit habe ich wirklich nichts zu tun, weiß Gott –.

JEHUDA Dos is gewesen in Warsche.

HALSKE Mag sein...

JEHUDA März neinzehndreiundverzig.

HALSKE Sie müssen nicht meinen, daß ich solche Sachen billige, nur weil es Juden sind – ich habe nichts gegen die Juden. In unserem Orchester gab es eine ganze Reihe von Juden, die wirklich begabt waren – Warum sehen Sie mich so an?... Da gibt es denn andere, kann ich nur sagen. Hauptmann Anders, der ist in Warschau gewesen, nicht ich!

JEHUDA Hoiptmann Anders?

HALSKE Horst Anders. – Ich bin Künstler.

Jehuda nimmt ein Notizbüchlein.

Ich bin kein Angeber, wissen Sie, ich habe viel in diesem Hause verkehrt, weiß Gott, die Leute haben mir nichts zuleide getan. Im Gegenteil! ... aber ich meine nur: Unsereiner darf nicht mehr auftreten –

Jehuda notiert.

JEHUDA Horst Anders. Hoiptmann. Warsche neinzehndreiundverzig –?

HALSKE Verstehen Sie mich recht! Ich sage nicht, daß dieser Mann dabei gewesen ist – Das kann ich ja nicht beweisen... überhaupt – ich mische mich nicht in Politik, wissen Sie, grundsätzlich –

Stepan tritt ein.

HALSKE Herr Oberst, der Flügel ist gestimmt.

Stepan legt Mütze und Mantel ab. Halske wartet umsonst auf eine Antwort, dann verbeugt er sich und geht. Stepan blickt auf die Uhr.

STEPAN Gdje nascha slawneja Frau?

/ Wo ist unsere liebe Frau? /

Jehuda zuckt die Achseln, dann entfernt er sich. Stepan steht und betrachtet den gedeckten Tisch. Unterdessen ist Agnes durch die andere Türe erschienen, von ihm noch nicht bemerkt. Stepan kann es nicht lassen, er nimmt Fleisch von der

Platte und wirft es sich in den Mund.

AGNES Mahlzeit!

Stepan wendet sich, sie lachen.

STEPAN Agnes –!

Sie umarmen einander.

AGNES Wie geht es?

Sie küßt ihn.

Du?

Er küßt sie.

Komm, du hast Hunger!

Sie gehen Arm in Arm gegen den Tisch.

STEPAN Ja rad. Schto ubjeschzàll. Wod tibèja, ja ponimàyu. Njemzef ja njèpenimayu. Anii nje tschessnje knam. Da i nàschich tawarischj ja nje ponjimayu. Wajnà ich zdjellalla zwirmi.

/ Ich bin froh, daß ich weggelaufen bin. Dich verstehe ich. Ich verstehe nicht die Deutschen, sie sind nicht ehrlich zu uns. Und unsere eignen Genossen verstehe ich nicht. Der Krieg hat sie zu Tieren gemacht. /

Sie haben sich gesetzt.

AGNES Laß uns jetzt nicht an die Sorgen denken, Stepan. Solang wir zusammen sind. Denk an gestern abend, denk an den Wannsee –

STEPAN Wannsee? ...guut.

AGNES Was wohl unser Mercedes macht?

STEPAN Mercedes – kapuut!

Sie lachen, Agnes schöpft ihm auf den Teller.

AGNES Du, den ganzen Tag habe ich dran denken müssen –

Agnes erhebt sich:

Das dürfen wir nicht wieder machen, Stepan. Daß wir zusammen ins Freie fahren. Das nicht! Verstehst du das? Während er im Keller sitzt –.

Da Stepan nicht ißt: Hier ist Pfeffer.

Stepan nimmt sie auf sein Knie.

Verstehst du das? Er ist so ein guter Mensch. Wenn du ihn sehen könntest: da unten – Und ich sitze hier auf deinem Knie...

Es ist alles so verrückt! Wenn bloß die Sprache nicht wäre, Stepan, ich glaube, ihr könntet euch verstehen. Bestimmt. Ihr könntet Freunde sein. Manchmal kommt mir vor, als seid ihr ein und derselbe Mann... Kannst du das verstehen?

Stepan faßt ihr Gesicht.

STEPAN Zatschem ti plàkalla?

/ Warum hast du geweint? /

AGNES Ich weiß nicht, was du meinst.

STEPAN Ti zatschem plàkalla?

/ Du warum geweint? /

Stepan zeigt auf ihre Augen.

AGNES Mach dir keine Sorgen! Verheulte Augen, das kann es geben. Sprechen wir nicht davon.

Agnes erhebt sich, sie geht durchs Zimmer.

STEPAN Agnes?

Agnes setzt sich gegenüber an den Tisch.

AGNES Stepan, wie soll das weitergehen? Mit uns. Und dabei bin ich so glücklich, weiß du, finde es schön, daß wir nicht verstehen, was der andere sagt... Aber daß ich dich liebe, Stepan, das weißt du? Auch wenn ich verheulte Augen habe, Stepan, ich bin glücklich. Und wenn du weg bist, ich werde es nie wieder sein. So nicht. Mach dir keine Sorge. Auch wenn du nicht verstehen kannst, was ich dir sage. Du! vielleicht ist es nie anders, wenn Mann und Frau zusammen sprechen, und alles, was man noch mit Worten sagen kann, ist gleichgültig... Wenn du nicht gekommen wärest, Stepan, ich wußte nicht, daß es das gibt; daß ich sein kann wie zu dir, so ohne Angst und Verstellung, so wirklich, so ganz und gar! Spürst du das? Ich sage dir, was ich nie einem Menschen habe sagen können; du hörst es, Stepan, und es bleibt doch alles ein Geheimnis... Siehst du, auch ich weiß nicht, wer du bist. Nur daß wir einander lieben. Und dann bist du einfach da: Du bist alles, was ich mir denken kann... Womit habe ich das verdient!... Und dann, weißt du, daß nie eine Lüge zwischen uns ist –

Agnes faßt seine Hand.

Stepan?

Er schweigt und schaut sie an.
Jetzt bist du da. –
Sie schauen einander an.
Komm, du mußt essen!
Stepan will ihren Teller füllen.
Ich nicht, bitte, du weißt –!
Agnes entzieht sich, indem sie aufsteht.
Du, wenn ich bloß nicht die Angst hätte um den Jungen! Morgen sind es drei Wochen. Warum habe ich ihn bloß aus dem Keller gelassen? Ich begreife mich ja selber nicht mehr. Und von Gitta höre ich auch nichts! Die ganze Geschichte mit diesem albernen Anzug – Und wenn sie es schafft? Wenn sie wirklich einen Anzug kriegt: was dann?
Stepan bietet ihr ein Glas an.
Ich trinke nicht.

STEPAN Agnes –

AGNES Ich will heiter sein ohne das.

STEPAN Ti minia ni lubisch?!
/ Du liebst mich nicht? /

AGNES Nun bist du wieder böse?

STEPAN Ti minia ni lubisch??
/ Du liebst mich nicht? /

AGNES Ich versteh nicht, was du sagen willst.

STEPAN I li – da?
/ Oder doch? /

AGNES Das mußt du doch verstehen, Stepan, das geht nicht. Daß ich nach Wein rieche, wenn ich wieder in den Keller gehe. Das geht einfach nicht – gelt?
Ausbruch: Herrgott ja, was geht, was geht nicht! Ich schlafe mit dir – Stepan Iwanow, ein Mann, der nichts andres von mir weiß, als daß ich ihn liebe, und der mich wieder liebt – Stepan Iwanow, das geht! Ich sehne mich nach dir, jedesmal, ich kann es nicht erwarten, bis es Abend wird, und das alles geht!... Warum hat Horst mich nicht erschossen?... Ich liebe dich, Stepan, ich kann es doch nicht ändern! All diese Lügen und Listen, ich werde nie begreifen, wie ich das vermocht habe...

Und ringsum, ich weiß es doch, was ringsum geschieht, es ist so grauenhaft, und wenn du mich hältst – Wenn ich bloß an Gitta denke, wenn ich an Günther denke, den sie einfach erschlagen haben – und du küssest mich, du schweigst und ich bin selig... ich bin es!... Das alles geht.

Stepan hält sie an beiden Schultern.

Stepan, wer bin ich?

Stepan küßt sie.

Einmal wirst du mich verlassen – plötzlich... Die ganze Nacht habe ich gemeint, es regne in Strömen, bin immer wieder erwacht. Oft versteh ich nicht, warum wir überhaupt schlafen können! Warum ich mich nicht anziehe und hinaufgehe zu dir. Solange wir beide noch atmen –.

Agnes löst sich und setzt sich aufs Sofa.

Ich weiß, du denkst nichts Falsches von mir.

Stepan steht; er bietet eine Zigarette an.

Als wir einander heirateten –

Stepan gibt Feuer.

Eigentlich wollte ich nie einen andern Mann... Horst war Leutnant, er kam damals gerade aus Frankreich, und wir dachten eigentlich, der Krieg ist zu Ende. Oder wir dachten überhaupt nichts, mag sein, wir hockten auf den Dünen von Sylt... Später mußte er nach dem Osten, ich erwartete mein erstes Kind. Weihnachten kam er zum letzten Mal auf Urlaub, Weihnachten zweiundvierzig. In unsrer ganzen Ehe, was sind wir zusammen gewesen: drei Monate vielleicht, alles in allem. Am Lehrter Bahnhof nahmen wir Abschied, es war gerade Alarm, nicht wichtig, ein Störangriff, immerhin kam es herunter, und wir standen mitten auf dem offenen Platz. Bist du verrückt? sagte ich. Der kleine Martin war übrigens auch dabei, die Flak feuerte damals noch aus allen Rohren, in den Lagerschuppen krachte es von Volltreffern, eine ganze Kette, keine zweihundert Meter von uns. Schade! sagte er. Das werde ich nie vergessen. Dann eben nicht! sagte er, gab mir die Hand, ein Lächeln, weißt du, wie wenn einer zur Hinrichtung geht... Er war bereits durch die Schranke, als ich es begriff, ich konnte nicht mehr, ich heulte einfach heraus. Heil! sagte er... Zwei Monate später kam sein letzter Brief: aus Warschau –.

Agnes zerdrückt die Zigarette im Becher.

Daß man immer wieder diese Geschichten erzählt!

Stepan setzt sich auf die Lehne.

STEPAN Krieg nich gutt.

AGNES Nein.

STEPAN Krieg – Scheißkrieg.

Agnes faßt seine Hand.

AGNES Erzähl mir von dir. Ich will dir auf den Mund schauen und alles verstehen. Jehuda sagt, du bist Ingenieur. Und daß du bei den Partisanen gewesen bist. In der Krim –.

STEPAN Krim?

Er fängt an, das Krimlied zu summen, bricht ab.

Moja rodina.

/ Meine Heimat. /

AGNES Erzähl mir, wer du bist. Woher du kommst. Erzähl mir dein ganzes Leben.

STEPAN Krim – kapuut...

Stepan hat sich erhoben, er ist durchs Zimmer gegangen, bleibt stehen, es fällt ihm eine Erinnerung ein, er erzählt: indem er, da Agnes ihm mit fragender Teilnahme folgt, mehr und mehr auch pantomimisch deutet.

Ja weoll Partisanow. Wsorwatj most. Wdrug Nemezkie tanki. Mi beschatj tscheres leod. Leod ne derschit. U nas Dinamit. Woda wseo wische: wot, wot – Wasser, Fluuß! – Semj tawarischi gde? Na drugom beregu: ja odin. Odin. Towarischi?! Towarischi!!... Njet. Toljko woda, woda i leod –.

/ Ich führe Partisanen. Sprengen Brücke. Plötzlich deutsche Tanks. Wir laufen über das Eis. Eis hält nicht. Bei uns Dynamit. Wasser immer höher: so, so – Wasser, Fluuß – Sieben Kameraden wo? Am andern Ufer: ich allein. Allein, Kameraden?! Kameraden!! Nichts. Nur Wasser, Wasser und Eis.

Er setzt sich.

Woda i leod.

Es klopft. Sie horchen. Es klopft wieder.

Jehude?

Es klopft zum dritten Mal.

AGNES Herein?

Die Türe öffnet sich, und es erscheint Horst, der einen grauen Straßenanzug trägt.

HORST Verzeihung – wenn ich störe...

Schweigen.

Oberst Iwanow?

Schweigen.

Nach allem, was ich habe hören dürfen – mein Name ist Anders. Ich nehme an –

Schweigen.

Es handelt sich nur um die Wohnung. Wenn ich mir erlauben darf, Herr Oberst – ich meine es natürlich nur als Frage... Vielleicht wissen Sie selber nicht, wann das Haus wieder frei wird –

Stepan geht zur Türe.

STEPAN Jehude!... Jehude?

Stepan geht hinaus.

AGNES Was soll das?

HORST Ich habe gedacht –

AGNES Woher der Anzug?

HORST Du hast doch gesagt, er versteht deutsch –

Stepan kommt mit dem Burschen zurück, zornig.

STEPAN Tchuschoi tschellawjèk. Tschellawjèk sulitsi fchòdjet wnàschu kòmnatu.

/ Fremder Mensch. Fremder Mensch von der Straße eintritt in unser Zimmer. /

JEHUDA No wedj wsadù pastè.

/ Aber im Garten ist Posten. /

STEPAN Bes glass.

/ Ohne Augen. /

JEHUDA Njepanjatno.

/ Unbegreiflich. /

STEPAN Da.

/ Ja./

Jehuda wendet sich gegen Horst:

JEHUDA Kamerad Kommandier fregt, wer Ihr send und wos Ihr willt?

HORST Wie bitte?

JEHUDA Wer Ihr send und wie asoi Ihr kummt arein in dem Hois?

HORST Das sage ich ja. Mein Name ist Anders. Ich bin der Herr dieses Hauses. Wenn Sie gestatten. Ich bin der Gatte dieser Frau –.

JEHUDA Anders?

HORST Ja.

JEHUDA Horst Anders?

HORST Ja.

JEHUDA Hoiptmann?

HORST Ja – warum?

JEHUDA Hoiptmann Anders, Ihr send gewesen in Warsche?

HORST Woher wissen Sie das –.

Jehuda blickt ihn an. Sein Gesicht verändert sich in einem Krampf von Haß und Schrecken. Er nimmt den Zettel aus seiner Hosentasche, tritt zum Oberst und zeigt ihn.

JEHUDA Germanski affizerr. On bill w Warschòwe. Ubiiza.

/ Deutscher Offizier. Er ist in Warschau gewesen. Mörder. /

STEPAN Atkùde znajesch?

/ Woher weißt du?! /

JEHUDA On jijò musch!

/ Er ist ihr Mann. /

Jehuda zeigt auf Agnes. Stepan steht wie von einem Schlag getroffen. Jehuda wendet sich wieder gegen Horst.

Kamerad Kommandier fregt, dos is wahr?

HORST Was?

JEHUDA Ihr send gewesen in Warsche?

HORST Ja –.

JEHUDA März neunzehndreiundverzig?

HORST Warum?

JEHUDA Ihr send gewesen in Ghetto?

Horst schweigt.

Mit Pistoletten: Tatatata. Wenn wir kummen arois vun die brennende Hoiser: Tatatata.

HORST Aber nicht ich!

JEHUDA Ihr weißt?

HORST Nicht ich!

JEHUDA Frihjohr neinzehndreiundverzig. März un April. Achtzigtoisend Menschen –

AGNES Was soll das heißen, Horst, ich begreife kein Wort.

JEHUDA Brigade Stroop –

HORST Aber nicht die Wehrmacht!

JEHUDA Wehrmacht?

HORST Natürlich bin ich Wehrmacht. Kann ich beweisen! Meine Uniform ist unten im Keller. Schauen Sie nach!

AGNES Das ist wahr.

JEHUDA Oich die Wehrmacht! Ich weiß, ich bin vun Ghetto. Pionierabteilung Rembertow. Stimmt dos? Flakbatterje drei acht, roimisch Drei, arabisch Acht. Major Sternagel, Wehrmacht –

HORST Aber nicht ich! Das ist nicht wahr! Im Lazarett bin ich gewesen, Lazarett in Warschau, Armschuß –

JEHUDA Kennt Ihr dos baweisen?

HORST Was –

Jehuda packt ihn an der Kehle.

JEHUDA Ihr send Mörder!

Horst zieht die Waffe, die er von Agnes hat.

HORST Loslassen.

Sie weichen zurück.

Was will man von mir?

Agnes stellt sich sofort vor Stepan.

AGNES Horst! *Horst läßt die Waffe sinken.*

HORST Zu Ihrer Verfügung –.

Horst wirft die Waffe auf den Teppich. Stille. Dann wendet sich Stepan zum Fenster, den Rücken gegen das Zimmer. Agnes blickt bange auf ihn.

STEPAN Muij uchòdim.

/ Wir gehen fort. /

Jehuda gehorcht mit Überwindung, geht durch die Schiebetüre ab. Langsam wendet sich Stepan zurück, sein Gesicht wie entleert.

AGNES Stepan Iwanow –??

Stepan nimmt langsam seine Mütze, setzt sie auf, nimmt seinen Gürtel, schnallt ihn an. Alles ohne Agnes oder Horst anzusehen. Dann nimmt er den Mantel, geht durch das Zimmer und geht hinaus.

HORST Wo geht er hin?

Agnes schweigt.

Du meinst, er läßt uns in Frieden?

Agnes schweigt.

Der hat doch was vor –.

Jehuda kommt mit Gepäck, geht durchs Zimmer, als wäre es leer; er holt die Waffe vom Teppich.

AGNES Jehude –?

Jehuda entfernt sich und läßt die beiden allein, sie stehen wie zuvor, reglos, sie sehen einander an, so, wie man über eine unüberbrückbare Kluft schaut, Schweigen.

Vorhang.

›*Zur Inszenierung von* Als der Krieg zu Ende war‹

Die Rolle des Jehuda Karp ist in yiddischer Sprache geschrieben, die, wie bekannt sein dürfte, aus dem Mittelhochdeutschen hervorging durch Mischung mit hebräischen Elementen. Wenn kein Darsteller verfügbar ist, der ein wirkliches Yiddisch sprechen kann, wird es ratsam sein, auf dieses besondere Idiom zu verzichten; auf gar keinen Fall darf es durch sogenanntes »Jüdeln« ersetzt werden. Unter diesen Umständen wird man sich damit begnügen müssen, daß der Bursche ein slawisch-gebrochenes Deutsch spricht.

Überhaupt wäre es natürlich gegen Sinn und Anliegen dieses Stückes, wenn irgendeine Figur, die darin vorkommt, in die Karikatur gezogen würde, ja, verfehlt wäre schon die Bemühung, das Typisch-Nationale an irgendeiner Figur herauszuarbeiten.

(1962)

›*Nachwort zu*
Als der Krieg zu Ende war‹

> *»Denn über alle Schmach des Krieges geht die der Menschen, von ihm nichts mehr wissen zu wollen, indem sie zwar ertragen, daß er ist, aber nicht, daß er war. Die ihn überlebt haben, ihnen hat er sich überlebt, und gehen zwar die Masken durch den Aschermittwoch, so wollen sie doch nicht aneinander erinnert sein. Wie tief begreiflich die Ernüchterung einer Epoche, die, keines Erlebnisses und keiner Vorstellung des Erlebten fähig, selbst von ihrem eigenen Zusammenbruch nicht zu erschüttern ist, von der Sühne so wenig spürt wie von der Tat...«*
>
> *Karl Kraus, 1922.*

Diesen Sätzen, geschrieben vier Jahre nach dem ersten Weltkrieg, läßt sich auch heute, vier Jahre nach dem zweiten, nichts Wesentliches beifügen, es wäre denn der Hinweis darauf, daß der zweite Weltkrieg, in jenen Sätzen schon als verzweifelte Ahnung enthalten, alles Gewesene nicht nur an Ausmaß, sondern vor allem an Entartung übertraf, indem der eigentliche Krieg, begriffen als Kampf zwischen bewaffneten Männern, kaum noch ins Gewicht fällt gegenüber der Summe von Unternehmungen, die nur als Verbrechen zu bezeichnen sind. Von ihnen nichts mehr wissen zu wollen, wird unsere eigene Schmach: indem wir zwar ertragen, daß es diese Dinge weiterhin gibt, aber nicht, daß es sie gab. Gewiß gibt es Leute, die über die Untaten von heute nicht schweigen; ihr Geschrei ist laut genug, aber es kann nicht das unsere sein; sie reden immer nur von der Hälfte, sie reden vom Heute, als stünde kein Gestern dahinter.

Was nun das Stück betrifft, das meines Erachtens in die Gattung der historischen Stücke gehört, möchte ich wenigstens einen kurzen Hinweis darauf, was ich selber darüber denke, nicht unterlassen.

Die Geschichten aus der sogenannten Russenzeit, die man in Berlin und Wien zu hören bekommt, sind zahllos und meistens gräßlich, und das Schicksal, das ich zur Anschauung bringen möchte, ist sicher nicht so, daß es irgenwie als Regel gelten dürfe. Zwar beruht es auf einer tatsächlichen Begebenheit, aber das ändert ja nichts daran, daß es die Geschichte einer Ausnahme bleibt und bestenfalls den Wert der Ausnahme haben kann. Allein um dieses Wertes willen wurde es zum Vorwurf genommen. In Zeiten, die auf Schablonen verhext sind, schien es mir nicht überflüssig, Zeugnis abzulegen für einzelne Menschen, die nicht die Regel machen, aber dennoch wirklich sind und lebendig, mindestens so lebendig wie die tödlichen Regeln, die wir kennen: Der Jude, der Deutsche, der Russe und so weiter. Das Gebot, man solle sich kein Bildnis machen von Gott, verliert wohl seinen Sinn nicht, wenn wir Gott begreifen als das Lebendige in jedem Menschen, das Unfaßbare, das Unnennbare, das wir als solches nur ertragen, wo wir lieben; sonst machen wir uns immer ein Bildnis; nicht bereit, nicht willig und nicht fähig, einem einzelnen Gesicht gegenüberzustehen, stempeln wir ganze Völker ab und können ihnen nichts anderes zugestehen als die Fratze unseres Vorurteils, das immer eine Versündigung bedeutet. Ein Beispiel letzter Konsequenz, ein historisches, ist die Judenschlächterei in Warschau, die im Hintergrund unserer Geschichte steht. Im Vordergrund, und hoffentlich wird dieser polare Zusammenhang deutlich genug, steht eine Liebe, die, auch wenn man sie als Ehebruch bezeichnen mag, das Gegenteil jener Versündigung darstellt und insofern heilig ist, als sie das Bildnis überwindet. Und nur insofern rechtfertigt sich auch der Name, den ich dieser Frau gegeben habe: Agnes heißt Unschuld, Reinheit. Es ist freilich vorauszusehen, daß diese Liebe zwischen einer deutschen Frau und einem Russen, der ihr Haus als Feind betritt, nicht jedermann ergötzen wird; abgesehen davon, daß das Paradoxe nicht jedermanns Sache ist, wird es auch unter unsern Zuschauern nur wenige geben, die einen Mann, der beispielsweise in sowjetischer Uniform auftritt, nicht sofort unter ihrem Vorurteil begraben, unbesehen und unwiderruflich. Aber gerade weil ich diese Denkart bestreiten will und zwar in jedem Fall, da sie in jedem Fall und zwar unaufhaltsam zum Unmenschlichen führt, kommen wir, wie mir scheint, nicht um die Uniformen herum, die uns das lebendig-leidenschaftliche Vorurteil unserer Zuschauer sichern; freilich ist das ein heikles Spiel, wie jede Herausforderung, und es ist nicht nur wahrscheinlich, sondern gewiß, daß das herausgeforderte Vorurteil stärker sein wird als das Stück, was wiederum nichts gegen die Aufgabe sagt, die das Stück sich stellt. Im Gegenteil. Die freundlichste Form, die dieses Vorurteil annehmen mag, dürfte das Mißverständnis sein, das in diesem Stück irgendwie eine Auseinandersetzung zwischen Ost und West erkennen will. Als gäbe es keine andere Unterscheidung mehr! Es gibt aber eine, die sittlich-sinnvoller ist: die Unterscheidung nach Mensch und Unmensch, womit allerdings bei keiner Partei, die es auf der Erde gibt, Beifall zu holen ist, und doch müßte diese Unterscheidung, wie ich glaube, unser erstes Anliegen sein, auch wenn das Forum, das sich dafür finden läßt, immer schmaler wird – auch hierzulande.

Sachlich wäre noch beizufügen:

Die namentlichen Angaben über die Aktion gegen das Warschauer Ghetto, die im März und April 1943 stattfand, sind authentisch, entnommen aus dem dienstlichen Bericht des Brigadeführers Joseph Stroop, veröffentlicht in der Zeitschrift »Die Wandlung«, Heidelberg 1947. Die andeutenden Schilderungen in bezug auf diese Ereignisse beruhen auf photographischen Dokumenten meist deutscher Herkunft, veröffentlicht von der Commission générale d'enquête sur les crimes de guerre en Pologne, Volume I, Warszava 1948, sowie auf Aussagen polnischer Zeitgenossen. Ein persönlicher Besuch auf der Vernichtungsstätte, dem sich der Verfasser glaubte nicht entziehen zu sollen, erfolgte nach der zweiten und vor der letzten Niederschrift dieses Stückes. Auch die deutschen Schicksale, die erwähnt werden, sind keine Erfindungen, sondern übernommen aus den Erzählungen deutscher Freunde in Berlin.

Zürich, Weihnachten 1948.

Kleine Prosaschriften

(1945–1949)

Über Zeitereignis und Dichtung

Wer heutzutage schreibt und zu den Ereignissen schweigt, die uns zur Kenntnis kommen, ob wir es mögen oder nicht, und die uns manches liebe Vertrauen rauben, am Ende gibt natürlich auch er eine deutliche und durchaus entschiedene Antwort dazu – er begegnet ihnen nicht mit Verwünschungen, nicht mit Urteilen eines Richters, sondern mit Arbeit, mit seinem persönlichen Versuch, das Vorhandensein einer andern Welt darzustellen, ihre Dauer aufzuzeigen; er äußert sich zum Zeitereignis, indem er es nicht, wie man oft allzu leichthin von ihm fordert, als das einzig Wirkliche annimmt, sondern im Gegenteil: indem er ihm alles andere, was Leben heißt und auch noch Wirklichkeit hat, entgegenstellt. Vielleicht ist das, sofern wir nicht die Ausflucht ins Angenehme damit verwechseln, die weitaus dringendere Tat, die eigentlich notwendende –

Zum Glück ist es die Antwort der meisten.

Der Dichter eines Kriegslandes ist durch ein Feuer gegangen, ein öffentlich sichtbares, ein allgemein begriffenes, so daß er wohl allgemein von seinem Volk wieder ernst genommen wird; was er sagt, was zu sagen ihm noch bleibt, hat eine letzte Probe bestanden. Auch in unsern Augen, vor allem in unsern Augen, erscheint er mit der Gloriole eines Geläuterten, mindestens eines Geprüften. Natürlich werden auch falsche Gloriolen kommen; sie sind schon gekommen und haben Helvetier auf Knien gefunden. Denken wir aber an die wirklichen, deren es genug gibt, denken wir an die neuen Franzosen, es folgen die Stimmen aus andern Völkern, auch aus Deutschland werden sie sich erheben. Was haben, in solchem Kreise, die Schaffenden unseres Landes zu sagen?

Die Frage scheint bedrängend.

Wir haben den Krieg nicht am eigenen Leib erlitten, das ist das eine – anderseits haben natürlich auch wir ein Erleben von den Dingen, die ringsum geschehen und die, wie jeder weiß, auch unser Schicksal bestimmen. Der Krieg geht uns im höchsten

Grade an, auch wenn er uns verschont. Unser Glück ist ein scheinbares; wir sind nicht imstande, es wirklich zu genießen inmitten eines Leichenfeldes, am Rande einer Folterkammer, wir hören die Schreie, aber wir sind es nicht selber, die schreien, wir selber bleiben ohne die Tiefe des erlittenen Leides, aber dem Leiden zu nahe, um lachen zu können; unser Schicksal scheint die Leere zwischen Krieg und Frieden, ein Nichtganzvorhandensein, ein Warten, eine Ohnmacht im scheinbaren Glück, unser Ausweg ist bestenfalls das Helfen. Wir reden mit Gefangenen, die geflohen sind und uns vom Wüstenkrieg erzählen, von den Luftkämpfen über England; mitten auf den Straßen unseres friedlichen Alltages sehen wir das junge Gesicht der Flieger, die Europa für immer verändert haben, wir sehen die Verwundeten beider Parteien, die Flüchtlinge aller Gattungen, die Kinder, die von der Erschießung ihrer Eltern erzählen – wir haben einen Anblick dieser Zeit, wie ihn kein Volk, so es nicht selber im Krieg steht, deutlicher und aufdringlicher haben kann. Wir haben sogar, im Gegensatz zu allen Kriegführenden, stets einen zwiefachen Anblick, der erst die ganze Weite dieses apokalyptischen Geschehens erfassen könnte. Wir sind nicht kämpfende Partei. Zwar haben wir durchaus unsere Sympathie, unsere Wünsche, unser verfängliches Denken nach Wünschen, genau wie jede kämpfende Partei; aber wir haben nicht die unvermeidliche Verengung des Blickes und des Gefühls, die erst einen Kämpfer macht. Wir haben eines nicht: die elementare Versuchung zur Rache. Wir sind fast die einzigen, die dort stehen, wo man die Tragödie, die ganze, schauen könnte und müßte; der Kämpfende kann die Szene nur sehen, solange er selber darauf steht, der Zuschauer sieht sie immerfort. Wir haben die selten gewordene Freiheit, gerecht zu bleiben, oder wir hätten sie. Mehr noch: wir müßten sie haben. Sie allein steht uns an. Hier liegt die einzige, aber die große Möglichkeit unseres Geisteslebens, und allein von hier aus, scheint uns, könnte allenfalls auch eine künstlerische Aussage zum Zeitereignis möglich werden. Hier könnten wir, unserem Standort nach, von der entfremdeten Umwelt befragt werden, sofern uns zum Standort, der ein Geschick ist, auch die

Gnade eben der Einsicht und der Aussage verliehen sein sollte. Unsere Rolle gliche ungefähr dem Chor in der antiken Tragödie: Er bestimmt das Geschehen nicht, das vor seinen Augen abläuft, und er weiß es, daß er es nicht bestimmt, er sieht es nicht voraus wie der Seher, er richtet es auch nicht, manchmal warnt er, aber vergebens, er klagt, aber er klagt nicht an, er ist der Mitleidende aller, er verwechselt sich nie mit ihnen, nicht mit ihrer Schuld und nicht mit ihrer Größe, er ist ohne die Leidenschaft, welche den Helden macht und vernichtet. Was überhaupt hat er zu sprechen, er, der nichts am eigenen Leibe erlitt? Warum hören sie ihn dennoch an? Weil er nichts am eigenen Leibe erlitt: aus ihm spricht keine Rache, kein Haß, er allein hätte es leicht, die Ehrfurcht zu wahren, und er, der antike Chor, tut das auch... Das Hinkende auch dieses Vergleiches bleibt uns nicht verborgen: der Chor ist nie bedroht, daß das Geschehen auch ihn verschlinge, wir sind es ständig, und aus dieser Bedrohung allein ist unsere Teilnahme auch leidenschaftlich und eifernd; der antike Chor hat es leichter, gerecht zu bleiben, denn er weiß, daß er Chor bleibt.

Soviel zum Standort.

Sicher ist nichts damit getan, daß der Gegenstand, sei es für Bild oder Gedicht, aus dem Zeitereignis bezogen wird; der Gegenstand macht es ja nicht, und die Gesinnung, die vom Künstler verlangt wird, äußert sich allein in der Art, wie er sich mit seinen Gegenständen befaßt, gleichviel, ob es ein Krug oder eine versengte Landschaft oder die Sonne an der eigenen Hauswand ist. Das alles hält man für sehr vertraute Dinge. Wenn es also, wie wir meinen, keinen Grund gibt, der das Zeitereignis selber als Gegenstand verlangt, so bleibt noch die andere Frage, ob es einen zwingenden Grund gibt, der es verbietet.

Mindestens gibt es Bedenken.

Zum Teil sind es die gleichen, wie sie gegenüber der historischen Dichtung gelten: sie arbeitet mit einem Vorschuß an Wirkung, der nicht legitim ist. Wer einen Napoleon auf die Bühne stellt, bestreitet die ersten Akte allein mit der Ehrfurcht und Erinnerung, die der Name auslöst, ohne daß es ihm wirklich gelingen muß, einen Feldherrn aufzustellen, dessen Tun und Lassen uns von seinem Wesen überzeugt, so daß er uns überhaupt angeht. Noch krasser ist all dies der Fall, wenn das Zeitereignis auf die Bühne kommt, die Historie des eigenen Tages, wenn wir Gestalten sehen, die uns erregen durch ihr wirkliches Treiben zur gleichen Zeit. Eine inhaltliche Wirkung ist beschworen und gesichert, die das Kunstwerk, wenn es außerdem ein solches wäre, kaum noch erkennen läßt. Ein anderes kommt noch hinzu. Die aktuelle Dichtung verschärft eine Frage, die zwar immer vorhanden ist, aber nicht immer so spürbar. Wie kommt ein Mann dazu, wissen zu wollen und auszusagen, wie einer Mutter zu Mute ist, die in eben dieser Stunde wirklich ihr Kind verliert, wie einem Verschütteten zu Mute ist, lauter Dinge, die er unmöglich am eigenen Leib erfahren hat. Und all die Dichter, die jemals den Herrgott haben reden lassen, wie kommen sie dazu? Die wenigsten, die einen Kerker auf die Bühne brachten, haben auch nur einmal in einem Kerker gelegen und wollen uns doch sagen, wie man sich vor der Hinrichtung befindet; Büchner, als er seinen ungeheuren Danton schrieb, kannte die Guillotine von Stichen, Kafka ist niemals ein Käfer gewesen. Offenbar ist es eine ungeheuerliche Anmaßung, die jedem Dichten zugrunde liegt. Je näher sie aber zusammenkommen in der Zeit und im Raum, der Gegenstand einer Dichtung und diese Dichtung selber, um so lauter wird die Frage, um so peinlicher, um so unerträglicher – gewiß, es gibt das erprobte und fast sichere Mittel der historischen Verkleidung: man schlägt die Geschichte, die Ereignisse aus dem soundsovielten Jahrhundert, und man meint die Gegenwart. Das Mittel hat vieles für sich. Man entschlüpft der Zensur; man zeigt dem Hof, ob er fürstlich oder anders heißt, seinen Spiegel, und es merken das immer nur jene, die den Spiegel schon in sich tragen. Zu Zeiten war es überhaupt der einzige Weg, um nach der Wahrheit zu wandern, und es wird das immer wieder sein. Es ist das Zeitstück in der Tarnung. Nicht zuletzt entsteht ja diese Tarnung aus dem dichterischen Verlangen, seine eigene Gegenwart aus der Ferne zu sehen, ihre Zufälle abzustreifen, sie aufzuzeigen in einem allgemeineren, in einem dauernden und gültigeren Gesetz. Nur ist es dann jedesmal der Eifer der Hellen, eben diese versuchte Leistung so rasch und so vollkommen als möglich wieder abzutragen, sie dechiffrieren mit einer diebischen Wonne, sie können nicht anders, es läßt ihnen keine Ruhe, bis alles wieder auf den Namen der Gegenwart endet, und nichts ist gewonnen außer ihrem geräuschvollen Vergnügen darüber, daß man alles gemerkt hat. Man fragt sich dann jedesmal, warum das Dargestellte, was ja Geheimnis genug ist, noch hinter einem Kreuzworträtsel stehen mußte, ferner, ob eine frühere Geschichte einfach aus ihrem eigenen und ebenfalls wirklich gewesenen Dasein entstellt werden darf, um unsere Deutung der Gegenwart wiederzugeben. Wieder ist es die Frage nach der Anmaßung, sie kommt wie ein Bumerang zurück, unverändert.

Wie unwillkürlich, wie unausweichlich das Zeitereignis auch von uns erlebt wird, die es nicht mit Augen sehen und die es nicht unmittelbar betrifft, das zeigt uns übrigens der eigene Traum; fast jede zweite Nacht verrät er uns als Genossen einer grauenhaften Zeit. Der Traum aber, glauben wir, sei die einzig unbestechliche und die letzte hörbare Stimme, die wir befragen können, um sicher zu sein, was unter der Oberfläche uns wirklich bewegt, was auszusprechen wir mindestens versuchen sollten im Maße unserer Mittel.

(1945)

Notizen über Geträumtes

...Wieder ein brennendes Flugzeug! Wir eilten hin, fanden uns allerdings ein wenig enttäuscht; es war nur noch ein Feuerchen mit viel Rauch, wie wenn man Kartoffelstauden verbrennt. Die Flieger saßen daneben und spielten bereits Karten, nicht übelgelaunt. Es war auf einer Alp. Wir wollten sie allerlei ausfragen, auch wollten wir ihnen zeigen, daß man es gut mit ihnen meinte. Sie nahmen von uns überhaupt keine Notiz. Ob sie es selber wußten, daß sie Tote waren, blieb eine offene Frage...

...Eine Gruppe von Leuten ging über den Platz. Geiseln! sagte ich. Dann war ich plötzlich selber dabei, ein Ausbrechen nicht mehr möglich, es war auch niemand zugegen, dem ich hätte darlegen können, daß ich, wie ich meinte, durchaus nicht dazu gehörte. Als Schweizer. Die andern hatten sich drein geschickt. Wir gingen eine Waldstraße hinan, eine Art von Holzweg, der sich in vermoostem Schotter zu verlieren drohte, Kehren, jeden Augenblick konnte eine Kiesgrube auftauchen. Äußerste Angst. Die andern, als hätten sie mit ihren Vorgängern darüber gesprochen, versicherten allgemein, es gebe da oben überhaupt keine Kiesgrube, man wandere einfach, irgendwo zwischen den Stämmen stehe ein Maschinengewehr, denn sie wollen uns den Schrecken ersparen, daß man wisse: Nun sind wir am Ort. Sondern man erschieße uns einfach im Wandern, vielleicht jetzt dann, vielleicht bei der übernächsten Kehre. Auf einmal ertönte der fast freundliche und rücksichtsvolle Befehl, alle sollten auf ihre eigenen Füße blicken – ich begriff –; in der Verzweiflung jener Traumangst, die halbwegs weiß, daß alles ein Traum ist, daß es gilt, aufzuwachen, bevor es wirklich würde, floh ich, ich kletterte über viele säuberliche Urnen, sie waren zahllos und anzusehen wie die Isolatoren in einem elektrischen Werk, ich sprang über eine hohe Mauer mit Efeu, nachdem ich noch den Kragen einer Uniform, die man plötzlich trug, umlegen konnte, damit ich wie ein Zivilist aussehen würde. Auf einer sommerlichen Straße, eine Art von munterem Korso, galt es nun vor allem, langsam zu gehen, gelassen, nicht aufzufallen. Auf diese bekannte Weise, langsam, unter äußerster Anstrengung, gelangte ich zu einem mittelmeerländischen Hafen, versteckte mich auf einem Schiff; die grünen Wellen, als es wirklich fuhr, die herrlichen Segel über mir, drüben das schreckliche Ufer, ich kauerte noch immer hinter dem Reling, wenn auch erleichtert...

Am Ende eines kunterbunten Traumes, der im ganzen nicht unschön war, standen wir vor einem Schulhaus im Tessin, ein malerischer Abend, fremde Truppen im Quartier, sie putzten ihre Zähne, ihre Schuhe und so weiter, einer steht in voller Packung vor dem Feldweibel, allein, aufrecht, er soll erschossen werden. Seine Angst ist nicht zum Anschauen, dabei fast wieder lächerlich, denn er meint, er werde von vorne erschossen; während wir sehen, wie einer hinter ihm steht und gelassen den Revolver entsichert. Als er in voller Packung auf dem Boden liegt, bleibt einer stehen, der eben ins Schulhaus zurückgehen wollte, die Zahnbürste in der Hand, er blinzelt uns zu und lächelt. Fallobst! sagt er und geht weiter. Das Ganze hatte kaum das Gewicht eines Witzes, der den Ablauf des Alltags hätte unterbrechen können.

...eine Art von Keller, Gewölbe mit Schimmel, Schnee, den es von draußen hereingeblasen hatte, der Keller war kalt wie Eis und voll toter Soldaten, Deutsche, alle nackt, alle jung, Fleisch gefroren und bläulich, die Bäuche gedunsen und zerschlitzt, wahrscheinlich von Granaten, der Anblick war gräßlich, er wurde es um so mehr, als ich nun bemerkte, daß das Blut noch floß, nicht gefroren, es war warm, und sie atmeten mit aufgerissener Brust, das nächste Gesicht war nichts als eine offene schwarze Wunde, aber die Augen bewegten sich darin, blickten mich an, wach, völlig bewußt. Es mußten Lebende sein. Hilfe gab es nicht, sie wußten es.

(1945)

Verdammen oder verzeihen?

Ein Brief an Bi, den Verfasser des Leitartikels in der NZZ vom 23. 5. 1945

»Es regen sich die Anwälte der Irregeführten«, schreiben Sie in einem Artikel, der sich mit dem deutschen Problem befaßt, und fahren fort: »Wenn beispielsweise in einem Schauspiel der Terror als Hervorlocker des Geistes beschönigt und die Schuld nicht der brutalen Unmenschlichkeit, sondern dem Versagen des Geistes vor der Gewalt zugeschrieben wird (Nun singen sie wieder), so stehen wir hier vor den Anfängen einer unbewußten Strömung, die wiederum Recht in Unrecht und Wahr in Falsch verkehren will.«

Der Verfasser, der für jenes erwähnte Schauspiel verantwortlich ist, ließe sich, wenn er zu dieser Interpretation schwiege, öffentlich auf einer Gesinnung behaften, die nicht die seine ist.

Wenn der Terror beschönigt wird als Hervorlocker des Geistes: das bezieht sich zweifellos auf jene Gestalt, die ebenso Mörike rezitieren wie Geiseln erschießen kann. Denken wir beispielsweise an Heydrich, der ein begabter Cellist war. Die bloße dumpfe Bestie, die nichts anderes kann und kennt, ist nicht das Ungeheuerliche; denn sie ist leicht zu erkennen. Ungeheuerlich scheint mir die Bestie mit dem Geist, der so hoch fliegt, daß er den gleichen Menschen nicht hindert, eine Bestie zu sein. Ungeheuerlich ist das Janusköpfige, die Schizophrenie, wie sie sich nicht nur innerhalb des deutschen Volkes, sondern innerhalb des einzelnen Menschen offenbart hat. Nicht wenige von uns hielten sich lange an den tröstlichen Irrtum, es handle sich um zweierlei Menschen dieses Volkes, solche, die Mozart spielen, und solche, die Menschen verbrennen. Zu erfahren, daß sich beide in der gleichen Person befinden können, das war die eigentliche Erschütterung; es erschüttert das Vertrauen gegenüber jedem einzelnen, auch wenn er Mozart spielt, auch wenn er Mörike liebt wie wir. In dem erwähnten Schauspiel heißt er Herbert, ein

Schöngeist und Mörder aus eigener Leere, ein Verzweifelter, der sich, enttäuscht von der Unwirklichkeit des deutschen Geistes, dem Verbrechen überläßt, um wirklich zu werden, wenn auch schuldig. Daß er sich selber beschönigt, indem er sich als Hervorlocker des wirklichen Geistes betrachtet, als Bote, als Peitsche, als Bringer des Lichtes, das haben Sie deutlich gehört und mit Empörung vermerkt, die ich teile. Es ist eine mephistophelische Anmaßung, Gott zu zwingen durch das Böse, zu erfahren, ob es ihn gibt. Nicht alle Menschen wissen Gott in ihrer Tasche so sicher wie eine Schweizer Uhr. Betrachten wir aber nicht diese einzelne Szene, sondern das Stück, ihre Stellung im Ganzen, wenn Sie nicht dem landläufigen Fehler verfallen wollen, daß Sie das Bekenntnis einer Figur, die der Verfasser auftreten läßt, mit dem Bekenntnis des Verfassers verwechseln. Womit beginnt das Stück? Was ist der Ausgang, das, was das weitere verursacht? Es beginnt mit dem deutschen Verbrechen einer Geiselerschießung. Vor dieser Tat, die getan ist und nicht zu leugnen, stehen zwei Gestalten; die eine eben ist Herbert, der sie befohlen hat, und die andere ist Karl, der gehorcht hat, der die Schuld eines solchen Gehorsams erkennt, der sie bis zur Verzweiflung erleidet, der begreift, warum er seine eigene Mutter nicht mehr unter den Lebenden findet, der sich selber richtet, der zurückkehrt an den Ort der Schande und vor den Ermordeten kniet, der seine persönliche, seine eigene, seine unabwälzbare Schuld bekennt. Ich nehme an, daß Sie auch dies gehört haben; es war ein Schrei, und es war der einzige Mensch, der kniete. Ich glaube nicht, daß man auf die Frage nach der Schuld deutlicher antworten kann. Es heißt: Man kann seine persönliche Verantwortung nicht abtreten, damit ein anderer sie verwalte, es gibt keine Ausflucht in den Gehorsam, man kann die Last der persönlichen Freiheit nicht abwerfen, und eben das haben wir versucht, und eben das ist unsere Schuld. So der Sohn. Eine dritte Figur aus dem deutschen Lager, der Oberlehrer, ist mir in den letzten Wochen, da wir als Soldaten an der Grenze waren und mit vielen Deutschen redeten, erschreckend oft begegnet; das deutsche Gefühl der Unschuld, die deutsche Hybris, die sich als harmloses Staunen gibt, warum die Welt am deutschen Wesen nicht genesen will, die Ausflucht ins Unverbindlich-Gemüthafte, das alles sind Dinge, die wir, wenn wir lange genug reden, oft auch an jenen Deutschen gewahren müssen, die sich als die anständigen und die schuldlosen betrachten. Das Unverbindliche zwischen Innenleben und öffentlicher Wirklichkeit, das ist die Mitschuld des Oberlehrers, der zu häufige Mangel an bürgerlichem Mut, das, was die letzten zwölf Jahre in Deutschland überhaupt ermöglicht hat. Die Bedenken, ob wir unter den gleichen Umständen nicht ebenso schuldig hätten werden können, sind noch kein Grund, daß wir jene Schuld übersehen oder gar verzeihen. Auch Verzeihen ist eine Anmaßung. Wir müssen wohl als Schweizer durchaus darauf gefaßt sein, daß der Deutsche gerade uns nicht braucht, um seiner Schuld bewußt zu werden, ja, es könnte sogar geschehen, daß die Gerechten belehrt werden von den Schuldigen, vor allem die Selbstgerechten, und gerade von diesen habe ich in den letzten Wochen, da wir Flüchtlinge und Überläufer bewachten, nicht wenige gesehen in schweizerischer Uniform. Um davon zu erzählen, fehlt uns allenthalben das Papier. Wenn wir uns dafür mit der Tragödie des deutschen Volkes befassen, so sind wir uns wohl einig, daß es nur im bescheidenen Sinn einer Selbsterforschung geschehen kann; mehr kann unser Journalismus in seinem besten Fall, mehr kann auch das angeklagte Schauspiel nicht sein als ein Versuch, an der Klarheit zu arbeiten, die uns selber not tut, und uns vor der voreiligen Vereinfachung zu hüten. Satane sind es! war der Ruf in beiden Lagern; er war es in Wirklichkeit und im Schauspiel. Wie antwortete das Schauspiel als ganzes darauf? Beide Lager begegnen sich in der Reue um ihr vertanes Leben, finden sich als Menschen, wenn auch zu spät, wenn auch als Tote; der einzige, der als wirklicher Satan übrigbleibt, als der Gesuchte, das ist Herbert, der Nihilist nationalsozialistischer Prägung, der sich selber als Bringer des Lichtes, als Hervorlocker des Geistes beschönigt. Bringer des Lichtes, das heißt wörtlich: Luzifer. Auch werden Sie bemerkt haben, daß er von der Versöhnung ausgeschlossen bleibt, unwichtig für die Versöhnten, so unwichtig wie Mephisto für die erlöste Margarete, um es am großen Beispiel zu sagen. Nur für uns, die noch Anfechtbaren, bleibt er allerdings aufreizend wie jeder Luzifer; denn der Geist des Schöpfers glänzt noch in seiner Perversion. Gewiß, das Schauspiel läßt ihn nicht baumeln; es hätte sich damit viel Einwände erspart, auch den Ihren, und sich Beifall von bekannter Art gesichert. Nur kann der Verfasser nicht glauben, daß Luzifer aus der Welt geschaffen sei, auch wenn etliche erhängt sein werden. Er geht weiter; er hat noch andere Gewänder, noch andere Wappen, noch andere Muttersprachen. Darum scheidet Herbert aus dem Stück, ohne erledigt zu sein, was unbequem ist, unbefriedigend wie unser heutiger Friede...

Zum zweiten Teil Ihres Satzes:

Wenn die Schuld nicht der brutalen Unmenschlichkeit, sondern dem Versagen des Geistes vor der Gewalt zugeschrieben wird, so stünden wir vor einer unbewußten Strömung, die wiederum Wahr in Falsch verkehrt. Was heißt das? Wir sind uns wohl einig: ein Tier, wie tierisch es tue, kann als solches niemals schuldig sein. Warum nicht? Es ist nicht beschenkt mit Geist, der es anders hätte führen können und sollen. Schuldig werden kann also nur der Geist, eben das, was uns vom Tier unterscheidet, was uns vor unserem Unmenschlichen bewahren könnte und sollte. Nun sträuben Sie sich dagegen, daß man die Schuld eben dem Geist gibt, der vor der Bestie versagt hat, und nicht dieser Bestie selber, nicht der brutalen Unmenschlichkeit, die sich nur in der Folge jenes Versagens auswirken kann. Ich verstehe das nicht. Sie machen eine Antithese aus Ursache und Wirkung. Auch dort, wo das Versagen des Geistes nicht zur aktiven Kriminalität reicht und sich nicht als Massaker darstellt, erkennen wir es als Schuld, beispielsweise in dem Umstand, daß unsere gesamte schweizerische Presse, solange es unser Vaterland hätte gefährden können, zu eben jenen Massakern schweigen mußte und schwieg. Nur daß wir es beim Nachbar als Mangel an bürgerlichem Mut bezeichnen, somit als Schuld, im eigenen Lande aber als Staatsraison. Das meiste, was heute die öffentliche Empörung weckt, hätte auch unser Volk schon lange wissen können und müssen; die Zensur hat uns davon dispensiert, die umlaufenden Gerüchte glauben zu müssen. Und wir haben die Zensur geduldet. Meines Erinnerns waren es kirchliche Kreise, die jene lange vorhandenen Nachrichten erstmals aus dem angenehmen Nebel des bloßen Privatgerüchtes hoben und sie öffentlich mit ihrem Namen beglaubigten. Die Schuld des Oberlehrers dürfte uns nicht unverständlich sein. Statt dessen sehen wir heute die kommerzialisierte Empörung über eine Schande, die im Grade unseres früheren Wissens und Schweigens auch unsere Schande ist – wenn wir nicht uns selber beschönigen.

(1945)

Stimmen eines anderen Deutschland?

Zu den Zeugnissen von Wiechert und Bergengruen

Die Aufgabe, die sich uns stellt, wenn wir die neulich erschienenen Werke eines Ernst Wiechert daraufhin betrachten, ob und wie weit sie als die Stimme eines sogenannten anderen Deutschland gelten können, diese Aufgabe ist leider eine peinliche, zugleich eine dringende.

Wir wissen, daß Ernst Wiechert zu den Männern gehört, die den Mut zum persönlichen Widerstand hatten, die eine Haltung zeigten, und zwar nicht in Übersee, sondern mitten im Dritten Reich selber, eine Haltung, der wir nur mit größter Achtung gegenüberstehen können; dies um so mehr, als ja kaum einer von uns schon bewiesen hat, daß er zu dieser Haltung, die wir von uns und den anderen fordern, im entscheidenden Augenblick selber fähig ist.

Das ist das eine.

Das andere sind die literarischen Zeugnisse, die nun von diesen Männern des deutschen Widerstandes kommen, ihre Berichte, ihre Gedichte, ihre Erzählungen, deren künstlerischer Wert allein durch die Nachricht, daß ihr Verfasser im Kerker war, natürlich in keiner Weise berührt wird; dieser Umstand, daß beispielsweise Wiechert ein halbes Jahr lang in Buchenwalde war, erhöht nur unsere Erwartung ihnen gegenüber, unseren Anspruch auf Antwort, wessen Geistes dieser tapfere Widerstand war, unsere Hoffnung, daß uns hier die Stimme jenes immer wieder verheißenen anderen Deutschland anrede, dem unsere Sehnsucht gilt und unsere ganze Bereitschaft zum Gespräch, zu europäischer Nachbarschaft.

Der Totenwald, ein Bericht

Wiechert erzählt, wie er der Winterhilfe seinen weiteren Beitrag verweigert, solange Niemöller, der zu Festungshaft verurteilt wurde und nach Dachau kam, nicht sein Recht geschehe; wobei es Wiechert durchaus als Ordnung und Recht empfände, wenn es beim Spruch des Gerichtes bliebe, also bei Festungshaft, die das Gericht als verbüßt erkannte. Das Gericht, sein Spruch, wird nicht in Zweifel gezogen. Es empört ihn erst die Willkür gegen den richterlichen Spruch, die offene Verletzung des Staates.

> Hier war Recht und Gesetz gebrochen... Und gleichviel, ob der Unglückliche die Kanzel mißbraucht hatte oder nicht: hier wollte man weder strafen noch bessern noch sühnen. Hier wollte man nur vernichten, wie der Mörder seinen Zeugen vernichtet.

Und gleichviel –

Wiechert träumt von Niemöller, wie er poetisch sagt: als schwebe das Haupt auf einem silbernen Nebel, wie das Haupt des Täufers auf der Silberschüssel; damals erkannte er, Wiechert, daß es ihm bestimmt sein würde, mit diesem Haupt zu leiden. Von sich selber sagt er:

> Zwar hatte er in Reden und Schriften, in Briefen und Vorlesungen bekannt, was wenige seiner Zeit bekannt und gesagt hatten. Doch war ihm dies nicht nur durch den weiten und wohl auch tiefen Widerhall erleichtert worden, den seine Worte im Reich und jenseits der Grenze gefunden hatten. Er war auch darüber hinaus zuzeiten der Meinung, daß man nicht wagen würde, sich seiner Person mit den üblichen Mitteln der Gewalt und Gesetzlosigkeit zu bemächtigen, weil man das Aufsehen scheuen werde, das solch eine Tat bei allen rechtlich Denkenden erzeugen mußte.

Wiechert wird dennoch verhaftet. Er berichtet sehr eindrücklich seine Zeit im Gefängnis, zusammen mit den Namenlosen. Dann der Weg ins Lager, dessen Greuel er eben aus Erzählungen erfahren hat.

> Wieder legte man ihnen Ketten an und führte sie ans Ende des Bahnsteiges, wo man sie eine Viertelstunde stehen ließ. Er war während seiner Vortragsreisen einmal in dieser Stadt gewesen, und er haßte sie seit vielen Jahren; nun erwies sie sich dieses Gefühles durchaus wert, denn die Ankunft dieser Wagen schien für die Bevölkerung ein gewohntes

und sehr genossenes Fest zu sein. Zu Hunderten stand sie an den Gittern des Bahnhofgebäudes und erfreute sich mit lauter Heiterkeit an der Unterbrechung ihres Daseins. Doch sah Johannes auch zwei Damen stehen, die ihn wohl aus seinen Büchern kennen mochten und die schweigend mit strömenden Tränen zu ihm herüberblickten. Er konnte die linke Hand bewegen und machte eine Gebärde mit ihr, als lohne es sich nicht, um so weniges schon Trauer zu zeigen.

Vermutlich handelt es sich um die gleiche deutsche Bevölkerung, die heute, wie wir hören, leider von allem nichts wußte, nichts ahnte. Aber nicht darum geben wir diese Stelle; sie kennzeichnet den Ton, der durch das ganze Buch geht:

> Es war ihm, als seien die Augen aller seiner Leser auf ihn gerichtet, und er nickte ihnen beruhigend zu. Für ihn sollte der Hahn nicht krähen.

Das ist wichtig. Nicht weil es uns eine alte Hoffnung zerschlägt, die Hoffnung, das große und vor allem das allgemeine Leiden könnte uns davon befreien, daß wir von uns selber so eingenommen sind. Wichtig ist dies: wir lesen den Bericht eines Bevorzugten. Dabei geht es nicht einmal um die kleinen und dennoch wesentlichen Vergünstigungen, die Wiechert auch in Buchenwalde noch genießt gegenüber den Namenlosen, die kein Machthaber kennt und die nicht herauskommen mit dem Versprechen, zu schweigen. Der Vorzug besteht darin, daß dieser Leidende, Wiechert, stets die Augen einer großen Leserschaft auf sich versammelt fühlt und daraus eine Kraft zur tapferen Haltung gewinnt, die das Heer der Namenlosen, welche sich in keinem Rampenlicht wissen, aus einer ganz anderen Tiefe beziehen müssen. Somit ist das, was wir eben einen Vorzug nannten, vielleicht auch ein Fluch; jedenfalls vermindert er die Gültigkeit dieses Berichtes. Es ist, wenn auch auf einer künstlerisch viel geringeren Stufe, der gleiche Fall wie beim Rumänischen Tagebuch von Hans Carossa; auch jenes ein gefährliches Buch, wenn man es als Kriegstagebuch nahm und darin eine mögliche Haltung gegenüber dem Kriege suchte, wo es in Wahrheit nur das Tagebuch eines Arztes ist, eines Heilenden und Helfenden, also eines Bevorzugten, der nur ein einziges Mal vor die wesentliche Frage des Krieges gestellt wird: das Gebot des Vaterlandes, das uns zum Töten verpflichtet, oder das andere Gebot, daß man nicht töten soll. Man erinnert sich jener Stelle: Carossa steht vor einem Scherenfernrohr, entdeckt als einziger die schanzenden Feinde und hat die Wahl, zu schweigen oder zu sprechen, was das tödliche Feuer der deutschen Batterie bedeutet, und die Stelle, die wesentliche in bezug auf den Krieg, bleibt offen, ohne Entscheidung, unverbindlich in der Frage, woran Millionen von Soldaen zerbrochen sind, Millionen von Namenlosen und Nicht-Bevorzugten. Carossa war sich wenigstens bewußt, daß er keine Antwort gibt; Wiechert stellt sich nicht einmal eine klare und nüchterne Frage; unverwandelt, wie er ist, was schon aus der Melodie und der Metaphorik seiner Sprache hervorgeht, begnügt er sich mit Klagen einer gefährlich verschwommenen Art:

> Welche Scham für das Menschengeschlecht, zu meinen, daß mit körperlicher Züchtigung Weltanschauungen zu rächen oder auszutreiben wären! Welch ein vernichtender Maßstab auch für die Kultur so mancher Völker der Gegenwart! Und waren nicht hundertundfünfzig Jahre vergangen, seit Mozart die Arie reiner Menschlichkeit in der Zauberflöte geschrieben hatte?

Man lese solche Sätze genau.

Wovon ist die Rede? Daß sich das Menschengeschlecht – nicht der Deutsche, sondern das Menschengeschlecht – schämen muß über Dinge, die in Buchenwalde geschehen sind, 1938, also vor dem Krieg und vor irgendeinem Greuel, den später auch andere aus Notwehr und Ansteckung begangen haben; es wird, solange es um Versagen und Schuld geht, ganz allgemein von der Kultur so mancher Völker der Gegenwart gesprochen, immer hymnisch verschwommen, und genau wird Wiechert erst da, wo es um die erhabene Leistung geht, die Arie der Menschlichkeit, erschaffen von einem Deutschen, Mozart.

Oder, als Wiechert ein einziges Mal im Steinbruch arbeiten muß und sieht, wie dort die Juden auf höhnische Weise zu Tode geschunden werden, heißt es:

Und mochten jene (die Juden) schuldig sein an manchem in der Summe ihres Lebens, mochte das ganze Volk schuldiger sein als andere Völker: hier zerging ihre Schuld in nichts vor der Schuld derjenigen, die sich als das neue Volk priesen. Furchtbarer war niemals gebüßt worden, als jene büßten. Und mehr Schande war niemals auf die Stirne eines Volkes gefallen als auf jenes, das nun ihre Henker stellte.

Das ist übrigens alles, was Wiechert auszusprechen hat, als er die deutsche Lösung der Judenfrage sieht. Man achte auf die Wörter: »Mochte das ganze Volk (der Juden) schuldiger sein als die anderen.« Und: »Furchtbarer war niemals gebüßt worden, als jene büßten.« Auch für Wiechert, den Widerstandsdeutschen, den man bei uns ohne Zögern als die Stimme des edlen Deutschland begrüßt und in Mengen liest, steht es also fest, daß es das Phänomen einer kollektiven Schuld gibt. Wenigstens solange es das jüdische Volk betrifft. Er erschrickt nicht einmal über diesen Gedanken, der ihm so geläufig und selbstverständlich scheint, daß er nicht mit einem Wort erwähnen muß, wofür »jene« büßen. Und daß dieses sein eigenes Denken vielleicht schon eine Mitschuld sein könnte an alledem, was er mit Ekel und Entsetzen sieht, wird nicht erwogen. Eine kollektive Schuld des deutschen Volkes, darauf kommt Wiechert überhaupt nicht zu sprechen, persönlich unschuldig, wie er sich weiß; er sagt von sich:

»Des Reiches Schande war nicht seine Schande.«

In diesem gefährlichen Mangel an Denkkraft, der sich so gerne für Tiefe des Gemütes hält, verliert sich das ganze Buch, unseres Erachtens unerträglich, noch bevor unsere Meinungen als solche auseinandergehen; das tun sie allerdings schon im Vorwort:

Dieser Bericht will nichts sein als die Einleitung zu der großen Symphonie des Todes, die einmal von berufeneren Händen geschrieben werden wird.

Eben das, scheint uns, ist es nicht, was die Welt jetzt erwartet; kein deutsches Kunstwerk wird Deutschland retten, im Gegenteil, die Symphonie ist vielleicht der einzige Beweis, den Deutschland nicht mehr zu erbringen hat: daß es aus allen Katastrophen früher oder später mit Kunstwerken hervorgegangen ist, die ihm selber den Glauben gaben, die Kultur über den Kulturen darzustellen, aber noch kaum einmal mit der Gestaltung einer staatlichen Gemeinschaft und eines lebbaren Verhältnisses zu den anderen Völkern, die Kultur haben. Diese Aufgabe ist heute, wo die begreiflichen und unbegreiflichen Fehler der Besetzungsmächte hinzukommen, ungeheuer. Melancholisch steht Wiechert unter einer Eiche, die Goethe und Charlotte von Stein beschattet habe, im Grunde auch schon getröstet, da er sich näher bei Goethe fühlt als bei der deutschen Wirklichkeit und Gegenwart, die unter dieser Eiche stattfindet; ohne auch nur die augenblicklange Frage: warum dieser Goethe, dessen Geisteshöhe uns bekannt und lange genug als Aushängeschild benutzt worden ist, und alle die anderen Schätze, die diesem Volk geschenkt wurden, Mozart und Hölderlin, die er anruft, warum all dies gerade das deutsche Volk vor nichts bewahrt hat.

»Gott ist gestorben.«

Weil er von der Mehrzahl des deutschen Volkes verhöhnt wurde? Dieser Gedanke, aufschlußreich in seiner Art, spukt auch durch ein anderes Werk von Ernst Wiechert: »Totenmesse«. Im Gedanklichen unterscheidet es sich kaum von dem Bericht; nur in der Form, es ist eine Dichtung in Reimen.

Hab keine Kameraden, kein Fahnentuch,
keine Trommel, die mir zum Tode schlug.

Oder:

Will fluchen dem Schoß, in den er Samen gesenkt,
will fluchen der Brust, die sieben Söhne getränkt.

Oder:

Endlich aus unsrer unlöslichen Hüllung
trägt uns der Tod in das flutende All,
und in dem Becher der tödlichen Kühlung
löst sich, ach, endlich der Tropfen der Qual.

Im Nachwort zum »Totenwald« heißt es:

Der Verfasser dieser Erinnerungen glaubt zu wissen, daß sein Name in der abendländischen Welt als der Name eines stillen und wahrhaftigen Menschen guten Willens geachtet wird... Er gehört zu den Menschen, die mit den Dingen des Lebens eine Verwandlung vornehmen müssen, um sie in sein Schicksal einordnen zu können. Nicht eine Verwandlung in eine andere Wirklichkeit, sondern in eine höhere Wahrheit, eben in die der Kunst.

Das ist ein Bekenntnis, das uns nachdenklich machte, auch wenn die Verse, die Wiechert schreibt, wirkliche Kunst wären; auf die Frage, die wir unter der deutschen Eiche bei Buchenwalde-Weimar erwartet haben, hier die unbewußte Antwort eines Mannes, der durch Buchenwalde gegangen ist, der sich guten Willens weiß und den Sterbenden versprochen hat, er werde sie niemals vergessen:

»Nicht Verwandlung in eine andere Wirklichkeit...«

Der junge Verlag der Arche, der in kurzer Frist eine achtenswerte Leistung zustande gebracht hat und sich mit Ernst darum bemüht, der deutschen Stimme ein Forum wiederzugeben, bringt eine weitere Arbeit von Ernst Wiechert, die sich mit dem Krieg befaßt, eine Novelle: »Der brennende Dornbusch«. Warum hat dieser Ton uns einmal bezaubert; warum stößt er uns heute ab? Die erwähnte Novelle, die wir mindestens streckenweise, gemessen am Ernst ihres Anliegens, als blonden Edelkitsch empfinden, ist die angenehmste Art, am abendländischen oder mindestens am deutschen Leiden mitzutrauern. Der Leser wähnt sich erschüttert, wo er im Grunde nur beglückt ist über eine Gefühligkeit in seiner Brust, die er für Erschütterung hält. Was aber ist erschüttert? Im Grunde nichts. Wir können weiterleben wie vorher – ohne Verwandlung in eine andere Wirklichkeit –, denn nichts auf Erden kann geschehen, was sich nicht mehr ins Gemüthafte poetisieren ließe; umsonst ist die Sintflut, sooft sie kommen mag, es bleibt uns immerdar die Ausflucht ins Pathos, in das vertraute Pathos des bloßen Gemütes. Gerade dieses Vertrauen, das des Teufels ist, wird nicht erschüttert, keinen Atemzug lang. Und es ist so schön, traurig zu sein; aber nicht genug, bloß traurig zu sein. Gerade wir Außenstehenden, die sich bewußt bleiben, daß sie die Not nicht unmittelbar erlitten haben, sondern nur aus der Ahnung der jahrelang Gefährdeten, hätten eigentlich erwartet, daß uns ein vollkommen veränderter Ton begegne, ein Ton der tiefen Ernüchterung, ohne Hymnik, ohne die verfängliche Ehrfürchtigkeit vor allem Unklaren, die sich auch überall dort, wo man die Dinge durchaus beim Namen nennen kann, im Ahnungshaften begnügt und berauscht; ein Ton ohne Weihrauch, ein Ton ohne die einlullende Wehmütigkeit, die nicht einmal Trauer, sondern nur Selbstgenuß der Trauer ist; ein Ton ohne die Ausflucht in den Nebel, die Ausflucht ins Gemüthafte. Jedenfalls bei Wiechert finden wir diese Veränderung nicht, obschon er durch das Leiden hat gehen müssen, und jeder Leser, der auch nur einen Löffel voll eigenen Gemütes hat, wird ihm getreulich Folge leisten: gerade weil er nirgends hinführt. Nichts trägt sich leichter als dieser Schleier von alles umfassender Ehrfürchtigkeit. Brecht hat ihn zerrissen, lange schon, in seiner Art und an seinem Ort. Ohne Sorge um die Poesie, die einer hat oder nicht hat. Gerade aus dem Bewußtsein, daß das Geheimnis groß und uferlos bleibt, noch wo ihm mit allen Mitteln menschlichen Geistes begegnet wird, gerade aus dieser Verzweiflung ekelt uns vor jenen Zeichnern, die mit dem Daumen über jeden Strich ihres Bleistiftes fahren, um ihn poetisch zu machen, schummern, um geheimnisvoll zu sein und somit bedeutsam. Eben das nennen wir Kitsch. Das Gemüt in Ehren, das Gemüt als solches! Nur wissen wir wenigstens für unsere Lebenszeit, wie leicht und ungestört das Tier gedeihen kann hinter diesem Nebel. Man betrachte sich noch einmal die Architektur der Hitlerzeit, den Wohnbau: die Heime und Schulungsburgen voll Schmiedeisen und Geschmack, voll Holz und Naturstein und Leuchter für Kerzen und Gemüt, bezaubernd für jeden, der mit Gemüt zufrieden ist. In Wahrheit, die über das bloße Gemüt hinausgeht, waren es die Kinderstuben für Henker. Was heißt das? Wiechert hätte schon darüber stutzen können, daß Hunderttausende zu seinen begeisterten Lesern gehörten und ebenso zur Partei, die ihn später einsperrte. Warum das? Das bloß Gemüthafte, was er seinen Lesern vorzüglich bietet, stellt noch keine Alternative. Und eben darum wird das Gemüt, sogar das edle Gemüt, wie es in Wiechert eine so erfolgreiche und allein durch diesen Erfolg bedeutsame Stimme gefunden hat, niemals genügen, um Deutschland vor sich selber zu retten, nicht einmal, um eine benutzbare Brücke herzustellen zwischen der Welt und dem deutschen Menschen, die beide einander brauchen. Er wende sich ja gar nicht an die Welt, kann man entgegnen. Die Frage aber, was Deutschland zu tun gedenkt, und zwar das wirkliche gegenwärtige Deutschland, kann in diesem Jahrhundert, nachdem Deutsche einen großen Teil der abendländischen Welt zerstört und Millionen von Außerdeutschen erschossen oder verbrannt haben, kein innerdeutsches Selbstgespräch bleiben; die Welt, die in Reden oft angerufene, wartet auf Antworten, nicht auf Wehmut.

Betreffend Antwort:

Dieser Tage konnte man den Hirtenbrief eines deutschen Bischofs lesen, worin die entsetzliche Not, die heute auch über Deutschland hereingebrochen ist, als Sühne begriffen wird; unter anderem als Sühne auch dafür, daß man die guten Generäle durch schlechte und verantwortungslose ersetzt hat. Zum Schluß heißt es: »Aber das Schlimmste ist der Verlust der deutschen Ehre.« Von hier ist es noch ein Schritt, den der Bischof nicht getan hat, und wir stehen da, wo heute noch, wie uns verschiedene Berichte zeigen, die große Mehrheit des deutschen Volkes steht: in der bitteren Reue darüber, daß der Versuch nicht gelungen ist, im offenen Bekenntnis, daß die Ausführung eines Wollens, das man als solches keineswegs verneint, häßlich war und fehlerhaft, für Deutschland unehrenhaft. Wie der Bischof sagt: Aber das Schlimmste ist der Verlust der deutschen Ehre. Ein Mensch steht vor den Leichen derer, die er, befallen von einem Wahnsinn, ums Leben gebracht hat: Was habe ich getan! ruft er: Ich habe mein

Leben verpfuscht, meine Ehre verpfuscht! Das aber ist eine Verzweiflung, die ganz und gar auf seine eigene Person beschränkt bleibt, und ein solcher Mensch schiene uns unendlich weit auch nur von der Reue entfernt. – Obschon er es selber als Reue ausgibt.

Die Gerechtigkeit verlangt nun, daß wir von Ernst Wiechert auch ein Gedicht erwähnen, das in keinem seiner Bücher steht, uns aber dennoch erreicht hat, ein Zeugnis offenbar der jüngsten Zeit, das die meisten Einwände, welche wir den genannten Werken gegenüber auszusprechen für nötig hielten, nicht verdient. Es heißt:

Rings um ihn still die Wälder stehn,
rings um ihn still die Ströme gehn,
und goldne Sterne scheinen.
Wie haben wir doch zugebracht
wie ein Geschwätz bei Tag und Nacht
so Lachen wie Weinen.

Nun lassen Habe wir und Haus;
wir ziehen unsre Schuhe aus
und gehn mit nackten Füßen.
Wir säten Tod und säten Qual,
auf unsern Stirnen brennt das Mal,
wir büßen, wir büßen.

Und nächtens pocht es leis ans Tor,
und tausend Kinder stehn davor
mit ihren Tränenkrügen.
Und weisen still ihr Totenhemd
und sehn uns schweigend an und fremd
mit schmerzversteinten Zügen.

O gib den Toten Salz und Korn
und daß des Mondes Silberhorn
um ihren Traum sich runde!

Und laß indessen Zug um Zug
uns leeren ihren Tränenkrug
bis zu dem bitt'ren Grunde.

Und gib, daß ohne Bitterkeit
wir tragen unser Bettlerkleid
und Deinem Wort uns fügen.
Und laß uns hinterm Pfluge gehn,
solang die Disteln vor uns stehn,
und pflügen und pflügen.

Und führe heut und für und für
durchs hohe Gras vor meiner Tür
die Füße aller Armen.
Und gib, daß es uns niemals fehlt
an dem, wonach ihr Herz sich quält:
ein bißchen Brot und viel Erbarmen.

Wäre uns dieses Gedicht allein begegnet, wir hätten die Geistesart seines Verfassers vermutlich keinen Augenblick lang befehdet. Und das wäre auch für uns angenehmer gewesen.

Eine andere Stimme:

Völker der Welt, die der Ordnung des Schöpfers entglitt,
Völker, wir litten für euch und eure Verschuldungen mit...
Völker der Welt, der Abfall war allen gemein:
Gott hatte jeden gesetzt, des Bruders Hüter zu sein.
Völker der Welt, die mit uns dem nämlichen Urgrund entstammen,
zwei Jahrtausende stürzten vor euren Grenzen zusammen,
alles Schrecknis geschah vor euren Ohren und Blicken,
und nur ein Kleines war es, den frühen Brand zu ersticken...
Sicher meintet ihr euch hinter Meeren und schirmendem Walle
und vergaßt das Geheimnis: was einen trifft, trifft alle.
Jeglicher ließ von der Trägheit des Herzens sich willig verführen,
jeglicher dachte: Was tut es, an mich wird das Schicksal nicht rühren,
ja, vielleicht ist ein Vorteil, das Schicksal läßt mit sich reden!
Bis das Schicksal zu reden begann, ja, zu reden mit einem jeden.

Bis der Dämon, gemästet, von unserem Blute geschwellt,
brüllend über die Grenzen hervorbrach, hinein in die Welt.
Völker der Erde, ihr haltet Gericht; vergeßt dieses Eine nicht:
Immer am lautesten hat sich der Unversuchte entrüstet,
immer der Ungeprüfte mit seiner Stärke gebrüstet,
immer der Ungestoßene gerühmt, daß er niemals gefallen.
Völker der Welt, der Ruf des Gerichtes gilt uns allen.
Alle verklagt das gemeinsam Verratene, gemeinsam Entweihte,
Völker, vernehmt mit uns allen das Göttliche: Metanoeite!

Betrachten wir diesen Anruf, ohne zu fragen, wo er steht und wen er zum Verfasser hat. Ein Deutscher sagt den Völkern der Welt: Wir litten für euch und eure Verschuldungen mit. Sagt es zu einem Kreis von Völkern, die unter deutscher Besetzung immerhin das ihre gelitten haben. Gott hatte jeden gesetzt, des Bruders Hüter zu sein; er sagt es nicht der deutschen Bevölkerung, die die Pogrome am nächsten gesehen hat, sondern den Völkern jenseits der Meere. Und ein Kleines war es, den frühen Brand zu ersticken. Ganz sachlich: Wie? Mit einem Präventivkrieg gegen Deutschland? Ein Verbrecher, heißt das, klagt das menschliche Gericht an, erstens, daß es ihn nicht von Geburt an eingesperrt habe, um seinen Amoklauf zu hindern, zweitens beruft er sich darauf, daß vor Gott alle Menschen schuldig sind: die Verbrannten von Oradour nicht anders als jene, die sie in die Kirche sperrten und verbrannten. Ein deutscher Dichter ruft ihnen zu: Vernehmt mit uns allen das Göttliche: Metanoeite, tut Buße!

Geht das an?

Wenn auch vieles, was dieses heikle Gedicht sagt, unsrer Meinung nach wahr ist, bleibt immer noch die entscheidende Frage, wer diese Dinge sagt; entscheidend darüber, ob einer die Wahrheit sagt, die auszusagen als seine nächste Aufgabe ihm aufgetragen ist, oder ob er sich nur auf eine Wahrheit beruft, um seine eigene und unvertauschbar eigene Wahrheit aufzulösen in eine allgemeine. Das letztere aber bedeutet, daß er, wenn ein Deutscher unsrer Tage das sagt, die deutsche Schuld auf eine religiöse Weise auflösen will in die allmenschliche Schuld. Was diese allmenschliche Schuld betrifft, überlasse er es getrost den Dichtern aller anderen Völker, ihren Anteil daran auszusprechen und auf sich zu nehmen, und auch uns gebe er die Chance, daß wir ins reine kommen mit unserem Teil an babylonischem Hochmut; so wie wir ihm diese Chance geben. Einmal mehr spüren wir aus diesem Gedicht, daß die Wahrheit nicht in einem Wort liegt, sondern im Verhältnis zwischen Wort und Standort, wo es gesprochen wird, und hier stimmt dieses Verhältnis nicht.

Werner Bergengruen, den wir als einen der großen deutschen Dichter der Gegenwart verehren, stellte dieses Gedicht, das wir nur auszugsweise zitieren konnten, ans Ende von insgesamt achtzehn Gedichten – *Dies irae*, ebenfalls im Verlag der Arche erschienen – und man tut Bergengruen selber Unrecht, wenn man es allein vorliest, ohne die siebzehn anderen; das aber wird noch häufig geschehen, genehm, wie es dem deutschen Munde ist. Vorher aber heißt es zum Beispiel:

In der gnadenlosen Schwüle
tödlich lagen wir gefangen.
Mahlte noch die dunkle Mühle
oder war auch sie zergangen?

Manchmal hörten wir ein Knistern,
klopften nachts die Totenuhren –
bis erlösend aus Kanistern
blanke Feuer niederfuhren.

Hier spricht, was wir das andere Deutschland nennen dürfen, jenes nämlich, das weiß, warum die Kanister fielen. Wer uns bloß seine persönliche Unschuld beteuert und vielleicht sogar beweisen kann, zählen wir noch nicht dazu, im Gegenteil. Ein anderes Deutschland sehen wir erst in jenen, die die deutsche Schuld gegenüber der Welt einsehen und bekennen, möglichst unverblümt, die den überpersönlichen Fluch auf sich nehmen, diesem Volke anzugehören, Fluch im antiken Sinne, und die zur Sühne bereit sind, und zwar schon im Diesseits, ohne Vertröstung auf das Jüngste Gericht, das, wie der Gläubige sagt, gerade auch jene Bereitschaft in der Zeit wägen wird.

Ich hatte dies Land in mein Herz genommen,
Ich habe ihm Boten um Boten gesandt.
In vielen Gestalten bin ich gekommen,
Ihr aber habt mich in keiner erkannt.

Ich klopfte bei Nacht, ein bleicher Hebräer,
ein Flüchtling, gejagt, mit zerrissenen Schuhn.
Ihr riefet dem Schergen, ihr winktet dem Späher
und meintet noch Gott einen Dienst zu tun.

Ich kam als zitternde geistgeschwächte
Greisin mit stummem Angstgeschrei.
Ihr aber spracht vom Zukunftsgeschlechte.
Und nur meine Asche gabt ihr frei.

Verwaister Knabe auf östlichen Flächen,
ich fiel euch zu Füßen und flehte um Brot.
Ihr aber scheutet ein künftiges Rächen,
ihr zucktet die Achseln und gabt mir den Tod.

Ich kam als Gefangener, als Tagelöhner,
verschleppt und verkauft, von der Peitsche zerfetzt.
Ihr wandtet den Blick von dem struppigen Fröner –
Nun komm ich als Richter: Erkennt ihr mich jetzt?

Wichtig scheint uns hier, daß nicht nur vom deutschen Leiden oder von einem allgemeinen Leiden gesprochen wird, sondern von dem Vielfachen an Leiden, das Deutsche über die anderen Völker gebracht haben und das ganz genau benannt werden kann. Mit dem Bewußtsein, das Bergengruen hier ausspricht, ist die Versöhnung noch nicht geleistet, aber ohne dieses Bewußtsein, das nicht nüchtern genug sein kann, ist sie überhaupt nicht möglich; es ist die Schwelle, die Millionen von Deutschen noch nicht einmal sehen, und dann ist immer noch die Frage, ob sie die Schwelle auch wirklich betreten wollen, und zwar mit wirklichen Füßen, ohne Mystifikation. Es ist, was das Schicksal von diesem anderen Deutschland verlangt, ein ungeheurer Gang; es ist aber der einzig mögliche, der es in die Welt zurückführen kann. Alles andere ist der Untergang. Wie groß oder klein, wie allgemein oder vereinzelt es sein wird, dieses andere Deutschland, davon hängt nun alles ab. Auch für uns, die wir deutscher Sprache sind. Wir entgehen unserem Schicksal nicht, das mit dem deutschen niemals identisch ist, dennoch verkettet mit ihm; darüber hilft uns kein Amerikanismus, kein Sowjetismus hinweg. Die immerhin noch kleine Anzahl von Schweizern, die heute entschlossen sind, den deutschen Nachbarn mit jeder uns möglichen Hilfe beizustehen, sind sich bewußt, daß ihre Bereitschaft zum Gespräch nicht eine Huld, sondern eine blanke Forderung der Not ist, sogar der eignen; wir können nicht auf die Dauer neben einem Abgrund wohnen. Und gerade darum wehren wir uns gegen jede Tendenz, die den vorhandenen Abgrund leugnen, vergessen, ästhetisieren oder sonstwie übertünchen will. Helfen heißt nicht vergessen. Es heißt nur, daß wir uns der Hoffnung auf ein mögliches demokratisches und europäisches Deutschland, die auch für uns die einzige Hoffnung auf Zukunft ist, nicht bloß hingeben, sondern verpflichtet fühlen. Wir können eine Nachbarlichkeit nicht erwarten, zu der wir nicht unsrerseits bereit sind, und zwar jetzt, wo sie eigentlich gegründet werden muß, nicht bloß angeknüpft an eine frühere, an Fäden, denen wir nicht mehr vertrauen können und die auch für uns endgültig zerrissen sind.

(1946)

Das Schlaraffenland, die Schweiz

Seit zwei Wochen lebe ich in München. Ich soll berichten, wie es in meiner Vaterstadt aussieht. Warum fällt es so schwer? Zürich ist ganz. Und München ist die erste zerstörte Stadt, die ich mit eigenen Augen sehe, Tag für Tag. Der Anblick ist erdrükkend, aber nicht überraschend; es ist so, wie unsere Angst es sich vorstellte in all den Jahren, seit man sah, daß es zum Kriege kommt: da man sah, daß der Krieg verherrlicht wurde. Lassen Sie mich, wenn ich schon schreiben soll, offen sein und nüchtern, wie es der Not allein geziemt. Das einzig Überraschende ist der Umstand, wieviele Deutsche, wenn man mit ihnen spricht, überrascht sind von einem Elend, das schon seit sieben Jahren in der Welt ist und länger. – Und dann:

»Sie kommen aus der Schweiz, ach, die glückliche Schweiz, die freie Schweiz!«

Man schweigt.

Soll ich nun erzählen von Straßen ohne Schutt, von erleuchteten Schaufenstern, von Segelschiffen, die wie lichte Schmetterlinge draußen auf dem blauen Wasser sitzen, von Kinderwagen, von blühenden Alleen, von lachenden Paaren mit silberner Sonne im Haar, von hundert Freuden eines harmlosen Lebens –

Das alles gab es auch hier.

Und wir haben es den Deutschen nie genommen.

Sieben Jahre lang waren wir gefangen, und ich könnte erzählen, wie wir an der Enge dieser langen Jahre litten, als der deutsche Ring um uns lag, oder davon, was in diesen Jahren geleistet wurde. Aber danach hat mich von zehn Leuten, die ich sprach, kaum einer gefragt. Wir sind nun einmal, nach Gottes unerforschlicher Laune, ein Land des Glückes, vor allem des eßbaren Glückes, ein Schlaraffenland mit Butter und Käse, mit Matterhorn und Freiheit, die auf den Alpen wächst, mit Schokolade, mit Kaffee und Speck...

Ist es nicht so?

Man schweigt.
Aus Scham, daß es uns besser geht?
Es geht uns besser, und wir schämen uns nicht einmal, wir sehen keinen Grund; wir haben uns nie von einem eroberten Nachbarland ernährt, und die Freiheit, um die Sie uns heute beneiden, haben wir niemals einem anderen Volke genommen, und wir haben sie niemals verhöhnt.
Und was den Speck betrifft:
Da fallen mir eben die zwanzig deutschen Zöllner ein, die vor einem Jahr über unsere südliche Grenze traten, als ich dort Wache hatte, entrüstet über die italienischen Partisanen, die ihnen, man höre und staune, ihre Uhren abgenommen hatten. Ich mußte sie bewachen, Gewehr bei Fuß, Mitleid bei Fuß; sie bekamen unsere Suppe, unser Brot, nicht anders als hunderttausend Flüchtlinge zuvor, dazu kramten sie Speck aus ihren Bündeln, daß mir das Wasser im Munde zusammenlief, Speck, den sie in Italien gefunden hatten. Was jeder von ihnen verzehrte, war für uns, die Schlaraffen, ungefähr die Zuteilung eines Jahres. Sie waren einverstanden, daß Himmler nun um Waffenstillstand bat, obschon das Leben in Italien, wie sie mir versicherten, bisher nicht übel war. Ich glaubte es ihnen aufs Wort. Sonst verstanden wir uns wenig.
Seither ist ein Jahr vergangen –
Verstehen wir uns heute schon besser?
Ich könnte erzählen, wie wir unsere Gärtlein umstachen, unsere Sportplätze, unsere öffentlichen Anlagen, damit wir Kartoffeln hätten. Große Betriebe mußten Land auftreiben und pachten, damit jeder städtische Angestellte pflanzen konnte. Unsere Zuteilungen an Brot und Fett, ich erinnere mich, waren kleiner als drüben in Deutschland. Das ist nicht schlimm. Es fehlte an Kohle, also an Gas, an Zement, an Backsteinen. Auch das war nicht schlimm. Es gab sozusagen nichts, was man ohne Marken bekam, was frei war. Ausgenommen das Denken, das Wissen um den Wahnsinn, der rings um unsere Grenzen herrschte. Nicht weil wir weniger Butter hatten als das Reich, solange es die dänische Butter aß, die jugoslawischen Eier, den holländischen Käse,

nicht darum war es eine verzweifelte Zeit drüben im schweizerischen Schlaraffenland: sondern weil wir wußten um den holländischen und griechischen Hunger, um das französische Elend, um das Ausrotten in Polen, um das geknebelte Norwegen. Natürlich mußten wir helfen, soweit es unsere kleinen Verhältnisse erlaubten: das war wenig. Und soweit es das siegreiche Deutschland gestattete. Das war noch weniger. Und wir waren sechs Jahre lang gefaßt, daß auch wir an die Reihe kommen würden.

Immer wieder höre ich:

»Ach, Sie aus der friedlichen Schweiz, Sie haben ja keine Ahnung, was wir gelitten haben!«

Glauben Sie das im Ernst?

Wir hörten die Bomber, wenn sie in der Nacht nach München flogen, nach Ulm, Welle um Welle: wenn die Kinder wieder eingeschlafen waren, kamen sie zurück, Welle um Welle, und wenn wir nichts hatten, so hatten wir mindestens eines, was uns niemand absprechen wird: Angst. Und das heißt Ahnung. Wir hatten sie schon, als Warschau in Schutt und Asche sank. Wir sprachen mit Deutschen, die weniger zimperlich dachten als wir, damals, heldhafter und größer. Ich erinnere mich an die deutschen Berichte, als es gegen London ging: Der Tod hält eine reiche Ernte unter uns, und derlei mehr. Uns schien es ein Wahnsinn, schon damals. Wir zitterten; am deutschen Ufer drüben läuteten die Siegesglocken, sieben Tage lang, während wir Bunker bauten und Gräben, alles im vollen Bewußtsein, daß wir die deutsche Größe niemals aufzuhalten vermöchten, also nicht aus Hoffnung, nur aus Haß. Jeder Schweizer, der gesund war, hatte seine fünfhundert oder tausend Diensttage, und das ist nichts im Vergleich mit dem deutschen Soldaten, ich weiß: aber viel, wenn man überhaupt nicht erobern will, sondern arbeiten möchte und leben, Bücher schreiben, Bilder malen, Häuser bauen, Kinder haben und was der Dinge mehr sind, die der Spießer, wenn er zuweilen größenwahnsinnig wird, als spießig bezeichnet –

Immerhin:

Es wurden Bücher geschrieben, sogar gute, wie wir meinen,

vor allem könnte man von der lyrischen Dichtung reden, von der bildenden Kunst, die in unserem Lande zur Zeit am besten vertreten ist, von wissenschaftlicher Arbeit, von schweizerischen Verlagen und von Dichtern aus aller Welt, die man hier auch kennenlernen wird. Was wirklich einen Wert hat, das wird ihn auch morgen noch haben. Oder ich könnte vom Züricher Schauspielhaus erzählen, das so lange Jahre hindurch die einzige freie Bühne deutscher Sprache war, von Bert Brecht, von Georg Kaiser, von Jean Paul Sartre, von Eliot, von Garcia Lorca und anderen, die zum Bild der Moderne gehören. Oder von Maria Becker (der Tochter der emigrierten deutschen Schauspielerin Maria Fein), einer schauspielerischen Erscheinung, wie nicht jedes Jahrzehnt sie hat. Kurt Horwitz, den die Münchener kennen, geht als Intendant nach Basel, und Therese Giehse können Sie in dem Schweizer Film sehen, der zur Zeit läuft – nebenbei vermerkt: Brigitte Horney ist nicht tot, obschon es hier in der Zeitung steht, sie spielt zur Zeit die Hauptrolle in einem Schauspiel, dessen Verfasser eben diese Zeilen schreibt und Ihnen versichert, daß wir am Tage, als der deutsche Rundfunk ihren Tod meldete, zusammen an einem märzlichen Waldsaum saßen, ihre Rolle besprachen und uns der Sonne erfreuten und unseres Daseins, allen Daseins, das dieser Krieg noch gelassen hat...

»So groß, meine Freunde, so groß ist das Nichts, das All, der Tod, so selten das Leben, das Warme, das Vorhandene, das ihr begreift, das Lichtlein, das brennt; so selten ist das, was ist.«

Eines begreifen wir nie:

Die deutsche Vergötzung des Todes.

Schon bei unseren Müttern fängt es an: sie gebären nicht für das Vaterland, nicht für ein tödliches Denkmal der Ehre, sondern für das Leben, das ihnen schon verehrenswert genug scheint. Stolz auf gefallene Söhne, dazu fehlt ihnen jeder Sinn. Das menschliche Glück ist auch bei uns nicht die Regel, aber gestehen wir es offen: es ist unser Ziel. Das ist, ich weiß, nicht groß gedacht. Ich erinnere mich jener großen Aufschriften: Wir sind geboren, um für Deutschland zu sterben. Das kann man keinem Volk verbieten: wenn nicht auch seine Nachbarn dabei sterben müßten. Wir lieben die Völker, die solche Vergötzung des Todes nicht brauchen, weil sie das Talent zum Leben haben, so stark, daß sie den Tod geradezu fürchten. Das ist natürlich feige. Daß ein Gedanke edel sei, je sicherer er in den Tod führt, das nennen wir preußisch, und wir wissen, daß uns viele Deutsche wegen unserer unpreußischen Denkart verachten, jedenfalls solange sie siegen, das heißt, solange der Tod sich vor allem auf der anderen Seite abspielt. Wir Schweizer sind ein kleines Volk; Pestalozzi ist für uns schon ein großer Mann. Darüberhinaus fehlt uns der Sinn für geschichtliche Größe. Sie finden unsere deutschen Gäste, eingebürgerte und andere, die bereitstanden für den geschichtlichen Augenblick, der mehrmals nahe genug war. Sie saßen neben uns in der Straßenbahn und im Kaffeehaus, unsere Gauleiter von morgen, und wir konnten sie nicht einmal ausweisen. Denn es standen die deutschen Heere hinter ihnen, gehorsam und tapfer, wohin es auch immer ging. Und was stand hinter uns? Nichts als unsere unverbesserliche Meinung, daß der Mensch nicht größer und nicht kleiner ist, ob er einem Großstaat oder einem Kleinstaat angehört. Es wehte, wie wir wissen, das deutsche Hakenkreuz auf der Akropolis: aber ich habe noch keinen Deutschen getroffen, der dadurch ein Grieche geworden ist. Allerdings bin ich erst zwei Wochen hier, und das ist natürlich eine kurze Zeit: nach dreizehn Jahren, die uns tausend Jahre auseinander brachten. Was heute noch zwischen uns liegt, das ist nicht allein das Hindernis, daß wir uns kaum noch dem Namen nach kennen, sondern darüber hinaus ein großes und waches und zähes Mißtrauen. Mindestens von unserer Seite. Und anderseits: daß man die Menschen liebt, die man um ein wirkliches oder vermeintliches Schlaraffenland beneidet, das wäre gegen unsere Erwartung, gegen jede menschliche Erfahrung. Nehmen Sie auch uns das ehrliche Mißtrauen nicht allzu übel. Auf meiner Reise habe ich viele Menschen gesprochen, die offensichtlich eine Art von Verbrüderung erwarteten und von unserer nüchternen Zurückhaltung enttäuscht waren. Wir sind noch nicht so weit, auch wenn wir die Hast, die Ungeduld eines geprüften Volkes begreifen, das sich in der ganzen Welt vereinsamt fühlt. Es ist vereinsamt, in der Tat, oder genauer gesprochen: durch seine Tat. Unsere Bereitschaft, das Gespräch wieder aufzunehmen, ich darf nicht einmal sagen, es sei eine schweizerische Bereitschaft; auch in der Schweiz ist es erst die Bereitschaft einer geringen Zahl, und was uns dazu treibt, das ist nicht ein Übermaß an Edelmut, sondern einfach die Einsicht, daß wir Nachbarn sind und auch in Zukunft nebeneinander leben müssen. Wir suchen ein Deutschland, das seine Nachbarn nicht alle zwanzig Jahre überfällt oder mindestens bedroht, und wir hoffen, daß es ein solches gibt: wir müssen diese Hoffnung pflegen, noch wo ihre Keime gering sind. Wir können unser Land, so klein es ist, nicht ausgraben und in eine vernünftigere Gegend unserer Erde versetzen, wie wir es oft möchten. Die Gründe, die uns zur Hilfe gegenüber Deutschland zwingen, sind also nicht großartig, dafür glaubhaft, und das scheint uns wichtig: die Brücke, die den Deutschen jemals wieder mit der Welt verbindet und die auch wir brauchen, sie läßt sich nicht aus Redensarten bauen. Wir wollen keine Schwebebrücke, wo einem schwindlig wird, wenn man sie wirklichen Fußes betritt. Wir suchen den Boden, wo wir gemeinsam Fuß fassen können, und er ist, wie befürchtet, nicht leicht zu finden –

Sicher ist er nicht aus Schokolade.

Dieser Tage besuchte ich einen deutschen Intellektuellen, dem ich Grüße und Nachrichten überbringen mußte. Auch er schwärmt sofort von der Schweiz: Ich habe sie schon immer geliebt, wissen Sie, die Berge und Seen; wann werden wir wieder dahinkommen? Ich denke: vielleicht hast du auch Scheveningen geliebt, immer schon, und die dalmatinische Küste und die norwegischen Fjords und die griechischen Hirten, die später als Partisanen an den Bäumen hingen. Damit allein, daß er unsere Landschaft liebt, stiftet er noch kein Vertrauen. Er spürte es. Wir kamen uns nicht näher, auch als er den Emmenthaler lobte, die Schokolade: Ihr Emmenthaler, Ihre Schokolade! Nun bin ich aber Schriftsteller und Architekt... Ich blickte auf die Uhr und erhob mich...

Summa summarum:

Gerade jetzt, da ich auf deutschem Boden bin, glaube ich mehr denn je, daß wir in mancher Hinsicht helfen können. Wann wir es können, das allerdings hängt von den Deutschen ab. Wir können es von der Stunde an, wo sie uns nicht mehr mit dem Schlaraffenland verwechseln, das sie im Fieber ihres Elendes natürlicherweise erträumen: also von der Stunde an, wo sie uns ernst nehmen.

Unterdessen arbeiten wir weiter.

München, Ostern 1946.

Kleines Nachwort zu einer Ansprache von Thomas Mann

Lieber »Zürcher Student«! Sie bitten um ein Nachwort zu der Ansprache, die Thomas Mann an unsere Studenten gerichtet hat, und es wird sich, wenn Sie auf Ihrer freundlichen Bitte beharren, kaum vermeiden lassen, daß ich Sie sehr verärgere.

Wenden Sie sich, wenn Sie mit einem gewissen Unbehagen an den Abend denken, nicht gegen die studentische Einführung; wer es besser hätte machen können, warum tat er es nicht? Es ist nicht so leicht, wie man unten meint, und es zeigt sich sehr oft, daß die jungen Akademiker, die über ganze Lebenswerke urteilen und die ganze Geistesgeschichte in der Tasche haben, von allem Gelingen verlassen sind, wenn sie fünf oder zehn Minuten lang aus dem eigenen Herzen schöpfen sollen. Das Unerwartete, das offenbar auch den erfahrenen Thomas Mann überraschte, kam später. Was er gesprochen hatte, war nicht mehr und nicht weniger als ein persönliches Bekenntnis, das ein siebzigjähriges Leben hinter sich hat. Und vor sich eine schweigende Studentenschaft. Seine Frage an die Zuhörer, ob sein Aufruf zu einem neuen Humanismus einigermaßen verständlich sei, kam einer Beschämung ziemlich nahe und zwar, wie mich dünkt, zu Recht. Thomas Mann lebte etliche Jahre in unserem Land; er kennt aus eigener Erfahrung, was wir unser Temperament nennen; aber vielleicht, da er unser Land dennoch liebt, geht es ihm wie einem Schweizer, wenn er aus der Fremde zurückkehrt: er weiß zwar, daß man hierzulande in Lehm geht, aber in seinem Heimweh hat er vielleicht vergessen, wie zähe der Lehm ist. Der kurze Augenblick jener Frage, so dünkte mich, war von einer beträchtlichen Melancholie. Es hat mich nachher noch lange beschäftigt; schon die Vorlesung, die eine sehr andere Jugend schilderte, habe ich kaum aufgenommen. (Ich glaube ja nicht, daß die akademische Jugend, obschon sie alle Vorteile in dieser Richtung hätte, ohne weiteres unsere geistige Jugend ist.) In der Tschechoslowakei ist man soweit, daß jeder Begabte, der will und die Prüfungen besteht, die Hochschule besuchen kann; jede Prüfung ist fragwürdig, ich weiß, überall und auch bei uns. Aber bei uns kommt noch ein zweiter Umstand hinzu, der ebenfalls fragwürdig ist: die Auslese nach der wirtschaftlichen Lage. Vielleicht kommt es daher, daß unsere studentische Jugend eher konservativ ist; man liest es schon aus den Gesichtern, sobald man wieder Vergleiche mit anderen Völkern hat. Ein ziemlicher Teil unserer Studenten, vermute ich, oder ein mehr als ziemlicher Teil befindet sich an unseren Hochschulen, weil sie aus gesellschaftlichen Gründen müssen; das heißt: sie kommen aus Kreisen, wo man ungefähr die gleichen Worte redet, die Thomas Mann mit seinem Bekenntnis, das eine Überwindung des ästhetischen Nihilismus hinter sich hat, auf einer höheren Spirale wiederholt, und es schien ihnen vielleicht nichts Besonderes, daß man sich zum Humanismus bekennt. (Es ist keine Nebensache, daß von einem männlicheren und erfahrenen Humanismus die Rede war.) Vielleicht wäre es deutlicher geworden, wenn Thomas Mann, wie er es in der Tonhalle getan, über Nietzsche gesprochen hätte: über die Gefahr, die tödliche, die er offenbar als bekannt voraussetzte und als erlebt. Seine menschliche Sorge, ob Alt und Jung sich verstehen können, wurde durch den Umstand, daß die Alten unten saßen, zu einer Ironie, die Thomas Mann einmal nicht selber machte. War es nicht, als spräche er zum neunzehnten Jahrhundert? Aber vielleicht, ich weiß nicht, haben Sie alles sehr anders empfunden. Ich erzähle Ihnen nur einen persönlichen Eindruck. Erich Kästner, den ich als einen persönlichen Spötter liebe, empfand es ähnlich und äußerte sich ebenso lächelnd wie deutlich, so daß ich versucht war, die eigene Meinung wieder umzukehren; aber es blieb beim Versuch. Der Zufall wollte es, daß wir den Vorabend mit zwei finnischen Dichterinnen verbracht hatten, und am andern Morgen kam der Brief eines jungen Tschechen, den ich nicht kenne, ein Brief über die Möglichkeit eines neuen Humanismus; er schreibt:

»Vielleicht wird es Sie interessieren, daß eine verwandte Auffassung des Menschen auch in Böhmen, schon 1940, wieder geboren ist. Wir sprechen vom ›nackten‹ Menschen, welcher erst eine neue Beziehung zur Gesellschaft sucht, von seiner Klassenzugehörigkeit losgeworden. Ein Teil unserer jungen Literatur ist jetzt vom Suchen dieses neuen Humanismus erfüllt. Ich schreibe als Mensch, der seine Jugend im zweiten Krieg durchgelebt und weiter in den Jahren lebt, die der Welt einen Frieden gegeben haben, der zitternder als Sand und unsicherer als die Sumpfoberfläche ist, und diesen Menschen meinen Sie auch über die Grenzen der Kontinente, der Nationalitäten, der Traditionen, der Ideologien und vielleicht auch der Klassen hinaus – einen schließlich so selbstverständlichen Menschen, daß seine Existenz von allen bezweifelt wird, welche das menschliche Problem in Massenbewegungen lösen wollen, in denen der Mensch jedesmal wieder verloren geht. – Es gibt niemand, der die völlige Wahrheit hätte; einen Teil von Wahrheit haben die Katholiken, einen Teil von Wahrheit haben die Kommunisten, welche aber um ihrer Irdigkeit willen die Welt niemals bemeistern können, einen Teil von Wahrheit haben die Demokraten, welche die Freiheit wahren, aber nicht verhindern können, daß die Mächtigen die Freiheit mißbrauchen. Einen Teil von Wahrheit, und deshalb zuletzt keine Wahrheit, haben alle. Denn auch die Wahrheit, so wie der Mensch, läßt sich nicht einreihen. – Dieser unser Humanismus entbehrt leider bisher einer eigenen politischen Form, einer Taktik des Fortschreitens und des Kampfes. Soll es auch weiterhin Sache der individuellen Begabung sein, des Gewissens, oder zielt die Entwicklung darauf hin, dieses Individualgefühl mit anderen zu verbinden und es in einer großen Bewegung kristallisieren zu lassen? Und hätte diese Entwicklung nicht wieder mit einem Philipp oder Napoleon zu enden? Es wäre interessant, zu wissen, wie Sie in der Schweiz gerade von diesem Problem denken? Ich hoffe, daß die Übersetzung meines Briefes nicht verändert den Sinn meiner Wörter –.«

Sie fragen vielleicht, warum ich diese beiden Zufälligkeiten erwähne, den Brief des jungen Tschechen und die junge Finnin, die überglücklich war, daß sie Thomas Mann nochmals hören konnte. Am Ende ist es immer das Fällige, was uns zu-fällt, und fällig scheint mir die Erfahrung, daß die Jugend anderer Völker, verglichen mit der unseren, wacher und lebendiger denkt. Vor allem vielleicht jener Völker, die gegen Osten wohnen. Sie nehmen das Geistige auf eine Weise ernst, die uns als müde und verbrauchte Greise spiegelt, als Unterhaltungsdenker, als Liebhaber. Hinter ihrem Denken, das einem lodernden Verlangen gleicht, steht immerzu der Wille zur Tat, der Glaube an eine mögliche Veränderung, der Ernst einer ungebrochenen Hoffnung. Es ist nicht ohne Ursache, daß man so große Angst hat vor diesen Völkern: nicht vor ihrem System, das nicht ihr Gesicht ist, aber vor ihrer Jugend. Können wir uns beispielsweise vorstellen, daß ein Volltreffer in unsere Universität, wie es in Helsinki geschah, unser ganzes Volk in Trauer versetzte? Oder man müßte die Frage eigentlich umkehren: Wäre unsere Universität es wert? Es lohnt sich mindestens, diese Frage immer wieder zu stellen. Geben Sie die Antwort durch Ihr Verhalten. Übrigens steht es schon über der Türe, die Sie täglich durchschreiten: Durch den Willen des Volkes. Machen wir vorläufig ein Fragezeichen dazu.

(1947)

Aus einem Tagebuch

Für Hermann Hesse

Gestern ein langer Abend mit zwei finnischen Dichterinnen. Wir sprechen über Thomas Mann, dessen Rede wir eben gehört haben, und über Hermann Hesse; sie fragen, ob der letztere eigentlich Deutscher oder Schweizer ist, und ich schlage vor, daß wir ihn Europäer nennen. Später kommt noch ein finnischer Wissenschaftler dazu, dem ich meinerseits allerlei Fragen stelle; eine Reihe von Erfahrungen, die man auch mit Vertretern anderer Völker macht, wiederholt sich in verblüffender Übereinstimmung –

Erstens:

Daß die Völker, die irgendwie an einer Grenze leben, wacher und grundsätzlicher denken; es kann die Grenze sein zwischen Mächten, zwischen Ideen, zwischen Rassen, aber auch die Grenze zwischen Leben und Tod; die Finnen grenzen an das Menschenlose, an das Eis der Arktis; ferner grenzen sie an Asien.

Zweitens:

Daß die Völker, die gegen Asien liegen, das Geistige auf eine Weise ernstnehmen, die an Jünglinge erinnert. Ich erzähle dann einige Eindrücke von Prag, die sehr ähnlich sind. Es ist der Ernst einer ungebrochenen Hoffnung; können wir uns vorstellen, daß ein Volltreffer in unsere Universität, wie es in Helsinki geschah, unser ganzes Volk in Trauer versetzte?

Drittens:

Daß in den Völkern, die in diesem Sinne jung sind, die Frau nicht nur äußerlich eine ganz andere Stellung einnimmt als bei uns; auch in Gebieten, die ihr hierzulande ebenso offenstünden, nimmt die Frau einen Anteil, der die Grazie der Selbstverständlichkeit hat; sie ist lebendiger und gescheiter als bei uns, im Durchschnitt geistiger, was unsereinen insofern überrascht, als wir eine entsprechende Geistigkeit nur mit gewissen Gesichtern kennen, mit einem Anflug von Lebensblässe; dort findet man sie auch in Gesichtern, die den Geist nicht als Ersatz brauchen, und ihr philosophischer Ernst, der weit über alle Frauenrechtlerei hinausgeht, vermindert nicht ihren Zauber, im Gegenteil, ihre andere Geistigkeit, die fünf Geburten hinter sich hat, wird zur erregenden Ergänzung: die Spannung zwischen den Geschlechtern, die wir nicht missen möchten, wird um so glühender, je wesentlicher das Gespräch wird.

Viertens:

Daß der weltbürgerliche Sinn, der allein unsere Welt erhalten kann, am meisten bei den kleinen Völkern lebendig und wirklich ist, vor allem bei den Skandinaviern, bei den Holländern und bei uns; die meisten Großstaatler wirken borniert; ihre geistige Grenze, je größer ihr Land ist, bleibt die Sorge um die Macht.

Fünftens:

Daß die Finnen und die Norweger, die Holländer, die Tschechen und die Griechen sich nicht damit brüsten, daß sie in den Krieg kamen; sie haben Gleiches erlitten wie der Deutsche, aber ihr Verhältnis zum Verschonten ist vollkommen anders; das gilt auch für die meisten Angelsachsen; die menschliche Gleichberechtigung ist ihnen selbstverständlich.

Sechstens:

Daß es ein Europa gibt, obschon wir alle fast ein Jahrzehnt lang in unseren Ländern gefangen waren; es begegnet sich eine Jugend, die Europa nur aus Zeitungen kennt, kaum aus menschlichen Gesichtern. Dieser Zustand, den der Krieg erzeugt und der sogenannte Frieden nicht verändert hat, ist der beste Boden für das Vorurteil; das Vorurteil ist der beste Dünger für den Haß; der Haß ist das Gefälle zum Krieg. Die Gefahr ist groß und deutlich genug. Die jungen Leute aller Völker haben ein persönliches Verlangen, über ihre Grenzen hinauszukommen, und schon dieses Verlangen ist ein Segen, ein Verlangen nach dem Menschen. Was dagegensteht, ist eine Bureaukratie von babylonischem Ausmaß, eine Geburt der Angst, die sich nicht überwinden, sondern sichern will. Die wenigen aber, die heutzutage durch die Schranken schlüpfen, ohne daß sie Schieber sind, und die einander treffen, erleben das Erfreulichste, was es zurzeit gibt: daß die Fragen, die sich an so verschiedenen Orten und nach so verschiedenem Erlebnis stellen, eine verblüffende Verwandtschaft zeigen; die Antworten sind sehr verschieden, natürlicherweise, oder bei den Vorsichtigen fehlen sie überhaupt; manchmal fehlt es auch an einer übereinstimmenden Benennung; aber wenn ein Wissenschafter und ein Künstler zusammensitzen und bereit sind, einander ernstzunehmen, wenn ein Krieger und ein Verschonter einander kennenlernen, sind es nicht wesentlich die gleichen Fragen? Man denke sich das Gegenteil, um einzusehen, wieviel diese Erfahrung bedeutet, die man während des Krieges nicht im voraus vermuten konnte. Die Angst, daß unser Denken keinerlei Schnittpunkte mehr haben könnte, war lange genug die Not der Verschonten. Die Gespräche zweier Jahre zeigen eher das Gegenteil. Es gibt ein Europa. Oder sagen wir einmal: es gäbe ein Europa –.

Wenn die Finnin über Burckhardt redet:

»Euer großer Jakob –«.

Damit kommen wir noch einmal auf Hesse, nämlich auf seinen Pater Jakobus, und auf die Begegnung von Hitler mit Burckhardt; eine der ersten Parteigenossinnen, Gattin eines bekannten Verlegers, erzählte einmal, wie sie dem Führer seine erste Wohnung einrichten ließ; nachdem er sich aus dem Geld, das man für ihn gesammelt, Möbel von geschmacklosem Hochglanz erworben hatte, bat sie einen gewissen Architekten, die Wohnung nach eigenen Entwürfen einzurichten; dem Führer gefiel es in der Tat auch so, und der betreffende Architekt bekam später den Auftrag, auch das übrige Reich einzurichten. Er hieß Trost. Die Gönnerin, um die Bildung ihres Führers besorgt, gab ihm eines Tages auch die Weltgeschichtlichen Betrachtungen; der Führer kam wöchentlich mehrere Male zum Tee, sagte aber nichts von dem Buch. Nach einem halben Jahr, da ihr daran gelegen war, gab sie ihm ihr eigenes Exemplar mit ihren Hinweisen und Unterstreichungen; beim nächsten Tee brachte der Führer es zurück und bemerkte kurz, er könne das nicht lesen.

»Warum nicht?«

»Es stört mich.«

(1947)

Zu Bert Brecht: Furcht und Elend des Dritten Reiches

Für die dramaturgischen Einwände, deren es auch diesem neuen Brecht gegenüber so viele gäbe, daß man ein ganzes germanistisches Seminar davon speisen könnte, möchten wir keine Zeilen verbrauchen. Man kann diese Einwände überall hören. Was ihnen entgegensteht, das ist weniger die Theorie vom Epischen Theater, die Brecht vertritt, sondern die erschütternde Wirkung, die auch von diesem Stück ausgeht, obschon es keines ist – es ist eine Folge von Szenen, ohne eine durchgehende Person, es sind Facetten einer Tragödie, die alle erfaßt. Eine dieser Szenen ist die folgende:

Eine Jüdin, verheiratet mit einem blonden Arzt, packt für die Abreise, obschon er sich nicht verändert hat. Er verlangt auch nicht, daß sie geht. Nur sieht sie, daß er in der Nacht nicht mehr schläft. Darum packt sie geheim. Nur eines hofft sie von seiner Liebe: Er soll nicht sagen, es sei ja nur ein Abschied für vier Wochen, und ihr zugleich den Wintermantel geben, jetzt im Frühjahr. Der Gatte, als er die Koffer sieht, ist entsetzt; er will nicht, daß sie geht, nicht seinetwegen. Erst als sie behauptet, sie tue es ihretwegen, nimmt er es gerne an, sofort, und tröstet sie und sich mit den Worten, es sei ja nur ein Abschied für vier oder fünf Wochen. Sie läßt es darauf ankommen: Willst du mir vielleicht den Wintermantel geben? sagt sie. Und er gibt ihn – gefällig...

Die Geburt der Lüge!

Man kann sich kaum einen Menschen denken, den eine solche Szene nicht anginge, eine solche Gebärde, womit ein Mensch seine Liebe und sich selber verrät, ganz unmerklich und gefällig, ganz alltäglich, so, daß er später nie begreifen wird, wo es angefangen hat, später, wenn er sich wirklich nicht dagegen wehren kann, weil es ihm mit Tank und Galgen begegnet: was mit einem Pelzmantel anfing.

Eine andere Szene zeigt uns Vater und Mutter, wie sie plaudern bei Tisch, nicht allzu kühn; dennoch erschrecken sie, als sie gelegentlich bemerken, daß ihr Bub, ein Hitlerjunge, plötzlich verschwunden ist. Was haben wir gesagt? Die Angst, daß er seine eigenen Eltern anzeigen könnte, der Verdacht gegen das eigene Kind, die Groteske, wie sie sich voreinander rechtfertigen wollen, indem sie ihre Aussagen selber umdeuten, sie ins Harmlose zurückziehen, sich selber aufgeben. Später klingelt es. Der Vater, blaß vor Schrecken, zieht noch das Eiserne Kreuz an, gewärtig, daß sein eignes Kind ihn an den Galgen liefert. Es ist aber nur das Kind, das zurückkommt, der Pimpf, der sich für den Sonntagsbatzen, den die Eltern ihm gaben, eine Leckerei kaufte. Was sollte er sonst getan haben? Noch jetzt, erleichtert wie ein Begnadigter, mißtraut ihm der Vater –

Furcht und Elend, das ist das einzige Verbindende in diesen Szenen, nur das: das Elend, daß ein Vater nicht mehr seinem Sohne trauen kann, die Furcht, die durch alle Ritzen dringt und wie eine Säure alles zersetzt, was den Menschen macht. Das Ungeheuerliche, zugleich das Wertvolle, liegt meines Erachtens darin, daß Brecht zeigt, wo der Verrat beginnt und wie: immer ganz unscheinbar, fast unfaßbar. Ohne den historischen Ausblick, wo man auf großer Bühne steht und weiß: Jetzt entscheide ich die Geschichte, jetzt muß ich ein Held sein! Es ist die Geschichte vom kleinen Finger, den man dem Teufel gibt; aber noch das ist eine Übertreibung, denn es ist weniger als ein kleiner Finger. Es ist ein Stäubchen von Lüge, von Verrat, von Furcht, nur ein Stäubchen, ein Pilz, der in den Ritzen unseres Alltags hockt; später gibt es Risse in den Mauern, sichtbare, und ganze Städte sinken in Trümmer. Ein Freund sagte mir: Das alles, was Brecht hier zeigt, erscheine ihm heute fast harmlos, gegenüber den späteren Ereignissen. Darin liegt vielleicht der größte Vorzug; die Ergebnisse kennen wir, wir suchen die Anfänge. Brecht ist Marxist; es kann nicht verwundern, daß er auf dieser Suche immer wieder die Macht der äußeren Verhältnisse zeigt; das Zwingende, das er über all diesen Menschen sichtbar werden läßt, enthüllt sich als das Versöhnliche: den Menschen gegenüber. Und als das Kämpferische: den Verhältnissen gegenüber.

Jemand fragte: Wo bleibt die Kunst?

Man bemerkt sie kaum. Sie besteht vielleicht schon darin, daß er uns zu Einsichten führen kann, ohne sie auszusprechen. Sicher gibt es einzelne Szenen, denen man kaum Unrecht tut, wenn man sie als Kabarett und sogar als schwaches Kabarett bezeichnet. Aber niemals würde ich das Ganze, wie manche es tun, eine Reportage nennen. Es gibt nicht eine einzige Szene, wo das Leben, das sie uns zeigt, nicht durch eine Einsicht erwählt und geformt ist; wo es sich nicht als Deutung abspielt. Und damit ist es gedichtet. Die Aufführung, die Ernst Ginsberg herausbrachte, machte die Probe auf diese Behauptung; bewußt und sicher verzichtet er auf alle Naturalismen, richtig im besten Sinne dieses Werkes, das keineswegs von der illusionistischen Schilderung, sondern ganz und gar vom deutschen Geiste lebt. Nur darum ist es auch möglich, das ganze Stück auf einem roten Podium abzuspielen, ohne Kulissen, die den Raum geben. Küche oder Straße, Gericht oder Moor, das alles braucht es nicht, nicht als Illusion, es genügt die knappe Andeutung, das Gerät für den Schauspieler; denn der Spielort ist ein geistiger. Wir achten einmal mehr auf die entscheidende Bedeutung, die das Bühnenbild, das dienende, haben kann; Caspar Neher zeigte sich als Meister dieser Transparenz, die das Stück, wäre es wirklich nur eine Reportage, rettungslos ins Leere gestoßen hätte.

Der Vergleich mit dem Werk eines anderen Deutschen, der sich mit der deutschen Tragödie befaßt, wäre verlockend und ergiebig; wir denken an das Schauspiel von Carl Zuckmayer, das soviele Menschen erleichtert. Brecht gibt diese Erleichterung nicht. Als ich einer Dame erzählte, wann das Stück geschrieben worden sei, fragte sie mich, warum man es damals denn nicht gespielt hätte, und besann sich mit plötzlichem Schrecken darauf, wie es damals mit unserer Freiheit bestellt war. Man vergißt das so gerne. Sicher ist es gut und wichtig, daß dieses Stück auf der Bühne gezeigt wird, und wer es eine Revue nennt, nenne es eine Revue für das Gedächtnis. Vielleicht ist es darum so unangenehm. Wenn der Mensch ein Gedächtnis besäße, wäre nicht manches schon besser? Er würde sich eine Kugel in die Schläfe geben oder sich verändern. Brecht hofft auf das Letztere. Darum redet er so nüchtern zu uns, rauschlos, ohne Ausflucht ins Verschwommene, das sich oft für Poesie hält; seine Poesie ist sein Ernst, seine Liebe zum Menschen. Und seine Schönheit, scheint mir, liegt in der Würde seines Anliegens.

(1947)

›Rede für Bertolt Brecht‹

Wer Brecht auch nur wenig kennt, spürt sofort, daß man diesen Mann nicht loben kann, ohne sich lächerlich zu machen. Sein Werk erwartet mehr von uns: mehr als Verehrung. Es gehört zu den Werken, die unseren Blick nicht auf den Verfasser richten, sondern auf die Sache, die er vorträgt. Man kann Brecht gegenüber nur zweierlei: Man kann seine Aussage bestreiten, dazu haben wir das Recht, oder wenn man sie nicht bestreitet, muß man sie verwirklichen. Sie läßt uns nicht im bloßen Gefallen verharren. Es ist keine Schrulle der Bescheidenheit, sondern ein wesentliches Kennzeichen dieses äußerst unangenehmen Dichters, daß er uns nicht einmal die Ausflucht in die Verehrung gönnt. Auch das wäre eine Art von Genuß, und was Brecht mit seinem Werk will, Sie wissen es, ist nicht Genuß, sondern eine Veränderung. Eine Veränderung aus der Erkenntnis, die mitzuteilen die Aufgabe seiner Kunst ist. Es gibt Dichter genug, und vor allem in deutscher Sprache, die uns in die genußreiche Stimmung der Tiefe versetzen, ihre Tiefe besteht meistens darin, daß sie in unserem Trüben fischen. Brecht erstrebt das genaue Gegenteil. Sein Streben, wie er selber in den Anmerkungen zum epischen Theater sagt, geht nicht nach einem Erlebnis, sondern nach Erkenntnis. Unser Erlebnis als solches verändert nichts. Der Zuschauer, wenn Brecht ihn entläßt, ist nicht erschüttert oder soll es nicht sein, er ist herausgefordert, er ist vor eine Entscheidung gestellt. In Berlin spielen sie zur Zeit die Bilderfolge: Furcht und Elend des Dritten Reiches. Das Parkett ist nicht voll, wie es sonst immer ist, ein deutscher Begleiter sagte mir: Das alles, was Brecht hier zeigt, erscheine ihm fast als Bagatelle gegenüber den späteren Ereignissen. Darin liegt vielleicht der eigentliche Vorzug: Die späteren Ereignisse kennen wir, die Zeit, wo sich niemand mehr wehren konnte; wir suchen die Anfänge. Wir wollen lernen. Oder genauer gesagt: Brecht will, daß wir es wollen. Brecht ist Marxist. Es wird niemand verwundern, daß er auf seiner Suche nach den Ursachen immer wieder die Macht der äußeren

Verhältnisse zeigt. Die Haltung, die Brecht in diesem Stück einnimmt, gilt unseres Erachtens für seine ganze Arbeit: sie ist versöhnlich gegenüber dem Menschen, kämpferisch gegenüber den Verhältnissen. Die Schärfe und Härte, die sein Wort hat, erscheint als Ausdruck der Liebe, sie richtet sich nicht gegen den Menschen, sondern gegen alles, was den Menschen versklavt, und es ist natürlich ein barer Unfug, wenn man von Nihilismus redet. Hinter dem Nein, womit das erwähnte Stück schließt, steht das Ja zu einer andern Welt. Der Wille zur Veränderung, der den Dichter immer wieder zum Unterrichter macht, wäre ohne ein solches Ja nicht möglich.

(1948)

Theater ohne Illusion

Ich erinnere mich an die Zeit, da wir als Schüler auf der Galerie saßen, an eine Zeit also, da man das Leben fast gänzlich in Ahnungen lebte. Nichts von allem, was man ersehnte oder erfürchtete, geschah in den eigenen Tagen. Wir gingen mit unserer Mappe zur Schule, am Heimplatz sah ich jedesmal das Mädchen, das ich aus der Ferne liebte, ein König in Ahnungen, ein Bettler im sogenannten wirklichen Leben –.

In jener Zeit, erinnere ich mich, stellte ich an das Theater durchaus den Anspruch, daß es Illusion zustandebringe. Und das Theater erfüllte diesen Anspruch. Es war oft, als spiele das eigene Leben auf der Bühne, während man selber zum Zuschauer verdammt blieb, ein Mensch ohne Arme, ohne Tat, und so oft ich die Taten auf der Bühne sah, war es ein vollkommenes Vergessen, daß die Stube oder der Kerker, wo Gretchen schmachtet, daß die Mauern aus Latten und Leinwand sind, die Gitterstäbe aus Holz. Wenn jemand über das Bühnenbild redete, wenn er es tadelte oder lobte, empfand ich es fast wie eine Beleidigung, eine Verhöhnung meines Glaubens. Ich nahm, was ich erblickte, als wirkliches Leben. Und es war nicht nur meine mangelnde Kenntnis wirklichen Lebens, was diese vollkommene Illusion ermöglichte; das mochte einer von den Gründen sein, ein Vordergrund vielleicht. Im Hintergrund stand wohl ein anderes, die naive und schöne Annahme, daß es das Streben der Kunst sei, der Natur gleichzukommen. Was sollte sie sonst erstreben? Wir kennen die Plastik der Neger, die alles andere als naturalistisch ist; sie ist in einem ungeheuren Grade übersetzt, und doch sind die Neger, die solche Plastik machen, keinen Augenblick darüber im Zweifel, daß sie nichts als das natürliche Leben darstellen; sie sind sich eines Unterschiedes, der uns in die Augen springt, überhaupt nicht bewußt, eines Unterschiedes zwischen einem Negermädchen und eben ihrer Plastik. Man kann sagen: sie sehen das Negermädchen so, wie wir die Skulptur sehen. Sie bilden ab, was sie erleben, nicht, was ist. Darum sind ihnen auch alle Gegenstände beseelt. Natur und Kunst sind eins. Ein paradiesischer Zustand. Es ist kein Zufall, daß unser ironisches Zeitalter, dem sich alles als Illusion verdächtigt, mit Heimweh zurückschaut nach dieser Kunst, wo die Illusion eins bleibt mit dem Wesen selbst. Illusion in diesem Sinn, die man die naive Illusion nennen mag, war es ungefähr, was auch der Schüler erlebte, wenn er nicht eine Deutung unseres Lebens, sondern das Leben selber auf der Bühne sah.

Später ging es nicht mehr.

Ich konnte, was wir auf dem Theater sehen, nicht mehr glauben; ich konnte es nicht mehr ernst nehmen. Ich versuchte es zwar, jahrelang, ich empfand es als eine eigene Schwäche, die ich nicht wahrhaben wollte, als ein bedenkliches Nachlassen der Erlebniskraft. Stellenweise gelang es zwar wieder; noch einmal stellte die Illusion sich ein, die paradiesische, aber die Stellen wurden immer kürzer und seltener, und was dazwischen sich abspielte, war nur noch eine Störung, ein peinlicher Zustand. Man heuchelte, und eben damit finden wir am allerwenigsten ins Paradies zurück. Ich sah zum Beispiel, wie die Leinwand, die ein schweres Gemäuer darstellen sollte, jedesmal schlotterte, so oft sie jemand aus Versehen berührte, und wenn der Schauspieler, der mich noch einmal zur vollkommenen Illusion hatte zwingen können, in seiner Verzweiflung hinaus ging, um sich aufzuhängen, und wenn er die Türe hinter sich zuschlug, da wackelte die ganze Wand. Ich versuchte natürlich, derlei nicht zu sehen; ich kam mir kleinlich vor, daß ich es sah, und dennoch sah ich es: um so deutlicher, je mehr ich mich zur Illusion verpflichtet fühlte. Ich kniff die Augen, und etliche Jahre lang konnte ich überhaupt nicht mehr anders ins Theater gehen, dem doch einmal meine ganze Liebe gehört hatte; ich betrachtete es gewissermaßen mit gekniffenem Bewußtsein. So war es noch erträglich, aber ein wirkliches Erlebnis war es nicht mehr, und später war es mir verleidet, mich kindlicher hinzusetzen, als ich war. Ich ging nicht mehr ins Theater, da ich, wenn ich ehrlich sein wollte, überhaupt nicht mehr in den Zustand der Illusion kam. Beim Lesen hatte ich mehr; ich hatte die Vorstellung, die das Wort in uns auslösen kann, und ich hatte, wenn ich las, keine Störung durch zitternde Kulissen, keine Störung vor allem durch die stete Angst, daß meine Illusion, wenn sie schon einmal zustande kommen wollte, jeden Augenblick wieder verhöhnt würde.

Diese Angst war die eigentliche Störung.

Wenn Thornton Wilder uns das Theater wieder erlebbar machte, indem er ohne Kulissen auszukommen vermochte, so heißt das nicht, daß er ein neues Theater entdeckt habe, oder daß die besondere Art, deren Meister er ist, ihm allein gehöre. Beim alten Shakespeare war es eine Tafel, worauf geschrieben stand: Friedhof. Bei Wilder ist es ein Ansager, der uns auffordert, wir möchten uns einen Friedhof vorstellen. Wenn man die Toten sieht, die in alltäglichem Gewand auf den Stühlen sitzen, mag man es als Jux empfinden, wenigstens anfänglich; man lehnt zurück und wartet ab; auch Versuche können unterhaltsam sein, wenn man die gute Laune bewahrt. Aber unversehens, während man es noch immer für unterhaltsame Artistik nahm, wurde ein Erlebnis daraus, für manche sogar ein entscheidendes Erlebnis. Worin besteht es?

Das Theater begegnet uns wieder als Spiel, das sich selber als Spiel bewußt bleibt. Der Dichter, der uns durch den Naturalismus verdorben findet, tut alles dazu, daß wir nicht meinen, der Milchmann bringe wirkliche Milch; er gibt ihm nicht einmal einen Eimer, er gibt ihm nur die Gebärde, nicht die Handlung, nur noch das Zeichen einer Handlung. Und er tut noch mehr, damit wir die Dinge, die wir da sehen und hören, nicht mit dem natürlichen Leben verwechseln; er tut das Entscheidende: er nimmt ihnen die Zeit, die natürliche, und er spielt mit ihr, wie es im Leben nicht möglich ist. Zum Beispiel läßt er sie rückwärts laufen, mehr als einmal, damit man es begreift, daß er spielt; er zeigt uns noch einmal einen Geburtstag, der bereits vergangen ist, einen Tag, den die Handlung schon lange überholt hat: man kann ihn nur noch spielen, nur noch denken. Er läßt ihn spielen. In der Vorstellung. Gelegentlich müßte man sich fragen, was wir überhaupt als Wirklichkeit bezeichnen. Wirklich nennen wir nicht, was geschieht; sondern wirklich nennen wir, was ich an einem Geschehen erlebe, und dieses Erleben, wie wir wissen, kümmert sich nicht um die Zeit, wie die Uhren sie zeigen: es ist möglich, daß wir ein Geschehen, auch wenn es als solches vergangen ist, immer wieder erleben. Es ist nicht nur möglich, sondern üblich. Wir haben einen Menschen verloren, einen Vater oder eine Braut; aber für unser Erleben hört es nicht auf, daß wir sie verloren haben. Und es fragt sich nun, was wir eigentlich zeigen wollen: den Todesfall, der einmal geschehen und als solcher für immer vergangen ist, oder unser Erlebnis dieses Verlustes, das immer wiederkehren kann. Das scheint eine entscheidende Frage. Das eine nämlich, der Todesfall, ist eine geschichtliche Wirklichkeit, gebunden an Ort und Zeit, und wenn wir es auf dem Theater darstellen möchten, geht es nicht, ohne daß wir die Illusion von Ort und Zeit erstreben. Das andere aber, der Verlust, ist eine seelische Wirklichkeit, gebunden allein an unsere Vorstellung, nicht aber an Ort und Zeit, und wenn wir das auf dem Theater erreichen wollen, geht es, ohne daß wir die Illusion erstreben.

Wilder hat sich fürs letztere entschieden.

(Nicht er allein; Brecht macht es mit seinen Songs, Claudel mit einer bewußten Mischung der Stile, Giraudoux mit der Ironie; allenthalben sehen wir ein Auflösen der naturalistischen Illusion.) Was soll damit gewonnen werden?

Im Grunde geht es stets darum: Das Theater ist eine Lästerung, wenn es nicht Theater bleibt. Das Spiel offenbart sich als der einzig mögliche Ausdruck eines reinen Ernstes, als Ausdruck unseres Bewußtseins, daß alles, was die Bühne geben kann, bestenfalls ein Vergleich ist, ein Zeichen, das Zeichen bleibt.

Die Befreiung, die wir jener Rückkehr zum spielhaften Theater verdanken, besteht darin, daß uns die Angst, es könnte sich unsere Illusion zerstören, nicht mehr stört. Von diesem Anspruch, daß wir an die Kulissen glauben sollen, sind wir befreit. Die einzige Glaubwürdigkeit, die im Theater möglich ist und überhaupt in der Kunst, ergibt sich nie und nimmer aus einer lebensähnlichen Erscheinung, die ebenso unmöglich wie überflüssig und ketzerisch ist, sondern aus der Überzeugungskraft einer Deutung, die jenem Leben widerfährt und zur zweiten, zur anderen, zur eigenmächtigen Erscheinung wird, zu einer Erscheinung, die auf sich selber beruht: zum Kunstwerk.

Jemand sagt:

»Über allen Gipfeln ist Ruh...«

Und die Ruhe ist da, obschon der Sprecher gerade dadurch, daß er spricht, nicht wirkliche Ruhe gibt, sondern das Gegenteil; er gibt Töne, und wären es nur Töne, so wäre es ja gerade um die Ruhe geschehen. Aber es ist tönender Geist; es ist Wort; es ist die sprachliche Beschwörung der Ruhe. Und die Ruhe ist da, in der Tat. Aber wo ist sie? Sie ist in uns, nicht in dem Raum, wo gesprochen wird, sondern in uns.

Was auf der sichtbaren Bühne draußen geschieht, was sie uns sprachlich und augenscheinlich geben kann, das ist nicht mehr und nicht weniger als Spiel, Zeichen, Formen, Anruf unserer Einbildung, Mittel der Beschwörung.

Wie ein Tanz.

Wie eine Musik.

Wie ein Gedicht, wenn jemand spricht:

»Über allen Gipfeln ist Ruh...«

Und die Ruh ist da: in uns.

(1948)

Kultur als Alibi

Warum müssen wir Schweizer uns mit Deutschland befassen? Zwei Gründe liegen auf der Hand. Der eine ist die räumliche Nachbarschaft, der wir nicht entfliehen können; sonst hätten wir es schon zur Hitlerzeit getan. Der andere ist die Geschwisterschaft in der Sprache, die für das Geistesleben, wie jedermann weiß, mehr bedeutet als ein bloß äußeres Mittel der Verständigung. Die Sprache ist eine Wurzel wesentlicher Verwandtschaft, und auch ihr können wir nicht entfliehen, ohne daß wir uns selber entwurzeln und aufgeben.

Es ist jetzt fast vier Jahre her, seit wir uns, jeder an seinem Ort und nach seinem Temperament, um ein schweizerisch-deutsches Gespräch von neuem bemüht haben. Wenn wir vergleichen, was wir nach der Katastrophe erhofften und heute schon nicht mehr hoffen können, wenn wir die Summe vieler Reisen ziehen und unsere Erfahrungen nicht verwechseln mit dem Geschenk persönlicher Freundschaften, die uns München oder Frankfurt oder Berlin oder Hamburg mit persönlich-glücklichen Erinnerungen verbinden; wenn wir rücksichtslos abziehen, was bloß unserer Eitelkeit schmeichelt – denn es ist für den Schweizer stets ein Ereignis, wenn er in Länder kommt, wo man als Intellektueller ernst genommen wird – wenn wir all dieses abziehen und an die allgemeine Sachlage denken, läßt sich kaum leugnen, daß das Ergebnis wenig ermunternd ist.

Ich sage nicht, daß die Gespräche mit deutschen Zeitgenossen ohne jeden Gewinn wären; mindestens nicht für uns. Die tausend Geschichten, die man uns erzählt, haben mich mehr und mehr unsicher gemacht, wie ich mich in einer ähnlichen Lage selber verhalten hätte. Sie haben uns erschüttert. Ich meine damit nicht eine Rührung, eine vorübergehende Stimmung, sondern eine durchaus bleibende Veränderung. Sie haben unser Vertrauen in die eigene Menschlichkeit erschüttert. Menschen, die ich als verwandt empfinde, sind Unmenschen geworden. Diese Erschütterung unserer Zuversicht, die wir aus unserer abendländischen Zivilisation glaubten ableiten zu dürfen, ist wohl der erste, bisher vielleicht der einzige Gewinn, den uns das schweizerisch-deutsche Gespräch gebracht hat; ein Gewinn freilich, der uns den deutschen Nachbar nicht behaglicher macht.

Es gibt zur Zeit, wie mir scheint, zwei Formen, die unser Unbehagen angenommen hat: die einen, vor allem die Gebildeten, ziehen sich auf die Klassik zurück, wo sie die Verwandtschaft mit dem Deutschtum nicht stört, oder sie lesen andere Sprachen; die anderen, denen es dazu an Sprachkenntnissen fehlt oder die aus anderen Gründen trotz allem der deutschen Gegenwart ins Gesicht sehen müssen, helfen sich, indem sie dieses Gesicht einfach mit einem blinden Erbarmen verdecken, das insofern eine nicht minder verfängliche Ausflucht ist, als es die Opfer von gestern, Millionen von Verstummten, ohne Zögern vergißt und verrät. Auch die Caritas, wie wir wissen, kann ja eine Form der Lüge sein, ganz zu schweigen vom Geschäft, das für einzelne dahinter steht.

Vor einem dreiviertel Jahr, als eben die Blockade begann, verbrachte ich einen Monat in Berlin, zum zweitenmal seit dem Krieg; vor kurzem habe ich Warschau besucht; zu den Erlebnissen, die diese Reise nach Polen gelohnt haben, gehört nicht zuletzt der Schrecken, wie leicht wir vergessen, was wir zu wissen meinen, aber nie mit eigenen Augen gesehen haben. Man kann nicht, meine ich, über Berlin sprechen, wenn man nur Berlin gesehen hat; es besteht sonst die ganz menschlich-natürliche Gefahr, daß unsere Beschäftigung mit der deutschen Frage, die uns ja nicht losläßt, sentimental wird, unwirklich, ungerecht.

In einer seiner letzten Reden hat Winston Churchill, in bezug auf den deutschen Eroberer v. Rundstedt, den Rat erteilt, man solle das Geschehene endlich geschehen sein lassen. Als gewöhnlicher Mensch und Schriftsteller, der es nicht als seine Aufgabe betrachtet, die Bundesgenossen für einen nächsten Krieg zusammenzutrommeln, als Schweizer, der sich dem deutschen Menschen verwandt fühlt, als Zeitgenosse dieses Jahrhunderts, das wir als Katastrophe empfinden, als Humanist sehe ich in diesem Ausspruch die kürzeste Formel für alles, was mich bestürzt. Wenn ich auch verstehe, was mit dieser Amnestie bezweckt wird, kann ich im Ernst nicht glauben, daß wir mit dieser Denkart, obschon sie den allermeisten willkommen ist, eine Zukunft gewinnen; zu allerletzt eine Zukunft für das deutsche Volk, das sich in dem Grade, als es selber eine solche Amnestie annimmt, in seiner Gesamtheit mit dem Kainszeichen behaften würde.

Leider ist es ja so, daß das Geschehene, noch bevor es uns wirklich und furchtbar entsetzt hat, bereits überdeckt wird von neuen Untaten, die uns in einer willkommenen, einer fieberhaften und mit verdächtigem Eifer geschürten Empörung vergessen lassen, was Ursache und Wirkung ist; nicht nur in Deutschland, auch hierzulande reden wir vom Heute, als stünde kein Gestern dahinter.

Das Geschehene endlich geschehen sein lassen?

Man müßte diese Devise bedenken, wenn man auf den Backsteinhügeln steht, wo ehedem das Warschauer Ghetto war, und wenn man den Bericht des Brigadeführers Joseph Stroop liest, der an diesem Ort, zusammen mit Einheiten der Wehrmacht, achtzigtausend Menschen ersäuft oder ausgeräuchert oder erschossen hat, da sie sich der Reise nach Auschwitz widersetzten. Man müßte mindestens eines von den zahlreichen Lagern gesehen haben, wo dieses Geschehen stattgefunden hat: das Geleise, das in ein Wäldchen führt, endend bei einer Baracke mit Gaskammern, dahinter die Öfen, Baracken voll Frauenhaar, Baracken voll Brillen, Baracken voll Kämmen, Baracken voll Kinderkleidern.

Ich weiß, daß wir all diese Dinge zu wissen meinen, und zwar, wie man sagt, zur Genüge. Wenn man an Ort und Stelle steht, zeigt es sich, daß wir sie durchaus nicht wissen. Das Unvorstellbare entzieht sich unserem Gedächtnis. Das eigentliche Entsetzen, glaube ich, hat uns noch gar nicht erreicht, und die Angst, daß es uns erreiche, macht uns fast lüstern auf jede Kunde neuer Greuel. Als ließe sich Greuel aufheben durch Greuel.

Ganz abgesehen davon, daß unsere deutschen Freunde auch

dort, wo es ihnen am schlimmsten geht, nicht dörferweise vor das Massengrab knien müssen, die Kinder im Arm, wie es in Polen, in der Ukraine, in Rußland mehr als einmal geschehen ist.

Ich möchte hier nicht mißverstanden werden! Es handelt sich nicht um die Bejahung irgendeiner Rache, auch nicht um irgendeine Rechtfertigung neuer Frevel. Es handelt sich, ganz vereinfacht gesprochen, um die noch unverarbeitete Tatsache, daß in den Jahrzehnten unseres Daseins, in unserer Zeitgenossenschaft, Dinge geschehen sind, die wir dem Menschen vorher nicht hätten zutrauen können. Wenn ich die dokumentarischen Bilder sehe, wie Jüdinnen aus dem vierten Stock springen und dann mit gebrochenen Knochen, damit die Deutschen sie nicht erwischen, zurückkriechen in ihre brennenden Häuser, und wenn ich auf dem gleichen Bild die deutschen Gesichter sehe, Gesichter, denen wir in der überfüllten Straßenbahn oder in einer Gesellschaft gegenübersitzen könnten; vor allem aber wenn wir an Ort und Stelle stehen – sei es vor einem Galgen, in einer Folterkammer, einem Keller voll menschlicher Asche – ist das Erlebnis im Grunde immer das gleiche; es beschränkt sich auf ein nacktes Staunen, ein wehrloses Betroffensein, was dem Menschen möglich ist. Und zwar nicht nur einem einzelnen, einem Landru oder Haarmann, sondern unter Umständen einer großen Zahl. Und nicht nur bei einem Volk, dem wir alles zutrauen, weil es keine Wasserspülung hat und nicht lesen kann; sondern bei einem Volk, das alles besitzt und in hohem Grade leistet, was wir bisher unter Kultur verstanden haben.

Ich möchte es so sagen: Wenn Menschen, die gleiche Worte sprechen wie ich und eine gleiche Musik lieben wie ich, keineswegs gesichert sind, Unmenschen zu werden, woher beziehe ich fortan meine Zuversicht, daß ich davor gesichert sei?

Vielleicht liegt hier der wesentlichere Grund, warum wir uns soviel mit dem deutschen Menschen befassen, und zugleich der Grund, warum das allermeiste, was wir heute in Deutschland finden können, wenig Zuversicht gibt; es wird wieder, als hätte es daran gefehlt, allenthalben nichts als Kultur gemacht, Theater und Musik, Dichterlesungen, Geistesleben mit hohem und höchstem Anspruch; aber meistens ohne Versuch, den deutschen und vielleicht abendländischen Begriff von Kultur, der so offenkundig versagt hat, einer Prüfung zu unterwerfen.

Leider bin ich nicht imstande, kurz und bündig zu sagen, was wir unter Kultur verstehen sollen. Zu den entscheidenden Erfahrungen aber, die unsere Generation hat machen müssen, gehört meines Erachtens die vielfach offenbarte Tatsache, daß, um es mit einem namentlichen Beispiel anzudeuten, ein Mann wie Heydrich, der Mörder von Böhmen, ein hervorragender und sehr empfindsamer Musiker gewesen ist, der sich mit Geist und echter Kennerschaft, sogar mit Liebe hat unterhalten können über Bach, Händel, Mozart, Beethoven, Bruckner. Nennen wir es, was diese Menschenart auszeichnet, eine ästhetische Kultur. Ihr besonderes Kennzeichen ist die Unverbindlichkeit. Es ist eine Geistesart, die das Erhabenste denken und das Niederste nicht verhindern kann, eine Kultur, die sich säuberlich über die Forderungen des Tages erhebt.

Kultur in diesem Sinn, begriffen als ein nobler Götze, der sich mit unserer künstlerischen oder wissenschaftlichen Leistung schon begnügt, Kultur als sittliche Schizophrenie ist sicher nicht das, was uns retten kann. Es ist nicht überraschend, aber erschreckend, wie viele Briefe aus Deutschland eben diese Geistesart vertreten; sie erwähnen, wenn von der deutschen Frage gesprochen wird, immer wieder Goethe, Hölderlin, Beethoven, Mozart und all die andern, die Deutschland hervorgebracht hat, und es geschieht fast immer im gleichen Sinn: Genie als Alibi. Im Grunde ist es die harmlos-gräßliche Vorstellung, ein Volk habe Kultur, wenn es Symphonien habe, und in den gleichen Zirkel gehört natürlich jene hehre Vorstellung vom Künstler, der, ledig aller Zeitgenossenschaft, ganz und gar in den Sphären reinen Geistes lebt, so daß er im übrigen durchaus ein Schurke sein darf, beispielsweise als Staatsbürger, überhaupt als Glied der menschlichen Gesellschaft. Er ist einfach ein Priester des Ewigen, das seinen täglichen Verrat schon überdauern wird.

Was hat, so sagen sie, Kunst zu tun mit Politik? Und unter Politik versteht man schlechterdings das Niedrige, womit der geistige Mensch, der berühmte Kulturträger, sich nicht beschmutzen soll. Diese Meinung von Kultur ist im deutschen Volk, wie mir scheint, häufiger als in der Schweiz. Gewiß sagt auch hierzulande der Bürger: Die Kunst beschäftige sich mit dem Schönen! (Goethe sagt: Die Kunst beschäftigt sich mit dem Guten und Schweren. Der Unterschied ist entscheidend.) Zwar gibt es auch in unserem Lande viele Leute, die sich die Kunst als eine Art von Schongebiet wünschen, außerhalb unseres Gewissens, ein Gärtlein für den Feierabend; aber es gibt kaum einen Schweizer, der Gefahr läuft, eine solche Kunst, wie er sie verlangt, auch noch ernst zu nehmen; so ernst wie seine Geschäfte. Ich sage das nicht als Ironie; nicht nur als Ironie.

In der Tat empfinden wir, was den Begriff der Kultur angeht, einen wesentlichen Unterschied zwischen dem deutschen und dem schweizerischen Denken. Das allenthalben unerläßliche Gefühl, Kultur zu haben, beziehen wir kaum aus der Tatsache, daß wir Künstler haben – sonst würde man ja unsere Künstler wohl auch ernähren können! – zumindest empfinden wir die Begabung eines Gotthelf nicht als Entschuldigung dafür, daß es in diesem Lande auch Meuchelmörder gibt. Unter Kultur zählen wir wohl in erster Linie die staatsbürgerlichen Leistungen, unsere gemeinschaftliche Haltung mehr als das künstlerische oder wissenschaftliche Meisterwerk eines einzelnen Staatsbürgers. Auch wenn es für den schweizerischen Künstler oft eine erstikkende Luft ist, was ihn in seiner Heimat umgibt, so ist dieses Übel, das uns persönlich trifft, doch nur die Kehrseite einer Haltung, die wir als Ganzes vollauf bejahen. Eben weil die gegenteilige Haltung, die ästhetische Kultur, zu einem fürchterlichen Schiffbruch geführt hat.

Ich will damit keineswegs sagen, daß wir dem deutschen Nachbarn gegenüber eine Art von Sendung haben. Dazu sind wir dem durchschnittlichen Deutschen, der uns nur als Bewohner eines Schlaraffenlandes sieht, allzu verhaßt; die Schweizer sind ein saturiertes Volk, was sie in den Kriegsjahren weniger waren, und wenn wir aus dem Ausland kommen, spüren wir ja selber das Aufreizende, das Unliebenswerte unserer Mängel; wir sind nicht minder selbstgerecht als die andern mit ihrer sonderbaren Arroganz, womit sie sich aus dem Elend, das sie zuerst über andere Völker gebracht haben, einen neuen Messianismus machen. Eine gewisse Gereiztheit, die unsere Gespräche so oft gefährdet und nur in glücklichen Fällen wirklich abzutragen ist, mag von beiden Seiten verschuldet sein; jedenfalls ist sie da. Hinzu kommt, daß gewisse Vorzüge, die wir anzubieten hätten, allzusehr durch unsere besondere Geschichte bedingt sind, bedingt durch den kleinen Maßstab unseres Landes, nicht anwendbar für andere.

Unsere Beschäftigung mit der deutschen Frage aber, scheint mir, bleibt eine Notwendigkeit auch dann, wenn wir uns keinerlei Hoffnung machen, daß wir den Deutschen eine fruchtbare Hilfe bringen können; sie ist eine Notwendigkeit für uns. Es gibt, darüber können wir uns nicht hinwegtäuschen, keine Schweiz ohne Deutschland. Jedenfalls nicht auf die Dauer. So wenig es eine Schweiz gibt ohne Frankreich und ohne Italien.

Das Gefühl, daß wir geistig in der Luft hängen, ist ein schreckliches Gefühl. Vielleicht aber, wenn ich mit einem persönlichen Credo schließen darf, ist unsere letztmögliche Rettung der Schrecken: aus einer Sicherheit heraus, die, wie ich fürchte, unserem Jahrhundert nicht standhalten wird.

(1949)

Friedrich Dürrenmatt

Zu seinem neuen Stück »Romulus der Große«

Eine Kritik wie sie sich gehört, eine wirkliche Kritik, die Einblicke eröffnete und wertvoller wäre als eine persönliche Huldigung, wäre mir auch auf größerem Raume kaum möglich, weil ich zum wesentlichen Anliegen gerade dieses Dichters, trotz persönlicher Bekanntschaft, letztlich keinen Zugang habe, so daß auch die Bewunderung, die ich seinem Schaffen gegenüber empfinde, nicht über die literarischen Vorhöfe hinausführt. Das wesentliche Anliegen, das Dürrenmatt zur Gestaltung treibt, ist das Religiöse; offensichtlich schon in seinem ersten Werk »Es steht geschrieben«, dessen bildnerische Kraft bei jedem Wiederlesen verblüfft; offensichtlich auch in seinem zweiten Werk »Der Blinde«, wo sich, was kein Grund zur Enttäuschung ist, gewisse Grenzen und Gefahren seiner Anlage abzeichneten. In seiner neuen Komödie, wo von Gott kaum die Rede ist, offenbart sich das Religiöse, wie mir scheint, allein schon in der Tatsache, daß einer, ohne unsrer Zeit und unsrer Lage auszuweichen, überhaupt imstande ist, eine Komödie zu geben. Nicht irgendeine Komödie, sondern unsere Komödie. Zwar ist es, um die Nerven zu schonen, nicht unsere Kultur, die da unter den Hammer kommt, sondern die römische Antike; aber die Situation ist die unsere: Ausverkauf einer Kultur – und da sitzt nun dieser Romulus, der letzte Kaiser eines Weltreiches, löffelt sein tägliches Ei und fragt so gelassen-beiläufig, ob Kultur denn etwas sei, was man retten könne; nämlich retten vor den barbarischen Germanen, die drei Akte lang im Anmarsch sind, während er, unerschütterlich passiv, in einer verfallenden Villa sitzt, umgackert von Hühnern, die römische Namen tragen. Das ist, und zwar auch auf der Bühne, eine Groteske von visionärem Format. Der ganze zweite Akt, eine Begegnung von blutigem Ernst, spielt vor der Folie dieses Gegackers; die kaiserliche Tochter, Rea, verbringt ihre Zeit, indem sie Antigone rezitiert: »Vaterlandes Bürger, seht wandeln mich den letzten Pfad.« So wohl gesprochen und so ahnungslos, als käme sie von unsrer Universität. »Dagegen dem Acheron bin ich vermählt.« Und sie ist es; die Begegnung mit der Realität, die Begegnung mit Ämilian, ihrem Bräutigam, der als Verstümmelter aus germanischer Gefangenschaft kommt, ist nicht die einzige grandiose Szene, aber die erste, wo Romulus, bisher ein halb witziger und halb weiser Unheld, seine wirkliche Perspektive gewinnt; hier brichts herein, was nicht mehr Burleske ist, das Grauenhafte, und Romulus hält stand. Er ist kein geistreicher Scharlatan, wie man vielleicht im ersten Akt, der zuweilen an Shaw erinnert, noch meinen konnte; er ist ein Vollstrecker, passiv, aber durchaus ein Vollstrecker, ein bewußter Wille; er will, daß dieses Imperium untergeht. Ein schändlicher Kaiser, wie die Vaterländischen ihn nennen. In einem dritten Akt, der sich an theatralischem Wurf mit Wedekind messen kann, scheitert die vaterländische Verschwörung; Romulus der Große, von seinen Mördern umstellt, soll sich rechtfertigen; ein Angeklagter, der zum Ankläger wird: Rom kannte die Wahrheit, aber es wählte die Macht, und woher nähme es das Recht, sich zu wehren? Seine Anklage, die wörtlich an unser unchristlich-christliches Europa gerichtet werden könnte, hindert seine Mörder zwar nicht, ihre sinnlosen Dolche zu erheben; nur die Ankunft der Germanen hindert sie an ihrer zwecklosen Tat; das ist, vom Geistigen her, eine durchaus folgerichtige Lösung; woher kommt es, daß es theatralisch, wie mir scheint, keine Lösung ist? Deus ex machina; ich muß es hinnehmen, wie wenn plötzlich ein Bild von der Wand fällt, und die Szene bleibt irgendwie verpufft, auch wenn ich sie hinterher, sobald Romulus wieder allein ist, als notwendig begreife. »Wenn dann die Germanen da sind«, sagt Romulus, »sollen sie hereinkommen.« Nicht weil die Germanen besser sind; aber weil das römische Imperium, so wie es sich verschuldet hat, unaufhaltsam zu Ende ist. »Gerechtigkeit ist etwas Fürchterliches«, sagt Romulus einmal. Seine Haltung ist von einer Unerbittlichkeit, die unser Lachen durchaus zum Einfrieren brächte, wäre nicht der burleske Schluß. Wieso, fragt man sich später, konnte ich überhaupt lachen? Jede große Komödie setzt eine Bejahung voraus, eine durchaus zweifellose, und vielleicht gibt es drum kaum eine moderne Komödie; es scheint mir entscheidend, daß Dürrenmatt nicht einfach den Ausverkauf einer Kultur zeigt, was eine zynische oder sarkastische Farce lieferte und weiter nichts, sondern im Mittelpunkt einen Menschen, der diesen Ausverkauf vollzieht im Sinne einer Erkenntnis, im Sinne einer unerschütterlichen Bejahung, die allein alles andere was geschieht, als Komödie erscheinen läßt. Woher aber die Bejahung? Zweierlei ließe sich denken. Ein Revolutionär, der den Untergang einer Kultur bejaht, weil er eine bekömmlichere erwartet; nur ist die Bejahung der Revolutionäre, wie es scheint, selten so krampflos, daß ihnen das Verneinte wirklich zur Komödie würde. Wieviele Revolutionäre gibt es, die Humor haben? Das andere ist die Bejahung, wie sie Dürrenmatt besitzt, die religiöse – die zu erläutern, wie gesagt, nicht meine Sache ist; nur wissen wir, daß das Religiöse, wo es ernst wird, immer eine erschrekkende Erscheinung ist, ein Ding, das nicht unterzubringen ist in unsrer christlichen Gartenlaube, ein Ärgernis.

Die Uraufführung, die das Stadttheater Basel herausbrachte, ist durch zwei hervorragende Leistungen bestimmt: die Regie von Ernst Ginsberg, der dem Wesen dieser Dichtung spürbar verbunden ist, und die schauspielerische Leistung von Kurt Horwitz, der in diesem Romulus eine seiner besten Rollen gefunden hat; eine Kongruenz der eignen Persönlichkeit. Von den übrigen Darstellern sind es Margrit Winter und Bernhard Wicki, die als Rea und Ämilian eine der großartigsten Szenen zur Erfüllung bringen. Erwähnt sei auch das glückliche Bühnenbild, das von Eduard Gunzinger stammt, und die Tatsache, daß die Premiere zu einem Triumph wurde – und das für einen Dichter, der das gefällige Mittelmaß so rücksichtslos überragt! Nun müßte es bloß noch so sein, daß dieser Mann nicht zum Auswandern genötigt wird, weil seine Heimat, das reichste Land in Europa, ihn nicht zu ernähren vermag.

(1949)

Tagebuch 1946-1949

FÜR CONSTANZE

An den Leser

Der verehrte Leser – einmal angenommen, daß es ihn gibt, daß jemand ein Interesse hat, diesen Aufzeichnungen und Skizzen eines jüngeren Zeitgenossen zu folgen, dessen Schreibrecht niemals in seiner Person, nur in seiner Zeitgenossenschaft begründet sein kann, vielleicht auch in seiner besonderen Lage als Verschonter, der außerhalb der nationalen Lager steht – der Leser täte diesem Buch einen großen Gefallen, wenn er, nicht nach Laune und Zufall hin und her blätternd, die zusammensetzende Folge achtete; die einzelnen Steine eines Mosaiks, und als solches ist dieses Buch zumindest gewollt, können sich allein kaum verantworten.

Zürich, Weihnachten 1949

1946

Zürich, Café de la Terrasse

Gestern, unterwegs ins Büro, begegne ich einem Andrang von Leuten, die bereits über den Randstein hinaus stehen, alle mit gestreckten Hälsen; manchmal ein Lachen aus der unsichtbaren Mitte –

Bis ein Gendarm kommt.

Er fragt, was geschehen sei, und da wir es nicht wissen, keilt er sich in den Haufen hinein, nicht barsch, aber von Amtes wegen entschieden. Das gehe nicht, sagt er mehrmals, das gehe nicht! Wahrscheinlich wegen des Verkehrs –

Und dann:

Ein junger Mensch steht da, groß, bleich, eher ärmlich was die Kleidung betrifft, aber kein Bettler, wie es scheint, heiter, unbefangen wie ein Kind; ein offener Koffer liegt neben ihm, und dieser Koffer, wie man nun sieht, ist voller Marionetten. Eine hat er herausgenommen und hält sie eben an den Fäden, so, daß das hölzerne Männlein gerade auf dem Pflaster spazieren kann; unbekümmert um den Gendarm, der einen Augenblick ratlos scheint:

»Was soll das?«

Der junge Mensch, keineswegs verdutzt, zeigt weiter, wie man die einzelnen Gliedmaßen bewegen kann, und einen Atemzug lang, lächelnd und den Daumen im Gürtel, schaut auch der Gendarm zu, der das liebe Gesicht eines Bienenzüchters hat.

»Was soll das?«

Der Mensch, indem er auf die Puppe schaut, lächelnd, da jedermann die Antwort sehen kann:

»Jesus Christus.«

Der Gendarm:

»Das geht nicht... Hier nicht... das geht nicht –.«

Andorra ist ein kleines Land, sogar ein sehr kleines Land, und schon darum ist das Volk, das darin lebt, ein sonderbares Volk, ebenso mißtrauisch wie ehrgeizig, mißtrauisch gegen alles, was aus den eignen Tälern kommt. Ein Andorraner, der Geist hat und daher weiß, wie sehr klein sein Land ist, hat immer die Angst, daß er die Maßstäbe verliere. Eine begreifliche Angst, eine lebenslängliche Angst, eine löbliche Angst, eine tapfere Angst. Zuzeiten ist es sogar die einzige Art und Weise, wie ein Andorraner zeigen kann, daß er Geist hat. Daher das andorranische Wappen: Eine heraldische Burg, drinnen ein gefangenes Schlänglein, das mit giftendem Rachen nach seinem eignen Schwanze schnappt. Ein schmuckes Wappen, ein ehrliches Wappen; deutet auf das Verhältnis zwischen Andorraner und Andorraner, welches ein leidiges ist wie meistens in kleinen Ländern.

Das Mißtrauen –.

Die andorranische Angst, Provinz zu sein, wenn man einen Andorraner ernst nähme; nichts ist provinzieller als diese Angst.

Marion hatte die Puppen geschnitzt, während er krank war. Weil er krank war; die viele Zeit. Er schnitzte sie aus Lindenholz, weil das Lindenholz am wenigsten splittert; es ist nicht hart, nicht eigensinnig, es hat keine Äste, wo das Messer stockt. Das ist die Gefahr, das Stocken bei den Ästen, und dann, plötzlich, springt das Messer davon, und alles ist wieder verdorben, die Nase weg. Lindenholz ist ein williges Holz, ein treues Holz, seine Helle, der Gleichmut seiner Jahrringe; man kann es wirklich loben.

Als er den dritten Nagel in die Wand schlug, um seine Puppe daran aufzuhängen, die dritte, da fragte ihn die Krankenschwester, was er mit diesen Dingern spielen wollte, was für ein Stück…

Das war die Frage.

Sie nahm die Puppe in die Hand:

»Der sieht wie Jesus Christus aus.«

Ja, dachte Marion, aber alle die andern?
Pontius Pilatus –
Judas –

Zuerst spielt Marion für die Armen des Dorfes. Wobei er keineswegs die Frage stellt, warum es Arme gibt und andere; ob darin ein Unrecht liegt oder nicht. Er tut es nicht aus Mitleid. Es genügt ihm, daß er Freude macht; was auch ihm wieder Freude macht. Er tut es ohne Anspruch, ohne Ehrgeiz, ohne Bewußtsein...

Eines Tages entdeckt ihn ein Kurgast.

Ein Herr mit Monokel –

Cesario, das Urteil von Andorra.

Zu erzählen wäre die rührende und auch wieder tröstliche Szene, wie Marion seiner alten Mutter erklären will, was das bedeutet, ein Brief von Cesario. Er liest ihn vor. Eine Einladung von Cesario. Er liest sie noch einmal vor. Und die Mutter zittert, wie sie eben immerfort zittert, die Arme, den lieben langen Tag:

»Wie heißt der Herr?«

O Grenze des Ruhmes!...

Aber es bleibt dabei, auch wenn die Mutter es nicht begreift: Marion fährt in die Stadt, Marion, der alles für bare Münze nimmt, was man ihm sagt. Er steht am offenen Wagenfenster und winkt, lange noch, es flattern seine Haare, es senkt sich der Rauch über die heimatlichen Felder, Wolken von Bernstein, denn es ist ein sonniger Morgen, und Marion fährt in die Stadt: mit Jesus Christus im Koffer.

Im Kaffeehaus, wo Cesario natürlich auf sich warten läßt, zeigt er seine Puppen einer Kellnerin. Andere treten hinzu; es macht ihnen Spaß, und Marion muß zeigen, wie so eine Puppe auf dem Boden geht –

Bis jener Gendarm kommt:

»Das geht nicht.«

Warum nicht?

Cesario ist es peinlich; er nimmt sein Monokel aus dem Auge, reibt es und tut, als könnte er nicht sprechen, wenn er das Monokel nicht hat, und Marion bleibt ohne Antwort auf seine Frage.

Sein Staunen darüber, wie jedermann sich ein wenig anders verhält, wenn andere am Tische sitzen. Man wird nicht klug aus den Leuten, und es ist wie ein Schachtraum, was Marion in den folgenden Wochen erlebt: jedesmal, da er eine Figur ergreifen will, hat sie soeben die Farbe gewechselt –

Marion schreibt in einem Brief:

»Oft möchte ich meinen, sie halten mich alle zum Narren, nichts weiter. Sie schnöden über einen Maler, den ich nicht kenne, sie nennen ihn einen Scharlatan und so weiter, und in der gleichen Woche, wenn ich ins Kaffeehaus gehe, treffe ich sie wieder: sie trinken und rauchen und unterhalten sich mit Geist, mit Ernst und vortrefflich. Was soll unsereiner da reden, damit er nicht immerfort schweigt? Ich schnöde auch über den Maler, den ich nur aus ihren eignen Worten kenne, und frage den Fremden, ob er den Scharlatan auch kenne, und der Fremde ist es selbst, und der Scharlatan bin ich.«

Sein wachsender Drang, nicht länger mitzumachen; er will den Menschen sagen, was er denkt, so offen als möglich, gleichviel, wer am Tische sitzt. Sein Irrtum besteht darin, zu meinen, daß er damit die anderen zwinge, ein gleiches zu tun...

Von einer sehr reichen Andorranerin, als sie starb, sagte die Welt: Sie hatte ein sehr gutes Herz. Nämlich sie hatte, sonst ohne Arbeit und Aufgabe, sehr viel Wohles getan, Geschenke und so weiter...

Marion hat die Dame gekannt.

»Sicher ist«, so denkt er: »sie hatte Anfälle von schlechtem Gewissen. Das aber, wer weiß, schon das wäre ein großes Lob für die Verstorbene; ich habe wenige Reiche getroffen, die es so weit brachten.«

Hat er es gesagt?

Und wem?

Und gleichviel, wer am Tische saß?

Und einmal, als sie bereits die Sessel wieder aufeinander bockten und Marion noch immer zwischen seinen Ellbogen saß, verloren in einer Sintflut des Herzens, erbarmte sich seiner eine Kellnerin.

Schön war es nicht –

Am andern Morgen sieht er sie hangen: Moses, die drei Könige, Christus aus Lindenholz.

Und nur der Judas fehlt noch immer.

Als kenne er ihn nicht.

Gesellschaft bei Cesario.

Jemand spielte eine Sonate, hinreißend, er mußte wiederholen, und als er sich zum letzten Male verbeugt hatte, lächelnd, gab es ein längeres Schweigen; die Damen saßen in langen Kleidern, die Herren in Schwarz. Man war ergriffen. Dann öffnete sich eine Türe, eine Schiebetüre, und man begab sich in ein anderes Zimmer, wo es belegte Brötchen gab, Wein oder Bier, auch Tee für die Damen –

Marion hatte Hunger.

»Ah!« sagte die Trebor und stellte ihre Tasse zurück: »Sie sind also ein Poet?«

Marion wurde rot.

»Sie sind also ein Poet – und im gleichen Augenblick nennen Sie sich einen armen Teufel, das verstehe ich nicht!«

»Nicht alle leben in einem solchen Landhaus –.«

»Sie meinen, weil sie nichts haben? Ich beneide Sie, Marion, wenn das wahr ist. Sie können, was wir nicht können: die Wahrheit denken, sogar die Wahrheit sagen.«

Marion zuckte die Achseln:

»Wer auf solchen Teppichen wohnt«, versetzte er: »kann sich die Armut sehr geistreich vorstellen, kein Zweifel.«

Sie blinzelte durch den Rauch ihrer Zigarette.

»Sehen Sie«, sagte die Trebor: »so viele behaupten, sie hätten nichts, und brüsten sich damit wie Sie, und am Ende haben sie doch immer das eine: Angst um all das, was sie haben möchten, Angst wie der reiche Mann, nur ohne Geld. Und ob das arme

Teufel sind! Aber dann ist man auch kein Poet, Marion. Ein Poet, dachte ich immer, darf überhaupt nichts haben – auch keine Angst.«

Sie lächelte, schaute ihn an:

»Wozu brauchen wir ihn sonst?«

Eine Fee mit bestrichenen Brötchen...

Und dann, als es soweit war, lag Marion bereits im Bett, er hatte auch das Licht schon gelöscht: als der Entschluß ihn erreichte, keinerlei Angst mehr zu haben. Er mußte noch einmal aufstehen; er zog seinen Mantel an, es war Mitternacht vorbei, und er schrieb an die Trebor, alles, was er gehört hatte, wenn sie nicht zugegen war –.

Der nächste Abend fand nicht mehr statt.

Alles hat Folgen; Freundschaften gibt es, die jahrelang darauf bestanden haben, daß man sich von dem andern bewundert wähnte, eine Art von Versicherung, die man wiederum mit Bewunderung zahlte: ein offenes Wort, und weg ist sie. Und Marion ist an allem schuld; denn alles, was man in Wahrheit sagt, hat Folgen.

Auch gute vielleicht –

Eine Ehe geht in die Luft, zum Beispiel, mitsamt einem Haus und sieben Zimmern, Küche mit Kühlschrank: dafür eine Liebe, eine andere, die lange schon wartete wie ein Keim unter dem Stein, ein Mögliches, das plötzlich an die Sonne kommt, ein Lebendiges...

Marion hat einen Hund, das ist wichtig, das ist ein Geschöpf, das nicht anders tut, als es ist. Ein kleiner Hund, der im Zickzack über die Straße schnuppert; plötzlich wirbelt er ab, die Gosse entlang... und Marion wartet... Eines Tages wird auch dieser Hund ihn enttäuschen. Noch würde Marion es nicht glauben, wenn man es ihm sagte. Es ist ein Hundchen ohne Rasse, ohne Zucht, ohne Anstand und Adel, vor allem aber ohne jeden Anspruch auf all das, und eben darum hat Marion ihn genommen; ein Köter ohne Stammbaum, ein bräunlicher Knäuel, der immer wieder fast überfahren wird. Wie soll ein solcher Hund ihn enttäuschen können? Aber es liegt nicht am Hund, wenn es dazu kommt; es liegt an Marion, und es wird dazu kommen.

Anfang Februar zeigen sich die ersten Spuren von Irrsinn: die Menschen, die Marion sah, bewegten sich nicht mehr von innen heraus, wie ihn dünkte, sondern ihre Gebärden hingen an Fäden, ihr ganzes Verhalten, und alle bewegten sich nach dem Zufall, wer an diese Fäden rührte; Marion sah eine Welt von Fäden. Er träumte von Fäden...

Das war anfangs Februar.

Es drängte ihn dazu, daß er mit den Fäden spielte. Nämlich er wollte sich überzeugen, daß es doch nicht so war, das mit den Fäden. Er gab einen ganzen Tag dafür, noch einmal suchte er alle auf, die er kannte, Cesario zum Beispiel, der immer, gebildet wie er ist, an Hand von Kenntnissen redet: er redet von mittelalterlichen Puppenspielen –

Marion hört zu.

»Übrigens finden Sie eine verwandte Erscheinung, wenn Sie an die antike Maske denken; schon bei den alten Griechen –.«

Marion nickt. Und Cesario ist voller Wohlwollen wie am ersten Tag, als er den Puppenspieler entdeckte, ja, auch für den Puppenspieler bestellt er noch einmal einen Drink...

Was hat Marion getan?

Er hat genickt: gläubig und immerzu –

Weiter nichts.

»Ein kluger Bursche, ein heller Bursche! Habe ich es nicht auf den ersten Blick gemerkt? Ein begabter Bursche, und so bescheiden dabei, so bescheiden!...«

Und Marion seinerseits denkt:

»Wenn Cesario an mich glaubt, und wie habe ich diesem Manne doch Unrecht getan, indem ich ihn neulich einen eitlen Schwätzer nannte, nein wirklich, wenn Cesario an meine Puppen glaubt, Cesario, der Unbestechliche, er, dessen Urteil, wie jedermann weiß, so streng ist, aber gerecht, aber gerecht –«

Marion war wie benommen.

Er hatte spielen wollen; er hatte sich überzeugen wollen, daß es doch nicht so war, das mit den Fäden –

Aber es war so.

Auch bei ihm selber war es so.

Jetzt, in jedem Spiegel, sah er den Judas –

Am selben Abend erwürgte er den Hund. Man fand ihn später in der Garderobe, den Hund, und sich selber hatte er im Abort erhängt, nebenan, während die Leute auf dem blauen Polster saßen und über den kleinen Moses klatschten, über die drei Könige, über den Christus aus Lindenholz, über Pontius Pilatus.

Cesario, als er im Kaffeehaus davon hörte, zeigte sich betroffen und bereit, an der Bestattung teilzunehmen und allenfalls, wenn es verlangt wurde, einige Worte zu sprechen, obschon er es nicht überzeugend fand, daß Marion sich erhängt hatte; es war bedauerlich, gewiß, es war traurig, aber nicht ein auswegloses Muß, also nicht eine Tragödie im antiken Sinne, sondern nur die Geschichte eines vermeidbaren Irrtums, der darin bestand, daß Marion offenbar meinte, die Wahrheit irgendeines Mannes liege auf seinen Lippen oder in seiner Feder; er hielt es für Lüge, wenn die Menschen bald so, bald anders redeten; eines von beiden, meinte er, müsse eine Lüge sein.

Das verwirrte ihn.

Er erhängte sich aus Verwirrung –.

Café de la Terrasse

Ringsum die brandende Stadt, arbeitsam und rege, das Hupen der Wagen, das hohle Dröhnen von den Brücken – und hier diese grünende Insel der Stille, der Muße; es ist die erste am Tage, und ringsum läuten die Glocken, es hängt wie ein Summen über den Straßen und Plätzen, über den Alleen, über den Zinnen mit flatternder Wäsche, über dem See. Es ist Samstag. Es ist elf Uhr, die Stunde, wie ich sie liebe: alles in uns ist noch wach, heiter ohne Überschwang, fast munter wie das rieselnde Baumlicht über den marmornen Tischlein, nüchtern, ohne die Hast einer wachsenden Verzweiflung, ohne die abendlichen Schatten der Melancholie –

Alter zwischen dreißig und vierzig.

Nachtrag zu Marion

Marion und der Engel, der eines Abends neben ihm steht und ihn fragt, was eigentlich er möchte, und Marion, der sich an den Nacken greift:

»Was ich möchte?«

Es ist wirklich ein Engel! –

Marion:

»Wenn ich am abendlichen Ufer sitze, einmal möchte ich wandeln können über das Wasser, über die Tiefe voll perlmutterner Wolken, oder ich möchte, wenn ich auf dem Hügel stehe und meine Pfeife rauche, die Hände in den Hosentaschen, ich möchte die Arme von mir strecken, so wie man im Traume es kann, und niedergleiten über die Hänge, über die abendlichen Wipfel der Tannen, über Gehöfte und Dächer, über Kamine, über die Felder mit den Obstbäumen darin, mit Pflügen und dampfenden Rossen darin, über die Drähte voll tödlichen Stromes, über den Kirchhof hinweg, den geschlossenen – nicht einmal fliegen wie ein Vogel, der aufwärts steigt und sich erhebt, oh, ich bin es zufrieden, wenn du mich gleiten ließest, Engel, nur eine Weile lang: zurück in die Gefangenschaft unsrer Schwere!... Das alles aber, Engel, es soll nicht ein Traum sein. Ganz wirklich soll es sein, das Unglaubliche. Und niemals braucht es wiederzukehren. Und niemand, den ich im Ehrgeiz bedenke, niemand muß es erfahren und glauben. Es sei mir genug, wenn ich allein es weiß: Einmal bin ich über das Wasser gegangen, ganz wirklich. Und niemals brauchte es wiederzukehren!«

In der Straßenbahn treffe ich Kellermüller, zum erstenmal seit Jahren; nachher stehen wir noch fast eine Stunde zusammen, drüben beim Kiosk, und es fällt mir auf, wie oft er betont, daß er älter werde, immer wieder, als hätte man das Gegenteil vermutet. Aber er sei nicht traurig darüber, versichert er, mit nichten; er ist überzeugt, daß er die Dinge, die er bisher bedacht und beschrieben hat, vollkommen anders sehe, und nicht nur das! Er ist überzeugt, daß er sie zum erstenmal wirklich sieht. Darum ist er glücklich oder mindestens gelassen, obschon er alles, was er bisher geschrieben hat, als Mist betrachtet...

»Jedenfalls war es verfrüht.«

»Glauben Sie das im Ernst?«

»Ich meine nicht das handwerkliche Können, nicht das allein; sondern die Art, wie man den Menschen sieht –.«

Einmal wage ich es und sage:

»Gerade Ihre frühen Novellen mag ich besonders.«

Er schneuzt sich nur, und ich habe mehr und mehr das Gefühl, daß er sich Unrecht tut, wenn er die spätere Einsicht, nur weil sie auf alle früheren zurückschauen kann, für die bessere hält, die gerechtere –

Es ist nicht das Alter, was an Kellermüller auffällt, sondern die Anmaßung aller Gegenwart; sie zeigt sich schon darin, daß wir stets, wenn wir eine Sache oder ein Gesicht plötzlich anders erblicken, ohne Zögern sagen:

Ich habe mich getäuscht!

Ich habe...

Vielleicht täusche ich mich jetzt erst, oder sagen wir: heute noch mehr als damals.

Vom Sinn eines Tagebuches:

Wir leben auf einem laufenden Band, und es gibt keine Hoffnung, daß wir uns selber nachholen und einen Augenblick unseres Lebens verbessern können. Wir sind das Damals, auch wenn wir es verwerfen, nicht minder als das Heute –

Die Zeit verwandelt uns nicht.

Sie entfaltet uns nur.

Indem man es nicht verschweigt, sondern aufschreibt, bekennt man sich zu seinem Denken, das bestenfalls für den Augenblick und für den Standort stimmt, da es sich erzeugt. Man rechnet nicht mit der Hoffnung, daß man übermorgen, wenn man das Gegenteil denkt, klüger sei. Man ist, was man ist. Man hält die Feder hin, wie eine Nadel in der Erdbebenwarte, und eigentlich sind nicht wir es, die schreiben; sondern wir werden geschrieben. Schreiben heißt: sich selber lesen. Was selten ein reines Vergnügen ist; man erschrickt auf Schritt und Tritt, man hält sich für einen fröhlichen Gesellen, und wenn man sich zufällig in einer Fensterscheibe sieht, erkennt man, daß man ein Griesgram ist. Und ein Moralist, wenn man sich liest. Es läßt sich nichts machen dagegen. Wir können nur, indem wir den Zickzack unsrer jeweiligen Gedanken bezeugen und sichtbar machen, unser Wesen kennenlernen, seine Wirrnis oder seine heimliche Einheit, sein Unentrinnbares, seine Wahrheit, die wir unmittelbar nicht aussagen können, nicht von einem einzelnen Augenblick aus –.

Die Zeit?

Sie wäre damit nur ein Zaubermittel, das unser Wesen auseinanderzieht und sichtbar macht, indem sie das Leben, das eine Allgegenwart alles Möglichen ist, in ein Nacheinander zerlegt; allein dadurch erscheint es als Verwandlung, und darum drängt es uns immer wieder zur Vermutung, daß die Zeit, das Nacheinander, nicht wesentlich ist, sondern scheinbar, ein Hilfsmittel unsrer Vorstellung, eine Abwicklung, die uns nacheinander zeigt, was eigentlich ein Ineinander ist, ein Zugleich, das wir allerdings als solches nicht wahrnehmen können, so wenig wie die Farben des Lichtes, wenn sein Strahl nicht gebrochen und zerlegt ist.

Unser Bewußtsein als das brechende Prisma, das unser Leben in ein Nacheinander zerlegt, und der Traum als die andere Linse, die es wieder in sein Urganzes sammelt; der Traum und die Dichtung, die ihm in diesem Sinne nachzukommen sucht – Später, wie ich die Zeitung lesen möchte, erinnert mich ein Inserat daran, daß auch der Hellseher, wie mir scheint, in diesem Zusammenhang bemerkenswert wäre –

In Zürich lebte vor Jahren ein bekannter Professor, dessen Vorlesung ich noch besucht habe, ein ehemaliger Untersuchungsrichter, ein nüchterner und beherrschter Mann. Eines Tages war er verschollen. Ein Unglück, ein Verbrechen? Der Scharfsinn der Polizei, die einigermaßen zu seinen Werkzeugen gehörte, versagte vollkommen; sogar der Spürsinn ihrer Hunde. Tage vergingen, Wochen ohne Ergebnis. In einem Kabarett spielte unterdessen ein Hellseher, Abend für Abend, den wir wie jeden, der auftritt, für einen harmlosen Schwindler hielten. Man holte den Mann, führte ihn in das Arbeitszimmer unseres Professors, den er nicht kannte, und fragte ihn, was er über den Bewohner dieses Zimmers aussagen könnte. Der Mann mit der Mähne, so heißt es, setzte sich in Trance, nicht anders als im Kabarett. Als die Polizei ihn wieder fragte, gestand er, daß er nichts Genaues sagen könnte. Ich sehe die Mundwinkel der Polizei! Nur eines sehe er: Wasser, ja, und der Herr, der Bewohner dieses Zimmers, liege nicht allzu tief, kaum einen Meter unter Wasser, und zwar zwischen Schilf. Aber wo? Das konnte er nicht sagen, und damit war unser Seher wieder entlassen, er durfte wieder ins Kabarett. Man suchte die Ufer ab, wo es noch Schilf gibt. Am Obersee fanden sie nichts. Damit nichts unterlassen blieb, suchten sie auch am Greifensee: der Professor, der sich erschossen hatte, lag kaum einen Meter unter Wasser, und zwar zwischen Schilf –.

Und ein andrer Fall:

Auch Strindberg, wie es heißt, hatte die Gabe des Hellsehens. Seine Frau erzählt, wie er ihr einmal in wilder Eifersucht begegnete, Vorwürfe machte, die ihr haltlos schienen; er schilderte ihr genau, wie sie sich von einem fremden Mann hätte begleiten lassen, gestern, er wußte einzelne Straßen, die sie gegangen wären, Hausecken, wo sie stehen blieben, alles konnte er nennen. Nur stimmte alles nicht. Er war von seiner Eifersucht nicht abzubringen; für ihn stimmte es. Es waren wenige Monate vergangen, als die Frau mit Verwunderung feststellte, daß sie wirklich, als ein Herr sie begleitete, eben jenen Weg gegangen waren, den Strindberg schon damals hatte wissen wollen; es stimmte auf die Straßen genau, sogar die Hausecke, wo sie stehen blieben –.

Beide Fälle haben eines gemeinsam:

Der Hellseher sieht ein Bild, aber nicht den Ort oder nicht die Zeit, und wenn er sich darüber äußert, dann irrt er sich leicht, wie Strindberg, der für geschehen hält, was nur als Mögliches ist. Er sieht nicht das Nacheinander, und das scheint mir vor allem bemerkenswert: er sieht nicht Geschichte, sondern Sein, die Allgegenwart des Möglichen, die wir mit unserem Bewußtsein nicht wahrnehmen können, und offenbar müssen auch jene, damit sie aus dem Urganzen heraus sehen können, das Bewußtsein ausschalten, das unser Sein immer in Ort und Zeit zerlegt; sie brauchen die Trance.

Daß in früheren Zeiten, wie man immer wieder behauptet, das Seherhafte in höherem Grade vorkam, vor allem auch öfter, würde insofern nicht überraschen; es waren Zeiten minderen Bewußtseins.

Schön auch der Ausdruck: In dunkler Vorzeit. So beginnen die Sagen, die nicht Geschichte sind, sondern Bilder unseres Seins. Und daß es Vorzeit heißt: es ist überhaupt noch keine Zeit, es ist ein Davor, es gibt noch nicht das helle Bewußtsein, das zerlegt, und darum nennen wir die Vorzeit dunkel. Im Gegensatz zu unsrer eignen Zeit, die wir finster nennen. Wir sind wie die Leute, die ins Helle blicken; für alles, was neben dieser Helle unsres Bewußtseins ist, sind wir blind. So straucheln wir immerfort. Es fehlt uns die Hellsicht. Zur Not, oder eher zum Spaß, finden wir sie noch im Kabarett, wo sie allabendlich die Menschen erregt, obschon keiner daran glauben will, keine Packerin, kein Rechtsanwalt; sie sitzen ihrer eignen Seele wie einem Hokuspokus gegenüber, und wenn sie hinauskommen, kaufen sie das Morgenblatt, lesen das Ergebnis und wundern sich, woher es kommt –.

Basel, März 1946

Eine Stunde droben beim Münster; die Vögel auf den einsamen Bänken, die kühle und vornehme Stille des alten Platzes, dessen Fassaden in einer dünnen Morgensonne stehen; das plötzliche Gefühl von fremder Stadt; der Rhein, wie er in silbernem Bogen hinauszieht, die Brücken, die Schlote im Dunst, die beglückende Ahnung von flandrischem Himmel –

Wie klein unser Land ist.

Unsere Sehnsucht nach Welt, unser Verlangen nach den großen und flachen Horizonten, nach Masten und Molen, nach Gras auf den Dünen, nach spiegelnden Grachten, nach Wolken über dem offenen Meer; unser Verlangen nach Wasser, das uns verbindet mit allen Küsten dieser Erde; unser Heimweh nach der Fremde –

Marion und das Gespenst

Einmal hat Marion, so wie man einen Schnupfen hat, plötzlich das alberne und hinderliche Gefühl, daß ein gewisser Andorraner ihm feindlich gesinnt sei. Nennen wir ihn Pedro. Dabei weiß Marion selber nicht, woher er dieses Gefühl eigentlich bezieht; er hat nie mit dem Menschen gesprochen. Höchstens könnte es sein, daß Marion sich einmal betroffen fühlte von einem Satz, den jener Pedro irgendwo geschrieben hat, und es ärgerte ihn, daß Pedro sich einbilden möchte, jener Satz hätte ihn zu Recht betroffen. Der Satz hieß ungefähr: Man kann auch eitel sein auf seine Bescheidenheit. Was übrigens nichts Neues ist! Dennoch verspürte Marion fortan einen Zwang, alles zu lesen, was jener Pedro, der obendrein ein emsiger Bursche ist, an Aufsätzen und Büchern in das andorranische Geistesleben warf, und es mag sein, daß unser armer Marion, der ihn von Herzen haßte, in jener Zeit sein treuester Leser war; es entging ihm kaum eine pedronische Zeile. Er las ihn mit der Ausdauer eines Gekränkten, mit der Sorgfalt eines Herzens, das nach Schadenfreude lechzt, mit einer Spannung, die ihn selbst ärgerte. Daß aber Pedro, wenn man auf der Straße an ihm vorüberging, nichts davon wußte, nicht einmal ahnte, wie Marion ihn las und an ihm litt, das machte ihn für Marion nicht liebenswerter. Im Gegenteil! Marion hätte ihm jedesmal eine herunterhauen können, allein schon wegen seiner gelassenen Art, wie er über die Straßen ging, und ein Hündchen hatte er auch noch, einen grünen Mantel mit Pelz, einen Stock. Und wie gesagt: ein Hündchen! Fast jeder Andorraner kannte ihn, und wo immer sein verhaßter Name erwähnt wurde, galt es für Marion, daß er die Würde wahrte, seine eigene, deren wir zu unserer Selbstachtung bedürfen; Marion war der letzte, der über den Namen herfallen durfte, er mußte es den andern überlassen, daß sie Mistfink sagten und anderes, was Marion auf der Zunge brannte. Marion schwieg. Nicht selten ging er sogar weiter; er wehrte sich für Pedro, und obschon man das Hündchen nicht bestreiten konnte, nahm Marion ihn in Schutz, und wäre es auch nur, damit er sich durch Anstand über ihn erhöbe. Der Genuß dieses eigenen Anstandes, der Pedro nicht vor den allgemeinen Vorwürfen retten konnte, der stille Genuß dieses eignen Edelmutes – man kann nicht sagen, daß er Marion mit seinem Widersacher versöhnte, das gerade nicht, aber es war Balsam, den man selber herstellen konnte, soviel man davon brauchte, und Marion brauchte damals sehr viel davon. Er hatte sich nun einmal in diesen Pedro verhaßt, und wie er später sehen konnte, hatte ihm dieser Haß fast alle Gedanken jener Zeit verhunzt; es kam eine Schärfe in alles, was er dachte und sagte, ein Drang nach Besserwissen, eine Bosheit, die unsere Worte immer spitzer, aber nicht überzeugender macht, ganz abgesehen davon, daß man zu gewissen Gedanken und Überzeugungen nur gelangt, weil man seinen Gegner, Pedro mit Namen, auf einem anderen Standpunkt wähnt. Es liegt in der Natur aller Polemik, daß Marion ihm stets, wenn er im stillen mit ihm haderte, den dümmeren Standpunkt überließ, jenen, den anzugreifen sein eigener Geist gerade noch genügte... An Siegen fehlte es Marion also nicht. Das Gespenst aber, denn um ein solches handelte es sich mehr und mehr, wurde er dennoch nicht los, obschon er immerfort recht behielt; es änderte nichts an dem Übel, es befreite Marion nicht von dem Zwang, weiterhin recht haben zu müssen, und das Übel, das wie ein Schnupfen begonnen hatte, wurde unabsehbar; es wurde fieberhaft. Marion gewahrte zum Beispiel, daß er bereits in gewissen Gesellschaften saß, nur weil er annehmen durfte, daß Pedro eine solche Gesellschaft nie anerkennen würde, und das bedeutete ja mit Sicherheit, daß die Gesellschaft, wenn sie darum wüßte, auch Pedro niemals anerkennen würde. Es war so eine Gesellschaft, wie es sie überall gibt; man traf sich jeden Monat zu einem Nachtessen, einem sehr andorranischen Nachtessen, nicht billig, aber vortrefflich, Marion war Gast, und das eigentlich Verbindende bestand offenbar darin, daß alle, die um den gedeckten und gesegneten Tisch saßen, sich gegenseitig schätzten. Man kannte sich zwar nicht allzu genau, Marion mußte mehr als einmal sagen, daß er nicht Rechtsanwalt, sondern Puppenspieler sei; immerhin wußte jedermann, welche Ehre es bedeutete, dieser Gesellschaft anzugehören, und man rechnete sich einfach, wenn auch in den schlichten Statuten nichts davon stand, gegenseitig zur geistigen Blüte von Andorra. Es gab sehr lustige Abende; denn es fehlte nicht an Wein, an Kirsch und Zigarren. Ob man es nun glauben will oder nicht, eines Abends, als Marion wieder seine Tischkarte suchte, linkisch wie er war, auch neugierig, zwischen welche Namen von welcher Bedeutung man ihn setzte, eines Abends also gewahrte er, daß er die Ehre hatte, linkerhand neben seinem Gespenst zu sitzen...

Marion stellte sich vor.

Pedro, der sich zum Überfluß ebenfalls vorstellte, war vollkommen unbefangen, und es lag ihm offensichtlich nicht daran, den erbitterten Streit fortzusetzen; er tat sogar, als wüßte er überhaupt nichts davon, redete über die andorranischen Wahlen, zerbröckelte Brot, betrachtete den alten Leuchter. Es behagte ihm in dieser Gesellschaft so wenig wie Marion; er sagte es rundheraus, nicht grob, nicht böse, aber deutlich, lächelnd, und Marion gab es sich selber zum erstenmal zu, wenigstens sich selber, daß er ebenso dachte wie Pedro. Überhaupt unterhielten sie sich vortrefflich. Pedro hatte zwar auch an diesem Abend sein verhaßtes Spitzbärtchen; aber er meinte es damit nicht böse, wenn man es aus der Nähe sah, nicht anmaßend. Auf dem Heimweg gingen sie sogar ein Stücklein zusammen, Marion und Pedro, der die drollige Geschichte von seinem Hündchen erzählte, das ihm in Paris einfach nachzulaufen begonnen hatte; er fand es unmöglich, daß ein Mann mit einem Hündchen durch die Straßen geht, konnte es dem fremden Hündchen aber nicht begreiflich machen, warum die Andorraner sich darüber erbitterten, und anderseits hatte er auch nicht die Nerven, das heimatlose Hündchen einfach umzubringen, nur weil es den andorranischen Geschmack nicht wittert. Sie standen unter einer späten Laterne; das Hündchen schnupperte in den Rinnsteinen, und Pedro erzählte noch andere Schnurren, die Marion weniger angingen; dennoch hörte er zu, dankbar, daß Pedro ihn endlich von dem albernen Gespenst befreit hatte –

Wer hätte es vermocht außer ihm?

Seither konnte Marion wieder lesen, ohne daß er an Pedro dachte, und er hatte es nicht mehr nötig, daß er in der Gesellschaft der Geistigen Blüte saß; neun Monate hatte das Gespenst ihn gekostet.

München, April 1946

München muß herrlich gewesen sein. Man spürt es noch; die grünen Inseln überall, Alleen und Parke, man denkt an goldene Herbste darin, heiter und leicht, an Dämmerungen nach einem sommerlichen Gewitter, wenn es nach Erde riecht und nassen Blättern. Ein großer Zug ist überall in dieser Stadt, eine Lebensfreude, die aus dem Süden heraufklingt; eine fast italienische Helle muß ihre Architektur umspielt haben –

Sonderbar anzusehen:

Ein Eroberer zu Pferd, der immer noch in die Leere eines vergangenen Raumes reitet, stolz und aufrecht auf einem Sockel von Elend, umgeben von Stätten des Brandes, Fassaden, deren Fenster leer sind und schwarz wie die Augenlöcher eines Totenkopfes; auch er begreift noch nicht. Aus einem Tor, das unter grünenden Bäumen steht, kommt eine erstarrte Kaskade von Schutt; es ist ein Tor von bezauberndem Barock, anzusehen wie ein offener Mund, der erbricht, der mitten aus dem blauen Himmel heraus erbricht, das Innere eines Palastes erbricht – und die bröckelnden Schwingen eines Engels darüber, einsam wie alles Schöne, fratzenhaft; das Schweigen ringsum, das Erstorbene, wenn es von der hellichten Sonne beschienen wird, das Endgültige. »Death is so permanent.«

Neger mit einem Mädchen, sie liegen an der Isar; der Neger döst gelassen vor sich hin, pflanzenhaft, während die kleine Blonde sich über ihn beugt, trunken, als wären vier Wände um sie –

Auch die Liebfrauenkirche ist ein offener Raum mit schwirrenden Vögeln darin. Wie ein Gast steht ein einzelner Pfeiler in der Mitte, wie ein Heimkehrer, der sich umschaut; irgendwo sieht man Ansätze eines Gewölbes, Fetzen einer Malerei, die an die Sonne kommt. Das Dach ist ein schwarzes Gerippe. Und auch hier sieht man wieder auf der andern Seite hinaus: Kamine sind stehengeblieben, eine Badwanne ganz in der Höhe, eine Wand mit verblaßten Tapeten, dazu die schwarzen Ornamente von Brand, die Zungen von Ruß, die Fenster voll Ferne und ziehendem Gewölk, voll Frühling. Oft blickt man von einer Straße in die andere hinüber, wenn auch durch ein Netz von rotem Rost; Reste einer niederhängenden Decke. Es ist eine Durchsicht, der kaum ein Haus widersteht; nur wenn man eine Straße hinunterschaut, gibt es nochmals den Anschein, wie es war, und man meint, nun habe man eine erhaltene Straße gefunden. Aber auch hier, wenn ich weitergehe, klafft es wieder nach beiden Seiten, und fast überall bleibt es das gleiche Bild, eine Stadt, aber geräumig und schütter wie ein Herbstwald. Wäre es ein Erdbeben gewesen, ein Werk der blinden Natur, man könnte es ebenso wenig begreifen; aber man könnte es hinnehmen ohne Begreifen –

Odeonsplatz:

Ein Krüppel bietet die ersten Spielsachen feil, Affen aus Stoff, die man über die menschliche Hand stülpen kann...

Morgen ist Ostern.

Du sollst dir kein Bildnis machen

Es ist bemerkenswert, daß wir gerade von dem Menschen, den wir lieben, am mindesten aussagen können, wie er sei. Wir lieben ihn einfach. Eben darin besteht ja die Liebe, das Wunderbare an der Liebe, daß sie uns in der Schwebe des Lebendigen hält, in der Bereitschaft, einem Menschen zu folgen in allen seinen möglichen Entfaltungen. Wir wissen, daß jeder Mensch, wenn man ihn liebt, sich wie verwandelt fühlt, wie entfaltet, und daß auch dem Liebenden sich alles entfaltet, das Nächste, das lange Bekannte. Vieles sieht er wie zum ersten Male. Die Liebe befreit es aus jeglichem Bildnis. Das ist das Erregende, das Abenteuerliche, das eigentlich Spannende, daß wir mit den Menschen, die wir lieben, nicht fertigwerden: weil wir sie lieben; solang wir sie lieben. Man höre bloß die Dichter, wenn sie lieben; sie tappen nach Vergleichen, als wären sie betrunken, sie greifen nach allen Dingen im All, nach Blumen und Tieren, nach Wolken, nach Sternen und Meeren. Warum? So wie das All, wie Gottes unerschöpfliche Geräumigkeit, schrankenlos, alles Möglichen voll, aller Geheimnisse voll, unfaßbar ist der Mensch, den man liebt –

Nur die Liebe erträgt ihn so.

Warum reisen wir?

Auch dies, damit wir Menschen begegnen, die nicht meinen, daß sie uns kennen ein für allemal; damit wir noch einmal erfahren, was uns in diesem Leben möglich sei –

Es ist ohnehin schon wenig genug.

Unsere Meinung, daß wir das andere kennen, ist das Ende der Liebe, jedesmal, aber Ursache und Wirkung liegen vielleicht anders, als wir anzunehmen versucht sind – nicht weil wir das andere kennen, geht unsere Liebe zu Ende, sondern umgekehrt:

weil unsere Liebe zu Ende geht, weil ihre Kraft sich erschöpft hat, darum ist der Mensch fertig für uns. Er muß es sein. Wir können nicht mehr! Wir künden ihm die Bereitschaft, auf weitere Verwandlungen einzugehen. Wir verweigern ihm den Anspruch alles Lebendigen, das unfaßbar bleibt, und zugleich sind wir verwundert und enttäuscht, daß unser Verhältnis nicht mehr lebendig sei.

»Du bist nicht«, sagt der Enttäuschte oder die Enttäuschte: »wofür ich dich gehalten habe.«

Und wofür hat man sich denn gehalten?

Für ein Geheimnis, das der Mensch ja immerhin ist, ein erregendes Rätsel, das auszuhalten wir müde geworden sind. Man macht sich ein Bildnis. Das ist das Lieblose, der Verrat.

Man hat darauf hingewiesen, das Wunder jeder Prophetie erkläre sich teilweise schon daraus, daß das Künftige, wie es in den Worten eines Propheten erahnt scheint und als Bildnis entworfen wird, am Ende durch eben dieses Bildnis verursacht, vorbereitet, ermöglicht oder mindestens befördert worden ist –

Unfug der Kartenleserei.

Urteile über unsere Handschrift.

Orakel bei den alten Griechen.

Wenn wir es so sehen, entkleiden wir die Prophetie wirklich ihres Wunders? Es bleibt noch immer das Wunder des Wortes, das Geschichte macht: –

»Im Anfang war das Wort.«

Kassandra, die Ahnungsvolle, die scheinbar Warnende und nutzlos Warnende, ist sie immer ganz unschuldig an dem Unheil, das sie vorausklagt?

Dessen Bildnis sie entwirft.

Irgendeine fixe Meinung unsrer Freunde, unsrer Eltern, unsrer Erzieher, auch sie lastet auf manchem wie ein altes Orakel. Ein halbes Leben steht unter der heimlichen Frage: Erfüllt es sich oder erfüllt es sich nicht. Mindestens die Frage ist uns auf die Stirne gebrannt, und man wird ein Orakel nicht los, bis man es zur Erfüllung bringt. Dabei muß es sich durchaus nicht im geraden Sinn erfüllen; auch im Widerspruch zeigt sich der Einfluß, darin, daß man so nicht sein will, wie der andere uns einschätzt. Man wird das Gegenteil, aber man wird es durch den andern.

Eine Lehrerin sagte einmal zu meiner Mutter, niemals in ihrem Leben werde sie stricken lernen. Meine Mutter erzählte uns jenen Ausspruch sehr oft; sie hat ihn nie vergessen, nie verziehen; sie ist eine leidenschaftliche und ungewöhnliche Strickerin geworden, und alle die Strümpfe und Mützen, die Handschuhe, die Pullover, die ich jemals bekommen habe, am Ende verdanke ich sie allein jenem ärgerlichen Orakel!...

In gewissem Grad sind wir wirklich das Wesen, das die andern in uns hineinsehen, Freunde wie Feinde. Und umgekehrt! auch wir sind die Verfasser der andern; wir sind auf eine heimliche und unentrinnbare Weise verantwortlich für das Gesicht, das sie uns zeigen, verantwortlich nicht für ihre Anlage, aber für die Ausschöpfung dieser Anlage. Wir sind es, die dem Freunde, dessen Erstarrtsein uns bemüht, im Wege stehen, und zwar dadurch, daß unsere Meinung, er sei erstarrt, ein weiteres Glied in jener Kette ist, die ihn fesselt und langsam erwürgt. Wir wünschen ihm, daß er sich wandle, o ja, wir wünschen es ganzen Völkern! Aber darum sind wir noch lange nicht bereit, unsere Vorstellung von ihnen aufzugeben. Wir selber sind die letzten, die sie verwandeln. Wir halten uns für den Spiegel und ahnen nur selten, wie sehr der andere seinerseits eben der Spiegel unsres erstarrten Menschenbildes ist, unser Erzeugnis, unser Opfer –.

Zwischen Nürnberg und Würzburg

Ende eines Traums:

Unser heimatlicher See, Meerschiffe, die, wie ich behaupte, von München kommen, eine Art von Überschwemmung, die offenbar steigt, während ich verreist bin, und immer noch steigt, aber so, daß sie die Schiffe nicht hebt; sie ragen nur noch als

Maste heraus, als fahrende Wimpel, und ich frage mich, wie denn die Passagiere leben können. Aber niemand weiß Auskunft. Ich möchte nach Küsnacht wegen unserer Kinder. Überall Schilf, ein Wirbel mit vielen Ameisen drin, ein kreisendes Gewimmel, und später steigen wir auf einen Berg, hastig und voller Schrecken, es ist ein rötlicher Fels, der unter uns zerbröckelt, Steinschlag unter jedem Schritt, unvermeidbar, es sind lauter Backsteine, in munteren und immer größeren Sätzen springen sie hinunter über den Hang, bis sie ins Meer fallen –

Beim Erwachen vollkommen zerschlagen.

Draußen, soviel ich durch das verbretterte Fenster sehe, wieder ein zerstörter Bahnhof –

Mondschein.

Der andorranische Jude

In Andorra lebte ein junger Mann, den man für einen Juden hielt. Zu erzählen wäre die vermeintliche Geschichte seiner Herkunft, sein täglicher Umgang mit den Andorranern, die in ihm den Juden sehen: das fertige Bildnis, das ihn überall erwartet. Beispielsweise ihr Mißtrauen gegenüber seinem Gemüt, das ein Jude, wie auch die Andorraner wissen, nicht haben kann. Er wird auf die Schärfe seines Intellektes verwiesen, der sich eben dadurch schärft, notgedrungen. Oder sein Verhältnis zum Geld, das in Andorra auch eine große Rolle spielt: er wußte, er spürte, was alle wortlos dachten; er prüfte sich, ob es wirklich so war, daß er stets an das Geld denke, er prüfte sich, bis er entdeckte, daß es stimmte, es war so, in der Tat, er dachte stets an das Geld. Er gestand es; er stand dazu, und die Andorraner blickten sich an, wortlos, fast ohne ein Zucken der Mundwinkel. Auch in Dingen des Vaterlandes wußte er genau, was sie dachten; sooft er das Wort in den Mund genommen, ließen sie es liegen wie eine Münze, die in den Schmutz gefallen ist. Denn der Jude, auch das wußten die Andorraner, hat Vaterländer, die er wählt, die er kauft, aber nicht ein Vaterland wie wir, nicht ein zugeborenes, und wiewohl er es meinte, wenn es um andorranische Belange ging, er redete in ein Schweigen hinein, wie in Watte. Später begriff er, daß es ihm offenbar an Takt fehlte, ja, man sagte es ihm einmal rundheraus, als er, verzagt über ihr Verhalten, geradezu leidenschaftlich wurde. Das Vaterland gehörte den andern, ein für allemal, und daß er es lieben könnte, wurde von ihm nicht erwartet, im Gegenteil, seine beharrlichen Versuche und Werbungen öffneten nur eine Kluft des Verdachtes; er buhlte um eine Gunst, um einen Vorteil, um eine Anbiederung, die man als Mittel zum Zweck empfand auch dann, wenn man selber keinen möglichen Zweck erkannte. So wiederum ging es, bis er eines Tages entdeckte, mit seinem rastlosen und alles zergliedernden Scharfsinn entdeckte, daß er das Vaterland wirklich nicht liebte, schon das bloße Wort nicht, das jedesmal, wenn er es brauchte, ins Peinliche führte. Offenbar hatten sie recht. Offenbar konnte er überhaupt nicht lieben, nicht im andorranischen Sinn; er hatte die Hitze der Leidenschaft, gewiß, dazu die Kälte seines Verstandes, und diesen empfand man als eine immer bereite Geheimwaffe seiner Rachsucht; es fehlte ihm das Gemüt, das Verbindende; es fehlte ihm, und das war unverkennbar, die Wärme des Vertrauens. Der Umgang mit ihm war anregend, ja, aber nicht angenehm, nicht gemütlich. Es gelang ihm nicht, zu sein wie alle andern, und nachdem er es umsonst versucht hatte, nicht aufzufallen, trug er sein Anderssein sogar mit einer Art von Trotz, von Stolz und lauernder Feindschaft dahinter, die er, da sie ihm selber nicht gemütlich war, hinwiederum mit einer geschäftigen Höflichkeit überzuckerte; noch wenn er sich verbeugte, war es eine Art von Vorwurf, als wäre die Umwelt daran schuld, daß er ein Jude ist –

Die meisten Andorraner taten ihm nichts.

Also auch nichts Gutes.

Auf der andern Seite gab es auch Andorraner eines freieren und fortschrittlichen Geistes, wie sie es nannten, eines Geistes, der sich der Menschlichkeit verpflichtet fühlte: sie achteten den Juden, wie sie betonten, gerade um seiner jüdischen Eigenschaften willen, Schärfe des Verstandes und so weiter. Sie standen zu ihm bis zu seinem Tode, der grausam gewesen ist, so grausam und ekelhaft, daß sich auch jene Andorraner entsetzten, die es nicht berührt hatte, daß schon das ganze Leben grausam war. Das heißt, sie beklagten ihn eigentlich nicht, oder ganz offen gesprochen: sie vermißten ihn nicht – sie empörten sich nur über jene, die ihn getötet hatten, und über die Art, wie das geschehen war, vor allem die Art.

Man redete lange davon.

Bis es sich eines Tages zeigt, was er selber nicht hat wissen können, der Verstorbene: daß er ein Findelkind gewesen, dessen Eltern man später entdeckt hat, ein Andorraner wie unsereiner –

Man redete nicht mehr davon.

Die Andorraner aber, sooft sie in den Spiegel blickten, sahen mit Entsetzen, daß sie selber die Züge des Judas tragen, jeder von ihnen.

Du sollst dir kein Bildnis machen, heißt es, von Gott. Es dürfte auch in diesem Sinne gelten: Gott als das Lebendige in jedem Menschen, das, was nicht erfaßbar ist. Es ist eine Versündigung, die wir, so wie sie an uns begangen wird, fast ohne Unterlaß wieder begehen –

Ausgenommen wenn wir lieben.

Frankfurt, Mai 1946

Wenn man in Frankfurt steht, zumal in der alten Innenstadt, und wenn man an München zurückdenkt: München kann man sich vorstellen, Frankfurt nicht mehr. Eine Tafel zeigt, wo das Goethehaus stand. Daß man nicht mehr auf dem alten Straßenboden geht, entscheidet den Eindruck: die Ruinen stehen nicht, sondern versinken in ihrem eigenen Schutt, und oft erinnert es mich an die heimatlichen Berge, schmale Ziegenwege führen über die Hügel von Geröll, und was noch steht, sind die bizarren Türme eines verwitterten Grates; einmal eine Abortröhre, die in den blauen Himmel ragt, drei Anschlüsse zeigen, wo die Stockwerke waren. So stapft man umher, die Hände in den Hosentaschen, weiß eigentlich nicht, wohin man schauen soll. Es ist alles, wie man es von Bildern kennt; aber es ist, und manchmal ist man erstaunt, daß es ein weiteres Erwachen nicht gibt; es bleibt dabei: das Gras, das in den Häusern wächst, der Löwenzahn in den Kirchen, und plötzlich kann man sich vorstellen, wie es weiterwächst, wie sich ein Urwald über unsere Städte zieht, langsam, unaufhaltsam, ein menschenloses Gedeihen, ein Schweigen aus Disteln und Moos, eine geschichtslose Erde, dazu das Zwitschern der Vögel, Frühling, Sommer und Herbst, Atem der Jahre, die niemand mehr zählt –

In einer Anlage, als ich erwache und die Augen aufmache: die spielenden Kinder, die mich geweckt haben, ihre Kleidchen, ihre sehr dünnen Gesichter und der Gedanke daran, daß sie noch nie eine ganze Stadt erblickt haben, dann der Gedanke, daß sie nichts dafür können: weniger als irgendeiner von uns. Zuzeiten ist es das einzige, was außer Zweifel steht; Zuversicht und Auftrag. Über die dringende Hilfe hinaus, die sie vor dem Hunger retten muß so wie alle andern Kinder, geht es vor allem darum, daß sie keine Verdammten sind, keine Verfemten, gleichviel, wer ihre Väter und ihre Mütter sein mögen; wir schulden ihnen mehr als Erbarmen: wir dürfen sie nicht einen Augenblick lang anzweifeln oder es wird unsere Schuld, wenn sich alles wiederholt.

Am Bahnhof:

Flüchtlinge liegen auf allen Treppen, und man hat den Eindruck, sie würden nicht aufschauen, wenn mitten auf dem Platz ein Wunder geschähe; so sicher wissen sie, daß keines geschieht. Man könnte ihnen sagen, hinter dem Kaukasus gebe es ein Land, das sie aufnehmen werde, und sie sammelten ihre Schachteln, ohne daß sie daran glaubten. Ihr Leben ist scheinbar, ein Warten ohne Erwartung, sie hangen nicht mehr daran; nur das Leben hangt noch an ihnen, gespensterhaft, ein unsichtbares Tier, das hungert und sie durch zerschossene Bahnhöfe schleppt, Tage und Nächte, Sonne und Regen; es atmet aus schlafenden Kindern, die auf dem Schutte liegen, ihren Kopf zwischen den knöchernen Armen, zusammengebückt wie die Frucht im Mutterleib, so, als wollten sie dahin zurück.

Zur Schriftstellerei

Im Grunde ist alles, was wir in diesen Tagen aufschreiben, nichts als eine verzweifelte Notwehr, die immerfort auf Kosten der Wahrhaftigkeit geht, unweigerlich; denn wer im letzten Grunde wahrhaftig bliebe, käme nicht mehr zurück, wenn er das Chaos betritt – oder er müßte es verwandelt haben.

Dazwischen gibt es nur das Unwahrhaftige.

Harlaching, Mai 1946

Seit zwei Wochen wohne ich bei jungen Deutschen, die ich vorher nicht einmal dem Namen nach kannte. Ihre Gastfreundschaft, ganz ohne Gewicht, erinnert an glückliche Reisen von früher und wiederholt die Erfahrung, daß jedes andere Volk, was Gastfreundschaft betrifft, begabter scheint als das unsere. Vielleicht hangt es mit den geringen Entfernungen zusammen, die in unserem Lande vieles bestimmen; vor allem aber mit dem Umstand, daß wir aus der Gastfreundschaft, die zu den schönsten Regungen gehört, ein Gewerbe machen mußten. Jedenfalls fühle ich mich in diesem Hause leichter und freier, selbstverständlicher, als wenn ich bei Landsleuten wohne. Nur beim Essen hat man Hemmungen, und es fällt auf, daß die Leute alles, was sie bekommen, sofort verbrauchen; wer weiß, was morgen ist?

Gestern sprachen wir wieder eine halbe Nacht lang; später erschien auch noch der alte Herr, der nebenan nicht schlafen konnte. Sein gestreiftes Pyjama, sein nackter Hals erinnern an Bilder, die man kennt; in der Tat, wie ich zum ersten Mal erfahre, ist er sechs Jahre in Dachau gewesen. Aber nicht davon erzählt er, sondern von der Zeit davor, von den Ursachen.

»Darüber waren wir uns im Lager einig, daß es nicht die Schuld unsrer Söhne gewesen ist, und wenn sie siebenmal dabei waren –.«

Um drei Uhr ins Bett.

Heute, als ich in die Stadt will, stehe ich plötzlich vor einem Stacheldraht, der sich um das ganze Quartier zieht; ein Geschenk der Nacht. Ein paar feldgraue Gefangene, die unter Aufsicht arbeiten, verknüpfen gerade noch die letzten Rollen; daneben stehen die Wachen mit Gewehr. Überall andere Gerüchte, Erregung und Erbitterung, Schweigen vor den Panzerwagen, Maschinengewehre mit blanken Gurten –.

Der junge amerikanische Offizier:

»Wenn mir einer an die Gurgel springt und ich schlage ihn zu Boden, so tue ich es nicht, weil ich mich als seinen Lehrmeister betrachte, weil ich mir einbilde, ich könnte ihn ändern, oder weil ich ihm beweisen will, daß ich selber keine Fehler habe – sondern ich tue es, damit er mich nicht erwürgt.«

Noch einmal habe ich den Mann gesucht, dem ich Grüße und anderes bringen sollte; die Adresse, die genaue, führt mich auf ein Podest, wo es plötzlich keine Stiegen mehr gibt, und wenn man hinaufschaut, ist es wieder die Bläue mit ziehenden Wolken darin. Es riecht nach Aborten, die vermutlich keinen Anschluß mehr haben, aber benutzt werden; offenbar ist die Ruine doch bewohnt. Einmal klopfe ich an eine Türe, und da sich niemand meldet, drücke ich auf die verstaubte Klinke, öffne und sehe neuerdings auf die Straße hinaus; eine Runse von Schutt, Balken darin, und da ich es betrachtet habe, ziehe ich die Türe wieder zu, versuche es bei der nächsten, wo wirklich jemand erscheint, ein älterer Herr, der mich mit Formen empfängt, die den Gestank vergessen lassen. Leider hat er keine Ahnung; nicht einmal den Namen kennt er –.

Später wieder an die Isar.

Das Gefühl, daß es nie stimmt, wenn wir von ganzen Völkern sprechen, und daß alle Einsichten, die man in dieser Art verallgemeinert, mehr Unheil stiften als anderes – wo könnte es wacher sein als in der Nähe einer jungen Frau, die ein Kind erwartet, in der Gegenwart eines Geschöpfes, das überhaupt noch ohne Gesicht ist? Leider verraten meine Schuhe und meine Aussprache, daß ich aus der Schweiz komme; immerhin ergibt sich ein Gespräch; gelegentlich erzählt sie von Frankreich, wo sie zwei Jahre mit der Wehrmacht weilte, erzählt wie von einer Ferienreise, im Ton: Das war noch ein Leben. Da ich schweige, bricht sie ab, und kurz darauf folgen ihre bitteren Worte über die Besatzung, die eben im Jeep vorbeirast, über die Amerikaner ganz allgemein, die sie als Barbaren bezeichnet. Da ich ihr nicht beistimme, scheint sie ein wenig erschrocken; kurz darauf erhebt sie sich, schroff und ohne Gruß, wie man einen Angeber verläßt.

Auf einer Wiese, draußen an der Isar, spielen sie Fußball, alle mit bloßem Oberkörper. Andere sitzen am Ufer, reihenweise wie die Möwen. Werktag. Sogar die Zeit erscheint wie Ramsch; ohne Eigentümer wie der Helm, den ich in einem Trichter mit Schutt und verrosteten Büchsen finde. Was soll man schon sehen daran! Er ist leer, und die Form, die ich in der Hand habe, kennen wir von hundert Bildern, die jahrelang an unseren Kiosken hingen und gekauft wurden, jahrelang mit lachenden und singenden Siegern darin –

Eine alte Frau mit einem Bein.

Endlich gebe ich die Büchsen, die einem Verschollenen bestimmt waren, und hoffe, daß der Spender, ein Flüchtling, einverstanden wäre.

Zur Schriftstellerei

Was wichtig ist: das Unsagbare, das Weiße zwischen den Worten, und immer reden diese Worte von den Nebensachen, die wir eigentlich nicht meinen. Unser Anliegen, das eigentliche, läßt sich bestenfalls umschreiben, und das heißt ganz wörtlich: man schreibt darum herum. Man umstellt es. Man gibt Aussagen, die nie unser eigentliches Erlebnis enthalten, das unsagbar bleibt; sie können es nur umgrenzen, möglichst nahe und genau, und das Eigentliche, das Unsagbare, erscheint bestenfalls als Spannung zwischen diesen Aussagen.

Unser Streben geht vermutlich dahin, alles auszusprechen, was sagbar ist; die Sprache ist wie ein Meißel, der alles weghaut, was nicht Geheimnis ist, und alles Sagen bedeutet ein Entfernen. Es dürfte uns insofern nicht erschrecken, daß alles, was einmal zum Wort wird, einer gewissen Leere anheimfällt. Man sagt, was nicht das Leben ist. Man sagt es um des Lebens willen. Wie der Bildhauer, wenn er den Meißel führt, arbeitet die Sprache, indem sie die Leere, das Sagbare, vortreibt gegen das Geheimnis, gegen das Lebendige. Immer besteht die Gefahr, daß man das Geheimnis zerschlägt, und ebenso die andere Gefahr, daß man vorzeitig aufhört, daß man es einen Klumpen sein läßt, daß man das Geheimnis nicht stellt, nicht faßt, nicht befreit von allem, was immer noch sagbar wäre, kurzum, daß man nicht vordringt zu seiner letzten Oberfläche.

Diese Oberfläche alles letztlich Sagbaren, die eins sein müßte mit der Oberfläche des Geheimnisses, diese stofflose Oberfläche, die es nur für den Geist gibt und nicht in der Natur, wo es auch keine Linie gibt zwischen Berg und Himmel, vielleicht ist es das, was man die Form nennt?

Eine Art von tönender Grenze –.

Unterwegs, Mai 1946

Schönes deutsches Land! Nichts als ein Wogen von fruchtbarer Weite, Hügel und weiße Wolken darüber, Kirchen, Bäume, Dörfer, die Umrisse nahender Gebirge; dann und wann ein Flugplatz, ein Glitzern von silbernen Bombern, die in langen Reihen stehen, einmal ein zerschossener Tank, der schräg im

Graben liegt und mit seiner Kanone in den Himmel zeigt, einmal ein verbogener Propeller in der Wiese –

In Landsberg ist Alarm:

Unser Jeep muß stoppen, wir werden geprüft, Wachen mit Helm und Pistole, Gurten mit glänzenden Patronen, es wimmelt von verwahrlosten Menschen, die mit den Händen fuchteln; ihre Sprache verstehe ich nicht, und auch am Ausgang des lieblichen Städtleins steht ein Panzerwagen, Kanone ohne Mündungskappe.

Dann wieder die offenen Felder, die Allee, die uns seit Stunden begleitet, wieder das Wogen von gelassenen Hügeln, Wolken und Wäldern und wieder Baracken; ein Lager im gerodeten Wald, der Boden ist grau und kahl, pflanzenlos, es erinnert mich an eine Farm mit Silberfüchsen oder so, alles umzäunt und ordentlich und schnurgerade, ein Schachbrett hellichter Verzweiflung, Menschen, Wäsche, Kinder, Stacheldraht.

Bregenz:

Alles trieft von französischen Farben. Übermaß an Flaggen, das nie überzeugt, wie immer ihre Farben auch sind. Wir fahren gerade in einen Aufmarsch mit Trommeln, in eine Musik von aufpeitschender Eleganz, klar und leidenschaftlich, heiter, durchsichtig, frech und unwiderstehlich. Endlich kommen sie aus einer Gasse hervor, Gesichter voll Mittelmeer, die Haut wie schöner Lehm, Sammetaugen. Sie schreiten auf den Platz hinaus, wo die Linden stehen, linksum und rechtsum, Trommeln, sie stehen, abermals Trommeln, sie schwingen die Clairons, und jedesmal, wenn sie das wieder machen, blinkt es in der Abendsonne wie Stricknadeln. Ich betrachte ihre weißen Gamaschen, ihre weißen Gürtel, ihre weißen Handschuhe; Marseillaise am Bodensee. Und abermals Trommeln, abermals Fanfaren, abermals Stricknadeln, eine Hochzeit zwischen Operette und Kaserne, vorzüglich, aber unwahrscheinlich.

Erst in Zeiten, wo die Arbeit uns wieder verlassen hat, zeigt es sich deutlicher, warum man, wenn irgend es geht, überhaupt arbeitet; es ist das einzige, was uns am Morgen wenn man jäh und wehrlos erwacht, vor dem Schrecken bewahrt; was uns in dem Labyrinth, das uns umgibt, weitergehen läßt; es ist der Faden der Ariadne –.

Ohne Arbeit:

Das sind die Zeiten, wo man kaum durch die Vorstädte gehen kann, ohne verbraucht zu werden von dem Anblick ihrer formlos wuchernden Versteinerung. Die Art, wie ein Mensch ißt oder lacht, einer, der uns nichts angeht; die Art, wie einer in der Straßenbahn jedesmal vor der Türe stehenbleibt, wenn andere aussteigen wollen, es kann uns an der Menschheit verzweifeln lassen, und irgendein nächster Fehler, ein eigner, bringt uns vollends um die Zuversicht, daß es ein Gelingen jemals geben kann. Das Große und das Kleine unterscheiden sich nicht mehr; beides ist einfach nicht leistbar. Das Maßlose der Angst. Erschlagen stehen wir vor jeder Nachricht von Elend, von Unordnung, von Lüge, von Unrecht –

Anderseits:

Wenn auch nur die Form eines einzelnen Satzes gelingt, der scheinbar nichts mit allem gemein hat, was ringsum geschieht – wie wenig das Uferlose uns anhaben kann, das Gestaltlose im eigenen Innern und rings in der Welt! Das menschliche Dasein, plötzlich erscheint es lebbar, ohne weiteres, wir ertragen die Welt, sogar die wirkliche, den Blick in den Wahnwitz: wir ertragen ihn in der wahnwitzigen Zuversicht, daß das Chaos sich ordnen lasse, fassen lasse wie ein Satz, und die Form, wo immer sie einmal geleistet wird, erfüllt uns mit einer Macht des Trostes, die ohnegleichen ist.

Zu Marion

Etliche, als der Puppenspieler sich erhängt hat, nennen ihn einen Ästheten, weil er so sehr des Spieles bedurfte, der Form, um leben zu können – weil er so nahe am Chaos wohnte.

Nachtrag zur Reise

Im großen ganzen, wenn man an die einzelnen Begegnungen zurückdenkt, ist die Kluft doch größer, als man erwartet und erhofft hat, und zugleich überbrückbarer, sobald man auf der anderen Seite ein menschliches Gesicht sieht. Es gibt einzelne, die uns jede Grenze vergessen lassen; man sitzt sich nicht als Deutscher und als Schweizer gegenüber; man ist dankbar, daß man die gleiche Sprache hat, und schämt sich jeder Stunde, da man diese einzelnen vergessen hat. Die Mehrzahl freilich sind solche, die diese Versuchung wieder beschwören, die sich rechtfertigen und uns, ob wir wollen oder nicht, zum Richter setzen, der freisprechen soll, und wenn wir uns dazu nicht entschließen können, sondern schweigen oder an gewisse Dinge erinnern, die man nicht vergessen darf, trifft uns der stumme oder offene Vorwurf, daß wir richterlich sind –

Das Erbarmen – kann es den Sinn haben, unser Urteil aufzulösen? Oder hat es nicht eher den Sinn, daß das Erbarmen uns über das Urteil, ohne es aufzulösen, hinausführte zum zweiten Teil der Aufgabe: zum Handeln, und wie sollte ein Handeln, das nicht aus einem Urteil kommt, jemals eine wirkliche Hilfe sein? Hilfe bedeutet Veränderung im Sinne einer Erkenntnis; beides im Maße unseres Vermögens –

Oft die Empfindung, daß die einzige Zukunft, die möglich ist, wirklich bei den Verzweifelten liegt; aber es fragt sich dann immer, wieweit der Selbstekel, der zum Anhören ebenso erschütternd wie peinlich ist, fruchtbar werden kann, wieweit er ein

Vorbote wirklicher Erkenntnis ist, die wir als Verzweifelte eigentlich schon haben, aber noch nicht annehmen; sondern wir übertreiben sie ins Maßlose: damit sie uns selbst unglaubhaft wird. Das aber wäre wieder die Ausflucht in einen Überschwang, der uns nie verändert.

Vor allem ist es natürlich das Elend, das jede Veränderung, noch wo sie möglich wäre, mehr und mehr verhindert. Wenn ich in tödlicher Lungenentzündung liege und man meldet mir, daß mein Nachbar gestorben sei, und zwar durch mein Verschulden, mag sein, ich werde es hören, ich werde die Bilder sehen, die man mir vor die Augen hält; aber es erreicht mich nicht. Die tödliche Not, die eigene, verengt mein Bewußtsein auf einen Punkt. Vielleicht sind manche Gespräche darum so schwierig; es erweist sich als unmenschlich, wenn man von einem Menschen erwartet, daß er über seine eigenen Ruinen hinaussehe. Solange das Elend sie beherrscht, wie sollen sie zur Erkenntnis jenes anderen Elendes kommen, das ihr Volk über die halbe Welt gebracht hat? Ohne diese Erkenntnis jedoch, die weit über die bloße Kenntnis hinausgeht, wird sich ihre Denkart nie verwandeln; sie werden nie ein Volk unter Völkern, was unsrer Meinung nach das eigentliche Ziel ist. Für ein Volk, das nur sich selber sieht, gibt es bloß zweierlei: Weltherrschaft oder Elend. Die Weltherrschaft wurde versucht, das Elend ist da. Und daß es gerade dieses Elend ist, was eine Erlösung aus jener Denkart abermals verhindert, das als das Trostlose –.

Was geschehen müßte?

Das erste ist Nahrung, die allerdings auch bei den Siegern teilweise fehlt, und das andere, was man vorschlagen möchte, wäre die Erlaubnis für junge Deutsche, daß sie für einige Zeit in andere Länder reisen können. Viele sind zwar schon draußen gewesen; sie kennen die Normandie und den Kaukasus, aber nicht Europa; sie lernten alles nur als Sieger kennen. Jedenfalls ist es nicht möglich, daß sie in ihrem Land, selbst wenn sie das Verlangen danach haben, zu einer Übersicht gelangen können; es fehlen ihnen nicht nur die Nachrichten, es fehlt die Entfernung; sie sehen die Besatzung, deren Fehler sie als eigenes Alibi verwenden, und fast niemand, der dort lebt, entgeht diesen augenscheinlichen Verwechslungen von Ursache und Folge. Anderseits zeigt es sich fast ohne Ausnahme, daß junge Deutsche, die ein halbes oder ein ganzes Jahr in einem andern Land sind, vieles anders sehen, und sicher können es nur Deutsche sein, die es den Deutschen sagen.

Zu Marion

Einmal geht Marion durch eine Ausstellung, betrachtet die Bilder eines Malers, den er kennt, und kaum hat er die kleine Galerie verlassen, will es der Zufall, daß er eben diesem Maler begegnet. Es ist jener Mann, den sie den Scharlatan nennen. Er fordert Marion zu einem schwarzen Kaffee, und so sitzen sie denn unter den vertrauten Bögen, rauchen vor sich hin und plaudern allerlei, dieweil die Leute vorübergehen. Es ist später Nachmittag, die letzte Sonne; das lichte Glühen der Ziegel, der Duft von frischem Kaffee, das alles wäre sehr schön, sehr lebenswert. Der Maler aber weiß, daß Marion gerade aus der Galerie kommt, weiß, daß Marion seine neuen Arbeiten betrachtet hat, und das Peinliche besteht darin, daß die Dinge, die man mit Vorsicht beschweigt, immer lauter werden. Es läßt sich nicht aufhalten. Ob sie trinken und über die braune Tasse hinaus auf die Gasse blicken, ob sie abermals rauchen oder lachen oder von einem ernsthaften Geschwür sprechen, im Grunde tun sie nur eines:

Sie schweigen über die Ausstellung.

Der Scharlatan vermutet natürlich, daß Marion seine neuen Arbeiten nicht mag, und das Schweigen geht ihm nachgerade auf die Nerven, was Marion durchaus spürt, sogar versteht, zumal er manchmal auch die andere Rolle spielt, und zwar an diesem selben Tischlein, wenn man seine Puppen beschweigt. Man denkt: So rede doch schon! Es ist nicht angenehm, eine Verneinung auszusprechen. Man fürchtet, daß man dem anderen weh tut; in gewissem Grad wird es auch so sein, und dennoch wäre es unumgänglich, denkt Marion, und sogar ausführbar, sofern wir zu seiner Arbeit auch nur einmal ein bejahendes Verhältnis hatten, irgendwo. Fast nicht anzubringen ist es natürlich, wenn man alles, was der Scharlatan macht, ablehnen muß; sogar seine Bemühungen, seine Ziele. So aber, wie Marion sich früher über die Aquarelle äußerte, gäbe es viele Wege, die augenblickliche Verneinung auf eine annehmbare Weise auszusprechen.

»Übrigens«, so könnte Marion sagen: »habe ich eben Ihre neuen Arbeiten gesehen –.«

Und er könnte dazu eine Zigarette anbieten.

»Für meine Person, ich muß es gestehen, habe ich Ihre kleinen Aquarelle lieber. Ich weiß nicht, wie Sie sich selber dazu stellen? Vor allem erinnere ich mich an ein Blatt –.«

Das ließe sich anhören. Wenn auch nicht wie Engelsharfen... Aber Marion bietet nur die Zigarette an, und was sich kaum anhören läßt, ist das vollkommene Schweigen, es ist nicht selbstverständlich, es ist ein Krampf, jedenfalls, und das Quälende besteht für den Scharlatan letztlich nicht darin, daß man Furcht hat vor dem bekannten Schmerz, den jede Verneinung verursacht, vor allem natürlich die treffende; das eigentlich Quälende kommt daher, daß Marion ihre menschliche Beziehung für eine so schwache Brücke hält, die mit keinem Schmerzchen belastet werden könnte; für eine Beziehung, die nur am Spalier des Lobes gedeiht, und einmal mehr ist es der plötzliche Schrecken, daß einer sich einsamer sieht, als er eben noch meinte; diesmal der Scharlatan.

Unterdessen ist auch die Sonne verschwunden – Marion erzählt von der Trebor. Wozu! Nur damit er sein Schweigen nicht hört, sein eigenes; denn je länger dieses Schweigen nun dauert, um so unentrinnbarer wird der weitere Verdacht, daß Marion die eben betrachtete Arbeit nicht offenherzig verneinen kann, weil auch das Ja, das er einmal zu früheren und anderen Arbeiten gab, plötzlich nicht stimmt. Es gibt jenes kleine Blatt nicht, das ihm lieber wäre. Obschon er es damals lobte. Er erinnert sich sehr deutlich daran; aber es war eine Lüge, die ihm vielleicht jetzt erst bewußt wird, jetzt, wo er darauf bauen sollte, und es gibt offenbar nichts zwischen ihnen, worauf man bauen könnte, nichts ohne Lüge –

Dann aber:

Wozu reden sie über alles andere, über Gott und die Welt, indem sie einander Zigaretten anbieten; wozu urteilen sie zusammen über andere Menschen?

Und noch eins! Auch das Schweigen, ob wir wollen oder nicht, wird zu einer Aussage, die im Grunde von erstaunlicher Anmaßung ist; man verschweigt sein Urteil, weil man es platterdings für ein Todesurteil hält, unbedingt und gültig in einer Weise, die dem armen Scharlatan, dessen Bilder uns mißfallen, keine Hoffnung mehr läßt auf ein höheres Gericht. Nimmt man seine Meinung nicht zu wichtig? Auf jeden Fall, denkt Marion, wäre es besser gewesen, man hätte gesprochen.

Aber wie?

Nach einem Flug

Ein Flug über die Alpen, der nach einem anfänglichen Kitzel eine gewisse Leere hinterließ, beschäftigt mich doch immer wieder. Es sind vierzehn Jahre seit dem letzten Flug, der damals vom Bosporus nach Griechenland führte. Die Erinnerung von damals, verschüttet von den eignen Erzählungen, die man wie eine Platte immer wieder vorspielte, bis man sich nur noch an die eignen Worte, aber nicht mehr an das Erlebnis erinnerte, erfaßte mich als erstes, kaum sind wir in der Luft; das Dröhnen der Motoren, das fast zur Stille wird und uns von allem Erblickten sonderbar trennt, dazu der lautlose Flügel, der über die Äcker und die Dächer schwankt, hin und wieder ein kleines Luftloch, das genügt: man könnte, während wir gerade über die allernächste Heimat fliegen, vom Schwarzen Meer erzählen wie zum erstenmal, von den Dardanellen, von Troja, von der Stunde über dem küstenlosen Meer; hinter der anekdotischen Erstarrung, der fast alle unsere Erinnerungen verfallen, ist alles noch da...

Der Blick auf den See:

Die weißen Segelchen erscheinen wie auf eine Glasscheibe gesetzt, das Wasser nicht als tragende Masse, die Durchsicht in die grüne Seichte, überhaupt das Röntgenhafte dieser Aufsicht – ich erinnere mich an ein versenktes Kriegsschiff, das wir damals in den Dardanellen unter Wasser sahen; – hier ist es vor allem die Nagelfluhkante, die man deutlich verfolgen kann, jener jähe Absturz, der schon so manchem Nichtschwimmer zum plötzlichen Verhängnis wurde; fast komisch wirken die säuberlichen Gärtlein, deren Insassen sich an einer lauteren Wasserhelle wähnen; aus der Höhe zeigt sich, daß wir an einer traumhaft-trüben Wildnis von Schlamm und Schlingzeug wohnen, harmlos und ahnungslos wie unserem Unbewußten gegenüber. Das Röntgenhafte auch auf dem Land: die ockerbleiche oder schwarze Zeichnung in den Äckern, die wie eine Geheimschrift zum Vorschein kommt. Teilweise sind es alte Bachläufe, die ohne weiteres sich lesen lassen; anderes bleibt rätselhaft. In England, höre ich von einem Kollegen, hat man verschüttete Ursiedlungen entdeckt, die sich in der Magerkeit der Wiesen oder Wälder verrieten; gewissermaßen wie ein geometrisches Wasserzeichen.

Das einzige, was mich für Augenblicke erschreckt, ist das fast unverschämte Gefühl von Sicherheit, das sich auch bei leichtem Sacken nicht verliert, im Gegenteil; die Luft als spürbarer Stoff; das natürlich-sichere Gefühl eines Schwimmers; es geht bis zum Bedauern, daß man in dieser Kajüte hocken muß, daß man nicht an einem Leiterchen auf den breiten Flügel hinausgehen kann. Man sieht das saubere Muster seiner Nieten. Ein regloses Rohr, das vermutlich als Auspuff dient, die blechernen Laschen, die frische Luft fangen, alles ist so, wie man es im Hangar sehen kann; ohne Bezug auf den Augenblick und auf den Ort, wo es sich befindet; es erfüllt eine errechnete Pflicht, ob es im Windkanal oder über dem Titlis ist; ich sage mir selber: Das ist doch selbstverständlich. Was soll dieses geschwungene Blech schon machen? Dennoch blicke ich immer wieder darauf; die Ruhe des Gegenstandes hat etwas Aufreizendes. Der Gedanke, im Fallschirm abzuspringen, ergibt sich ohne jeden Aufwand an Mut; so gänzlich ist man schon aus dem menschlichen Maßstab gelöst –

Es ist herrlich!

Aber etwas bleibt luziferisch.

Über einem Städtchen, das wie unsere architektonischen Modelle anzusehen ist, entdecke ich unwillkürlich, daß ich durchaus imstande wäre, Bomben abzuwerfen. Es braucht nicht einmal eine vaterländische Wut, nicht einmal eine jahrelange Verhetzung; es genügt ein Bahnhöflein, eine Fabrik mit vielen Schloten, ein Dampferchen am Steg; es juckt einen, eine Reihe von schwarzen und braunen Fontänen hineinzustreuen, und schon ist man weg; man sieht, wie sich das Dampferchen zur Seite legt, die Straße ist wie ein Ameisenhaufen, wenn man mit einem Zweiglein hineinsticht, und vielleicht sieht man auch noch die Schlote, wie sie gerade ins Knie brechen und in eine Staubwolke versinken; man sieht kein Blut, hört kein Röcheln, alles ganz sauber, alles aus einem ganz unmenschlichen Abstand, fast lustig. Nicht ohne eigene Gefahr; das meine ich nicht, daß es harmlos sei; ich denke auch die weißen Wölkchen, die jetzt ringsum aufplatzen, eine Staffel von Jägern, die hinter uns auftauchen und größer werden mit jedem Atemzug, lautlos, dann das erste Splittern in einer Scheibe, ein Gejaul wie in den Scheibenständen, verfolgt von einem verspäteten und verwehten Geratter. Das alles inbegriffen! Ich meine nur den Unterschied, der darin besteht, ob ich Bomben streue auf ein solches Modell, das da unter den jagenden Wolken liegt, halb rührend, halb langweilig und kleinlich, oder ob ich ebenfalls dort unten stehe, mein Sackmesser öffne und auf einen Menschen zugehe, einen einzigen, dessen Gesicht ich sehen werde, beispielsweise auf einen Mann, der gerade Mist verzettelt, oder auf eine Frau, die strickt, oder auf ein Kind, das barfuß in einem Tümpel steht und heult, weil sein papiernes Schifflein nicht mehr schwimmt. Das letztere kann ich mir nicht zutrauen. Beim ersteren, das ist der Unterschied, bin ich durchaus nicht sicher.

Im Egmont gibt es eine Stelle, wo die biederen Bürger über ihren Helden und Liebling sprechen, der sie eben auf der Straße verlassen hat.

»Ein schöner Herr!«

Und unwillkürlich sagt einer:

»Sein Hals wäre ein rechtes Fressen für einen Scharfrichter –.«

»Bist du toll? was kommt dir ein?«

»Dumm genug«, murmelt er: »daß einem so etwas einfällt. Es ist mir nun so. Wenn die Burschen schwimmen, und ich seh einen nackten Buckel, gleich fallen sie mir zu Dutzenden ein, die ich habe mit Ruten streichen sehn. Die verfluchten Exekutionen! man kriegt sie nicht aus dem Sinn.«

Das verlorene Raumgefühl in der Kurve: man empfindet sich, da die Schwerkraft uns gewissermaßen an die Schwungkraft verliert, immerfort in der gleichen Lage, und scheinbar ist es die Erde, die auf der Waage schaukelt, die zur Linken plötzlich versinkt, während das andere Fenster voll Wald ist, voll See –

Wir kreisen irgendwo.

Zum Bewußtsein kommt, wie gering eigentlich die Zone ist, die den Menschen ernährt und gestaltet; schon kommen die letzten Matten, schon beginnt die Vereisung. Zweitausend oder dreitausend Meter genügen, und unsere Weltgeschichte ist aus. Gewisse Kessel, die wir sehen, könnten auch auf dem Mond sein. Die vielleicht einzig vorkommende Gunst von Umständen, die irgendwo im Weltall ein menschliches Geschlecht ermöglicht hat, liegt als ein ganz dünner Hauch in den Mulden, und es genügt die geringste Schwankung der Umstände; eine Vermehrung des Wassers, eine Verdünnung der Luft, eine Veränderung der Wärme. Unser Spielraum ist nicht groß. Wir nisten in einem Zufall, dessen empfindliche Zuspitzung, wenn sie uns manchmal zum Bewußtsein kommt, beklemmend wird, zugleich begeisternd. Die Menschheit als Witz oder als Wunder; die paar Jahrtausende, die sie haben mag, sind nichts gegenüber der Unzeit, die sie umgibt, und dennoch mehr als diese Unzeit. Was es heißt, diesem Augenblick anzugehören –.

Wir sind eine Gruppe von Malern und Schriftstellern; jeder darf einmal in die Laterne, wo der Pilot sitzt. Einmal fliegen wir ganz nahe an den Gipfel des Finsteraarhornes. Die Entfernung zwischen dem Felsen und unserem Flügel, sagt der Pilot, habe keine dreißig Meter betragen. Jedenfalls wird das Gestein wieder greifbar. Die plötzliche Lust zum Klettern, überhaupt die Gier, den Dingen wieder näherzukommen. Nicht aus Angst vor dem Schweben; wir fühlen uns ja, wie gesagt, unverschämt sicher in unserem Polster, und der Gedanke, dort drüben auf dem schwärzlichen Grat zu stehen, gibt erst wieder ein Gefühl von Gefahr, aber auch von Wirklichkeit. Es geht gegen sieben Uhr abends, eine Stunde, wo ich noch nie auf einem solchen Gipfel war; es ist wunderbar für das Auge, aber vermischt mit der Unruhe eines verspäteten Klettrers; die Täler im Schatten, violett, die letzte Sonne auf einer Gwächte, grünlich durchschimmert; erst durch den unwillkürlichen Kniff, daß man sich in die Lage eines Klettrers versetzt, wird alles wieder ernsthaft und erlebbar, wirklich und schrecklich. Überhaupt sind die Augenblicke, wenn plötzlich ein Grat oder ein Firn zu uns emporkommt, durchaus stärker als die Viertelstunden, da man einfach schwebt; plötzlich sieht man die Körnung im Schnee, die bekannten Spuren von kleinen Rutschen und von Steinschlag; man ist froh darum, jedesmal, wie um ein Erwachen. Leider zwingen die Wolken, daß wir uns wieder aus dem Aletschkessel heben; Jungfrau und Eiger rauchen wie Vulkane, über dem Lötschtal ballt sich ein kommendes Gewitter –

»Das ist der Märjelensee!«

»Die Sphinx!«

»Der Staubbach –.«

»Die Grimselmauer –.«

Auch unser fast schülerhaftes Bedürfnis, sich immerfort die Namen aufzusagen, deute ich mir als ein Bedürfnis, das zerrissene Verhältnis wieder herzustellen, zurückzukehren in einen erlebbaren Maßstab. Jeder Name bedeutet: Das ist wirklich, da bin ich schon einmal gewesen, das gibt es, diesen Firn habe ich einmal erlebt, er ist sechs Stunden lang. Warum rufen sie uns plötzlich ans andere Fenster? Warum der Lärm?

»Eine Spur! Dort über der langen Spalte!«

»Wo?«

»Natürlich ist das eine menschliche Spur!«

Es erregt sie wie einst den Robinson.

Was nochmals die Bomben betrifft: –

Ohne die Entbindung aus dem erlebbaren Verhältnis, die uns die Technik in zahllosen Spielarten ermöglicht, wäre es vermutlich, ohne daß die Leute besser sein müßten, nicht so leicht, Heere von solcher Größe aufzustellen, gehorsam und jederzeit marschbereit. Nicht alle von uns eignen sich zum Schlächter, aber fast alle zum Soldaten, der an der Kanone steht, auf die Uhr schaut und die Leine abzieht. Es ist sonderbar, daß die räumliche Entfernung, die man in Metern messen kann, eine solche Bedeutung haben soll; daß unsere Vorstellung nicht stärker ist. Vielleicht ist sie es für Augenblicke, aber nicht auf die Dauer. Daß wir die Menschen, die wir nicht mit dem Auge und dem Gehör und den anderen sinnlichen Antennen erfassen, bald nicht mehr ernstnehmen können, zeigt sich ja auch sonst; das bekannte Erlöschen unsrer Briefwechsel, wenn eine Wiederbegegnung unwahrscheinlich wird; eine Weile zwingt uns noch der Anstand, der Stolz, der Wille zur Würde, die hehre Meinung, daß wenigstens unser Geist und unser Herz keiner räumlichen Schranke unterworfen seien. Es stimmt mindestens nicht für das Herz. Natürlich reicht es über unsere Sinne hinaus, aber nicht unbeschränkt; es reicht nicht um die Erde; wir sprechen von Zeiten des Friedens, wenn der Krieg in China ist. Es ist ganz offenbar, daß das menschliche Erleben, auch wenn wir uns außermenschliche Leistungen entlehnen können, mehr oder minder an den Bereich gebunden bleibt, den wir mit eignen Kräften bewältigen können. Oder mit den Kräften eines anderen natürlichen Körpers; beispielsweise eines Pferdes. Auch das Segeln bleibt noch im erlebbaren Verhältnis; der Wind ist eine außermenschliche Kraft, die wir aber nicht selber entfesseln, und gehört zu unsrer natürlichen Umwelt, die unsere körperliche Eigenschaft bildet: im Gegensatz zu den Kräften, die wir aus schweigenden Naturstoffen umsetzen, speichern und nach unsrer Willkür entfesseln. Sie erst bringen uns in Lagen und in ein Tempo, das die Natur uns nicht zudachte, und wenigstens bisher sehen wir kein Anzeichen, daß unsere Natur sich wesentlich anpaßt; die bekannte Leere bei unseren Ankünften; weil unser Erleben, wenn ein gewisses Tempo überschritten wird, nicht mehr folgen kann; es wird dünn und dünner. Zwar nennen wir es noch lange Erlebnis, wo es bloß noch Kitzel ist, ein Abenteuer der Leere, ein Rausch, sich selber aufzuheben, eine Art von Wollust, daß man sich so weit verdünnen kann, bis man ohne jedes Erlebnis durch einen ganzen Erdteil kommt. Genau vor hundert Jahren fuhr die erste Eisenbahn in unserem Land; dreißig Kilometer in der Stunde. Es ist klar, daß es dabei nicht bleiben konnte. Das Kennzeichen dafür, daß wir unser Tempo überschritten haben, ist das Ungenügen, das wir jedesmal empfinden, wenn ein andrer Wagen uns vorfährt; zwar fahren wir selber schon so, daß mein Erlebnis nicht mehr folgt; in der Hoffnung aber, das verlorene Erlebnis einzuholen, geben wir nochmals Gas. Es ist das luziferische Versprechen, das uns immer weiter in die Leere lockt. Auch der Düsenjäger wird unser Herz nicht einholen. Es gibt, so scheint es, einen menschlichen Maßstab, den wir nicht verändern, sondern nur verlieren können. Daß er verloren ist, steht außer Frage; es fragt sich nur, ob wir ihn noch einmal gewinnen können und wie?

Am meisten, wenn ich an unseren Flug denke, bleibt mir eigentlich die letzte halbe Stunde, das Durchfliegen der Gewölke. Plötzlich ist man in einer grauen Blindnis. Der Flügel ist noch da, alles wie zuvor, auch der runde Motor mit den blechernen Laschen, die libellenhafte Scheibe unseres linken Propellers. Nebel schlägt sich nieder; das Muster der Nieten überzieht sich mit wandernden Tropfen; aber die Nieten bleiben. Daß wir uns bewegen, läßt sich denken und behaupten, aber nicht zeigen. Es ticken die Uhren. Die zitternden Zeiger für Brennstoff, die Meßnadeln für alles Wissenswerte. Manchmal geht es ein Stockwerk hinunter, aber ganz weich, dann wieder wie auf einer Schaukel empor. Unerschütterlich bleibt das Gefühl der Sicherheit. Der junge Pilot, die Hand am dünnen Rad, fängt den Wind mit den seitlichen Klappen, die er hebt oder senkt; er raucht; wir sind jedenfalls höher als die Gipfel, man plaudert über dies und das, und unversehens sind wir wieder in der Sonne. Ringsum ein Gebirge von glühendem Gewölk. Man sieht nicht mehr auf die Erde. Graue und blaue Strahlen brechen durch ein Gebräu, das an den ersten Schöpfungstag denken läßt. Sagenhaft türmt sich ein sommerliches Gewitter in der letzten Abendsonne, die es von unten bescheint; Ballen von Gips oder Elfenbein; die Ränder aber zerschmelzen in gleißendes Silber. Über uns der makellose Himmel; im Osten hat er schon die kühle Dämmerblässe. Wir fliegen über Wolken, die den violetten Schatten andrer Wolken tragen; es ist, als brodle der Raum, und das Licht, unwahrscheinlich wie das Licht der Offenbarung, stürzt von Grotte zu Grotte. Man sieht Schatten, die sich nirgends niederschlagen; sie hangen wie seidene Soffitten; nur einmal, ganz flüchtig, sehe ich hinunter in ein verdämmerndes Tal; die letzte Spiegelhelle in einem schlängelnden Fluß. Dann sind wir über die Wolken hinaus, ganz und gar, und der Raum, der eben noch ein Gewucher von Geheimnissen war, wird zum All. Er wird mehr als ein Geheimnis; er wird unvorstellbar. Irgendwo hangt ein Gestirn, das glüht, und anderswo hangt der Mond, blasser, aber beide nicht anders als sonst; anders empfinden wir nur die Erde, die unsichtbare, die unter den verlöschenden und aschenhaften Wolken ist: auch sie hangt; auch sie steigt in unser Bewußtsein als ein rollender Ball, der ins Leere stürzt immerzu, ohne aufzuschlagen, ein Gestirn unter Milliarden, ein langsam erkaltendes –.

Höflichkeit

Wenn wir zuweilen die Geduld verlieren, unsere Meinung einfach auf den Tisch werfen und dabei bemerken, daß der andere zusammenzuckt, berufen wir uns mit Vorliebe darauf, daß wir halt ehrlich sind. Oder wie man so gerne sagt, wenn man sich nicht mehr halten kann: Offen gestanden! Und dann, wenn es heraus ist, sind wir zufrieden; denn wir sind nichts anderes als ehrlich gewesen, das ist ja die Hauptsache, und im weiteren überlassen wir es dem andern, was er mit den Ohrfeigen anfängt, die ihm unsere Tugend versetzt.

Was ist damit getan?

Wenn ich einem Nachbarn sage, daß ich ihn für einen Hornochsen halte – vielleicht braucht es Mut dazu, wenigstens unter gewissen Umständen, aber noch lange keine Liebe, so wenig wie es Liebe ist, wenn ich lüge, wenn ich hingehe und ihm sage, ich bewundere ihn. Beide Haltungen, die wir wechselweise einnehmen, haben eines gemeinsam: sie wollen nicht helfen. Sie verändern nichts. Im Gegenteil, wir wollen nur die Aufgabe loswerden...

Offenbar fragt er sich, was Marion mit seiner Wahrhaftigkeit eigentlich will, die als solche, ohne Bezug auf den andern, nicht mehr als eine schöne Nase ist. Will er sich selber gefallen, indem er wahrhaftig ist, oder will er helfen? Wenn er das letztere will, so wird er besorgt sein, daß man seine ehrlichen Ausbrüche annehmen kann, daß man sie verwerten und verwirklichen kann, und das heißt:

Er wird höflich sein.

Der Wahrhaftige, der nicht höflich sein kann oder will, darf sich jedenfalls nicht wundern, wenn die menschliche Gesellschaft ihn ausschließt. Er darf sich nicht einmal damit brüsten, wie es zwar üblich ist, je mehr er nämlich unter seinem Außenseitertum leidet. Er trägt eine Gloriole, die ihm nicht zukommt. Er übt eine Wahrhaftigkeit, die stets auf Kosten der andern geht –.

Das Höfliche, oft als leere Fratze verachtet, offenbart sich als eine Gabe der Weisen. Ohne das Höfliche nämlich, das nicht im Gegensatz zum Wahrhaftigen steht, sondern eine liebevolle

Form für das Wahrhaftige ist, können wir nicht wahrhaftig sein und zugleich in menschlicher Gesellschaft leben, die hinwiederum allein auf der Wahrhaftigkeit bestehen kann – also auf der Höflichkeit.

Höflichkeit natürlich nicht als eine Summe von Regeln, die man drillt, sondern als eine innere Haltung, eine Bereitschaft, die sich von Fall zu Fall bewähren muß –

Man hat sie nicht ein für allemal.

Wesentlich, scheint mir, geht es darum, daß wir uns vorstellen können, wie sich ein Wort oder eine Handlung, die unseren eigenen Umständen entspringt, für den anderen ausnimmt. Man macht, obschon es vielleicht unsrer eignen Laune entspräche, keinen Witz über Leichen, wenn der andere gerade seine Mutter verloren hat, und das setzt voraus, daß man an den andern denkt. Man bringt Blumen: als äußeren und sichtbaren Beweis, daß man an die andern gedacht hat, und auch alle weiteren Gebärden zeigen genau, worum es geht. Man hilft dem andern, wenn er den Mantel anzieht. Natürlich sind es meistens bloße Faxen; immerhin erinnern sie uns, worin das Höfliche bestünde, das wirkliche, wenn es einmal nicht als Geste vorkommt, sondern als Tat, als lebendiges Gelingen –

Zum Beispiel:

Man begnügt sich nicht damit, daß man dem andern einfach seine Meinung sagt; man bemüht sich zugleich um ein Maß, damit sie den andern nicht umwirft, sondern ihm hilft; wohl hält man ihm die Wahrheit hin, aber so, daß er hineinschlüpfen kann.

Warum so viel Erkenntnis, die meistens in der Welt ist, meistens unfruchtbar bleibt: vielleicht weil sie sich selber genügt und selten auch noch die Kraft hat, sich auf den andern zu beziehen –

Die Kraft: die Liebe.

Der Weise, der wirklich Höfliche, ist stets ein Liebender. Er liebt den Menschen, den er erkennen will, damit er ihn rette, und nicht seine Erkenntnis als solche. Man spürt es schon am Ton. Er wendet sich nicht an die Sterne, wenn er spricht, sondern an die Menschen. Man denke an die chinesischen Meister.

Nicht der Kluge, nur der Weise hilft.

»Im Deutschen lügt man, wenn man höflich ist.«

Ein gräßliches Wort, wenn einer es als Auszeichnung nimmt; das Bekenntnis eines Mannes, der kein Maß hat, der nicht mehr echt ist, wenn er Maß hält, und somit unerträglich für die andern, sobald er echt ist –.

Mephisto liefert übrigens die Antwort schon in dem Augenblick, da er das Stichwort gibt, das bekannte: Du weißt wohl nicht, mein Freund, wie grob du bist. Wichtig ist nicht, daß er grob ist. Dafür genügt der Nebensatz. Wichtig ist vor allem, daß er es nicht weiß, und das heißt: daß er sich nicht auf die andern beziehen kann. Er empfindet es selber als Lüge, wenn er nach unserem Befinden fragt, wenn er höflich ist. Das ist ein ehrliches Bekenntnis, gewiß! Nur ist es wieder jenes Poltern mit einer Tugend, die auf Kosten der andern geht und nicht genügt, da sie nur ihm genügt.

Unsere Schablone vom Künstler:

Daß ein Mensch, der innerlich ist, nicht höflich sein kann oder darf; das Innerliche und das Höfliche als unvereinbare Gegensätze; das Unbändige als Zeichen eines echten Menschen; der Künstler als Außenseiter – und zwar nicht darum, weil er eine andere Art von menschlicher Gesellschaft erstrebt, sondern einfach darum, weil ihn die menschliche Gesellschaft nichts angeht, und zwar auf keinen Fall, so daß er sie auch nicht verändern muß –

Punktum!

Es fragt sich, ob diese romantische Schablone jemals stimmte, ob sie für einzelne Völker stimmte, beispielsweise das deutsche, ob sie für uns und unsere Zukunft stimmt. Jedenfalls stimmt sie nicht für den griechischen Künstler, der sich seiner Polis verpflichtet wußte; nicht für Dante, den die Verbannung traf; nicht für Goethe; nicht für Gottfried Keller, der Staatsschreiber wird und seine Mandate zum eidgenössischen Bettag schreibt; nicht für Gotthelf; nicht für die modernen Franzosen, die Dichter bleiben, auch wenn sie staatliche Ämter bekleiden.

Ziel ist eine Gesellschaft, die den Geist nicht zum Außenseiter macht, nicht zum Märtyrer und nicht zum Hofnarren, und nur darum müssen wir Außenseiter unsrer Gesellschaft sein, insofern es keine ist –

Höflich zum Menschen. Aber nicht zum Geld.

Verpflichtet an eine Gesellschaft der Zukunft: – wobei es für die Verpflichtung belanglos ist, ob wir selber diese Gesellschaft noch erreichen, ob sie überhaupt jemals erreicht wird; Nähe oder Ferne eines Zieles, solange es uns als solches erscheint, ändern nichts an unsrer Richtung.

Café de la Terrasse

Jemand berichtet aus Berlin: Ein Dutzend verwahrloste Gefangene, geführt von einem russischen Soldaten, gehen durch eine Straße; vermutlich kommen sie aus einem fernen Lager, und der junge Russe muß sie irgendwohin zur Arbeit führen oder, wie man sagt, zum Einsatz. Irgendwohin; sie wissen nichts über ihre Zukunft; es sind Gespenster, wie man sie allenthalben sehen kann. Plötzlich geschieht es, daß eine Frau, die zufällig aus einer Ruine kommt, aufschreit und über die Straße heranläuft, einen der Gefangenen umarmt – das Trüpplein muß stehen bleiben, und auch der Soldat begreift natürlich, was sich ereignet hat; er tritt zu dem Gefangenen, der die Schluchzende im Arm hält, und fragt:

»Deine Frau?«

»Ja –.«

Dann fragt er die Frau:

»Dein Mann?«

»Ja –.«

Dann deutet er ihnen mit der Hand:

»Weg – laufen, laufen – weg!«

Sie können es nicht glauben, bleiben stehen; der Russe marschiert weiter mit den elf andern, bis er, einige hundert Meter später, einem Passanten winkt und mit der Maschinenpistole zwingt, einzutreten: damit das Dutzend, das der Staat von ihm verlangt, wieder voll ist.

Zum Theater

Heute wieder einmal an einer Probe, und da ich eine Stunde zu früh war, verzog ich mich in eine Loge, wo es dunkel ist wie in einer Beichtnische. Die Bühne war offen, zum Glück, und ohne Kulissen, und das Stück, das geprobt werden sollte, kannte ich nicht. Nichts ist so anregend wie das Nichts, wenigstens zeitweise. Nur gelegentlich ging ein Arbeiter über die Bühne, ein junger Mann im braunen Overall; er schüttelt den Kopf, bleibt stehen und schimpft gegen einen andern, den ich nicht sehen kann, und es ist eine ganz alltägliche Sprache, was auf der Bühne ertönt, alles andere als Dichtung – kurz darauf erscheint eine Schauspielerin, die gerade einen Apfel ißt, während sie in Mantel und Hut über die leere Bühne geht; sie sagt dem Arbeiter guten Morgen, nichts weiter, und dann wieder die Stille, die leere Bühne, manchmal ein Poltern, wenn draußen eine Straßenbahn vorüberfährt. Die kleine Szene, die sich draußen auf der Straße tausendfach ergibt, warum wirkte sie hier so anders, so viel stärker? Die beiden Leute, wie sie eben über die Bühne gingen, hatten ein Dasein, eine Gegenwart, ein Schicksal, das ich natürlich nicht kenne, dennoch war es da, wenn auch als Geheimnis, es hatte ein Vorhandensein, das den ganzen großen Raum erfüllte. Ich muß noch bemerken, daß es ein gewöhnliches Arbeitslicht war, ein Licht wie Asche, ohne jeden Zauber, ohne sogenannte Stimmung, und die ganze Wirkung kam offenbar daher, daß es ein anderes als diese kleine Szene überhaupt nicht gab; alles andere ringsum war Nacht; ein paar Atemzüge lang gab es nur eins: einen Bühnenarbeiter, der schimpft, und eine junge Schauspielerin, die gähnt und in die Garderobe geht, zwei Menschen, die sich im Raume treffen, die gehen können und stehen, aufrecht, die eine tönende Stimme haben, und dann wieder ist alles vorbei, unbegreiflich, wie wenn ein Mensch verstorben ist, unbegreiflich, daß er gewesen ist, daß er vor unseren Augen gestanden hat, gesprochen hat, alltäglich und belanglos, dennoch erregend –

Etwas an dem kleinen Erlebnis scheint mir wesentlich, erinnert auch an die Erfahrung, wenn wir einen leeren Rahmen nehmen, und wir hängen ihn versuchsweise an eine bloße Wand, und vielleicht ist es ein Zimmer, das wir schon jahrelang bewohnen: jetzt aber, zum erstenmal, bemerken wir, wie eigentlich die Wand verputzt ist. Es ist der leere Rahmen, der uns zum Sehen zwingt. Zwar sagt uns der Verstand, daß der Putz, den ich umrahme, nicht anders erscheinen kann als auf der ganzen Wand; er ist ja nicht anders, in der Tat, nicht um ein Korn; aber er erscheint, er ist da, er spricht. Warum werden Bilder denn gerahmt? Warum wirken sie anders, wenn wir sie aus dem Rahmen lösen? Sie heben sich nicht mehr von den Zufällen der Umgebung ab; sie sind, einmal ohne Rahmen, plötzlich nicht mehr sicher; sie beruhen nicht mehr auf sich allein; man hat die Empfindung, sie fallen auseinander, und man ist etwas enttäuscht: sie scheinen schlechter, plötzlich, nämlich schlechter als sie sind. Der Rahmen, wenn er da ist, löst sie aus der Natur; er ist ein Fenster nach einem ganz anderen Raum, ein Fenster nach dem Geist, wo die Blume, die gemalte, nicht mehr eine Blume ist, welche welkt, sondern Deutung aller Blumen. Der Rahmen stellt sie außerhalb der Zeit. Insofern ist ein ungeheurer Unterschied zwischen der Fläche, die innerhalb eines Rahmens liegt, und der Fläche überhaupt, die endlos ist. Gewiß wären es üble Maler, die darauf vertrauen, daß sie es mit dem Rahmen retten können; gemeint ist nicht, daß alles, nur weil es innerhalb eines Rahmens stattfindet, die Bedeutung eines Sinnbildes bekomme; aber es bekommt, ob es will oder nicht, den Anspruch auf solche Bedeutung. Was sagt denn ein Rahmen zu uns? Er sagt: Schaue hieher; hier findest du, was anzusehen sich lohnt, was außerhalb der Zufälle und Vergängnisse steht; hier findest du den Sinn, der dauert, nicht die Blumen, die verwelken, sondern das Bild der Blumen, oder wie schon gesagt: das Sinn-Bild.

All dies gilt auch vom Rahmen der Bühne, und natürlich gäbe es noch andere Beispiele, die den erregenden Eindruck, den schon die leere Bühne macht, wenigstens streckenweise erläutern; man denke an die Schaufenster, die ganze Lager zeigen, Schaufenster, die uns niemals fesseln, und an die anderen, die sich auf ein bescheidenes Guckloch beschränken: eine einzige Uhr liegt da, ein einziges Armband, eine einzige Krawatte. Und das Seltene erscheint uns schon von vornherein wertvoll. Es gibt solche Fensterlein, die manchmal wie kleine Bühnen sind, man steht gerne davor, guckt in eine andere Welt, die mindestens den Anschein von Wert hat. Und das Verwandte zur wirklichen Bühne läge darin: auch auf der Bühne sehe ich nicht Tausende von Narren, sondern einen, den ich noch lieben kann, nicht Tausende von Liebenden, deren Liebe, ins Gattungshafte wiederholt, widerlich wird, sondern zwei oder drei, deren Schwüre wir ernstnehmen können wie unsere eigenen. Es lohnt sich hinzuschauen. Ich sehe Personen; ich sehe nicht Millionen von Arbeitern, wobei ich dann keinen einzigen mehr sehe, leider Gottes, sondern ich sehe diesen einzigen, der die Millionen vertritt und einzig wirklich ist: ich sehe einen Bühnenarbeiter, der schimpft, und eine junge Schauspielerin, die einen Apfel ißt und guten Morgen sagt. Ich sehe, was ich sonst nicht sehe: zwei Menschen.

Café de la Terrasse

In allen Zeitungen findet man die Bilder von Bikini. Etliche Stunden, nachdem die Atombombe losgegangen ist, steht der Rauch wie ein schwarzer Blumenkohl. Mit einer gewissen Enttäuschung vernimmt man, daß die Kreuzer und Zerstörer, die in dem Atoll verankert lagen, noch ziemlich vorhanden sind, also nicht so, daß man sie aufs Brot streichen kann. Die Ziegen, die für diesmal die Menschen vertraten, leben sogar und käuen ihr Futter, als wäre nichts geschehen; die Affen vertragen es schon weniger. Das alles ändert nichts an der grundsätzlichen Freude, die dieses Ereignis auslöst. Bei Hiroshima, als Hunderttausende daran starben, war solche Freude nicht möglich. Diesmal ist es nur eine Hauptprobe. Auch die Palmen stehen noch. Aber das alles, kein Zweifel, wird sich verbessern lassen, und der Fortschritt, der nach Bikini führte, wird auch den letzten Schritt noch machen: die Sintflut wird herstellbar. Das ist das Großartige. Wir können, was wir wollen, und es fragt sich nur noch, was wir wollen; am Ende unseres Fortschrittes stehen wir da, wo Adam und Eva gestanden haben; es bleibt uns nur noch die sittliche Frage. Vielleicht dürfte man nicht von Freude reden; es tönt nach Zuversicht oder Hohn, und eigentlich ist es keines von beidem, was man beim Anblick dieser Bilder erlebt; es ist das erfrischende Wachsein eines Wandrers, der sich plötzlich an einer klaren und deutlichen Wegkreuzung sieht, das Bewußtsein, daß wir uns entscheiden müssen, das Gefühl, daß wir noch einmal die Wahl haben und vielleicht zum letztenmal; ein Gefühl von Würde; es liegt an uns, ob es eine Menschheit gibt oder nicht.

Zum Theater

Natürlich müßte man, wenn man vom Rahmen spricht, auch von der Rampe sprechen, die ein Teil jenes Rahmens ist, und zwar der entscheidende. Eine Bühne, die keine Rampe hat, wäre ein Tor. Und gerade das will sie offenbar nicht sein. Sie läßt uns nicht eintreten. Sie ist ein Fenster, das uns nur hinüberschauen läßt. Beim Fenster nennen wir es Brüstung, und es gibt eine ganze Reihe von Einrichtungen, die einem gleichen Zwecke dienen. Alle Arten von Sockel gehören auch dazu. Immer geht es um die Trennung von Bild und Natur. Es gibt eine Gruppe von Rodin, die bekannten Bürger von Calais, die ohne Sockel gedacht waren; die Absicht bestand offenbar darin, daß man das Bild, das jene opfermutigen Bürger von Calais zeigt, als Vorbild hineintragen möchte in den Alltag, indem man es auf den gleichen Boden stellt wie die Lebenden, die ihm folgen sollen, auf das Pflaster eines öffentlichen Platzes. Das ist ein Sonderfall, der eben dadurch, daß er den Sockel vermeiden wollte, in seiner Weise bezeugt, wie wirksam und wichtig diese Einrichtung ist. Auch die antiken Tempel stehen bekanntlich auf einem Sockel von drei oder fünf oder sieben Stufen; Stufen sind ja gerade zum Betreten gemacht, könnte man einwenden, zum Überwinden der Höhe; erst wenn man es versucht, zeigt es sich, daß jene Stufen viel zu hoch sind; man kann hinaufkraxeln, aber ein würdevoller Gang ist nicht möglich, ein Gang, wie man sich einem Tempel nähert, und diese Näherung ist ja auch das Gegenteil dessen, was der Sockel will. Er trennt den Tempel von uns; aber nicht nur von uns, sondern auch vom Gelände, von den Zufällen der Landschaft; er kümmert sich nicht um das Gefälle, wie wir es beispielsweise tun, wenn wir ein Landhaus bauen. Dort ist es unser Ziel, das Haus ganz in das besondere Gelände einzuschmiegen, so, wie es nicht irgendwo und überall stehen kann, sondern nur an diesem einmaligen Ort. Das heißt: wir anerkennen die Bedingtheit, wir schlüpfen geradezu in sie hinein. Es gibt einen einzigen griechischen Tempel aus der großen Zeit, der sich dem Gelände anpaßt, der mit den Höhenunterschieden spielt, das Erechtheion auf der Akropolis. Alle anderen aber haben den Sockel, der sich über das Gelände hinwegsetzt, der den Tempel herauslöst aus allen Zufällen eines einmaligen Geländes, der ihn erhöht über alle irdischen Bedingungen, der ihn in einen anderen Raum stellt: in einen Raum des Unbedingten.

Geht es nicht überall um das gleiche?

Immer wieder gibt es Dichter, welche die Rampe überspielen; es fehlt nicht an Beispielen, wo die Schauspieler aus dem Parkett heraufsteigen, oder sie treten an die Rampe und sprechen ins Parkett, als wäre da nicht eine Kluft, wofür die Rampe nur ein schwaches Sinnbild ist; ich denke an Thornton Wilder, wo Sabine sich einmal an die Zuschauer wendet mit der leidenschaftlichen Bitte, sie möchten auch ihre Sessel hinaufgeben zum Feuer, das die Menschheit retten soll. Auch hier, wie bei der Skulptur von Rodin, soll ein Vorbild hinausgetragen werden ins wirkliche Leben, indem sich das Kunstwerk auf das gleiche Pflaster stellt, wo sie selber stehen und gehen. Es fragt sich, ob das Vorbild dadurch wirksamer wird, wenn es auf die Entrückung verzichtet. Es hat, wenn wir an den Anruf jener Sabine denken, jedenfalls den kurzen Gewinn einer Überraschung; daß er nur kurz sein kann, hat auch Wilder gewußt: sofort danach läßt er den Vorhang fallen. Es trägt sich als Ausnahme, nicht als Grundsatz. Jede Gebärde, welche die Rampe überspielt, verliert an Magie. Sie öffnet die Schleusen, was aufregend ist; aber es ist kaum so, daß darum die künstlerische Gestalt hinausströmt ins Chaos, das sie verwandeln möchte, sondern das Chaos stürzt hinein in den Raum, den wir einen andern genannt haben, in den Raum der Dichtung, und der Dichter, der die Rampe niederreißt, gibt sich selber auf.

Aus Mode?

Aus Verzweiflung?

Vielleicht ist es kein Zufall, daß uns als Beispiel gerade jene Sabine einfiel, welche die Menschheit retten will mit ihrem Aufruf über die Rampe: die Selbstaufgabe der Dichtung, die ihre Ohnmacht erkennt, ihre Ohnmacht zeigt, hat etwas von einem letzten Alarm, der ihr möglich ist –.

Aus der Zeitung

Ein Mann, der als braver und getreuer Kassier schon zwei Drittel seines Daseins erledigt hat, erwacht in der Nacht, weil ein Bedürfnis ihn weckt; auf dem Rückweg erblickt er eine Axt, die aus einer Ecke blinkt, und erschlägt seine gesamte Familie, inbegriffen Großeltern und Enkel; einen Grund für seine ungeheuerliche Tat, heißt es, könne der Täter nicht angeben; eine Unterschlagung liege nicht vor –.

»Vielleicht war er ein Trinker.«

»Vielleicht...«

»Oder ist es doch eine Unterschlagung, der man erst später einmal auf die Spur kommt.«

»Hoffen wir es...«

Unser Bedürfnis nach dem Grund: als Versicherung, daß eine

solche Verwirrung, die das Unversicherte menschlichen Wesens offenbart, unsereinen niemals heimsuchen kann –

Warum reden wir so viel über Deutschland?

Am See

Oft am Morgen, wenn ich an die Arbeit fahre, steige ich vom Rad, erlaube mir eine Zigarette; das Rad schließe ich nicht ab, damit ich nicht zu lange verweile, hier wo das Wasser um die Ufersteine spielt. Eigentlich ist es ein Lagerplatz, nicht eine Anlage; zuweilen stapeln sie Kuchen von schwarzem Teer, Berge von Kies, den sie mit Lastwagen bringen und holen, und dann wieder ist alles leer; nur die hölzernen Schuppen bleiben, die großen Bruchsteine, die Eidechsen, das verrostete Blech, natürlich auch die Gruppe der Birken, das verwilderte Gras, der See und die Verbotstafel, die mich jahrelang abschreckte; die offene Weite dahinter. Jetzt ist der Platz, wo man auch baden kann, zur täglichen Zuflucht geworden, und ob ich auf dem Heimweg bin, verbraucht von einem grämlichen Tag, oder ob es wieder an die Arbeit geht, die ebenso grämlich sein wird wie gestern und vorgestern, immer fühle ich mich voll Zuversicht und Erwartung, solange ich gegen das Wasser fahre. Einmal wird auch hier ein Gendarm kommen, der nach einem Ausweis fragt; Ordnung muß sein! Es ist das letzte natürliche Ufer in unsrer Gegend; manchmal stinkt es. Ein paar verfaulte Schuhe liegen im Wasser, Scherben von Tassen und Flaschen, anderswo schimmert die weiße Rundung von einem zerbrochenen Klosett, und unter dem Sandstein, den ich mir zurecht rücke, wimmelt es von Asseln. Es ist noch Sommer, aber die Morgen sind herbstlich. Mit versponnener Sonne, mit verblauenden Ufern. Birken und Buchen hangen über den See; violett und märchenhaft verzweigen sich ihre Schatten auf dem lichten Kieselgrund, überschillert von grünlicher Kühle. Man könnte stundenlang hinschauen. Das Wasser, ob es eine Quelle ist, ein stürzender Bergbach oder ein Fluß, ein zahmer und friedlicher See, immer hat es das Gefälle zum Meer, zur Größe, und es ruht nicht, bevor es teilhat an der Größe, an der wässernen Wölbung unseres Gestirnes. Vielleicht ist es das, was zum Wasser lockt; unter anderem. Und dann das grüne Licht unter einer Barke, die an der Boje liegt; Schattenwasser, aber durchleuchtet von der Sonne, die jenseits der Barke in die Tiefe sinkt; hin und wieder sieht man ein Rudel von kleinen Fischen darin, schattengrau, plötzlich entblößt von der tarnenden Spiegelung. Wieder kommen die beiden Schwäne, lautlos, aufrecht, hastlos und herrlich, und über der wässernen Spiegelung zittert der Lärm der nahen Stadt; das Rollen einer Straßenbahn, das Dröhnen der Brücke, das Rasseln eines Krans, das unbestimmbar Geschäftige. Schon lange hat es acht Uhr geschlagen; man denkt an die Hunderttausend, die jetzt an ihren Pültchen sitzen, und das schlechte Gewissen, ich weiß, es wird mich erfassen, sobald ich das Rad wieder besteige. Am Wasser aber fühle ich mich frei, und alles, was auf dem Land sich tut, liegt hinter mir und nicht auf meinem Weg; ich weiß genau um meine Versäumnisse, die sich mehren mit jedem Glockenschlag; aber die Schwäne sind wirklicher, das plötzliche Gerausch der Wellen und das blinkende Gekringel auf dem Kieselgrund, das Kreischen der Möwen, die auf den Bojen sitzen. Oft, während ich hier sitze, immer öfter wundert es mich, warum wir nicht einfach aufbrechen –

Wohin?

Es genügte, wenn man den Mut hätte, jene Art von Hoffnung abzuwerfen, die nur Aufschub bedeutet, Ausrede gegenüber jeder Gegenwart, die verfängliche Hoffnung auf den Feierabend und das Wochenende, die lebenslängliche Hoffnung auf das nächste Mal, auf das Jenseits – es genügte, den Hunderttausend versklavter Seelen, die jetzt an ihren Pültchen hocken, diese Art von Hoffnung auszublasen: groß wäre das Entsetzen, groß und wirklich die Verwandlung.

Geld: das Gespenstische, daß sich alle damit abfinden, obschon es ein Spuk ist, unwirklicher als alles, was wir dafür opfern. Dabei spürt fast jeder, daß das Ganze, was wir aus unseren Tagen machen, eine ungeheuerliche Schildbürgerei ist; zwei Drittel aller Arbeiten, die wir während eines menschlichen Daseins verrichten, sind überflüssig und also lächerlich, insofern sie auch noch mit ernster Miene vollbracht werden. Es ist Arbeit, die sich um sich selber dreht. Man kann das auch Verwaltung nennen, wenn man es sachlich nimmt, oder Arbeit als Tugend, wenn man es moralisch nimmt. Tugend als Ersatz für die Freude. Der andere Ersatz, da die Tugend selten ausreicht, ist das Vergnügen, das ebenfalls eine Industrie ist, ebenfalls in den Kreislauf gehört. Das Ganze mit dem Zweck, der Lebensangst beizukommen durch pausenlose Beschäftigung, und das einzig Natürliche an diesem babylonischen Unterfangen, das wir Zivilisation nennen: daß es sich immer wieder rächt.

Der Graf von Öderland

Hütte eines Holzfällers; am Herd steht ein Kind, ein junges Mädchen, und eine Mutter stellt die Teller auf den Tisch.

»Die Suppe ist fertig. Wenn Vater nicht kommt, nachher ist alles wieder kalt, und dann schimpft er wieder.«

»Immer das gleiche...«

»Vater?«

»Er hat es schon lange gehört. Schöpf nur!«

Das Kind schöpft, und nach einer Weile hört man den Vater, wie er die Schuhe an der Schwelle abschlägt. Dann steht er in der offenen Türe, schlägt sich den letzten Schnee von den Schultern, und nachdem er die Türe geschlossen hat, stellt er die Axt an die Wand. Er ist der Mann, der die Bäume fällt und das Holz macht, das die andern in Papier verwandeln werden, und natürlich ist er sehr arm. Die Mutter betet:

»Komm, Jesus Christ, sei unser Gast und segne, was Du uns bescheret hast.«

Der Vater löffelt.

»Amen.«

Sie essen wortlos.

»Was ist das für ein Kerl«, sagt endlich der Vater: »der draußen herumstreicht?«

»Wo?«

»Was das für ein Kerl ist, frage ich.«

»Immer schaust du mich an!« sagt das Kind. »Wie soll ich es wissen?«

»Mir streicht er nicht nach.«

»Ich weiß nicht, wen du meinst, ich habe seit Wochen keinen Menschen gesehen.«

»Salz ist auch nicht da –.«

Die Mutter holt es.

»Gestern schon, als ich die Knüppel machte, Stunden lang steht er droben im Wald, die Hände in den Manteltaschen, schaut mir zu, stundenlang, während es schneit.«

»Und was will er denn?« fragt die Mutter.

»Das möchte ich auch wissen. Einmal wird er mich schon fragen, dachte ich. Ich habe Zeit –«

»Wie sieht er denn aus?«

»Mit einer Ledermappe –.«

»Ein Herr?«

»Jetzt steht er draußen bei der Säge.«

Die Mutter tritt ans Fenster, aber es dämmert schon, und offenbar sieht sie nichts. Es schneit. Man hört den Vater, der die Suppe schmatzt. Das Mädchen löffelt nicht weiter, sondern schaut über den Teller hinweg und spricht ins Leere:

»So ist unser Leben.
Abend für Abend.
Es tickt unsre Uhr,
und ich weiß nicht,
wer spricht
hier aus der Runde,
mir aus dem Munde;
ich höre es nur ...«

Der Vater:

»Was glotzest du wieder?«

Das Kind:

»Sie hören mich nicht,
es schreit meine Seele umsonst;
sie glauben es nicht,
bis es geschieht,
bis jedermann sieht...«

Der Vater ißt weiter:

»Sie denkt wieder an ihren Grafen, tagein und tagaus.«

Das Kind:

»So ist unser Leben.
Eines Morgens aber,
wenn ich die Knüppel bringe
wie immer und immer,
wenn alles von vorne beginnt:
da steht er im Zimmer,
plötzlich,
der Graf von Öderland!
Da steht er und hat eine Axt in der Hand,
und wenn mein Vater mich schimpft
wie immer und immer,
dann spaltet er ihn wie ein Scheit.
Wir gehen hinaus in die Welt.
Und jedermann fällt,
der uns die Wege verstellt;
Graf Öderland kommt mit der Axt in der Hand.«

In der Türe, die sich unterdessen langsam öffnete, ist ein fremder Mensch erschienen, ein Herr in Mantel und Hut, auch hat er wirklich eine Ledermappe. Er steht lange, bis man ihn in dem Dämmerlicht bemerkt. Und auch da, als man sich gegenseitig anschaut, geht es noch eine Weile, bis der Vater sagt:

»Wollen Sie zu uns?«

»Wenn ich störe, sagen Sie es –«

»Wen suchen Sie?«

»Wir sind grad beim Essen«, sagt die Mutter: »Wenn Sie einen Teller Suppe haben wollen –«

»Gerne, ja, sehr gerne.«

»Bring einen Teller!«

Das Kind geht hinaus, und man weist dem Fremden eine kleine Bank, wo er sich setzen kann. Er tut es. Seinen Hut legt er weg, aber die lederne Mappe behält er auf den Knien, als wären wichtige Akten darin, die man um nichts in der Welt verlieren darf, und der Vater schöpft sich selber noch einmal Suppe; wieder löffelt er eine ganze Weile, bevor er sagt:

»Sie sind schon lang in der Gegend?«

»Ich habe Sie gesehen, ja, droben im Holz, wo sie die Föhren fällen –.«

Schweigen.

»Eine einsame Gegend ist das.«

»Ja«, sagt die Mutter: »da hat sich schon mancher verirrt! Besonders im Winter!«

»Ich glaubs.«

»Da können Sie noch ordentlich gehen, wenn sie ins Dorf wollen. Aber jetzt, wo es gepfadet ist – ich meine, Sie verstehen mich recht, wir schicken Sie nicht fort! Ich weiß ja nicht, ob Sie wirklich ins Dorf wollen, aber zu uns selber, wissen Sie, zu uns ist noch keiner gekommen –.«

»Nein?«

»Was soll er hier?«

Der Vater nickt:

»Da gibt es nichts zu holen! meint meine Frau. Eine Säge, ein altes Haus, das zwei Monate im Winter überhaupt keine Sonne hat, Kaninchen und Hühner, ja, das schon – eine Küche, zwei Kammern im Estrich, das ist alles.«

»Es ist keine Schande«, sagt die Mutter: »wenn man arm ist.«

»Einmal ist einer gekommen –«

Das ist eine alte Geschichte, und die Mutter will nicht, daß der Vater davon erzählt; überhaupt ärgert sie die Art, wie sich der Vater gegenüber dem Fremden benimmt, und sie macht sich selber um so höflicher:

»Es tut mir leid, daß es so lange geht mit dem Teller –.«

»Ich bin froh, daß ich an der Wärme bin.«

»Der andere Teller, müssen Sie wissen, wir brauchen nie einen vierten Teller, und drum haben wir ihn manchmal bei den Hühnern, da muß das Kind ihn erst waschen, aber er wird gleich kommen! Ich stelle die Suppe nochmals auf den Herd –«

Sie tut es.

»Einmal ist einer gekommen«, sagt der Vater: »Das war vor neunzehn Jahren, als ich im Krieg war. Der hat meinen Vater erschlagen und meine Mutter dazu, ein Wahnsinniger; keinen Groschen hat er genommen! Mit einer Axt, wissen Sie. Mein Vater war Holzfäller, die Säge kam erst später hinzu.«

»Warum erzählst du das wieder!?«

»Es geschieht hier nicht viel – sonst.«

Der Fremde:

»Fürchten Sie nicht, daß ich ein Mörder sei.«

»Ich fürchte mich nie.«

»Ich wollte, ich dürfte das gleiche sagen...«

In diesem Augenblick kommt endlich das Kind, das den gewaschenen Teller bringt; die Mutter nimmt ihn, wischt ihn nochmals mit dem Ärmel und füllt ihn mit Suppe, fragt ihn, ob er auch Dickes wolle, es wären zwar nur Kartoffeln.

»Es ist mir nicht recht«, sagt der Fremde: »daß ich einfach komme, aber ich habe wirklich Hunger.«

»Dann essen Sie!«

»Ja«, sagt er mit dem Teller in der Hand: »es ist nicht meine Art – sonst...«

Eine Weile ist es, als besinne er sich darauf, was eigentlich seine Art gewesen sei, sonst – er löffelt die Suppe, bevor er sich auf das Gesuchte erinnert, und das Kind schneidet ihm Brot, das er mit Dank entgegennimmt; als er weiterlöffelt, sagt das Kind:

»Ich bin froh, daß Sie endlich gekommen sind.«

Er schaut sie an –

»Erschrecken Sie nicht!« sagt das Kind, »man hört uns nicht. Sie sind der einzige in dieser Küche, der hören kann, was ich denke. Sagen Sie kein Wort zu mir! Ich bin froh, daß Sie endlich gekommen sind, bevor ich alt bin. Sagen Sie kein Wort zu mir! Aber morgen, wenn alles wieder von vorne beginnt, nehmen Sie mich fort von hier.«

Zweite Szene

In einem Kerker, und es ist am selben Tag, steht der Mörder, der auf die letzte Verhandlung des Gerichtes wartet; auf seiner Pritsche sitzt der Anwalt, Doktor Hahn, während er selber durch das kleine Gitterfenster schaut, die Hände auf dem Rükken.

»Lebenslänglich?«

»Wenn Sie keine Antwort geben auf meine Frage, wie soll ich Ihnen helfen? Ich frage nicht als Oberrichter, vergessen Sie das nicht: ich bin Ihr Anwalt. Ich tue, was ich kann.«

»Also lebenslänglich –.«

Der Mörder geht dreimal an der grauen Mauer hin und her, bis er wieder vor dem Gitterfenster stehen bleibt; er raucht eine Zigarette, die der Anwalt ihm gab, bläst den Rauch von sich.

»Was haben Sie gedacht oder empfunden, als Sie damals, ich spreche vom vierten Februar des vergangenen Jahres, auf dem Abort saßen?«

»Schnee...«

»Wie meinen Sie das?«

»Schnee! sage ich. Nichts als Schnee, meine ich, von Morgen bis Abend...«

»Wir müssen bei der Sache bleiben. In einer Stunde beginnt unsere letzte Sitzung, unsere Zeit ist kostbar.«

»Das ist sie, lieber Doktor!«

Doktor Hahn schaut ihn an, sieht aber nur seinen Hinterkopf, der so ist wie die meisten Hinterköpfe, so, daß man kein Gesicht dazu erraten kann. Auch das Gesicht unseres Oberrichters, denkt Doktor Hahn, könnte zu diesem Hinterkopf gehören. Zugleich erinnert er sich, daß sie bei der Sache bleiben müssen, und schaut auf seine Akten, beherrscht wie immer.

»Warum haben Sie an jenem Abend, als Sie von dem besagten Ort kamen, die Axt in die Hand genommen?«

»Das fragen Sie seit sieben Wochen –.«

»Erinnern Sie sich!«

»Das ist leicht befohlen, lieber Doktor –«

»Was dachten Sie? Was empfanden Sie? Sie gingen auf den Abort, heißt es –«

»Wie manchmal noch?«

»Ich stütze mich auf die Akten.«

»Mit der Zeit, fürchte ich, ist auch das nicht mehr wahr –«

»Wieso?«

»Wenn es wahr ist, was in Ihren sauberen Akten steht, man könnte meinen, ich verbrachte mein ganzes Leben auf dem besagten Ort.«

»Was in den Akten steht, sind Ihre eignen Aussagen, nichts mehr und nichts weniger.«

»Ich weiß.«

»Also?«

»Mag sein«, sagt der Mörder nach einigem Besinnen, »daß es wahr ist, gewissermaßen –«

»Was?«

»Daß ich mein Leben so verbrachte, gewissermaßen... Ich erinnere mich, manchmal hatte ich durchaus dieses Gefühl. Auf der Bank, wo ich arbeitete –«

»Daß Sie stets die Arbeitszeit dafür verwendet haben, das sagten Sie schon. Das ist ein Witz, worüber die Geschworenen lachten, und es ist gut, wenn man die Geschworenen zum Lachen bringt; aber wesentlich ist das nicht. Das machen fast alle Angestellten.«

»Dieses Gefühl hatte ich auch, lieber Doktor, daß es nicht wesentlich ist... auch wenn ich vor dem Spiegel stand und mich schabte, zu Hause, wenn ich die Schuhe nestelte, jeden Morgen, wenn ich an meinen Schalter trat, jeden Morgen, und so –«

»Was wollen Sie sagen?«

»Im Frühjahr wäre ich Prokurist geworden.«

»Das wissen wir...«

»Auch das, Sie haben recht, hätte nichts verändert. Es fällt mir so ein; die Prokuristen haben einen eigenen Abort – und überhaupt, wenn ich an die Bank denke, die ganze Organisation war musterhaft... der Hauswart hatte einen Kalender, wo er eintrug, wann er die Flügeltüren zum letztenmal ölte. Ich habe diesen Kalender mit eignen Augen gesehen. Da gab es keine girrende Türe und nichts. Das muß man sagen.«

Doktor Hahn beißt seine Lippe, wie er es öfter tut, wenn er zeigt, daß er sich beherrscht; er verliert nie seinen Ton:

»Um auf unsere Frage zurückzukommen: –«

»Ja!« sagt der Mörder: »Was ist wesentlich?«

»An dem betreffenden Tag gingen Sie in eine Bar, die Sie nach einer halben Stunde wieder verließen. Sie gingen zu Fuß nach Hause, nüchtern, um neun Uhr gingen Sie schlafen –«

»Manchmal war man sehr müde.«

»Nach einigen Träumen, deren Sie sich nicht mehr erinnern können, erwachten Sie und kleideten sich abermals an, Sie gingen abermals in die Stadt, abermals zu Fuß, und meldeten sich auf der Bank. Als der Hauswart öffnete, erklärten Sie ihm, Sie müßten auf den Abort –«

»Ja, darum kommen wir nicht herum.«

»Weiter...!«

»Vielleicht wäre alles anders gekommen, wenn ich mehr vom Geld verstanden hätte.«

»Wie meinen Sie das?«

»Ich verstehe nichts vom Geld«, sagt der Mörder: »Millionen gingen durch meine Hände, hinein und hinaus, und es hat immer gestimmt, aber im Grunde, wissen Sie, verstand ich überhaupt nichts davon.«

Doktor Hahn versteht.

»Sie meinen«, sagt er langsamer: »wenn Sie gerissener gewesen wären, wenn Sie es selber weiter gebracht und mehr verdient hätten und so, dann wäre es nicht dazu gekommen?«

Der Mörder schweigt.

»Das ist ein heikles Argument! Wir dürfen nie vergessen: es ging Ihnen, und darauf fußt ja unsere ganze Verteidigung, nicht um das Geld –«

»Nein.«

»Daran müssen wir festhalten. Das sagte ich vom ersten Tage an. Sie hätten eine Million unterschlagen können, ohne daß Sie einen alten Abwart mit der Axt umbringen mußten. Es ist ein Mord, aber kein Raubmord, und das setze ich durch!«

Pause.

»Ich meine es auch nicht so, lieber Doktor...«

»Sondern?«

»Wenn ich das Geld verstanden hätte, meine ich, vielleicht hätte ich mich nicht so gelangweilt. Verstehen Sie, wenn man jeden Morgen hinter einem solchen Schalter steht –«

Doktor Hahn bleibt stehen:

»Wollen Sie dem Gericht vielleicht sagen, daß Sie den alten Hauswart aus purer Langweile erschlagen haben?«

»Sie verstehen mich nicht ganz.«

»Nein!«

»Natürlich nicht«, lächelt der Mörder: »sonst hätten Sie schon lange ein gleiches gemacht –.«

Er zertritt seine Zigarette.

»Wenn Sie in einer Stunde so sprechen vor den Geschworenen, so wird es heißen, daß Sie jede Reue vermissen lassen, aber auch jede, und ich sage Ihnen immer wieder, was die Reue für eine Rolle spielt, und zwar gerade bei den Geschworenen!«

Der Mörder zieht die Brauen:

»Reue...«

Sein Fuß, der die Zigarette zertreten hat, dreht noch immer auf dem Stummelchen herum, und beide, der Anwalt und der Mörder, blicken auf diesen Fuß während der letztere sagt:

»Ich verstehe nicht, warum sich plötzlich die ganze Menschheit um diesen Hauswart kümmert, alle, die ihn mit keinem Blick bemerkten, wenn er ihnen die lautlose Flügeltüre hielt –.«

»Mensch ist Mensch.«

»Ja –.«

»Es ist nicht zum Lachen!«

»Nein – gehen Sie hinaus und sagen Sie das der Welt: Mensch ist Mensch. Nichts weiter! Aber tragen Sie sich Sorge, daß Sie nicht verzweifeln, lieber Doktor, und daß Sie in der Verzweiflung nicht zur ersten besten Axt greifen...«

Es klopft.

»Herein!«

Es ist ein Gendarm, der das liebe Gesicht eines Bienenzüchters hat, zwei alte und zugleich kindliche Augen, die immer ein bißchen wässern, als hätte er Schnupfen, und eine bläuliche Nase dazwischen, die wie eine weiche Feige anzufühlen wäre; er hat einen rauhen, aber gedämpften Baß:

»Herr Doktor Hahn.«

»Unsere Zeit ist noch nicht um.«

»Ein Brief –.«

»Für mich?«

»Es eilt. Wenigstens steht es drauf.«

»Danke«.

Der Gendarm geht und Doktor Hahn reißt sofort den Umschlag auf, nachdem er die Schrift offenbar erkannt hat; er liest, während der Mörder wieder an das Gitterfenster getreten ist und hinausschaut, wie es schneit.

»Das Gericht ist vertagt –.«

Es schneit ohne Unterlaß.

»Haben Sie gehört?«

Das Weitere, was die Überraschung mit einer anderen Überraschung erklärt, sagt er mit jener Art von plötzlicher Anbiederung, wie sie sich gerne bei erregenden Ereignissen einstellt:

»Der Oberrichter seit vorgestern verschwunden und verschollen, ohne jede Spur, ohne jede Vermutung –«

Er schaut auf den Hinterkopf:

»Verschwunden und verschollen!«

Während er den Brief noch einmal liest, sagt der Mörder am Gitterfenster, als ginge ihn diese Nachricht überhaupt nichts an:

»Sie haben keine Ahnung, lieber Doktor, wie vertraut mir der Anblick ist, wenn ich durch dieses Gitter schaue – Schnee ... und immer diese fünf Stäbe davor! Warum soll ich den Geschworenen meine Reue zeigen? So war es auch auf der Bank, jeden Morgen –.«

Doktor Hahn packt seine Akten zusammen. Die Gattin des

Verschollenen, die ihm den Brief geschrieben hat, erwartet ihn dringend.

»Wir sprechen uns wieder am Montag.«

Dritte Szene

Am andern Morgen, als der Fremde erwacht, sieht er sich in der Hütte des Holzfällers, erinnert sich wenigstens, daß er schon am Abend in dieser Küche gesessen hat. Auch die lederne Mappe ist noch da, und das beruhigt ihn, obschon er nicht weiß, was eigentlich darin ist. Am Herd steht das Mädchen, das eben die Knüppel gebracht hat, und vielleicht ist er daran erwacht. Lange schaut er sie an, ihre starken und hohen Backenknochen, die irgendwie mongolisch wirken, ihr helles Haar, wie es Lettinnen haben, ihre wassergrauen Augen und die beiden Schneidezähne, die bei jedem noch so verhaltenen Lächeln auffallen, weil sie einen ziemlich großen Zwischenspalt offenlassen... Auch das Mädchen sieht ihn an, lange und wartend; dann sagt es:

»Nehmen Sie mich fort von hier.«

»Warum...«

»Sehen Sie es nicht?«

»Ja – schon...«

»Es ist traurig hier. Wenn Sie zehn Jahre in dieser Küche sitzen, es ist nicht anders. Es kommt nichts dazu. In einer halben Stunde wissen Sie alles.«

»Ich kenne das...«

Er fährt sich über die Stirne, als möchte er weiter erwachen, und plötzlich von der Angst befallen, daß man ihn fragen könnte, stellt er selber die Frage:

»Wie heißen Sie eigentlich?«

»Inge.«

»Ein schöner Name...«

»Warum blicken Sie mich so an?«

Er wollte das nicht; er löst seinen Blick von ihrem jungen Gesicht und schaut anderswohin, vielleicht auf den Herd, wo das

Feuer brennt, oder auf das kleine Fenster oder draußen auf den Schnee, der immer noch fällt; fast unwillkürlich sagt er nach einer Weile:

»Wenn ich nur eines wüßte: –«

»Was denn?«

»Wie ich selber heiße...«

Er lächelt sofort:

»Manchmal schon, früher, hatte ich dieses Gefühl, es ist eigentlich das einzige, woran ich mich erinnere, so ein blödes Gefühl, daß man irgendwo erwartet werde, anderswo, und daß man irgend etwas ganz Bestimmtes machen müßte!«

»Was denn?«

»Keine Ahnung...«

Inge lacht.

»Früher wußte ich es aber«, sagt er, ohne daß er das verlorene Wissen wirklich zurückwünscht: »Oder ich meinte wenigstens, daß ich es wüßte, nur stimmte es nie, verstehen Sie, ich konnte machen, was ich wollte, was immer meine Pflicht war, das blöde Gefühl wurde ich nicht los...eigentlich nie –.«

Das Kind bläst ins Feuer.

»Erzählen Sie weiter.«

Sie hockt vor dem Herd, bis es wieder lodert, dann wirft sie neue Knüppel hinein, und ihr Haar hat einen Rand von roter Glut.

»Ich hatte so Angst«, sagt der Fremde: »als ich gestern den Holzfäller erblickte. Nicht wegen der Axt, wissen Sie. Eigentlich vor jedem Menschen, der mir begegnen würde – am wenigsten vor Ihnen.«

»Mein Vater ist nicht so bös, wie er redet.«

»Sie sind ein Mensch, der nicht fragt, das ist so wunderbar! Denken Sie nicht, ich sei verliebt in Sie, weil Sie sehr jung sind, Inge, und sehr schön...«

»Das bin ich nicht.«

»Und wie Sie es sind!« sagt er: »Ich habe eigentlich nicht schlafen wollen, damit ich Sie nicht vergesse, wissen Sie, es ist gräßlich, wenn man alles vergißt: ich habe einen Beruf, aber plötzlich stehe ich am Waldrand, meine Ledermappe in der Hand, und es ist eine Gegend, die ich noch nie erblickt habe, nicht einmal auf Bildern, und man zittert vor jedem Menschen, weil ich nicht weiß, wie ich heiße. Verstehen Sie das? Da, hinter mir, plötzlich ist es weg – ein Wald voll Schnee, nichts weiter, Stämme und nichts als Stämme, dazu die hallenden Schläge einer Axt...«

Am Fenster:

»Und zu denken, daß es ein weiteres Erwachen nicht gibt, nie wieder, nie wieder!«

Sie blickt auf seinen Hinterkopf:

»Ich weiß nicht, was Ihnen fehlt.«

Später, indem er eine Zigarette in den Mund steckt, unwillkürlich wie man das macht, wendet er sich mit einem plötzlichen Lächeln:

»Der Teller aus dem Hühnerhof?«

»Wie meinen Sie das?«

»Sehen Sie!« sagt er zufrieden, fast vergnüglich, und zündet seine Zigarette an: »Ich bin froh um alles, was mir wieder einfällt...«

Dann raucht er, und Inge blickt wie ein Kind, das selber noch nie geraucht hat, blickt mit glücklicher Verwunderung auf seine Gebärden, die einen Herrn verraten, einen Herrn von Welt; die weiße Zigarette, scheint es, gibt ihm eine gewisse Zuversicht zurück, eine selbstverständlich überlegene Art; er lächelt über ihre strahlende Verwunderung, womit sie an ihm hinaufblickt, jung und ernst.

»Inge heißest du?«

»Ja –«

»Woher kennen wir uns eigentlich?«

»Alle Menschen kennen einander...«

»Meinst du?«

»Wenn sie sich selber kennen.«

»Vielleicht, ja –.«

Dann schlägt er die erste Asche ab, wozu er, als gäbe es einen Teppich auf dem Boden, ein wenig gegen den Herd geht, so daß das Mädchen für einen kurzen Augenblick allein steht und ihm nachschaut.

»Im Ernst«, sagt er schon wieder mit einem Schatten von Kümmernis: »oft kommt es einem wirklich vor – wie soll ich sagen... im Grunde sind es drei oder fünf Menschen, denen wir ein Leben lang begegnen, immer die gleichen, und wenn man um die Erde liefe, da ist immer ein Mädchen, ein Gesicht wie das deine, jung, ernst, schüchtern und verwegen zugleich, wartend, gläubig, fordernd, und da ist immer ein Gendarm, der wissen muß, wie man heißt, wohin man geht, und immer, wenn man gehen will und nichts als gehen, gibt es Stäbe...«

»Was gibt es?«

»Stäbe und Schranken, Zöllner, Gitter, Stäbe; wie die Stämme im Wald, die man fällen möchte, wenn man eine Axt hätte –«

Er lacht plötzlich; wirft die Zigarette, bevor sie zu Ende geraucht ist, auf den Boden der Küche, dreht seinen Fuß auf dem Stummelchen herum, nachdem es lange schon erloschen ist, und abermals wechselt sein Ton, so daß Inge nicht weiß, ob er sie zum besten hält wie ein Onkel, der mit einem Kind plaudert, oder ob er selber glaubt, was er erzählt.

»Einmal war ich Kapitän auf einem Schiff, es hatte drei Maste, der Bug hatte einen Schnabel, den ich heute noch zeichnen könnte, und wir fuhren nach allen Küsten dieser Erde, kreuz und quer, wir lebten von Fischen und Früchten, die wir an den Küsten holten, wir lebten von der Jagd, und wenn wir das Nötige hatten, segelten wir weiter... ja – und dann!«

»Und dann?«

»Dann, plötzlich, war es ein Spielzeug: so groß –«

Er zeigt es.

»Man konnte es in die Hand nehmen, mein Schiff, wo ich Kapitän darauf war; man konnte es auf einen Tisch oder eine Truhe stellen.«

»Gräßlich!«

»Ja«, lächelt er hämisch: »aber so ging es mir immer...«

Dann kommt der Vater herein; er sagt nicht guten Morgen, sondern schaut nur auf das Kind mit stummer Frage, ob die

Suppe bereit sei, halb schon mit Vorwurf, und erst wie er den Fremden bemerkt, sagt er:

»Da wäre die Axt, wenn der Herr noch Lust haben – bei diesem Wetter... Holz hat es genug, wie ich gestern schon sagte –.«

»Danke.«

»Ich heiße Jens.«

»Freut mich.«

»Und Sie...?«

Der Fremde steht mit der Axt, die er eben in die Hand bekommen hat, betroffen von der Frage, ebenso betroffen von dem Mädchen, das für ihn antwortet und sagt:

»Graf von Öderland.«

»Graf –«

»Warum starren Sie mich so an?« sagt der Fremde, »Sie sagten doch gestern, Sie fürchten sich nie –.«

»Graf von Öderland??«

Der Vater weicht langsam von dem Fremden zurück, der da steht mit der Axt in der Hand, so, daß gewissermaßen ein Raum entsteht um diese Axt, die auch ihrem Träger, der sie kaum anzusehen wagt, mit jedem Atemzug gegenwärtiger wird –

Inge spricht über den Herd:

»Eines Morgens aber,
wenn ich die Knüppel bringe,
wenn ich die Hühner füttern soll,
wie immer und immer,
wenn alles von vorne beginnt:
da steht er im Zimmer,
plötzlich,
der Graf von Öderland!
Da steht er und hat eine Axt in der Hand,
und wenn mein Vater mich schimpft
wie immer und immer,
dann spaltet er ihn wie ein Scheit:
wir gehen hinaus in die Welt,
und jedermann fällt,

der uns die Wege verstellt,
Graf Öderland kommt mit der Axt in der Hand.«

Vielleicht singt sie es sogar; der Vater aber, der auf die Knie bricht, schreit plötzlich wie ein Tier, beide Fäuste vor dem Gesicht –.

Vierte Szene

Wir sehen das Arbeitszimmer des verschollenen Oberrichters. Zwei Wände davon sind voller Ordner, alle schwarz und alle mit weißer Etikette. Außer dem Schreibtisch, der schräg im Raume steht, gibt es eine behagliche Ecke mit Ständerlampe und gediegenen Polstersesseln; auch an einem schönen Teppich fehlt es nicht... Es stehen drei Leute in diesem Raum: die Gattin des Verschollenen, schlank, eine nervöse Eleganz, und Doktor Hahn, der sich abseits hält und eine Zigarette raucht, als lausche er nicht über seine Schulter zurück auf jedes Wort, das gesprochen wird; der dritte nämlich, der mitten im Raume steht, ist eine sonderbare Gestalt, ein kleiner und häßlicher Mann mit einer theatralischen Mähne, die man nicht berühren möchte, und seine Hände, da die Rockärmel zu kurz sind, wirken wie Flossen, wenn er sie in die Hüften stemmt, oder manchmal nimmt er sie auch ans Kinn, als prüfe er, ob er ordentlich geschabt ist; mit einem Lächeln, das ebenso zerstreut wirkt wie seine Gebärden, sagt er mehrmals:

»Aha... aha... aha...«

Wenn er dann ein paar Schritte geht, weicht die Gattin jedesmal zurück, damit die Entfernung bleibt; sein Gang hat etwas Tänzelndes, wenigstens in seinen kurzen Beinen, wogegen der Rücken senkrecht bleibt; er steht nun endlich vor einer Wand, die er betrachtet, als schaue er da durch ein Fenster, und man sieht ihn von hinten, wieder mit seinen Flossen über den Hüften.

»Das also war sein Arbeitszimmer?«

»Ja.«

»Aha...«

»Wie gesagt.«

»Und das sind lauter Ordner?«

»Ja.«

»Fälle?«

»Wie meinen Sie?«

»Fälle meine ich, Mord, Überfall, Notzucht, Erpressung, Unterschlagung, Ehebruch –«

»Jaja«, sagt die Dame: »jaja.«

Er schaut auf die Etiketten:

»Sehr ordentlich, sehr ordentlich.«

Dann wendet er sich weiter...

»Daß mein Mann sehr ordentlich war«, sagt die Dame mit dem scharfen Lächeln einer Gekränkten: »das ist nichts Neues; das ist in der ganzen Stadt bekannt.«

»Und was ist das?«

»Was?«

»Hier auf dem Schrank?«

»Ach«, sagt die Dame mit der nervösen Eleganz: »nichts Besonderes...«

»Ein Schiff?«

»Eine Spielerei, ein Familienstück, ein Nippzeug...«

»Aha.«

»Das findet man oft.«

»Eine Art von Wikingerschiff?«

»Vielleicht...«

»Mit Segeln aus Pergament.«

Dann wendet er sich:

»Und was für Räume sonst?«

Die Dame geht quer durch das Zimmer; ihr Gang ist immer rasch, immer leicht, und man sieht die gehenden Oberschenkel unter dem anliegenden Kleid; auch ihre Oberarme, scheint es, bleiben stets an den schmalen Körper geschmiegt, und nur vom Ellbogen an heben sich ihre geschlossenen Ärmel, wenn sie beispielsweise raucht; zierlich spielt ihr goldenes Armband; ihr Mund, auch wenn sie nicht mehr raucht, bleibt meistens mit jenen offenen Lippen, wie sie den Rauch aushaucht, rund und laß und so, daß man ihren feuchten warmen Glanz sieht... Sie öffnet die Türe, die ebenfalls von Ordnern umrahmt ist:

»Bitte«, sagt sie: »Hier war sein Schlafzimmer –.«

»Aha.«

»Man hat nichts verändert.«

»Wenn es gestattet ist...«

»Bitte.«

Der Sonderbare, als die Dame ihm die Türe hält, macht eine kleine Verbeugung, als spüre er, wie schwer ihr seine plötzliche Nähe fällt, die durch die enge Türe verursacht wird.

»Aber vielleicht wollen Sie hier lieber allein sein –«

»Wenn das möglich ist?«

»Aber bitte!«

Die Türe zu.

Doktor Hahn und die Gattin blicken sich an wie zwei Leute, deren heimliches Einverständnis endlich wieder einen unbewachten Augenblick hat. Noch sagen sie nichts; noch spüren sie die Türe hinter dem Rücken. Sie geht zu einem Polstersessel, setzt sich, zieht ihre Augenbrauen und nimmt eine neue Zigarette, worauf Doktor Hahn, der sich näherte, in die Tasche greift und ein Feuerchen aufschnappen läßt.

»Du glaubst im Ernst, das alles hat einen Sinn?«

»Es ist unsere Pflicht, Elsa, daß wir alles versuchen, und wenn es ein Hellseher ist –«

»Ein Hellseher aus dem Kabarett!«

»Wo findet man sie sonst?«

»Gräßlich, gräßlich...«

»Unsere eignen Nachforschungen, du weißt es, sind ohne jedes Ergebnis. Bisher. Die Spürhunde bleiben hilflos wie unser Verstand.«

»Jetzt sind es bereits drei Tage, seit er verschwunden ist –«

»Wenn der Schnee nicht wäre –«

»Ich weiß, ich weiß.«

»Keine Fußspur, nichts, keine Witterung, kein Mensch, der ihn gesehen hat –«

Es klopft. Man schaut sich an. Dann:

»Herein?«

Es ist das Dienstmädchen, das eine weiße Schürze trägt, ein Kind mit starken und auffallend hohen Backenknochen, die fast mongolisch wirken, dazu sehr helles Haar und wassergraue Augen, die weit gegen die Schläfen sitzen; der Blick hat stets etwas Lächelndes, etwas Lauerndes, und da er nicht verrät, was das Hirn dahinter denkt, neigt man schließlich, damit man seine Ruhe hat, zu der Annahme, daß es überhaupt nichts denkt, daß die Person einfach dumm ist. Die Dame sagt:

»Was gibt es denn?«

»Die Post, gnädige Frau –.«

Wenn sie spricht, sieht man die beiden Schneidezähne, die durch einen ziemlich großen Zwischenspalt auffallen; ihre ganze Art, wie sie immer noch dasteht, ist halb schüchtern, halb frech; ihre Neugier nach den letzten Nachrichten, betreffend das Unglück mit dem Hausherrn, mag natürlich sein, aber sie trägt diese Neugier wie ein heiliges Anrecht und geht nicht hinaus, bis die Dame, ohne sie anzusehen, mit Betonung sagt:

»Danke.«

Sie knickst. Und geht...

Die Dame öffnet Briefe:

»Ich kann die Person nicht ausstehen –«

»Warum?«

»Hast du sie nicht angesehen...«

»Schon.«

Sie öffnet immer weitere Briefe.

»Die Dienstmädchenfrage«, sagt Doktor Hahn, »das ist auch so eine Sache, die in der Luft liegt...«

Er schneidet sich eine Zigarre.

»Nichts?«

»Nichts«, sagt Elsa: »nichts von ihm, nichts über ihn, Rechnungen, Einladungen, Drucksachen, Erlasse und Vorschriften, Empfehlungen, Aufrufe gegen die Trunksucht, Einladungen –«

Er zündet seine Zigarre an:

»Am vorigen Freitag habe ich ihn zum letztenmal gesprochen, wie gesagt, gerade nach der Verhandlung, aber es war nichts Besonderes, er nahm mich in den Wagen, und wir sprachen noch über die Rechtsbelehrung für die Geschworenen –«

Er raucht.

»Und dir ist auch nichts aufgefallen –.«

»Natürlich hörte ich genau, wie er sich ankleidete«, sagt sie. »Er war immer sehr rücksichtsvoll, machte überhaupt kein Licht, so genau wußte er, wo seine Sachen sind, seine Schuhe, seine Krawatte –«

»Um welche Zeit war das?«

»Zwei Uhr vielleicht, drei Uhr –«

»Und du hast ihn nicht gefragt, ich meine, warum er sich ankleidete, wohin er ginge?«

»Wohin schon? Ins Arbeitszimmer, dachte ich; er machte das ja oft –«

»Mitten in der Nacht?«

»Wenn er viel Arbeit hat – vor allem vor den Verhandlungen – daran ist nichts Besonderes, er macht sich einen schwarzen Kaffee, geht in sein Arbeitszimmer, liest seine Akten oder so, und am Morgen, wenn ich zum Frühstück komme, dann ist er natürlich schon weg...«

»Ja.«

»Und dann, ach Gott, es war in der letzten Zeit so viel... auch sonst –«

»Wie meinst du das?«

»Schließlich schämt man sich auch, nachzuforschen, wo der Mann seine Nächte verbringt –«

Als Doktor Hahn, um sein tiefes Verständnis darzustellen, die Hand auf ihr Haar legt, genügt es, damit sie plötzlich weint, tonlos, aber man sieht es ihren schmalen Schultern an, daß sie schluchzt; Doktor Hahn streicht ihr immer noch das Haar:

»Nicht doch... nicht doch...«

Er legt die Zigarre weg.

»Elsa...!«

Sie nimmt sein Taschentuch.

»Glaubst du«, sagt sie unter langsam nachlassendem Schluchzen: »daß er es gewußt hat – wegen uns beiden...?«

Es klopft.

Nach einer ratlosen Weile, als beide darauf warten, daß es nicht stimmt, was sie hörten, und daß das Klopfen nicht wiederkommt, klopft es abermals, und Elsa schiebt das Taschentuch in den Ärmel, es ist Wut, was sie aufrichtet; entschlossen geht sie zur Türe:

»Jetzt ist es aber wirklich genug –«

Sie öffnet die Türe, wo vorher das Dienstmädchen erschienen ist, die Person, die sie nicht ausstehen kann, und scharf und böse kommen ihre Worte:

»Diese schamlose Schnüffelei, glauben Sie eigentlich, ich lasse mir das noch lange gefallen – Inge?... Inge? Inge?«

Doktor Hahn sagt:

»Vielleicht war es an der andern Türe –«

Es klopft zum drittenmal.

»Herein?«

Der Hellseher, als er aus dem Schlafzimmer kommt, macht die gleiche Verbeugung wie zuvor, ebenso überflüssig und ebenso theatralisch, indem er seine Flossen reibt:

»Entschuldigen Sie –«

»Nichts zu entschuldigen!«

»Ich sehe eben, daß es sieben ist. Wenn es stimmt? Um acht Uhr habe ich Vorstellung –«

»Sie müssen gehen?«

»Es tut mir leid«, sagt er und schaut nach seinem Mantel: »aber wir haben eigentlich gesehen, was man sehen kann –«

Schweigen voll mißtrauischer Erwartung.

»Sehr ordentlich, sehr ordentlich –.«

Dann zieht er seinen Mantel an, der über einem Sessel gehangen hat, und die beiden andern sind so voll Frage, daß sie ihm nicht mit einer einzigen Gebärde helfen, obschon er sich lange genug mit dem zweiten Ärmel herumwürgt.

»Am meisten«, sagt er: »Am meisten sehe ich ihn hier – hinter diesen Wänden...«

»Lebend?«

»Ja, das schon...«

Elsa setzt sich:

»Lebend.«

»Ja, sogar sehr...«

»Aber?«

»Ich sehe nicht wo.«

Doktor Hahn beißt sich die Lippe, wie er es öfter tut, wenn er sich in einem lächerlichen Verhör beherrschen muß:

»Schade«, sagt er höflich: »sehr schade.«

Dann ist der Mantel angezogen.

»Ich sehe nur, wenn Sie gestatten, daß ich das sage – ich sehe den Herrn Oberrichter... aber Sie müssen nicht erschrecken, wenn ich das sage; ich habe den Herrn Oberrichter sonst noch nie gesehen –.«

»Nun?«

»Wie soll ich sagen...?«

Er tastet sein Kinn:

»Jedenfalls sehe ich ihn mit einer Axt in der rechten Hand –.«

Elsa blickt nach ihrem Freund:

»Mit einer Axt?«

»Ja, das sehr deutlich...«

»Mit einer Axt? Das ist ja lächerlich! Karel mit einer Axt in der Hand? In unserem ganzen Hause gibt es keine Axt...!«

»Vielleicht gerade drum, Frau Oberrichter.«

Elsa scheint erleichtert:

»Was macht er denn mit der Axt?« lächelt sie: »Bäume fällen?«

Der Hellseher nimmt den Hut:

»Hoffen wir es –.«

Das also ist alles, Kabarett, wie man erwarten konnte, und obschon es geschmacklos ist, obschon man überhaupt kein Ergebnis in der Hand hat, empfindet es Elsa als eine eigentliche Erleichterung, daß man nicht wirklich durch die Wände sehen kann; ihre Lustigkeit, die sie nicht zeigen darf, verwandelt sie, indem sie den Hellseher hinausbegleitet, in eine Höflichkeit von bezaubernder Eleganz; eine ganze Weile noch hört man sie draußen im Flur, ohne daß man ihre Worte versteht... Doktor Hahn, als er sich allein im Zimmer seines verschollenen Freundes befindet, öffnet ein kleines Schränklein, nimmt zwei Gläser heraus und einen Cognac, dem man glauben wird, daß es ein alter ist. Bevor er aber eingießt, dreht er noch das Radio an, das eine leise verschwommene Musik gibt, und als auch die Ständerlampe leuchtet, haben wir eine Ecke, wie man sie gemütlicher und gediegener nicht wünschen kann.

Das Radio spricht:

»Beim dritten Ton ist es genau neunzehn Uhr – zehn Minuten – dreißig Sekunden... Sie hören die Nachrichten aus dem Inland: –«

Elsa, die mit einem wortlos lächelnden Einverständnis zurückkommt, fast lustig und beschwingt, so daß man wieder die gehenden Oberschenkel unter ihrem anliegenden Kleide sieht, findet ihn gerade, wie er die beiden Gläschen füllt; sie sagt nichts, nimmt eine Zigarette in ihre runden und lassen Lippen, wirft ihr Haar aus der Stirne, und überhaupt gibt ihr die Erleichterung einen fast jugendlichen Zauber, einen Reiz, der die Eleganz schon nicht mehr brauchte, und man beneidet den Mann, der sich mit dieser Frau unter die Ständerlampe setzen wird... Das Radio spricht:

»Ferner wird das Folgende gemeldet:«

Hahn gibt ihr den Cognac.

»Ein schweres Verbrechen ereignete sich gestern an unserer Grenze. Drei Zöllner, die ihren gewohnten Dienst versahen, wurden mit der Axt erschlagen. Vom Täter fehlt bisher jede Spur. Es ist anzunehmen, daß der Täter auf einem Pferde reitet, das einem Bauern gestohlen worden ist...«

Fünfte Szene

Inge, da sie ihr Haar nun gelöst hat, ist kaum wiederzuerkennen; es fliegt im Wind; ihre wassergrauen Augen, die über den starken Backenknochen und weit außen an den Schläfen sitzen, funkeln wie nie zuvor, und niemand, wären nicht die beiden Schneidezähne, würde ihr ein solches Gelächter zutrauen, wenn sie die Arme emporwirft und ruft:

»Herrlich sind wir und frei!«

Alle sind betrunken, und ihre Schnapsflaschen sind leer, es sind die Köhler, welche das schwarze Holz machen, es sind die Taglöhner, die den Lehm stechen, es sind die Heizer, die beim Ofen schwitzen, es sind die Arbeiter, welche die Röhren brennen, es sind die Weiber, welche die Kinder haben, immer neue Köhler und Taglöhner und Heizer und Arbeiter, die um der Röhren willen leben, und ein alter Handlanger, der nicht mehr stehen kann, hebt sein leeres Glas und ruft aus einem Mund, der fast ohne Zähne ist:

»Lang lebe der Graf!«

»Er lebe«, rufen sie: »Er lebe!«

»Lange lebe die Gräfin!«

»Sie lebe«, rufen sie: »Sie lebe!«

Der Graf auf dem Pferd:

»Und es lebe ein jeder, der es versteht; lang ist die Nacht, kurz ist das Leben; verflucht ist die Hoffnung auf den Feierabend, heilig ist der Tag, und es lebe ein jeder, solang die Sonne scheint; herrlich ist er und frei...«

Jubel ohne Ende.

Der Graf lächelt vom Pferd:

»Es ist das letztemal, Brüder, daß wir zusammen getrunken haben –«

»Nicht doch!«

»Das soll er nicht sagen, Herr Graf, er hat uns versprochen, daß es immer so geht!«

»Warum das letztemal?«

»Ich habe versprochen: Es fließt euch die Milch, solang ihr nicht fragt, woher sie kommt, und es fließt euch der Honig, solang ihr nicht fragt. Nehmt alles zusammen, so habe ich gesagt, und bringt es hieher, wir wollen es essen, trinkt euren Branntwein zur Feier des Tages, und wenn ihr den letzten Tropfen bringt, den letzten Tropfen im Dorf, und keiner fragt, was nachher wird –«

»Der letzte Tropfen im Dorf!« lacht einer von den Köhlern: »Da hat er ihn, Herr Graf, der letzte –.«

Und er wirft sein leeres Glas.

»Ich habe versprochen, ich werde euch die Freude bringen, solang ihr nicht fragt, und war es nicht da, was ich versprochen habe?«

»Aus unseren Kellern, ja –.«

»Ich frage: War die Freude nicht da?«

Sein Pferd schüttelt die Mähne; er muß die Zügel reißen, damit es auf der Stelle bleibt, damit es nicht plötzlich durch die murrende Menge springt, und nochmals ist es der alte Handlanger, der aufzustehen versucht:

»Der Graf hat recht«, lallt er: »es war eine Woche, wie sie hierzulande noch keiner erlebt hat... sagt, was ihr wollt – Es lebe der Graf!«

Schweigen.

»Ich hielt mein Versprechen, solang ihr das eure gehalten; ich habe nach unseren Gütern geschickt, damit wir euch speisen, solange ihr lebt; ich habe nach Kleidern geschickt, wie ihr sie noch niemals erschaut habt, meine Brüder, nach seidenen Tüchern für eure Weiber und Mädchen –«

»So war es ausgemacht, das ist wahr.«

»Ich habe nichts von seidenen Tüchern gesehen«, ruft einer, »und wenn ich noch so viel Branntwein hätte –«

»Auch das ist wahr, Herr Graf, wie unsre leeren Keller und Kasten!«

Der Graf auf dem Pferd:

»Warum hat man gefragt, wer ich bin? Warum ist man in das Nachbardorf gegangen, um nachzuforschen, ob ich dort mein Wort gehalten habe? Warum verstreut ihr Gerüchte, daß ich das Nachbardorf in Brand gesteckt? Warum glaubt ihr mir nicht? Warum hocken Leute unter euch, die ein Netz nach mir werfen?«

Sie schweigen.

»Es wird ihnen nicht gelingen.«

Der Handlanger:

»Ich verstehe kein Wort...«

Das Pferd, das als erstes den Rauch riecht, läßt sich nicht mehr halten, und der Graf, als es sich aufbäumt mit rutschenden Hufen, kann nur noch die Worte rufen:

»Löscht eure Häuser!«

Nach einer Stunde noch, wenn sie zurückschauen, sehen sie die glühenden Wolken über dem Dorf, das betrunken ist; wie rote Fahnen weht es auf den Dächern; mit Augen, die vom Rauch entzündet sind, stehen die wehrlosen Köhler und Taglöhner und Arbeiter und Handlanger.

»Verschwunden ist er.«

»Wir sind verraten und verlumpt.«

Inge lacht:

»Warum schaust du zurück?«

»Es ist der Himmel, der die Heide rötet.«

»Es ist die Heide, die den Himmel rötet.«

»Was habe ich getan?«

»Weiter, Freund, weiter ...«

»Ich weiß nicht, was geschehen ist. –«

»Der Weg ist offen, Graf von Öderland, herrlich bist du und frei!«

»Herrlich bin ich und frei; aber wo, meine Seele, wo führst du mich hin?«

Sechste Szene

Der Mörder in der Zelle:

»Ich liege auf der Pritsche, die der Staat mir gibt, und weiß nicht, ob es Montag ist oder Freitag. Warum soll ich Reue zeigen, wenn ich sie nicht fühlen kann? Vielleicht ist heute gerade Montag, und wenn ich hinauskäme, weil ich Reue zeige, was wäre verändert? Wenn ich diese Mauern sehe, manchmal meine ich, man müßte sich nur erheben, und die Mauern fielen uns wie Staub von den Schultern. Aber wohin soll ich gehen? Was hätte ich gewonnen? Das Schönste, was ich erlebte, war der Freitag. Wenn man wußte: morgen ist Samstag. Am Samstag arbeitete man und wußte: morgen ist Sonntag. Am Sonntag war jedesmal ein Fußballspiel, aber schon in der Pause war es gräßlich, das wußte ich, schon in der Pause war die Angst auf den Montag, und wenn man nach Hause ging, sah man die Menschen, wie sie Gebäck und Kuchen kauften. Das Schönste, glaube ich wirklich, war der Freitag, wenn es gegen Abend ging. Einmal wurde ich geliebt. Es war ein sehr junges Mädchen, das eben aus der Schule entlassen war, und auch damals wußte ich nicht, ob es Montag ist oder Freitag, genau wie jetzt. Jeden Abend wartete sie vor dem Ausgang unserer Bank. Das ging fast ein Jahr. Dann hatte sie genug von mir, denn sie war sehr viel jünger und hatte einen andern, so daß ich eifersüchtig wurde und häßlich, und das ist eigentlich das einzige, was ich bereue. Ihren Namen werde ich niemals sagen. Sonst bringt man sie vor das Gericht, wo sie mich ansehen muß, und wenn ich dann in Reue zusammensacke, mißverstehen sie es. Auch ein Hauswart ist ein Mensch; wer zweifelte daran? Aber wieviel wert ist der Mensch? Zeitweise im Gericht, wenn ich die vielen Leute sehe, vor allem die dreizehn Geschworenen, die ihren Laden und ihre Werkstatt verlassen haben, damit Recht geschieht, empfinde ich es wie einen Trost: daß ihnen der Mensch so viel wert ist, wenn er erschlagen ist. Es war nicht zu erwarten, solange er die Türe bediente. Es war nicht zu sehen...«

Er horcht, dann springt er auf, und zwar so, daß der eine Fuß auf dem Boden steht, der andere auf der Pritsche; hinter ihm die graue Wand und das vergitterte Fenster, das gerade Morgensonne hat. So steht er und horcht, man sieht die Kette von Handgelenk zu Handgelenk:

»Wer da? Wer da...?«

Es vergeht eine ziemliche Weile mit Schlüssellärm, mit Stimmen, die vor der Türe gedämpft werden. Endlich öffnet sich die Türe; es erscheint ein Herr im Mantel, und der Mörder fragt:

»Wer sind Sie?«

Der Herr im Mantel, der von dem Mörder keinerlei Notiz nimmt, wendet sich in die Türe zurück und sagt seinerseits:

»Darf ich die Herren bitten?«

Sie treten ein, nicht ohne Umstände, indem einer dem andern den Vortritt überlassen will; einzelne tragen eine schwarze Melone, und auch ein General ist dabei; nach und nach sind es zwölf oder dreizehn Personen, so daß die Zelle allerdings voll ist, und der Herr, der als erster eingetreten ist, sagt:

»Meine Herren, Sie haben den Tatort gesehen, Sie haben die Axt gesehen, Sie befinden sich nun in der Zelle des Mörders. Auch hieher haben wir Sie bemüht, damit Sie sich persönlich überzeugen können, ob die Angaben, die Sie aus der letzten Note unserer Regierung kennen, zutreffen oder nicht. Der Mörder bewohnt diese Zelle seit acht Monaten. Außer den Stunden, da man ihn zu den Verhandlungen führte, hat er die Zelle nicht verlassen. Gesprochen haben mit ihm: sein Anwalt, der Oberrichter, ferner die Wächter, die wir Ihnen ebenfalls noch vorstellen werden. Das einzige Fenster, das Sie sehen, blickt nach dem Himmel; Zeichen auf die Straße hinaus sind nicht möglich, abgesehen davon, daß noch die Mauer dazwischen wäre; auch davon können sich die Herren überzeugen.«

Einzelne blicken sich um.

»Was ich noch beifügen darf: der Mörder weiß bisher nichts von den Vorfällen an der Grenze, ebensowenig von den Ereignissen der letzten Woche, welche die hohe Regierung unseres Nachbarlandes zu dem schweren Verdacht veranlaßt haben. Außer dem Umstand, daß sämtliche dieser Verbrechen mit einer Axt vollbracht worden sind, sehen wir keinerlei Zusammenhänge, die auf eine verschwörerische Einmischung in die inneren Angelegenheiten unseres Nachbarlandes schließen lassen; der Vorwurf, der die freundliche Beziehung zwischen unseren Völkern gefährdet, wird von unserer Regierung auf das entschiedenste zurückgewiesen. Unsere Regierung ist glücklich, daß sie Ihre zahlreiche Delegation hat empfangen dürfen, insbesondere auch die Herren aus dem Ministerium des Innern, aus dem Ministerium für Volkswirtschaft, aus dem Ministerium für Landesverteidigung. – Ich bitte nun die Herren, Ihre allfälligen Fragen an den Häftling persönlich vorzubringen.«

Der Mörder steht wie zuvor, reglos, das linke Bein auf dem Boden, das andere auf der Pritsche, so wie er aufgesprungen ist; die Kette von Handgelenk zu Handgelenk. Man wartet auf die

Fragen. Es sind durchaus keine komischen Figuren, im Gegenteil; komisch ist höchstens, wo sie das Übel suchen.

Siebente Szene

Es könnte in der Bretagne sein, vielleicht auch im Süden: durch eine Türe, die offensteht, sieht man das Meer, und das Schiff, das vor Anker liegt, ist das bekannte Wikingerschiff. Im übrigen ist es eine Hotelhalle, wie sie eben sind; vor einem Brett, wo die Schlüssel hangen, und vor einem Gestell, wo die Briefe warten, steht ein Concierge, der ein schwarzes Buch aufgeschlagen hat, und vor dem Buch steht ein Gendarm, der die Nase rümpft:

»Graf von Öderland?«

»Mit Gräfin – ja.«

»Seit drei Wochen? Und keine Meldung, keine Papiere, nichts?«

»Natürlich hat er Papiere...«

»Wo?«

»Wir sind ein Grand Hotel, sage ich noch einmal, nicht eine Kneipe für Landstreicher!«

»Sie wissen, daß Sie strafbar sind?«

»Strafbar ist man immer... Herrgott nochmal, soll ich die Herrschaften denn überfallen? Oder wie? Schon am ersten Abend sagte ich, der Herr Graf möge uns gelegentlich die Pässe geben –«

»Gelegentlich.«

»Kaum sind die Leute da, kaum haben sie verschnauft –«

»In drei Wochen: kaum verschnauft, das muß eine anstrengende Reise gewesen sein, gewissermaßen ein Galopp...«

Der Gendarm, als der andere nicht lacht über seinen entgegenkommenden Spaß, nicht einmal lächelt, kann nicht anders, als daß er sich ganz auf den amtlichen Ton zurückzieht, und zwar endgültig:

»Wenn die Papiere bis morgen nicht in unserer Hand sind, spätestens bis morgen um diese Zeit –«

»Aber natürlich!« sagt der Strafbare: »Ich werde die Herrschaften bitten, sobald sie vom Golf zurückkommen, das ist ja klar, aber ich kann doch nicht mit dem Buch auf die Golfwiese gehen, ganz abgesehen davon –«

Der Gendarm ohne Mütze:

»Ein vorbildliches Hotel!« lacht er und trocknet den Schweiß aus seiner Mütze: »Das möchte ich auch einmal erleben, wahrhaftig – da kann einer kommen und sagen, ich heiße Graf von Sowieso, und alles ist gut, drei Wochen sitzt er in den besten Zimmern, die man hat, man bringt ihm das Frühstück ans Bett – kein Papier und nichts, keine Unterschrift... und jedermann glaubt ihm, daß er kein Landstreicher ist –«

»Landstreicher spielen nicht Golf.«

»Das möchte ich auch einmal erleben!«

»Offen gestanden«, tröstet ihn der Concierge, vertraulicher, da er plötzlich einen Menschen ohne Mütze sieht: »eine Zeitlang haben wir uns selber Sorge gemacht, so in der zweiten Woche, muß ich sagen –«

»Wegen der Papiere?«

»Wegen der Rechnung –«

Der Gendarm setzt die Mütze wieder auf:

»Die hat er auch nicht bezahlt?«

»Wenn einer sich eine Yacht kaufen kann, wissen Sie – man hört so allerlei, wenn man den ganzen Tag in dieser Halle stehen muß – und überhaupt, seit er Golf spielt, sind wir beruhigt; sie sagen sogar, er spiele vortrefflich, und ob einer ein wirklicher Graf ist oder nur so tut, ob einer verheiratet ist oder nur so tut, uns kümmerts, daß er zahlen kann!«

»Uns kümmern die Papiere, nichts weiter, ob er zahlt oder nicht.«

»Papiere...!«

Der Gendarm grüßt mit der Hand an der Mütze, zum Gehen entschlossen, bevor die Plauderei seine amtliche Haltung zersetzt.

»Herrgott nochmal«, wehrt sich der Concierge gegen die neue Bedrohung: »wie soll einer hieherkommen, wenn er keine Papiere hätte? Heutzutage! Wie soll er über alle die Grenzen und Zonen kommen, wie sollte ein Mensch, der keine Papiere hat, bis zu dieser Schwelle gelangen? Heutzutage! Es ist ja lächerlich!«

»Das stimmt auch wieder – ja...«

»Ich meine!«

»Daß es lächerlich ist, das muß mir keiner sagen! Ich kenne das: ich habe es bis da... Haben Sie die Geschichte gelesen neulich in der Zeitung? Daß einer die Zöllner erschlagen hat, weil er keine Papiere hatte –.«

»Erschlagen?«

»Mit der Axt.«

»Schauderhaft! Schauderhaft!«

»Ich verstehe das –«

Man hört ein weibliches Gelächter, und sie treten zurück, wie über einem verbotenen Gespräch ertappt: es kommen Inge und der Graf, der stets seine Ledermappe bei sich hat, beide sind in sommerliches Weiß gekleidet, und Inge hat die Hand in seinen Arm gelegt... Der Concierge verbeugt sich:

»Guten Morgen den Herrschaften!«

»Post?«

»Bedaure, Herr Graf, bedaure!«

»Noch immer nichts...«

»Die Herrschaften wegen der Yacht lassen sagen, sie erwarten die Herrschaften nebenan in der Bar.«

Der Graf wirkt zerstreut:

»Immer noch nichts«, murmelt er: »man könnte wirklich meinen, alle Welt habe uns vergessen...«

»Die Herrschaften wegen der Yacht lassen sagen, sie erwarten die Herrschaften nebenan in der Bar«.

»Danke, danke...«

Der Concierge begibt sich gegen die Bartüre, beflissen, dann aber zögernd, da der Graf noch stehenbleibt.

»Was ich noch fragen wollte«, beginnt er langsam und in der gelassenen Art eines Menschen, der gewohnt ist, daß jedermann auf seine Worte wartet: »was ich noch fragen wollte – Sie sind doch Gendarm?«

»Allerdings.«

»Mein Mann meint immer, er kenne Sie!«

»Mich?«

»Im Ernst«, lächelt der Graf: »aber ich erinnere mich nicht –«

»Ich auch nicht.«

»Waren Sie einmal bei uns in Öderland?«

»Öderland?«

»Siehst du!« sagt Inge: »Er kennt es nicht einmal dem Namen nach.«

»Sie haben eine sehr große Ähnlichkeit mit einem sehr ähnlichen Menschen, der einmal lange Zeit bei mir gedient hat –«

»Auf unserem Gut, verstehen Sie!«

»Als Bienenzüchter, glaube ich.«

»Ich?«

»Oder als Reitmeister vielleicht?«

»Reitmeister?« sagt der Gendarm und scheint von dem bloßen Wort schon benommen: »Das käme mir nicht ungelegen, muß ich sagen, Reitmeister oder so...!«

Er lacht unsicher.

»Sie sind nicht gerne Gendarm?«

»Offen gestanden, Herr Graf, offen gestanden –«

»Ich verstehe das.«

Unterdessen hat der Concierge, damit die Herrschaft sich nicht länger mit dem Gendarmen aufhalten muß, die Schiebetüre geöffnet, die zur Bar führt; man hört Musik, die aus einem Radio kommt, eine leise verschwommene Musik, und die Herrschaften wegen der Yacht, die in der Bar warten, sitzen in gediegenen Polstersesseln; sie rauchen eine Zigarette; sie trinken einen Cognac; es sind Elsa und Doktor Hahn... Aber der Graf, der von einer unaufdringlichen und gewinnenden Leutseligkeit ist, redet noch immer mit dem Gendarm, der ihn an einen Bienenzüchter erinnert.

»Und warum sind Sie denn Gendarm?«

»Ja, Herr Graf, wenn unsereiner tun und lassen könnte, was er möchte!«

»Warum nicht?«

»Ja – warum nicht...«

»Kurz ist das Leben«, sagt der Graf mit einem halben Lächeln und so, wie man ein sehr bekanntes Zitat sagt: »groß ist die Nacht, verflucht ist die Hoffnung auf den Feierabend, heilig ist der Tag, solang die Sonne scheint, und es lebe ein jeder, solang die Sonne scheint, herrlich ist er und frei.«

Der Gendarm schweigt ihn an.

»Im Ernst gesprochen –«

»Herr Graf haben ganz recht!« nickt der Gendarm: »Auch unsereiner möchte lieber auf einer Yacht herumfahren –.«

Der Graf blickt auf Inge:

»Dann soll er doch mit uns kommen, meine ich, als Matrose oder Koch oder so?«

Inge nickt.

»Das heißt, wenn Sie dazu Lust haben?«

»Lust?«

»Wir fahren morgen oder übermorgen.«

»Meinen Herr Graf das im Ernst?«

»Warum nicht.«

Der Gendarm, nicht gefaßt auf die Gelegenheit, die er ein Leben lang erwartet hat, erschrocken vor dem bloßen Gedanken, daß es sich erfüllen könnte, blickt bald auf den Grafen, bald auf die Gräfin; er möchte lachen, als machten sie nur einen Scherz, aber das Lachen verstummt ihm im offenen Mund, und es läßt sich nicht aufhalten, daß er selber daran glauben muß; befremdet von seinem eigenen Glauben, fast entsetzt, daß es möglich ist, sucht er nach Hindernissen:

»Ja, wenn man bloß Urlaub hätte –.«

»Nichts leichter als das.«

»Und die Erlaubnis zur Ausreise –.«

»Nichts leichter als das.«

»Meinen Sie?«

»Im Ernst, nehmen Sie eine Axt.«

»Wie der in der Zeitung, ja...«

Inge unterbricht:

»Man sollte mit diesen Dingen nicht scherzen –«

Der Gendarm hält zum Mann:

»Herr Graf haben aber ganz recht! Manchmal kommt man wirklich auf solche Gedanken, auch wenn es nicht in der Zeitung stünde, aber zum Glück hat man nicht immer eine Axt in der Hand –.«

»Ich habe immer eine.«

»Aber Karel!«

»Hier in der Mappe.«

Der Gendarm lacht.

»Ich könnte nie einen Menschen töten«, sagt der Graf: »aber einen Zöllner ohne weiteres, einen Gendarm ohne weiteres ...«

Der Gendarm lacht noch mehr.

»Überlegen Sie es sich bis morgen, das wegen der Yacht. Ob Sie ein Mensch sein wollen oder ein Gendarm, ob Sie leben wollen oder nicht. Spätestens bis morgen um diese Zeit.«

Sie gehen in die Bar.

Die Musik wird lauter, doch bleibt sie verschwommen, ein Lullen, das die Worte mit einer sinnlichen Stimmung umschwemmt, wie man das kennt: man kann lauter banale Worte reden, hat aber das Gefühl, man rede ganz aus der Tiefe eines vollen Herzens; auch das Gespräch geht wie auf einem weichen Teppich ...

Der Gendarm draußen:

»Humor hat der Mensch!«

»Und die Papiere?« fragt der Strafbare: »Warum haben Sie ihm nicht die Papiere verlangt?«

»Bienenzüchter! Reitmeister!«

»Ich frage nach den Papieren –«

»Wenn man so denkt, was man anfangen könnte mit seinem Leben, Matrose auf einer Yacht, die rings um die Erde segelt, und was man in Wirklichkeit ist – hier ...«

»Ein Gendarm –«

»Ein Arschloch mit Mütze, ja.«

»Pscht!«

»Aber Humor hat der Mensch ...«

Unterdessen haben sich die Herrschaften begrüßt, wie sich

fremde Leute begrüßen, die gleicherweise in einem Grand Hotel wohnen; eine gewisse Übereinkunft ist von vornherein da, und käme sie auch nur daher, daß man die gleiche Kost genießt. Gestern gab es Hummer beispielsweise, und wäre er schlecht gewesen, so hätte er die Herrschaften, woher sie auch immer kommen mögen, gemeinsam vergiftet. Irgendwie gehört man zusammen. Übrigens war der Hummer nicht schlecht. Viel Elend ist in der Welt, gewiß, aber es gibt Oasen, und ein Anflug von schlechtem Gewissen, worüber man nicht spricht, wirkt ebenfalls verbindend. Man weiß: das Schicksal, wie es auch verlaufen mag, wird uns ähnlich behandeln. Irgendwie gehört man einfach zusammen, was sich schon in den gleichen Manieren verrät, und ein gewisses Gefühl, daß man sich irgendwie schon kenne, kann also nicht verwundern...

Sie setzen sich.

Das Gespräch geht um die Yacht, die man draußen vor Anker liegen sieht, und um den Vertrag, den der Graf unterzeichnen soll, damit die Yacht fortan sein Eigentum wird; er hat bereits seine Füllfeder aus der Tasche genommen, der Graf, öffnet sie und hält sie in der Hand, indem er von der Südsee erzählt, als wäre er mehrmals dort gewesen:

»Sie kennen die Südsee nicht?«

»Nein –«

»Ich finde sie das Schönste, was ich auf Erden gesehen habe...«

Dann, bevor er unterschreibt, wirft er noch einmal einen kurzen Blick auf den Vertrag, übrigens zum erstenmal, und es bleibt fraglich, ob er wirklich den Text liest; seine Gebärde kommt nicht aus eigentlichem Interesse, sondern mehr aus Höflichkeit.

»Eine gewisse Schwierigkeit«, sagt er: »besteht vielleicht darin, daß wir die Summe, die ich weiter nicht bereden möchte, leider nur in unserer Währung bezahlen können – in öderländischen Kronen... Wegen der Ausweise, welche die Hafenbehörde verlangt, müssen Sie sich keine Sorgen machen; ich werde die Ausreise schon bekommen –.«

»Sind Sie sicher?«

»Sobald ich die Yacht habe, o ja.«

»Man ist heutzutage sehr streng.«

»Nichts leichter als das!« lächelt der Graf: »Wenn Sie keine Papiere haben, nehmen Sie eine Axt – haben Sie nicht die Zeitungen gelesen?«

Sie schauen ihn an.

»Ich habe immer eine bei mir...«

»Aber Karel!«

»Im Ernst«, sagt der Graf: »wo käme man hin ohne Axt? Heutzutage! In dieser Welt der Papiere, in dieser Welt der Grenzen und Marken, der Gesetze und Schranken und Steuern –«

Das alles sagt er ganz beiläufig, wie man einen alten Witz erzählt, plaudernd, während er den Vertrag unterzeichnet, er tut es in der Art eines Mannes, der sehr viel unterzeichnet hat; er schraubt seine Füllfeder zu, schaut, ob die Schrift schon trocken sei – das Schiff, das er mit dieser Unterschrift erworben hat, befindet sich nicht mehr im Hafen, wo man es vor Anker liegen sah, sondern es steht auf dem Tisch, wohin der andere es unterdessen gestellt hat, und als der Graf aufblickt, indem er gerade die Füllfeder einsteckt, sieht er das bekannte Wikingerschiff mit den pergamentenen Segeln... er schweigt, reglos blickt er auf das Ding; man sieht nur, wie er atmet.

Das Radio spricht:

»Beim dritten Ton ist es genau zwölf Uhr – zehn Minuten – zwanzig Sekunden... Sie hören die Nachrichten aus dem Ausland: –«

Langsam hebt er seinen Blick; er betrachtet die beiden, die ihm gegenüber sitzen, und endlich sagt er:

»Doktor Hahn?«

»Ja –.«

»Also doch«, wendet er sich zu Inge: »Ich hatte oft den Verdacht, daß die beiden ein Verhältnis haben –«

Elsa kann sich nicht halten:

»Du mußt etwas sagen, gerade du, der mit dem Dienstmädchen herumreist!«

Hahn faßt ihren Arm:

»Darum geht es jetzt nicht.«

»Sondern?«

Der Graf erklärt es ihr:

»Man will mich verhaften –«

Dabei nimmt er seine Ledermappe:

»Aber es wird nicht gelingen.«

Ohne besondere Hast nimmt er die Axt heraus, so wie man Akten herausnimmt, gelassen und schon gelangweilt von der Gewöhnung; zwei oder drei Atemzüge lang schauen sie ihm zu, als glaubten sie es nicht; dann springen sie auf, wie von ihrem eigenen Schrei emporgerissen –

Inge sagt:

»Warum zögerst du wieder?«

Das Radio sagt:

»Aus Haifa wird gemeldet, daß ein weiteres Schiff mit jüdischen Einwandrern, die nach Palästina wollen, an der Einfahrt verhindert werden mußte. Das Schiff liegt mit leichter Schlagseite auf offener See. Infolge dieser Nachricht sind neue Unruhen ausgebrochen; jüdischen Terroristen ist es gelungen, einige Öltanks mit Bomben anzugreifen; das Feuer, das bisher nicht einzudämmen war, nimmt immer größeren Umfang an.«

Doktor Hahn ruft nach dem Gendarm –

Das Radio sagt:

»In mehreren deutschen Städten sind die Grubenarbeiter neuerdings in den Hungerstreik getreten; die Zufuhr von Kartoffeln soll beschleunigt werden, soweit die Verkehrswege es gestatten; falls es zu weiteren Ausschreitungen kommen sollte, sähen sich die Behörden gezwungen, das Standrecht anzudrohen.«

Doktor Hahn ruft nach dem Gendarm –

Das Radio sagt:

»Aus den Vereinigten Staaten kommt die Nachricht, daß die Neger weiterhin zu Versammlungen aufrufen, die an die Hunderttausende gehen; in einzelnen Gegenden soll die drohende Haltung, welche die Neger einnehmen, bereits zu blutigen Zusammenstößen geführt haben.«

Doktor Hahn ruft den Gendarm –

Inge:
»Graf Öderland geht um die Welt,
Graf Öderland geht mit der Axt in der Hand,
Graf Öderland geht um die Welt!« Usw.

Genua, Oktober 1946

Endlich wieder einmal das Meer! Wir sind selig. Wir haben ein Zimmer im obersten Stock und es fehlt nicht der Mond, der uns das Meer beglänzt, damit wir es um Mitternacht noch sehen können. Wir haben sogar, wie ich später entdecke, einen kleinen Balkon. Als ich hinaustrete, um einmal hinunterzuschauen in die nächtlichen Gassen von Genua, hinunter in diese Schluchten voll lärmender Stadt, gewahre ich erst die Leere, die neben uns klafft: die Trümmer sind gänzlich geräumt, vorbildlich, man sieht bis in den Keller hinunter, und leider sage ich es Constanze, wie es aussieht jenseits der Wand, die mit blumiger Tapete, sogar mit Bildern geschmückt, zu Häupten unseres Schlafes steht –.

Der Brief eines Freundes rührt einmal mehr an die Frage, ob es zur Aufgabe irgendeiner künstlerischen Arbeit gehören kann, sich einzulassen in die Forderungen des Tages. Daß es zur bürgerlichen und menschlichen Aufgabe gehört, daran läßt sich kaum zweifeln. Das Kunstwerk aber, schreibt er, müßte sich darüber erheben. Vielleicht hat er recht; aber das entschiedene Nein, das er auf seine Frage gibt, ist nicht minder gefährlich als das Ja. Die beste Antwort, die mir in dieser immer wieder bedrängenden Frage bekannt ist, stammt von Bert Brecht:

»Was sind das für Zeiten, wo das Gespräch über Bäume fast ein Verbrechen ist, weil es ein Schweigen über so viele Untaten einschließt.«

Am andern Morgen, um das Meer auch aus der Nähe wiederzusehen, gehen wir hinunter in den Hafen, der ebenfalls ziemlich zerstört ist. Ein versenktes Schiff, das nur mit Schlot und Masten aus den Wellen ragt, erinnert an den Traum damals in der Nacht um Würzburg. Fast eine Stunde schauen wir zu. Man ist dabei, es zu heben; eine riesenhafte Arbeit. Später hören wir, daß es ein Flugzeugträger sei.

Portofino Mare, Oktober 1946

Alles in allem ist es wie ein Spuk, man fährt sich über die Stirne, und wenn man aufschaut: das Meer – es brandet und tost, aber es ist zehn Jahre später, und man sieht es der Brandung nicht an, dem Wind nicht in den silbernen Oliven –

Das Kirchlein ist zerstört.

Wir sitzen lange auf einem deutschen Bunker, Ginster blüht um die rostenden Geschütze, eine Eidechse guckt aus der finsteren Mündung, und ohne Unterlaß rauscht es um die steilen Felsen. Es ist unser erster Abend, und draußen beim Leuchtturm, wo wir sitzen, sehen wir nichts als einen Horizont voll Wasser. Einmal kommt ein kleiner Kutter mit Fischern, die heimkehren; er rattert und pufft, und mit pendelndem Mast torkelt er unten an den Felsen vorbei. Das Meer erscheint wie dunkle Tinte, je tiefer die Sonne sinkt; mit gleißenden Schäumen rollen die Wellen über ihre eigenen Schatten –.

Café Delfino

Im Grunde geht es wahrscheinlich darum, was wir eigentlich als Geist bezeichnen. Eine Kunst, die nach oben ausweicht, ist sicher nicht, was dieser Brief meint. Aber die Angst vor einer solchen Kunst, die das Höchste vorgibt und das Niederste duldet, ist vielleicht der Grund, warum ich einem solchen Brief nicht beistimmen kann, sooft ich ihn auch lese. Diese Angst ist nicht aus der Luft gegriffen. Ich denke an Heydrich, der Mozart spielte; als Beispiel einer entscheidenden Erfahrung. Kunst in diesem Sinne, Kunst als sittliche Schizophrenie, wenn man so sagen darf, wäre jedenfalls das Gegenteil unsrer Aufgabe, und überhaupt bleibt es fraglich, ob sich die künstlerische und die menschliche Aufgabe trennen lassen. Zeichen eines Geistes, wie wir ihn brauchen, ist nicht in erster Linie irgendein Talent, das eine Zugabe darstellt, sondern die Verantwortung. Gerade das deutsche Volk, dem es nie an Talenten fehlte und an Geistern, die sich der Forderung des gemeinen Tages enthoben fühlten, lieferte die meisten oder mindestens die ersten Barbaren unseres Jahrhunderts. Müssen wir davon nicht lernen?

Am Strand

Jeden Morgen, wenn wir an den Strand gehen, kommen wir an den Arbeitern vorbei, die den Mörtel mischen oder die Ziegel tragen; sie haben rote Kopftücher, vom Staub in ein blasses Rosa verwandelt. Ein Kind, das den Eimer kaum über den Boden heben kann mit seinen kurzen Armen, bringt ihnen das nötige Wasser. Es geht um die Mole, die von zwei oder drei Bomben zerstört ist; nicht um die Arbeit als Tugend und Lebenszweck. Sie kommen sich nicht besser vor als die andern, die unter den Bögen stehen und schwatzen. Es ist nicht der letzte Sinn ihres Tages, was sie da machen, und sie machen es vortrefflich, aber immer so, wie man vielleicht eine Sonnenblume bindet oder einen Gartensessel flickt, immer im Hinblick auf das Leben, das man sich einrichtet und schmückt, ein Leben, das sich lohnt. Nicht einen Augenblick bringen wir es auf das verwegene Gefühl, daß wir, weil wir gerade Ferien machen, freier wären als diese Leute, reicher an Leben, glücklicher als irgendeiner, der an uns vorbeigeht, barfuß-lautlos, zerlumpt, aufrecht und gelassen, ein Mensch, herrlich und gegenwärtig, ein König an Zeit –.

Manches erklären vielleicht schon die Früchte, die schwarzen Oliven, die auf der Erde liegen, die letzten Feigen, überreif und violett. Man hat den Eindruck, hier reifen die Früchte nicht als Lohn, sondern als Geschenk, und es verwundert nicht, daß hier der Mensch entstanden ist. Hier lebt er nicht aus Trotz gegen eine Schöpfung, die er täglich überlisten muß, damit sie ihn nicht vertilgt; er lebt nicht aus Mut, nicht aus der schalen Freude an täglicher Überwindung, nicht aus Tugend, sondern aus Freude am Dasein, harmloser und heiter. Das Geschenk, das hierzulande an den Bäumen wächst: die Erlösung von der Angst, die Zuversicht für morgen, die Erlaubnis zur Muße.

Das Meer ist warm, aber es geht schon ein frischer Wind, man sucht die Sonne, wenn man geschwommen ist. Auch der Sand, wenn man sich eingraben möchte, erinnert an Herbst; er bleibt an der Haut, kühl und feucht, und die Luft ist so, daß man plötzlich, wenn man mit geschlossenen Augen liegt, an unsere braunen und roten Wälder denkt. Bereits sind sie dabei, die bunten Kabinen abzubrechen, und die Barken sind auf den Sand gezogen. Jeder Tag kann der letzte sein. Nur zwei fremde Mädchen sind noch da. Ich weiß nicht einmal, welche Sprache sie reden. So mächtig lärmt das Meer, wenn es seine Wogen mit rollendem Donner auf den Strand wirft. Stundenlang schaue ich auf ihr zischelndes Verkräuseln, jedesmal spiegelt der Sand, blinkend vor Nässe, die langsam wie ein Löschblatt vermattet, und wieder bleiben die leeren Muscheln zurück, meistens andere, sie sickern in den Sand, es bilden sich die kleinen Grübchen, bis die nächste Woge kommt, sich aufbäumt und höhlt, so daß die Sonne sie durchleuchtet, und mit gischtender Krone zusammenbricht, stampfend, klatschend, kichernd. Und draußen liegt noch ein ganzes Meer voll solcher Wogen, die unter der Sonne tanzen. Einmal kriecht ein schwarzer Frachter über den Horizont; seinen Rauch sieht man einen halben Morgen lang.

Beim Lesen

Was zuweilen am meisten fesselt, sind die Bücher, die zum Widerspruch reizen, mindestens zum Ergänzen: – es fallen uns hundert Dinge ein, die der Verfasser nicht einmal erwähnt, obschon sie immerzu am Wege liegen, und vielleicht gehört es überhaupt zum Genuß des Lesens, daß der Leser vor allem den

Reichtum seiner eignen Gedanken entdeckt. Mindestens muß ihm das Gefühl erlaubt sein, das alles hätte er selber sagen können. Es fehlt uns nur die Zeit, oder wie der Bescheidene sagt: Es fehlen uns nur die Worte. Und auch das ist noch eine holde Täuschung. Die hundert Dinge nämlich, die dem Verfasser nicht einfallen, warum fallen sie mir selber erst ein, wenn ich ihn lese? Noch da, wo wir uns am Widerspruch entzünden, sind wir offenbar die Empfangenden. Wir blühen aus eigenen Zweigen, aber aus der Erde eines andern. Jedenfalls sind wir glücklich. Wogegen ein Buch, das sich immerfort gescheiter erweist als der Leser, wenig Vergnügen macht und nie überzeugt, nie bereichert, auch wenn es hundertmal reicher ist als wir. Es mag vollendet sein, gewiß, aber es ist verstimmend. Es fehlt ihm die Gabe des Gebens. Es braucht uns nicht. Die anderen Bücher, die uns mit unseren eigenen Gedanken beschenken, sind mindestens die höflicheren; vielleicht auch die eigentlich wirksamen. Sie führen uns in den Wald, wo sich die Wege in Sträuchern und Beeren verlaufen, und wenn wir unsere Taschen gefüllt sehen, glauben wir durchaus, daß wir die Beeren selber gefunden haben. Oder haben wir nicht? Das Wirksame solcher Bücher aber besteht darin, daß kein Gedanke uns so ernsthaft überzeugen und so lebendig durchdringen kann wie jener, den uns niemand hat aussprechen müssen, den wir für den unseren halten, nur weil er nicht auf dem Papier steht –.

Natürlich gibt es noch andere Gründe, warum die vollendeten Bücher, die nur noch unsere Bewunderung zulassen, nicht jederzeit unsere liebsten sind. Wahrscheinlich kommt es darauf an, was wir im Augenblick dringender brauchen, Abschluß oder Aufbruch, Befriedigung oder Anregung. Das Bedürfnis wechselt wohl von Mensch zu Mensch, ebenso von Lebensalter zu Lebensalter, und auf eine Weise, die man gern ergründet sähe, hängt es jedenfalls auch mit dem Zeitalter zusammen. Mindestens ließe sich denken, daß ein spätes Geschlecht, wie wir es vermutlich sind, besonders der Skizze bedarf, damit es nicht in übernommenen Vollendungen, die keine eigene Geburt mehr bedeuten, erstarrt und erstirbt. Der Hang zum Skizzenhaften, der unsere Malerei schon lange beherrscht, zeigt sich auch im Schrifttum nicht zum erstenmal; die Vorliebe für das Fragment, die Auflösung überlieferter Einheiten, die schmerzliche oder neckische Betonung des Unvollendeten, das alles hatte schon die Romantik, der wir zum Teil so fremd, zum Teil so verwandt sind. Das Vollendete: nicht gemeint als Meisterschaft, sondern als Geschlossenheit einer Form. Es gibt, so genommen, eine meisterhafte Skizze und eine stümperhafte Vollendung, beispielsweise ein stümperhaftes Sonett. Die Skizze hat eine Richtung, aber kein Ende; die Skizze als Ausdruck eines Weltbildes, das sich nicht mehr schließt oder noch nicht schließt; als Scheu vor einer förmlichen Ganzheit, die der geistigen vorauseilt und nur Entlehnung sein kann; als Mißtrauen gegen eine Fertigkeit, die verhindert, daß unsere Zeit jemals eine eigene Vollendung erreicht –.

Cesario sagt:

»Jede Ruine hat als solche einen Reiz, der außerkünstlerisch ist, also für den ernsten Künstler nicht statthaft. Man macht keine Ruinen, anständigerweise, und alles Skizzenhafte, alles Aphoristische ist eine Ruine nach der Zukunft. Denken wir an die Akropolis, gewiß, auch sie wie jede Ruine spielt mit der Wehmut, daß sie einmal ein Ganzes war; aber die Akropolis kann nichts dafür, daß sie eine Ruine ist. Ganz anders eure Skizzenkunst! Ihr spielt nicht mit der Wehmut, aber mit dem Gegenteil – mit der Hoffnung, mit dem Versprechen eines Ganzen, das da kommen soll und das ihr in der Tat nicht leisten könnt!«

Hat Cesario nicht recht?

Aphoristik als Ausdruck eines Denkens, das nie in einem wirklichen und haltbaren Ergebnis endet, es mündet immer ins Unendliche, und äußerlich endet es nur, weil es müde wird, weil die Denkkraft nicht ausreicht, und aus bloßer Melancholie, daß es so ist, macht man Kurzschluß, das Ganze als eine Taschenspielerei, um ein Unlösbares loszuwerden, indem man sich einen Atemzug lang verblüfft, damit man einen Atemzug lang nicht weiterfragt, und wenn man es später bemerkt, daß man nichts in der Hand hat als einen Knall, dann ist der Taschenspieler schon nicht mehr da – allenfalls bleibt noch die Verblüffung, daß das Gegenteil seiner Aussage, die uns eben verblüfft hat, nicht minder überzeugt; natürlich gibt es auch Aphorismen, die nicht einmal stimmen, wenn man sie umkehrt.

Und noch eins:

Der Aphorismus gibt keine Erfahrung. Er entspringt wohl aus einer Erfahrung, die er ins Allgemeine überwinden möchte; der Leser aber, der bei der Erfahrung nicht dabei war, vernimmt nur dieses Allgemeine, das sich für gültig erklärt, und obschon man nun meinen könnte, gerade das Allgemeine ginge also jeden an, zeigt es sich, daß der Leser, will er mehr als einen Kitzel haben, es seinerseits wieder auf ganz bestimmte Fälle und Personen bezieht, nämlich auf solche, die er gerade kennt. Dabei genießt er natürlich den Umstand, daß ein Wort, je allgemeiner es gefaßt ist, sich um so leichter nach allen Winden drehen läßt; der Aphorismus steht meistens zu unseren Gunsten. In einen hohlen Kopf geht viel Wissen! lese ich bei Karl Kraus, der wohl ein Meister der Aphoristik ist, und schon habe ich eine Geißel in der Hand, knalle mit bübischem Vergnügen und zwicke nach allen Bekannten, deren größeres Wissen mich immer beschämt. Wer hindert mich daran? Jedenfalls nicht der Aphorismus, der selber nicht sagt, wen er meint: also genießen wir ihn von seiner eigentlichen Schwäche her, die eben darin besteht, daß er nur Ergebnisse liefert, aber keine Erfahrung. Wer Aphoristik macht, ohne daß wir sein Leben kennen, gibt nichts als die obersten Blumenköpfe, so wie Kinder sie rupfen, keine Wurzeln daran, welche die Blüten nähren, keine Erde dazu, und die bunten Blumenköpfe bleiben eine Verblüffung, die bald verdorrt – darum die Erzählung, die auch die Wurzel liefert, ganze Klumpen von Erde daran, Mist und Dünger in Fülle.

Erzählung: aber wie?

Marion:

»Was aber, Maestro, wäre statthaft? Schauen wir auf die andorranische Kunst unsrer Tage; wir schreiben Romane, als stünde noch immer eine Sanduhr neben uns, als hätten wir nach allem, was an unheimlicher Erkenntnis zugestoßen ist, einen durchaus handlichen und sicheren Begriff von der Zeit, einen unerschütterten Glauben an Ursache und Wirkung; wir schreiben Sonette, die aufgehen, wie unser Denken leider nicht aufgeht, Sonette, als wüßte der Schreiber auf die Zeile genau, wo der Mensch aufhört, wo der Himmel beginnt, wie Gott und der Teufel sich reimen; auf alles reimt sich sein Sonett, nur nicht auf sein Erlebnis, und vielleicht kommt es daher, daß es ihm so leicht fällt. Ich weiß nicht, Maestro, ob ich sagen kann, was ich leide. Wir haben eine Quantenlehre, die ich nicht verstehe, und keiner ist aufzutreiben, der alles zusammen versteht, keiner, der unsere ganze Welt in seinem Kopf trüge; man kann sich fragen, ob es überhaupt eine Welt ist. Was ist eine Welt? Ein zusammenfassendes Bewußtsein. Wer aber hat es? Wo immer ich frage, es fallen die Wände ringsum, die vertrauten und sicheren, sie fallen einfach aus unserem Weltbild heraus, lautlos, nur die Andorraner schreiben noch immer auf diese Wände, als gäbe es sie, immer noch mit dem Anschein einer Vollendung, die in der Luft hängt. Wie aber, Maestro, wäre das statthaft und löblich? All unsere Kunst, je mehr sie in diesem Sinne gelingt, ist es nicht immer, als hätte sie ein archaisches Lächeln über sich selbst? Ich meine, Maestro, der Teufel hole die andorranische Mumie –«

Cesarios letztes Wort:

»Ich meine, nun hat der Teufel ihn geholt.«

Mindestens bleibt es fraglich, ob der Hang zum Skizzenhaften, der vorhanden ist, sich mit persönlichem Mangel erklären läßt. Die Frage nach dem Können, dem handwerklichen, verwandelt sich für jeden, der ihr sein Leben opfert, früher oder später in eine Frage nach dem Dürfen; das heißt: die handwerkliche Sorge verschwindet hinter der sittlichen, deren Verbindung wahrscheinlich das Künstlerische ergibt, und darum kann niemand machen, was er an den Alten bewundert: weil er es bestenfalls machen, aber nicht erfüllen kann, und wer mehr macht, als ihm gemäß ist, erweist sich als Stümper. So könnte es Zeiten geben, wo nur noch Stümper sich an die Vollendung wagen. Noch ist es nicht soweit. Ein Katholik beispielsweise, der sich in einer geschlossenen Ordnung glauben kann, hat natürlich die Erlaubnis zur Vollendung; seine Welt ist vollendet. Die Haltung der meisten Zeitgenossen aber, glaube ich, ist die Frage, und ihre Form, solange eine ganze Antwort fehlt, kann nur vorläufig sein; für sie ist vielleicht das einzige Gesicht, das sich mit Anstand tragen läßt, wirklich das Fragment.

Portofino Monte

Hoch über dem Meer! Sein Horizont ist mit uns gestiegen, höher und höher, und nur die Buchten sind unten geblieben. Das Meer, wenn man in die Buchten hinunterschaut, erscheint finster wie die Nacht. Ein Netz von silbernen Wellen darüber. Wie glitzernder Brokat liegen sie unter der Sonne, lautlos, und nur die Brandung verrät, daß sie einen Lauf haben; der weiße Gischt an den Felsen.

Glück als das lichterlohe Bewußtsein: Diesen Anblick wirst du niemals vergessen. Was aber erleben wir jetzt, solange er da ist? Wir freuen uns auf eine Reise, vielleicht jahrelang, und an Ort und Stelle besteht die Freude größtenteils darin, daß man sich um eine Erinnerung reicher weiß. Eine gewisse Enttäuschung nicht über die Landschaft, aber über das menschliche Herz. Der Anblick ist da, das Erlebnis noch nicht. Man gleicht einem Film, der belichtet wird; entwickeln wird es die Erinnerung. Man fragt sich manchmal, inwiefern eine Gegenwart überhaupt erlebbar ist. Könnte man unser Erleben darstellen, und zwar ohne unser Vorurteil, beispielsweise als Kurve, so würde sie sich jedenfalls nicht decken mit der Kurve der Ereignisse; eher wäre es eine Welle, die jener anderen verwandt ist, die ihr vorausläuft und wieder als Echo folgt; nicht die Ereignisse würden sich darstellen, sondern die Anlässe der Ahnung, die Anlässe der Erinnerung. Die Gegenwart bleibt irgendwie unwirklich, ein Nichts zwischen Ahnung und Erinnerung, welche die eigentlichen Räume unseres Erlebens sind; die Gegenwart als bloßer Durchgang; die bekannte Leere, die man sich ungern zugibt.

»Gehe fort, damit ich bei dir sei!«

Einer Landschaft gegenüber gestehen wir es noch am ehesten. Man ist nie da, wo man ist, und dennoch kann es nicht gleichgültig sein, wo man ist; der Ort, wo man ist, gibt den Angelpunkt, damit wir die Ferne in unser Erleben heben können. Wenn man jederzeit auf unsrer Stirne lesen könnte, wo unsere Gedanken sind, kein Mensch möchte mit uns die Gegenwart teilen. Zu Unrecht! Nur wenn er da gewesen ist, können wir zu ihm zurückkehren.

Später der Mond –

Wie er aufgeht über den rötlichen Bergen, nicht als Scheibe, sondern als Kugel, als Ball aus blassem Elfenbein; das Violette ringsum, das andere, was außer ihm ist, das Nichts zwischen ihm und uns, das All, die Nacht, der Tod. Und der Tag und das Licht, das vor diesem Raum hängt, wie dünn es wieder ist, ein Schleier von Seide, der jederzeit zerreißen kann. Man sollte nicht schlafen an der Sonne. Man erwacht mit schmerzenden Adern, mindestens mit einer leiblichen Empfindung, daß man Blut und Adern hat, mit einem jähen Bewußtsein von vergehender Zeit, und der Abend, der uns noch einmal aufnimmt mit blühendem Ginster und glitzerndem Meer, er ist so erschreckend wie herrlich, jedesmal, voll plötzlicher Durchsicht ins Unsichtbare.

Mailand, Oktober 1946

Man ist immer noch ein Nationalist! Wenn ich von einem Landsmann lese, daß er den Nobelpreis bekommen oder daß ihn der Kaiser von China empfangen habe, verbiete ich mir jeden Stolz, weil wir zur Genüge erfahren haben, wohin diese Art von Herdenstolz, wenn er sich nicht auf den Sportplätzen erledigt, in der Geschichte der Völker führen muß, und es gelingt mir auch einigermaßen. Aber das Gegenteil, das übrigens öfter vorkommt, wirft meine weltbürgerliche Pose jedesmal über den Haufen; wenn ich hier meine Landsleute sehe, wie sie mit ihrer Währung die italienischen Läden plündern, ärgere ich mich bleich –

Warum eigentlich?

Die offenbare Enttäuschung verrät unsere heimliche Annahme, daß das eigene Volk, nur weil wir ihm selber gerade angehören, schließlich doch ein Mustervolk sei, und somit würde es also genügen, wenn man sich über sich selber ärgerte.

»Die Chinesische Mauer«

Heute an der Hauptprobe. Ich sehe das Stück zum erstenmal. Ein Schock etwa folgender Art: du kommst nach China, wo du noch nie gewesen bist, kommst auf einen öffentlichen Platz, wo viele Chinesen stehen, und schaust einem Tänzer zu, dessen Getue dich teilweise verwundert oder gar entzückt, teilweise auch ekelt, und alle sagen, dieser Tänzer bist du. Niemand anders als du! Im Augenblick, wo ich es zwar nicht begreife, aber glaube, hinnehme und zugebe, begreife ich überhaupt nicht mehr, was da gespielt wird, keinen Satz, keine Szene, alles Fremdsprache, keine Ahnung, ob es etwas heißt –

Übermorgen ist Premiere.

Das Theater als ein fürchterlicher Zerrspiegel, aber am fürchterlichsten, wo es das nicht ist; denn das Fremdeste, was man erleben kann, ist das Eigene einmal von außen gesehen.

Kalendergeschichte

Ich versichere bei meiner Ehre, daß ich an jenem Tag, also am zweiten September dieses Jahres, zum erstenmal nach Prag gekommen bin. Am Vorabend, nach einem kurzen Gewitter, hatten wir Kolin erreicht. Da sie uns kein annehmbares Zimmer geben wollten, beschloß ich, zumal die Wolken sich lichteten, unsere Reise fortzusetzen; wir kippten unseren Branntwein, und Ivo, mein Bursche, fluchte über meinen kurzen Entschluß. Gegen Mitternacht kamen wir abermals in ein Gewitter. Ich erinnere mich an alte Bäume, alle tosend, alle wie schwarze und zerrissene Fahnen. In einem böhmischen Dorf, dessen Namen ich vergessen, mußten wir die Pferde wechseln. Ich blieb in der Karosse. Draußen regnete es wieder in Strömen. Wir hatten einen langen Tag hinter uns, staubig und schwül; ich ärgerte mich über den offenen Mund eines Schläfers, den ich nicht wecken konnte, da ich selber es war. Ich träumte allerlei verworrenes Zeug, erwachte über dem Schrecken, daß ich die herzogliche Botschaft, die ich in meiner linken Brusttasche trug, verloren hätte. Auch von Anja hatte ich geträumt. Unterdessen waren wir, wie der Bursche behauptete, schon wieder eine Stunde gefahren, und ich dachte noch lange an Anja. Der Regen war verstummt. Langsam graute es, man sah die Tümpel in der schlechten Straße, und ich fühlte mich heiter: der Gedanke an das schöne Prag, die Freude, daß ich durch meinen kurzen Entschluß einen ganzen Tag gewonnen hatte, das alles machte mich fast übermütig; unwillkürlich sang ich vor mich hin, Lieder aus unsrer Husarenzeit. In der Ferne erkannte man schon die ersten Türme, und plötzlich, droben auf einem Hügel, erschienen die langen Fassaden des Hradschin, anzuschauen wie eine Burg aus Silber und Asche, das Ziel meiner Reise – jetzt erst versicherte ich mich, daß ich die herzogliche Botschaft nicht wirklich verloren hätte, wie Anja mir im Traum hatte einreden wollen, griff in meine linke Brusttasche, und in der Tat, ich griff ins Leere...

So kam ich nach Prag.

Es mochte vier Uhr morgens sein oder später, als wir über das fremde Pflaster ratterten, und ich war natürlich starr, nicht wegen der herzoglichen Botschaft, daran dachte ich noch kaum, während ich in der Karosse saß, meine Hand noch immer in der linken Brusttasche, wo ich nichts als das Klopfen meines Herzens fand. Wo ist deine Botschaft? hat Anja gesagt; lachend, ihre

Hand auf meiner Brust: Wo ist deine Botschaft? Noch habe ich niemals erlebt, daß sich ein Traum verwirklicht hätte, und das alles, dünkte mich, war nur geschehen, damit Anja, die Verstorbene, mich noch einmal erschrecken konnte –.

Unterdessen hielten wir bereits vor der Gesandtschaft.

Bleich wie eine Leiche, so vermute ich, verließ ich die Karosse. Man war wegen meiner frühen Ankunft ziemlich verwirrt. Ich befahl, daß man meinetwegen niemanden weckte, und das verwirrte noch mehr. Der alte Diener, mein Gepäck in der Hand, betrachtete mich wie ein Gespenst, als er hörte, daß ich überhaupt nichts wünschte, keinen Tee und nichts. Allein in dem Zimmer, das mit dem üblichen Bildnis unsrer Durchlaucht geschmückt war, zog ich meine Handschuhe aus, warf sie auf den Tisch, ebenso den Hut; auch die Pistole legte ich ab; ich trat an die schweren Vorhänge, die ich sofort öffnete, und einen Augenblick überlegte ich mir, ob ich mich gleich erschießen sollte oder warten, bis die Sonne noch einmal aufginge. Auch hier war das Gewitter gewesen, ich sah die nassen Dächer, ich dachte, während ich so stand, an alles Mögliche und Unmögliche, nur nicht daran, wie ich die herzogliche Botschaft wiederfinden könnte. Ich stand und blickte über die fremde Stadt, unsicher, ob ich nicht immer noch träumte, unsicher, ob es das Dorf in der Nacht, wo ich die Botschaft verloren haben mußte, überhaupt gab. Ich war übermüdet... Natürlich dachte ich auch wieder an Anja, an unsere ganze Geschichte von damals, vor allem an die Nacht, wie ich sie zum letztenmal gesehen hatte, bevor ich auf die Residenz ging; achtzehn oder neunzehn Jahre waren das her; wir hatten einander wirklich lieb; meine Verdienste im Feld, der plötzliche Tod unseres Vaters, das überraschende Angebot seiner herzoglichen Durchlaucht, die mich zum Botschafter erkor, das alles hatte ich Anja erklärt, ganz offen und ehrlich; Anja sagte kaum ein Wort, wir saßen damals eine ganze Nacht, und ob Anja wirklich begriff – ich erklärte ihr eindringlich genug, wie unsinnig es unter diesen Umständen wäre, das Kind zur Welt zu bringen –, weiß ich nicht; sie hörte mir nur zu; sie blickte mich nur an, und das einzige, was sie einzuwenden wußte, war natürlich der liebe

Gott, der stets die letzte Karte ist, wenn man keine Gründe mehr weiß...

Einmal, als bereits die Sonne schien und ich immer noch stand, wurde ein Fensterladen aufgestoßen, es war gerade gegenüber, und ich sah ein Mädchen, eine junge Frau mit offenem Haar; sie hatte einen blauen Überwurf, den sie oberhalb der Brust, während sie in die Gasse schaute, mit der linken Hand zusammenraffte. Sie hatte mich offenbar bemerkt; jedenfalls zog sie sofort die Vorhänge. Ich sah ihre nackten Füße auf dem besonnten Zimmerboden, wußte, daß sie mich durch die Vorhänge betrachtete. Ich spürte, wie es in meinen Schläfen hämmerte. Ohne jede Ahnung, was ich eigentlich erwartete, blieb ich stehen, und als sie abermals den Vorhang öffnete, um mich trotzig anzusehen, nickte ich. Es war mir, als müßte ich sie kennen. Sie nickte ebenfalls. Ich trat in das Zimmer zurück, schnallte endlich meinen Degen los und war entschlossen, den Tag nicht wegzuwerfen, den ich mir durch meinen eigenen Entscheid geschenkt hatte. Meine Ankunft wurde erst für morgen erwartet. Bis morgen hatte ich jedenfalls Zeit. Noch ein ganzer Tag gehörte mir, ein beinah wolkenloser; noch eine ganze Nacht, und ich dachte, was eine Nacht alles sein kann...

Endlich klingelte ich dem Diener.

Er sollte mir das Gepäck bringen, und zwar sofort, damit ich meine Pistole einschließen konnte für den Fall, daß mich der Mut wieder verließe, und zugleich bestellte ich Wasser, stieß meine verschmutzten Stiefel ab, öffnete den Rock, meine Krause war ein grauer Lappen, und ich freute mich auf das frische Zeug. Im Grunde, wenn ich es an der Sonne betrachtete, konnte ich den nächtlichen Vorfall, der mich auf so schmähliche und lächerliche Weise vernichten wollte, einfach nicht glauben; noch war mir nichts mißlungen, soweit ich mich entsinnen kann, und schließlich, so sagte ich mir, hat man immer noch seinen eigenen Kopf.

Graf von U., unser Gesandter, ließ mich zu einem Frühstück bitten; er begrüßte mich mit einer Miene, als trüge er die ganze Welt auf seinen schmalen Schultern. Ratlos saß er meiner glänzenden Laune gegenüber. Er schilderte mir, da er mich auszuforschen kein Anrecht hatte, die drohende Lage, die wachsende Spannung zwischen unseren Ländern. Ich hörte zu, was alles an feindseligen Vorfällen schon geschehen war, aß und trank, als erzählte er von vergangenen Zeiten; nur einmal, zwischen zwei Bissen, sagte ich:

»Ich habe eine Botschaft an die Böhmische Krone; morgen werde ich auf dem Hradschin empfangen.«

»Wir sind unterrichtet.«

Nur die genaue Stunde war noch nicht bestimmt; ich bat ihn, auch dies im Verlaufe des Tages abzuklären –

Er blickte mich an:

»Glaubt man unsererseits, daß sich der Krieg vermeiden läßt?«

Darauf antwortete ich nicht. Ich erkundigte mich nach einem guten Pferd, äußerte meine morgendliche Lust, auszureiten, lobte die herbstliche Jahreszeit und fragte, welche Pfade er mir besonders empfehlen möchte. Nicht allzuviel offenes Feld; ich erkläre ihm meine Vorliebe für lockere Wälder. Er schwieg. Offenbar war er über meinen Leichtsinn erbittert, und als er weiterhin von bösen Vorzeichen erzählte, konnte ich nicht umhin, ich fragte ihn rundheraus, wer eigentlich jenseits dieser Gasse wohne. Er machte nur ein Gesicht, das ich aber nicht verstand. Wir erhoben uns ohne weitere Antwort seinerseits, und ich bat, daß man mich in die Stallung führte, wo ich mir ohne Zögern eine erfreuliche Stute erkor, einen Schimmel, und unverzüglich satteln ließ –.

Die Erde, als ich zu Fuß ans Ufer ging, war finster und moorig, es federte unter jedem Tritt, und in jeder Stapfe, die man hinterließ, sammelte sich ein braunes Wasser, ein Tümpel mit Bläschen. Über den Wellen, die unter der Sonne blinkten, und über den weiten Wäldern, die jenseits der Moldau sich erhoben, über dem ganzen Tag, der vor mir lag, schwebte der blaue Herbst, und jedesmal, wenn ich stehenblieb und horchte, hörte ich ringsum ein Quaken. Ein Reiher flog über das Moor. Sonst war ich allein, und hätte ich meine Pistole nicht zu Hause gelassen, es hätte nicht an Schnepfen gefehlt. Am liebsten hätte ich allerdings geschlafen, die Reise und die letzte Nacht lagen mir ordentlich in den Gliedern, aber es reute mich die Zeit, oder ich hatte auch eine gewisse Scheu, daß mir abermals träumte. Ich sammelte Kiesel, die ich in einen stillen Kumpen warf, und betrachtete die munteren Wellen, die es jedesmal gab. Nur einmal erschrak ich über die Vorstellung, meine Stute könnte verschwunden sein. Jedenfalls war es mir, als hätte ich stundenlang kein Wiehern mehr vernommen, und fast wagte ich nicht, mich umzudrehen. Ich hatte mich ziemlich entfernt mit meinem Kieselsuchen. Ich stapfte durch das Moor zurück, so rasch es ging, langsam genug für meinen Schrecken. Die Esche fand ich wieder. Es war die einzige in der Gegend. Und als ich näher kam, stand auch die Stute noch dabei; nur hatte sie schon lange keine Sonne mehr, es streckten sich die Schatten aus dem Wald, und das Tier hatte schon ziemlich gefroren –

Im Palais unsrer Gesandtschaft, als ich wieder dahin zurückkam, erwartete mich Graf von U. mit einer Miene, die mich zu fragen zwang, was vorgefallen sei; jedenfalls spürte ich, daß er nicht von meinem herrlichen Ritte hören wollte, und ich sagte, indem ich die Handschuhe auszog:

»Krieg?«

Er empfing mich mit der Nachricht, daß ich morgen, Freitag den dritten September, auf dem Hradschin empfangen würde, und zwar von Seiner Exzellenz persönlich, morgen um zehn Uhr –

»Gut«, sagte ich. »Gut.«

Schon im Begriff, die Treppe hinanzusteigen, blieb ich nochmals stehen, so zufällig als möglich, und erkundigte mich, ob sonst nichts hinterlassen worden sei...

»Sonst?«

»Ein Billett oder so?«

Der Graf blickte auf den Lakai –

Der Lakai auf den Grafen –

Nichts. –

Wir trafen uns dennoch.

»Sprechen Sie schon!« sagte sie: »Seit einer Woche stellen Sie mir nach –«

»Ich?«

Ihr Lächeln war voll Hohn.

»Das ist nicht möglich«, sagte ich: »gestern nacht bin ich erst angekommen –.«

Sie glaubte mir kein Wort, und umsonst besann ich mich auf einen Beweis. Unterdessen erzählte sie eine ganze Geschichte, wie ich sie verfolgt hätte und wo und wann. Obschon es natürlich ein Unsinn war, was sie redete, wagte ich kaum zu widersprechen. Sie glaubte allen Ernstes daran. Fast zärtlich, als wäre mein Schweigen schon ein Geständnis, sagte sie:

»Warum das alles?«

Eine Weile war ich wirklich verwirrt. Vielleicht machte es auch die Art, wie wir einander getroffen hatten. Stundenlang hatte ich nach ihrem Fenster geschaut, umsonst ein Zeichen erwartet, und als die Dämmerung es erlaubte, hatte ich es sogar an der Türe versucht, die ich verschlossen fand. Enttäuscht und überzeugt, daß ich ihr morgendliches Nicken offenbar mißdeutet hätte, ging ich schließlich in die Stadt und wieder hinunter an die Moldau, ich weiß nicht warum. Eine gewisse Erregung, die mich seit der vergangenen Nacht nicht mehr verlassen wollte, mochte dazu beitragen, daß ich mir plötzlich einbildete, ich sehe Anja über die Gasse gehen. Natürlich war es ein bloßes Hirngespinst. Immerhin ging ich ihr nach, um durch den Anblick ihres Gesichtes, das ich jedenfalls sehen wollte, meine alberne Einbildung loszuwerden. Sie ging, kaum spürte sie meine Verfolgung, sofort über die nächste Brücke, und ich folgte ihr durch immer einsamere Gassen, bis sie an einer Ecke plötzlich stehenblieb, sich wendete und fragte, was ich wollte. Als ich guten Abend sagte, lächelnd über ihren Zorn, zweifelte ich noch einen Augenblick, ob es wirklich das Mädchen wäre, das nebenan wohnte; sie ist jünger, als ich am Morgen gemeint habe, fast noch ein Kind, aber auch häßlicher.

»Ich verstehe Sie nicht«, sagte sie: »ich habe Ihnen nie ein

Zeichen gegeben, ich habe mich immer sehr garstig benommen, ich weiß, auch vorgestern, als wir in dieser gleichen Gasse standen –«

»Vorgestern?«

»Oh, ich habe Ihre Schritte schon gehört, wenn Sie an meinem Versteck vorübergingen, jedesmal – ganz deutlich – und einmal haben Sie sogar meinen Namen gerufen.«

»Ich?«

»Warum leugnen Sie es?«

Sie lächelte nur, sooft ich ihr die Wahrheit erklärte; ich erzählte ihr meine Reise im Gewitter, meine Ankunft im Morgengrauen; sie lächelte nur, noch wenn ich es beschwor, wie über eine Ausrede.

»Übrigens weiß ich nicht, vielleicht waren auch Sie die ganze Nacht in dieser fürchterlichen Gegend, vorgestern, obschon Sie sich nicht mehr gezeigt haben. Das war sehr vornehm von Ihnen! Ich wußte nicht, daß sie die Brücke schließen, wenn es Nacht wird.«

»Welche Brücke?«

»Es war die erste Nacht, die ich im Freien verbracht habe –«

Ich verstand kein Wort, aber wir waren unversehens ein paar Schritte gegangen, langsam, und das genügte, daß sich dadurch unsere Beziehung irgendwie veränderte. Es war nun, als gingen wir zusammen. Es war eine Übereinkunft. Das Mädchen mußte es ebenfalls empfunden haben; ihr Ton war vertraulicher:

»Ich habe gewußt, daß Sie nochmals kommen, schon gestern habe ich Sie erwartet, obschon das Gewitter war –«

»Und darum hast du genickt?«

»Genickt?«

»Heute morgen, meine ich.«

Sie weinte, und natürlich wollte ich sie trösten, wußte aber nicht ihren Namen; als ich sie danach fragte, drehte sie sich um, zeigte mir ihren schmalen Rücken, dem man das Schluchzen ansah.

»Ich will nicht«, sagte sie: »ich will nicht –«

Ich legte die Hand auf ihre Schulter, aber im gleichen Augenblick und mit einem lauten Nein riß sie sich los, und bevor ich begriff, was das solle, war sie verschwunden... Einen Augenblick zögerte ich, ob ich ihr nachgehen sollte, unterließ es aber... Unterdessen war es Nacht geworden; die Häuser standen schwarz und tot, als wohnte kein Mensch darin, und die Brücke, wie ich später feststellen mußte, war wirklich geschlossen. Fast eine Stunde, so schätze ich, saß ich unten an der Moldau. Es wurde die zweite Nacht, da ich nicht zum Schlafen kam, und ich dachte, was unser Graf für eine Miene machen würde, wenn ich einfach nicht heimkehrte. Gegen die Frühe wurde es immer kälter. Ich dachte an das fremde Mädchen, das nur ein dünnes Kleid trug. Man mußte gehen, damit man nicht schlotterte. Daß ihr Gang mich an Anja erinnert hatte, ich sagte mir selber, es ist nicht verwunderlich, wenn man gerade von der Erinnerung an einen bestimmten Menschen erfüllt ist; es ist eine Täuschung, nichts weiter, eine Einbildung, die nichts bedeutete. Immerhin drängte es mich, das fremde Mädchen noch einmal aufzusuchen; ihre Verwirrung tat mir leid, obschon ich nichts dafür konnte, und ich hätte viel darum gegeben, wenn sie noch einmal an der öden Straßenecke gestanden hätte; wenn sie mir bloß ihren Namen gesagt hätte. Bei jedem Geräusch blieb ich stehen, horchend, ob es nicht ihre Schritte wären; natürlich war es nur das Laub, das von den Bäumen fiel, das Knarren eines Tores, wenn der Wind ging, oder es war das Echo meiner eigenen Tritte, und je länger ich durch die nächtlichen Gassen streifte, um die Unbekannte wiederzufinden, und je aussichtsloser mein Suchen sich erwies, um so verrückter wurden meine Gedanken. Die Nacht schien endlos. Ich erwog allen Ernstes, ob das fremde Mädchen, dessen Gang mich an Anja erinnert hatte, nicht unser eigenes Kind hätte sein können. Nach den Jahren hätte es stimmen können. Ich hörte das Blut in meinen Schläfen. So genommen, sagte ich mir, stimmt es auch mit hunderttausend andern. Daß Anja noch lebte und daß sie ihr Kind, das ich damals nicht haben wollte, dennoch geboren hätte, es war möglich, gewiß, aber nicht wahrscheinlich, und ich konnte es eigentlich nicht glauben, nicht ernsthaft, ich spielte nur so mit dem Gedanken, während mir der Schweiß auf der Stirne stand, und ich ging nochmals den Häusern entlang, tastete in die Finsternis ihrer Nischen und Türen, wo das Mädchen sich versteckt halten mochte, wie vorgestern, als sie meine Tritte hörte, wenn ich vorbeiging.

»Anja?« sagte ich: »Anja?«

Ich lief immer schneller, und je lauter ich zu rufen wagte, um so toter erschienen die Gassen, um so schneller rief ich:

»Anja?... Anja?... Anja?...«

Natürlich war alles umsonst.

Das Mädchen habe ich nie mehr gesehen, obschon ich sie suchte, bis die ersten Vögel zwitscherten. Vielleicht war sie noch über die Brücke gekommen, bevor man sie geschlossen hatte. Das weiß ich nicht. Beim Morgengrauen kehrte ich in unser Palais zurück, das ich zur gleichen Stunde wie am Vortag betrat. Ich war hundemüde. Das Ganze, bei Tag betrachtet, erschien mir nun selber als ein lächerliches Hirngespinst, geschmacklos und dumm. Warum sollte Anja gerade in diese Stadt gegangen sein? Ich hätte mich selber auslachen können. Warum sollte ihr Kind, wenn es überhaupt ein solches gab, gerade in dieser Gasse wohnen? Vielleicht lag das Mädchen, dem ich diese verrückte Nacht verdankte, schon stundenlang in ihrem Bett. Ich öffnete meine Vorhänge wie einer, der auf seine Verhöhnung gefaßt ist. In der Gasse hörte man schon die ersten Menschen. Ihre Vorhänge hingen wie am Vorabend, das Fenster stand offen, das Zimmer war leer, die Sonne schien auf den Boden. Die Angst, es könnte ihr ein Unglück geschehen sein, machte mich noch einmal unsicher –.

Schlag zehn Uhr, wie vereinbart, war ich auf dem Hradschin; ich trat an ein hohes Fenster, meine Hände auf dem Rücken, und blickte hinunter auf den großen Hof; unsere Karosse stand beim Tor, schon von etlichen Menschen umringt, die das Wappen unsrer herzoglichen Durchlaucht bemerkten, und ihre Haltung schien nicht gerade freundlich –

Endlich die Türe!

Man führte zwei Herren herein, die sich förmlich verbeugten, ein Geistlicher und ein andrer, der mit leiser Stimme von einer Ertrunkenen erzählte, die man eben, da er über die Brücke gefahren, aus der Moldau gezogen hätte. Natürlich drehte ich mich sofort um, wußte aber nicht, wie ich meine Frage fassen sollte. Offenbar war es ein Geistlicher, der aus den Gefängnissen kam und Seiner Exzellenz, so vermutete ich, ein Gesuch um Begnadigung vorzulegen hatte. Zur eigentlichen Frage aber, die ich stellen wollte, kam ich nicht mehr; ich sah mich, kaum hatte ich die beiden Fremden angesprochen, in einer Gasse von böhmischen Gardisten, erwartet von einer offenen Flügeltüre, die mich, indem ich sie durchschritt, zum Zwerg verwandelte: – Seine Exzellenz, wie ich auf dem Teppich stehenblieb und als Soldat grüßte, war nicht allein. Er fragte mich, ob die Gegenwart seines Schatzkanzlers stören würde, fragte es, indem er ein Schreiben unterzeichnete und das Siegel betrachtete, nicht mich, und da ich meinerseits schwieg und mit Absicht stehenblieb, blickte er mich neuerdings an, fragte, ob ich lieber allein sein möchte. Ich antwortete, es wäre wertvoll, und setzte mich, damit mein weiteres Stehen nicht als Trotz, mein Wunsch nicht als Forderung erschiene. Der Schatzkanzler, seinerseits nicht minder höflich, entfernte sich in einer Weise, als hätte er ohnehin gehen wollen, und also waren wir allein, saßen einander gegenüber, nur noch durch einen großen Schreibtisch getrennt, der leer war. Während unseres ganzen Gespräches blickte ich geradezu auf einen französischen Gobelin, der die ganze Wand bedeckte, weiß aber nicht mehr, was er darstellte; Seine Exzellenz, die vor diesem Gobelin saß, ist ein Mann mit grauem Haar, mit einer langen und schmalen Nase, mit einem weißen Spitzbart, kaum anders, als ich mir den lieben Gott auszumalen beliebte. Sogar mit den knabenhaften Lippen stimmte es. Er lächelte:

»Sie bringen uns eine Botschaft, betreffend die Zwischenfälle an der Grenze. – Wir sind bereit, Sie anzuhören.«

Ich sagte, was bisher in allen Botschaften unsrer Durchlaucht gestanden hat, versicherte, daß wir nichts als den Frieden wünschten, nicht einen Augenblick daran dächten, die böhmische Krone anzugreifen, daß wir alles dafür tun wollten, damit die Zwischenfälle, die man uns vorwarf, sofort untersucht würden, ja, wir wären sogar bereit, Vertreter der böhmischen Krone einzuladen, damit sie sich von der Wahrheit überzeugen konnten, und so weiter... Das alles hörte er an, wie ich es nicht anders erwartet hatte, nämlich gelassen und höflich und gleichgültig, wortlos, als eine verlorene Viertelstunde für beide. Nach einem längeren Schweigen, das er mit einem schwachen Lächeln hinnahm, ließ ich es darauf ankommen, bevor er mich nach der schriftlichen Botschaft fragen würde; ich erhob mich.

»Weiter haben Sie nichts auszusagen?«

»Nichts.«

Darauf erhob er sich ebenfalls.

»Es sei denn«, fügte ich hinzu: »man würde ganz offen über die Dinge reden –.«

Er schaute mich an:

»Warum tun Sie es nicht?«

Während ich redete, sah ich nichts mehr von dem französischen Gobelin, und ich weiß nicht, wie lange ich eigentlich redete. Was ich sah, war nur noch der böhmische Reiter, wie er damals das Kind bei den Füßen nahm und mit dem Kopf gegen den Türpfosten schmetterte, bis man nur noch die Mutter hörte, die alles das ansehen mußte, weil sie unser Versteck nicht hatte verraten wollen...

»Exzellenz«, sagte ich: »wir wissen es wohl, daß unsere Botschaft keine Hoffnung hat, und wenn wir hundertfach beweisen können, daß die Zwischenfälle nicht unsere Schuld sind. Warum diese bösen Zwischenfälle geschehen müssen, wer weiß es besser als die böhmische Krone? Warum geschehen sie zur Zeit, da unsere Ernte unter Dach ist? Exzellenz wissen es auch ohne unsere Botschaft, daß das böhmische Heer, das vor unseren Grenzen liegt, viermal stärker ist als das unsere. Was sollen wir beweisen? Wir liefern Recht, und was die böhmische Krone braucht –«

»Nun?«

»Nennen wir es Getreide –.«

»Auch.«

»Nennen wir es Erz –.«

»Auch.«

»Und wenn wir es lieferten, Getreide und Erz, hätten wir damit den Frieden erkauft? Wir wissen wohl, daß es nicht um das Recht geht, aber auch nicht um das Getreide und das Erz; was die böhmische Krone braucht, das ist ein Sieg.«

Er nickte:

»Auch –.«

Darauf war ich nicht gefaßt.

»Exzellenz«, sagte ich: »Sie nicken zu einem Mord? Wenn es dazu kommt, dann gibt es keinen andern Namen dafür: es ist ein Mord von Frauen und Kindern, Exzellenz, ein Mord von schwachen und hilflosen Geschöpfen –.«

Er stand noch immer am Fenster.

»Glauben Sie«, sagte er: »daß Sie selber nicht morden, wenn Sie wissen, daß es Ihnen einen Vorteil bringt und daß Sie jedenfalls der Stärkere sind, daß Sie es ohne Strafe können? Ich meine, können Sie es schwören?«

Er blickte mich an:

»Der liebe Gott, ja, ich weiß...«

Er setzt sich wieder, zog die Brauen und lächelt über mein Schweigen, während er eine Schublade öffnete, als suchte er ein Dokument; es war aber nur ein Messerchen aus Elfenbein, das er offenbar vermißt und zufällig, indem er die Schublade zog, wieder gefunden hatte. Wie von ungefähr, indem er die schwere Lade wieder zuschob, erinnerte er sich an meine Person und fragte:

»Was haben Sie sonst vorzubringen?«

Draußen hatte sich bereits eine ziemliche Menge versammelt und belagerte unsere Karosse. Die Wachen öffneten das große Tor, machten ihren Salut, während ich durch die offene Gasse schritt, die mich zur Karosse führen sollte, und plötzlich spürte, daß mir jemand ins Gesicht gespuckt hatte. Ich blieb stehen, und alles wartete, was ich nun täte. Ich wartete ebenfalls. Die Wachen verharrten in ihrem feierlichen Salut. Ich spürte den eklen Speichel, der mich unter dem linken Auge getroffen hatte, spürte, wie er langsam über meine Wange herunterrann, wie er auf meine weiße Krause tropfte, und die Meute wartete nur darauf, daß ich ihn abwischte, wartete, um in wildes Gelächter auszubrechen. Das alles dauerte kaum zehn Atemzüge. Dann war ich weitergegangen, setzte mich in die Karosse, und erst später, als wir schon eine Weile gefahren waren, wischte ich mich ab, in Gedanken schon lange bei der Ertrunkenen, die zu sehen ich vorhatte.

In der Gesandtschaft fragte der Graf:

»Krieg oder Frieden?«

Ich antwortete nichts, ließ sofort das Gepäck verladen und befahl, daß man mich nach dem gemeinen Leichenhaus führte. Ich war auf alles gefaßt. Wie ich die gemeine Leichenhalle betrat, gräßlich schon der Geruch, zweifelte ich nicht, daß ich die Leiche, die mit einem üblen Tuch bedeckt war, erkennen würde. Diese Gewißheit, daß mich nichts mehr überraschen konnte, war mein einziger Halt. Fast gelassen wartete ich auf den Wächter. Auch das dauerte übrigens nur wenige Augenblicke, und schon war das Tuch entfernt. Es war aber nicht das Mädchen, das nebenan wohnte, bei aller Entstellung, die möglich ist, konnte es schon wegen der Farbe ihres Haares nicht stimmen. Und es war auch nicht Anja; ganz eindeutig nicht. Es war eine Fremde, eine junge Schwangere, mit offenen Augen, und ich weiß nicht, wie ich in die Karosse kam. Wir verließen die Stadt, während die Glocken läuteten, und wieder fuhren wir über Kolin, hatten einen herbstlichen Tag, wie er zum Reisen nicht schöner hätte sein können; ich wußte genau, daß unsere Sache übel stand –

Gestern erklärten sie den Krieg.

Ich übernehme ein Regiment der Herzoglichen Husaren, lauter junge und verwegene Burschen, die ihr Vaterland über alles lieben; in einer Stunde, beim ersten Morgengrauen, verlassen wir die Residenz –

Ich glaube nicht, daß es anders gekommen wäre, auch wenn ich die Botschaft, die ich später in meiner rechten Brusttasche fand, hätte auf den Tisch legen können; zweimal las ich ihren Inhalt, bevor ich sie heimlich in einem Kamin verbrannte; sie enthielt nichts, was ich nicht aus eignem Munde sagte, nichts, was die böhmische Krone hätte hindern können; der liebe Gott – ich mußte fast lachen, als ich es las – was kann er uns helfen gegenüber einer Exzellenz, die auch nicht an ihn glaubt?

Café Odeon

Diskussion mit der Studentenschaft beider Hochschulen. Der Waagsaal erweist sich als viel zu klein, so daß wir dann durch die Stadt ziehen, um uns in einem größeren Lokal niederzulassen zu Verhör und Gericht, und ich will nicht verhehlen, daß mich solcher Zustrom, gleichviel was folgt, als Zeichen von Interesse ebenso überrascht wie erfreut. Auch die Studenten, zeigt sich bald, erwarten von einem Schauspiel, daß es eine Lösung liefere. Das kommt immer wieder; Bedürfnis nach Führung. Und wenn man eine liefern würde? Zum Beispiel: Geht hin und verschenkt, was ihr besitzt, verzichtet auf eure Vorrechte, zieht hinaus und tut, wie Franziskus getan hat. Was würde geschehen? Nichts. Was wäre gewonnen? Man wüßte: der Autor ist offenbar ein Christ. Schön von ihm; im übrigen ist das natürlich seine Sache. Und in der Tat, das ist es auch! Die Lösung ist immer unsere Sache, meine Sache, eure Sache.

Henrik Ibsen sagte:

»Zu fragen bin ich da, nicht zu antworten.«

Als Stückschreiber hielte ich meine Aufgabe für durchaus erfüllt, wenn es einem Stück jemals gelänge, eine Frage dermaßen zu stellen, daß die Zuschauer von dieser Stunde an ohne eine Antwort nicht mehr leben können – ohne ihre Antwort, ihre eigene, die sie nur mit dem Leben selber geben können.

Das allgemeine Verlangen nach einer Antwort, einer allgemeinen, das oft so vorwurfsvoll, oft so rührend ertönt, vielleicht ist es doch nicht so ehrlich, wie der Verlangende selber meint. Jede menschliche Antwort, sobald sie über die persönliche Antwort hinausgeht und sich eine allgemeine Gültigkeit anmaßt, wird anfechtbar sein, das wissen wir, und die Befriedigung, die wir im Widerlegen fremder Antworten finden, besteht dann darin, daß wir darüber wenigstens die Frage vergessen, die uns belästigt – das würde heißen: wir wollen gar keine Antwort, sondern wir wollen die Frage vergessen.

Um nicht verantwortlich zu werden.

Pfannenstiel

Noch einmal eine Reihe von goldenen Tagen, die letzten des Jahres. Die Morgen, wenn ich mit dem Rad an die Arbeit fahre, sind kalt und feucht, das Laub klebt auf den Straßen, der See ist silbergrau, und man sieht nur die Bojen, die im Uferlosen schweben, einsam und ohne Boote, spiegellos, und die weißen Möwen auf dem Geländer. Meistens um elf Uhr, wenn auch die Glocken läuten, entscheidet es sich. Noch findet man keinen Schatten, der die Sonne verrät; aber man spürt sie; es blinken die Zifferblätter an den Münstern. Der Nebel, wenn man gegen den Himmel schaut, flimmert wie bronzener Staub; plötzlich gibt es nur noch die Bläue; plötzlich ein Streifen zager Sonne, der über das Reißbrett fällt –

Noch einmal ist alles da: der Most und die Wespen, die in der Flasche brummen, die Schatten im Kies, die goldene Stille der Vergängnis, die alles verzaubert, die gackernden Hühner in der Wiese, das Gewimmel der braunen Birnen, die auf der Landstraße liegen, die Astern, die über einen Eisenzaun hangen, Sterne eines blutigen Feuers, das ringsum verrinnt, die bläuliche Luft unter den Bäumen; es ist, als nehme alles Abschied von sich selbst; das rieselnde Laub einer Pappel, der metallische Hauch auf dem gefallenen Obst, der Rauch von den Feldern, wo sie die Stauden verbrennen. Drunten, hinter einem Gitter von Reben, glimmert der See. Die Sonne verrostet schon im Dunste des mittleren Nachmittags, und dann der Heimweg ohne Mantel, die Hände in den Hosentaschen, das feuchte Laub, das nicht mehr rascheln will, die Gehöfte mit einer Trotte, die tropfenden Fässer in der Dämmerung, die roten Laternen einer Schifflände im Nebel –.

Entwurf eines Briefes

Sie schreiben mir als Deutscher, als junger Obergefreiter, der vor Stalingrad war, und Sie schreiben sehr höhnisch; es empört Sie, daß ein Ausländer, ein verschonter, vom Tod schreibt.

Was kann ich Ihnen antworten?

Sie haben nämlich recht, ich habe nie gesehen, wie ein Soldat fällt, und es fehlte denn auch, wie Sie aus dem kleinen Vorwort wissen, nicht an eigenen Bedenken, ob uns eine Aussage überhaupt anstehe. Als kleiner Bub mußte ich meiner Großmutter eine Nelke in den offenen Sarg legen, es war mir widerlich, und schon größeren Eindruck machte mir ein sterbendes Pferd, das einmal vor unserem Hause lag; später dann, als ich Ihres Alters war, stand ich vor dem verzinkten Sarg einer jungen Frau, die ich liebte, übrigens war es eine Deutsche, und die Erinnerung an sie, der ich so viel verdanke, hat mich oft gesondert, wenn man die Deutschen haßt. Das alles und vieles andere, ich gebe es zu, war nur ein Anblick des Todes, oder wie Sie sehr spöttisch sagen, ein bloßes Schauspiel. Ich frage mich, was es ändern würde, wenn ich sehen könnte, wie ein Soldat fällt; für mich, der ich ihn überlebe, wäre es wiederum nur ein Anblick, und ich hätte, wie Sie mir beweisen, abermals nichts erlebt. Einmal stand ich vor einem Kinderbett und vor einem ganz kleinen Kind, das über Nacht erstickt war, und draußen war es ein herrlicher Morgen, während ich die junge Mutter halten mußte, die immer wieder versuchte, ob sich die bläulichen Ärmchen nicht wecken lassen. Oder wir standen an einem friedlichen Bahnhof, schöpften Tee und gaben ihn den Skeletten, die damals gerade aus deutschen Lagern kamen; man konnte darauf warten, daß ihnen der laue Tee, den sie nicht mehr halten konnten, sofort wieder zum After hinauslief, und es ließe sich noch vieles erzählen, was ich für ein

Erlebnis hielt. Doch es änderte nichts daran, daß Sie irgendwie recht haben. Es gibt noch eine andere Seite des Todes, eine ungewöhnliche, die nur der Krieg zeigt: ich habe noch niemals schießen müssen, und vielleicht liegt darin das Entscheidende, was Sie erlebt haben, was Sie anders erlebt haben –

Warum sprechen Sie nicht davon?

»Die einzigen, die uns raten und helfen können, werden letzten Endes nur wir selber sein. Die Erfahrungen haben uns gelehrt. Ich glaube, daß wir, die diese Erlebnisse hinter uns haben, eher dem Ausland helfen können als umgekehrt, ausgenommen vielleicht in materieller Hinsicht.«

Dennoch bitten Sie um eine Antwort, und je öfter ich Ihren leidenschaftlichen Brief lese, der mich bald eine Woche beschäftigt, um so ratloser bin ich; das alles haben Sie in bitterer Kälte geschrieben, hungrig, und ich sitze in einer kleinen warmen Dachstube; Sie sind für mich der junge Deutsche, und ich bin für Sie das bekannte Ausland, und Sie antworten auf Vorwürfe, die ich nicht erhoben habe:

»Es ist nicht wahr, daß das deutsche Volk all diese abscheulichen Dinge kannte, wie das Ausland meint, wohl hat mancher Vereinzelte um solche Erschießungen gewußt oder sie als Soldat selber mitgemacht, aber alle seine Kameraden, alle seine Freunde, seine Eltern und Bekannten wußten nichts davon und waren fürchterlich entsetzt, wenn ihnen davon berichtet wurde; nur die wenigsten schenkten solchen Berichten überhaupt Glauben –.«

Wenn Sie solche Sätze wiederlesen, haben Sie nicht selber den Eindruck, daß Sie im Kreise herumschlagen, daß Sie sich immerzu wehren und nicht wissen, wogegen Sie sich eigentlich wehren, und daß es wahrscheinlich genügen würde, wenn Sie selber es wüßten. Was Sie zuvor über Rat und Hilfe sagten, glaube ich auch, wenigstens zum Teil; das Stück (»Nun singen sie wieder«) ist nicht aus der vermessenen Absicht entstanden, dem deutschen Volk zu raten, sondern einfach aus dem Bedürfnis, eine eigene Bedrängnis loszuwerden.

»Was Ihr alter Pope über die Liebe sagt: sie sei schön, denn sie wisse, daß sie umsonst sei, und dennoch verzweifle sie nicht – woher wissen Sie das?«

Ich weiß es nicht.

Eine Deutung, die jemand versucht, ist kein Befehl, daß Sie sich dieser Deutung unterwerfen müssen. Ich werde mich auch der Ihren nicht unterwerfen, wenn Sie eine solche äußern, sondern wir müßten versuchen, ob ich Sie begreifen kann. Das bedeutet vorerst: ob ich hören kann, was Sie sagen möchten. Im weiteren müßte ich prüfen, wieweit Ihre andere Deutung, die aus Ihren anderen Erlebnissen hervorgeht, auch für mich gilt, wieweit sie meine bisherige Deutung erweitern, umstürzen, beschränken oder vertiefen kann. Das Ganze wäre dann ein Gespräch, und es wäre noch immer schwierig genug, daß wir zusammen über diese Dinge sprechen, die mindestens unseren ganzen Erdteil angehen und die wir an so verschiedenen Orten natürlicherweise sehr verschieden erlebt haben. Ihr Verhalten, das ein Gespräch so erschwert, kommt vielleicht daher, daß Sie bisher nur das Gehorchen und das Befehlen üben mußten, aber noch keine eigene Ansicht haben von den Dingen, die Sie aus nächster Nähe sahen; jedenfalls äußern Sie keine, sondern schreiben zum Schluß:

»Ich möchte übrigens betonen, daß alles, was ich Ihnen da schreibe, nichts mit einer politischen Ansicht zu tun hat!«

Wäre das eine Schande?

Es ist nicht unmöglich, daß wir uns in den nächsten Monaten einmal in München treffen. Jedenfalls will ich Ihre Adresse bewahren. Vielleicht kommt mehr zustande, wenn wir mündlich über diese Dinge sprechen; solange ich kein Gesicht sehe, spüre ich mehr und mehr, daß ich nicht mit Ihnen rede, sondern mit allen deutschen Briefen, die bisher gekommen sind, und es ist eine ordentliche Schachtel voll. Fast alle, obschon sie uns wertvoll sein müßten, haben eine Arroganz, die keine Antwort mehr zuläßt, und aus dem empfindlichen Unwillen, daß man abermals den Krieg verloren hat, wuchert es von hastigen Mißverständnissen, mehr als man jemals berichtigen kann, und in der ganzen Schachtel ist fast kein Gedanke, den man nicht als Schablone schon kennt. Ich sage mir dann selber: Das ist der Hunger, die Kälte, das Elend. Aber warum soll ich, und das fordern so viele, eben dieses Elend anbeten? Elend bringt Reife; hin und wieder mag das stimmen, und jedenfalls fehlt es unsrer Zeit nicht an Elend. Daß es auch Elend gibt ohne sittlichen Ertrag, Elend, das sich auch in Geist und Seele nicht lohnt, darin besteht wohl das eigentliche Elend, das hoffnungslos ist, tierisch und nichts als dies, und jede Verbeugung davor schiene mir schamlos, eine Weihung der Bomben, eine literarische Ehrfurcht, die immer noch auf eine Vergötzung der Kriege hinausläuft, also auf das Gegenteil unsrer Aufgabe, die darin besteht, daß wir das Elend bekämpfen: mit Brot, mit Milch, mit Wolle, mit Obst und nicht zuletzt eben damit, daß wir das Elend nicht als solches bewundern, daß wir vor dem Elend nicht in die Knie sinken und in Andacht verstummen, und zwar auch dann nicht, wenn die Leidende selber diesen Anspruch an uns stellt. Man kann sich, so schauerlich es ist, auch mit dem Elend brüsten; schon das spräche gegen den sittlichen Wert des Elendes. Daß es den Durchschnitt der Menschen verwandle und vertiefe und erhöhe, wenn sie auf Schutt und Asche leben, das bleibt eine Hoffnung, die wir aus der Belletristik kennen. Eine gefährliche Hoffnung, die vielleicht auch Sie bestimmt: Sie sind nicht mehr der Sieger, aber der Mann, der dabei war, und als solcher erhaben über alle andern, die nichts erlebt haben, weil sie nicht den Krieg erlebt haben; Ihr armes Volk ist nicht mehr das herrenhafteste, aber das Volk, das auf dieser Erde am meisten leidet, sofern wir die Juden und die Polen und die Griechen und alle anderen vergessen; es ist das Volk, das von Gott am meisten geprüft wird, woraus hervorgeht, daß Gott mit diesem Volk am meisten vorhat. Ihre besten Dichter finden Worte dafür: Völker der Welt, wir leiden für euch und eure Verschuldungen mit! Als ob es an den eignen Verschuldungen nicht genügte, als ob niemand gelitten hätte in den Jahren, da Ihre eignen Kameraden und Eltern und Bekannten, wie Sie sagen, solchen Berichten überhaupt keinen Glauben schenkten. Warum ist es niemals ein Volk unter Völkern? Das ist es, was ich vorhin mit der Arroganz meinte, und ich bitte Sie, daß Sie mich das böse Wort zurücknehmen lassen. Ich habe, solange ich in dieser warmen Dachstube sitze, weniger Anrecht als Sie, einem empfindlichen Unwillen nachzugehen. Immer wieder sehe ich Ihren handschriftlichen Nachsatz, der dringend um Antwort bittet. Was aber soll ich antworten können, solange Sie eine menschliche Gleichberechtigung, die uns selbstverständlich scheint, anzunehmen sich nicht begnügen?

Zweiter Entwurf

Sie schreiben mir als Obergefreiter, der vor Stalingrad war, und ich habe schon einmal eine Antwort versucht; Ihr Brief hat mich betroffen, und zwar, wie ich glaube, in einem Bereich, wo es nicht darum geht, daß wir verschiedene Vaterländer haben. Anfang dieses Jahres war ich einen Monat in Deutschland; auch dort verging kein Tag, ohne daß ich urteilte, bald so, bald anders, es reißt einen hin und her, und was alles noch mühsamer macht: man macht sich Vorwürfe, daß man überhaupt urteilt. Und ich meine das ganz allgemein; irgendwie ist man immer ein Ausländer. Wie können wir über eine Frau urteilen, da wir niemals ein Kind gebären werden? Wie können wir über einen Vater urteilen, dessen Lebensalter wir noch nicht erfahren haben? Wie können wir überhaupt urteilen über einen Menschen, der immer ein anderer sein wird? Jedes Urteil bleibt eine Anmaßung, und darin hat Ihre Empörung wahrscheinlich recht, gleichviel, daß auch die Deutschen, wie Sie wissen, stets über andere Völker urteilen.

Was tun?

Niemand möchte ein Pharisäer sein, nur das nicht; vielleicht ist man aber wirklich einer, vielleicht nicht immer, mindestens aber dann, wenn ich besorgt bin um den guten Anschein der eignen Person, nicht um das Elend, das wir vor Augen haben, nicht um die Erkenntnis seiner Gründe. Auch das Verzeihen, das sich als nächster Ausweg anbietet, setzt natürlich schon eine Verurteilung voraus; es ist eigentlich kein Unterschied in der Anmaßung, es kommt nur noch die Angst hinzu, daß man sich einer

Anmaßung schuldig mache, und man ist also feige obendrein, man greift nicht zum Messer, weil man sich nicht ins eigene Fleisch schneiden will, indem man urteilt. Man schweigt und kommt sich christlich vor, indem man sein eigenes Erbarmen genießt, eine Art von Erbarmen, das nichts verändert; der bloße Verzicht, sich in das Wagnis eines Urteils einzulassen, ist ja noch keine Gerechtigkeit, geschweige denn Güte oder sogar Liebe. Er ist einfach unverbindlich, weiter nichts. Nun ist aber gerade die Unverbindlichkeit, das Schweigen zu einer Untat, die man weiß, wahrscheinlich die allgemeinste Art unsrer Mitschuld –

Dritter Entwurf

Sie schreiben mir als Obergefreiter, der vor Stalingrad war, und da ich Sie, je öfter ich den Brief lese, immer weniger begreifen kann, bleibt vielleicht nichts anderes übrig, als daß ich von unserem Standort berichte, wenn Sie dafür Interesse haben. Die Frage nach unsrer Zuständigkeit, die Sie aufwerfen, gehört tatsächlich zu den Fragen, die uns schon während des Krieges, als unsere Verschonung durchaus nicht sicher war, bis zur Verwirrung beschäftigt haben. Wer in jenen Jahren schrieb und zu den Ereignissen schwieg, die uns zur Kenntnis kamen und manches teure Vertrauen erschütterten, am Ende gab natürlich auch er eine deutliche und durchaus entschiedene Antwort dazu; er begegnete der Zeit nicht mit Verwünschungen, nicht mit Sprüchen eines Richters, sondern mit friedlicher Arbeit, die versucht, das Vorhandensein einer andern Welt darzustellen, ihre Dauer aufzuzeigen. Er äußerte sich zum Zeitereignis, indem er es nicht, wie andere fordern, als das einzig Wirkliche hinnahm, sondern im Gegenteil, indem er ihm alles entgegenstellte, was auch noch Leben heißt. Vielleicht wäre das, sofern es nicht zur bloßen Ausflucht wird, sogar die dringendere Tat, die eigentlich notwendende. Die Gefahr allerdings, daß sie zur bloßen Ausflucht wird, liegt bei den Verschonten aller Art immer in nächster Nähe. Die Dichter eines Kriegslandes sind durch ein Feuer gegangen, ein öffentliches, ein allgemein sichtbares, und was zu sagen ihnen noch bleibt, hat jedenfalls eine Probe bestanden. Auch in unseren Augen, vor allem in unseren Augen erscheinen sie mit der Gloriole eines Geläuterten. Natürlich kamen auch falsche Gloriolen, und sie haben, wie erwartet, Helvetier auf Knien gefunden. Halten wir uns aber an die wirklichen. Was haben, verglichen mit ihnen, die Schaffenden unseres Landes auszusagen?

Die Frage scheint bedrängend.

Wir haben den Krieg nicht am eignen Leib erlitten, das ist das eine, und anderseits haben natürlich auch wir ein gewisses Erleben von Dingen, die unser Schicksal bestimmen. Daß der Krieg uns anging, auch wenn er uns nochmals verschonen sollte, wußte jedermann. Unser Glück blieb ein scheinbares. Wir wohnten am Rande einer Folterkammer, wir hörten die Schreie, aber wir waren es nicht selber, die schrien; wir selber blieben ohne die Tiefe erlittenen Leidens, aber dem Leiden zu nahe, als daß wir hätten lachen können. Unser Schicksal schien die Leere zwischen Krieg und Frieden. Unser Ausweg blieb das Helfen. Unser Alltag, den wir auf dieser Insel verbrachten, war voll fremder Gesichter: Flüchtlinge aller Art, Gefangene und Verwundete. Wir hatten, ob wir mochten oder nicht, einen Anblick dieser Zeit, wie er für ein Volk, das außerhalb des Krieges steht, nicht aufdringlicher hätte sein können. Wir hatten sogar, was die Kriegsländer nicht haben: nämlich den zwiefachen Anblick. Der Kämpfende kann die Szene nur sehen, solange er selber dabei ist; der Zuschauer sieht sie immerfort. Zwar hatten wir durchaus unsere leidenschaftlichen Wünsche, aber nicht die Not des Kämpfers: nicht die Versuchung zur Rache. Vielleicht liegt darin das eigentliche Geschenk, das den Verschonten zugefallen ist, und ihre eigentliche Aufgabe. Sie hätten die selten gewordene Freiheit, gerecht zu bleiben. Mehr noch! Sie müßten sie haben. Es ist die einzig mögliche Würde, womit wir im Kreise leidender Völker bestehen können –

(Nicht abgeschickt.)

[illegible] Fragen [illegible] Ansichten [illegible]
[illegible] Wahrheit [illegible] falsche [illegible]
[illegible] Was haben [illegible]

Wir haben [illegible] mitteilen [illegible] gewisse [illegible] Bestimmung [illegible] als [illegible] dieselbe [illegible] Leute [illegible] Sätze [illegible] Wahrheit [illegible] [illegible] Art [illegible] falsche Kategorien nicht [illegible] darauf hin, daß [illegible] wahr [illegible] zugestehen [illegible] die Meinung [illegible] sagen würde [illegible] oder besser [illegible] haben.

(Nicht ausgeführt.)

1947

Über Marionetten

Gestern wieder einmal in einem Puppenspiel, und nachdem alles zu Ende war, durften wir sogar hinter das Bühnchen treten. Es ist ein enger Raum mit verbrauchter Luft, verwundert betrachten wir die hangenden Puppen, irgendwie ungläubig, ob es wirklich die gleichen sind, die uns eben bezaubert haben. Auch der Teufel hangt nun an der Latte, schäbiger als man erwartet hat. Während des Spieles wirken sie immerfort anders, je nach der Szene, je nach den Worten, die sie selbst nicht sprechen und hören. Man begründet es mit dem wechselnden Einfall des Lichtes, mit den verschiedenen Haltungen ihres Kopfes und so weiter. Irgendwie bleibt man enttäuscht, während der Puppenvater sich die Hände seift, spült, trocknet und von weiteren Plänen erzählt. Oder wenigstens ist man im stillen betroffen, wie die Puppen plötzlich ins Leere starren, leblos, geistlos, als kennen sie uns nicht wieder...

Was jedesmal auffällt:

Wie leicht es den Marionetten gelingt, auch außermenschliche Wesen darzustellen, einen Erdgeist, einen Kobold, Ungeheuer und Feen, Drachen, Geister der Lüfte und was das Herz begehrt. Auch auf der großen Bühne kann es sich ja geben, daß solche Gestalten erscheinen müssen, die Meerkatzen oder ein Ariel; dort besteht immer die Gefahr, daß es peinlich wird, und bestenfalls gelingt es dem Schauspieler, daß sie nicht lächerlich werden; die erhoffte Wirkung jedoch, nämlich ein letztes Grauen oder eine überirdische Wonne, die von solchen außermenschlichen Wesen ausgehen sollten, kann die Bühne kaum erreichen, solange sie mit wirklichen Menschen darstellt. Die Marionetten können es. Viel liegt schon an dem Umstand, daß die Puppe, die hier einen Menschen darstellt, und die andere Puppe, die einen Erdgeist gibt, aus dem gleichen Stoff sind. Das bedeutet: daß die Marionette, die uns den Erdgeist vorstellt, ebenso glaubhaft oder unglaubhaft ist wie die andere, der wir den Menschen glauben sollen. Auf der großen Bühne, meine ich, können wir den Erdgeist nicht glauben, weil er gegenüber dem Menschen nicht aufkommt: weil der Mensch, der ihm gegenübertritt, wirklich ein Mensch ist, eine Natur aus Fleisch und Blut. Das andere dagegen, der Erdgeist, bleibt ein Bild, ein Zeichen. Und damit spielt die Szene, wie vortrefflich sie auch gespielt werde, von vornherein auf zwei verschiedenen Ebenen, die nicht auf die gleiche Art glaubhaft sind. Beim Puppenspiel sind sie es. Auch beim antiken Maskenspiel: wenn Athene und Odysseus gleicherweise eine Maske tragen, wenn sie gleicherweise unwahrscheinlich und zeichenhaft bleiben, können wir auch die Göttin glauben.

Ein anderes, was an den Marionetten begeistert, ist ihr Verhältnis zum Wort. Ob man will oder nicht, das Wort im Puppenspiel ist immer überhöht, so, daß es sich nicht verwechseln läßt mit der Rede unsres Alltags. Es ist übernatürlich, schon weil es von der Puppe getrennt ist, gleichsam über ihr lebt und webt; dazu ist es größer, als es jemals ihrem hölzernen Brustkorb entspräche. Es ist mehr als jenes begleitende Geräusch, das uns täglich aus dem Munde kommt. Es ist das Wort, das im Anfang war, das eigenmächtige, das alles erschaffende Wort. Es ist Sprache. Das Puppenspiel kann sich keinen Augenblick lang mit der Natur verwechseln. Es ist ihm nur eines möglich, nämlich Dichtung; sie bleibt sein einziger Spielraum.

Der Vergleich mit dem antiken Theater, das ebenfalls diese starren Masken hatte, drängt sich noch in mancher Hinsicht auf. Beide Theater, das größte und das kleinste, wirken durch das Mittel eines veränderten Maßes. Dort ist es die Maske, womit man die Figuren vergrößert, und später auch noch der Kothurn; beim Puppenspiel machte man sie kleiner. Und die Wirkung ist wesentlich die gleiche: wir können uns nicht mehr neben die handelnden Figuren stellen, nicht Schulter an Schulter, und wir sollen es auch nicht, im Gegenteil, der veränderte Maßstab verbietet jegliche Anbiederung: Wir sind hier, und sie sind dort, und was sich auf der Szene ereignet, sehen wir aus einer unüberbrückbaren Distanz, gleichviel, ob diese durch Vergrößerung oder Verkleinerung erreicht wird. Mit Staunen erleben wir dann, daß die Marionetten, je länger ihr Spiel gelingt, auf eine zwingende Weise lebendig werden; zuweilen vergessen wir ganz, daß sie kleiner sind als wir, Zwerge und sogar Zwerge aus Holz, die wir mit unsrer Hand umfassen und aus dem Spiele werfen könnten; wir entdecken, wir erfahren das Verhältnismäßige aller äußeren Größen, auch der unseren, und solange ihr Spiel nicht gestört wird durch irgendeine Tücke, durch einen Zufall der Gebärden, die aus dem Rahmen fallen und eben dadurch den Rahmen verraten, so lange ist der Geist an keine Größenmaße gebunden. Die hölzernen Zwerge, indem sie spielen, übernehmen gewissermaßen unser Leben. Sie werden wirklicher als wir, und es kommt zu Augenblicken eigentlicher Magie; wir sind, ganz wörtlich, außer uns.

Und nachher:

Wie schäbig sie an der Latte hangen, jetzt, wenn sie unser Leben nicht mehr haben, wenn wir wieder in uns sind.

Christus als Puppe?

Übrigens erinnere ich mich, daß wir als Studenten einmal ein Puppenspiel sahen, welches das Abendmahl darstellte. Es war erschütternd. Es war heilig in einem Grade, wie es mit einem menschlichen Darsteller, der uns einen Christus vortäuschen will, nie möglich wäre. Ein Christus aus Lindenholz, wie Marion ihn macht: man denke an ein Kruzifix, und auch dort wird es nicht als Lästerung empfunden; die Puppe, im Gegensatz zum leiblichen Schauspieler, begegnet uns von vornherein als Gestaltung, als Bild, als Geschöpf des Geistes, der allein das Heilige vorstellen kann. Der Mensch, auch wenn er ein Bild spielt, bleibt immer noch aus Fleisch und Blut. Die Puppe ist Holz, ein ehrliches und braves Holz, das nie den verfänglichen Anspruch erhebt, einen wirklichen Christus vorzustellen, und wir sollen sie auch nicht dafür halten; sie ist nur ein Zeichen dafür, eine Formel, eine Schrift, die bedeutet, ohne daß sie das Bedeutete sein will. Sie ist Spiel, nicht Täuschung; sie ist geistig, wie nur das Spiel sein kann –.

Davos

Ein köstlicher Tag, alles voll Sonne, klar und gewiß, und wir stehen kaum hundert Schritte unter dem weißen Gipfelkreuz, das die scharzen Dohlen umkreisen – plötzlich ein Krach in der blauen Luft oder unter dem glitzernden Schnee, ein kurzer und trockener Ton, fast zart, fast wie der Sprung in einer Vase; einen Augenblick weiß man nicht, ob es aus der Ferne oder aus der nächsten Nähe gekommen ist. Als wir uns umblicken, bemerken wir, wie sich der ganze Hang, er ist steil, bereits in ein wogendes Gleiten verwandelt hat. Alles geht sehr rasch, und zugleich ist es so, als wären Jahrzehnte vergangen seit den Ferien, die wir eben begonnen haben und die keine Erinnerung mehr erreicht; der Gipfel, dessen weißes Kreuz in den wolkenlosen Himmel ragt, scheint ferner als noch vor einem Atemzug. Ringsum ein Bersten, lautlos zuerst, und der Schnee geht uns bereits an die Knie. Allenthalben überschlagen sich die Schollen, und endlich begreife ich, daß auch wir in die Tiefe gleiten, unaufhaltsam und immer rascher, mitten in einem grollenden Rollen. Dabei ist man vollkommen wach. Zum Glück hatten wir unsere Bretter auf den Schultern; ich rufe Constanze, die ich für Augenblicke wiedersehe, rufe ihr, was sie machen soll. Hinter uns kommt immer mehr. Schnee, Wind, Gefühl des Erstickens. Das eigene Entsetzen ist groß und gelassen zugleich, irgendwie vertraut, als wäre es nicht die erste Lawine.

Unterwegs

Seit Straßburg, dessen Münster sich nur noch in der Dämmerung zeigte, haben wir Schlafwagen, und da wir am Morgen erwachen, sehen wir gerade die zerbombten Geleise von Karlsruhe. Ein wolkenloser Tag. Oft erscheint die Landschaft hinter einem Gitterwerk, das sich minutenlang hinzieht; es sind lauter verbrannte Eisenbahnwagen, ein Gestrüpp von rotem Rost. Später öffnen wir das Fenster im Korridor; wir sind in Pforzheim, wo man kaum noch ein Dach sieht, nichts als verzackte Mauern, Ruinen voll Schnee. Irgendwo raucht es aus einem Keller, und Kinder stehen auf einer verschneiten Straße, blicken zu uns. Constanze fährt zum erstenmal durch Deutschland; sie schüttelt den Kopf, als sie das sieht:

»Vollkommen kaputt –.«

Ein Sieger, ein junger Offizier, der gerade durch den Korridor kommt und in den Speisewagen will, blickt sie an:

»Gott sei Dank, Madame –«.

An Maja

Du bist eine Frau, vielleicht ein Mädchen, und im stillen fragst du manchmal, was ich möchte; einen ganzen Nachmittag sind wir gewandert, zu weit für deine schmalen Schuhe, und gesprochen haben wir nichs Besonderes. Du gabst deine Hand, während wir die Hänge hinuntergingen; wir sagen uns du, und am andern Morgen erwache ich, wie man am Meer erwacht. Meine Hand bleibt voll von der deinen. Aber nimm es nicht schwer; kein Brief soll dich rufen, wenn du gehst. Du bist jung, und ich bin froh, daß es dich gibt. Die Erde, die du betreten hast, ist wieder eine Erde zum Wandern, und alles Vorhandene bist du. Ich sehe die blühenden Zweige, die du vom Baume brichst, und ich sehe die Hunde, die nach deinen Steinen springen. Die Früchte, die du zum Munde nimmst, das alles ist rund und vorhanden und voll, wie deine Stirne voll ist und jung und ohne Durchsicht; du bist die Gegenwart hinter allem. Es ist, als blühen die Felder aus dir, hier, wo du noch nie gegangen bist, und die Luft ist voll Glanz deiner Augen. Ich möchte erzählen können, was alles ich sehe, die Landschaft mit Kiefern und Ulmen und fremden Giebeln darin, mit Flüssen und endlosen Wäldern und Schlössern, deren Fenster in der Abendsonne blinken, mit Brücken und Trümmern von Brücken, mit Domen, die aus zerstörten Städten steigen. Du bist es, was die Bilder hält, die Farben vor der Nacht, und alles Licht, das die Sonne vergeudet, es fiele ins Finstere, wenn es nichts gäbe, was man liebt –

Prag, März 1947

Ich wußte nicht, daß Theresienstadt, das wir gestern auf unsrer Durchreise besucht haben, eine alte historische Anlage war, benannt nach Maria Theresia. Um das ganze Städtlein ziehen sich die hohen und schweren Wälle aus rötlichem Ziegelstein, ebenso ein breiter Graben mit allerlei Unkraut und Wasser, das in braunen Tümpeln versumpft. Außerhalb der kleinen Stadt, die als Ghetto diente, befindet sich das Fort; das eigentliche Todeslager. Eine schöne und alte Allee verbindet die beiden Anlagen; daneben ein Feld von hölzernen Kreuzen, die man später gemacht hat. Im ersten Hof, wo die deutschen Mannschaften wohnten, gibt es noch Bäume; es war ein warmer und märzlicher Tag, es zwitscherten die Vögel, und auf den rötlichen Wällen, die uns plötzlich von aller Umwelt trennen und von aller Landschaft, wippen die einzelnen Halme, die letzte Natur. Über dem inneren Hof, wo nun die Häftlinge waren, thront ein Häuslein mit Scheinwerfer und Maschinengewehr; die Zellen reihen sich wie Waben; sie sind aus Beton; die Pritschen darin erinnern an Flaschengestelle, und am Ende dieses Hofes, wo wir die Kugellöcher bemerken, fanden jene besonderen Hinrichtungen statt, denen sämtliche Häftlinge beizuwohnen hatten. Das Ganze, so wie es sich heute zeigt, vermischt die Merkmale einer Kaserne, einer Hühnerfarm, einer Fabrik und eines Schlachthofes. Immer weitere Höfe schließen sich an. Durch das sogenannte Todestor, eine Art von Tunnel, kommen wir zu einem Massengrab von siebenhundert Menschen; später benutzte man die Öfen einer nahen Ziegelei. Hier steht der Galgen, ein einfacher Balken mit zwei Haken, wo die Häftlinge sich selber den Strick einhängen mußten, und darunter zwei hölzerne Treppenböcke. Auch hier sehen wir nichts als die rötlichen Wälle, die wippenden Halme darauf. Unweit von dem Galgen, dessen einfache Machart fast lächerlich ist, befindet sich der Platz für die reihenweisen Erschießungen; vorne ein Wassergraben, der die Schützen und die Opfer trennt, und hinten eine gewöhnliche Faschine, damit die Erde, welche die Kugeln fängt, nicht mit der Zeit herunterrutscht. Es ist Platz für zehn oder zwölf Menschen. In einer Dekkung, wie wir sie als Zeigermannschaft in einem Feldschießen kennen, befand sich der sogenannte Leichentrupp, ein Grüpplein von Juden, welche die Erschossenen abräumen, nötigenfalls für ihren gänzlichen Tod sorgen mußten. Wir gehen weiter; jenseits des Walles, aber immer noch inmitten unseres Lagers, stehen wir plötzlich vor einem tadellosen Schwimmerbecken, und an der Böschung jenes Walles, dessen Gegenseite wir eben betrachtet haben, gibt es sogar ein Alpinum, ein Gärtlein mit schönen Steinen und Pflanzen, das heute allerdings verwildert ist; hier haben die deutschen Wachen ihre sommerliche Freizeit verbracht zusammen mit ihren Frauen und Kindern. In dem nächsten Hof, wo die Häftlinge zu jeder Führerrede antreten mußten, sind es einmal nicht die rötlichen Wälle, die uns umgeben, sondern alte Stallungen. Eine davon betreten wir. Hier war die Folterkammer. Im steinernen Boden sind zwei eiserne Ringe verschmiedet, an der Decke ist ein Flaschenzug, und genau darunter, eingelassen in der steinernen Bodenplatte, befindet sich ein eiserner Dorn in der Größe eines Zeigefingers. Es ist ein Raum mit alten Gewölben, und zwischen den Pfeilern hängt ein Vorhang aus dünnem Sacktuch, ein Schleier, der die Zuschauer verbarg. Indem wir auf der andern Seite aus der Stallung hinausgehen, stehen wir auf einer Brücke, also wieder im Freien, und blicken in den sogenannten Judengraben. Zwischen zwei besonders hohen Wällen, so daß man wieder nur den Himmel sieht und nichts als den Himmel, befindet sich ein Kanal mit grünem Wasser, ein Wiesenbord zu beiden Seiten. Ferner ist noch eine hölzerne Leiter da. Zehn Juden wurden hinuntergeschickt, versehen mit Heugabeln und mit dem Versprechen, daß die beiden letzten, die ihre Kameraden überlebten, in die Freiheit entlassen würden. Von der eisernen Brücke, wo die Zuschauer standen, blickt man wie in einen Bärenzwinger. Die Freiheit für die beiden Letzten, sagt uns ein begleitender Insasse, bestand in einem Genickschuß. Endlich kommen wir an den letzten Ort. Wir stehen vor den Urnen. Es ist das erstemal, daß ich die menschliche Asche sehe; sie ist grau, aber voll kleiner Knöchelchen, die gelblich sind. Die Urnen sind aus Sperrholz, neuerdings, während das deutsche Modell, das wir in die Hand bekommen, einfacher und sparsamer war, eine Düte aus starkem Papier, jede mit einer handschriftlichen Nummer versehen, wenn sie gefüllt ist. Das Lager von Terezin, als es befreit wurde, hatte einen Vorrat von zwanzigtausend solchen Düten. Natürlich nehmen wir den Hut in die Hand, aber ich würde lügen, wenn ich von Erschütterungen spräche; der Anblick dieser Urnen, die man öffnen kann, verbindet sich mit nichts; sie reihen sich wie Büchsen in einer Drogerie, sie reihen sich wie Töpfe in einer Gärtnerei. Was mich an diesem Ort am meisten beschäftigte, waren die beiden Bildnisse, die über den namenlosen Urnen hingen: Benesch und Stalin.

Der Tag geht weiter.

Wir fuhren nach Leitmeritz, wo wir einen Imbiß nahmen, und in einer Amtsstube, die uns wieder die gleichen Bildnisse zeigt, lassen wir uns unterrichten, warum man die Sudetendeutschen, insgesamt drei Millionen, aus dem Lande verschickt hat und was mit ihren Häusern geschieht, mit ihren Feldern. Man zeigt uns die Pläne. Vor allem aber bleibt es die Amtsstube, die mich bedrückt wie alle Amtsstuben der Welt. Tod oder Hochzeit oder Geburt, was spielt es für eine Rolle; was gilt es für den Staat, der nicht ein Mensch ist und dennoch mit einer behaarten Menschenhand arbeitet? Ich sehe die wechselnden Bildnisse an der Wand, die Kaiser und Feldherren und Erlöser, die dem Staat, damit es nicht bei der behaarten Hand bleibe, ein menschliches Gesicht leihen wollen, und dennoch bleibt alles Menschliche, was man in solchen Amtsstuben vorzubringen hat, unwirklich wie die gelbliche Asche, die wir eben gesehen haben; man fühlt sich beklommen noch da, wo man nichts will. Die Pläne, die man auf dem Tisch entrollt, sind voll Vernunft und Willen, daß alles besser wird. Während wir jedesmal auf die französische Übersetzung warten, denke ich an die Flüchtlinge in Frankfurt, damals vor einem Jahr; ich denke an den Waggon in München, der bei der Ankunft, als man ihn öffnete, einfach voll Tod war, und ich denke an die beiden Ringe im steinernen Boden, an den Flaschenzug, an den eisernen Dorn; auch daran. Es ist wichtig, daß man vieles zusammensieht. Da ich nichts sage, vielleicht erscheint es wie Mißtrauen, was nur Besorgnis ist; es täte mir leid; von Herzen wünsche ich dem arbeitsamen Mann, daß der Rotstift, womit er auf seiner Landkarte zeichnet, nicht das Blut seiner Söhne bedeutet –.

Was am meisten bleibt, wenn ich an das Lager denke, und was gleichsam immer näher kommt, während man es an Ort und Stelle kaum bemerkte, jedenfalls nicht mehr als alles andere: die wippenden Halme auf den rötlichen Wällen, und daß man überall, wo immer wir standen, nichts als den Himmel sieht.

Prag

Gestern die Aufführung in tschechischer Sprache. Ich verstehe natürlich kein Wort, ich sehe die Gänge, den Wechsel der Gruppen, alles als Pantomime, ich sehe Farbe, Gestalt und Gebärde, Bewegung, alle Arten sinnlichen Ausdruckes, den das Theater nur haben kann, dazu höre ich eine Sprache sozusagen ohne Wörter, Sprache als Klang, als Rhythmus – das Entscheidende eines Stückes: wer tritt wem gegenüber, wer geht weg, wer kommt hinzu, wer kehrt zurück und so weiter, all dies wird plötzlich ganz offenkundig, lesbar wie ein Röntgenbild.

Morgen eine öffentliche Diskussion; ich werde deutsch sprechen, was den Veranstaltern einige Sorge bereitet. Ihr Haß gegen diese Sprache. Es ist aber, das sehen sie ein, auch eine Sprache unseres Landes, so gut wie Französisch oder Italienisch, und unmöglich, dem Haß gegen eine Sprache, welche auch immer, recht zu geben – ohne denen recht zu geben, die wir in allen Sprachen und mit Recht hassen: den Nationalisten.

Ein weiteres, was diese Aufführung für mich so erregend macht: die Sprache nicht als Sprache schlechthin, sondern als eine unter anderen. Napoleon und Brutus sprechen tschechisch, was ebenso drollig ist, wie wenn sie deutsch sprechen; aber hier wird es mir bewußt: wie selbstverständlich beides ist... Die besondere Sprache, die uns beschränkt und vereinsamt, und die Sprache in der Kunst, die immer zur Sprache schlechthin wird, zur menschheitlichen. Ich habe Macbeth gesehen: Englisch gedichtet, was wir deutsch empfinden, slawisch gesprochen, so daß ich kein Wort verstehe, nur bestürzt bin, wie geschwisterlich wir sind, oder bestürzt, wie oft man das vergißt.

Hradschin

Die Möwen, die auf dem gleißenden Eis der Moldau sitzen; die steinernen Heiligen, die finster auf der langen Brücke stehen, und die Bläue eines kommenden Frühlings darum; die tropfenden Bäume überall; die Straßen mit schmelzendem Schnee, der in der Sonne blendet; die vermooste Mauer droben beim Hradschin, wo man die Beine baumeln läßt, vor sich die Weite voll grünlicher Kuppeln einer fremden Stadt: das alles war schon einmal. Vor dreizehn Jahren, als ich auf dieser Mauer saß und keine Ahnung hatte, wohin es weiterging, war es auch März; es war die erste fremde Stadt in meinem Leben, und wenn ich zum Spaß daran denke, daß ich alles, was diese dreizehn Jahre brachten, noch einmal leben müßte: der Reihe nach, so wie es war, ohne Verändern und ohne Überspringen, das Häßliche, das Holde, das Belanglose, so wie es war, genau so, nur ohne die Hoffnung auf das Ungewisse, die immer einen Schritt voranging –

Wer möchte es? Wer könnte es?

Unsere Abreise hat sich nochmals verschoben, da es wieder Morgen wurde über unserem Gespräch. Wir saßen mit den jungen Schauspielern in der Garderobe, wo es Kerzenlicht gab und schwarzen Kaffee, Lieder dazu, wie das Volk sie hierzulande singt, Lieder der Schwermut, Lieder der Leidenschaft, Lieder der Freude. Wir hatten noch einen Rest von guten Zigaretten; jemand brachte Wein, und eine Handorgel gab es hier auch. Einmal nach Mitternacht hörte man Schritte; es kam ein verschlafener Hauswart, der den Schein unsrer Kerze bemerkt hatte; er blickte über seinen Zwicker, nickte und verschwand. Die Bühne, wenn man gelegentlich hinausging, stand finster und leer, und in den hohen Gängen wimmelte es von fürstlichen Leuchtern, von Trommeln, die brummen, wenn man anstößt, oder man stolpert an marmorne Treppen und Säulen, die hohl sind; an den Wänden, die gerade in den tastenden Schein unsrer Taschenlampe kommen, blinkt es von Schwertern und Rüstungen; anderswo sind es Fahnen, die aus umrißloser Dämmerung herniederhangen, Fahnen unsrer ganzen abendländischen Geschichte.

Verändern wollen wir alle – darin sind wir uns einig, und es geht jedesmal nur darum, wie die Veränderung möglich sein soll; es ist nicht die erste Nacht, die wir dieser Frage opfern. Die einen glauben, es bleibe uns nur noch die Entdeckung der menschlichen Seele, das Abenteuer der Wahrhaftigkeit, und sie sehen keine anderen Räume der Hoffnung. Die anderen dagegen sind überzeugt, daß sich der Mensch in dieser Welt, so wie sie ist, nicht verändern kann; also müssen wir vor allem die Welt verändern, die äußere, damit der Mensch, der ihnen als Erzeugnis dieser äußeren Welt erscheint, sich seinerseits erneuern kann. Ihnen geht es um die Entdeckung einer neuen Wirtschaft; der neue Geist, sagen sie, folgt in dem Augenblick, wo er möglich wird, und sie glauben so gänzlich daran, so zweifellos, daß sie bereit sind, die Veränderung der äußeren Ordnung, die den Menschen befreien soll, allenfalls mit Gewalt herzustellen. Damit kommen wir dann jedesmal auf die andere Grundfrage. Gibt es einen

Zweck, – der unsere Mittel heiligen kann? Darf ich die anderen fesseln und allenfalls töten, die verhindern wollen, was mir als das Heil erscheint? Errichte ich damit das Heil, das ich sonst nicht errichten kann? Ich kam in der Meinung, daß man darüber nicht mehr nachdenken müßte, und sehe, daß ich auch darüber zu wenig denken kann; sonst könnte ich sie überzeugen, zumal wir auch über das Ziel, das wir unsrer Veränderung setzen, durchaus einig sind. Wir wollen die Würde aller Menschen. Daran müssen wir uns immer wieder erinnern, damit unser Gespräch sich nicht verliert. Die Würde des Menschen, scheint mir, besteht in der Wahl. Das ist es, was den Menschen auch vom Tier unterscheidet; das Tier ist stets nur ein Ergebnis; das Tier kann nicht schuldig werden, so wenig wie es frei werden kann; das Tier tut stets, was es muß; und es weiß nicht, was es tut. Der Mensch kann es wissen, und sogar Gott, der Allmächtige, läßt ihm die Wahl, ob er seinen guten oder seinen bösen Engeln folgen will; weil Gott uns nicht als Tiere will. Erst aus der möglichen Wahl gibt sich die Verantwortung; die Schuld oder die Freiheit; die menschliche Würde, die man manchmal gerne für das leichtere Dasein einer Möwe gäbe. Meine Freunde sagen: Es geht um die Freiheit. Und damit meinen sie wohl das gleiche; die Freiheit als einen Teil der Würde. Warum verneinen wir gemeinsam die wirtschaftliche Ordnung, die herrschende? Weil sie einem Menschen oder einer Gruppe von Menschen oder der Mehrzahl aller Menschen schlechterdings keine Wahl läßt; weil sie gegen die Würde des Menschen verstößt. Das Tierische liegt nicht allein in der Not, wo sie sich als Armut darstellt und sichtbar wird, indem einer in schlechten Schuhen gehen muß oder sogar barfuß; das ist bitter. Aber das Bittere ist nicht der leibliche Schmerz. Niemand wird im Ernst annehmen, daß diese äußeren Dinge nicht wichtig sind für den Geist; sie sind ein Zwang, eine Verhinderung. Der Hungernde hat keine Wahl. Sein Geist kommt nicht, woher er will, sondern er kommt aus dem Hunger. Aber es braucht nicht einmal den Hunger, um die herrschende Ordnung anzuklagen. Wenn der Vater ein gerechter Arbeiter ist und der Sohn wieder ein Arbeiter werden muß, weil man sich andere Versuche einfach nicht leisten kann, so liegt das Unwürdige nicht in der Arbeit, nicht in der Art der Arbeit, sondern darin, daß der Sohn überhaupt keine Wahl hat. Woher soll er die Verantwortung nehmen gegenüber einer Gesellschaft, deren wirtschaftliche Ordnung ihn vergewaltigt? Er ist ein Opfer, auch wenn er keinen Hunger leidet. Er wird nicht, was er werden kann, und niemals wird er wissen, was er kann; vielleicht kann er wirklich nichts anderes. Wie kann man es entscheiden, bevor man ihn prüft? Andere können werden, was sie sind, manchmal sogar mehr: weil das Können so selten ist, weil Millionen von Geburten vergeudet werden. Darum möchten wir eine Ordnung, die niemanden der Wahl beraubt, und meine Freunde glauben allerdings, daß sie den Entwurf einer solchen Ordnung haben; vieles an ihrem Entwurf ist begeisternd, und wenn wir vom Ziel sprechen, sind wir immer wieder einig. Wenn aber dieses Streben, daß alle in ganzen Schuhen gehen und daß keiner durch die wirtschaftliche Ordnung gezwungen und somit um die Wahl und somit um die Würde betrogen wird; wenn dieses große und unerläßliche Streben dazu führen sollte, daß man es mit einem Staat versucht, der meinem Denken fortan keine Wahl mehr läßt, was haben wir erreicht? Wir hätten das Mittel verwirklicht, nicht das Ziel. Die Würde des Menschen, wie wir dieses Ziel nennen, ist die Wahl; nicht die Badewanne, die der Staat ihm liefert, wenn er nicht am Staate zweifelt. Wie soll ich glauben können, wenn man mir keine Wahl läßt? Allein die Gewalt, die mir den Zweifel verbietet, nimmt mir den Glauben noch da, wo ich ihn schon hatte –

Frage:

»Dürfen wir annehmen, daß die Tyrannei sich in einen Segen verwandelt, wenn unsere eignen Hände nach ihr greifen?«

Antwort:

»Es handelt sich höchstens um einen Übergang.«

Frage:

»Kennen wir in der menschlichen Geschichte einen solchen Übergang, eine Tyrannei, die nicht in die Luft flog, sondern in natürlichem Wachstum sich als ihr Gegenteil entpuppte?«

Antwort:
»Darüber reden wir in hundert Jahren.«
Gelächter...

Nürnberg, März 1947

Kinder an den Bahndämmen, besonders wo die Züge wegen Zerstörungen etwas langsamer fahren; sie warten, daß wir etwas Eßbares hinauswerfen. Das Peinliche, es zu tun, wenn andere es sehen. Warum eigentlich? Auch Frauen, die an einer Barriere stehen oder auf freiem Feld; ohne Gebärde, stumm, graublaß und hager. Die Verlumpung erreicht einen Grad, den ich bisher nur in Serbien gesehen habe. Sechs Schienenarbeiter teilen sich in die Brote, die unsere tschechischen Freunde gestrichen haben. Wir sind froh, nichts mehr zu haben, nicht mehr unterscheiden zu müssen. Krach auf dem Bahnsteig; jemand hat Zigaretten geworfen. Der Jüngling, der sie gewinnt: Schwindsucht, Wehrmachtsmütze, Schwarzhandel, Faustrecht, Syphilis.

Zuhause

Ursel hat große Freude an der tschechischen Puppe, auch an dem Bilderbuch, das wir gebracht haben; daß die Kinder, die man auf den reizenden Bildern sieht, ganz anders reden und daß auch wir nicht lesen können, was geschrieben steht, läßt ihr keine Ruhe; seit zwei Tagen fragt sie immer wieder. Auch Peter, der kleinere, steht ganz unter dem Eindruck der Reise, die er nicht gemacht hat; er ist jetzt im Alter, da die Eisenbahn über alles geht, und kostet die Erfahrung, daß man in der Eisenbahn sogar schlafen kann, daß man sie überhaupt nicht mehr verlassen muß. Das meiste wissen sie schon aus den Briefen, die Constanze ihnen jedesmal zeichnet; nichts steht in diesen Bilderbriefen, was nicht stimmt, und jedesmal, wenn ich sie den Kindern wieder erklären muß, bin ich verblüfft, wieviel Lebenswertes auf unserem Wege war –.

Café de la Terrasse

Was auffällt, wenn man draußen gewesen ist: das Verkrampfte unsrer Landsleute, das Unfreie unseres Umganges, ihre Gesichter voll Fleiß und Unlust; nicht auszuhalten, wenn sie von ihrem bescheidenen Wesen reden; in Wahrheit, sobald gewisse Hemmungen fallen, zeigt sich das Gegenteil; es fehlt nicht an gestautem Ehrgeiz, der auf Weltmeisterschaften lauert, und in besseren Kreisen sind es Pestalozzi, Gotthelf, Burckhardt, Keller und andere Verstorbene, die man sich ins Knopfloch steckt; man erschrickt oft über sich selber, über die fast krankhafte Empfindlichkeit, wenn ein andrer nicht begeistert ist von uns. Irgendwie fehlt uns das natürliche Selbstvertrauen. Immer wieder auffallend ist die Art, wie sie mit ihren einheimischen Künstlern umgehen, wie sie ihnen auf die Schulter klopfen bestenfalls mit dem Ton einer warnenden Anerkennung, eine Aufmunterung, eine wirkliche, eine Erwartung, die nicht unter Bedenken röchelt, kommt meistens von einem Ausländer; zum Glück hatten wir in der Zeit, da wir die Türen schließen mußten, wenigstens die Emigranten im Haus. Dabei wäre die nüchterne Zurückhaltung unsrer Landsleute, wenn sie stimmt, geradezu wunderbar; was sie fragwürdig macht, ist der bedenkenlose Kniefall vor allem Fremden. Der erwähnte Mangel an Selbstvertrauen, der sich so und so verrät, macht unsere Künstler nicht bescheiden, was jedenfalls ein Gewinn wäre; sondern unsere Landsleute, wenn wir auf sie angewiesen sind, machen uns nur kleinmütig, und die unvermeidliche Kehrseite davon ist das Anmaßende, also wiederum eine Verkrampfung. Anderseits hat es auch wieder seinen Segen, wenn man einem Volk angehört, das seine Künstler niemals durch Verwöhnung verdirbt, und zwar ohne jede Ironie: der deutsche und vielleicht abendländische Irrtum, daß wir Kultur haben, wenn wir Sinfonien haben, ist hierzulande kaum möglich; der Künstler nicht als Statthalter der Kultur; er ist nur ein Glied unter anderen; Kultur als eine Sache des ganzen Volkes; wir erkennen sie nicht allein auf dem Bücherschrank und am Flügel, sondern ebensosehr in der Art, wie man seine Untergebenen behandelt. Sofern man Kultur in diesem Sinne meint, der mir der zukünftige scheint, müßten wir in keiner Weise erschrecken, wenn sie uns gelegentlich einen Anachronismus nennen; ich meine weniger die Verwirklichung, sondern die Idee der Schweiz, die ich vor allem liebe, und wenn ich noch einmal aus freien Stücken wählen könnte, was die Geburt schon entschieden hat, möchte ich trotzdem nichts anderes als ein Schweizer sein; nach der Idee, die unsere eigentliche Heimat ist, sind es natürlich auch einzelne Landschaften, die man liebt, aber erst in zweiter Linie; am wenigsten weiß ich, ob ich unsere Landsleute liebe – sicher nicht mehr als die entsprechenden Gesichter aus anderen Völkern, und es erschiene mir nicht einmal als Ziel, im Gegenteil; Liebe zum Vaterland, so verstanden, wird zum Verrat an der Heimat; unsere Heimat ist der Mensch; ihm vor allem gehört unsere Treue; daß sich Vaterland und Menschheit nicht ausschließen, darin besteht ja das große Glück, Sohn eines kleinen Landes zu sein.

Pfannenstiel

Schon wieder die ersten Knospen! Die langen Weidenzweige hangen wir grüne Perlenschnüre, sie erinnern an die klingelnden Schleier in gewissen Wirtschaften, und allenthalben zwitschern die Vögel, Bläue schwimmt durch das spröde Gezweig, die Sonne scheint überall hin, Büsche und Sträucher sind wie ein Sieb. Irgendwie ist es zuviel, vor allem das Zwitschern der Vögel; wenigstens riecht es nach Jauche, wenn man über die Felder wandert, und in den Gehöften gackert es von weißen Hühnern. Manchmal kommt eine Wolke, und man ist froh um den Mantel, aber herrlich flattert die Wäsche, die draußen über den grünen Wiesen hängt, sie knallt wie eine Peitsche, und es glitzert der Brunnen, sein verwehtes Wasser plätschert über den Trog. Die vertrauten Fassaden unsrer Bauernhäuser, man bemerkt sie stärker als sonst; es blinken ihre niedren Fensterreihen, ihre Scheiben voll kleiner Sprossen, die noch von keinen Blumen umrankt sind, von keinem Weinlaub überschattet; die Spaliere sind nichts als ein Gitter von schlanken und bläulichen Schatten, eine schwebende Arabeske über verblaßtem Vitriol ihrer Mauern. Flieger über sich am Himmel. In den Schulhäusern, wenn man durch die Dörfer geht, singen sie bereits bei offenem Fenster, chorweise, daß es hallt über den öden Platz mit Recken und gestutzten Platanen, und irgendwo aus einem Tobel jault eine Sägerei, daß es durch Mark und Bein geht, und auf den Friedhöfen, wo die ersten Blumen wachsen, verrechen sie den Kies. Stundenlang wandere ich über gelassene Hügel. Die Wege sind weich, man muß auf dem Rande gehen; wie gläserne Scherben liegen die Tümpel darin, Räderspuren und Hufe, die den Himmel spiegeln. Man stapft durch Wälder, die fast ohne Schatten sind; nur selten gibt es noch ein Loch mit verschmutztem Schnee, körnig und grau und von Tannennadeln übersät; über einer Kiesgrube sehe ich den ersten Schmetterling. Man kann sich kaum verirren, so durchsichtig ist alles, und wenn man wieder hinauskommt, wogt es weiter mit Hügeln und braunen Mulden, Birken stehen am Rande eines Moores, und auf finsterem Acker dampfen die Rosse, sie ziehen den Pflug, die Egge, oder man verzettelt den Mist; immer bleibt die verblauende Ferne hinter schwarzen Apfelbaumzweigen. Gebirge hangen jenseits über Räumen voll silbernem Dunst, ein Gleißen von schmelzendem Schnee; die Luft ist voll Verheißung, die Luft ist voll Ostern, und es ist mir, als wäre gestern erst Frühling gewesen –.

Wenn es stimmt, daß die Zeit nur scheinbar ist, ein bloßer Behelf für unsere Vorstellung, die in ein Nacheinander zerlegt, was wesentlich eine Allgegenwart ist; wenn alles das stimmt, was mir immer wieder durch den Kopf geht, und wenn es auch nur für das eigene Erleben stimmt: warum erschrickt man über jedem Sichtbarwerden der Zeit?

Als wäre der Tod eine Sache der Zeit.

Ein Mädchen und ein junger Mann haben zusammen ihre Jugend verbracht, bis es nicht mehr ging, und das alles ist lange her. Daß eine Liebe einfach verenden kann, es war nicht hinzunehmen; beide hielten es für eine Schuld, daß die Liebe sie verließ, und aus der Heuchelei, die ihre Zuflucht wurde, wucherten die wirklichen Verschuldungen. Da war das Versprechen der Ehe, das sich nicht halten ließ; man kann sich nicht aus Anstand heiraten. Das Mädchen, als sie endlich und zum letztenmal auseinandergingen, sank an der Haustüre zusammen, bewußtlos, so daß er sie tragen mußte, und als sie wieder zum Bewußtsein kam, stand er noch immer da, zum letztenmal entschlossen, daß sie heiraten werden. Er wollte kein Schuft sein, nicht diesen einzigen Menschen gegenüber, den er geliebt hatte wie noch keinen andern, und er war ein Schuft, was immer er sagte; er konnte es nicht halten. Das Gehen war Verrat, das Bleiben war Verrat. Das alles kostete viel Irrtum und Blut; es war eine häßliche Zeit, wüst und wirr... Einmal, viele Jahre später, schreibt er einen Brief. Er weiß nicht, was er eigentlich schreiben soll. Er weiß, daß seine Verschuldungen sich nicht verjähren, und es soll keine Abbitte sein, keine Wehmut. Die Verschuldungen, die wir begehen, bleiben unsere Sache. Nur ein Gruß soll es sein. Es drängt ihn so klar, und er weiß nicht, warum er dieses Drängen töten soll. Er schickt den Brief, der fraglos ist, und erwartet nichts. Aber noch damit erwartet er zuviel. Die Antwort, die dennoch kommt, ist heftig und bitter und voll Rechthaberei. Es gibt eine männliche Rechthaberei, die stur und tumb ist und vielleicht gewaltsam, und es gibt eine weibische Rechthaberei, die anders ist, eifernd und kleinlich. Als er den Brief gelesen hat, steht er mit der Beschämung eines Menschen, der durch eine falsche Türe getreten ist und eine Entblößung sehen muß, die ihn nichts angeht; er steckt den Brief in einen neuen Umschlag und schickt ihn zurück. Sich selber nennt er einen Esel; es wäre die erste Frau gewesen, die großmütig bleibt, wo sie nicht mehr liebt, und in dem Alter, das er unterdessen erreicht hat, dürfte ihn diese Erfahrung nicht mehr überraschen –

Wieder vergehen Jahre.

Einmal, es ist in einer andern Stadt, geht er eine Treppe hinunter, zerstreut und ohne Blick; er fühlt nur, daß jemand, der eben die Treppe heraufkommt, plötzlich stehenbleibt und ihm den Weg verstellt. Es ist eine Frau, die ihn offen und betroffen anschaut, und eine Weile, während er ihrem Gesicht gegenübersteht, weiß er nicht sicher, wer es ist. Er sucht umsonst. Natürlich kennt man sich; es ist ein Gesicht, das ihn duzt, auch wenn es schweigt, ein gutes und reifes und warmes Gesicht, das über seinem ratlosen Suchen langsam zu lächeln beginnt und auf diese Weise vergißt, daß es selber betroffen war, und endlich, als er begreift, geben sie einander die Hand. Was sollen sie sprechen? Er will nicht fragen, und über das Wetter sprechen können sie auch nicht; er sagt:

»Es geht dir gut...«

»Und dir?«

»Du hast Kinder...«

»Ja!« sagt sie fröhlich: »Und du auch.«

Das Gespräch ist ganz leicht und frei. Nur der Umstand, daß ihm noch immer nicht ihr Name auf die Zunge kommt, stellt alles wie hinter einen Schleier. Daß sie ihm noch einmal von vorne begegnet, er hätte damit rechnen müssen. Ebensowenig wie an ihren Namen, den er durch ein namenloses Du ersetzt, kann er sich im Augenblick erinnern, wie sich eigentlich die Geschichte mit dem Brief verhielt: ob er ihn wirklich zurückschickte damals, oder dachte er nur daran, wollte er es nur –

»Das ist meine Frau«, sagt er: »Und das ist Annemarie.«

Jetzt hat er auch den Namen, und überhaupt ist er es, der fortan redet, während die beiden Frauen, ohne daß sie die Augen dazu brauchen, einander anschauen. Irgendwie bleibt es unwahrscheinlich, daß es zwei sind. Als man weitergeht, sagt Annemarie genau, was er selber hätte sagen wollen; er sagt nur:

»Leb wohl!«

Sie sagt:

»Ich bin so froh, daß wir uns noch einmal gesehen haben.«

Das tönt fast, als wäre ein Sterben in Sicht; sicher dachte sie durchaus nicht an Tod, es war nur das Gefühl eines Endgültigen, das auch ihn über die Treppe hinunter begleitet, und all die müßigen Gedanken, die nachher kommen, Gedanken, ob es möglich wäre, daß unser Leben hätte anders verlaufen können, am Ende sind sie nichts anderes als Wellen, die um das Endgültige branden, das wir anders nicht begreifen.

Wenn ich heute, während ich wandere oder unter einem laublosen Waldrand sitze, manchmal daran denke, bleibt vor allem das Frohe, das Leichte, das dieser Begegnung vergönnt war; dann wieder das Sonderbare, das sich mit jedem Du verbindet. Sie mögen noch so anders sein nach Alter, Herkunft, Art und Aussehen, unsrerseits empfinden wir sie wie Schwestern, die einander kennen müßten. Das ist wunderbar und schrecklich. Irgendwie werden sie, sobald sie uns näherkommen, immer so wie wir, und es ist anzunehmen, daß sie einem andern gegenüber ganz anders sind, so, wie ich sie niemals kennen kann, immer so wie er... Lange sitze ich an diesem Waldrand, rauche, sehe den Weg, den ich vor sieben Wochen mit Maja ging, und es ist nicht verwunderlich, daß ihre Gesichter, so verschieden sie für das Auge sind, fast wie eines werden, je näher sie dem Herzen kommen. Es ist immer unser Du. Es ist unsere eigene Einsamkeit, die uns letztlich immer das gleiche Gesicht zeigt, unser Gesicht, das endgültig ist, und über dieses Du hinaus kommen wir nie. Es ist nur so, daß manchmal ein Mensch in dieses Du hineinkommt, kürzer oder länger.

Was man die Untreue nennt: unser Versuch, einmal aus dem eigenen Gesicht herauszutreten, unsere verzweifelte Hoffnung gegen das Endgültige.

Nie werde ich über den Pfannenstiel wandern, ohne daß ich länger oder kürzer an den Dichter denke, den ich von allen zeitgenössischen Landsleuten am meisten liebe, nämlich an Albin Zollinger, der diese Landschaft ein für allemal dargestellt hat. Es war Herbst und vor sechs Jahren, ich hatte eben sein jüngstes Buch gelesen, und Constanze mußte viel darüber hören, als wir diesen Weg hinuntergingen, zum ersten Male zusammen. Ich führte

Constanze in die kleine Wirtschaft, die ich schon von mancher Wanderung kannte; es gibt dort einen kleinen Tisch aus Nußbaum, der in einer Fensterecke steht, wo man zusammensitzen und plaudern kann und wunderbar über das Land sieht; ich freute mich, daß ich dieses Tischlein wußte, und da es auch Werktag war, zweifelte ich nicht, daß es uns gehören würde. Groß war die Enttäuschung, als wir die Stube betraten; das Tischlein war bereits von einem Paar besetzt, und natürlich war ich überzeugt, daß sie das Tischlein weniger verdienten als wir. Es schien schon ein reiferes Paar; sie tranken Wein und aßen Schinken, und mein Unmut drängte mich, die Leute zu mustern. Der Mann, der sehr unscheinbar wirkte, aber einen bemerkenswerten Kopf über seinem schlanken Körper trug, konnte niemand anders als Zollinger sein. Wir bestellten ebenfalls Schinken. Da ich ihn immer wieder anzusehen versuchte, kamen wir selber zu keinem Gespräch, sein Gesicht war hart und entschieden, männlich, zart und schüchtern zugleich. Er redete sehr leise. Ich spürte, wie mein Herz klopfte über dem Gedanken, ob ich ihn ansprechen sollte oder nicht. Ihre Teller waren leer, und jeden Augenblick konnte es sein, daß sie aufbrachen. Er trug einen Pullover unter der Jacke; seine ganze Kleidung erinnerte an einen Dorflehrer. Wenn er mit der Wirtstochter abrechnete, hatte er den vertraulichen Ton eines kleinen Mannes, der aus der Nachbarschaft kommt, der es nicht gewohnt ist, daß man ihn bedienen muß; irgendwie ist es ihm nicht recht. Er bat um ein Papier, damit er den restlichen Schinken einpacken konnte; es war in den Kriegsjahren. Unterdessen überlegte ich mir immerzu, was ich ihm, wenn ich ihn anspräche, überhaupt zu sagen hätte. Anderseits hatte ich eine Stunde lang über eben diesen Menschen gesprochen, dessen Werk mich begeisterte; warum sollte ich es ihm verschweigen? Er fragte bereits, wie lange man zum Bahnhof gehe; alles sehr unauffällig. Einmal hatte ich ihn in einer Vorlesung gesehen; irgendwie schien er mir kleiner, da ich ihn aus der Nähe sah, auch jünglingshafter und wie einer, der hinter seiner Verschüchterung jubelt und tanzt, ohne daß die Welt es sehen soll; er kam mir vor wie ein Rumpelstilz, der durch die

Wälder geht und meint, niemand kenne seinen Namen, niemand kenne seine Visionen. Als er dann den letzten Schluck aus seinem Gläschen kippte, hörte ich plötzlich mich selber sagen:

»Verzeihen Sie –«

Befremdet wendet er sich um.

»Sie sind doch Albin Zollinger –«

»Ja«, sagte er: »Warum?«

Jubel und Tanz schienen aus seinen Augen verschwunden; das Verschüchterte, das er mindestens seit unserem Eintreten hatte, steigerte sich fast zur Abwehr, mindestens zur Miene eines lauernden Mißtrauens. Ich sagte, daß ich eben sein letztes Buch gelesen hätte. Seine Miene wartete ohne viel Zuversicht. Es sah nicht ermunternd aus. Aber irgendwie mußte ich ja fortfahren, und da ich schon einmal über ihn geschrieben hatte, sagte ich ihm, wie ich heiße. Das Peinliche, daß ich als der Jüngere, der seinerseits nichts vorzuweisen hatte, den reifen Mann auszeichnete, wurde mir durchaus bewußt, und irgendwie begriff ich seinen Irrtum, daß er mich beharrlich als Herr Doktor anredete. Was den Augenblick rettete, war seine rührende Freude; er blickte wie ein Jüngling, der zum erstenmal ein ganzes Lob vernimmt, oder mindestens schien er glücklich, daß ihm nicht eine grobe Mißdeutung begegnete. Er redete dann über Thomas Mann, den er als Meister der Akkuratesse bezeichnet, über die Grenzen sprachlichen Ausdrucks, über die erschreckende Erfahrung, daß jeder Versuch, sich mitzuteilen, nur mit dem Wohlwollen der andern gelingen kann. Er klagte nicht über das mangelnde Wohlwollen; er glühte nur vor Verlangen, daß er einmal in seinem Leben, wie er sagte, eine Seite schreiben könnte, die niemand mißdeuten kann. Leider unterbrach er das Gespräch, als er bemerkte, daß nur wir Männer es führten; er wolle mich der jungen Dame nicht wegnehmen, sagte er und bat um meine Adresse, daß wir uns in der Stadt treffen können. Auch war es ja Zeit, wenn sie den Zug noch erreichen wollten. Als er sich verabschiedete, bedankte er sich. Da ich darauf nichts sagen konnte, fragte er nochmals, ob es mir recht wäre, daß wir uns in den nächsten Tagen einmal treffen. Plötzlich kam er sich zudringlich vor. Seine sonderbare und fast zierliche Höflichkeit, die uns um so linkischer machte, war wie eine Schranke, die er vor seinem strömenden Herzen aufrichten mußte; eine andere Art seiner Verschüchterung. Allein in der Wirtsstube, die er verlassen hatte, fühlte ich mich glücklich wie ein Verlobter, der einem sicheren Glück entgegenlebt. Durch das Sprossenfenster sahen wir gerade noch, wie sie den kleinen Rebberg hinuntergingen. Es dämmerte bereits. Ich war froh, daß ich ihn angesprochen hatte; unser Heimweg war voll Übermut –

Das Nächste, was ich von ihm hörte, war die Nachricht seines Todes. Er starb an einem Herzschlag, im Alter von siebenundvierzig Jahren und mitten aus einem stürmischen Schaffen heraus, das jedesmal, wenn man seine Sprache wiederhört, jene Art von Begeisterung auslöst, die Mut gibt in die Verzweigungen unseres eigenen Lebens hinein, Zuversicht und Freude an allem, was dem menschlichen Herzen begegnen kann.

Am abendlichen See, wo die Buben auf den Pfosten hocken und fischen zwischen grünen Algenbärten, warte ich auf das Dampferchen; die Sonne ist bereits hinter Wolken versunken, aber der See glimmert noch wie das Innere einer Muschel, ein Schillern zwischen Messing und Seide und bläulichem Rauch; so schwebt er noch einmal über den grünenden Gründen voll Tang, ein spiegelnder Tag mit elfenbeinernen Wolken darin; in einer halben Stunde, wenn das Dampferchen kommt, wird es aussehen wie Schlacke und Asche –

Bereits leuchten die Laternen.

Ringsum läuten die Kirchen.

Vielleicht müßte man unterscheiden zwischen Zeit und Vergängnis: die Zeit, was die Uhren zeigen, und Vergängnis als unser Erlebnis davon, daß unserem Dasein stets ein anderes gegenübersteht, ein Nichtsein, das wir als Tod bezeichnen. Auch das Tier spürt seine Vergängnis; sonst hätte es keine Angst. Aber das Tier hat kein Bewußtsein, keine Zeit, keinen Behelf für seine Vorstellung; es erschrickt nicht über einer Uhr oder einem Kalender, nicht einmal über einem Kalender der Natur. Es trägt den Tod als zeitloses Ganzes, eben als Allgegenwart: wir leben und sterben jeden Augenblick, beides zugleich, nur daß das Leben geringer ist als das andere, seltener, und da wir nur leben können, indem wir zugleich sterben, verbrauchen wir es, wie eine Sonne ihre Glut verbraucht; wir spüren dieses immerwährende Gefälle zum Nichtsein, und darum denken wir an Tod, wo immer wir ein Gefälle sehen, das uns zum Vergleich wird für das Unvorstellbare, irgendein sichtbares Gefälle von Zeit: ein Ziehen der Wolken, ein fallendes Laub, ein Wachsen der Bäume, ein gleitendes Ufer, eine Allee mit neuem Grün, ein aufgehender Mond. Es gibt kein Leben ohne Angst vor dem andern; schon weil es ohne diese Angst, die unsere Tiefe ist, kein Leben gibt: erst aus dem Nichtsein, das wir ahnen, begreifen wir für Augenblicke, daß wir leben. Man freut sich seiner Muskeln, man freut sich, daß man gehen kann, man freut sich des Lichtes, das sich in unsrem dunklen Auge spiegelt, man freut sich seiner Haut und seiner Nerven, die uns so vieles spüren lassen, man freut sich und weiß mit jedem Atemzug, daß alles, was ist, eine Gnade ist. Ohne dieses spiegelnde Wachsein, das nur aus der Angst möglich ist, wären wir verloren; wir wären nie gewesen...

Marion und der Engel

Marion und der Engel, der immer wieder fragt, was eigentlich er möchte, und Marion, der an die Brüstung lehnt oder an ein Geländer, während vielleicht die Glocken läuten, und hinunterschaut in das nächtliche Wasser:

»Was ich möchte?«

Es ist schon das dritte Mal, daß er es dem Engel erklärt, das Unglaubliche, und immer ist es der gleiche Engel, der das gleiche fragt:

»Warum kommst du nicht?«

»Über das Wasser...?«

Marion weiß nicht, was er denken soll, wenn er den

Engel sieht, und ob es wirklich ein Engel ist, der so zu ihm redet:

»Warum kommst du nicht?«

Marion fragt:

»Wo, wenn du ein Engel bist, führst du mich hin?«

»Zu dir –.«

Und zum letzten Male:

»Warum kommst du nicht?«

Letzigraben, August 1947

Endlich ist es soweit, daß wir mit unserem Bau beginnen. Die ersten Arbeiter sind auf dem Platz; ihre braunen Rücken glänzen von Schweiß, und um die Baracke, wo unsere Pläne warten, wimmelt es von leeren Bierflaschen; irgendwo werfen sie Bretter aufeinander, daß es hallt; die ersten Lastwagen sind da, und heute, wie ich auf diese Baustelle komme, ist es schon ein ganzer Berg von brauner Erde; ein Bagger frißt die Wiese weg mitsamt den Stauden. In zwei Jahren, die mir sehr lang erschienen, soll die Anlage eröffnet werden; ein Freibad für das Volk. Vor hundert Jahren war hier der Galgenhügel; der Aushub wird nicht ohne Schädel sein, wie sie Hamlet in die Hand genommen hat, und weiter drüben ist es das alte Pulverhaus, das sie eben abbrechen; fast lautlos stürzen die alten Mauern, verschwinden in einer Wolke von steigendem Staub –

Wären es die Pulverhäuser aller Welt!

Portofino, September 1947

Wir wunderten uns schon, warum die Limousinen alle unter den Palmen bleiben; niemand mag ausfahren. Überall wird Kaffee getrunken, in italienischen Zeitungen geblättert. In Genua und anderen Städten, heißt es, soll heute der große Streik beginnen. Jemand spielt Pingpong. Sonderbare Luft zwischen Alarm und

Langeweile. Leider herrscht immer noch die sommerliche Hitze, keine Lust zum Wandern, nicht einmal zum Schwimmen; das Meer ohne jede Brandung, lautlos, glatt wie Glas, es bewegt sich kein Segel, kein Halm.

Gestern habe ich den Umbruch meines bisherigen Tagebuches bekommen, das ist immer eine leidige Sache, Arbeit nach rückwärts. Sich selber lesen! Ich brauche viel Cinzano dazu. Was nicht sagen soll, daß das Schreiben kein Vergnügen sei! Ich werde es nicht lassen. Aber hin und wieder, einen Umbruch in der Hand, fragt man sich doch, was für ein Interesse das haben soll für andere, nimmt sich eine Zigarette und schielt hinüber zu den andern Tischlein, betrachtet die Leute, die eben über die Piazza schlendern, mustert sie – es gibt so vielerlei Leute auf der Welt; ein Sportler und Weltmann, der das einzig mietbare Segelschiff vor meiner Nase wegzuschnappen pflegt, sobald ein Windlein kräuselt, ein gesunder und netter Mann, aber kein Leser, glaube ich, sowenig wie die sieben Fischer, die barfuß mit gekrempelten Hosen über die Piazza gehen; sowenig wie das Dämchen, das jene Hosenart nachahmt, oder das ältliche Ehepaar, der lungernde Wechsler und Schwarzhändler mit dem antikischen Gesicht, die beiden Verliebten, die sich immer um die Hüften halten... Seinen Leser, glaube ich, muß man sich denken; das ist schon ein Teil unsrer Arbeit, die Erfindung eines Lesers, eines sympathischen, nicht unkritischen, eines nicht allzu überlegenen, auch nicht unterlegenen, eines Partners, der sich freut, daß wir an ähnlichen Fragen herumwürgen, und nicht ärgerlich wird, wenn unsere Ansichten sich kreuzen, nicht herablassend, wenn er es besser weiß, nicht blöde, nicht unernst und nicht unspielerisch, vor allem nicht rachsüchtig. Unser Leser: ein Geschöpf deiner Vorstellung, nicht unwirklicher und nicht wirklicher als die Personen einer Erzählung, eines Schauspiels; der Leser als die ungeschriebene Rolle. Ungeschrieben, aber nicht unbestimmt, ausgespart durch das Geschriebene; ob es die Rolle eines Schulbuben ist, der belehrt wird, oder die Rolle eines Richters, der es genießt, wenn er uns eines Widerspruchs überführen kann, die

Rolle eines Jüngers, der uns anzuwundern hat, die Rolle eines Götzen, dessen Gunst wir erschmeicheln, oder die Rolle einfach eines Partners, eines Mitarbeiters, der mit uns sucht und fragt und uns ergänzt, eines menschlichen Gefährten, es liegt an mir, dem Schreiber, und von niemand kann ich verlangen, daß er die Rolle, die ausgesparte, übernimmt; ich kann mich nur freuen, wenn einer es tut oder eine – irgendwo in der Sonne oder unter einer Lampe, in einer Eisenbahn, in einem Kaffeehaus, in einem Wartesaal des Lebens – und besonders, wenn jemand es mit Begabung tut.

Santa Margherita.

Ein Fischkutter bringt seine Wochenbeute. Kistchen voll Tintenfisch, alles triefend, das grüne und violette Glimmern, schleimig wie der Glanz von Eingeweide. Das Hin und Her der kleinen Barken; mindestens eine ist immer unterwegs zwischen dem ankernden Kutter und der Mole, die im vorigen Jahr noch zerstört war. Die Fischer sind einheitlich-schmutzig, ölig, fröhlich und müde, ein wenig auch stolz: der Mann, der erbeutet, und die Weiber, die die Beute in Empfang nehmen, alles weitere für die häusliche Verwertung tun. Markt unter schattigen Bögen. Sie schütten die wässerige Beute auf steinerne Tische, die mit Feigenblättern und Farnkraut wie zu einem Fest geschmückt sind; sofort beginnt der Verkauf, das Gefeilsch mit singenden Rufen und Gebärden. Ganze Hügel von Schuppensilber. Natürlich stinkt es. Pracht der Farben: das fleischliche Rosa, das Graue, das wie ein Schleier ist, das Grünliche und Bläuliche, alles unter einem Schillern unsäglicher Übergänge. Schön sind die langen Aale mit den weißen Bäuchen, den grünen und braunen Rücken, den schwarzen Flossen. Oder der herrliche Schwung eines Schwanzes, der über den steinernen Tisch hangt. Dann das Messer, das sie aufschlitzt, und die nassen, roten, dicken Weiberhände, die es auf die Waage werfen; dann wechseln sie das papierne Geld. Signore? rufen sie. Niente! Schon ruft die Nächste: Signore? Ein Seestern ist auch dabei, an der Luft hat er seinen ganzen Glanz verloren, nur noch ein grauer Teig, gräßlich mit der Vielzahl seiner blinden Glieder, ihr langsames und verlorenes Tasten, das Kopflose, Leben ohne Wahl und ohne Wollen. Wir gehen weiter. Zu den Krebsen, den roten, wo man nicht weiß, was vorne und hinten sein soll; ein ganzer Berg, der langsam krabbelt; auch hier: Leben als Verdammnis. Und hinzu kommt das Massenhafte; die Fischer bringen jedesmal so viel, als ihr Kutter eben tragen kann; die unvorstellbare Menge, der Griff ins Zahllose, ins Unerschöpfliche. Ich beobachte ein altes Weiblein, das einen gelben Hummer hält, ungewiß, ob der Kerl wirklich so viel Lire wert ist. Unterdessen sind die Männer schon dabei, ihre braunen Netze auszurollen auf der Mole; andere stehen in den Pinten, trinken, reden über den Streik. Der gelbe Hummer ist dem Weiblein zu teuer; eine junge Dame in Hosen nimmt ihn sofort. Was mich besonders fesselt, ist einfach der Umstand, daß man einmal alles zusammen sieht: Erbeuter, Verkäufer, Verbraucher. Alles ganz konkret. Dazu das abendliche Gebimmel einer alten Kirche, die letzte Sonne auf einem Klosterziegeldach, ein Geistlicher im schwarzen Fladenhut. Zwei ziemlich verlumpte Kinder teilen sich einen Fisch, der nicht mehr so frisch ist; sie zerschneiden ihn auf dem Randstein; nochmals das Schuppensilber, das Wässerige der toten Augen, das perlmutterne Schillern, das Rosa-Stumme im offenen Rachen... An der verpißten Ecke steht wie immer der Bettler, sein Schildchen um den Hals:

»Blind, please help.«

Wenn das gesamte Personal eines Grandhotels streikt, wenn die Gäste sich in die tägliche Arbeit teilen müssen, Betten machen, Kartoffeln schälen, Holz hacken, Teller waschen, Gläser trocknen, Suppe kochen, Suppe mit Brot, solange Brot vorhanden ist, Suppe jeden Tag:

Das als Folie eines Lustspiels?

Wanderung bei glühender Hitze. Ganze Hänge haben gebrannt; eine tote Schlange zwischen verkohlten Stauden: Tanz der Schmetterlinge...

Unterwegs eine Tafel aus Marmor:

»Qui la bellezza del mondo sorrise per l'ultima volta a Francesco Pisani. 8.9.1941.«

Endlich ein Grabstein, der das Leben nicht beleidigt; würdig; ohne die obszöne Vertauschung, ohne die feige Verherrlichung des Todes.

Der Streik sei verschoben. Auffallend ist die Verbrüderung unter den Gästen, die sich bisher kaum benickt haben; man kann jetzt nicht im Lift fahren, ohne daß ein Gespräch entsteht, und das Einverständnis scheint ihnen fraglos. Ein Gefühl von Klasse, wie ich es bisher eigentlich nicht geglaubt habe. Man gehört zusammen, ob Italiener oder Engländer, Schweizer, Holländer, Belgier; ob Schieber oder Arzt, ob Offizier auf Urlaub oder Liebespaar oder kleiner Mann mit großer Währung, man fühlt sich gemeinsam belästigt, und zwar zu Unrecht; wir wollen Ferien machen, nichts weiter, wir sind Ausländer und zahlen unsere Sache. Der Wirt, schwarz vom Scheitel bis zur Sohle, steht in der Halle und versichert in allen Sprachen, daß ein Streik überhaupt nicht zustande kommen werde. Auch deutsch spricht er; seine Erinnerung an die Wehrmacht, die er bedient hat, verschafft mir, da ich einigermaßen ihre Sprache rede, eine gewisse Hochachtung, die ich persönlich nie erziele. Die Gäste lesen die Zeitungen aus ihrem eignen Land, die nichts von Unruhen melden, überhaupt nichts von Italien; ein wenig ist man beruhigt. Aber ärgerlich bleibt es doch, traurig, unbegreiflich, daß es auch in diesem Lande solche Leute geben muß, Elemente genannt, die haben wollen, was andere schon haben. Ich spiele Pingpong mit dem jungen Italiener, dessen Geliebte lieber zuschaut; sie sucht unsere verhauenen Bälle in den nächtlichen Agaven...

Nichts wäre schöner als ein Lustspiel, doch nicht ein antiquarisches, es müßte schon ein gegenwärtiges sein, meinetwegen in Kostüme verkleidet, ein Lustspiel um unsere Probleme. Ob das möglich ist? Das Verlangen danach wäre gewaltig, überhaupt das Verlangen nach einer fröhlichen und im Grunde zweifellosen

Bejahung, einer Bejahung allerdings, die unseren wirklichen Fragen und unserem heutigen Bewußtsein nicht ausweicht. Das ist wohl entscheidend. Ein Lustspiel, das einfach ausweicht, kann bestenfalls zerstreuen; dann ist ein Trauerspiel, das unserem Bewußtsein standhält, immer noch tröstlicher, scheint mir –

Wieso gibt es dieses Lustspiel nicht?

Man kann drei Stunden lang lachen, von Witzen geschüttelt, und es ist kein Lustspiel. Witz genügt nicht. Der sogenannte Lacher ist stets ein Beiwerk, nie das Kennzeichen eines Lustspiels. Denkbar wäre eine Heiterkeit ohne jeden Witz, lustvoll-tröstlich, entspringend aus einer unwiderstehlichen Zuversicht, der gegenüber alle Leiden und Leidenschaften, die sich abspielen, unverhältnismäßig werden und insofern komisch. Das Lustspiel, glaube ich, ist nicht eine Frage der Fabel, sondern des Klimas. Es geht nicht ohne die große Zuversicht, ohne ein Gefühl, daß im Grunde doch alles zum besten bestellt sei und daß die Welt nur ein gutes Ende nehmen kann, ein erlösendes Ende, das ist der fromme Goldgrund, den wir so sehr ersehnen, und ohne ihn gibt es kein wirkliches Lustspiel... Bei Kleist, im Zerbrochenen Krug, steht hinter der Komik, daß Menschen über Menschen richten, das unerschütterte Vertrauen, daß es ein übermenschliches Gericht gibt, eines jenseits der Komik; Herr Gerichtsrat Walter, der dort den Goldgrund bringt, als Statthalter eines wirklich lieben Gottes. Daran ist nicht zu zweifeln. In der Minna von Barnhelm und in anderen wirklichen Lustspielen, es sind ja wenig genug, ist es nicht immer eine metaphysische Zuversicht; oft genügt schon der Glaube an eine gesellschaftliche Ordnung. Man lacht über ihre Entartungen, über ihre leidigen Auswüchse, aber im Grunde kann man sie bejahen; die Gesellschaft, der das Lustspiel gezeigt wird, ist die beste aller möglichen. Es gibt Grafen und Diener, und zuweilen, zeigt das Lustspiel, ist der Diener ein viel bessrer Kerl, edler als der Herr Graf, ja, der Diener verdiente schlechterdings, daß man ihn in den Adel erhöbe, und die Verteilung der Titel ist komisch, weil unverhältnismäßig, komisch in diesem Fall; aber daß es überhaupt Grafen und Diener gibt, Herren und Leibeigene, daran rüttelt das Lustspiel nicht. Sonst ist es aus mit der Lust. Die Gesellschaft wird mindestens in ihrer Idee bejaht, und zwar zweifellos; um so kecker darf man, ohne ketzerisch zu sein, über ihre ungenügende Verwirklichung lachen. Das Lustspiel ist fromm. Fromm wie Aristophanes! Er glaubt an Athen, das ist zweifellos, sonst könnte er die Athener nicht dermaßen zerzausen, und er hat auch Grund, an seine Polis zu glauben; trotz Kleon –. Aristophanes glaubt; sonst wäre er nicht Aristophanes geworden, sondern ein Hanswurst oder ein Tragiker. Das Mindeste ist natürlich, daß der Mensch bejaht wird, der Mensch schlechthin; das Mindeste oder das Höchste. Der Mensch als Gottes bestes Geschöpf, sein Meisterstück. Unsere Leidenschaften erscheinen im besonderen Fall vielleicht närrisch; der Mensch vertraut, wo er betrogen wird, und sein Vertrauen wird unverhältnismäßig, komisch, weil er es stets an die falsche Person vergeudet; aber auf der gleichen Szene steht eine andere Person, die ihn, wenn er es bloß merken möchte, zweifellos glücklich machte. Zweifellos; das ist der Punkt. Man könnte glücklich sein! Oder wir lachen über den Heuchler, wissend, daß die Tartuffe zuletzt doch nichts erreichen. Zuletzt; das kann im fünften Akt sein oder im Himmel. Die Tugend siegt immerdar; an diesem Goldgrund wird nicht gekratzt; er allein, und nicht einzelne Späße, er allein versetzt uns in die Lust, die dem Spiel schließlich den Namen gibt – Goldgrund der Zuversicht, daß Recht geschieht und alles einen Sinn hat, meinetwegen einen ewig-verborgenen, aber einen Sinn; ohne diese Zuversicht, die fromm und zweifellos sein muß, kann es nur eine Satire werden, witzig, aber nicht lustvoll-tröstlich... Don Quixote ist komisch, weil alles, was er redet und tut, unverhältnismäßig ist; er hat zuviel gelesen, der Gute, und nun sehen wir ihn, ausgestattet mit feudalen Redensarten, hinausreiten in eine ganz und gar bürgerliche Welt, ein Opfer der Belletristik, die zu allen Zeiten aus antiquarischen Redensarten besteht; alles ist anders als seine hehren Gespinste, nützlicher, häßlicher, minder großartig, aber lebbar und lebenswert. Die Welt, die den Ritter narrt, wird von Cervantes im Grunde bejaht. Es ist immerhin eine wirkliche Welt, eine mögliche Welt, und unser Erbarmen ist nicht mit den Wirten und Gänsedirnen, daß sie keine Prinzessinnen sind, sondern mit dem Edlen von La Mancha, der die Wirte und die Gänsedirnen immerzu verkennt. Was würde sein, wenn die Welt, die Don Quixote zum rührenden Narren macht, ebenfalls eine unmögliche wäre, ein leerer Spuk, vergangen, verloren, unwirklich und unlebbar, keiner Bejahung wert? Wo bliebe unsere Lust an seinem Irrtum – wenn es nicht einmal ein Irrtum wäre?

Heute in Santa Margherita, Sonntag, hin und wieder fahren sie auf offenen Lastwagen vorbei, gepfercht, aber singend, ein Mädchen hält die Fahne mit Sichel und Hammer.

Woher aber die Zuversicht? Woher der Goldgrund? Die Botschaften höre ich wohl. Das Einverständnis mit einer kommenden Gesellschaft, die ihre Lebbarkeit noch nicht bewiesen hat, ist selten heiter; der Wille zur Zuversicht, der den Revolutionär erfüllt, ist noch keine Zuversicht. Wie selten findet man einen Revolutionär, dem der Humor nicht ungeheuer wäre...

Ich lese Jakob Burckhardt, eine antiquarische Ausgabe mit bräunlichen Flecken im Papier und Marmoreinband, genieße seinen goldenen Altmännerglauben, also geschrieben von einem jungen Menschen, ich lese ihn, als wüßte ich nichts von seinem späteren Ruhm, lobe ihn, als hätte er es nötig, tadle ihn, als dürfte man das. Beispielsweise tadle ich seine durchaus unfreie, blinde, vorurteilhafte Geringschätzung der eignen Gegenwart, so dieser verfluchte Ton: Und also kommt der Geist mehr und mehr auf den Hund und schließlich auf uns. Ich zähle ihm vor, wer zur Zeit, als er das geschrieben hat, gelebt und geschaffen hat; immerhin ein Klub von ganz achtbaren Herren. Die meisten, gewiß, er hat sie nicht kennen können. Man muß vorsichtig sein mit der Wertung seiner eignen Zeit!... Brunelesco beginnt die Renaissance, und mit der Renaissance beginnt Burckhardt ein herrlicher Offenbarer zu werden, immerzu zücke ich meinen Stift, um das Entzückende anzustreichen, einmal, zweimal, dreimal! Stile sind Schaffensziele; warum sie sich wandeln, darüber schweigt auch mein großer Jakob. Mit Brunelesco beginnt die Renaissance, nicht anzuzweifeln, hundert Seiten später kommen andere, welche die Renaissance, die mein Autor schlichterdings als das Richtige erläutert hat, einfach wieder auf den Hund bringen. Die Elenden! Plötzlich machen sie Barock, und Burckhardt, eben noch ein Begeisterter im wörtlichen Sinne, wird plötzlich professoral, will sagen: plötzlich hat er keine Antenne mehr und hört nur noch sich selber, seine Meinungen. Mein Stift gestattet sich die ersten Fragezeichen, die sich nach und nach in Ausrufzeichen wandeln, endlich lege ich das Buch auf den Tisch, nicht unwillig, bloß bedenklich: scheint es doch, daß eine noch so geistvolle Betrachtung des Geschaffenen, und wer möchte darin diesen Burckhardt übertreffen, nicht über die Vorhöfe hinauskommt; die Bedingungen des Schaffens erschließen sich vielleicht dem Schaffenden, doch kaum so bewußt, daß er sie auszusagen vermag, es ist auch nicht sein Anliegen; der Betrachtende aber geht von einem Bewährten aus, das er als richtig erkannt hat, als allgemeingültig – das Gebot, das den Schaffenden leitet, ist aber wahrscheinlich nicht das Richtige dieser Art, sondern das Persönlich-Mögliche, das Persönlich-Notwendige, das Gebot des Lebendigen, das sich als solches immerzu erschöpft in dem Augenblick, da ihm eine ganz entsprechende Gestalt gelingt. Alles Gelingen ist kurz. Und unwiederholbar. Die Blüte im antiken Griechenland; die Renaissance. Nur das Epigonale kann dauern. Wohl das Beste, was ich über die notwendige Wandlung der Stile kenne, sagt Goethe im zweiten Faust:

Gestaltung, Umgestaltung
Des ewigen Sinnes
Ewige Unterhaltung.

Wo aber, wenn wir es so sehen, bleibt das Richtige, das ein Stil gegenüber andern voraushaben soll? Jakob Burckhardt und der Barock; seine Entrüstung ist so begreiflich: er mißt den Barock nicht an den Schaffenszielen des Barock, sondern der Renaissance. Ich gestatte mir die Randglosse: Jakob, auch du? Denn damit macht sogar er, der Würdigsten einer, nichts anderes als das Geschmeiß der kleinen Rezensenten, wenn sie etwa einem Brecht, der sich seit Jahrzehnten um episches Theater bemüht, vorwerfen, sein Theater sei nicht dramatisch... Oh, über unsere Urteile! Wenn ein so hoher Geist wie dieser Burckhardt sogar vergangenen Epochen gegenüber befangen bleibt, sehend für das eine, blind für das andere, wie soll dann der Schaffende, der Beteiligte, der Befangene jemals ein überpersönliches Urteil gewinnen?

Ein schwerer Sturm... Der kleine Sandstrand, wo wir täglich gebadet haben, ist eine Geröllhalde. Bäume, geknickte, hangen über die Felsen. Etwas wie Befreiung. Wir wandern bei strömendem Regen an der Küste entlang. Säulen von Gischt. Der Himmel ist grau und violett, metallisch. Steine auf der Straße. Überschwemmung in Santa Margherita, der halbe Platz unter Wasser; hinter den perlenden Scheiben stehen weiße Kellner. Geflatter von zerrissenen Stores. Die großen Bunker, die im vorigen Jahr noch standen, sind jetzt gesprengt. Unterwegs fliehen wir unter ein Gewölbe; Sintflut, dazu donnert es wieder. Vor uns das rollende Meer; warum soll es nicht einmal steigen, drei Meter oder zehn Meter? Eine gewisse Wonne der Panik, alle Schranken werden fraglich, das Unsichere wird offenbar, das Abenteuer zu leben. Später nehmen wir einen Bus, einen Schnaps in Rapallo. Der Regen hat nachgelassen, aber nicht der Wind; der Quai, der sich eben im Bau befindet, ist eingerissen, Arbeiter und Feuerwehr versuchen zu retten, was zu retten ist, der fertige Beton hält stand, aber die Versprießungen sind weg, und die große Platte, die eben hätte betoniert werden sollen, ist ein wirres Eisengitter, die Schalung zersplittert, die Brandung wirft einzelne Bretter ans Land, es läuten die Glocken, ich weiß nicht warum, aber es paßt vortrefflich dazu...

Zur Architektur

Äußerst beherzigenswert sei es, schreibt Burckhardt, daß kein Stoff sich für etwas ausgibt, was er nicht ist, und hundert andere

Sätze dieser Art, die, obschon über die Renaissance gesagt, auch zu unserem Einmaleins gehören. Kongruenz von Funktion und Form. Nur mit wesentlich anderen Aufgaben, die andern Bedürfnissen zu entsprechen haben, vor allem auch mit anderen Stoffen, die ihre anderen Gesetze haben; doch das Grundsätzliche bleibt, Syntax mit anderen Wörtern – und doch sehen wir unsere Gebildeten, wenn sie etwa einem Corbusier begegnen, oft hilfloser als vor einer Südseemaske.

Warum?

Unser Verhältnis zur eignen Zeit, eben jener Ton: Und so kommt der Geist mehr und mehr auf den Hund und schließlich auf uns... Auf der Akropolis gibt es den sogenannten Perserschutt, Skulpturen der Vorfahren, verwendet zum Hinterfüllen der neuen Mauer: die das tun, sind zweifellos, daß sie ihr eigenes Kunstwerk schon selber schaffen. Ähnlich wieder in Italien: die oft schamlose Plünderung antiker Bauten, Plünderung nicht durch Vandalen, sondern Architekten, die Säulen brauchen, Marmor, um selber zu bauen. Her damit! jetzt leben wir. Ein ungeheures Gefühl für die Gegenwart, pietätlos wie das Leben, das Antihistorische dieser Haltung sogar bei der Renaissance, die sich selber vorgibt, die Antike zu wollen; aber sie heißt ja auch nicht Reconstruction, sondern Renaissance. Überall das lebendige Bewußtsein, daß nicht das Geschaffene wichtig ist, nicht in erster Linie, sondern das Schaffen. Ich würde sagen: auch wo das Neue jedenfalls minderen Wertes sein wird, ist es wichtiger, daß es geschaffen wird, wichtiger als die Bewahrung, deren Sinn damit nicht geleugnet wird. Es gehört zu den Faszinationen von Italien, die sich in persönliches Glücksgefühl verwandeln: zu sehen, wie jede Epoche sich als Gegenwart ernstnimmt, wie rücksichtslos sie vorgeht, um zu sein.

Und wir?

Vor wenigen Jahren hatten wir in Zürich einen architektonischen Wettbewerb für ein neues Kunsthaus; jedermann erkennt, daß der Platz, der vorgesehene, eine ganz erfreuliche, freie, restlose Lösung nicht gestattet, doch man getraut sich nicht, ein altes Zürcherhaus mittleren Wertes einfach abzureißen. Das Neue also, das Unsere, ist im Grunde schon verworfen, bevor wir unseren Zeichenstift ergreifen. In dieser Luft dürfen wir nun schaffen, von keiner Erwartung begleitet, bemuttert von historischer Pietät, die alles Maß übersteigt, umgeben von der fraglosen Selbstpreisgabe unsres Geschlechtes... Bildung als Perversion ins Museale –

Florenz, Oktober 1947

In der Gasse, vor unserem Hotel, spielen zwei Kinder; ein fünfjähriger Bub, rachitisch, und ein Mädchen mit Spielzeugpistole: sie spielen Händehoch, wobei der Kleine, eher mürrisch und unwillig, sich an die verpißte Mauer stellen muß – nur daß er dann umfallen soll, begreift er nicht; das Mädchen macht es ihm vor – aus der Erfahrung ihres siebenjährigen Lebens.

In der Kammer von Savonarola: Der Mann fasziniert, das Profil, daneben das kleine Bild von seinem Scheiterhaufen, das schwarze Gericht der Rechtdenkenden, doch etwas muß man diesen Richtern schon lassen: sie sehen auch gleich der Hinrichtung zu, alles liegt örtlich und zeitlich beisammen, ein hölzerner Steg führt vom Gericht hinüber zum roten Feuer. Dabei empfinde ich etwas wie neulich auf dem Fischmarkt: alle Zusammenhänge sind offensichtlich, in einem menschlichen Maßstab übersichtlich, nicht anonym. Was es auch sei, Fischerei und Handel, Gericht und Hinrichtung, es verblaßt nicht in Begriffe; alles bleibt konkret. Wogegen wir in Begriffen leben, die wir meistens nicht überprüfen können; das Radio überzeugt mich von hundert Dingen, die ich nie sehen werde, oder wenn ich sie dann einmal sehe, kann ich sie nicht mehr sehen, weil ich ja schon eine Überzeugung habe, das heißt: eine Anschauung, ohne geschaut zu haben. Die meisten unsrer Begriffe, wenn sie konkret werden, können wir gar nicht ertragen; wir leben über unsere Kraft. Es wird mir übel, wenn vor meinen Augen ein Schwein geschlachtet wird mit blankem Messer, ich habe dann gar keine Lust auf

Schinken; sonst schätze ich ihn sehr. Unser Denken muß konkret werden! Man müßte sehen, was man denkt, und es dann ertragen oder seine Gedanken ändern, damit man sie denken darf. Georg Büchner im Danton, als Danton in das Gefängnis geführt wird: Geht einmal euren Phrasen nach bis zu dem Punkt, wo sie verkörpert werden, blickt um euch, das alles habt ihr gesprochen! Ein Motto, das heute über fast ganz Europa hängt. Und in diesem Sinne empfinde ich die Richter, die so neben dem Feuer sitzen und ihr Besserwissen lodern lassen, immerhin nicht das Letzte, was es an Menschen gibt; Wort und Tat sind eins.

»Marxismo – Cristianismo?«

Wenn der letztere seine zweitausend Jahre dazu verwendet hätte, auch jene seiner Satzungen ernst zu nehmen, die sich auf das Diesseits beziehen, kann ich mir nicht denken, daß der erstere eine wirkliche Bedrohung darzustellen vermöchte.

Viel Bettler auch hier.

Gar nichts übrig habe ich für jene, die sich vor die Kirchen stellen, deren Kreuzgang wir besuchen, und auf meine christliche Wallung lauern. So nicht! Ich bevorzuge die andern, die vor den Tisch kommen, wenn man im Freien ißt, stehenbleiben, bis der flinke Kellner den schwarzen Kaffee bringt und ich meine Zigarette anstecke, und sagen: »Mangiato?«

Die Pietà von Michelangelo. (Aus der Capella Barberini in Santa Rosalia in Palestrina.) Hier ist das Schöne zu Ende; die Last der Leiche mit den einknickenden Beinen und den hangenden Armen, das Gräßliche eines Leibes, der nur noch der Schwere gehorcht, die Angst, daß seine zufälligen Bewegungen plötzlich grotesk, puppenhaft lächerlich werden. Und dahinter die Mutter; unvollendet, Steinmasse, das ferne Erwachen einer Gestalt, ein Emporkommen aus dem Urdunkel, das noch nie ein Licht empfangen hat, ihre Zärtlichkeit hinter einem schweren Schleier von Gestein. Das Über-Schöne: Die Leichen, die sie auf Lastwagen verladen und dann in eine Kalkgrube geworfen haben, man kann sich ihrer erinnern, ohne daß man über seinem Kunstvergnügen erschrickt; auch sie sind hier enthalten. Sie sind nicht durch eine Schönbildnerei verhöhnt und verraten. Erst wenn das Gräßliche inbegriffen ist, beginnt die mögliche Erlösung, die mehr ist als eine voreilige Harmonie.

Eine italienische Zeitung, die Constanze mir übersetzt, berichtet folgende Daten: die Atombombe von Bikini entwickelte eine Radioaktivität, entsprechend einer Radiummenge von siebzigtausend Tonnen. Vorhandenes Radium, das bisher für Heilzwecke verwendet worden ist: hundertundfünfzehn Gramm. Genannte Radioaktivität bleibe fünfundzwanzig Jahre wirksam in der Atmosphäre. Fünfhundert Bomben, abgeworfen innerhalb von fünfundzwanzig Jahren, sollen genügen, um auf dieser Erde sämtliches Leben abzuschaffen.

Festa dell'uva... Sonntagabend; wir geraten in ein großes Gedränge, Straßen mit lustiger Erleuchtung, Girlanden von Glühbirnen, eine Blechmusik spielt Verdi, ringsum steht Volk, zufrieden, Trauben essend, an offenen Fenstern lehnen die Weiber, ihre Brüste zwischen verschränkten Armen, und genießen den Rummel von oben, Kinder schreien, Vollmond über San Lorenzo, überall gibt es Stände mit Trauben, bengalisch beleuchtet, Stände mit billigen Spielsachen, Stände mit Kuchen, die just gebacken werden in etwas stinkendem Fett. Ein Mann kauft eine Art von Kirschpfannkuchen, bricht ihn sorgsam, gibt seiner greisenhaften Mutter, dann der Frau und dem Kind, den Rest schiebt er sich in den Mund. Überall viel festliche Erwartung, ohne daß irgendwo eine sichtbare Erfüllung eintritt; ein Harlekin macht Späße zur Gitarre, ringsum zufriedene Gesichter. Das Volk erscheint als ein unendlich schlichtes, bescheidenes und für das Leben dankbares und unendlich hoffendes Kind, harmlos und verspielt, arglos; inbegriffen die Männer, die ihren Wein trinken und plötzlich mit Todesernst streiten, die kleinen und unsicheren Dirnen, die am Dämmerrand stehen, Verdi hören und nicht ganz wissen, wie man es meint, wenn man ihnen ins

Gesicht schaut oder auf das Kruzifix am Busen. Ein Krüppel sitzt am Boden und geigt, Uniform der italienischen Luftwaffe, auch junge Burschen bleiben stehen und geben ihm. Einmal hupt ein Lastwagen, der mitten durch die Menge fahren muß; zwei schöne weiße Rinder auf ihrer Todesfahrt. Ein alter Mann verkauft Fähnlein aus Papier, das Sternenbanner, aber auch Sichel und Hammer, ferner Hampelmänner, Flugzeuge aus Blech, Affen aus Stoff. In einer Bar wird gesungen. Geruch von Latrinen. Schwatzende Mütter sitzen auf dem Randstein, Säuglinge im Arm – sie alle unendlich bescheiden, unendlich hoffend...

Ich skizziere viel, um zu sehen, und werfe es wieder weg. Auch vom Geschriebenen bleibt fast nichts. Eben habe ich mein Heftlein gezückt, um für alle Zeiten, die sich noch mit Europa befassen mögen, festzuhalten: Der Palazzo Vecchio, laßt euch durch die Masse nicht bluffen, ist ein elendes Pfuschwerk. Nähere Auskunft auf Anfrage; wie verlogen der Turm auf der Fassade sitzt. Was sagt wohl der große Jakob dazu? –

»Größe, Erinnerungen, Steinfarbe und phantastischer Thurmbau geben diesem Gebäude einen Werth, der den künstlerischen bei Weitem übertrifft.«

Auch schon bemerkt, auch schon gesagt.

Fiesole.

(Ich denke wieder an die Herren vom Trust, die ihren Zement nicht liefern wollen für unser Volksbad. Die Industrie, der sie sich verwaltungsrätlich verbunden fühlen, hat zur Zeit so dringende Bauten, um ihre Gewinne unterzubringen. Die Industrie, sagen sie, könne den Bau einer solchen Anlage jetzt nicht gutheißen. Wer hat gutzuheißen? Das Volk hat abgestimmt. Ihr unverfrorener Vorschlag: die Stadt könne ja ausländischen Zement beziehen, der zwar teurer ist, aber ebenfalls nur durch diesen Trust erhältlich. Die Gruben für unsere Bassins sind ausgebaggert. Ich bin neugierig auf den Entscheid.) Reste eines römischen Bassins...

Zum Abschied bei Michelangelo... Seine Sklaven, die unvollendeten; die Klötze, noch als solche erkennbar, sind viel knapper, als man bei den angehauenen Figuren vermuten möchte. Die Gebärden sind von vornherein in einem strengen Kubus gefaßt. Wirkliche Bildhauerei: nicht das Kneten einer Gestalt, sondern das Heraushauen, das Erlösen einer Gestalt. Es ist das Faszinierende an Michelangelos zahlreichen Fragmenten, daß sich wie selten das Schöpferische als solches darstellt. Vorgang, nicht Ergebnis. Das Geburthafte mit Qual und Wunder. Wer will? Vielleicht die Gebärenden; das Geborene: wehrlos, Opfer. Es ist der Augenblick, den er in der Sixtinischen Kapelle zum Vorwurf genommen hat: die Erweckung des Adam, und hier wie nirgends sonst begreife ich das Herkulische seiner Gestalten, es ist so, als kämpften sie um ihre Geburt oder als wehrten sie sich gegen den, der sie zur Geburt zwingen will. Auch im Adam, wie der Gottesfinger ihn erweckt, ist dieser Zwiespalt; halb staunend und dankend, halb trauernd empfängt er das Leben, das er nicht gewollt, nicht erfleht hat. Er ist Gottes Geschöpf und Gottes Opfer. In seinem erglänzenden Auge ist beides, Trotz und Demut...

Unterwegs

Zwei Stunden in einem überfüllten Autobus. Wir sind die einzigen Fremden in dieser schaukelnden Sardinenbüchse. Überall Halt; ein Arbeiter will einsteigen. Wieder Halt: eine Frau mit Säugling will aussteigen. Wie viele schöne Menschen! Bei längerem Hinsehen: meistens sind sie nicht einmal so schön, aber fröhlich. Nicht übermütig, nicht laut, aber fröhlich, lebendig, höflich. Wie sie sich mit dem Gedränge abfinden, einander helfen, und es ist nicht die besondere Stimmung eines Festes, eines Ereignisses; Alltag, Arbeiter, Geistliche, Frauen, die zum Markt fahren, Körbe mit Eiern, Kinder, Rucksäcke voll Armut, eine Sichel, ein junges Schaf, das in Siena verkauft wird, Alltag: und man hat ein Gefühl von Kultur wie selten, von lebendiger Humanität. Man soll nicht von einem ganzen Volk reden! nun tue ich es doch: ich liebe das italienische.

Siena, Oktober 1947

Türme: – Backstein ohne alles, ohne besondere Gliederung, einfach ein schlanker Körper aus ziegelrotem Stoff, dann die scharfe Kante zwischen Licht und Schatten, ebenso scharf und dennoch anders sind die Kanten zwischen Körper und Raum, zwischen Turm und Luft, zwischen Stein und Himmel. Man redet immer gerne von Verhältnissen; dabei sind sie, näher betrachtet, nicht immer sehr glücklich, oft verkrüppelt, durch späteren Ausbau verschandelt, durch eine Aufstockung verstumpft wie gerade dieser Palazzo Pubblico. Aber es bleibt das Köstliche: das Körperliche überhaupt. Alle Körper haben hierzulande ein ungewohntes, fast bestürzendes Dasein. Was uns bewegt, was uns beglückt und überrascht und bannt, ist das Dasein, das uns in einem solchen Körper entgegensteht, das Dasein schlechthin, das Rätselhaft-Allbekannte, das Geheimnisvoll-Alltägliche: daß es Dinge gibt –.

Das Gefühl, selber zu sein.

Siena wird für diesmal unsere letzte Station sein. Autobusse stehen da: Arrezzo, Orvieto, Roma. Selbst in solchen Stunden, wo man sie schmerzlich empfindet, halte ich die berufliche Bindung für einen Segen. Zwang zur Beschränkung, Steigerung des Genusses.

Im Schatten sitzend lese ich die Geschichte des Domes, die Geschichte einer Vermessenheit. Siena will den größten aller Dome. Der bisher vorhandene Dom, lese ich, wäre gerade noch als Querschiff verwendet worden. Das neue riesenhafte Längsschiff, das dann nie vollendet worden ist, steht da mit einer Seitenwand, fünf Achsen mit Rundbogen, und mit einer fertigen Stirnwand; dann kommt die Pest, die Siena für etliche Jahrzehnte lähmt, aber nicht von seinem verstiegenen Vorhaben abzubringen vermag. Die Enkel bauen weiter. Das Unbesonnene, das dem Größenwahn eigen ist, zeigt sich, sobald man den Plan genauer prüft; die bereits vorhandene Mittelkuppel und das neue Hauptschiff hätte man nie vereinen können; hinzu kommt, daß die Fundamente sich zur Enkelzeit als ungenügend erweisen, die begonnenen Gewölbe beginnen sich zu spreizen: Man gibt es auf. Das Ergebnis ist wunderbar! Es bleibt ein Platz unter offenem Himmel, aber der Innenraum, der gewollte, ist bereits vorstellbar, man sieht: dieser Raum, der jetzt noch keiner ist, wäre dem Uferlosen entrissen worden, der Sonne entzogen. Der Raum als Dasein, wie zuvor der Körper des Turmes; nämlich der umgrenzte, der gefaßte und gestaltete Raum, der den unbegrenzten und unfaßbaren erst zur Ahnung bringt.

Form: wenn das Unvorstellbare, das Dasein, sich darzustellen vermag –?

Unterwegs

Im Speisewagen – Aufenthalt in einem kleinen zerschossenen Bahnhof – gegenüber einem offenen Viehwagen, der ebenfalls steht und voll Menschen ist, Italiener, die zur Arbeit fahren, Männer und Frauen, Burschen, Mädchen, die uns auf den Teller blicken: ohne Vorwurf, ohne Miene, müde und stumpf, als gebe es nun einmal zweierlei Menschen, solche, die sitzen, und solche, die stehen, solche, die essen, und solche, die nicht verhungern, solche, die es in Ordnung finden, und solche, die es nicht ändern können, obschon es nur eine Glasscheibe ist, obschon sie in der Mehrzahl sind...

Warum können sie nicht?

Café Odeon

Das Wort, womit man zur Zeit am meisten Unfug treiben kann, heißt Nihilismus – man muß nur unsere Zeitungen blättern, und schon haben sie wieder einen! Sartre ist einer, Wilder ist einer, Jünger ist einer, Brecht ist einer... Wahrlich, ein verbindendes Wort! Ich sehe sie förmlich, unsere Rezensenten zweiten Ranges, sie stöbern wie mit einer Flitspritze umher, und kaum erschreckt sie etwas Lebendiges, spritzen sie mit geschlossenen Augen:

»Nihilismus, Nihilismus –«

Nihilist in diesem Sinn, wie unsere Presse es meint, ist auch der Arzt, der mich heute geröntgt hat, statt daß er meine Wange schminkt; denn was zum Vorschein kommt, wenn er röntgt, wird nicht schön sein –.

Was sie positiv nennen:

Die Angst vor dem Negativen.

(Selbstverständlich ist es nicht entscheidend, ob man Ja oder Nein sagt, sondern wozu man es sagt, und der Glaube, der sich in einem Nein ausdrückt, ist nicht immer der geringere, meistens sogar der keuschere.)

Ihr Ja: als ein Ja zur Lüge.

Was Brecht betrifft, um den es in diesem Aufsatz geht, frage ich mich, ob ein Nihilist, ein wirklicher, imstande wäre, eine Veränderung zu wollen. Brecht aber, das weiß auch dieser Kritiker, will durchaus eine Veränderung, eine ganz bekannte, genau beschreibbare. Wer keine Veränderung will, weil der herrschende Zustand zu seinem Vorteil gereicht, oder wer eine andere will, kann ihn als Gegner bezeichnen, keinesfalls als Nihilist. Wer den Bürger verneint, verneint noch nicht den Menschen, und wer den Körper durchleuchtet, verneint nicht den Geist – sondern er wendet ihn an.

Ferner: unser Verhältnis zum Häßlichen, und warum sie dem Künstler, wenn er das Häßliche zeigt, meistens die Künstlerschaft absprechen –

Der Bürger sagt:

»Die Kunst beschäftige sich mit dem Schönen.«

(Damit sie sich nicht mit ihm beschäftige?)

Goethe sagt:

»Die Kunst beschäftigt sich mit dem Schweren und Guten.« (Maximen und Reflexionen.)

Nur wer das Schöne selber vermag, scheint es, erträgt auch den Anblick des Häßlichen, und zwar so, daß er es darstellen kann.

Woran verrät sich der Dilettant?

Seine Gegenstände sind immer schön.

Letzigraben

Meine Baustelle hat noch wenig mit Architektur zu tun. Gräben voll Lehmwasser, Röhren, Hügel von Aushub, der bereits einen Schimmer von grünendem Unkraut hat, dazwischen Baracken, Latrinen, Schuppen voll Gerät oder Zement in papiernen Säcken, Stapel von Brettern, eine Landschaft aus Prügelwegen und Tümpeln, Sprießungen, Flaschenzügen, wo sie die schweren Rohre hinunterlassen. Vom künftigen Hochbau sieht man jetzt die ersten Fundamente, eine Pfahlbauerei aus Eisenbeton; ich bin fröhlich überrascht, wie groß es wird. Trotz der vielen, teils sieben Meter tiefen Gräben bisher nichts gefunden, nicht einmal ein menschliches Skelett, nur Knochen von Pferden. Hier haben die Russen gegen die Franzosen gekämpft; die Ziegel einer römischen Villa sind weithin verstreut über Galgenhügel, Schindanger, Schrebergärten ... Zur Zeit bin ich es, der seinen Willen einträgt in dieses Flecklein unsrer Erde, Feldherr über fünfunddreißigtausend Quadratmeter.

Unterwegs

Das Wissen, daß es sehr verschiedene Grade der Unfreiheit gibt, doch keine Freiheit, obschon jeder sie ausruft, der uns unterdrücken will, dieses Wissen als unerläßliche Voraussetzung dafür, daß man sich nicht selber zum Narren macht und eines Tages, vom Einen enttäuscht und betrogen, nicht seinem Gegner verfällt mit ebenso kindischer Hoffnung.

Unterschied des Grades: ob sie dich beschimpfen und fälschen, und du kannst dich nicht wehren, oder ob sie dich verhaften und schinden, und du kannst dich nicht wehren.

Ein Bürgersohn, ein Akademiker, viel belesen, viel gereist, beflissen, ein Mensch guten Willens zu sein und ein rechtschaffener Intellektueller – wenn er behauptet, unsere Gesellschaft sei die einzige, welche die Freiheit darstelle, kann man sagen, daß er lüge? Daß hierzulande ein jeder, der begabt ist, seine Begabung schulen und ausüben könne, davon ist er ohne Wimperzucken überzeugt; betreten nur, erstaunt, peinlich berührt, daß ich es nicht bin. Ich erzähle Beispiele, die sein ehrliches Bedauern auslösen, ohne ihn grundsätzlich zu erschüttern; er hat zwei Arten von Antwort. Erstens: Alles, was ich anführe, sind Ausnahmen, Sonderfälle, Mißgeschicke. Zweitens: Ob ich denn glaube, der Kommunismus sei die Freiheit. Nicht zu erschüttern ist sein Glaube, daß es Freiheit geben kann, Freiheit für alle, daß es sie gibt – und zwar bei uns ... Er selber nämlich, das ist es, fühlt sich durchaus frei: wie jeder sich frei fühlt in jeder Gesellschaft, die seinen Vorteil schützt, so daß er mit ihr einverstanden ist.

Vielleicht ist das meiste, was uns als Lüge empört, in diesem Sinne durchaus keine Lüge, sondern redlicher Ausdruck einer Meinung, die sich ihrer Bedingtheit nicht bewußt ist. Lügen kann nur der Bewußte. Es wird viel weniger gelogen, als wir meinen. Lügen verbraucht Kraft, im Gegensatz zur Verlogenheit, Lügen ist durchaus eine Tat, eine luziferische. Lügen ist bewußtes Verschweigen eines andern Bewußtseins, erfordert Willen und ist stets ein Wagnis, wogegen die Verlogenheit, selbst wenn sie wörtlich das gleiche sagt, durchaus bieder bleibt, sittsam, behaglich – und drum ist der Verlogene nie widerlegt, nur entrüstet, wie man über eine Tempelschändung entrüstet ist; sein Tempel ist die Zuversicht, daß alles, was ihm am meisten frommt, die Wahrheit sei, nicht seine Wahrheit, sondern die

Wahrheit schlechthin, die ewige, die unabänderliche, die unantastbare, die heilige – die unbedingte.

Voraussetzung der Toleranz (sofern es sie geben kann) ist das Bewußtsein, das kaum erträgliche, das unser Denken stets ein bedingtes ist.

Toleranz ist immer das Zeichen, daß sich eine Herrschaft als gesichert betrachtet; wo sie sich gefährdet sieht, erhebt sich immer auch der Anspruch, unbedingt zu sein, also die Verlogenheit, das Gottesgnadentum meines Vorteils, die Inquisition.

Zürich, 9.11.1947

»Die unterzeichneten Schriftsteller, die sich in Zürich begegnet sind, stellen fest, daß die Existenz zweier verschiedener ökonomischer Systeme in Europa für eine neue Kriegspropaganda ausgenutzt wird. Nicht nur besorgt um das Schicksal ihrer Länder, sondern der ganzen Welt, bitten sie die Schriftsteller aller Nationen, den beiliegenden Aufruf mitzuunterschreiben und in seinem Sinne zu wirken.«

Die erste Gruppe, entstand aus einer zufälligen Begegnung, besteht aus sieben Leuten; trotz einem amerikanischen Paß, einem Staatenlosen und einem Schweizer ist es vorläufig eine sehr deutsche Stimme, die sich erhebt, soll aber eine Weltstimme sein. Jeder wird versuchen, durch persönliche Briefe um weitere Unterschriften zu werben, damit schon die erste Gruppe einen weiteren Rahmen hat; ich unternehme die Werbung unter meinen Landsleuten. Vor allem müßte es natürlich gelingen, Schriftsteller aus dem Westen und aus dem Osten zu vereinigen. Wenn nur die Hälfte unterzeichnet, hat der Aufruf überhaupt keinen Sinn, von Wirkung ohnehin zu schweigen. Versichert nicht jede Seite, daß sie den Frieden will? Freilich nicht den Frieden mit dem Gegner, und damit wird das Wort zur platten Kampflüge; was heißt denn Friede, wenn nicht Friede mit dem Gegner? Langsam merken wir schon, wo der Haken liegt; das Gespräch wird trokkener; eine schöne Wallung, ein männlicher Ernst, der zur Füllfeder hat greifen lassen, ein gewisser Rausch, der sich bei solchen Anlässen sogar der lebenslänglichen Spötter bemächtigt, ist verebbt, bevor die letzte Unterschrift ganz trocken ist –

Der Aufruf würde lauten:

»Die Erwartung eines neuen Krieges paralysiert den Wiederaufbau der Welt. Wir stehen heute nicht mehr vor der Wahl zwischen Frieden oder Krieg, sondern vor der Wahl zwischen Frieden oder Untergang. Den Politikern, die das noch nicht wissen, erklären wir mit Entschiedenheit, daß die Völker den Frieden wollen.«

In der Bahn

Der erhebliche Ausfall an Männern, die gefallen oder noch immer in Gefangenschaft sind – spürbar, sobald man auf deutschem Boden ist; weniger im Straßenbild als im persönlichen Umgang; spürbar vor allem an den Frauen zwischen dreißig und vierzig –.

Frankfurt, November 1947

Ricarda Huch, die Jena insgeheim verlassen hat, liegt mit einer schweren Lungenentzündung, nicht mehr zu sprechen; ihre Nächsten sind bereit, unser Schreiben vorzulegen, wenn es möglich ist.

Im ganzen, wenn ich mich nicht täusche, geht es etwas besser als vor einem Jahr. Nicht viel. Oder hat man sich einfach an die Trümmer gewöhnt? An den Kiosken gibt es Zeitungen. Die Menschen sehen eher schlechter aus. Die Not hat an Abenteuer verloren, Alltag, es ist nicht abzusehen, was kommen soll. Eine gewisse Hoffnung, die der Zusammenbruch ausgelöst hat, wird schäbig wie die letzten Kleider. Ich lese Plakatwände: Aufrufe für das Goethehaus, ein Vortrag über Buddhismus, ein Kurs für englische Sprache, ein Kabarett, ringsum eine Wüste von kleinen Anfragen: Gesucht ein Zimmer in Stadtnähe. Und immer wieder: Wer kann Auskunft geben über meinen Sohn? Dazu ein Bild; das Lächeln eines gesunden Obergefreiten, die trauerlose Zuversicht eines jungen Gesichtes, wie es sie nur noch an Plakatsäulen gibt, halb erschütternd, halb beklemmend: – wir hätten einander nie verstanden.

Abend in der Bücherstube eines alten Freundes, Blick auf den Main, wir packen unsere Eßwaren aus, und alles ist selbstverständlich, wir können hier schlafen, ein lebendiges und heiteres Gespräch bis drei Uhr.

Zur Schriftstellerei

Selbst wenn dieser Aufruf der Schriftsteller zustande kommen würde, könnte er eine wirkliche Bedeutung haben? Die Völker wollen den Frieden; würden die Schriftsteller, und wenn es solche mit Ruhm sind, als die Stimmen ihrer Völker gelten? Ich denke mich als Zeitungsleser, dem dieser Aufruf unter die Augen kommt; meine Regung: Sieh mal an, die Schriftsteller aller Welt! und nachdem ich etwas flüchtig geprüft habe, welche Namen mir ein Begriff sind und welche fehlen, werde ich weiterblättern, um etwas Tatsächliches zu erfahren, beispielsweise wo das Uran gefunden wird, oder etwas Vergnügliches, beispielsweise ein neues Abenteuerchen von Adamson. O nein, kein Zweifel, daß die Schriftsteller es ehrlich meinen! Einige sind dabei, die unseren vollen Ernst genießen, nicht minder als Eisenhower, aber in andrer Art; ich finde es auch nicht unrichtig, daß sie wieder einmal einen solchen Aufruf machen, ich finde es sogar löblich, es ehrt sie und ist schön, wie wenn Churchill malt... Und indem ich die Zeitung dem andern überlasse und zu meinem Kaffee übergehe, sage ich vielleicht:

»Schade, daß die Schriftsteller und Dichter heutzutage so gar keinen Einfluß haben!«

»Warum?«

»Frieden oder Untergang«, sage ich: »ganz meine Meinung! Es ist ein fertiger Wahnsinn –«

»Sicher.«

Auch er greift zur Tasse.

»Wenn die Schriftsteller und Dichter einen wirklichen Einfluß hätten«, sage ich: »vielleicht wäre vieles anders in der Welt!«

Er blättert weiter.

»Glauben Sie?« sagt er bloß

(Er ist vielleicht Arzt oder so.)

»Als ich noch studiert habe«, fügt er hinzu: »das war vor sechzehn oder siebzehn Jahren, wir hockten in meiner Bude am Radio – vor einer Hitlerwahl – und hörten zwei Stimmen, die ihren Ruhm in die Waagschale warfen: Gerhart Hauptmann und Max Schmeling.«

»Na und?«

»Na und –!«

»Was wollen Sie damit sagen?«

»Wenn unsere Dichter keinen ernsthaften Einfluß haben«, sagt er schon mit dem Blick in die Zeitung: »vielleicht ist es schade, ja, vielleicht auch nicht. Unsere Schuld ist es nicht!... auch den Ruhm kann man nur einmal verkaufen – und Einfluß, wirklichen Einfluß, ich glaube halt, Einfluß hat man immer nur dort, wo man etwas von der Sache versteht, wo man der Welt bewiesen hat, daß man etwas von der Sache versteht...«

In der Bahn

Wie schön, daß man tagelang fahren kann, und das Feld, das vorbeizieht, heißt immer noch Feld, nicht champ, nicht campo – wie schnurrig, daß mir Landschaften, die ich zum erstenmal sehe, vertrauter sind, obschon sie sich von unseren Landschaften gänzlich unterscheiden, vertrauter, nur weil sie eins sind mit meiner Sprache...

Und die Menschen?

Man wähnt sich den Menschen, die eine Kiefer auch Kiefer nennen, von vornherein verbunden, genießt eine köstliche Erweiterung der inneren Heimat, und zeigt sich die übliche Fremdheit, empfindet man sie schmerzlicher als anderswo; man haßt auch viel leichter, rascher, wilder als in der sprachfremden Welt.

Berlin, November 1947

Einfahrt im Morgengrauen. Die Havelseen, die aufgehende Sonne hinter den Kieferstämmen, Wolken, die Brücken knien im Wasser, und die Sonne spiegelt wie Messing darin. Die Dächer sind naß. Zwischen den Stämmen eine wirre Gruppe von zerschossenen Scheinwerfern. Dann die ersten roten Fahnen, grell wie frisches Blut vor dem bleiernen Himmel. Rot als die Farbe der Alarme; man denkt an Schießfahnen und so.

Lichterfelde.

Der amerikanische Offizier, den ich in der Bahn zum erstenmal getroffen habe, bittet uns zum Frühstück, das damit endet, daß wir überhaupt seine Gäste bleiben; damit ist die Zimmersorge schon gelöst.

Vormittag am Alexanderplatz. Die jugendlichen Gangster und Dirnen. Es wird viel verhandelt; Dreigroschenoper ohne Songs. Hinter allem wittert man Geheimsprache. Das Unheimliche ist nicht, daß dich jemand überfallen könnte, wenigstens nicht bei Tag; sondern die Gewißheit, daß unsereiner, plötzlich in dieses Leben ausgesetzt, in drei Tagen untergehen würde. Auch dieses Leben, man spürt es genau, hat seine Gesetze; sie kennenzulernen braucht Jahre. Ein Wagen mit Polizisten; plötzlich stiebt alles auseinander, andere bleiben stehen und grinsen, ich schaue zu und habe keine Ahnung, was gespielt wird. Vier Burschen, drei Mädchen werden verladen; sie hocken sich zu den andern, die schon anderswo geschnappt worden sind, gleichgültig, undurchsichtig. Die Polizei hat Helm und Maschinenpistole, also die Macht, aber keine Ahnung, hat man das Gefühl. Auch sie nicht! Das Leben in der Tiefe entwickelt ganz andere Formen; ich muß an die Krebse denken, die gefangenen, damals in Portofino...

Später zum Brandenburger Tor.

Gelegentlich stolpert man über die Geleise einer Rollbahn; ich wische die Hosen, horche in die Dämmerung. Stille wie in den Bergen. Nur ohne das Rauschen eines Gletscherbaches. In der Zeitung gibt es eine Spalte für tägliche Überfälle; es kommt vor, daß man eine kleiderlose Leiche findet, und die Mörder stammen regelmäßig aus dem andern Lager. Ganze Quartiere ohne ein einziges Licht. Nicht abzuschätzen ist die Menge von Schutt; doch die Frage, was jemals mit dieser Menge geschehen soll, gewöhnt man sich einfach ab. Ein Hügelland von Backstein, darunter die Verschütteten, darüber die glimmernden Sterne; das Letzte, was sich da rührt, sind die Ratten.

Abends in die Iphigenie.

»Was sagen Sie zu Berlin?«

Das lobende Wort eines Ausländers steht hoch im Kurs; der Bedarf an Anerkennung ist riesengroß; wer jetzt versichert, Berlin sei ungebrochen in seinem Geistesleben, ist ein bedeutender Kopf...

Das Wetter ist wieder herrlich, Novemberhimmel, die hohe und fast silberne Bläue; es ist schon wahr, daß diese Stadt eine unvergleichliche Luft hat, man ist wacher als anderswo. Sogar nach beinahe schlaflosen Nächten. Es brennen die Sohlen, da ich den ganzen Tag unterwegs bin, aber der Kopf ist wie eine Fackel im Wind. Mittagsrast im Tiergarten. Eine baumlose Steppe mit den bekannten Kurfürsten, umgeben von Schrebergärten. Einzelne Figuren sind armlos, andere mit versplittertem Gesicht. Einer ist offenbar vom Luftdruck gedreht worden und schreitet nun herrisch daneben. Anderswo ist es nur noch ein Sockel mit zwei steinernen Füßen, eine Inschrift; der Rest liegt im wuchernden Unkraut. Außer einem Hund, der mein Picknick riecht, bin ich allein. Im Hintergrund ragt das Denkmal der Roten Armee, das in der Nacht beleuchtet ist.

Viel Gesichter!

Viel Geschichten!

Ich komme nicht zum Aufschreiben, obschon mir fast alles nennenswert scheint; tagelang keine einzige Zeile; ein Urwald von Schicksalen, eine Flut von Eindrücken, alles durcheinander, Widersprüche, es gibt keine Deutung, nur Geschichten, Anblicke, Einzelnes –.

Ausstellung sowjetischer Kultur. Es ist nicht unnötig, daß man die Bilder von Smolensk oder Sebastopol sieht, die Verwüstungen, die der täglich sichtbaren vorangegangen sind. Im übrigen kennt man die Ausstellungen dieser Art, das Unbehagen, gleichviel welche Macht es ist, die sich selber preist. Ich verstehe nicht, warum es solche Retuschen braucht: Rußland besiegt Japan. An der Türe ein kleiner Briefkasten: Was haben Sie von dieser Ausstellung für einen Eindruck? Äußern Sie sich offen und frei! Der kleine Kasten ist leer. Eine gute Stunde lang bin ich der einzige Besucher. Regenwetter; die Räume, glaube ich, sind geheizt. Um nicht im Stimmungshaften zu bleiben, erkundige ich mich nach dem russischen Wohnbau, nicht ohne mich als Schweizer und als Architekt auszuweisen. Ein freundlicher Offizier, Hauptmann ohne Uniform, führt mich in die Bibliothek. Bild eines klassizistischen Palastes mit dreistöckigen Säulen.

»Vor allem möchte ich Wohnbau sehen«, sage ich: »Siedlungen für Arbeiter und so.«

»Hier wohnen Arbeiter.«

»Hinter diesen großartigen Säulen?«

»O ja.«

Meine Miene, meine etwas sprachlose Verwunderung, da wir unter Architektur etwas so anderes verstehen, wird offensichtlich als Zweifel gedeutet, als Mißtrauen beantwortet:

»O ja, hier wohnen Arbeiter.«

»Wieso denn solche – solche Säulen?«

»Das ist die Hauptstraße in Moskau.«

Mit der Zeit, und da es mich ernsthaft interessiert, kommen wir, viele Bücher blätternd, dem Gegenstand doch näher; mein Interesse: ob die Grundrisse, Chiffren einer Lebenshaltung, sich wesentlich von den kleinbürgerlichen Grundrissen unsrer Siedlungen unterscheiden und wie? Bild eines kleinen Eigenheims: mit zwei kleinen Säulen.

»Das ist auf dem Land?« frage ich.

»O ja.«

»Aber nicht als Siedlung, ich meine, das ist wohl eher ein Einzelhaus«, sage ich in Betrachtung der beiden Säulchen: »oder wie ist das?«

»O ja, hier wohnen Arbeiter.«

Wir verstehen uns nicht ganz; meine Fragen, ich fühle es, wirken so, wie sie genommen werden, etwas polizeilich. Einen Grundriß suchend, um Auskunft ohne weitere Worte zu finden, gestatte ich mir, eigenhändig zu blättern; daß ich so beharrlich bei hölzernen Häuschen verweile, die keine Säulen haben, verschlechtert die Stimmung noch weiter. Ein Grundriß: Stube, Schlafraum, Küche. Nett, einfach, bekannt. Zu sagen wage ich nichts mehr. Ich bin die Treppe hinaufgegangen, um etwas kennenzulernen auf dem Gebiet, wo ich fachliche Voraussetzungen habe; ich stehe da wie ein Spitzel, blätternd, spürbar von der Seite betrachtet –

(Mißtrauen als körperliches Unbehagen.)

Jeden Abend im Theater. Viel gute Schauspieler, aber keine Spielleiter, keine neuen. Und keine eignen Dichter, keine neuen. Oder sie spielen sie nicht; auch möglich. Als könnte es ohne lebende Dichter, eigene, ein lebendiges Theater geben! Nachher wieder in Gesellschaft, Künstler, Kritiker, Offiziere der Besatzung, Ärzte, Beamte, Wirtschaftler, alles redet vom Theater, klug, lebhaft und neugierig. Etwas Betörendes; mindestens für unsereinen: Theater als öffentliches Interesse. Mit der Zeit erschrickt man vielleicht, indem man es als Ausflucht empfindet. Später begreift man es wieder; worüber sollen sie denn sprechen?

»Haben Sie Gründgens gesehen?«

»Noch nicht.«

»Müssen Sie aber!«

»Ich weiß.«

»Hier tut sich was, wissen Sie, wie vielleicht nirgends in der Welt –!«

(Was?)

Grunewald, Krumme Lanke, Schlachtensee, Wannsee, eine Landschaft, die mich schon heute, kaum haben wir die Fahrkarten bestellt, mit sicherem Heimweh erfüllt. Was ist es? Die Kiefern im Sand, der Himmel zwischen den Kiefern, die Luft, die spröde Weite – jedenfalls fühle ich mich unbändig wohl, man kennt sich selber nicht, oft versteige ich mich zur fixen Idee, daß ich in dieser Luft ein ganz andrer, ein durchaus fröhlicher und sprühender Kerl geworden wäre, komme mir vor wie ein Fisch gesetzteren Alters, der eines Tages, Gott weiß wieso, nicht mehr im Aquarium ist mit den spärlichen Bläschen, sondern im fließenden Wasser: Ha! denkt er...

Frank, unser Gastgeber, erzählt mir einen Fall aus der sogenannten Russenzeit, die auf den Nerven mancher Frauen, aber auch vieler Männer schwerer lastet als die Bombenzeit.

Seine Schilderung:

Mai 1945, Berliner Westen, Keller eines schönen und wenig zerstörten Hauses, oben die Russen, Lärm, Tanz, Gelächter, Siegesfeier, im Keller verstecken sich die Frau und ihr Mann, Offizier der Wehrmacht, der aus der Gefangenschaft entwichen ist, keinen andern Anzug hat und keinesfalls erblickt werden darf. Eines Tages kommt einer herunter, Wein suchend, sprengt die Waschküchentüre. Die Frau muß öffnen. Ihr Mann versteckt sich. Ein ziemlich betrunkener Bursche, Ordonnanz. Natürlich soll sie hinaufgehen. Ob der Kommandant deutsch verstehe? Der Bursche bejaht. Ihre Hoffnung, sich durch Sprechen retten zu können. Sein Gestammel über die vielen feinen Bücher. Sie erbittet sich eine Frist von einer halben Stunde. Ihr Mann will sie nicht gehen lassen; aber wenn die Russen herunterkommen und ihn sehen? Sie zieht ihr bestes Kleid an, ein Abendkleid; sie versprechen sich, gemeinsam aus dem Leben zu gehen, wenn es nicht gelingt. Oben trifft sie eine Gruppe von ziemlich betrunkenen Offizieren. Sie als große Dame. Nach etlicher Anrempelung, die sie mit einer Ohrfeige erfolgreich verwehrt, gelingt es immerhin, den Oberst allein zu sprechen. Ihr Anliegen, ihre Bitte um menschliche Behandlung und so weiter. Er schweigt. Getrieben von seinem Schweigen, das sie nur für grimmiges Mißtrauen halten kann, geht sie so weit, die Geschichte ihres Mannes preiszugeben: um sein Vertrauen zu erzwingen. Als sie endlich begreift, daß der Oberst kein deutsches Wort versteht, bricht sie zusammen. Sie sieht sich in einer Falle. Der Oberst holt den Burschen, er solle übersetzen; in diesem Augenblick kommt sie in den Besitz einer Waffe, die sie unter ihrem Kleid versteckt, hoffend, daß sie geladen ist. Dann ihr verzweifeltes Angebot: Wenn er alle andern aus dem Hause schickt, und zwar für immer, wird sie ihm zu Willen sein, sagt sie etwas verborgen, jeden Tag zu einer bestimmten Stunde. Damit gewinnt sie mindestens Zeit; im übrigen ist sie entschlossen zu schießen, sobald er sich vergreift. (Auf ihn oder auf sich?) Es geschieht aber nichts. Eine Woche lang geht sie jeden Abend hinauf, um dem Oberst sozusagen Gesellschaft zu leisten, immer im Abendkleid; unten im Keller tut sie, als spreche er wirklich deutsch, erfindet Gespräche, die sie mit dem Russen geführt habe, Gespräche über Rußland und so. Ihr Mann ist einigermaßen beruhigt, spürt aber, daß sie nicht ungerne hinaufgeht, daß sie ihm selten in die Augen blickt, daß sie sich wirklich kämmt, um wirklich schön zu sein und so weiter. Mit der Zeit (der Bericht ist sehr sprunghaft) hat sich offenbar eine Liebe ergeben, die auch gelebt wird. Ohne Sprache. Es endet damit, daß der Oberst sie auf dienstlichen Befehl plötzlich verlassen muß, weg von Berlin; beide hoffen auf Wiedersehen. Er ist nicht wiedergekommen. Der Mann, der gerettete, spricht von dem Russen stets mit kameradschaftlicher Achtung; die russischen Verhältnisse und Einrichtungen, wie seine Frau sie damals im Keller erzählt hat, scheinen ihn nicht wenig überzeugt zu haben. Woher sie ihre Wissenschaft hatte, da der Oberst doch nur russisch konnte und sie nur deutsch? Vom russischen Sender in deutscher Sprache, den sie abzuhören pflegte, als ihr Mann im Osten gefangen war...

Zeitungen melden den Tod von Ricarda Huch.

Kleiner Empfang durch den Kulturbund, der im Westen verboten ist. Einige bekannte Gesichter, die als Emigranten in der Schweiz gewesen sind. Verlage bieten sich an; ernsthaft und mit verblüffenden Auflagen, mit ordentlicher Herstellung. Kleines Nachtessen in der sogenannten »Möwe«, wo die Künstler ohne Marken speisen können: zwei Kartoffeln, Fleisch, etwas Grünes sogar, Bier.

Vormittags im amerikanischen Funk.

Beide Seiten werben Söldner...

Dann in der Untergrundbahn: fast alle mit einem Bündel, einem Rucksack, einer geschnürten Schachtel. Neben Gesichtern, die aus Lehm und Asche sind, gibt es auch gesunde, straffe, volle, aber ebenso verschlossen, oft larvenhaft. Worüber wird geschwiegen? Erst aus der Nähe, zusammengepfercht, sieht man die Armut am Kragen, am Ellbogen. Berlin in seinen letzten Anzügen. Die Frauen, auch wenn sie Hosen tragen, schwere Schuhe und Kopftücher, sind meistens sehr gepflegt.

Am Abend bei Freunden.

Überall Menschen, die einander auf Anhieb verstehen, überall wenige; die Unterschiede, wenn man sie nicht leugnet, haben ihren eigenen Segen. Warum gelingen die meisten Freundschaften in der Fremde?

Heute bei den Russen. Höflicher Empfang von den beiden Herren, die tadelloses Deutsch sprechen. Wir unterbreiten das Anliegen, das mienenlos entgegengenommen wird. Dann zum gemeinsamen Mittagessen, chambre séparée, ein einfaches, doch reichliches Essen aus simplem Geschirr, dazu Wodka in großen Gläsern. Ihre Kenntnis der deutschen Literatur, der deutschen Philosophie; Gespräch über drei Stunden. Die Russen nehmen den Geist sehr ernst; offensichtlich entsenden sie ihre besten Leute, denen auf der andern Seite, von wenigen Ausnahmen abgesehen, viel freundliche Nullen gegenüberstehen. In Frankfurt trafen wir einen Amerikaner, einen Prachtkerl an Hilfsbereitschaft, der durch uns zum erstenmal von Eliot gehört hat; Theatre Officer. Freilich haben die beiden Russen, die uns drei Stunden lang in ein höfliches Verhör nehmen, auch keine Wahl, ihre Posten zu verlassen, wenn sie eine andere Aufgabe lockt. Für einige Augenblicke erscheint Oberst Tulpanow. Ein sehr fremder, undurchschaubarer, starker Kopf, rund und kahl. Kurze Begrüßung im Stehen. Unser Gespräch, das sich immer wieder mit Bedacht an Theaterfragen hält, hat keinen einzigen Namen zutage gefördert, der ihnen nicht bekannt ist, literarisch und politisch bekannt. Gefühl von Kartothek. Nachher bin ich so müde, daß ich sitzend, ohne den Mantel auszuziehen, einschlafe – in einer Garderobe des Deutschen Theaters, das dem Jüngling einst wie ein Olymp erschienen ist; als ich gelegentlich erwache, sehe ich mich allein, die Vorstellung hat bereits begonnen...

»Tartuffe.«

Unser Anliegen wird übersetzt und nach Moskau gedrahtet. Übermorgen kann die Antwort da sein. Es wird ein Nein sein, ein höfliches. Es gibt Dinge, die man versuchen muß, bevor man sie mit Anstand aufgeben darf.

Kurfürstendamm.

Kurt kauft eine kleine Skizze von Liebermann. Ferner gäbe es: drei Täßlein aus Meißner Prozellan, ein alter Stich, darstellend die Garnisonskirche zu Potsdam, ein Aschenbecher aus Messing, Brieföffner, Ohrringe und was man sonst nicht braucht. Alles unerschwinglich, wenn man mit Löhnen rechnet, aber billig, wenn man mit Zigaretten rechnet. Ein kleiner Buddha, ein schöner, für fünfhundert Zigaretten. Hundert Schritte weiter stehen die sogenannten Trümmerweiber, die sich mit Schaufel und Eimer gegen das Unabsehbare verbrauchen. Es wirkt nicht wie Arbeit, sondern wie Strafkolonie. Vierzig Mark in der Woche, das sind vier Zigaretten. Natürlich sind es nicht die Leute, die diese Ruinen verschuldet haben. Die sitzen in geheizten Gefängnissen, genährt, gesunder als alle andern, oder in ihrem Landhaus...

»Hier tut sich was.«

Es ist nicht zu leugnen, daß es Stunden von prickelnder Begeisterung gibt, viele versichern, daß sie nirgends anders leben möchten, insbesondere Künstler, und das ist keine Ausrede. Wer liebt den Ort nicht, wo er eine Rolle spielt? Viele spielen eine größere, als sie es sich hätten jemals träumen lassen, walten über Stätten, die man noch immer, gleichviel wer sie verwaltet, mit Ehrfurcht betritt, und das ist ja gut so; der Ruhm ist eine Brücke, die sich streckenweit auch ohne Pfeiler trägt. Streckenweit. Mancher hält sich zwar für einen Pfeiler, einfach weil es keine anderen gibt. Die Arbeit, die aus solchem Ansporn wächst, ist erstaunlich, oft übermenschlich als Anstrengung; hinzu kommt das natürliche, oft fieberhafte Bedürfnis, verlorene Jahre einzuholen. Es ist jetzt wichtig, mit älteren Menschen zu sprechen; die Gegenwart hat kein Maß. Man müßte jetzt einen Begleiter haben wie Wölfflin. Das letzte Maß, das die meisten haben, ist bereits aus der Hitlerzeit. Der Ausfall an Menschen ist überall spürbar, und wenn es auch erklärlich ist, daß jede geschichtliche Ablösung zuerst einen gewissen Rückschritt bringt, schon weil den neuen Männern jahrzehntelang die fachliche Übung versagt war, so hat der Zustand doch etwas Melancholisches, sogar etwas Gefährliches; wir werden stets versucht sein, daß wir schließlich das Beste, was wir in unsren Tagen antreffen, bereits für das Gute halten...

Das Nein ist eingetroffen.

Gestern im Kabarett, aber ich finde die Berliner, wenn man sie auf der Straße oder in der Untergrund hört, unvergleichlich witziger. Selbstmitleid gibt kein Kabarett. Es ist so überflüssig, mit dem Strom zu schwimmen, und ein Kabarett, das nicht seine Zuhörer attackiert, was soll es? In den Logen aber sitzen die Uniformen der Besatzung; ich frage mich, was unseren Kabaretts beispielsweise unter deutscher Besatzung andres übrig geblieben wäre – als ebendies: Verzicht auf jede Selbstkritik...

Letzter Abend.

Unterwegs in eine Pinte mit Musik und Wasserbier, Kellner spielen ihre Rolle mit verkleckstem Westen. Ich habe Hunger. Heißgetränk mit Rumgeschmack. Das Lokal erinnert an Wartesäle; nicht allein wegen der Rucksäcke. Alle wie von einem schlechten Zeichner, der keine Sitzenden zeichnen kann. Selbst wenn sie anlehnen, sind sie nicht da. Rast der Lemuren. Von der Decke herunter, die von marmornen Säulen getragen wird, hangen die nackten Glühbirnen. Reste von weißem Stuck, darunter das übliche Schilfrohr. Auch hier riecht es nach Abort. Dazu der etwas groteske Frack eines Klavierspielers, dem die Schwindsucht bereits auf den Handgelenken sitzt –

Abfahrt von Lichterfelde.

Ein amerikanischer Major weigert sich, im gleichen Abteil zu schlafen mit einem Neger, der ebenfalls die amerikanische Uniform trägt. Der deutsche Schaffner, ein Schwabe, soll dafür sorgen, daß der schwarze Sieger anderswo verstaut wird. Der Schaffner nickt, wie wenn man sagt: Verstehe, verstehe, darüber müssen wir nicht reden! dann pirscht er durch den Korridor, nicht ohne ein schadenfrohes Grinsen, das er uns nicht verheimlicht, es richtet sich nicht gegen den Neger. Nur so; Rassenfrage, Umerziehung. Der Neger, ein junger Sergeant, steckt sich unterdessen eine Zigarette an, um etwas zu begründen, warum er draußen im Korridor steht. Er starrt durch die verregnete Scheibe, obschon es draußen Nacht ist, nichts als Nacht. Als der schwäbelnde Schaffner zurückkommt und ihm bedeutet, wo er schlafen dürfe, nickt er, ohne den Schaffner, der die Nummer wiederholt, anzusehen. Er bleibt stehen, raucht weiter, blickt in die schwarze Scheibe...

(Die Weltgeschichte ist noch nicht zu Ende.)

Langer Halt in der Nacht, Bahnhof ohne Dach, nirgends ein

Schild, aber viel Volk auf Bündeln und Schachteln, es regnet in Strömen. Zonengrenze? In einer Zeitung lese ich, daß Wolfgang Borchert, die Hoffnung unter den jungen deutschen Dichtern, in Basel gestorben ist.

Letzigraben

Es gibt so wenig Leute, die es nicht früher oder später ausmünzen, wenn man seine Fehler zugibt, und versuchen, uns zum Esel zu machen und auch mit ihren Fehlern zu beladen... Und dann, wenn der Esel plötzlich ausschlägt, sind sie einen Augenblick lang ganz erstaunt, nur einen Augenblick lang; kaum haben sie wieder Luft, erinnern sie dich ganz unverfroren an die Fehler, die du selber einmal zugegeben hast – als Beweis, daß du es bist, der die Fehler macht.

Nachtrag

Die Geschichte mit dem russischen Oberst und der deutschen Frau: das Ganze hat drei Wochen gedauert. Die Frau ist ohne jeden Zweifel, daß es auch von seiner Seite eine wirkliche Liebe gewesen ist; für sie ist es die Liebe ihres Lebens –

Was mich an dem Fall fesselt:

Daß er eine Ausnahme darstellt, ein Besonderes, einen lebendigen Widerspruch gegen die Regel, gegen das Vorurteil. Alles Menschliche erscheint als ein Besonderes. Überwindung des Vorurteils; die einzig mögliche Überwindung in der Liebe, die sich kein Bildnis macht. In diesem besonderen Fall: erleichtert durch das Fehlen einer Sprache. Es wäre kaum möglich gewesen, wenn sie sich sprachlich hätten begegnen können und müssen. Sprache als Gefäß des Vorurteils! Sie, die uns verbinden könnte, ist zum Gegenteil geworden, zur tödlichen Trennung durch Vorurteil. Sprache und Lüge! Das ungeheuere Paradoxon, daß man sich ohne Sprache näherkommt. Und wichtig scheint mir auch, daß es eine Frau ist, die diese rettende Überwindung schafft; die Frau: konkreter erlebend, eher imstande, einen einzelnen Menschen als solchen anzunehmen und ihn nicht unter einer Schablone zu begraben. Sie geht zu einem Russen, einem Feind, sie hat bereits eine Waffe unter ihrem Kleid, aber da sie einander nicht verstehen können, sind sie gezwungen, einander anzusehen, und sie ist imstande, wirklich zu sehen, den einzelnen Menschen zu sehen, wirklich zu werden, ein Mensch zu sein gegen eine Welt, die auf Schablonen verhext ist, gegen eine Zeit, deren Sprache heillos geworden ist, keine menschliche Sprache, sondern eine Sprache der Sender und eine Sprache der Zeitungen, eine Sprache, die hinter dem tierischen Stummsein zurückbleibt. Der Turm zu Babel; wenn es an der Zeit ist, daß uns diese Art von Sprache entrissen wird. Ich finde in dieser Frau, was an so vielen Frauen, die ich gesprochen habe, und an tausend Frauen in der Untergrundbahn zu finden ist: sie ist heiler als die Männer, wirklicher, in ihrem Grunde minder verwirrt.

Zur Lyrik

Man klagt, daß unsere Poeten nicht ernst genommen werden, vor allem die lyrischen – klagt mit verhaltenem Vorwurf an die Welt, verhalten durch das bittere Pathos, daß das Schicksal, das unsere Lyrik trifft, nun einmal das Schicksal des Geistes überhaupt sei – klagt, statt daß man es in Ordnung findet.

Schicksal des Geistes?

Ein Mann, der seinen Geist verwendet, um Brücken zu bauen oder den Krebs zu bekämpfen oder Atome zu erforschen, wird durchaus ernst genommen. Er tut, was er weiß; er arbeitet mit dem Bewußtsein unsrer Welt und unsrer Zeit. Man denke sich einen Ingenieur, der genau weiß, daß es die kommunizierende Röhre gibt; aber wenn er baut, siehe da, schiebt er sein Wissen zur Seite und baut wie die alten Römer, nämlich Aquädukte – man würde ihn einsperren, mindestens entlassen... Die Poeten, wenn sie Poesie machen, die hinter ihrem und unserem Bewußtsein zurückbleibt, sperrt man nur darum nicht ein, weil der Schaden, den sie anrichten, nur sie selber trifft; sie entlassen sich sozusagen selber: indem kein Zeitgenosse, kein bewußter, sie ernst nehmen kann.

Im Gegensatz zur englischen und französischen Sprache, die eine moderne Lyrik haben, gibt es offensichtlich wenig deutsche Gedichte, die nicht antiquarisch sind – antiquarisch schon in ihrer Metaphorik; sie klingen oft großartig, dennoch haben sie meistens keine Sprache: keine sprachliche Durchdringung der Welt, die uns umstellt. Die Sense des Bauern, die Mühle am Bach, die Lanze, das Spinnrad, der Löwe, das sind ja nicht die Dinge, die uns umstellen. Das Banale der modernen Welt (jeder Welt) wird nicht durchstoßen, nur vermieden und ängstlich umgangen. Ihre Poesie liegt immer *vor* dem Banalen, nicht *hinter* dem Banalen. Keine Überwindung, nur Ausflucht – in eine Welt nämlich, die schon gereimt ist, und was seither in die Welt gekommen ist, was sie zu unsrer Welt macht, bleibt einfach außerhalb ihrer Metaphorik... Die Angst vor dem Banalen: man stellt Blumen auf den Tisch, um Gedichte vorzulesen, und einen Kerzenleuchter, man zieht die Vorhänge, Verdunkelung des Bewußtseins; der Dichter ist vielleicht mit dem Flugzeug gekommen, mindestens mit einem Wagen, aber die Gedichte, die er vorzulesen hat, möchten dem Geräusch eines fernen Motors nicht standhalten: nicht weil wir seine Wörter schlechter vernehmen, sondern weil wir dann allzu deutlich merken, daß er gar nicht die Welt dichtet, die uns und ihn umstellt. Wie will der mich versetzen? Oder wir stellen das Radio an; nach einem halben Satz weiß man: Poesie! denn so spricht kein Mensch, der etwas Ernstes mitzuteilen hat. Das einzige Gefühl, das sein Singsang in mir erzeugt: Der macht sich etwas vor, Ehrfurcht zum Beispiel, weil er ein paar gereimte Zeilen sieht, und dann gibt er nicht einmal zu, daß es ihn selber nicht erreicht, ja, er fühlt es offenbar selber, daß etwas nicht stimmt, drum macht er Singsang, um mein Bewußtsein einzulullen, und das Ärgerliche daran, daß er von mir verlangt, ich solle mich jetzt ebenfalls verstellen, nur damit ich mich für musisch halten darf

– das alles ist nicht nötig bei einem wirklichen Gedicht: weil es der Welt, in die es gesprochen wird, standzuhalten vermag; weil es eben diese Welt, ihr nicht ausweichend, sprachlich durchdringt.

»Die Vaterstadt, wie find ich sie doch?
Folgend den Bomberschwärmen
komm ich nach Haus.
Wo denn liegt sie? Wo die ungeheueren
Gebirge von Rauch stehen.
Das in den Feuern dort
ist sie.

Die Vaterstadt, wie empfängt sie mich wohl?
Vor mir kommen die Bomber. Tödliche Schwärme
melden euch meine Rückkehr. Feuersbrünste
gehen dem Sohn voraus.«

Einer von den wenigen, deren Gedichte in diesem Sinne standhalten, ist Brecht. Ich muß, damit dieses Gedicht mich erreicht, nicht rauschhaft sein oder müde, was so viele für Innerlichkeit halten. Es bleibt ein Gedicht, auch wenn ich es in einer Küche sage: ohne Kerzen, ohne Streichquartett und Oleander. Es geht mich etwas an. Und vor allem: Ich muß nichts vergessen, um es ernstnehmen zu können. Es setzt keine Stimmung voraus; es hat auch keine andere Stimmung zu fürchten. Das allermeiste, was sich für Poesie hält, wird zur krassen Ironie, wenn ich es nur einen einzigen Tag lang mit meinem Leben konfrontiere. Die romantische Ironie ist der Kniff, diese Ironie vorwegzunehmen, und das Eingeständnis, daß die Poesie sich vom wirklichen Lebensgefühl ablöst. Heine kann sich selber nicht trauen, obschon die Gefühle, die er singt, in hohem Grade gefühlt sein mögen; aber sie halten allem andern, was er weiß, nicht stand. Hinter der Rose, um es kraß zu sagen, steht die Syphilis. Sein Bewußtsein, das in seiner Poesie nicht enthalten ist, nötigt ihn, als erster seine Poesie zu verulken, zu zeigen, daß er sie selber nicht ernst nimmt: weil sie hinter seinem Bewußtsein zurückbleibt, seinem Bewußtsein nicht standhält. Er kommt sich doppelzüngig vor, ein Gefühl, das so vielen Poeten anstehen würde. Heine ist ehrlich, insofern wertvoll. Aber der nächste Schritt ist wohl, noch ehrlicher zu werden: nämlich nicht zu dichten, was die Vorfahren gemäß ihrem Bewußtsein zur Poesie gebracht haben, sondern wirklich zu dichten, unsere Welt zu dichten. Dann ist es auch so, daß man das Bewußtsein nicht zu fürchten hat und die Ironie nicht braucht, so wenig wie die Vorhänge, die Kerzen und Oleander: weil keine Verstellung dabei ist, keine Doppelzüngigkeit... Es bleibt sagbar:

»Wirklich, ich lebe in finsteren Zeiten!
Das arglose Wort ist töricht. Eine glatte Stirn
deutet auf Unempfindlichkeit hin. Der Lachende
hat die furchtbare Nachricht
nur noch nicht empfangen.
Was sind das für Zeiten, wo
ein Gespräch über Bäume fast ein Verbrechen ist,
weil es ein Schweigen über so viele Untaten einschließt.«

Und später:

»Ich wäre auch gern weise.
In den alten Büchern steht, was weise ist:
Sich aus dem Streit der Welt halten und die kurze Zeit
ohne Furcht verbringen,
auch ohne Gewalt auskommen,
Böses mit Gutem zu vergelten,
seine Wünsche nicht erfüllen, sondern vergessen,
gilt für weise.
Alles das kann ich nicht:
Wirklich, ich lebe in finsteren Zeiten!

In die Städte kam ich zur Zeit der Unordnung,
als da Hunger herrschte.

Unter die Menschen kam ich zur Zeit des Aufruhrs,
und ich empörte mich mit ihnen.
So verging meine Zeit,
die auf Erden mir gegeben war.

Mein Essen aß ich zwischen den Schlachten.
Schlafen legte ich mich unter die Mörder.
Der Liebe pflegte ich achtlos,
und die Natur sah ich ohne Geduld.
So verging meine Zeit,
die auf Erden mir gegeben war.

Die Straßen führten mich in den Sumpf zu meiner Zeit.
Die Sprache verriet mich dem Schlächter.
Ich vermochte nur wenig. Aber die Herrschenden
saßen ohne mich sicherer, das hoffte ich.
So verging meine Zeit,
die auf Erden mir gegeben war.

Die Kräfte waren gering. Das Ziel
lag in großer Ferne.
Es war deutlich sichtbar, wenn auch für mich
kaum zu erreichen.
So verging meine Zeit,
die auf Erden mir gegeben war...«

Wie Brecht uns dieses Gedicht vorgelesen hat: schüchtern, nicht verkrampft, er ist kein andrer als zuvor und nachher, seine Stimme ist leise, ohne Veränderung seines mundartlichen Klanges, fast lispelnd, aber deutlich und genau vor allem im Rhythmus, scheinbar ohne Betonung, sachlich, Worte zeigend, wie man Kieselsteine zeigt, Gewebe oder andere Dinge, die für sich selbst sprechen müssen; Haltung eines Mannes, der, seine Zigarre rauchend, genötigt ist, einen Text abzulesen, einfach weil nicht jedermann diesen Text in der Hand hat; ungefähr wie man einen Brief vorliest: mitteilend. Und es stört nicht, wenn es klingelt, wenn ein weiterer Besuch kommt oder wenn die Tochter, da es keinen andern Weg gibt, durchs Zimmer geht. »Ich lese«, sagt er zu dem Ankömmling: »gerade ein Gedicht; es heißt: An die Nachgeborenen.« Sagt es, damit dieser mit seinem Gespräch noch wartet, und liest weiter, mitteilend, was weiter er den Nachgeborenen sagen möchte:

»Ihr, die ihr auftauchen werdet aus der Flut,
in der wir untergegangen sind,
gedenket,
wenn ihr von unseren Schwächen sprecht,
auch der finsteren Zeit,
der ihr entronnen seid.

Gingen wir doch, öfter als die Schuhe die Länder wechselnd,
durch die Kriege der Klassen, verzweifelt,
wenn da nur Unrecht war und keine Empörung.
Dabei wissen wir ja:
auch der Haß gegen die Niedrigkeit
verzerrt die Züge.
Auch der Zorn über das Unrecht
macht die Stimme heiser. Ach, wir
die wir den Boden bereiten wollten für die Freundlichkeit,
konnten selber nicht freundlich sein.

Ihr aber, wenn es soweit sein wird,
daß der Mensch dem Menschen ein Helfer ist,
gedenket unsrer
mit Nachsicht.«

Die übliche Pause, die nach Vorlesung eines Gedichtes einzutreten pflegt, da wir, sozusagen aus der Kirche tretend und plötzlich ohne Orgel, etwas geblendet in die Welt zurückkehren müssen, die halt sehr anders ist als die Poesie – diese Pause ist nicht nötig; das Gedicht, das wirkliche, hat die wirkliche Welt nicht zu scheuen; es hält stand, auch wenn es klingelt und ein unvermuteter Gast kommt, der, während wir noch den gleichen Kaffee in der Tasse haben, von seiner vierjährigen Kerkerzeit berichtet...

»Wirklich, ich lebe in finsteren Zeiten!«

Nicht alle seine Gedichte haben dieses Standhaltende, dieses Jederzeit-Sagbare. Die Schwäche der andern, finde ich, ist freilich nicht das Nur-Ästhetische, aber das Nur-Ideologische, eine andere Art, nicht wirklich zu sein.

»Wirklich sein.«

Wirklich, würde ich sagen, ist Goethe. In den Maximen und Reflexionen genügen oft vier Zeilen. Am Ausgang steht eine Feststellung, es folgt die Geburt eines Gedankens, so zwingend und eindeutig, daß man schon auf die Knie geht, um seine Dienste anzubieten, und dann, wo unsereiner es nicht verkneifen könnte, Schlüsse zu ziehen, die jeden Zweifel überrennen, Schlüsse, die einem Kreuzzug gleichkommen, geschieht das Unerwartete, das Gegenteil einer Zuspitzung: er stellt dem Gedanken, ohne ihn zu widerrufen, eine Erfahrung gegenüber, die eher widerspricht, mindestens eindämmt, eine Erfahrung, die der gleiche Kopf, der eben jenen Gedanken geboren hat, ebenfalls gelten läßt, einfach weil es eine Erfahrung ist, eine lebendige, eine wirkliche. Das ist das scheinbar Versöhnliche seiner Reflexionen, daß sie fast immer Licht und Schatten zeigen. Scheinbar; denn sie versöhnen den Widerspruch keineswegs. Sie halten ihn nur in der Balance, in einem Zustand wechselseitiger Befruchtung, Balance zwischen Denken und Schauen. Nichts geht ins Tödliche, weil es die widersprechende Erfahrung nicht überrennt, nicht übermütig unterjocht, sondern die Kraft hat, sie aufzunehmen – die Kraft, wirklich zu bleiben, oder genauer: immer aufs neue wirklich zu werden.

Letzigraben

Nun haben sie doch einen gefunden! – Skelett eines Hingerichteten, denn der Schädel hat gefehlt, wahrscheinlich hat er ihn zwischen den Füßen, wie es Brauch war. Das Skelett lag nur halbwegs in dem Graben, und da wir ein ökonomisches Zeitalter sind, haben sie seinetwegen den Graben nicht einen Zentimeter verbreitert. Ein Spaten und ratsch! zweimal ratsch! Unter den Knien haben sie ihn abgehauen – zwei Knochen verschwinden im Lehm... Sie finden mich komisch, daß ich den Anruf, den verlangten, auch in einem solchen Fall erwartet habe, versichern etwas mürrisch, daß keine goldenen Münzen und Ketten dabei gewesen seien. Nebenan finde ich noch einige Rippen, ein Schulterblatt. Wenigstens den Schädel, den ich gern besessen hätte, wollen wir ihm lassen.

Unterwegs

Jeder Gedanke ist in dem Augenblick, wo wir ihn zum erstenmal haben, vollkommen wahr, gültig, den Bedingungen entsprechend, unter denen er entsteht; dann aber, indem wir nur das Ergebnis aussprechen, ohne die Summe seiner Bedingungen aussprechen zu können, hängt er plötzlich im Leeren, nichtssagend, und jetzt erst beginnt das Falsche, indem wir uns umsehen und Entsprechungen suchen... (Denn die Sprache, selbst die ungesprochene, ist niemals imstande, in einem Augenblick alles einzufangen, was uns in diesem Augenblick, da ein Gedanke entsteht, alles bewußt ist, geschweige denn das Unbewußte)... so stehen wir denn da und haben nichts als ein Ergebnis, erinnern uns, daß das Ergebnis vollkommen stimmte, beziehen es auf Erscheinungen, die diesen Gedanken selber nie ergeben hätten, überschreiten den Bereich seiner Gültigkeit, da wir die Summe seiner Bedingungen nicht mehr wissen, oder mindestens verschieben wir ihn – und schon ist der Irrtum da, die Vergewaltigung, die Überzeugung.

Oder kurz:

Es ist leicht, etwas Wahres zu sagen, ein sogenanntes Aperçu, das im Raum des Unbedingten hängt; es ist schwierig, fast unmöglich, dieses Wahre anzuwenden, einzusehen, wieweit eine Wahrheit gilt.

(Wirklich zu sein!)

1948

Wien, Januar 1948

Liegt es an der Stadt, liegt es an mir, daß ich bereits eine Woche lang hier bin, ohne wach zu werden? Ein eignes Stück anzusehen, wird selten ein Genuß sein, selbst wenn es das Theater in der Josephstadt ist, ein so liebreizendes Theater, graziös wie das Lusthaus eines Erzherzogs, unöffentlich, gesellschaftlich wie ein Hauskonzert von Menzel, und dann der Kronleuchter, der langsam in die Höhe entschwebt, wenn der Vorhang sich teilt, langsam verlöschend... Ein einfacher Gastwirt, verliebt in die Musen, habe seinerzeit dies Haus erbauen lassen, ein Biedermann, man sieht ihn schon in einem grauen Zylinder und einem grünen Fräcklein, denke ich. Beethoven hat die Musik zur Eröffnung verfaßt. Was hat man auf diesen Brettern nicht alles gespielt! Das süße Hobellied von Raimund, hier wurde es zum erstenmal gesungen. Ein lustiges, ein reiches, ein glanzvolles Jahrhundert hangt wie der Kronleuchter über unseren Köpfen, langsam entschwebend, langsam verlöschend...

Man ist entzückend. Eine Unbekannte, eine kindliche Dienstmädchenhandschrift hat mich als erste empfangen: Meister! heißt es in dem blauen Brieflein, und alles kommt aus purem Herzen; leider habe sie mein herrliches Werk, dessen fünfundzwanzigste Aufführung wir durch unsere persönliche Anwesenheit zu weihen geruhen, nicht gesehen, doch werde sie es nicht versäumen; sie begrüßt mich im Namen von Wien: Möge Ihnen, verehrter Herr, unsere Stadt gefallen! Man ist entzückend. Beim Ausgang stellt mich eine Dame, die es eben zum viertenmal gesehen hat; sie muß mich sehen, sie muß, unterdessen unterhalten wir uns, wie sie weiterleben soll, wenn das Büchlein in österreichischen Landen nicht erhältlich ist. Das beste wird sein, wenn ich es ihr schenke; sie greift meine Hand, ich weiß, sie wird mich ihr Leben lang nie vergessen; leider ist sie schon sehr alt.

Doch die andern, die wenig von dir halten, sind nicht minder entzückend; keiner sagt ein kritisches Wort, nie geradezu, jeder wohnt in einem undurchdringlichen Charme, worin er sich wohlfühlt, und wer sich wohlfühlt, ist duldsam. Aber geh! Das ist die Zauberformel, die alles Unwohle bannt. Aber geh! Hier wird die Sintflut stehenbleiben, zerrinnen, vor so viel Wärme des Gemütes einfach verdampfen. Wien bleibt Wien. Wie es anderswo aussieht, was kann es sie kümmern? Sprich nicht von anderen Städten; sei glücklich, daß du in Wien bist. Was ist schon passiert? Sogar die Deutschen, die einzig daran schuld sind, daß Österreich auf der mißlichen Seite liegt, nimm sie auf die leichte Schulter; die andere Schulter gewöhne dir ab; versuche auch du entzückend zu sein. Bist du in der Oper gewesen? Die Oper ist großartig. Mozart vor allem, solche Aufführungen gibt es nur in Wien. Siehst du! Man muß sich überall an das Beste halten, an das Erfreuliche, an das Wohle. Hast du die Ausstellung vom alten Wien gesehen? Das Zimmer von Grillparzer, den Schreibtisch von Nestroy, das Bett von Metternich, ich hab's gesehen; ein Magistrat, ein Linksmann, hat es uns an seinem freien Sonntagmorgen persönlich gezeigt; man ist wirklich entzückend; morgen sollen wir einen Dienstwagen bekommen, wir sollen unbedingt hinaus nach Schönbrunn –

Im Prater waren wir schon.

Das Riesenrad, wovon unsere Mutter oft erzählt hat, ist wieder in Gang. Wir haben nicht versäumt, es zu besteigen, langsam emporzufahren in einen Abend voll regnerischer Dämmerung. Der Blick auf die graue Stadt, die schwarzen Türme, die ferne Donau, die immer schon an Balkan erinnert – und unter uns also der Prater: da und dort ein Bombentrichter, ein Tümpel mit braunem Wasser, das nicht ablaufen will, oder vielleicht, denke ich später, waren es auch nur Baumlöcher, Gruben von verheizten Bäumen, dann eine Ruine ohne Dach, so daß man von oben hineinguckt, Unkraut und Gras auf den Wegen und Plätzen, eine Tafel erinnert an frische Würstl, irgendwo die Überreste eines Karussells, eine kaputte Rutschbahn, wo man ins Leere rutschen kann. Ich dachte an den baumlosen Tiergarten in Berlin; dort sind es die Kurfürsten, die Historie, hier das Tingeltangel, das versteppt. Außer einer drollig-moppigen Frau, die uns die Kabine öffnete, ist kein Mensch zu sehen, irgendwo hört man einen Lautsprecher, der laut und blechern in den Abend dröhnt, während es langsam zu regnen beginnt; ein Walzer, ein sehr bekannter...

Drei volle Tage unterwegs, hin und her mit Taxameter und Straßenbahn, beraten und begleitet von einer angesehenen Wienerin, die alles einsetzt, ihren Namen, ihre eigene Zeit, ihre Ellbogen, ihre Weiblichkeit, um den Stempel zu erkämpfen, den wir zur Weiterreise brauchen, einen Vermerk, der in Bern von alliierter Seite vergessen worden ist; Vorzimmer, Schranken, Korridore, Schlangen von Menschen, Formulare in siebenfacher Ausfertigung; die österreichischen Beamten sind freundlich, auch als unsere Zigaretten längst zu Ende sind, helfen, soweit sie können; unsere Gesandtschaft hilft mit begleitendem Schreiben, mit Anrufen, die Hoffnung geben, aber das ist auch alles; ich weiß nicht, wie oft wir den läppischen Fall erklärt haben, den Hut in der Hand, immer gegenüber einem andern Menschen, der nicht zuständig ist, zuständig sind Rußland, Frankreich, Amerika, England, und zwar gemeinsam, nur gemeinsam, und ohne den Stempel bin ich zwar in Wien, kann aber Wien nicht mehr verlassen – das Ganze war sehr interessant, aufregend langweilig, aber aufschlußreich, endend bei einem Hauptmann, dem ich noch jetzt, wo ich den Stempel habe, eine kleben möchte.

(Jede Uniform verdirbt den Charakter.)

Die Tageszeit, die Wien am besten steht: die Dämmerung, die abendliche, das graue Violett schöner Fassaden, die hinter alten Bäumen stehen, etwas Schnee auf den Dächern, die scheinlose Helle früher Bogenlampen, Umrisse von Barock, ein Brunnen mit verstummten Röhren, Laub in der Schale, drei steinerne Putten mit Flöte, Stille, Dämmerung, Menschen gehen schräg durch einen Park, ihre Hände in den Manteltaschen, ein Tor aus kunstvollem Schmiedeeisen, Fluchten, weit und festlich, alles etwas denkmalhaft, etwas dornröschenhaft, es läßt sich von der Straßenbahn nicht stören, auch nicht von einem polternden Lastwagen mit Anhänger, alles wie hinter einem violetten Schleier...

Kaffeehaus.

Amerikanische Soldaten treffen ihre Mädel. Täglich zwischen sieben und acht. Sie kommen herein, lassen die Mädchen stehen, indem sie untereinander plaudern, die Hände in den Hosentaschen, die Mützen in der Stirn. Die Mädchen wissen nicht recht, ob sie sich setzen sollen oder wie; sie wagen nicht, etwas zu bestellen. Alles andere als Kokotten von Welt. Arme kleine Bummerl, die man sich als Näherinnen denken kann, als Zimmermädchen, denen der Lohn nicht reicht wie den meisten. (Die Bahnarbeiter, lese ich eben, können ihre Lebensmittelkarte nicht einlösen.) Meistens sind sie dick, diese Mädchen, bleich und etwas schwammig, nur sehr oberflächlich gepflegt; wenn man sie und die Jungens betrachtet, die rittlings auf den Sesseln hocken, kauend, unhöflich über jeden Vergleich hinaus, weiß man wirklich nicht, wen man mehr bedauert. Im marmornen Hintergrund, wo sich die Öde in hohen Spiegeln vervielfacht, steht ein alter Kellner, der noch Schnitzler bedient haben könnte, mindestens Karl Kraus, wartend mit mehrfach gewundener Serviette. Einer ist natürlich der Spaßmacher, die andern lachen, und die Bummerl stehen noch immer wie Maultiere, wenn der Bauer in die Wirtschaft geht, um einen zu kippen. Ihr offenes Geheimnis, scheint es, hat etwas Trennendes; sie unterhalten sich kaum miteinander, versuchen, einander nicht zu sehen. Das alles hat etwas sehr Armes. Später bekommen sie zu essen; der Kellner, der weißhaarige, wahrt die Formen, benimmt sich wie auf der Bühne: als ob. Die Burschen, die ihre Beine von sich spreizen, in das rote Polster lehnend, das etwas zerschlissene, sie haben schon in der Messe gegessen; sie rauchen nur noch, wortlos, während die kleinen Mädchen sich stärken. Ich finde einen einzigen, der schäkert, nicht besonders nett, nicht reich an Einfällen, immerhin mit Anzeichen eines Verliebten; er erscheint wie ein Gott unter einer Herde von Vieh... Scheußliche, aber zwanghafte Vorstellung von den Paaren, wenn sie später allein sind; im übrigen froh, nicht sehen zu müssen, wie unsere Soldaten sich unter gleichen Umständen benehmen würden: in Uniform und in der Fremde, wo niemand den einzelnen kennt.

Nachher zu Mozart.

Uniformen auch hier, Franzosen mit steiler Mütze, ein Brite, der das Gedränge überragt, Damen mit langen Kleidern und Pelz, Amerikaner, Wiener, Fremde, Schieber, Russen mit Stiefeln und breitem Gesicht –

»Zauberflöte.«

Nochmals im Atelier von Wotruba, der als Emigrant lange in der Schweiz gelebt hat; erst hier lernen wir uns kennen. Nicht der einzige, doch einer der wenigen Bildhauer unsrer Tage, der wirklich haut, nicht knetet, auch nicht in den Stein überträgt, sondern vom Stein selber ausgeht, was einfach etwas Wunderbares ist, etwas wie die Darstellung des schöpferischen Unterfangens überhaupt. Seine jüngeren Arbeiten wahren das Urgesteinhafte oft in einem Grad, daß man, die Figur betrachtend, einen Eindruck von andauernder Geburt hat. Ein roher Block, eine begonnene Gestalt, die man, den Steinstaub wischend, mit Fingern befühlt, zwei oder drei Figuren, die im Gartenhof stehen – es genügt, um das Mumienhafte einer ganzen Stadt aufzuwiegen. Der Künstler, wie subjektiv er sich auch immer ausdrückt, hat auf eine geheimnisvolle Weise etwas Allgemeines; sein schöpferisches Bedürfnis, sein bloßes Dasein, sein Versagen, sein Gelingen, sein persönlich bestimmtes Streben erscheint uns wie ein Zeichen dafür, daß es ringsum steht im Unsichtbar-Allgemeinen. Etwa so: Das Ganze kann doch keine Mumie sein, da ist ein Lebendiger, der meißelt, Neues wollend –.

Denke hier oft an Berlin. Verwandtschaft der geschichtlichen Lage; Stadt mit vier Besatzungen. Es fällt mir auf, daß niemand etwas hören will von Berlin, auch nichts Fachliches, etwa Theater; ihre Miene wird dann so unneugierig, als berichte man von einem fernen Dorfkram. Die Schnurre, daß jede Stadt sich für die

Weltmitte, mindestens für die Mitte ihres Sprachraumes und also für die Mitte menschlicher Kultur hält, hat Hintergründe, die nicht mehr schnurrig sind... Morgenschwatz mit einem Kellner, den ich frage, welche Besatzung ihm am meisten auf die Nerven gehe. Am besten die Engländer. Zwischen den andern wolle er nicht die Hand umdrehen. Lebhaft vermehrt er meine Kenntnis an Übeltaten. Da ich schweige, dem spärlichen Frühstück hingegeben, setzt er hinzu:

»Jaja, die andern haben natürlich auch einiges geleistet. Das schon. Aber für uns ist es halt arg –.«

»Welche andern?«

»Die Deutschen.«

Das ist hier der allgemeine Dreh...

In Berlin fühle ich mich wohler.

Charme, zur Haltung gemacht, ist etwas Fürchterliches. Waffenstillstand mit der eignen Lüge. Daher das Kampflose, Müde, Mumifizierende.

Der Sturm (offenbar über ganz Europa) hat zahlreiche Bäume geknickt, es scheppert von Firmenschildern, Ziegelsteine fallen aus den Ruinen, zwei Leute wurden so getötet, nebenan in der Ruine flattert ein eiserner Rolladen, den niemand holen kann, er poltert, knallt und hallt und flattert wie eine Fahne von braunem Rost.

Auf dem Heimweg alle Arm in Arm.

Eine junge Frau, deren kupfernes Haar ich nicht als erster mit einem Botticelli vergleiche, versichert uns, daß sie niemals vergewaltigt worden sei –.

Prag, Januar 1948

Wiedersehen mit Freunden, Wiedersehen mit der tschechischen Aufführung. Die Lage ist sehr verschärft. Noch streiten sie zusammen auf den letzten Brücken persönlicher Freundschaft. Die öffentliche Diskussion von damals wäre kaum mehr möglich. Offenheit in einem Kabarett: Voscovic und Werich, die schon einmal in die Emigration gegangen sind, damals als Kommunisten. Leider verstehe ich nur das Optische, der Wortwitz wird mir später übersetzt. Neben uns ein Offizier, der herzhaft herausbrüllt vor Lachen; dann aber, da ich (der Sprache wegen) nicht lachen kann, verstummt er, rückt auf seinem Sessel hin und her, mustert mich heimlich von der Seite...

Am andern Tag, ich verstehe erst später den Sinn dieser Nötigung, die uns gar nicht in den Kram paßt, fahren wir nach Brünn. Eine herrliche Fahrt durch böhmische Dörfer, die unsere Redensart natürlich widerlegen; musterhaft in der Einheit ihres Stils, dann die mährischen Dörfer, hin und wieder ein Städtlein mit einem schmucken Marktplatz, dann wieder die Weite, unabsehbar, Schnee in den Furchen, Wintersonne, Horizonte voll schwarzem Wald, Tannen. Die Aufführung in Brünn, die wir gerade noch erreichen, ist übergeschnappte Provinz, dilettantisch, aber sehr interessant: die Figuren reden Text, den ich nie geschrieben habe, und wo ich weiß, daß sie Text haben, machen sie es kurz oder schweigen einfach, damit das Stück durch den neuen Text nicht allzu lang wird. An entscheidenden Stellen, wie ich später erfahre, sagen sie ziemlich das Gegenteil. Das Publikum, es handelt sich um die wöchentliche Aufführung für die Garnison, verhält sich wie in einer Unterrichtsstunde. Die Zeitungen, die mit dem erteilten Unterricht zufrieden sind, melden die persönliche Anwesenheit des Verfassers – womit ich gemeint bin.

Beim Lesen

Carlo Levi, ein italienischer Maler, von den Faschisten für viele Jahre verbannt, schreibt das Buch seiner Verbannung, Schilderung einer wüstenhaften Gegend, einer fast heidnischen Hinterwelt, die eigentlich niemand kennt, auch die Italiener nicht; das Buch, anständig geschrieben, nicht außerordentlich, wird zum außerordentlichen Erfolg in Italien und darüber hinaus –

Warum?

Vermutlich aus dem gleichen Grund, warum Europa, das heutige, keine epische Dichtung mehr hat, wie die Amerikaner sie haben, wie die Russen sie haben könnten.

Räume unbekannten Lebens, unerfahrene Räume, Welt, die noch nicht geschildert worden ist, nennenswert als Fakt, das ist der Raum der Epik. Europa hat sich in allen landschaftlichen, in allen historischen, aber auch in fast allen gesellschaftlichen Räumen schon oft genug, meisterhaft genug, mehr als genug geschildert; die epische Eroberung, die die Dichtung junger Völker beherrscht, ist so weit noch möglich, wie es etwa in der Schweiz noch einzelne unbestiegene Nebengipfel geben mag; eine ganze Welt aber, eine entscheidend andere, eine Terra incognita, die unser Weltbild wesentlich verändern könnte, haben unsere Epiker nicht mehr abzugeben.

Episch ist die Schilderung, die Mitteilung, nicht die Auseinandersetzung – die Auseinandersetzung mit einer Welt, die nur insofern geschildert wird, als sie zur Auseinandersetzung unerläßlich ist, erfüllt sich im Drama, dort am lautersten; der Roman, der sich auseinandersetzt, ist schon eine epische Spätlese: – die kostümierte Essayistik bei Thomas Mann.

Schilderung – muß aber nicht die Schilderung einer vorhandenen Welt sein; es kann auch eine entworfene Welt sein. Im Anfang ist es das immer; die Sage. Und am Ende, gleichsam als letzte epische Chance, steht die Phantastik.

(Homer, Balzac, Kafka.)

Hinter der homerischen Lust, zu schildern, steht das schöpferische Bedürfnis, sich eine Welt zu geben. Die Epik, die homerische, als Mutter unsrer Welten: erst dadurch, daß eine Welt erzählt wird, ist sie da. Und erst wenn sie da ist, kann sie erobert werden, wie es heute noch die amerikanische Epik tut. Und erst wenn sie erobert ist, kann die Auseinandersetzung mit ihr beginnen –.

(Was mich an der amerikanischen Epik am meisten erregt: das Hinnehmende, die urteilfreie Neugierde, das aufregende Ausbleiben der Reflexion.)

Terra incognita – wenn es stimmt, daß dies der Raum der echten Epik ist, ließe sich ja denken, daß das Neue an unsrer Gegenwart, das Nie-Gewesene beispielsweise der zerstörten Städte, eine epische Chance darstelle. Warum stimmt das nicht? Weil es wesentlich keine neue Welt ist, die da ans Licht zu heben wäre durch epische Entdeckung; sondern nur das zerstörte Gesicht jener alten, die wir kennen, und nennenswert nur in der Abweichung, will sagen: die Ruine setzt voraus, daß wir ihre frühere Ganzheit kennen oder ahnen, sie ist wenig ohne die Folie ihres Gestern, nennenswert nur durch Vergleich, durch Reflexion –.

Café Odeon

Umsturz in der Tschechoslowakei. Alles geht rasch. Wie immer, wenn ein Kartenhaus zusammenfällt. Sorge um unsere Freunde. Dazu die Schadenfreude meiner Bekannten, denen ich die Tschechoslowakei stets als Beispiel einer sozialistischen Demokratie vorgestellt habe; dazu der allgemeine Dünkel: Das wäre bei uns halt nicht möglich. Es fällt mir jetzt immerfort ein, was ich vor einem Jahr in Theresienstadt gesehen, aber damals nicht notiert habe:

»Ici«, hat der junge Herr in einer winzigen Zelle erklärt: »ici les Allemands ont arrêté plus que vingt hommes – sans aucune installation sanitaire!«

Erst auf der Schwelle, nachdem wir ein mühsam eingeritztes Zeichen bemerkt hatten, ein Kreuz und dazu die deutschen Worte: Gott mit uns! – erst auf der Schwelle, nochmals die leere Zelle betrachtend, bemerkten wir ein tadelloses Klosett, neuerdings eingebaut.

»Pourquoi ça?«

Keine Antwort; der tschechische Offizier, der die Anlage erklärte, war bereits wieder draußen, und der junge Herr war nur bestellt für die französische Übersetzung.

»Ich weiß nicht«, sagt er und fuhr fort: »Ici vous voyez la cour des exécutions –.«

(Warum habe ich es damals nicht notiert?)

Burleske

Eines Morgens kommt ein Mann, ein Unbekannter, und du kannst nicht umhin, du gibst ihm eine Suppe und ein Brot dazu. Denn das Unrecht, das er seiner Erzählung nach erfahren hat, ist unleugbar, und du möchtest nicht, daß es an dir gerächt werde. Und daß es eines Tages gerächt wird, daran gebe es keinen Zweifel, sagt der Mann. Jedenfalls kannst du ihn nicht wegschicken, du gibst ihm Suppe und Brot dazu, wie gesagt, und sogar mehr als das: du gibst ihm recht. Zuerst nur durch dein Schweigen, später mit Nicken, schließlich mit Worten. Du bist einverstanden mit ihm, denn wärest du es nicht, müßtest du sozusagen zugeben, daß du selber Unrecht tust, und dann würdest du ihn vielleicht fürchten. Du willst dich aber nicht fürchten. Du willst auch nicht dein Unrecht ändern, denn das hätte zu viele Folgen. Du willst Ruhe und Frieden, und damit basta! Du willst das Gefühl, ein guter und anständiger Mensch zu sein, und also kommst du nicht umhin, ihm auch ein Bett anzubieten, da er das seine, wie du eben vernommen, durch Unrecht verloren hat. Er will aber kein Bett, sagt er, kein Zimmer, nur ein Dach über dem Kopf; er würde sich, sagt er, auch mit deinem Estrich begnügen. Du lachst. Er liebe die Estriche, sagt er. Ein wenig, noch während du lachst, kommt es dir unheimlich vor, mindestens sonderbar, beunruhigend, man hat in letzter Zeit gar viel von Brandstiftung gelesen; aber du willst Ruhe, wie gesagt, und also bleibt dir nichts anderes übrig, als keinen Verdacht aufkommen zu lassen in deiner Brust. Warum soll er, wenn er will, nicht auf dem Estrich schlafen? Du zeigst ihm den Weg, den Riegel, die Vorrichtung mit der Leiter und auch den Schalter, wo man Licht machen kann. Allein in deiner schönen Wohnung, eine Zigarette rauchend, denkst du mehrere Male genau das gleiche, und es hilft dir nichts, die Zeitung zu lesen, zwischen den Zeilen liest du immer das gleiche: Man muß Vertrauen haben, man soll nicht immer gleich das Schlimmste annehmen, wenn man einen Menschen nicht kennt, und warum soll der gerade ein Brandstifter sein? Immerhin nimmst du dir vor, ihn morgen wieder auf den Weg zu schicken, freundlich, ohne daß ein Verdacht ihn kränken soll. Du nimmst dir nicht vor, kein Unrecht zu tun; das hätte, wie gesagt, zu viele Folgen. Du nimmst dir nur vor, freundlich zu sein und ihn auf freundliche Weise wegzuschicken. Du schläfst nicht immer in dieser Nacht; es ist schwül, und die Geschichten von wirklichen Brandstiftern, die dir so beharrlich einfallen, sind zu läppisch, ein Schlafpulver gibt dir die verdiente Ruhe ... Und am andern Morgen, siehe da, steht das Haus noch immer! – Deine Zuversicht, dein Glaube an den Menschen, selbst wenn er im Estrich wohnt, hat sich bewährt. Es drängt dich nicht wenig, edel zu sein, hilfreich und gut; beispielsweise mit einem Frühstück. Von Angesicht zu Angesicht, so während ihr einen gemeinsamen Kaffee trinkt und jeder sein Ei löffelt, schämst du dich deines Verdachtes, kommst dir schäbig vor, und jedenfalls ist es unmöglich, ihn wegzuschicken. Wozu solltest du! Nach einer Woche, wie er noch immer in deinem Estrich wohnt, hast du vollends das Gefühl, jede Angst überwunden zu haben, und auch als er eines Tages einen Freund bringt, der ebenfalls in deinem Estrich schlafen möchte, kannst du zwar zögern, aber nicht widersprechen. Zögern; denn es ist einer, der schon einmal, Gott weiß warum, im Gefängnis gesessen hat und eben erst entlassen worden ist. Ihn allein hättest du nie in deinen Estrich gelassen, das ist selbstverständlich. Er ist auch viel frecher als der erste, das macht vielleicht das Gefängnis, und ganz geheuer ist es dir nicht, zumal er, wie er ganz offen gesteht, wegen Brandstiftung gesessen hat. Aber gerade diese Offenheit, diese unverblümte, gibt dir das Vertrauen, das du gerne haben möchtest, um Ruhe und Frieden zu haben; am Abend, da du trotz ehrlichem Gähnen nicht schlafen kannst, liest du wieder einmal das Apostelspiel von Max

Mell, jene Legende, die uns die Kraft des rechten Glaubens zeigt, ein Stück schöner Poesie; mit einer Befriedigung, die das Schlafpulver fast überflüssig macht, schläfst du ein… Und am andern Morgen, siehe da, steht das Haus noch immer! – Deine Bekannten greifen sich an den Kopf, können dich nicht verstehen, fragen jedesmal, was die beiden Gesellen denn in deinem Estrich machen, und liegen dir auf den Nerven, so daß du immer seltener an den Stammtisch gehst; sie wollen dich einfach beunruhigen. Und ein wenig, unter uns gesagt, ist es ihnen auch gelungen; jedenfalls hast du den beiden Gesellen etwas aufgelauert und nicht ohne Erfolg; allein die Tatsache, daß sie kleine Fäßlein auf deinen Estrich tragen, kann deinen Menschenglauben nicht erschüttern, zumal sie es in aller Offenheit machen und auf deine eher scherzhafte Frage, was sie denn mit diesen Fäßlein wollten, sagen sie ganz natürlich, sie hätten Durst. In der Tat, es ist Sommer, und im Estrich, sagst du dir, muß es sehr heiß sein. Einmal, als du ihnen im Wege gestanden, ist ihnen ein Fäßlein von der Leiter gefallen, und es stank plötzlich nach Benzin. Einen Atemzug lang, gib es zu, warst du erschrocken. Ob das Benzin sei? hast du gefragt. Die beiden, ohne ihre Arbeit einzustellen, leugneten es auch in keiner Weise, und auf deine eher scherzhafte Frage, ob sie Benzin trinken, antworteten sie mit einer so unglaublichen Geschichte, daß du, um nicht als Esel dazustehen, wirklich nur lachen konntest. Später jedoch, allein in deiner Wohnung, lauschend auf das Rollen der munteren Fäßlein, die nach Benzin stinken, weißt du allen Ernstes nicht mehr, was du denken sollst. Ob sie deine edle Zuversicht wirklich mißbrauchen? Eine Weile, dein Feuerzeug in der Hand, die feuerlose Zigarette zwischen den trockenen Lippen, bist du entschlossen, die beiden Gesellen hinauszuwerfen, einfach hinauszuwerfen. Und zwar noch heute! Oder spätestens morgen. Wenn sie nicht von selber gehen. Ganz einfach ist es nämlich nicht, im Gegenteil; wenn sie keine Brandstifter sind, tust du ihnen sehr unrecht, und das Unrecht macht sie zu bösen Menschen. Böse gegen dich. Das willst du nicht. Das auf keinen Fall. Alles, nur kein schlechtes Gewissen. Und dann ist es immer so schwierig, die Zukunft vorauszusehen; wer keine

Tatsachen sehen kann, ohne Schlüsse zu ziehen, und wer sich alles bewußt macht, was er im Grunde weiß, mag sein, daß er manches voraussieht, aber er wird keinen Augenblick der Ruhe haben; ganz zu schweigen von den Ahnungen. Die Tatsache, daß sie Benzin in deinen Estrich tragen, was heißt das schon? Der eine, der Freund, hat nur gelacht und gesagt, sie wollen die ganze Stadt anzünden. Das kann ein Scherz sein oder eine Aufschneiderei. Wenn sie es ernst meinten, würden sie es niemals sagen. Dieser Gedanke, je öfter du ihn wiederholst, überzeugt dich vollkommen; das heißt: er beruhigt dich. Und der andere sagte sogar: Wir warten nur auf den günstigen Wind! Es ist läppisch, sich von solchen Reden einschüchtern zu lassen; zu unwürdig. Einen Augenblick denkst du an Polizei. Aber wie du, um dich nicht durch falschen Alarm lächerlich zu machen, dein Ohr an die Zimmerdecke legst, was keine ganz einfache Veranstaltung gekostet hat, ist es vollkommen still. Du hörst sogar, wie einer schnarcht. Und überhaupt kommt die Polizei nicht in Frage; schon weil du selber strafbar wärest, daß du solche Leute in deinem Hause hast, wochenlang, ohne sie anzumelden. Aber vor allem sind es natürlich die menschlichen Gründe, die dich von solchen Schritten abhalten. Warum sagst du den beiden Gesellen nicht einfach und offen, du möchtest kein Benzin in deinem Estrich haben? Offenheit ist immer das beste. Und dann, plötzlich, mußt du selber lachen, daß dir dieser Einfall jetzt erst kommt: sie werden doch dein Haus nicht anzünden, wenn sie selber im Estrich sind! Immerhin kletterst du, schon im Pyjama, noch einmal auf den Sessel, auf die Kommode und den Schrank. Er schnarcht wirklich. Eine halbe Stunde später ruhest auch du... Und am andern Morgen, siehe da, steht dein Haus noch immer! – Die Sonne scheint, der Wind hat gedreht, die Wolken ziehen über die Dächer der Stadt, und gesetzt den Fall, es wären wirklich böse Gesellen, gerade dann ist es nicht einfach, sie einfach hinauszuwerfen; nicht ratsam; denn solange du ihr Freund bist, werden sie wenigstens dich verschonen. Freundschaft ist immer das beste! Und wenn du an diesem Morgen hinaufgehst und sie zum Frühstück bitten willst, so ist das nicht Tücke, nicht

Berechnung, sondern eines jener herzlichen Bedürfnisse, die man plötzlich hat und die man, wie du mit Recht sagst, nicht immer unterdrücken soll. Die Leiter zum Estrich ist bereits gezogen, die Türe offen, du mußt nicht einmal klopfen. Der Estrich, den du aus Rücksicht schon lange nicht mehr besucht hast, ist voll von den kleinen Fäßlein, und der eine, der Freund, der aus dem Gefängnis, steht eben an der Dachluke, hält den nassen Finger hinaus, um die Windrichtung festzustellen; der andere ist leider schon ausgegangen, komme aber wieder. Mit deinem Frühstück ist es also nichts. Er komme aber bestimmt im Laufe des Tages, sobald er, wie der Freund in seiner immer etwas scherzhaften Art sagt, die erforderliche Holzwolle beisammen habe. Holzwolle? Es fehlte nur noch, daß er von einer Zündschnur redete. Einen Augenblick bist du wieder etwas verwirrt, etwas betreten, was du allerdings nicht zeigen willst. Im Grunde, das weißt du, kann kein Mensch so frech sein, wie dieser sich den Anschein gibt, nur weil er meint, du fürchtest ihn. Ein für allemal entschlossen, dich nicht zu fürchten, entschlossen, deine Ruhe und deinen Frieden zu erhalten, tust du, als hättest du nichts gehört, und im übrigen, was das Frühstück betrifft, kann das ja auch ein andermal sein. Deine freundschaftliche Geste ist schon als solche nicht wertlos. Vielleicht zum Abendbrot? Mit Vergnügen, sagt der Kauz, sofern sie Zeit hätten und nicht arbeiten müßten; das hänge vom Wind ab. Er ist wirklich ein Kauz. Und natürlich bist du nun nicht wenig neugierig, ob sie tatsächlich zum Abendessen kommen, ob sie deine Freundschaft überhaupt wollen. Vielleicht hättest du deine Freundschaft schon früher bekunden sollen. Aber lieber jetzt, sagst du, als zu spät! Mit Recht vermeidest du ein allzu besonderes, ein auffälliges Abendessen; immerhin holst du einen Wein aus dem Keller, um ihn für alle Fälle kühlzustellen. Leider kann man am Abend, als sie gegen neun Uhr endlich kommen, nicht mehr auf der Terrasse sitzen; es ist zu windig. Ob er Holzwolle gefunden habe? fragst du, um dem Gespräch bald eine persönliche Note zu geben. Holzwolle? sagt er und schaut den Freund an, wie man einen Verräter anschaut. Dann, Gott weiß warum, mußt du selber lachen, und schließlich lachen sie auch. Holzwolle, nein, Holzwolle habe er nicht gefunden, aber etwas anderes, Putzfäden aus einer Garage. Gefunden; daß das nichts anderes heißt als gestohlen, daran kannst du nicht zweifeln. Überhaupt haben sie sehr eigene Ansichten betreffend Recht und Unrecht. Nach der ersten Flasche, du hast den Wein nicht umsonst gekühlt, erzählst du, daß auch du schon Unrecht begangen hast. Da sie schweigen, erzählst du mehr und mehr, indem du, ihre Freundschaft ist es dir wert, die zweite Flasche entkorkst. Offensichtlich fühlen sie sich wie zu Hause; der Freund, der Frechere, dreht deinen Rundfunk an, um den Wetterbericht zu hören. Dann wünschen sie nur noch eines: Streichhölzer. Nichts wäre verfehlter, als wenn du jetzt wieder zusammenzucktest: auf Verdacht ist keine Freundschaft aufzubauen. Wozu Streichhölzer? Es gelingt dir, jedes beleidigende Zittern zu vermeiden und Zigaretten anzubieten, als ginge dir nichts durch den Kopf, und dann, das ist kein schlechter Einfall, bietest du Feuer mit deinem eignen Feuerzeug, das du nachher wieder in die Tasche steckst. Das Gespräch geht weiter, das heißt, sie hören zu, sehen dich an und trinken Wein. Dein ehrliches Geständnis, wieviel Unrecht du begangen hast, rührt sie nicht mehr, als es die Höflichkeit verlangt; überhaupt wirken sie sehr geistesabwesend. Eine dritte Flasche, die du schon zwischen den Knien hast, lehnen sie ab. Da du sie trotzdem öffnest, wirst du sie allein trinken müssen. Nur beim Abschied, als du gewisse Hoffnungen ausdrückst, daß die Menschen einander näherkommen und einander helfen, bitten sie dich nochmals um Streichhölzer. Ohne Zigaretten. Du sagst dir mit Recht, daß ein Brandstifter, ein wirklicher, besser ausgerüstet wäre, und gibst auch das, ein Heftlein mit gelben Streichhölzern, und am andern Morgen, siehe da, bist du verkohlt und kannst dich nicht einmal über deine Geschichte verwundern…

C. F. Ramuz, der Dichter unsrer französischen Schweiz, kürzlich verstorben, steckt bereits, wie ich heute sehe, in unserem vaterländischen Knopfloch: Gotthelf, Keller, Meyer, Spitteler, Ramuz... Eh bien! Dagegen ist nur zu sagen: vor wenigen Monaten, als Ramuz vor der letzten Operation stand, mußte er den Schriftstellerverein anfragen, ob man ihm zweitausend Franken für diese Operation geben könnte –

Die Stellung des Schriftstellers in der Schweiz, selbst eines einmaligen wie Ramuz, überhaupt die Stellung der Künstler, der Intellektuellen, sofern ihre intellektuelle Leistung nicht gerade der Industrie dient, ist eine erbärmliche, erbärmlich mindestens im Vergleich zum durchschnittlichen Wohlstand unsres Landes. Dennoch wäre es dumm, daraus eine Verbitterung zu machen. Zwar hätten unsere Zeitungen, da sie ja im Wirtschaftlichen wurzeln, durchaus die Möglichkeit, anständig zu sein, Honorare zu zahlen, wie man sie auch einem Arzt oder einem Ingenieur zahlen muß. Davon sind sie weit entfernt; die allgemeine Geringschätzung einer Arbeit, die einen geringen Lohn bringt, wäre eine Schnurre für sich! Was unsere Zeitungen anlangt, sehe ich sie als Nutznießer einer Notlage, die sie nichts angeht, jenes Umstandes nämlich, daß unsere Verleger wirklich nicht zahlen können. In der Tat, solange die Schweiz auf sich verwiesen bleibt, ist es so, daß unsere Verleger nicht leben können, wenn auch der Schriftsteller leben will; der Schriftsteller hat aber ein Interesse daran, daß sein Verleger lebt, und also muß er halt in Gottesnamen, nicht immer zu seinem Schaden, einen Beruf ausüben, wenn er schon schreiben will. Das hat viel für sich. Immerhin sollte ein Ramuz nicht betteln müssen, bevor er ins Spital fährt, um in Ehren zu sterben. Verkehrt aber schiene mir jede Verbitterung, die sich gegen unsere Landsleute richtet, gegen ihre geringe Lesefreude oder so. Wir sind zwei und eine halbe Million von Deutschsprechenden, davon viele Bauern, wenig Städter. Nehmen wir Deutschland mit sechzig Millionen. Bei gleicher Leserdichte, und die deutsche Leserdichte wird besonders gerühmt, würde das heißen: Fünfhundert Gedichtbände, verkauft in der Schweiz, entsprechen einem deutschen Absatz von zwölftausend. Wie oft kommt das vor? Ein Schauspiel, das hier in zweitausend Stück verkauft wird, müßte in Deutschland, bei gleicher Nachfrage, eine Auflage von achtundvierzigtausend erreichen. Wie oft kommt das vor? Unsre Leserdichte ist nicht schlecht, auch verglichen mit dem literarischen Frankreich, wo die Bücher eines Dramatikers, der in aller Munde ist, nicht über das fünfte Tausend gelangen. So kann sich der schweizerische Schriftsteller, meine ich, jederzeit auf einer Zigarettenschachtel ausrechnen, daß er unmöglich leben kann – und dennoch keinen Grund hat, deswegen bitter zu sein.

Pfannenstiel

Rast an der Sonne, Schmetterlinge, Stille einer verlassenen Kiesgrube – ich muß mir die folgende Szene denken: Eine Eskorte von sechs Soldaten hat mich in diese Kiesgrube geführt, die Gewehre geladen, und jetzt, wie ich dort mit gebundenen Händen stehe, stellt man noch einmal die Frage, ob ich den öffentlichen Eid, daß meinen Freunden keine Untat und kein Unrecht widerfahren sei, leisten wolle oder nicht.

Was tun?

Ich weiß nicht, ob meine Freunde, die ich mit diesem Eid verraten soll, um mein Leben zu retten und meine Familie, meine Frau und unsere zwei Kinder – ob die Freunde überhaupt noch leben; wahrscheinlicher ist es, daß sie bereits zu Tode geschunden sind, und keinesfalls, das weiß ich, wird die Salve, die mich allenfalls umlegt, sie davor bewahren...

Was tun?

Hinzu kommt, daß meine Frau, wie ich eben erfahren habe, inzwischen auch verhaftet worden ist; bisher wurde sie nicht gefoltert; auch das steht jederzeit in ihrer Macht, um mich zu zwingen –.

Was tun?

Und hinzu kommt das Bewußtsein, daß wir keinerlei Verbrechen begangen haben, nicht einmal in ihrem Sinn, nicht einmal eine Verschwörung; wir wissen nur, daß es Folterkammern gibt in unsrer Stadt, wissen es, weil wir die täglichen Schreie hören und jedesmal sehen, wie sie die rohen, die ungehobelten und ungestrichenen Särge verladen, und wir weigern uns, hinzutreten vor unser Volk und zu schwören, daß es in unsrer Stadt keine einzige Folterkammer gebe –.

Der Sergeant:

»Überlegen Sie es sich«, sagt er: »Sie haben, laut allgemeiner Order, eine Frist von zehn Minuten.«

Auch ein Geistlicher steht dabei.

»Ich bin befohlen«, sagt er tonlos: »um dir, falls du dich dazu entschließen kannst, den Eid abzunehmen.«

Er duzt mich, weil wir zusammen in die Schule gegangen sind, ins Gymnasium, er saß in der Reihe vor mir, ich erinnere mich nur noch an seinen Vornamen.

»Gewehre bei Fuß!«

Nach diesem Kommando, das mit mechanischem Schneid und wie durch einen einzigen Hebelgriff ausgeführt worden ist, so daß man von den fünf Kolben nur einen einzigen Aufschlag hört, ist der Sergeant zur Seite getreten – nicht ohne zuvor auf seine Uhr zu blicken –, jetzt pißt er an einen Stein; sonst höre ich nichts; die fünf Gewehre bei Fuß, Sonne wie jetzt, Schmetterlinge, Stille einer verlassenen Kiesgrube...

Was tun?

Café Odeon

Die Unmöglichkeit, sittlich zu sein und zu leben – oder man läßt eben beides im Halben... Die Sittlichkeit, wie sie uns gelehrt wird, schließt immer schon die weltliche Niederlage in sich; wir retten die Welt nicht vor dem Teufel, sondern wir überlassen ihm die Welt, damit wir nicht selber des Teufels werden. Wir räumen einfach das Feld: um sittlich zu sein. Oder wir räumen es nicht;

wir lassen uns nicht erschießen, nicht ohne weiteres, nicht ohne selber zu schießen, und das Gemetzel ist da, das Gegenteil dessen, was wir wollen...

Man kann darauf bedacht sein, das Gute durchzusetzen und zu verwirklichen, oder man kann darauf bedacht sein, ein guter Mensch zu werden – das ist zweierlei, es schließt sich gegenseitig aus.

Die meisten wollen gute Menschen sein.

Niemand hat größere Freude daran, wenn wir gute Menschen werden, als der Böse. Solange die Menschen, die das Gute wollen, ihrerseits nicht böse werden, hat der Böse es herrlich!

(Solange die Armen nicht »stehlen«.)

Amoralität bei starken Köpfen ist wohl meistens nichts anderes als die Sehnsucht nach einer anderen, einer lebbaren Sittlichkeit.

Tägliche Erfahrung im kleinen: Dein Anstand ist die beste und billigste Waffe deiner Feinde! Du hast dir versprochen, nicht zu lügen – zum Beispiel – und das ist schön von dir, splendid, wenn du es dir leisten kannst; es ist närrisch, wenn du dir einbilden würdest, daß du damit ohne weiteres der Wahrheit dienst. Du dienst deiner Anständigkeit.

Gewisse sittliche Forderungen, glaube ich, wären längstens vergessen, wenn nicht die Unsittlichen, die sich von diesen Forderungen befreit haben, ein natürliches Interesse daran hätten, daß die anderen sich durch diese Forderungen fesseln lassen – das gilt für alle christlichen Forderungen, die den Besitz betreffen...

Die ganze Erziehung, die nicht nur unsere Kirche, sondern auch unsere Schulen abliefern, geht wesentlich dahin, daß wir anständige Menschen werden, beispielsweise daß wir nicht stehlen – sie geht nicht dahin, daß wir uns wehren, wo immer gestohlen wird, und daß wir für das Gute, das sie uns lehrt, kämpfen sollen. Das Gute, wir wissen es, läßt sich allerhöchstens in deiner eignen

Brust verwirklichen. Ein guter Gedanke, gewiß, gut für die Herrschenden.

Die Unmöglichkeit, sittlich zu sein und zu leben – ihre Zuspitzung in Zeiten des Terrors. Womit arbeitet jeder Terror? Mit unsrem Lebenswillen und also mit unsrer Todesangst, ja, aber ebenso mit unsrem sittlichen Gewissen. Je stärker unser Gewissen ist, um so gewisser ist unser Untergang. Je größer eine Treue, um so gewisser die Folter. Und das Ergebnis jedes Terrors: die Schurken gehen ihm durch die Maschen. Denn der Terror, scheint es, eignet sich besonders zur Vernichtung sittlicher Menschen. Er ist auf eine gewisse Sittlichkeit berechnet; sein früheres oder späteres, aber unweigerliches Versagen hängt vielleicht damit zusammen, daß er die Sittlichkeit verbraucht, bis er niemanden mehr daran fassen kann. Und vor allem entwertet er auch das Leben, die Lust am Leben, bis es keinen übermenschlichen Mut mehr braucht, ein entwertetes Leben einzusetzen gegen ihn – nicht als Opfer in der Kiesgrube, wo es zu spät ist, nicht als sittlicher Märtyrer, sondern als unsittlicher Täter, bevor es zu spät ist: als Attentäter.

Frankfurt, April 1948

Vor dem alten Römer: Hohes Seil über Trümmern, Maste aus Eisen, unverbogen, unverrostet, jeder in einer Garbe von Kabeln, die ihn nach allen Seiten verankern, man denkt nicht sogleich an Seiltänzer, eher an Kranen, wenn die bunten Wimpel nicht wären, oder an die Takelage eines versunkenen Schiffes, versunken nicht in die Wogen eines Meeres, sondern in Wogen von Schutt, von vergrasendem Backstein... Immer grüner, ländlicher, blühender zieht der Frühling in deutsche Städte... Am Abend aber, wenn die Ruinen im Scheinwerfer stehen, ist alles noch märchenhafter; das milchige Licht, das sich in die grünliche Finsternis spreizt, manchmal ein glitzernder Falter darin, und im Hintergrund, jenseits der blinkenden Trapeze, steht der Dom, ein flacher Umriß, ein Scherenschnitt, eine gewichtlose Blässe von rotem Sandstein, körperlos hinter einem Gitter von kreuzenden Scheinwerfern. Und darüber auch noch der Mond, der volle, der gerade im Netz der Seiltänzer liegt; der Mond, Lampion der Verliebten, Laterne der Strolche, Kleinod der Dilettanten, Trost in der Fremde, Gong der Erinnerung, vor allem aber die Garantie, daß das All nicht ohne Poesie ist, das All, die Nacht, der Tod, nicht ohne Poesie, nicht ohne Gemüt... Das Trikot der Artisten, die jetzt dreißig Meter über unsrer Erde schweben, erscheint in seinem Licht wie wirkliche Seide.

»Meine Herrschaften!« sagt der etwas blecherne und hallende Lautsprecher: »Auch der Artist will nichts anderes als Sie, auch der Artist will leben! Was Sie als nächste Nummer sehen –.«

Ein Handstand auf wankender Fahnenstange – unwahrscheinlich, was der Mensch alles macht, um zu leben. Schon sind es drei und fünf und sieben Menschen, die am Kiefer eines jungen Mannes hangen, an der Geistesgegenwart eines Kindes, das gerade gestern, wie der Lautsprecher unterrichtet, seinen zehnten Geburtstag hatte... Kalte wolkenlose Nacht, Frühling, der dritte Abend in einer fremden Stadt, die nicht mein Ziel ist; wenn man sich zuweilen wundert: wieso sitze ich gerade hier und nicht anderswo in der Welt, hier in nächtlicher Ruine und Gotik, die zum munteren Tingeltangel wird, halb Bar, halb Kirmes –.

»Was Sie als sechste Nummer sehen«, sagt der hallende Lautsprecher: »das hat auf dieser Welt noch kein menschliches Auge erblickt! Wir sind stolz darauf, daß es junge deutsche Artisten sind –.«

Zwei Burschen, jeder auf einem glitzernden Velo, nehmen eine weiße Stange von Schulter zu Schulter; auf diese Stange kommt ein drittes Velo, nicht minder glitzernd; aber nicht genug, daß sie mit dieser Pyramide über das hohe Seil fahren: der Oberste, um den Rest unseres Atems auszuschalten, läßt auch noch die Lenkstange los, hebt sich zum Handstand auf dem Sattel, während die beiden Unteren radeln – dreißig Meter über unserer Erde, das heißt, über Backsteinen mit verbogenen Eisen, über

Resten eines romanischen Tores, über Unkraut in einer verrosteten Badewanne...

»Meine Herrschaften«, sagt der Lautsprecher: »die Künstler danken für Ihren großen Beifall. Folgen Sie bitte unserem Scheinwerfer, richten Sie jetzt Ihren freundlichen Blick hinüber auf die Nikolaikirche.«

Wir richten unsern Blick hinüber. Plötzlich rattert ein Motorrad, erst unsichtbar, dann aber plötzlich fährt es empor auf einem Seil, das in der Nacht nicht zu erkennen ist, empor gegen den erleuchteten Kirchturm, rattert, pufft, knallt, bis es nicht mehr weiter kommt, langsam rollt es zurück in die Ruine des Kirchenschiffes. Die Nummer ist mißlungen, der Lautsprecher bittet um Nachsicht, der Motor hat versagt. Doch die nächste Nummer ist schon bereit: drüben am Dom, ganz oben im gotischen Zierat, erkennt man zwei weiße Menschlein; ein Seil, fünfhundert Meter lang, spannt sich vom Dom hinunter an den Main. Leider bittet mich eine Dame um Feuer; als mein Feuerzeug endlich schnappt, hat die sausende Fahrt bereits begonnen: – an einer Rolle, die ein dünnes zischendes Geräusch hinterläßt, wie wenn man Seide zerreißt, hängt wieder einmal ein Trapez, am Trapez hangen die drei Artisten, Kopf nach unten, Arme zur Seite, drei weiße menschliche Kreuze, so sausen sie über die fehlenden Dächer, stets vom Scheinwerfer verfolgt, verschwinden zuweilen hinter einem schwarzen Zickzack, werden noch einmal sichtbar, das Publikum erhebt sich von den Bänken, um sie länger zu sehen. Vorbei. Der Lautsprecher bittet, den Beifall freundlich aufzusparen, bis die drei Künstler, die unterdessen am Main gelandet sind, zum alten Römer zurückkommen... Unterdessen ein Swing, unterdessen die Bewandtnis mit der letzten Nummer:

»Camilla Mayer, die verehrte und unvergeßliche Gründerin unsrer Truppe, hat als Erste dieses einzigartige Wagnis vollbracht. Eines Abends ist sie vor unseren Augen zu Tode gestürzt, aber an ihrer Bahre haben wir geschworen, daß wir dieses Meisterwerk der Artistik, der sie ihr Leben geopfert hat, immer und immer wieder vollbringen werden. Und für immer soll es ihren

Namen tragen, den Namen unsrer verehrten und unvergeßlichen: Camilla Mayer!«

Alle Scheinwerfer zusammen auf ein schräges Seil, ein bisher unbemerktes, das an der Spitze der Nikolaikirche befestigt ist und mit gelassenem Schwung irgendwo in den Trümmern verschwindet, achtzig Meter lang; die Steigung schätze ich auf zwanzig Grad –

Musik bricht ab.

»Der Todesgang der Camilla Mayer!«

Es ist ein ganz junges Mädchen, das den großen Schwur an die Verstorbene nicht nur einmal, sondern Abend für Abend erfüllt. Langsam steigt sie aus den rötlichen Trümmern, eine weiße Stange in den Händen, langsam, Fuß vor Fuß steigt sie hinauf in die Nacht. Ohne ein Netz unter dem Seil; das ist das Einzigartige. Wenn sie fehlt und fällt: lautlos, ein dumpfer Schlag im Schutt, fast nicht hörbar, ein sprödes Krachen der zersplitternden Stange, sonst nichts, ein dünner und ungläubiger Aufschrei von tausend Zuschauern, die teilweise sich erheben, teilweise sitzen bleiben, ein freundlicher Bericht in der Presse, Bericht mit Bild, eine sonderbare lebenslängliche Erinnerung für einzelne, ein guter Tod, ein einzelner Tod, ein eigener Tod, besser als der Tod im Lager, besser als die Erschießung ohne Augenzeugen, besser als das langsame Verhungern und Vereitern in einem bewachten Bergwerk, ein persönlicher Tod, ein spielerischer Tod, ein menschlicher Tod! – aber sie stürzt nicht ... Sie bleibt auf dem weichen und lautlosen Wippen des Seiles, man sieht ihre bloßen Schenkel, die prall und kräftig sind, ihr Röcklein wie ein Fallschirm. Ein Degas von unten. Hin und wieder eine Anweisung an die Scheinwerfer, damit sie die Künstlerin nicht blenden. Achtzig Meter sind lang! Das Mädchen hat etwa die halbe Höhe; auch der Rückzug ist kein Trost mehr. Totenstille. Einmal ein schweres amerikanisches Flugzeug, das drei bunte Lichtlein durch den Sternhimmel fliegt. Natürlich wird das Seil gegen oben immer steiler, das Gelöbnis immer schwerer. Noch zehn Meter! Ein Scheinwerfer faßt bereits den Turm; wieder die wunderbare Farbe seines Sandsteines, sein sprödes Terrakotta vor einer grünlichen Nacht. Auf dem Gesims wartet bereits ein andrer Artist, um dem Mädchen, wenn es soweit ist, die weiße Stange abzunehmen. Sechs Meter! Fünf Meter! Neben mir sitzt ein junger Neger in Uniform, vier Striche am Ärmel, das sind zwei Jahre Europa; vor uns erheben sich die Leute bereits, um nicht ins Gedränge zu kommen. Zwei Meter! Ein Meter! Schon steht sie auf dem Gesims, wo sonst nur Vögel sind, sie hält sich an einem Zierat, ihr Flitter glitzert im Scheinwerfer, sie winkt der Menge, die klatscht, der Lautsprecher spielt einen Marsch. Es ist kalt. Der junge Neger sitzt immer noch auf seinem Platz. Ohne zu klatschen. Gelegentlich greift er in sein oberes Täschlein, nimmt eine Zigarette, die er ansteckt...

In wenigen Wochen sind es hundert Jahre, seit zum erstenmal eine deutsche Demokratie versucht worden ist; die Feier, die mit Würde begangen werden soll, rückt näher und näher, die Maurer arbeiten jetzt Tag und Nacht, um wenigstens die Paulskirche wieder herzustellen. Noch um elf Uhr hört man das Schaufeln, das Rasseln eines Flaschenzuges, der frisches Pflaster emporzieht zu den erhellten Gerüsten.

Zum Theater

Zu den Begriffen, die ich mit Vorliebe brauche, ohne genauer zu wissen, was sie eigentlich bedeuten, nicht bedeuten müssen, aber bedeuten könnten, gehört auch der Begriff des Theatralischen.

Worin besteht es?

Auf der Bühne steht ein Mensch, ich sehe seine körperliche Gestalt, sein Kostüm, seine Miene, seine Gebärden, auch seine weitere Umgebung, lauter Dinge also, die ich etwa beim Lesen nicht habe, nicht als sinnliche Wahrnehmung. Und dann kommt ein anderes hinzu: Sprache. Ich höre nicht nur Geräusche, wo es bei der sinnlichen Wahrnehmung bleibt, sondern Sprache. Ich höre, was dieser Mensch redet, und das heißt, hinzu kommt noch ein zweites, ein anderes Bild, ein Bild andrer Art. Er sagt: Diese

Nacht ist wie ein Dom! Außer jenem augenscheinlichen Bild empfange ich noch ein sprachliches Bild, eines, das ich nicht durch Wahrnehmung, sondern durch Vorstellung gewinne, durch Einbildung, durch Imagination, hervorgerufen durch das Wort. Und beides habe ich gleichzeitig: Wahrnehmung und Imagination. Ihr Zusammenspiel, ihr Bezug zueinander, das Spannungsfeld, das sich zwischen ihnen ergibt, das ist es, was man, wie mir scheint, als das Theatralische bezeichnen könnte.

Hamlet mit dem Schädel des Yorick: –

Wenn diese Szene erzählt wird, muß man sich beides vorstellen, beides imaginieren, den Schädel in der lebenden Hand und die Späße des vergangenen Yorick, an die sich Hamlet erinnert. Die Erzählung, im Gegensatz zum Theater, beruht ganz und gar auf der Sprache, und alles, was der Erzähler zu geben hat, erreicht mich auf der gleichen Ebene: nämlich als Imagination. Wesentlich anders wirkt das Theater: Der Schädel, der nur noch ein Ding ist, das Grab, der Spaten, all dies habe ich bereits durch sinnliche Wahrnehmung, unwillkürlich, vordergründig, unausweichlich in jedem Augenblick, während meine Imagination, ganz aufgespart für die Worte des Hamlet, nur noch das entschwundene Leben aufzurufen hat und dies um so deutlicher vermag, als ich sie für anderes nicht brauche. Das Entschwundene und das Vorhandene, das Einst und das Jetzt: verteilt auf Imagination und auf Wahrnehmung... Der theatralische Dichter bespielt mich also auf zwei Antennen, und es ist evident, daß das eine, ein Schädel, und das andere, die Späße eines Spaßmachers, für sich allein wenig bedeuten; die ganze Aussage dieser Szene, alles, was uns daran bewegt, liegt im Bezug dieser beiden Bilder zueinander, nur darin.

Wie mancher Bühnendichter, der auf der Bühne versagt, könnte sich darauf berufen, daß er eine eigenere, stärkere, wesentlichere Sprache habe als Gerhart Hauptmann; dennoch ertrinkt sie auf der Bühne, während ein Hauptmann, dessen Magie kaum in einer eignen Sprache zu suchen ist, von eben dieser Bühne getragen wird, daß man staunt. Für den Bühnendichter ist die Sprache, scheint es, doch nur ein Teil. Der andere Teil, das sinnlich Wahrnehmbare, das nun einmal zum Theater gehört, hat es an sich, gegenwärtig zu sein, auch wenn der Dichter es vergißt, mächtig zu sein, auch wenn der Dichter es nicht benutzt – gegen ihn zu sein, und zwar so, daß keine Sprache ihn rettet, keine.

Das größte Beispiel, daß die Sprache es allein nicht schafft, bleibt natürlich der Zweite Teil des Faust, diese höchste Hochzeit deutscher Sprache, nur streckenweise spielbar: nicht weil die Aussagen dieser Dichtung zu erhaben sind – Shakespeare ist auch erhaben –, sondern weil sie nicht theatralisch sind.

Theatralische Diagnose: Was ich sehe und was ich höre, hat es einen Bezug zueinander? Wenn nicht, wenn etwa die Aussage ausschließlich im Wort liegt, so daß ich eigentlich die Augen schließen könnte, liegt die Bühne brach, und was ich in diesem Fall, da ich die Augen natürlich nicht schließe, auf der Bühne sehe, ist nicht eine theatralische Situation, sondern ein überflüssiger Anblick, eine augenscheinlich nichtssagende Begegnung von Sprechern, epischen, lyrischen oder dramatischen –.

(Das Dramatische, der dialektische Ringkampf, worin man da und dort das einzig mögliche Theater oder doch die Quintessenz des Theaters erblicken möchte, verlangt die Bühne nur insofern, als sie in der Tat immer auch etwas von einem Ring hat, von einer Arena, von einer Manege, von einem öffentlichen Gerichtssaal.)

Das Einmaleins des Clowns: daß er im Augenblick, wo er sich heldisch und würdig vorkommt, über die eigenen Füße stolpert. – Zum Wesen der Komik, habe ich einmal gelesen, gehöre das Unverhältnismäßige, das Unstimmige, das Unvereinbare. Im Falle des Clowns: das Unvereinbare liegt nicht innerhalb seiner Rede, sondern zwischen seiner Rede und unsrer Wahrnehmung. Selbstvertrauen ist nicht komisch, Stolpern ist nicht komisch; nur beides zusammen. Das Unvereinbare, das Unverhältnismäßige, was zum Wesen aller Komik gehört, verteilt auf das Wort und auf das Bild: das im besonderen als theatralische Komik – vom Plumpen bis zum Feinen, vom Clown bis zum Shakespeare: Wir hören, wie selig und zärtlich die Imaginationen der verliebten Titania sind, wir hören ihre herrlichen Worte, die alles andere als Witze sind, und lächeln von Herzen, denn wir sehen zugleich, wie sie mit eben diesen süßen Worten, die auch uns verzücken, nichts als einen Eselskopf kost – wir sehen.

Das Überwältigende bei Shakespeare, wie die Situation (wer steht wem gegenüber) meistens schon als solche gedichtet ist, bedeutend schon als Situation, so daß dem Text nichts anderes übrig bleibt als das Schönste: zu ernten, zu pflücken, zu eröffnen, was an Bedeutung schon da ist.

Wer steht wem gegenüber.

Schon die Schreibweise klassischer Stücke deutet darauf hin, wie hauptsächlich diese Frage ist; schon im Buch wird jeder Auftritt vermerkt, sonst fast nichts. Zehnter Auftritt: Der König, die zwei Mörder. Das ist das Wahrnehmbare, wenn der Vorhang sich hebt, und wenn die zwei Mörder ihren Auftrag haben, so daß sie den König allein lassen, ändert sich das Wahrnehmbare; jeder Auftritt ist eine Zäsur. Der König allein! Wenn er jetzt etwas spricht, was die Last seines zunehmenden Alleinseins verrät, hat es die ganze Bühne für sich, die Leere der Bühne – Kongruenz zwischen der äußeren und inneren Situation; eine andere theatralische Erfüllung ist der Kontrapunkt: –Macbeth erlebt die Last seines schuldigen Alleinseins während einer festlichen Gesellschaft, er allein erblickt den Geist des Ermordeten, sein Alleinsein wird dermaßen augenscheinlich, daß all seine Worte, die gesellig sein möchten, ohnmächtig sind, die Gesellschaft verschwindet, es bleiben Macbeth und seine Mitwisserin, die beiden Schuldigen; wieder ist der ganze innere Vorgang einer Szene bereits im Sichtbaren umrissen, der Geist des Ermordeten spricht kein Wort – das heißt: ich schaue nicht umsonst auf die Bühne.

Im zweiten Stück von Friedrich Dürrenmatt (ein Name, den man auch in Deutschland noch kennenlernen wird) gibt es folgende

Szene: Ein Blinder, der die Zerstörung seines Herzogtums nicht wahrgenommen hat, glaubt, er lebe immer noch in seiner festen Burg. In seinem Glauben, in seiner Einbildung verwaltet er ein heiles und verschontes Land. So sitzt er inmitten von Ruinen, die er als Blinder ja nicht sehen kann, umringt von allerlei wüstem Gesindel des Krieges, von Söldnern, Dirnen, Räubern, Zuhältern, die nun den blinden Herzog, seinen Glauben verhöhnend, zum Narren machen wollen, indem sie sich von ihm empfangen lassen als Herzöge und Feldherren, die Hure aber als verfolgte Äbtissin; der Blinde spricht sie an, wie er sich vorstellt, daß sie es verdiene, wir aber sehen die verrotzte Person, deren Segen als Äbtissin er gläubig erbittet – kniend... Musterbeispiel einer theatralischen Situation: die Aussage liegt gänzlich im Widerspiel von Wahrnehmung und Imagination. Hier spielt das Theater sich selbst.

Im Basler Museum hängt ein Gemälde von Arnold Böcklin: Odysseus und Kalypso, das Verhältnis von Mann und Frau. Er in Blau, sie in Rot. Sie in geborgener Grotte, er auf einem vorspringenden Fels, Rücken gegen sie, Blick hinaus auf die Weite des offenen Meeres... Auf der Reise hierher habe ich dieses Bild, andere suchend, wieder gesehen, verblüfft, daß das Meer, Inhalt seiner Sehnsucht, fast nicht vorhanden ist. Nur in einem winzigen blauen Zwickelchen. In meiner Erinnerung war es ein Bild voll Meer – gerade weil das Meer nicht gezeigt wird. Kein Theater, so wenig wie ein Gemälde, würde imstande sein, die Weite des Meeres zu zeigen. Es muß sie der Imagination überlassen. Bei Sartre kommt eine Szene vor, wo Zeus mit seinem Sternhimmel protzt, um Orestes, den Menschen, zum Glauben an die Götter einzuladen. Sartre macht das einzig Mögliche, er schildert diesen Sternhimmel mit Worten. Wenn nun ein Spielleiter, wie ich es gesehen habe, bei diesen Worten plötzlich einen Himmel von Glühbirnen aufleuchten läßt, die Sterne also zur sinnlichen Wahrnehmung bringen will, ist die Magie des Theaters natürlich verscherzt; der Sternhimmel, den dieser Zeus vorzuführen hat, ist dadurch so kindisch, daß der Hohn des ungläubigen Orestes in sich selber zusammenfällt. Die Szene ist in ihrem Rückgrat gebrochen – trotz guter Schauspieler –, gebrochen durch einen Einfall, der die Grenze des Theaters verkennt.

Spielplatz ist immer die menschliche Seele! Ihren Gesetzen ist alles unterworfen. Eines dieser Gesetze: Kompensation. Wenn ich einen Kerker wahrnehme, findet mich das Wort, das eine freie und heitere Landschaft schildert, besonders empfänglich; der Anblick einer grottenhäuslichen Kalypso, die mich halten will, macht mich besonders empfänglich für jedes Wörtlein, das von offenem Meer und fremden Küsten redet; die Imagination, die es verlangt, entspricht ja meiner Sehnsucht. Oder wenn ich ein fröhliches und übermütiges Fest wahrnehme, hat eine Stimme, die den Tod erwähnt, besondere Macht; die Imagination, die sie verlangt, entspricht ja meiner Angst. Der theatralische Bezug – das Widerspiel von Wahrnehmung und Imagination – wird besonders zwingend sein, besonders ergiebig, besonders zuverlässig, wenn er den Bedürfnissen der menschlichen Seele folgt, wenn er beispielsweise aus einer Kompensation besteht.

Verlockung des Theaters auch für den nicht-dramatischen Dichter, etwa den lyrischen: die Bühne liefert ihm, wenn er sie beherrscht, eine steigernde Folie für das Wort.

Kein Stück wird immerfort theatralisch sein. Wichtig für seine theatralische Potenz ist nicht einmal, ob es in seinem Verlaufe oft theatralisch ist. Die theatralische Erfüllung, glaube ich, ist immer das Seltene, das Rare, das Auge in der Fläche eines Gesichtes. Entscheidend dürfte sein, ob die wesentlichen oder nur die nebensächlichen Aussagen theatralisch werden. Im letzteren Fall, wo das Theatralische zufällig, nebensächlich, exzentrisch bleibt, wird jede Aufführung, selbst die vollendete, unweigerlich eine Verzerrung bedeuten, eine fälschende Verschiebung der Akzente. Das Theater, sagt dann der Verfasser, ist halt eine schauerliche Vergröberung! Natürlich ist es das, aber es ist nicht die Schuld des Theaters, wenn solche Vergröberung, die einen

Shakespeare nie umbringt, mehr als Vergröberung wird, nämlich Entstellung, Verzerrung, Verdrehung, Zerstörung jeder Poesie. Es ist nicht die Schuld des Theaters, wenn der Dichter es nicht brauchen kann. Wer auf die Bühne tritt und die Bühne nicht braucht, hat sie gegen sich. Brauchen würde heißen: nicht *auf* der Bühne dichten, sondern *mit* der Bühne –.

Berlin, April 1948

Die Russen, heißt es, haben die Zonengrenze gesperrt. Ein deutscher Herr, der eben von Helmstedt kommt, berichtet wieder anders, die Wagen werden strengstens untersucht, sagt er, können aber passieren. Hingegen stimmt die Meldung, daß seit gestern keine Züge mehr verkehren. Die russische Forderung, daß auch die amerikanischen Züge sich einer russischen Durchsuchung unterziehen müßten, wird abgelehnt. Vorläufig durch Einstellung des Verkehrs. Damit ist jede Zufuhr unterbunden, Berlin als belagerte Stadt. Man stellt alle erreichbaren Sender ein, um Nachrichten zu sammeln, die sich teilweise mit den Gerüchten decken; nur tönt es als Nachricht immer viel gediegener.

Anruf bei Freunden; obschon sie im Haus der Auslandspresse wohnen, wissen sie nicht mehr: Blockade, um die Westmächte auszutreiben – mit dem Hunger der Berliner.

Abends in Gesellschaft.

Das Berlinische, das man bei uns so gerne verpönt, ich mag es sehr – vor allem das Unsentimentale, den Witz, der meistens darin besteht, daß man die Dinge wieder einmal beim Namen nennt, das Antipathos, besonders willkommen innerhalb des Deutschen, hier wird das Gemüt nicht aufs Brot gestrichen, Witz als der keuschere Ausdruck der Gefühle, das Freche ohne Ranküne, das Nüchterne – in Zeiten wie jetzt, wo jede Pose auf die Probe gestellt wird, sind sie bewundernswert, nämlich unverändert: unsentimental, konkret, aktiv...

Mit Landsleuten und einem britischen Journalisten, der einen deutschen Volkswagen besitzt, hinaus an den Wannsee. Sonnenuntergang über den Wäldern. Abendessen in einem Hotel der Journalisten. Wenn man Berlin zur Zeit mit Schanghai vergleicht, meint man wohl auch dieses rätselhaft beziehungslose Nebeneinander: gesellschaftliches Leben in Kolonien, sie wissen, daß sie in Berlin sind, aber die Berliner sind etwas wie Eingeborene. Man sitzt, mit verschränkten Beinen, trinkt Whisky, unten wartet »der deutsche Fahrer«. Gewiß, es gibt Berührungen durch alltäglichen Verkehr, Gespräche über die Unruhe unter den Eingeborenen oder über ihre flotte Haltung; kein Haß, ein gelegentliches Unbehagen, daß die Eingeborenen immer wieder meinen, alles drehe sich um sie, auch kein Hochmut, keine Absicht, die Eingeborenen mehr auszunützen als sonst die Mitmenschen, London, Prag, Chicago, Paris, alles ist näher als Berlin, alle sitzen wie auf Vorposten, denken viel an zu Hause, besuchen sich und stehen umher, jeder ein Glas in der Hand, jeder wahrt seine Stammessitten und beobachtet die Luft – das ist es, warum sie da sein müssen: die Luft, das Unsichtbare in der Luft... die Welt.

Zur Schriftstellerei

Fabeln, scheint es, gibt es zu Tausenden, jeder Bekannte wüßte eine, Unbekannte verschenken sie in einem Brief, jede ist ein Stück, ein Roman, ein Film, eine Kurzgeschichte, je nach der Hand, die sie zu greifen vermöchte – es fragt sich bloß, wie und an welchen Zipfeln sie ergriffen wird; welche ihrer zahlreichen Situationen sich kristallisiert... Hamlet! wenn es möglich wäre, seine Fabel ohne jede Gestaltung vorzulegen, kein noch so hellhöriger Kritiker könnte finden, daß sie nach dem Theater schreie. So vieles daran läßt sich nur erzählen; das Spielbare zu finden braucht es die Wünschelrute eines theatralischen Temperamentes, hier eines theatralischen Genies. Etwas verdreht gesprochen! denn der Vorgang ist ja wohl nicht so, daß ein schöpferisches Temperament, ein theatralisches, oder ein anderes, an eine sogenannte Fabel herantritt, erwägend, ob sie sich für Theater oder Roman eigne, sondern das Temperament ist bereits die Entscheidung, der Maler sieht malerisch, der Plastiker sieht plastisch... Der meistens verfehlte Versuch, ein Schauspiel umzusetzen in eine Erzählung oder umgekehrt, lehrt wohl am krassesten, was man im Grunde zwar weiß: daß eine Fabel an sich gar nicht existiert! Existenz hat sie allein in ihren Niederschlägen, man kann sie nicht destillieren, es gibt sie nur in Kristallisationen, die, einmal vorhanden, nicht mehr auszuwechseln sind, gelungen oder mißlungen – ein für allemal.

Berlin, Mai 1948

Halle in Tempelhof. Die Maschine steht bereit. Von Berlin nach New York; aber die meisten von uns wollen nur nach Frankfurt. Die Kontrolle war peinlich, als wäre man ein Überläufer oder ein Spion, leider noch nicht faßbar, obschon es für den Mann, der wortlos meine Papiere prüfte, zweifellos schien, daß ich für Wallstreet arbeite. Was sollte ich sonst tun? Durch das Telefon verabschiede ich mich nochmals von den Freunden. Herrliches Wetter. Auf dem Tempelhofer Feld wimmelt es von glitzernden Transportern –.
»Luftbrücke«.

Letzigraben

Imbiß in der Kantine, Rippli und Wein, dazu ein besonders köstliches Brot – Gespräch mit einem verbitterten Eisenleger, der im Stundenlohn alle andern übertrifft, er schimpft über seinen Stundenlohn, aber im Grunde ist es nicht das; seine Arbeit, die ich oft genug verfolgt habe, ist wirklich von jener Art, die an Galeere erinnert und immer eine peinliche Empfindung erzeugt: man ist froh, daß man selber nicht dazu verdammt ist, froh um die Kunde, daß die Eisenleger einen guten Stundenlohn haben und also zufrieden sein sollen. Dagegen wirken die Gärtner wie spielende Kinder, selbst wenn sie mit violetten Händen schwere Platten tragen. Überhaupt die merklichen Unterschiede je nach Arbeitsart! Eigentlich bin ich nie mit einem Erdarbeiter ins Gespräch gekommen, obschon sie fast ein Jahr lang auf dem Platz gewesen sind; eine spürbare Kluft: sie waten mit lehmigen Stiefeln in einem Graben, ich stehe oben mit Ledermappe, ich zeichne, und sie haben den Dreck. Nicht einmal das Skelett eines Hingerichteten, das eines Tages zum Vorschein kam, hat uns ins Gespräch gebracht. Anders schon die Maurer; ihre Arbeit fordert nicht Kraft allein, sondern Geschick, es gibt schlechtes und sauberes Mauerwerk, Könner und Pfuscher; wer den Unterschied sieht, ist wert befunden, daß sie mit ihm reden. Überall die aufblühende Selbstachtung, sobald die Arbeit einen persönlichen Spielraum gewährt; am meisten bei den Gärtnern, die immer wieder mit Vorschlägen kommen, was ihnen noch besser gefiele; aber auch der Vorarbeiter, der jetzt den zehn Meter hohen Sprungturm schalt, ist emsig-selig. Arbeit als Fron oder Arbeit als Selbstverwirklichung. Ich bin mir im klaren, daß der Bau zu den freundlichsten Arbeitsstätten gehört, die unser Zeitalter zu vergeben hat; nicht zu vergleichen mit der Fabrik. Als Inbegriff des Handwerkers, im Gegensatz zum Arbeiter, erscheint mir immer wieder der Schreiner; der natürliche Rohstoff, das Holz, das nicht aus einer Fabrik kommt, und dann vor allem der Umstand, daß der Schreiner nicht Teile herstellt, die weitergehen, sondern ein Ganzes, ein Fertiges, ein Werk, das er im wesentlichen durchaus als das seine ansprechen kann. Anders die Leute, die mit Metall arbeiten; auch ihre Arbeit, die Montage, hat durchaus noch das Erfreuliche, daß sie das Ergebnis eines langen Arbeitsganges erleben, auch das Ingeniöse, das Unterhaltende, daß sich ihre Aufgabe in jedem Bau etwas anders stellt, das Anreizende, daß man Ideen haben kann, und doch ist das Wesen aller, die mit Metall arbeiten, schon aschenhafter. Was sie in die Hand bekommen, sind immer schon Fabrikate. Und das Ergebnis: die Wasserspülung geht, ihre Arbeit ist wichtig, sonst würde sie ja nicht bezahlt, aber sie hat nie die Gloriole eines eignen Werkes. Der Arbeiter sagt: Im Hallenbad habe ich auch gearbeitet. Der Handwerker sagt: Im Hallenbad habe ich die Geländer gemacht. Der Unterschied auch in der Art, wie sie dem Architekten gegenüber stehen; der Handwerker fühlt sich durchaus als Kollege, und unser Gespräch ist meistens ersprießlich; der Arbeiter gehorcht – willig oder unwillig – im Grunde meistens ahnungslos, was der Architekt eigentlich arbeitet. Pläne, ja, aber die läßt er ja auch von anderen zeichnen! Wenn ich ihm erläutere, daß der Entwurf nicht vom lieben Gott kommt, und wenn ich ihm auf einem Zettel zeige, wie verschieden man entwerfen kann, wieviel Fehler zu meiden und wieviel Erfordernisse zu lösen sind, bevor er sein Parkett verlegen kann, ist er aufrichtig verblüfft:

»Ja, das ist eigentlich wahr«, sagt er: »daran habe ich noch nie so gedacht –.«

Dabei hat er graues Haar.

»Wissen Sie«, sagt er: »auch ich habe eigentlich etwas ganz anderes werden wollen –«

»Nämlich?«

»Kunstmaler.«

Café Odeon

Die Teilung Deutschlands, seit Kriegsende vorhanden, ist nun verkündet und vollstreckt – es liest sich wie die Exposition eines Dramas.

Unterwegs

Gestern vormittag im Odeon höre ich, wie jemand am Nebentisch meinen Namen sagt, viel Genaues höre ich nicht, sehe aber, daß der Mann, der mich persönlich nicht kennt, mit dem Namen einen deutlichen Haß verbindet, nicht nur Geringschätzung, sondern Haß. Soll ich mich vorstellen? Ich tue es nicht, zahle, nehme den Mantel und gehe. Man haßt sich selber nicht selten. Dennoch, zeigt sich, bin ich betroffen, wenn ich diesen Haß an einem andern sehe, einem Fremden. Dabei ist es ganz erklärlich; wenn man selber gewisse Leute haßt, keinen Hehl macht aus seinem Haß, kann das Echo nicht ausbleiben. Trotz dieser Erklärung ist es mir unmöglich, wieder an die Arbeit zu gehen. Das Selbstgefällige, das in solcher Verblüffung liegt, ist mir bewußt. Am Nachmittag ins Kino. Kein geschriebener Satz ist möglich. Nicht einmal ein Gedanke, ohne daß ich das Mißdeutbare sehe; aber mehr als das: es braucht gar keine Mißdeutung, um hassenswert zu sein. Der Mann, ohne daß ich seine genauen Worte gehört habe, hat recht. Es gibt kein Argument gegen einen Haß. Dabei wird mir fast zum erstenmal bewußt, daß man immer, wenn man schreibt, eine Sympathie voraussetzt. Vielleicht geht es ohne diese Voraussetzung überhaupt nicht, aber es ist gut, um diese Voraussetzung zu wissen, und man müßte froh sein um einen solchen Schock, ein solches Signal –.

Paris, Juli 1948

Quatorze Juillet... Netter kann man nicht empfangen werden. Am Vormittag, kaum bin ich angekommen, gibt es eine Parade, aber ich habe nur die Geschwader gesehen, die mit bekanntem Brummen die eigene Stadt überfliegen, später ein Korps von Bläsern, die sich in einem Park aufstellen, schmuck, alle mit weißen Gamaschen und weißen Gürteln, die Clairons blinken, jedes mit einem Wimpel daran, der Tambourmajor hat einen verzierten Stab, den er bravourös in die sommerlichen Lüfte zwirbelt, zirkushaft. Ich habe gewartet, bis es losging: Le jour de gloire est arrivé! Ich kann's nicht hindern, die Marseillaise geht mir nun einmal durch Mark und Bein. Einige Schritte gehe ich mit. Le jour de gloire est arrivé! Auf dem Platz der Bastille finde ich ein großes und wogendes Gemenge, ein klingelndes, flitterndes, hupendes, summendes, dröhnendes Tingeltangel. An Trikoloren fehlt es nicht. An einer Straßenecke blüht sogar ein frisches Kränzlein; drei Namen in Stein: Fusillé par les Allemands. Ich denke an Ernst Jünger. Einem Mädchen zuliebe, das einen Freund hat, fahre ich dreimal mit den kleinen Automobilen; eigentlich mir zuliebe, denn ihr Gesicht, wenn wir einander rammen, ist köstlich. Bald fangen auch andere an, es gibt eine Rammerei, bis die Bude einfach den Strom abstellt, und später, als ich sie schon verloren glaube, finde ich sie noch einmal auf einer Schaukel wippend, bis das Schifflein an das Zelt schlägt, wippend mit flatterndem Rock, herrlich. Ein heißer Tag, Glast über den Dächern; man denkt immer an Maler, so, als hätte Paris sich den Farben berühmter Paletten angepaßt. Hernach gehen sie in die Metro, das Mädchen und ihr Freund. Ich ebenfalls. Bummel im Bois de Boulogne, wo ich ein Boot nehme, sehr zufrieden, sehr glücklich, allein, kein Mensch kann wissen, wo ich bin. Ich liebe die Großstädte immer mehr. Ein Luftballon, ein silberner, hangt im Himmel. Am Abend gibt es ein Feuerwerk, Tanz auf der Concorde, Menschen, was man an Menschen nur erfinden mag: Kleinbürger, Großstädter, Familien, Außenseiter, Mütter mit Kind, Kokotten, Töchterchen mit Offizier, Fremde, Soldaten von der Marine, alles tanzt. Vagabunden mit buntem Trikot hocken auf ihrem Rad, einen Fuß auf den Randstein gestemmt. Kann man sagen, daß die Leute sehr fröhlich sind? Immerhin wird getanzt, und es strahlen die Bogenlampen, von Faltern und Mücken umwimmelt, Lautsprecher jazzen aus nächtlichen Bäumen. Sterne sind auch da. Man schleckt ein Eis, der behende Verkäufer hat alle Hände voll zu tun. Le jour de gloire est arrivé. Die Champs Elysées hangen aus der Nacht herunter wie eine glitzernde Perlenbrücke, in der Ferne ganz schmal, dort, wo sie aus dem Triumphbogen mündet. Sehr schön. Irgendwo steige ich in den Boden, nehme die Metro, bloß weil ich sie mag, und fahre irgendwohin. Wieder an der frischen Luft, ich weiß nicht wo, empfängt mich abermals Musik, Tanz, denn auch hier ist Quatorze Juillet, Tanz auf offener Straße, Tischlein, Kellner in weißen Schürzen, hemdärmlig, eine Kapelle unter Lampions, alles etwas verschlissen, etwas ärmlicher. Aber wunderbar, gerade hinter meinem Sessel, unsäglich wunderbar tanzt eine junge Chinesin. Ihre schwarzen Wattehosen, der Mond ihres stillen Gesichtes, das verliebt ist; sehr schön. Dazu die Leute aus dem Quartier, Krämer, Schuster, Antiquare, Metzger, Beamte, was weiß ich. An der Ecke hängt wieder ein Kränzlein: Tombé pour la libération de Paris. Hier bleibe ich. Neben der Kapelle sitzen drei Mulattinnen, alle in knallgrüner Seide; ich sehe ihnen an, daß sie unvergeßlich sind. Sie rauchen aus langen weißen Röhrlein. Ein Soldat, ein riesenlanger, kann nicht mehr stehen, wenn sich nicht jemand erbarmt und mit ihm tanzt; die Leute weichen, als wäre er der Tod, und er stolpert über den Randstein. Schließlich tanzt ein Mann mit ihm. Die drei Mulattinnen sitzen und rauchen, Tierlein, die Ohrringe tragen, stumm und schön, schrecklich, geheimnisvoll, Geschöpfe. Das alles haben die Deutschen einmal erobert, es ist gar nicht lange her. Haben sie es wirklich erobert? Ich bleibe lange über Mitternacht. Vielleicht gibt es Städte, die nicht mehr zu erobern sind; sie können höchstens untergehen. Einmal tanzen auch die Mulattinnen, nicht wild, ganz gesellschaftlich, die weißen Röhrlein im Mund; nur ihre Arme sind Schlangen. Eine Gruppe von Studenten, Arm in Arm, wirkt etwas störend, Eindringlinge, kindisch, nicht jung. Jung ist die Chinesin; wunderbar, wie sie ihren hageren Chinesen liebt...

Autobiographie

(Ich sitze im Park von Versailles, hier, wo Fürsten ihre sommerlichen Serenaden hatten. Springbrunnenstille. Die Lust, Paris zu skizzieren, erstirbt doch immer wieder im Bewußtsein, wer alles es schon getan hat und dazu meisterlich. Kaum in Briefen wagt man es, jeder kennt es, jeder liebt es, die Luft ist voll vom Gespräch erlauchter Geister, die keinen Partner brauchen. Am Vormittag war ich an der Seine, Bücher blätternd, wie es Millionen vor mir getan haben. Es gibt nichts in dieser Stadt, was nicht Millionen schon getan haben, gesehen, gemalt, geschrieben, gelebt.

So, auf mich selbst verwiesen, schreibe ich heute über mich selbst.)

Geboren bin ich 1911 in Zürich. Unser Name ist nicht schweizerischen Ursprungs. Ein Großvater, der als junger Sattler einwanderte, brachte ihn aus der österreichischen Nachbarschaft; in Zürich, wo es ihm anscheinend gefiel, heiratete er eine Hiesige, Naegeli mit Namen, Tochter einfacher Leute. Auch der mütterliche Stamm ist vermischt; dort war es ein Urgroßvater, der von Württemberg kam, namens Wildermuth, und schon mit seinem Sohn, meinem Großvater also, fing es an: er nannte sich Maler, trug eine erhebliche Krawatte, weit kühner als seine Zeichnungen und Gemälde; der heiratete dann eine Baslerin namens Schulthess, die nie ganz hat vergessen können, daß ihre Familie einmal eine eigene Droschke besessen hat, und leitete die Kunstgewerbeschule unsrer Stadt. Viel mehr über meine Herkunft weiß ich nicht. Meine Mutter, um einmal ins Weite zu kommen, arbeitete als Kinderfräulein im zaristischen Rußland, wovon sie uns öfter erzählt hat, und mein Vater war Architekt. Da er sich als Sattlersohn keine Fachschule hatte leisten können, war es natürlich sein Ehrgeiz, seine Söhne als Akademiker zu sehen. Im übrigen konnten wir wählen. Mein Bruder, älter als ich, wählte die Chemie, die schon seine ganze Jugend und unsere Küche mit stinkenden Zaubereien erfüllt hatte. Ein Buch auf dem Fenstersims, Retorten mit gelben Dämpfen, Bunsenbrenner, Röhren wie gläserne Gedärme, hin und wieder ein Knall, gewollt oder ungewollt, das waren so die Sonntagnachmittage, die regnerischen, wenn man unmöglich Fußball spielen konnte.

Ich weiß nicht, warum ich von allen Kameraden der einzige war, der nie einen Karl May las, eigentlich auch keine anderen Bücher; außer Don Quixote und Onkel Toms Hütte, die mir unsäglich gefielen, aber genügten. Was mich unersättlicher begeisterte, war Fußball und später Theater. Eine Aufführung der Räuber, eine vermutlich sehr schwache Aufführung, wirkte so, daß ich nicht begriff, wieso Menschen, Erwachsene, die genug Taschengeld haben und keine Schulaufgaben, nicht jeden Abend im Theater verbringen. Das war es doch, das Leben. Eine ziemliche Verwirrung verursachte das erste Stück, wo ich Leute in unseren alltäglichen Kleidern auf der Bühne sah; das hieß ja nicht mehr und nicht weniger, als daß man auch heutzutage Stücke schreiben könnte.

Zwei Monate später erhielt Max Reinhardt, Deutsches Theater Berlin, die schriftliche Ankündigung meines ersten Werkes, das den Titel trug: Stahl. Es spielte, nur so viel weiß ich noch, auf dem nächtlichen Dach eines Hochhauses, am Ende rauchte es aus allen Fenstern der Großstadt, ein gelblicher Rauch wie aus Retorten, und der Held, nobel wie er war, hatte keinen andern Ausweg als den Sprung in die Tiefe. Die Karte mit fremder Marke, wo höflich und knapp um Einsendung des genannten Werkes ersucht wurde, war das erste Schriftstück, das mich als Herr anredete. Ich war sechzehn. Leider hatte mein Vater, der das Ganze wie einen Lausbubenstreich behandelte, die Karte aus dem Briefkasten genommen, sie beim Mittagessen auf den Tisch gelegt, worauf ich das Zimmer verließ; vielleicht, das wußte ich noch nicht, für immer. Nach sieben langen Wochen, denen es nicht an verwegenen Hoffnungen fehlte, Friedrich Schiller war bei der Niederschrift seiner Räuber immerhin schon ein Achtzehnjähriger, kam das schöne Heft zurück, das ich auf einer gemieteten Maschine droben im Estrich getippt hatte; ein ausführlicher Bericht war dabei, den ich nicht begriff. Eine Einladung, spätere Arbeiten einzusenden, blieb das einzige, was ich der schonungsvoll lächelnden Familie entgegenzuhalten hatte. In einem Warenhaus entdeckte ich gelegentlich die Gesammelten Werke von Henrik Ibsen, lauter Stücke, die den Preis schon wert waren, und bis zur Matur, die ich natürlich als überflüssig, förmlich, lächerlich und spießig erachtete und nur dem Vater zuliebe machen mußte, entstanden noch drei oder vier weitere Schauspiele, darunter eine Komödie der Ehe (ich hatte noch nie ein Mädchen geküßt), ferner eine Farce über die Eroberung des Mondes. Das einzige, was die Welt von alledem anerkannte, war die Matur. Der Gang an die Universität war unvermeidlich...

Ich erinnere mich an zwei sonderbare Jahre, die ich in den

Hörsälen, fast ebenso angeregt in den Gängen verbrachte, immer erwartungsvoll, einsam, voreilig im Urteil, unsicher, meistens in eine heimliche Liebe verstrickt, wovon die Geliebte nichts wußte. Gedichte gelangen nie. Die reine Philosophie, mit wirklicher Inbrunst befragt, offenbarte mir nur den eignen Mangel an Denkkraft. Mein Hauptfach war Germanistik. Wirklicher, näher am lebendigen Geheimnis schienen mir andere Vorlesungen; Professor Cleric, der sich später das Leben genommen, zeigte uns die menschliche Existenz sozusagen im Brennspiegel ihrer verbrecherischen Verzerrung. Ebenso herrlich wie fremd, jenseits unsrer Wirrnis, stand der alte Wölfflin, eine Lanze aus Bambus in der Hand, seine Grundbegriffe entwickelnd; alles wie in Marmor gesprochen. Ich hörte auch unseren namhaften Theologen, irrte dahin und dorthin; sicher verdankt man auch der unbefriedigenden Zeit viel mehr, als der Unbefriedigte meint. Das zunehmende Gefühl aber, daß alles Gehörte ohne gemeinsame Mitte ist, das warenhaushafte Nebeneinander, das sich Universität nennt, all dies mochte ein durchaus wirkliches Gefühl sein, vielleicht sogar Erkenntnis; zugleich diente es aber auch als willkommene Ausrede für das eigne wissenschaftliche Unvermögen. Als ich zweiundzwanzig war, starb unser Vater. Ich mußte nun sehen, wovon ich mein Leben fristete. Als Journalist beschrieb ich, was man mir zuwies: Umzüge, Vorträge über Buddha, Feuerwerke, Kabarett siebenten Ranges, Feuersbrünste, Wettschwimmen, Frühling im Zoo; nur Krematorien habe ich abgelehnt. All das war auch keine unnütze Schule. In Prag fanden Weltmeisterschaften im Eishockey statt, ich meldete mich als Reporter, startete, nachdem ich meinen ersten Koffer erstanden, mit einer Barschaft von hundert Franken. Die Reise, die erste ins Ausland, führte weiter mit jedem Artikel, der zu Hause oder in Deutschland gedruckt wurde, über Ungarn und kreuz und quer durch Serbien, Bosnien, Dalmatien, wo ich, bald mit deutschen Auswanderern befreundet, einen ganzen Sommer verbrachte, tagelang an der Küste umhersegelte, ledig jeder Pflicht, frei, bereit für jede Gegenwart; das ist denn auch meine eigentliche Erinnerung an Jugend. Später ging es ans Schwarze

Meer, wovon meine Mutter so oft erzählt hatte, nach Konstantinopel, wo ich die Moscheen und den Hunger kennenlernte, endlich auf die Akropolis und als Fußwandrer durch das mittlere Griechenland, wo ich auf dem Feld übernachtete, einmal auch in einem Tempelchen. Das war, obschon verdüstert durch den jähen Tod einer jungen Frau, eine volle und glückliche Zeit. Das Ergebnis war ein erster, allzu jugendlicher Roman. Zu Hause brauchte ich noch zwei Jahre, um einzusehen, was es mit dem literarischen Journalismus auf sich hat, wohin es führt, wenn man auch zu Zeiten, wo man nichts zu sagen hat, ins Öffentliche schreibt, um leben zu können. Mit fünfundzwanzig Jahren muß ich nochmals auf die Schulbank zurück. Eine Freundin, als wir heiraten wollten, war der Meinung, daß ich vorerst etwas werden müßte. Sie sagte nur, was ich selber dachte; immerhin war es ein Schock, zum erstenmal die ernsthafte Vorstellung, daß das Leben mißlingen kann. In jener Zeit las ich den Grünen Heinrich; das Buch, das mich seitenweise bestürzte wie eine Hellseherei, war natürlich der beste Vater, den man nur haben kann, und zum Entschluß, der allein wenig vermocht hätte, gesellte sich das Glück, ein Freund, der für den Lebensunterhalt von vier Jahren aufzukommen sich erbot, so daß ich noch einmal studieren konnte. Diesmal an der Eidgenössischen Technischen Hochschule. Im Anfang äußerst entzückt, daß man sich an einem Werktagmorgen hinsetzen konnte, unbekümmert um das monatliche Einkommen für Mutter und Sohn, und statt dessen höhere Mathematik treiben durfte, hatte ich später doch manche stille Not, ein Gefühl, meine Jugend verbummelt zu haben, Angst, daß ich niemals an ein Ziel gelangen werde. In kurzer Folge scheiterten auch alle menschlichen Verbindungen. Ob der Beruf eines Architekten, sofern ich dazu taugte, diese Beziehung zur Welt herzustellen vermochte, ließ sich nicht entscheiden, solange alles nur Papier blieb; was mich insbesondere zu diesem Beruf bewogen hatte, war ja das andere, das Unpapierne, Greifbare, Handwerkliche, die stoffliche Gestalt, und erst das wirkliche Bauen, vor allem die Verwirklichung eigner Entwürfe konnte zeigen, ob nicht auch dieser zweite Anlauf verfehlt war.

Einmal wurde alles Geschriebene zusammengeschnürt, inbegriffen die Tagebücher, und alles dem Feuer übergeben. Ich mußte zweimal in den Wald hinaufgehen, so viele Bündel gab es, und es war, ich erinnere mich, ein regnerischer Tag, wo das Feuer immer wieder in der Nässe erstickte, ich brauchte eine ganze Schachtel voll Streichhölzer, bis ich mit dem Gefühl der Erleichterung, auch der Leere weitergehen konnte. Das heimliche Gelübde, nicht mehr zu schreiben, wurde zwei Jahre lang nicht ernstlich verletzt; erst am Tag der Mobilmachung, da ich als Kanonier einrückte, überzeugt, daß uns der Krieg nicht erspart bliebe und daß wir kaum zurückkehren würden, wurde nochmals ein Tagebuch begonnen. Die Erinnerung an einen Hauptmann, der mich nicht ausstehen konnte, was sein gutes Recht ist, und der mir am dritten September ins Gesicht sagte, er werde mich schon auf einen geeigneten Posten schicken, wenn es losginge, möchte ich nicht unter den vaterländischen Tisch fallen lassen; erst nach Jahren habe ich begriffen, daß ich diesem Offizier ein entscheidendes Erlebnis verdankte. Die Gelegenheit, über Leben und Tod zu verfügen, bekam er allerdings nicht; die Grenze blieb ruhig. Das begonnene, durch Urlaub abgebrochene Tagebuch ist später erschienen: »Blätter aus dem Brotsack«, 1940. Nachdem Frankreich gefallen war, was uns fortan in die Lage von Gefangenen versetzte, erhielt ich einen persönlichen Urlaub, um das Diplom als Architekt zu machen, so daß ich fortan, sofern wir keinen Dienst hatten, als Angestellter meinen Unterhalt verdienen konnte. Im ganzen leistete ich in jenen Jahren etwas über fünfhundert Diensttage, meistens im Tessin, später im Engadin. Eine junge Architektin, die mir am Reißbrett half und das Mittagessen richtete, wurde meine Frau; wir heirateten, nachdem wir zusammen ein erstes Haus erbaut hatten. Das nächste war ein Roman: »J'adore ce qui me brûle oder Die Schwierigen«, 1943. Unter den wenigen Zuschriften, die das Echo darstellten, fanden sich ein paar Zeilen vom Dramaturgen des Zürcher Schauspielhauses, Kurt Hirschfeld, der mich ermunterte, es einmal mit einem Theaterstück zu versuchen. Überhaupt begann eine Zeit langsamer Zuversicht. Auch wenn es nicht sicher war, daß wir verschont blieben, war der Krieg im ganzen doch entschieden; der gründlich vorbereitete Überfall auf die Schweiz, der uns all diese Jahre hindurch über dem Kopf hing, war noch einmal, wie die Akten inzwischen bestätigt haben, eine beschlossene Sache, April 1943, also nach Stalingrad, wo ein Sieglein wenigstens den deutschen Zeitungsleser etwas zerstreut hätte. Zehn Tage vor dem Stichtag, der durch Spionage bekannt war, wurde die Sache abgeblasen. Damit waren wir über den Berg. Kurz darauf kam unser erstes Kind. Glück in einem architektonischen Wettbewerb, der einen großen, ungewöhnlich reizvollen Auftrag der Stadt Zürich einbrachte, ermöglichte nun auch das eigene Büro, damit eine freiere Einteilung der Arbeitszeit. Nach einer Träumerei in Prosa: »Bin oder Die Reise nach Peking«, 1944, entstand als erstes Bühnenstück: »Santa Cruz«, eine Romanze, die zwei herbstliche Monate hindurch viel Freude machte. Ein halbes Jahr später, ebenfalls in wenigen Wochen verfaßt, folgte der Versuch eines Requiems: »Nun singen sie wieder«, das als erstes Stück auf die Bühne gelangte, Ostern 1945, als der Krieg zu Ende ging und der Friede hätte beginnen sollen. Die Zeit der Proben, die Kurt Horwitz mit sachlicher Hingabe leitete, war vielleicht die holdeste, die das Theater überhaupt zu vergeben hat, die erste Begegnung mit dem eignen, von leiblichen Gestalten gesprochenen Wort. Endlich die letzten Wochen des Krieges, die ich als Wachtposten an der österreichischen, teils an der italienischen Grenze verbrachte. Nach einer ersten Reise in das zerstörte Deutschland entstand ein drittes Bühnenstück: »Die Chinesische Mauer«, eine bereits ziemlich verzweifelte Farce, die gleichfalls im Zürcher Schauspielhaus zur ersten Aufführung gelangte, Herbst 1946. Es folgen, soweit die berufliche Verpflichtung es erlaubt, weitere Reisen in alle nachbarlichen Länder; das Verlangen, Zeitgenossen andrer Länder kennenzulernen, ist nach unsrer fünfjährigen Gefangenschaft besonders groß, und in einer Welt, die auf Vorurteile verhext ist, scheint mir das eigene persönliche Anschauen äußerst wichtig. Der erste Teil eines Tagebuches, das diesem persönlichen Anschauen gewidmet sein soll, erschien unter dem Titel: »Tagebuch mit Marion«, 1947. Unterdessen war es endlich so weit, daß wir mit unserem Bau beginnen konnten. Die Ausübung eines doppelten Berufes, Schriftsteller und Architekt, ist natürlich nicht immer leicht, so manche segensreiche Wirkungen er haben mag. Es ist eine Frage nicht so sehr der Zeit, aber der Kraft. Segensreich empfinde ich das tägliche Arbeiten mit Männern, die nichts mit Literatur zu schaffen haben; hin und wieder wissen sie, daß ich »dichte«, aber nehmen es nicht übel, sofern die andere Arbeit in Ordnung ist. Die bisher letzte schriftstellerische Arbeit behandelt eine Begebenheit aus Berlin: »Als der Krieg zu Ende war«, ein Schauspiel, das eben jetzt in den Händen der Freunde liegt.

Paris, Juli 1948

Daß die Zeit, wo europäische Völker sich um die Weltherrschaft streiten konnten, vorbei ist, wußten wohl die meisten, bevor der Zweite Weltkrieg es offensichtlich gemacht hat. In diesem Sinn hat Europa zu Ende gespielt, und der Europäer, der sich nach Weltmacht sehnt, muß allerdings der Verzweiflung anheimfallen oder der Lächerlichkeit, ähnlich den Napoleons in den Irrenhäusern. Das entdeckte Amerika, das sich nunmehr auch noch selber entdeckt, und das erweckte Rußland, von China vorläufig zu schweigen, das sind nun einfach Kolosse, denen Europa nicht mehr beikommt. Napoleon hatte noch einige Hoffnung, Rußland in den Sack zu stecken, nämlich das Rußland seiner Zeit. Und schon das ging nicht. Er versiegte sich. Was aber Hitler versucht hat, ist Unsinn von vornherein; denn zum Größenmäßigen, das ihn schon hätte warnen müssen, wäre es nicht eine besonders deutsche Versuchung, Mut und Maßlosigkeit zu verwechseln, ist ja noch ein anderes hinzu gekommen: die Kolosse sind in die Schule gegangen. Ich sitze eben in Saint Michel, unweit der Sorbonne, umgeben von allerlei Studenten und Studentinnen, darunter viel Farbige, Schwarze, Braune, Gelbe, wovon manche herrlich anzusehen sind, sie kleiden sich natürlich wie die Pariser, sprechen französisch wie eine angeborene Sprache; aber eines Tages, wenn sie das Nötige gelernt haben, werden sie, Paris nicht ohne Wehmut verlassend, zurückfahren in ihre Welten, zurück zu ihren schwarzen oder braunen oder gelben Geschwistern. Das ist die natürliche Folge jeder langen Herrschaft, auch der abendländischen, daß sie ihre Waffen langsam aus der Hand gibt. Durch Errungenschaften vieler Art, die europäisch gewesen sind, hat die Welt, von Europäern beherrscht, sich in einer Weise verändert, die eben dieses alte Europa, dank der Ausfuhr seiner Errungenschaften, ein für allemal aus dem Rennen geworfen hat. Nicht nur größenmäßig, wie es jeder auch nur flüchtige Blick auf einen Globus zeigt! Entscheidend ist, daß Europa für die Dinge, die es ausmachen, einen Preis hat bezahlen müssen, den jene entdeckten und erweckten Kolosse nicht übernehmen, einen Preis an Geschichte, an Blut, an Lebenskraft. Das ist wohl immer so. Es kostet Kraft, die Welt zu erforschen, zu erfahren, zu erwecken. Eine Erfindung machen oder eine Erfindung benutzen, sie allenfalls ausbauen und erweitern und auf neue Arten anwenden; eine Lehre stiften oder eine Lehre begreifen, ergreifen, das ist zweierlei, beides wertvoll, doch zweierlei an Ausgabe schöpferischer Kräfte. Auch wer es nicht erfunden hat, kann mit dem Flugzeug fliegen; er lernt die Griffe, die bereits vorhanden sind, und hat nicht jahrhundertelang ins Leere gegriffen. Die ganze Fliegerei, im grundsätzlichen einmal erfunden, kostet ihn nichts als Benzin und Öl, Arbeit, Intelligenz, aber keine Historie, keine vitale Substanz, und bald fliegt er besser als der Erfinder: denn er fliegt mit jüngeren Nerven. Zum Beispiel mit russischen oder amerikanischen Nerven. Im zweiten Schauspiel von Thornton Wilder gibt es eine Stelle, die den Vorgang unübertrefflich veranschaulicht; Mister Antrobus, der Vater, hat soeben das Rad erfunden, das Rad an sich, und kaum hat der Junge eine Minute damit gespielt, macht er dem Vater einen Vorschlag: Papa, da könnte man einen Sessel darauf stellen! Der Vater erfindet, der Sohn wird die Erfindung »besitzen«. Ja, brüllt Mister Antrobus, jetzt kann jeder Idiot damit herumspielen, aber ich hatte als erster die Idee! Es handelt sich weniger um eine

Rangordnung, glaube ich, sondern um einen Vorgang, einen Ablauf. Die jüngeren Nerven, der Mangel an geschichtlicher Erfahrung, an Skepsis, das sind natürlich die Voraussetzungen, wenn man das väterliche Rad besitzen und damit die Welt beherrschen will. Mangel an Skepsis, Mangel an Ironie, das ist es ja auch, was uns an ihrer Physiognomie zuerst befremdet. In Paris habe ich mehrmals bemerkt, daß hier die Deutschen, die Unterdrücker von gestern, minder verhaßt sind als die Amerikaner, die Befreier, was nichts für die Unterdrückung und nichts gegen die Befreiung sagt, sondern einzig und allein, glaube ich, jenes Befremden ausdrückt: die Deutschen waren trotz allem Europäer. Die Athener und Alexander der Große, als dieser die Welt beherrschte, haben sich vielleicht nicht anders gegenübergestanden; den Athenern fiel es jedoch nicht ein, sich gegen die Weltherrschaft (die Perikles nie gewollt hat) bis zum letzten Blutstropfen zu wehren. Wozu? Es genügte ihnen, daß das Beste, was der junge Alexander in der Welt verbreiten konnte, Früchte griechischen Geistes waren, das Beste, das Lebendige von Hellas, das nicht nur die Weltherrschaft von Alexander, sondern noch eine ganze Reihe von Weltherrschaften überdauert hat –

Was Europa zu hoffen hat:

Zu sein, was Griechenland ist unter Alexander, was Italien ist für Europa, das zu werden für die Welt von morgen.

Was hat Europa zu fürchten?

Daß eines seiner großen Völker, das zur Zeit der europäischen Weltmacht nie zum Zuge gekommen ist, immer noch von Weltmacht träumt: – Deutschland, dem es beinahe schon gelungen ist, Europa zugrunde zu richten im Bestand seiner Menschen und Werke, jenes Europa, das jenseits der Weltherrschaft einen höchsten Sinn haben könnte, eine Blüte, eine Reife, eine Ausstrahlung –

Letzigraben

Jetzt überall die Zimmerarbeit. Die Sparren sind verlegt, es sieht herrlich aus: das Gitterwerk von rohem Holz, darüber der blaue Himmel, tagelang die hallenden Schläge, wenn sie die Schalungen nageln, Hobelspäne, Sägemehl, Lastwagen mit neuem Gebälk; es ist unwahrscheinlich, daß ich wieder einmal so viel Zimmerarbeit habe, und ich genieße es richtig, gehe länger umher als nötig; es ist mir am ganzen Bauen eigentlich das liebste: Rohbau, bevor die Dächer gedeckt sind. Backstein und Holz, lauter Räume voll Himmel, den man durch alle Stockwerke sieht, der Kubus ist zum erstenmal da, aber durchsichtig, und der Raum, wo ich jetzt stehe, hat zum letztenmal die Sonne, zum letztenmal mindestens für Jahrzehnte. Über meinem Kopf arbeiten sie bereits an der Schalung, stoßen Brett an Brett...

Brecht

Der Umgang mit Brecht, anstrengend wie wohl jeder Umgang mit einem Überlegenen, dauert nun ein halbes Jahr, und die Versuchung, solchem Umgang einfach auszuweichen, ist manchmal nicht gering. Es ist Brecht, der dann wieder einmal anruft oder auf der Straße, immer freundlich in seiner trockenen und etwas verhaltenen Art, fragt, ob man einen freien Abend habe. Brecht sucht das Gespräch ganz allgemein. Meinerseits habe ich dort, wo Brecht mit seiner Dialektik mattsetzt, am wenigsten von unserem Gespräch; man ist geschlagen, aber nicht überzeugt. Auf dem nächtlichen Heimweg, seine Glossen überdenkend, verliere ich mich nicht selten in einen unwilligen Monolog: Das stimmt ja alles nicht! Erst wenn ich dann ähnliche, ebenso leichtfertige, oft auch gehässige Erledigungen aus dem Mund von Drittpersonen höre, fühle ich mich genötigt, doch wieder nach Herrliberg zu radeln. Die bloße Neugierde, die man einem Berühmten gegenüber empfinden mag, würde auf die Dauer kaum ausreichen, um das Anstrengende dieser Abende, die stets zu einer Begegnung mit den eignen Grenzen führen, auf sich zu nehmen. Die Faszination, die Brecht immer wieder hat, schreibe ich vor allem dem Umstand zu, daß hier ein Leben wirklich vom Denken aus gelebt wird. (Während unser Denken meistens nur eine nachträgliche Rechtfertigung ist; nicht das Lenkende, sondern das Geschleppte.) Einem überragenden Talent gegenüber, was Brecht nebenbei auch ist, im Augenblick wohl das größte in deutscher Sprache, kann man sich durch Bewunderung erwehren; man macht einen Kniefall, wie die Meßknaben vor dem Altar, und die Sache beruht auf sich selbst, man geht weiter. Einer Haltung gegenüber genügt das nicht, und es liegen, gerade weil Brecht in bezug auf seine Person so uneitel ist wie wenige Menschen, ganz andere Ansprüche vor, Ansprüche, die mit Anbiederung nicht zu befriedigen sind; dabei erwartet Brecht wie vielleicht alle, die aus einer selbständigen Haltung leben, gar kein Einverständnis, im Gegenteil, er wartet auf den Widerspruch, ungnädig, wenn der Widerspruch billig ist, und gelangweilt, wenn er gänzlich ausbleibt. Man sieht es dann seinem strengen, bäurisch ruhigen, oft von Schlauheit etwas verschleierten, aber immer wachen Gesicht an, daß er zwar zuhört, auch wenn er es ein Geschwätz findet, sich zum Zuhören nötigt, aber hinter seinen kleinen versteckten Augen wetterleuchtet es von Widersprüchen; sein Blick flackert, die Ungeduld macht ihn eine Weile lang verlegen, dann angriffig, gewitterhaft. Seine Blitze, seine Glossen, gemeint als Herausforderung, die zum wirklichen Gespräch führen soll, zur Entladung und Auseinandersetzung, sind oft schon erschlagend durch die Schärfe des Vortrags; der Partner, besonders der neue und ungewohnte, schweigt dann mit verdutztem Lächeln, und Brecht bleibt nichts anderes übrig, als daß er, sich beherrschend, katechisiert, ernsthaft, etwas mechanisch, im Grunde verärgert, denn das ist nun das Gegenteil eines Gesprächs, wie er es erhofft hat, verärgert auch, daß so wenige wirklich durch die Schule des Marxismus gegangen sind, der Hegelschen Dialektik, des historischen Materialismus. Brecht will kein Dozent sein, sieht sich aber in der Lage eines Mannes, der über Dichtung sprechen möchte, und es endet, damit es nicht eine Schwafelei wird, mit einem Unterricht in elementarer Grammatik, wofür seine Zeit in der Tat zu kostbar ist; er tut es immerhin, denn eine bloße Schwafelei wäre ihm noch ärgerlicher, Unterricht ist wenigstens Unterricht, wenigstens nützlich für den andern, möglicherweise nützlich. Im Grunde aber, glaube ich, ist Brecht seinerseits froh, wenn er nicht katechisieren muß. Unser Gespräch wird fruchtbar immer dann, wenn ich ihm die Reflexion überlasse, meinerseits nur das Konkrete liefere, das es allerdings an sich hat, immer Widerspruch zu sein. Seine Haltung, und bei Brecht ist es wirklich eine Haltung, die jede Lebensäußerung umfaßt, ist die tägliche Anwendung jener denkerischen Ergebnisse, die unsere gesellschaftliche Umwelt als überholt, in ihrem gewaltsamen Fortdauern als verrucht zeigen, so daß diese Gesellschaft nur als Hindernis, nicht als Maßstab genommen werden kann; Brecht verhält sich zur Zukunft; das wird immer etwas Geharnischtes mit sich bringen, die Gefahr zeitweiliger Erstarrungen, die nichts mehr zulassen. Es ist auch in dieser Hinsicht nicht zufällig, daß Brecht zumal gegenüber den Schauspielern so unermüdlich für das Lockere wirbt, das Entkrampfte; sein eigenes Werk, wo es dichterisch ist, hat es auch immer im höchsten Grade. Das Lockere, das Entkrampfte: eine unerhörte Forderung innerhalb eines Lebens, wie Brecht es führt, eines Lebens in Hinsicht auf eine entworfene Welt, die es in der Zeit noch nirgends gibt, sichtbar nur in seinem Verhalten, das ein gelebter, ein unerbittlicher und durch Jahrzehnte außenseiterischer Mühsal niemals zermürbter Widerspruch ist. Christen verhalten sich zum Jenseits, Brecht zum Diesseits. Das ist einer der Unterschiede zwischen ihm und den Priestern, denen er, wie gerne er sie auch aus seiner anderen Zielsetzung heraus verspottet, nicht so unähnlich ist; die Lehre vom Zweck, der die Mittel heilige, ergibt ähnliche Züge auch bei entgegengesetzten Zwecken. Es gibt auch Jesuiten des Diesseits, und zuweilen ist es gar nicht ihr Wunsch, ihre oberste Pflicht, verstanden zu werden, nicht unter allen Umständen nämlich. »Fünf Schwierigkeiten beim Schreiben der Wahrheit«, eine kleine Schrift von 1934, zur geheimen Verbreitung im Dritten Reich verfaßt, überschreibt ihren vierten Absatz: »Das Urteil, jene auszuwählen, in deren Händen die Wahrheit wirksam wird.« Und ihren fünften Absatz: »Die List, die Wahrheit unter vielen zu verbreiten.« Das muß man sich wohl vor Augen halten, insbesondere wenn eine größere, zufällige Gesellschaft versammelt ist. Denn eine friedliche und gerechtere Welt entwerfen und sich vor die Kanonen stellen, um ihr Opfer zu werden, das ist das Verhalten zum Jenseits, das heroische, nicht das Verhalten zum Diesseits, das praktische, das notwendende.

Gestern haben wir zusammen gebadet, das erste Mal, wo ich Brecht in der Natur sehe, in einer Umwelt also, die nicht zu verändern ist und daher wenig Interesse für ihn hat. (»Und die Natur sah ich ohne Geduld, so verging meine Zeit, die auf Erden mir gegeben war.«) Das zu Verändernde ist so groß, daß keine Zeit bleibt, zu loben, was natürlich ist. Wie so manches an Brecht ist auch das bereits eine durchaus gelebte Geste, eine zweite Natur, natürlich, wenn er kein Wort sagt über die Natur. Er bekümmert sich nur, ob wir noch in das aufziehende Gewitter geraten werden oder nicht. Der See ist grün, vom Wind zerwühlt, der Himmel ist violett und schwefelgelb. Brecht, wie immer versehen mit seiner grauen Schirmmütze, stützt sich auf das etwas morsche Geländer, eine Zigarre rauchend; das Morsche, das ist es, was er beachtet: er macht einen Witz über Kapitalismus. Erst wie ich bereits schwimme, geht auch er in den Schopf. Es wetterleuchtet über der Stadt, schräge Regenfahnen hangen vor den fernen Hügeln, die Vögel schwirren, es raschelt das Laub der großen Buchen, auf der Landstraße wirbelt der Staub. Später sehe ich, daß auch Brecht ins Wasser steigt, einige Züge schwimmt und bald wieder in den Schopf verschwindet. Seine Frau und ich schwimmen noch eine Weile in den hastigen, spritzenden Wellen. Wie ich ebenfalls das Land betrete, steht Brecht bereits wieder in grauer Joppe und grauer Mütze, die Erfrischung lobend, indem er die nächste Zigarre anzündet.

»Wissen Sie«, sagte er in einem Ton, als hätten wir kaum einen Atemzug lang unterbrochen: »das scheint mir sehr richtig. Der

Darsteller des Puntila darf keinesfalls den Eindruck erwecken –«

Die Wohnung, die Brecht in Herrliberg bekommen hat, befindet sich in einem alten Gärtnerhaus, Dachstock. Wir essen in der Küche, wo seine Frau ihre unbekanntere Könnerschaft zeigt, oder in der Diele, die etwas Estrichhaftes hat wie überhaupt die ganze Wohnung, etwas anregend Vorläufiges. Später wandeln wir auf einer bekiesten Dachzinne, wo man sich unter den Wäschestangen etwas bücken muß, und zum schwarzen Kaffee setzen wir uns endlich in seinen Arbeitsraum, der ein schönes Fenster gegen den See und die Alpen hat, die für Brecht allerdings nicht in Betracht kommen; er findet das Fenster auch schön, nämlich weil es Helle gibt. Das Zimmer hat etwas von Werkstatt: Schreibmaschine, Blätter, Schere, Kiste mit Büchern, auf einem Sessel liegen Zeitungen, hiesige, englische, deutsche, amerikanische, hin und wieder wird etwas ausgeschnitten und in ein Mäpplein gelegt, auf dem großen Tisch sehe ich Kleister mit Pinsel, Fotos, Bühnenbilder von einer Aufführung in New York, Brecht erzählt von Laughton, ferner Bücher, die zur gegenwärtigen Arbeit gehören, Briefwechsel zwischen Goethe und Schiller, Brecht liest einiges daraus vor, das Dramatische und das Epische betreffend. Ferner gibt es ein Radio, eine Schachtel mit Zigarren, die Sessel gestatten nur ein aufrechtes Sitzen, einen Aschenbecher stelle ich auf den tannenen Boden, an der Wand gegenüber hängt eine chinesische Malerei, einrollbar, jetzt aber entrollt. Alles ist so, daß man in achtundvierzig Stunden abreisen könnte; unheimisch. Nicht viel anders, denke ich, hat es ausgesehen in Finnland, 1941:

»Im Lautsprecher höre ich die Siegesmeldungen
des Abschaums.
Neugierig betrachte ich die Karte des Erdteils.
Hoch oben in Lappland
nach dem nördlichen Eismeer zu
sehe ich noch eine kleine Tür.«

Es fällt mir dabei auf, daß Brecht noch nie von seinen Erlebnissen erzählt hat, überhaupt nie von seiner Person oder nur sehr mittelbar. Wir sprechen über Architektur, über Wohnen. Brecht geht auf und ab, zuweilen stehen wir beide, um besser sprechen zu können, Gänge machend wie auf der Bühne, wobei Brecht, so verhalten er ist, einen starken gestischen Ausdruck hat. Eine winzige wegwerfende Bewegung der Hand, Verachtung, ein Stehenbleiben im entscheidenden Punkt eines werdenden Satzes, ein Fragezeichen, ausgedrückt mit einem schroffen Heben der linken Schulter, Ironie, wenn er mit der Unterlippe den dreistschlichten Ernst der Rechtdenkenden nachahmt, oder sein plötzliches, etwas krächzendes, sprödes, aber nicht kaltes Lachen, wenn ein Widersinn auf die Spitze getrieben ist, dann wieder sein verfahrenes und verschüchtertes Erstaunen, sein schutzloses Gesicht, wenn man etwas erzählt, was ihn wirklich betrifft, bekümmert oder entzückt. Brecht ist ein herzlicher und gütiger Mensch; aber die Verhältnisse sind nicht so, daß das genügt.

»An meiner Wand hängt ein japanisches Holzwerk,
Maske eines bösen Dämons, bemalt mit Goldlack.
Mitfühlend sehe ich
die geschwollenen Stirnadern, andeutend,
wie anstrengend es ist, böse zu sein.«

Am besten klappt unser Umgang, wenn das Gespräch, das Brecht immer auch den Einfällen und Bedürfnissen des andern überläßt, um Fragen des Theaters kreist, der Regie, der Schauspielerei, Fragen auch des schriftstellerischen Handwerks, die, nüchtern behandelt, unweigerlich zum Wesentlichen führen. Brecht ist ein unerschöpflicher Erörterer. Zusammen mit einem Kunstverstand, der wissenschaftliche Methodik liebt, hat er eine kindhafte Gabe des Fragens. Ein Schauspieler, was ist das? Was macht der? Was muß der Besonderes haben? Eine schöpferische Geduld, wieder von vorn anzufangen, Meinungen zu vergessen, Erfahrungen zu versammeln und zu befragen, ohne ihnen die Antwort aufzudrängen. Die Antworten, die ersten, sind oft von verblüffender Dürftigkeit. »Ein Schauspieler«, sagt er zögernd: »das ist wahrscheinlich ein Mensch, der etwas mit besonderem Nachdruck tut, zum Beispiel trinken oder so.« Seine fast bäurische Geduld, sein Mut, hilflos auf leerem Feld zu stehen, auf Entlehnungen verzichtend, die Kraft, ganz bescheiden zu sein und möglicherweise ohne Ergebnis, dann aber die Intelligenz, Ansätze einer brauchbaren Erkenntnis festzuhalten und durch Widerspruch sich entwickeln zu lassen, und endlich die Männlichkeit, Ergebnisse ernst zu nehmen und danach zu verfahren, unbekümmert um Meinungen, das sind schon wunderbare Lektionen, Exerzitien, die in einer Stunde leicht ein Semester aufwiegen. Die Ergebnisse freilich gehören ihm. Zu sehen, wie er sie gewinnt, ist unser Gewinn. Dann ist es Zeit, den Heimweg anzutreten; Brecht nimmt die Mütze und den Milchtopf, der vor die Haustüre gestellt werden muß. Brecht ist von einer seltenen Art unlaunischer, zur Geste gewordener, dennoch herzlicher Höflichkeit. Wenn ich das Rad nicht habe, begleitet er mich an die Bahn, wartet, bis man eingestiegen ist, winkt mit einer knappen, etwas verstohlenen Gebärde der Hand, ohne die graue Schirmmütze abzunehmen, was stillos wäre; den Leuten ausweichend verläßt er den Bahnsteig mit raschen, nicht großen, eher leichten Schritten, mit Armen, die auffallend wenig pendeln, und stets mit etwas schrägem Kopf, die Schirmmütze in die Stirn gezogen, als möchte er sein Gesicht verstecken, halb verschwörerisch, halb schamhaft. Er wirkt, wenn man ihn so sieht, unscheinbar wie ein Arbeiter, ein Metallarbeiter, doch für einen Arbeiter zu unkräftig, zu grazil, zu wach für einen Bauern, überhaupt zu beweglich für einen Einheimischen; verkrochen und aufmerksam, ein Flüchtling, der schon zahllose Bahnhöfe verlassen hat, zu schüchtern für einen Weltmann, zu erfahren für einen Gelehrten, zu wissend, um nicht ängstlich zu sein, ein Staatenloser, ein Mann mit befristeten Aufenthalten, ein Passant unsrer Zeit, ein Mann namens Brecht, ein Physiker, ein Dichter ohne Weihrauch...

Das Manuskript, das er zum Lesen gegeben hat, nennt sich »Kleines Organon für das Theater«. Brecht will wissen, was man findet. Auch unser Mißverständnis hält er für nützlich; es warnt ihn. Ich habe noch keinen Mann getroffen, der, ohne Pose, so frei ist von Prestige. Ein Schauspieler, kein großer, erlaubt sich einen textlichen Vorschlag; er möchte etwas sagen, wo das Buch ihn schweigen läßt. Brecht hört es an, besinnt sich und ist einverstanden: nicht um des Nachgebens willen, sondern weil es richtig ist, was der Mann sagt. Seine Proben haben nie die Luft eines Boudoirs, sondern einer Werkstatt. Auch sonst hat Brecht dieses Ernsthaft-Bereitwillige, das keine Schmeichelei ist und auch keine duldet, das Überpersönlich-Bescheidene eines Weisen, der an jedem lernt, der über seinen Weg geht, nicht von ihm, aber an ihm.

Prag, 23. 8. 1948

Herrlicher Flug durch brodelnde Wolken, Schattenbläue, Sonnengarben, Gebirge von silbernem Schaum; Nebel fetzen vorbei, hin und wieder öffnet sich ein Loch, man sieht das Muster sommerlicher Äcker – Lange Paßkontrolle... Prag, scheint mir, hat ein verändertes Gesicht, lustlos, verarmt. Ich sitze in einer Anlage. Die Freunde sind nicht zu Hause; in den Ferien. Dann suche ich einen fernen Bekannten; der ist emigriert, heißt es, man ist über meine Anfrage ziemlich verlegen; Auskunft aus fast unbewegten und fast geschlossenen Lippen. Die Sonne scheint. Etwas ist gespenstisch; ich könnte aber nicht sagen, woran es liegt.

Zur Schriftstellerei

Was Brecht in seinem Organon schreibt über den ›Verfremdungseffekt‹, nämlich: die theatralische Verfremdung solle den gesellschaftlich beeinflußbaren Vorgängen den Stempel des Vertrauten wegnehmen, der sie heute vor dem Eingriff bewahrt – ferner: der Zuschauer soll sich nicht einfühlen, es soll verhindert werden, daß das Spiel ihn in Trance versetzt, sein Vergnügen soll vielmehr darin bestehen, daß ihm sein Spiel, gewisse Vorgänge, die ihm vertraut sind und geläufig, verfremdet werden, damit er ihnen nicht als Hingerissener, sondern als Erkennender gegenüber sitzt, erkennend das Veränderbare, erkennend die besondere Bedingtheit einer Handlung, genießen das höhere Vergnügen, daß wir eingreifen können, produzierend in der leichtesten Weise, denn die leichteste Weise der Existenz (sagt Brecht) ist in der Kunst... Es wäre verlockend, all diese Gedanken auch auf den erzählenden Schriftsteller anzuwenden; Verfremdungseffekt mit sprachlichen Mitteln, das Spielbewußtsein in der Erzählung, das Offen-Artistische, das von den meisten Deutschlesenden als ›befremdend‹ empfunden und rundweg abgelehnt wird, weil es ›zu artistisch‹ ist, weil es die Einfühlung verhindert, das Hingerissensein nicht herstellt, die Illusion zerstört, nämlich die Illusion, daß die erzählte Geschichte ›wirklich‹ passiert sei usw.

Breslau (Wroclav), 24. 8. 1948

Ankunft um Mitternacht. Großes und ausführliches Essen mit anderen Ankömmlingen, Jugoslawen, Mexikanern, Belgiern und anderen. Ein sehr ungutes Gefühl, das mich beim Betreten des Bahnsteiges erfaßt, hat mich über Nacht nicht verlassen. Rathaus heißt Razhus. Ich weiß nicht, wo ich bin. Schlesien ist die Heimat von Gerhart Hauptmann.

Die Jahrhunderthalle: – der Innenraum aus schalungsrohem Beton macht einen starken Eindruck, mehr als verblüffend, fast eine Stunde sitze ich da. Gespräch mit einer jungen Polin, die mir die Anschriften in der Ausstellung übersetzt hat. Eine Ausstellung über die neuen Gebiete, die zu Polen gekommen sind; architektonisch und graphisch ist die Ausstellung eine helle Freude. Der Beweis, daß Schlesien ein polnisches Land sei: mit dem gleichen Beweis könnte Österreich verlangen, daß wir nach siebenhundert Jahren unter seine Herrschaft zurückkehren. Die liebenswerte Polin, die seit einem Vierteljahr in Breslau wohnt, empfindet meine Einwände als feindselig. Zu Unrecht. Ernsthafter als diese völkischen Argumente, die nicht stimmen und immer mindestens zweischneidig sind, ist die genaue Darstellung, was die Deutschen in Polen getan haben; Zerstörung und Ausplünderung auf allen Gebieten erreichen einen Grad, der ein Weiterleben dieses unglücklichen Volkes, wenn nicht eine Entschädigung stattfindet, in Frage stellt. Das scheint mir der einzig mögliche Gesichtswinkel, wenn man über Schlesien zu sprechen hat: die Frage der Entschädigung. In immer neuen Hallen wird gezeigt, was in diesem neuen Gebiet bisher geleistet worden ist; besonders in Trümmerländern ist es natürlich eine Labsal, Erzeugnisse zu sehen, blanke Traktoren, Pflüge, Brückenträger, neue Eisenbahnwagen, Baustoffe aus altem Schutt, Maschinen, Werkzeuge, Geschirr, Geräte aller Art. Das Schauen ist erfreulich, nur das Denken ist erschreckend. Es wirkt wie eine Gebärde der Beschwörung, was sie jetzt überall anbringen: Polens neuen Umriß, überall, groß und klein, gemalt und gemodelt, Fresko, Relief, Maquette, geschrieben mit Glühbirnen, umflattert von Fahnen. Polen ohne die östlichen Gebiete, die Rußland genommen hat; dafür Schlesien, das ungeheure Geschenk. Was sollen sie tun? Die Tragödie der Polen ist ihre Geographie...

Abend an der Oder.

Jetzt, zum erstenmal, fühle ich mich wohler; allein in der Landschaft, die etwas Weites und doch Schweres hat. Das festliche Tingeltangel in der Ferne; vor mir der Fluß, die abendliche Spiegelung, das dröhnende Tuten der Schiffe, Rauch, Horizont mit Ruinen und Gasometer, Bäume, Sträucher, Himmel – später stehen zwei Polizisten hinter mir. Man darf hier nicht sitzen. Sie sehen das Abzeichen: Congrès Mondial des Intellectuels pour la Paix. Sie salutieren mit der Hand an der Mütze. Einer fragt in tadellosem Französisch, wie es mir gefalle in Polen.

»En Pologne –?«

»A Wroclav«, sagt der andere.

Ich antworte mit Zigaretten.

»Vous êtes Suisse?«

»Oui.«

»Je connais bien la Suisse«, sagt er: »La Suisse m'a sauvé –.«

Die Zigaretten stecken sie ein, so daß ich nur die eigene anzuzünden habe, während sie auf eine ungrimmige Art salutieren:

»Beau séjour, Monsieur – et bon travail.«

25. 8. 1948

Fadejew, der Führer der russischen Schriftsteller, hat den Kongreß eröffnet, indem er uns die Leviten gelesen hat, ganz allgemein, dann namentlich. Wenn er die Schriftsteller kennt, die er im Laufe einer Stunde maßregelt, indem er sie als Hyänen oder Mystiker oder Pornographen anspricht, verfügt er über eine beneidenswerte Belesenheit. Versammelt sind vierhundert Intellektuelle, gekommen aus Amerika, Indien, Rußland, Madagaskar, Ost-Berlin, Argentinien, England, Indonesien, Uruguay, Belgien, Italien, Tschechoslowakei, Mexiko, Schweden, Rumänien, Frankreich, Bulgarien, Exil-Spanien, Dänemark, Schweiz, Jugoslawien, Holland, Polen, Brasilien und so weiter... Der Saal ist geschmückt mit einer Garbe aller Fahnen; jeder Platz hat Kopfhörer; gleichzeitige Übersetzungen: Polnisch, Russisch, Englisch, Französisch... Am Abend ein erster Empfang im gotischen Rathaus. Die Tische, wo man sich bedient, könnten von Rubens sein. Ein deutscher Emigrant, den ich aus der Schweiz kenne, ein Literat, dessen brillante Vorträge über Thomas Mann in genauer Erinnerung sind, hat sich wacker entwickelt; Torten essend, die vortrefflich sind, erklärt er mir den Unterschied zwischen bösem Terror und gutem Terror.

»Es hat keinen Sinn«, sagt er: »mit Leuten wie André Gide über Kultur zu sprechen.«

Herrlich anzusehen ein indisches Paar.

»Sagen Sie«, drängt er: »was ist in den letzten drei Jahrzehnten schon geschaffen worden an kulturellen Werten – außer in der Sowjetunion?«

Ich öffne das gotische Fenster, um die Zigarette hinauszuwerfen; auf der mitternächtlichen Straße steht viel Volk, das emporschaut zu den erhellten Sälen – Beau séjour, Messieurs, et bon travail.

Nach der Rede von Fadejew, heißt es, haben die Engländer erwogen, ob sie nicht sofort abreisen wollen, sind aber geblieben. Die Debatte gestattet jedem zehn Minuten. Ehrenburg spricht zwanzig Minuten, bis Julian Huxley, der heute die Versammlung leitet, sich erlaubt, an die vereinbarte Zeit zu erinnern. Leidenschaftlicher Beifall; Ehrenburg soll weitersprechen. Nach fünfunddreißig Minuten erhebt sich ein Amerikaner, will wissen, wieso Ehrenburg ein anderes Recht habe als andere. Leidenschaftlicher Beifall; Ehrenburg soll weitersprechen. Er endet in der vierzigsten Minute. Ein geschickter Redner, Danton, lebhaft und angriffig, ironisch. Nicht ironisch gemeint ist seine schwungvolle Frage: Können Sie sich eine abendländische Musik denken ohne Rußland? Ich kann es; doch was hat das mit dem Frieden zu tun? Ein Engländer, ein Gelehrter aus Oxford, antwortet auf die Vorwürfe von gestern; er weist sie zurück mit dem Hinweis, daß sein Land niemals mit Hitler einen Pakt geschlossen und als einziges den Kampf aufgenommen habe, bevor Hitler es angegriffen hat. Der Beifall, der sonst minutenlang braust, ist kurz und dünn wie wenn ein Deutscher gesprochen hat. Es folgt ein Amerikaner, der sich ebenfalls mit Fadejew auseinandersetzt; Fadejew sitzt ohne Kopfhörer. Wie ich bisher feststellen konnte, versteht er kein Englisch; auf die Verdolmetschung verzichtend geht er von seinem Pult herunter, unterhält sich mit einem seiner Landsleute, lächelnd und lebhaft, bevor er langsam wieder an seinen Platz geht, auffällig langsam, auffällig gelassen; der Amerikaner spricht weiter; auch jetzt zieht Fadejew seinen Kopfhörer nicht an, sondern blättert in einer Broschüre –.

Nachmittags nicht in die Sitzung.

Das Essen ist auch für die Bevölkerung sehr reichlich; in allen Quartieren, die ich durchwandere, gibt es Kartoffeln, Eier, Fische aller Art, Würste, Bier, Gebäck, viel Früchte; dagegen ist die Kleidung sehr erbärmlich.

27. 8. 1948

Mein Landsmann von der Presse, dessen Name sich leicht verwechseln läßt mit einem berühmtem französischen, hat heute plötzlich einen Wagen, einen polnischen Fahrer, der die Türe öffnet: A votre disposition!... Wir fahren aufs Land hinaus, besuchen schlesische Gehöfte. Eine Schlesierin, die in Berlin die schlesischen Flüchtlinge betreut, hat mir vieles erzählt. Jetzt bin ich da, empfinde es einmal mehr als meine Aufgabe, das Hier zu sehen und das Dort zu wissen, immer beides zusammen; als eine überall gleiche Aufgabe... Das erste ist ein Großgrundbesitz, Baronenluft, jetzt von dreißig Familien bewohnt, Kleinbauern aus Ostpolen. Betrieb in Gemeinschaft, Teilung der Einkünfte nach Arbeitskräften. Die Wohnungen, überraschend besucht, sind sehr sauber. In einem großen Hof stehen Pferde unter herbstlichen Bäumen, ein zerschossener Traktor, der wieder flott werden soll. Schlimm ist der Mangel an Gerät. In den ersten Jahren war die Ernte infolgedessen sehr gering. Kein Grundbesitz; nur das Vieh und der Hausrat gehört ihnen. Jeder Familie steht es frei, den Hof zu verlassen. Sie verwalten sich selbst; ein Agronom als Berater. Sie verkaufen im freien Handel. Das alte Herrenhaus: leer, tagsüber Schule für die Kinder, hin und wieder ein Abend mit Tanz und Gesang. In einer Garage steht eine verbrannte Limousine; am Feierabend basteln sie ein Vehikel daraus, um in die Stadt fahren zu können. Alles halb klösterlich, halb robinsonhaft –.

Ein zweites Gehöft ist sehr anders, von einer einzelnen Familie bewohnt; ein jüngerer Bauer, kräftig und prall. Wir finden ihn beim Melken; er spricht deutsch, tadellos, er diente als Landarbeiter in Preußen. Dort kann man etwas lernen, sagt er. In zehn Jahren hat er so viel verdient und gespart, daß er sich daheim, in Ostpolen, selber ein kleines Gehöft kaufen kann. Dann der Krieg, Raub, Brand; kaum hat er mit dem Aufbau begonnen, müssen sie umsiedeln. Jetzt steht er wieder in einem deutschen Gehöft, das zuerst, da es auch zerstört war, keiner hat übernehmen wollen. Seine Auskünfte sind frank und frei. Es ist das erste

Jahr, wo kein Land mehr brachliegt, weil er nun einen Traktor hat. Er zeigt uns seine Bücher, die er gewissenhaft führt. Für wen? Eines Tages, meint er, werde jemand kommen; aus diesen Büchern könne man sehen, wie er gewirtschaftet habe. Einkünfte, Ausgaben, Anschaffungen, Ergebnis jeder Ernte. Sein Ehrgeiz geht dahin, so viel herauszubringen aus einem Hektar wie damals in Preußen; es fehlen ihm noch drei Prozent. Auf unsere Frage, wer denn eines Tages kommen werde, zuckt er die schweren Schultern und lacht, holt Bier, dazu ein Brot und rohen Schinken, später Früchte, Äpfel und Pflaumen, endlich Schnaps. Seine Frau spricht nur polnisch, bewirtet uns wortlos, während er uns unterrichtet, über Arten von Dünger, die man noch nicht bekommen kann. Eine wunderbare Stunde – Sodom und Gomorrha! einen haben wir gefunden...

Abends wieder bei den Intellektuellen.

Picasso: man kennt sein Gesicht von Bildern, aus der Nähe wirkt er älter, ein Greis mit stechend hellen Augen, halb übermütig, halb weise, das Gesicht eines genialen Harlekins.

»On est contre les formalistes!« lacht er mit emporgezogenen Brauen: »Moi, je suis aussi contre les formalistes – mais ils ne sont pas les mêmes.«

Warschau, 28. 8. 1948

Man fliegt hier sehr billig. Für dreißig Franken nach Warschau. Die Maschine ist ein alter Transporter, eine Dakota, die seinerzeit an die Russen geliefert worden ist. Im Innern sind nur zwei Bänke, längs gestellt wie in einer Straßenbahn, nichts von Gürtel, das Fliegen ganz alltäglich. Um zehn Uhr morgens landen wir bei strömendem Regen. Im Car, der uns dann nach Warschau fährt, sitze ich gerade hinter dem vortrefflich aussehenden Neger, der im Kongreß, Menschenrechte fordernd für alle Erdenbürger, als einziger die Bemerkung gemacht hat:

»Also the Germans are men.«

Man macht, wie erwartet, etwas sonderbare Gesichter, daß ich den Kongreß vorzeitig verlassen habe und mich an dem Manifest, das heute in Breslau beschlossen wird, nicht beteilige; doch die Gastfreundschaft, die wir bisher erfahren haben, bleibt bestehen. Es ist nicht allein das Bad, weswegen ich mich in Warschau sofort wohler fühle. Im übrigen genieße ich es, allein zu sein –.

29. 8. 1948

Morgen an der Weichsel, Sonntag, aber an den beiden großen Brücken wird dennoch gearbeitet, weithin hört man das Hallen der Niethämmer, die dumpfen Schläge der Rammen. Ein herrlicher Anblick: der grünliche Fluß, breit und gelassen zwischen Ufern aus roher Erde, dazu das Menning am neuen Eisenwerk, dahinter und darüber die Bläue eines herbstlichen Himmels – die Stadt, die ich nun auf dem andern Ufer sehe, ist eine Silhouette der irren Zerstörung, schlimmer als alles, was ich bisher kenne; nur ein Drittel davon stammt aus dem ersten Luftkrieg, der hier vor ziemlich genau neun Jahren entfesselt worden ist, und aus der Eroberung; erst nach dem Zusammenbruch des polnischen Aufstandes, einer Tragödie voll Mut und Unheil, ist die gänzliche Zerstörung erfolgt, Straße um Straße, planmäßig. Man begreift, daß die Polen sich gefragt haben, ob sie Warschau noch einmal beziehen sollten; sie haben es getan – nicht zuletzt gerade darum, weil mit Bewußtsein versucht worden ist, Warschau für immer auszutilgen.

Ankunft der Intellektuellen. Wieso haben die Intellektuellen, wenn sie scharenweise vorkommen, unweigerlich etwas Komisches?

Die Verwechslung mit dem Wagen hat sich herausgestellt: während der berühmte Franzose sich fahren läßt, gehen wir jetzt zu

Fuß. Aber der Fahrer bleibt ein Prachtkerl, meldet sich, sooft sein berühmter Franzose zu einem Bankett oder zu einem Schläflein gegangen ist – François, mein Landsmann von der Presse, besucht Minister und Geistliche; der Fahrer und ich warten in einer Pinte, trinken Schnaps und essen Aal; er redet wenig, dennoch erfahren wir viel. Vor allem aber: das Unwirkliche, das man nach kollektiven Besichtigungen immer wie einen Schatten hinter sich fühlt, drängt mich in solche Pinten, drängt mich, unter Leuten zu stehen. Ich stecke mein Abzeichen in die Tasche. Nichts gegen Wiska, unsere staatliche Betreuerin! Wiska ist Ärztin, spricht polnisch, russisch, spanisch, englisch, französisch und in meinem Fall, wo der Fremdsprachenmangel glaubhaft ist, auch ein fehlerloses Deutsch, das sie von Herzen haßt. Sie unterscheidet sich von den polnischen Mädchen und Frauen, die meistens blond sind, oft hell wie Finninnen oder Schwedinnen; auffallend ist auch die gesund-durchsichtige Frische der Haut. Wiska ist rabenschwarz; ihre Augen sind nicht rund wie bei den meisten, sondern geschlitzt, blicken scharf und knapp über ihre starken Backenknochen. Tatarenblut. Ihr Vater war Rechtsanwalt; zu Hause hat jedes Kind ein eigenes Zimmer, das niemand ohne Einwilligung des Kindes betreten darf, Heiligtum eines persönlichen Eigenraumes. In diesem Heiligtum entwikkelt sich ihr Denken, das sie später nötigt, nach Spanien zu gehen; ihr Bruder kämpft in der Internationalen Brigade, sie als Ärztin im Feld. Nach der Niederlage flieht sie nach Paris, wo sie jahrelang als Gynäkologin arbeitet, eine Tätigkeit, die sich in Polen erübrige; die Kinder kommen hier ohne große Umstände. Schließlich kommt sie nach Gurs, zwei Jahre im Lager. Ihr Bruder ist nach England entkommen, läßt sich als Fallschirmler in seiner Heimat absetzen, kämpft mit den polnischen Partisanen, wird nicht erwischt, aber die Deutschen haben seinen Namen und erschießen dafür ihre beiden Eltern, beide zwischen sechzig und siebzig. Ihr Bruder fällt im Kampf. Ihr eigner Mann, der bei den Alliierten kämpft, fällt ebenfalls. Wiska kehrt nach Warschau zurück, einzige Überlebende ihrer Familie, Mutter von zwei Kindern, Kommunistin mit Kopf und Herz. Zur Zeit arbeitet sie daran, die Invaliden wieder arbeitsfähig zu machen, damit sie sich selber als Menschen empfinden und nicht in Sanatorien verkommen; am Feierabend übersetzt sie wissenschaftliche Bücher, die der polnischen Sprache verlorengegangen sind. Im übrigen ist Wiska, wenn wir abends in eine Pinte gehen, eine leidenschaftliche Tänzerin; ihre Mazurka, getanzt mit einem Mexikaner, ist unvergeßlich. Ihre augenblickliche Aufgabe: uns zu zeigen, daß es einen Eisernen Vorhang nicht gibt. Ihre allmorgendliche Frage: Was möchten Sie sehen? Auf dem alten, einst so schönen Marktplatz, dessen historische Fassaden bis auf ein Zehntel verschwunden sind, erörtere ich eine grundsätzliche Frage: Warschau hat fast alles von seinem historischen Gesicht verloren, was mehr als nur ein stofflicher Verlust ist; anderseits fragt es sich, wieweit es einen Sinn hat, historische Attrappen aufzustellen. (Frankfurter Goethehaus.) Schon meine bloße Erörterung, die ich noch nicht einmal für meine eigene Person beantwortet habe, hat unsere Wiska gänzlich verstimmt. Was beschlossen ist, kann nur der Staatsfeind nochmals erörtern; Erwägungen sind nicht erwünscht und machen dich nur verdächtig; Kritik wäre ein vollendetes Attentat. Man kann das einigermaßen begreifen; so viel muß jetzt getan werden, daß sich die Leute, die dieses Viele auf den Schultern haben, nicht verweilen können bei Entscheiden, die schon getroffen sind. Nur: es erstirbt die ehrliche Lust zu fragen, die ehrliche Lust, seine Gedanken zu sagen, es wächst das Schweigen, lautlos webt sich der Vorhang. Was bleibt dir denn anderes: du lobst oder du schweigst. Und das Mißtrauen ist da. Wiska hat durchaus Humor; aber wenn andere ihn haben, findet sie auch den Humor sofort verdächtig. Schade. Es ist unfruchtbar.

30. 8. 1948

Allein in der Stadt. –

Der Eindruck trostloser Vernichtung, der die ersten beiden Tage bestimmt hat, verwandelt sich mehr und mehr. Bei einem vorzüglichen Kaffee, den ich eben trinke, habe ich das Gefühl, daß man hier durchaus leben und arbeiten könnte. Die Menschen kommen mir nicht mehr, wie beim ersten Schock, als Verdammte vor, im Gegenteil, ihre Gesichter sind fröhlich und wach, viel fröhlicher als in meiner Vaterstadt. Die früheren Hauptstraßen wirken lebendig und bunt, obschon die Häuser, die eigentlich die Straße bilden sollten, nicht vorhanden sind, überhaupt nicht oder als Ruinen höchsten Grades; aber was über unsrer Augenhöhe ist, scheint für den Eindruck weniger bestimmend, man sieht die Schaufenster, das Gewimmel der Fußgänger, die Straßenbahn, die meistens älteren Wagen, die Stände mit Früchten und Blumen. Vor allem aber: auf Schritt und Tritt sieht man, daß begonnen wird, eine Riesenarbeit ist schon vollbracht, Flächen ohne Schutt, die Luft ist voll Lärm der Arbeit und voll Staub, aber auch voll Zukunft, sobald das Vergangene einmal als vergangen begriffen ist.

Warschau hatte Einwohner: eine Million und dreihunderttausend. Heute leben hier sechshunderttausend; also weniger als die Hälfte. Die Wohnnot ist die bitterste.

Abendessen mit einem jüngeren Polen, dessen Adresse wir hatten, und mit seiner Schwester. Dazu tanzen. Das Lokal ist unterirdisch. Ein jüngerer Mann, etwas betrunken, erkennt uns als Ausländer, kommt herüber. Ich verstehe natürlich kein Wort; er wütet und schimpft, doch nicht gegen uns. Gebärde des Schießens, Gebärde des Aufhängens. Seine Freunde packen ihn mit Gewalt, bringen ihn hinaus, damit er nicht weiterredet, wenn die Musik aufhört –

»Was hat er denn gesagt?«

»Pas maintenant«, sagt unser Pole.

»Please!« sagt die Schwester: »Come –.«

Nämlich zum Tanzen; durch den kleinen Zwischenfall genötigt, siehe da, geht es tadellos, und wir tanzen noch stundenlang.

31. 8. 1948

Rast in der Altstadt: – als wärest du der einzige Mensch, der letzte. In den Gassen grünt das Gras, der Holunder wächst schon aus den leeren Fenstern heraus, und wenn ich auf die Schutthügel stapfe, um mich umzusehen, flattern die Tauben empor. Was ich hier suche? Man kennt das nun. Das Unkraut auf den Gewölben, der Schutt, das Moos auf den Treppen, die Tümpel, die Verwitterung, die Verbröckelung, die Verrostung, die Fassaden wie leere Larven, das alles ist ja nicht anders als in Berlin, in München, in Frankfurt, in Hamburg. Aber diese Stadt ist die erste gewesen. Hier sind die entscheidenden Bomben gefallen: die ersten, heute vor neun Jahren. Einmal geht eine Nonne mit weißer Haube, zwei Kinder an der Hand, man weiß nicht woher und wohin. Grabesstille. Taubenstille. Überall das auskunftlose Schweigen wie vor einer Ausgrabung. Die Historie als Bewußtsein der Lebenden. Hier ist der polnische Aufstand, der unselige, in Blut und Asche erstickt, hier wird gekämpft, bis es sinnlos ist, die letzten Kämpfer entziehen sich durch die Kanalisation, die Verwundeten läßt man zurück, die Verwundeten wurden erschossen. Und nun steht man so da, die Hände in den Hosentaschen, man hat die Wahl wie überall: ein Zeuge der Verstummten zu sein oder zu verstummen. Einmal ein Pfiff, Gepaff einer kleinen Lokomotive; aus einer dornröschenhaften Straße kommt ein Zug mit girrenden Rollwagen, alle mit Schutt beladen, und entschwindet in eine andere dornröschenhafte Gasse. Langsam kommen die Tauben zurück.

1. 9. 1948

Unterhaltung mit unserem schweizerischen Gesandten. Es ist doch ein Labsal, unbesonnen und ohne Einschränkung zu sagen, was man denkt, zu wissen, daß der andere es ebenso hält, gleichviel ob man einverstanden ist oder nicht.

Das Ghetto habe ich schon am ersten Tag besucht. Zu sehen ist nichts mehr. Seine Geschichte, die mich im Zusammenhang mit dem neuen Schauspiel schon seit einem Jahr beschäftigt, kenne ich aus dem dienstlichen Bericht dieses Mannes, der diese Vernichtung durchgeführt hat, Brigadeführer Josef Stroop. Aussagen eines polnischen Augenzeugen, den ich heute gefunden habe, und die zahlreichen Fotos, aufgenommen von Deutschen, decken sich mit den Einzelheiten des genannten Berichtes, der, nachdem er die tadellose Zusammenarbeit mit der Wehrmacht rühmt, unter einem Titel in geschmackvoll-handgemalter Fraktur meldet, daß es in treuer Waffenbrüderschaft und durch den unermüdlichen Schneid sämtlicher Kräfte gelungen ist, insgesamt 56065 Juden, die sich der Umsiedelung in die Gaskammern widersetzten, nachweislich zu vernichten. (März und April 1943.)

Am Abend ein festlicher Empfang beim polnischen Staatsoberhaupt, ohne daß ich dasselbe sehe. Meine schwarzen Schuhe habe ich in Breslau vergessen. Große Treppen und endlose Läufer, weinrote, an jeder Flügeltüre stehen zwei Soldaten, die salutieren. Was soll ich tun? Natürlich nichts; immer aufrecht weitergehen, immer auf dem schönen weichen Läufer, bis die nächste offene Flügeltüre kommt, wo sie abermals salutieren. Ich bin das nicht gewohnt. Ein Stückschreiber, meint François, muß alles kennenlernen – Säle, Menschen, Leuchter, Frack, Musik, Abendkleider, Mayonnaise, Sprachen, Slivovice, Parkett, Kaviar... Der frühere Bekannte, der mit einem Gide nicht über Kultur sprechen kann, will es unbedingt mit mir. Er hat bereits getrunken, so daß er sich auch lieber auf die deutsche Sprache zurückzieht. Die Tische könnten wieder von Rubens sein. Wir hätten einander in Breslau mißverstanden, meint er, und das möchte er nicht. Später wird getanzt. Die Polen und Polinnen sind hinreißend. Aber der Bekannte läßt mich nicht in Ruhe; beim schwarzen Kaffee steht er auch schon. Man vertrage nichts mehr, meint er, wenn man in Berlin lebe. Seine Augen schwimmen. Schon stehen wir wieder in einer Ecke, Tassen in der Hand.

Ich müsse ihn verstehen, meint er, ein Mensch in seiner Lage, was sollte er anderes tun? Menschen mit einer Überzeugung sollten nicht trinken; sonst verrutscht sie wie eine Larve, wenn man schwitzt... Der junge mexikanische Maler, der mit der Windjacke übers Meer gekommen ist, hat sich für diesen Abend ein europäisches Hemd gekauft. Daß man am Abend vornehmlich ein weißes trägt und dazu noch eine Krawatte, entgeht ihm nicht; aber das knallgrüne steht wunderbar zu seinem lehmfarbenen Aztekengesicht. Leider haben wir keine gemeinsame Sprache. Jedesmal, wenn man sich sieht, nickt er mit strahlenden Augen, schweigsam, brüderlich zu allen. Sein Gesicht hat etwas Großartig-Argloses, Unerschöpftes, eine krampflose Zuversicht. Ich kann mich nicht satt sehen an ihm, wenn er so dasitzt in seiner offenen Windjacke, in seinem knallgrünen Hemd, schweigsam lächelnd, zufrieden, immer erfreut – Worüber?...

Wer eine Überzeugung hat, wird mit allem fertig. Überzeugungen sind der beste Schutz vor dem Lebendig-Wahren.

Zusammenkunft der Architekten untereinander. Ostrowski erläutert die gesamte Planung. Morgen und übermorgen auf die Baustellen, die ich teilweise schon auf eigene Faust besucht habe. Was geschieht mit dem Schutt? Teilweise verwenden sie ihn für einen Baustoff, eine Art von gepreßten Füllsteinen. Teilweise als Aufschüttung an der Weichsel, wo sie seichte Ufer hat, Sumpf, Überschwemmung. Ferner gibt es Aufschüttungen in der Stadt, so daß die neuen Straßen und Anlagen höher liegen als bisher, dies vor allem dort, wo es Grünanlagen gibt und Hochhäuser, die sehr starke und tiefe, aber keine weitläufigen Unterbauten verlangen; etwas wie Pfahlbauten.

»Wieviel Schutt hat Warschau?« frage ich.

»Zwanzigtausend Kubikmeter.«

»Das ist nichts«, sagt eine deutsche Stimme: »Berlin hat ---.«

Etliche von den jungen Polen, die am Wiederaufbau arbeiten, haben bei uns studiert; damals als Internierte. Also bei den gleichen Lehrern wie ich. Jedermann zeigt Bilder von eigenen Arbeiten. Apéritif in einem Atelier. Ein belgischer Architekt zeigt Fabriken; ein junger Mexikaner zeigt ein märchenhaftes Hochhaus, ein Theater, ein wissenschaftliches Institut; ein Engländer erläutert eine geplante Stadt für die Bergarbeiter; mein Volksbad nimmt sich bescheiden aus, aber findet ebenfalls Interesse. Das Fachliche erweist sich einmal als Segen; man trifft sich mindestens in der Fragestellung; das Gespräch hat Hand und Fuß.

2. 9. 1948

Eine Genferin, Dolmetscherin, erzählt gerade, daß sie gestern abend auch das Ghetto besichtigen wollte, aber von zwei Polizisten daran verhindert wurde. Warum? Dämmerung. Was könnte denn schon gestohlen werden? Sie erfährt es erst nach langem Gespräch: das Denkmal, das in jener Todesöde steht, ist auch heute nicht sicher vor antisemitischen Verschmierungen. Sie selber ist Jüdin.

Wenn man von Frieden redet, was ist gemeint? Gemeint ist meistens nur die Ruhe, die durch Vernichtung eines Gegners erreicht wird. Ein amerikanischer Friede oder ein russischer Friede. Ich bin weder für diesen noch für jenen, sondern für den Frieden: den Nicht-Krieg. Wollen wir uns mit den Wörtern, die wir in den Mund nehmen, nichts vormachen, kann man mit vollem Ernst daran zweifeln, ob Friede überhaupt ein anständiges Wort ist, ein Wort, das etwas Mögliches bezeichnet, und das Unmögliche, das Bisher-Unverwirklichte, wieso soll es gerade unserem Geschlecht gelingen, das sich jedenfalls nicht durch sittlichen Schwung auszeichnet? Das einzig Besondere, was diesem unserem Geschlecht eignet, was es von allen vorherigen unterscheidet, ist seine grundsätzliche Lage: die technische Möglichkeit, eine gesamthafte Vernichtung durchzuführen, hat keine frühere Zeit besessen; der Krieg ist stets ein unvollkommenes Morden gewesen, örtlich beschränkt, sogar bei den sogenannten großen

Glaubenskämpfen erlahmte er regelmäßig, bevor Gott die vollkommene Vernichtung der ketzerischen Partei gelungen war. Es fehlte nicht am Wahnsinn, das zu wollen, nur an den technischen Mitteln. Nun sind diese Mittel aber da, die nichts mehr zu wünschen übriglassen. Das ist das Neue, das Entscheidende an unsrer Lage. Unser Zeitalter kann sich den Krieg nicht mehr leisten, ohne sich selber auszutilgen. Die Frage: ein Friede im wirklichen Sinn, also ein Friede mit dem Gegner, ist das überhaupt möglich? wird mehr und mehr zur Frage, ob das menschliche Leben schlechthin möglich ist.

3. 9. 1948

Die großzügige Einladung, ganz Polen zu bereisen, kann ich wegen beruflicher Verpflichtungen nicht annehmen; träume bereits von meinem Bauführer!

Wiederaufbau.

Entscheidend ist natürlich das Gesetz, das, erlassen unmittelbar nach Kriegsende, den ganzen Boden von Warschau als staatliches Eigentum erklärt. Was soll übrigens der einzelne Eigentümer mit seinem Schutthaufen, wenn die Gemeinde nicht eingreift und die Straße dazu baut, die Kanalisation, das Licht, das Wasser, die Verkehrsmittel? Tabula rasa, damit ist die erste Voraussetzung für wirklichen Städtebau erfüllt, Aufhebung des Grundeigentums, zum erstenmal hat der moderne Städtebau eine wirkliche Chance, nachdem er seit Jahrzehnten überall gelehrt wird. Entstanden angesichts der steinernen Verheerungen des neunzehnten Jahrhunderts, das das alte Gesicht so vieler Städte zerstört hat, ohne ihnen ein neues geben zu können, ist die Lehre vom modernen Städtebau wohl überall als Lehre anerkannt, aber ohnmächtig gegenüber dem Geld, ein Geduldspiel der Gefesselten, die auf Grund langer Forschung wissen, was man zur Genesung unsrer Städte machen müßte, aber ihre Wissenschaft bleibt ein akademischer Traum, ihr Machen ein ehrbar-geduldiges

Flickwerk, ein verlorener Kampf gegen Parzellen. Warschau hat freie Hand. Nach der Planung, die heute in ihren Grundzügen bereits vorliegt, besteht alle Hoffnung, daß die außerordentliche Chance, eine Stadt unsres Jahrhunderts zu bauen, vollauf begriffen und genutzt wird. Die Gefahr jeder Planung, die Uniformierung, der Mangel an persönlichem Gesicht dürfte übrigens gering sein; jedes größere Vorhaben, insbesondere jedes staatliche, wird durch offene Wettbewerbe vergeben, so daß die Stadt nicht von einem staatlichen Atelier aus erbaut wird, sondern durchaus die Handschriften vieler Architekten bekommen kann. Dabei sind viele junge, viele, die während des Krieges im Ausland waren, in Frankreich, in England oder in der Schweiz. Ihre architektonische Haltung, der unseren keineswegs fremd, ist modern in dem Sinne, daß das Neuzeitliche einer Aufgabe und das Neuzeitliche eines Baustoffes nicht hinter entliehenen Formen versteckt wird, sondern seine eigene sucht, einen sauberen und attrappenlosen Ausdruck ihrer eignen Bedingtheiten. Dabei viel Phantasie, ein meistens humaner Maßstab, viel Sensibilität für kubischen Rhythmus. Hoffentlich wird es so, wie ihre Modelle es heute zeigen! Ein Kollege, der mir den Rohbau eines Ministeriums zeigt, findet es selber nicht hinreißend, daß man Ministerien baut, bevor man Krankenhäuser hat; leider eignet sich der Staat nicht nur den Boden an, sondern auch die Unarten seiner früheren Eigentümer. Aber die Planung, wie gesagt, ist begeisternd. Der Staat hat sie ermöglicht, aber noch nicht verwirklicht; er kann sie, wenn er eigensüchtig wird, jederzeit verhunzen. Begeisternd vor allem ist das Hochgefühl der Menschen, die da arbeiten, dieses Bewußtsein einer Generation: Wir bauen unsere Hauptstadt. Es lohnt sich, sein Äußerstes einzusetzen; es gibt wenig Fachleute, und die Arbeit ist riesenhaft, aber getragen von dem unausgesprochenen Gefühl, daß sie eingehen wird in die Geschichte; die Straßen, die sie entwerfen, bestimmen die Arbeit und das Leben von Geschlechtern. So hat jeder, persönlich uneitel, etwas vom gesunden Selbstbewußtsein der Gründerjahre –

Wiska verabschiedet sich, da sie wieder an ihre berufliche Arbeit gehen muß; sehr freundlich, obschon wir in ihren Augen zweifellos zu jenen gehören, die einzuladen sich nicht gelohnt hat.

Letzter Abend in irgendeiner Pinte. Die tanzenden Paare, fröhlich, zwischenhinein essen sie geräucherten Fisch, Brot mit Butter, dazu Gurken, getrunken wird Schnaps. Drei sehr verlotterte Männer spielen Klavier, Geige, Flöte. Unbeschreiblich schön, wenn sie Mazurka tanzen, ein einzelnes Paar, sie mit wehendem Haar, selig, Freude ohne Euphorie, kinderhaft. Immer wieder die verblüffende Begabung im körperlichen Ausdruck, ihre Könnerschaft im Liebesspiel, unzimperlich, aber unschmierig, Grazie auf beiden Seiten, die schon dadurch, daß sie ganz allgemein ist, nie als Entblößung wirkt. Man spürt eine Kraft, nicht dumpf, aber jung, eine unmittelbare und fraglose Freude, zu leben, zu tanzen, zu essen, zu plaudern oder zu singen. Übrigens nicht nur am Feierabend. Auch auf der alltäglichen Straße sind die Gesichter froher als bei uns, offener, lebendiger und liebenswerter, liebender. Der Tanz in der nächtlichen Pinte, der Bau der Brücken, es läßt sich nicht trennen; hinter allem, was der menschliche Scharfsinn plant und erstellt oder zerstört, steht etwas Übermächtig-Blindes, das vor keiner Zerstörung erschrickt, ein fragloses Lebenwollen, das keine Rechtfertigung braucht, das aus sich selber blüht. Es gehört zum Erlebnis fremder Städte, daß die Vielzahl der Menschen, die man nicht kennt, plötzlich wie ein einziges Lebewesen erscheint, das einzelne Tode verwunden können, aber nicht töten, immer wieder wachsen ihm die Städte, es ersetzt sich die Kruste, wo immer sie zerstört ist, und das Lebenwollen findet sich ab, wie immer es aussieht ringsum, es richtet sich ein, es beginnt abermals mit Brücken, Schiffen, Kranen, und solang es keine Häuser gibt, tanzt es im Keller wie hier. Wir überschätzen unsre Städte, wenn wir sie für das Gefäß unsres Lebens halten. Enden kann es nur, wenn die Erde erkaltet oder wenn der Eros erlischt.

Muster für Glas, Muster für Verputz, Muster für Aschenbecher, Muster für Beschläge, Muster für Lasur, alles wartet auf Entscheidung, und längst Entschiedenes trifft täglich ein, heute die Schlosserarbeit, das Geländer für den Pavillon, alles ist greifbar, so, wie du es entworfen hast, unbarmherzig, ob es dir nun gefällt oder nicht; es ist da, und die beste Idee verändert es nicht mehr. Wie leicht es ist, das Fertige zu beurteilen! Selbst wo es dir gefällt, hat es etwas Befremdendes, fast Erschreckendes; alles wird eisern und steinern, endgültig, es gibt nichts mehr zu wollen. Oft auch ein Gefühl von Befreiung! Die ursprüngliche Vorstellung, in jahrelanger Arbeit oft vergessen, kommt da und dort wieder zum Vorschein. Das aufregende Gefühl: Das ist dein Werk, von außen gesehen, dein Gesicht! und das bei gänzlicher Ohnmacht, das Gesicht zu verstellen: –

Der Schlosser bringt dein Geländer.
Der Maler streicht deine Farbe.
Der Spengler lötet dein Muster.
Usw.

Nachtrag zur Reise

Ein Eindruck, im einzelnen schwer zu belegen, eigentlich der stärkste Eindruck unsrer polnischen Reise, insbesondere während der Reden in Breslau entstanden, geht dahin, daß die Spannung zwischen Ost und West (um einmal diese vereinfachende Formel anzuwenden) eigentlich nicht eine Auseinandersetzung zwischen gesellschaftlichen Ordnungen ist, nicht in erster Linie. Gesprochen haben auch Deutsche, Engländer, Amerikaner, die die östliche Ordnung mit Begeisterung bejahen, ohne jeden Vorbehalt; die Zuhörerschaft, wohl in der Mehrzahl eine slawische, hat diese Reden mit Genugtuung, doch nicht mit jener Zustimmung aufgenommen, wie wenn ein Farbiger sprach, ein Neger aus Amerika, ein Afrikaner aus Madagaskar, ein junger Mann aus Indonesien. Namen von Genossen, in Reden genannt, blieben ohne Widerhall, wenn es deutsche, englische, amerikanische, sogar französische waren; dagegen stürmischer Beifall bei allen anderen Namen, bei slawischen, argentinischen, mexikanischen, spanischen. Ein Einverstandener aus Wien, der durch kluge Differenzierungen auffiel, erntete einen schütteren, völlig unsicheren Beifall, obschon seine Antworten vollauf in der Linie blieben. Ebenso bei Anna Seghers, die demütig erklärte, sie wäre gekommen, um zu lernen; die einzige herzliche Zustimmung erzielte sie mit der Nennung von Neruda. Nicht viel anders mit den Amerikanern, die auf die verbrecherischen Zustände in ihrem Lande schimpfen, wobei sie einen immer sicheren Beifall finden; ihr Bekenntnis zum vollkommenen Osten wird hingenommen, wie man den Schwur eines Überläufers hinnimmt, zufrieden, aber mit Vorsicht, denn er mag nun reden wie er will, er ist doch einer von den andern, wertvoll, indem er gegen die Seinen flucht, aber viel mehr wird ihm nicht abgenommen. In der Tat sind es die Farbigen gewesen, die, soweit ich im Saal war, am besten gesprochen haben; nicht nur das beste Französisch, das beste Englisch, wie mein kennerischer Begleiter fand, sondern am besten in dem Sinn, daß sie stets etwas Lebendig-Wirkliches sagten. Das Unrecht, das ihren Rassen widerfährt, das im Widerspruch steht zum großen Gerede von Freiheit und Menschenrechten, dieses Unrecht zu bezeugen ist eine unantastbar-anständige Aufgabe; sie waren vielleicht die einzigen, die nichts anderes wollen, als sie sagen, Menschen, keine politischen Schachspieler. Bei ihnen hatte man auch das Empfinden, der Flug über den Ozean habe sich gelohnt; ihre Sätze hat man nicht schon tausendfach in den Zeitungen gelesen. Zugleich taten sie uns leid; der frenetische Beifall, den jeder von ihnen erntete, galt er wirklich den Unterdrückten? Minutenlang stand die ganze Zuhörerschaft, begeistert über dieses schwere Zeugnis gegen die Amerikaner, die Engländer, überhaupt die Herren der Welt. Der Beifall der stehenden Zuhörerschaft dauerte an, als der Neger sich bereits gesetzt hatte, unweit vor uns; lächelnd, erregt, einsam, indem er die knappe Kunde, die er über den Ozean gebracht, in seine Brusttasche steckt; er weigert sich mit einem verlegenen Kopfschütteln, nochmals aufzustehen und sich für den Beifall zu bedanken. Ahnte er, daß es ihnen nicht um das gleiche geht? Ein Engländer gestattete sich, an die Unterjochten in anderen Kontinenten zu erinnern, an die Schändung der Menschenrechte, die in allen Lagern zu bekämpfen sei. Als ginge es um Menschenrechte! Man macht den Intellektuellen oft den Vorwurf, daß sie naiv sind; Gott sei Dank, mit den Naiven hat der Teufel es nicht am leichtesten. Um was aber geht es? Nicht in erster Linie um eine gesellschaftliche Umwälzung, sondern um eine Ablösung in der Weltherrschaft, um einen Aufstand der Völker, die durch die Geringschätzung, welche die herrschenden Völker ihnen gegenüber bewiesen haben, sich wie eine Familie empfinden. Auf gegen die Weißen! Die Weißen sind: die Angelsachsen, die Deutschen, die jene völkische Geringschätzung bis zur planmäßigen Ausrottung entwickelt haben, ferner die Franzosen, die man lange genug bewundert und als Weltmitte des Geistes beneidet hat, ferner die Skandinavier, soweit sie auf den Meeren eine wirtschaftliche Rolle spielen, weniger schon die Italiener. Aufstand der Völker; die revolutionäre Idee, die auf dem Banner steht, ist nicht die treibende Kraft, und auch unter einem anderen Banner würde die Bedrohung bestehen bleiben.

Die planmäßigen Ausrottungen, die schon in Polen, wo das Slawische sich am meisten mit dem Westen verschwistert hat, den Charakter einer regelrechten Industrie angenommen haben, um gegen Osten womöglich noch grausiger zu werden, erweisen sich nicht nur für Deutschland, sondern für Europa als eine katastrophale Hypothek.

Ferner der oft wiederkehrende Eindruck, daß die Völker, die den Blutverlust eines nächsten Krieges überleben, keinesfalls die Völker unseres europäischen Westens sind –

Entscheidend scheint mir, daß der Schauspieler, im Gegensatz zu jedem anderen Künstler, kein andres Instrument hat als sich selbst, seine eigene leibliche Person... Ein Maler, ein Bildhauer, ein Schriftsteller, ein Musiker, ich möchte nicht behaupten, daß sie minder besessen sind von sich selbst. Eitel sind wir alle! Aber wenn sie in einer Gesellschaft sitzen, kommen sie nicht als Maler, Schriftsteller, Musiker, sondern als Leute; sie kommen ohne Pinsel, ohne Meißel, ohne Schreibmaschine, ohne Klavier. Sie kommen ohne ihr Instrument. Der Schauspieler, ob er will oder nicht, kann sein Instrument nicht zu Hause lassen. Ein Bildhauer erzählt, was er vom Fliegen hält oder von der Liebe; wir hören ihm zu. Wenn aber ein Schauspieler das nämliche erzählt, schauen wir. Und er ist sich bewußt, daß wir schauen. Wenn ein Schriftsteller dasitzt und sich als Stammler erweist, besagt das nichts über seine Schriftstellerei; einem Schauspieler dagegen, der sich nicht bewegen und die Anekdote, die er zum besten gibt, nicht darstellen könnte, wie sollen wir ihm den Darsteller glauben? So kommt der Schauspieler, wenn nicht gerade ein Haus einstürzt, nie ganz aus seiner Begabung heraus; das ist sein Fluch, sein Gehäuse, seine besondere Wirkung, die verblüfft und später langweilt, je mehr er nämlich, kraft seiner immer gegenwärtigen Mittel, die Gesellschaft dominiert. Auch der Musiker, wenn er sein Orchester mitbrächte, würde uns dominieren.

Schauspieler, sagt man, können nur vom Theater sprechen. Das ist richtig: vom Theater, nicht über Theater. Meistens reden sie von Personen, die sie lieben oder hassen, oder von Rollen, wie Frauen etwa von einem neuen Mantel sprechen. Im Grunde, und das ist wohl das Rasch-Verbindende und das Langsam-Abstoßende ihres Umgangs, sprechen sie stets von der eignen Person; das Theater ist ein immer neuer Mantel dieser Person.

Es ist kein Zufall, daß ich vom Schauspieler rede, nicht von der Schauspielerin – kein Zufall, daß die schauspielerische Eitelkeit auf die eigene leibliche Person besonders am männlichen Vertreter auffällt. Das Weib ist schauspielerisch von Natur. Kommt eine Begabung hinzu, die sogar einen Beruf daraus werden läßt, wird das Weib dadurch nicht fragwürdig, nur weiblicher. Oder anders gesagt: je weiblicher sie ist, um so voller glaube ich ihr die Schauspielerin. Das Theater, man weiß es, ist etwas durch und durch Erotisches, aber weiblich erotisch, und daß die Männer, die diesen Raum betreten, so häufig der geschlechtlichen Verkehrung verfallen sind oder ihr verfallen müssen, um ihn mit besondrer Leichtigkeit zu betreten, ist ebenfalls bekannt und nicht zufällig, sondern wesentlich. Woher kommt es, daß der Schauspieler, der männliche, wenn er nicht ein überragender ist und somit schon unverhältnismäßig, mit einem gewissen Alter immer peinlich wird? Ein Handwerker, ein alter, wird vielleicht langsam und unbeholfen, aber niemals peinlich. Der Schauspieler tut uns leid. Er merkt es übrigens selber, es drängt ihn, sich als Spielleiter zu versuchen, und er ist erleichtert, wenn es irgendwo Kinder gibt, Zeugen seiner Männlichkeit; hin und wieder, halb im Scherz, träumt er von einem bürgerlichen Beruf; er liebt es, nur im schwarzen Anzug auf die Bühne zu treten und Gedichte vorzulesen, eine Matinee über Goethe oder Büchner, und mehr und mehr zieht er es vor, auch im Rundfunk zu sprechen – wo er ebenfalls kein Kostüm tragen muß.

Das Widermännliche: das scheinbar Uneigene des Weibes, das sich formen läßt von jedem, der da kommt, das Widerstandlose, Uferlose, Weiche und Willige, das die Formen, die der Mann ihm gibt, im Grunde niemals ernst nimmt und immer fähig ist, sich anders formen zu lassen: das ist es, was der Mann als das Hurenhafte bezeichnet, ein Grundzug weiblichen Wesens, das Weiblich-Eigene, dem er niemals beikommt. Man könnte es auch das Schauspielerische nennen. Das Spiel der Verwandlung, das Spiel der Verkleidung. Der Mann, wenn er sich in Kostüme hüllt, hat er nicht immer einen Stich ins Verkehrte, ins Weibische, ins Widermännliche?

Ohne Eros keine Kunst. Erotisch im weiten Sinn ist der Drang, da zu sein, und der Drang, sein Dasein darzustellen. Das Schauspielerische und das Tänzerische, also die Darstellung durch die eigene leibliche Person, sind wohl das unmittelbarste Gestalten, am wenigsten übersetzt, am nächsten bei der naturhaften Erotik, die ebenfalls mit dem eignen Leib und mit der eignen Stimme spielt und wirkt. Andere Künstler, die dem nämlichen Drang gehorchen, Dasein darzustellen, tun es mittelbarer: sie tun es auf Papier oder Leinwand oder Stein; sie müssen es übersetzen in einem Grad, der die verfängliche Vermischung von künstlerischem und naturhaftem Drang zwar auch nicht verhindert, aber wesentlich erschwert; sie verlegen es außerhalb ihrer leiblichen Person; sie entrücken es – weil sie neben dem erotischen Drang, ihr Dasein darzustellen, noch ein andrer Drang gleichwertig beherrscht: der intellektuelle, der Drang, zu erkennen.

Ein Schauspieler kann vielleicht dumm und groß sein; ein Dichter, fürchte ich, kann beides nicht vereinen.

In diesem Zusammenhang ist es nicht verwunderlich, daß der intellektuelle Drang unter den Schauspielern nicht nur eine geringe Rolle spielt, sondern geradezu verpönt ist. Das Schlimmste, was sie etwa von einem Spielleiter sagen können: daß er literarisch sei. Und das heißt: blutlos, unkünstlerisch. Und die Verachtung, die sie damit aussprechen, hat oft einen Geschmack von Haß und ist erbarmungslos, wie nur Gekränkte es sein können. Was ist geschehen? Oft hat ein Spielleiter nur den Fehler begangen, daß er sich nicht in sie verliebte; ein wirklicher Fehler. Was will man von einem Schauspieler, den man nicht durch persönliche Sympathie erreicht? Erörterungen sachlicher Art, mag sein, sie werden angehört, sogar verstanden; aber sie werden nie überzeugen. Schauspieler sind keine Schreiner. Was nichts gegen die Schreiner sagt! Schauspieler lassen sich nur führen, wenn du in ihnen das Bedürfnis erwecken kannst, dir persönlich zu gefallen. Das erotische Bedürfnis. Das ist meistens die einzige Antenne, die sie haben, eine wunderbare, gewiß, eine lebendige und äußerst empfindsame, gewiß, aber immer mit einer Erdung im Privaten – weswegen auch die Luft, die sie bei der Arbeit umgibt, selten die kühle und sachliche Luft einer Werkstatt ist; es bleibt die Luft eines Boudoirs.

Man muß sich in sie verlieben!
Sonst sind sie nicht auszuhalten.

Ein Schauspieler, kaum hat er sich abgeschminkt, wartet er auf unser Lob – lobe ihn auf jeden Fall, spare deine Kritik auf übermorgen! Im Augenblick, wo einer von der Bühne kommt, ist sie nur grausam. Der Schauspieler, anders als andere Künstler, ist eins mit seinem Werk, und zwar auf eine leibliche Weise. Was ihm mißlingt, kann er nicht herausreißen, verknüllen und wegwerfen; es klebt an ihm, gelungen oder mißlungen. Nichts ist begreiflicher als seine Gier, sofort zu hören, wie er heute abend gewesen sei. Er kann sein Werk nicht selber sehen. Das ist etwas Ungeheuerliches. Angewiesen auf uns, die es gesehen haben, trifft ihn unser Schweigen wie eine Vernichtung. Der Schauspieler hat etwas von einem Maler, der blind wäre. Noch wenn es gelungen ist und wir sitzen nach einer Vorstellung zusammen, wirklich begeistert, spüre ich stets eine Melancholie; der Rausch verrauscht, und sein Werk ist nur in unser Gedächtnis geschrieben. Das ist ein weiches Wachs; er selber kann es schon in einem Monat wieder verwischen. Einiges bleibt haften über Jahre, über Jahrzehnte; aber wo? Er kann es nicht aus einer Mappe nehmen oder in einer Galerie wiederfinden. Seine Galerie sind die Leute; seine rührende Freude, alte Bekannte wiederzusehen, Kollegen oder Zuschauer, zu hören, wo die Sowieso ist und was der Dingsda macht, zu erzählen, wie es in dem Theater zuging, wo er zum erstenmal seinen Mortimer gespielt hat, zu vernehmen, daß eine frühere Partnerin sich zum fünftenmal verheiratet hat – all diese Gespräche, die wir als Klatsch empfinden, die auf die Dauer so langweilig sind – es ist alles so begreiflich, wenn man es so begreift: er sucht die Spuren seines Werkes, Leute, die es gesehen haben…

Warum gibt es so oft eine große Schauspielerin, so selten eine große Dichterin?... Der erotische Drang, Quelle jeder Künstlerschaft, hat eine weibliche und eine männliche Spielart. Weiblich ist der Drang, zu sein; männlich ist der Drang, zu tun. Die interpretierende Kunst ist immer näher beim Weiblichen.

Ein Schauspieler, der eines Tages nicht mehr auftritt, macht den Eindruck eines Gescheiterten – durchaus nicht die Frau, die eines Tages genug hat und sich ihren Kindern widmet. Für den Mann war es Beruf; sie spricht von ihren Rollen wie von Hochzeitsreisen...

Die gesellschaftliche Geringschätzung des Schauspielers sogar in Jahrhunderten größten Theaters: mindestens teilweise begründet in einem instinktiven Unbehagen gegenüber dem Widermännlichen jeder Schauspielerei, verschärft durch den Umstand, daß die Männer auch noch die weiblichen Rollen haben übernehmen müssen – zu untersuchen wäre, wieweit es der Schauspielerin zu verdanken ist, daß jener Bann zwar nicht verschwunden, aber sehr vermindert ist. Daß ein Unterschied empfunden wird zwischen Schauspieler und Schauspielerin, zeigt sich an jedem Briefträger, jeder Zimmervermieterin, jedem Gaseinzüger, der Schauspieler bleibt ihnen doch zweitrangig, bevor er sie durch längere Bekanntschaft vielleicht eines andern belehrt oder durch Ruhm, durch ein Bild in der Zeitung von vornherein bezwingt. Ein Schauspieler, *aber* ein feiner Kerl! Eine Schauspielerin, selbst wenn sie ein Luder sein sollte, ist ihnen selbstverständlicher.

Die Sorge, daß das Theater eingehe zugunsten des Films, kann ich aus manchen Gründen nicht teilen; einer davon ist das Wesen des Schauspielers, das Erotische daran, das im Film nie seine ganze Erfüllung findet; der erotische Drang, da zu sein und sich darzustellen, wird immer auch die leibliche Gegenwart der Zuschauer verlangen. Der Schauspieler, der gefilmt wird – und irgendwann einmal, wenn er vielleicht im Bett liegt, sehen wir sein

Bild – das kann seine Börse und seinen Ruhm vergrößern, aber den Augenblick nicht ersetzen, wo er auf der Bühne spielt und zugleich gesehen wird. Weder für ihn noch für uns. Wenn das Theater eingeht, ist auch der Eros eingegangen.

Frankfurt, November 1948

Begegnung mit Thornton Wilder – also mit dem Mann, der meine jugendliche Theaterliebe, nachdem sie ein Jahrzehnt gänzlich begraben lag, dermaßen wieder erweckt hat, daß ich ihr wahrscheinlich für die restliche Dauer dieses Lebens verfallen bin... Peter Suhrkamp, der uns vorstellt, verschweigt nicht, daß ich aus Zürich stamme (wo Wilder übrigens Our Town geschrieben hat) und mich ebenfalls mit dem Schreiben von Stücken befasse.

»Oh«, sagt Wilder: »Bauernstücke?«

Probeschüsse sind dazu da, danebenzutreffen. Wir setzen uns zum Mittagessen. Ein jüngerer Hamburger ist auch dabei. Nun? Etwas befangen knabbere ich von dem Brot; der Langverehrte, was wird er zum besten geben? Gentleman, Güte, Witz, Kennerschaft nach vielen Seiten, Herzlichkeit, Grazie des Gesprächs, Offenheit, Weltmann mit Kinderaugenglanz, Humanist, das Geistreiche und Funkelnde als keusche Verkleidung reinen Ernstes, Amerikaner, also sehr unmittelbar, Puritaner, also sehr höflich – und was man sonst an Wilder rühmt, ich kann es mir denken. Vorläufig löffeln wir die Suppe. Ich bin zum Bersten bereit, einen unsrer Lehrmeister kennenzulernen, gierig schweigsam. Da, vielleicht hat man meine Befangenheit verspürt, sagt der Herr aus Hamburg zu mir:

»Was mich so erstaunt, wissen Sie, daß Sie als schöpferischer Mensch (brr!) in Ihrer spießigen Schweiz überhaupt schaffen können –.«

Was jetzt?

(Das Kind eines Nachtwächters verbraucht tausend Tage seines Erdenlebens, um seinen Nachbarn zu sagen, daß sein Vater, den man so selten bei Tage sieht, kein nächtlicher Hühnerdieb sei, wie sie immer wieder behaupten, sondern ein Nachtwächter. In der Tat werden immer wieder Hühner gestohlen, das Kind hat es nicht leicht. Wie löblich, sagen die Leute, daß du als Kind eines Hühnerdiebes selber kein Hühnerdieb bist! Nach tausend Tagen hat das Kind es satt, nimmt den Wanderstab, um andere Menschen kennenzulernen als diese leidigen Nachbarn, und pilgert zu einem Weisen, den es lange schon verehrt. O ja, es findet ihn, verneigt sich und schweiget, bis einer von eben jenen Nachbarn sagt: Wie löblich, daß du als Sohn eines Hühnerdiebes selber kein Hühnerdieb bist! Sagt das arme Kind: Mein Vater ist kein Hühnerdieb. Es muß das sagen; es muß, obschon es ihm, weiß der Teufel, zum Hals heraushängt. Sagt der höfliche Nachbar: Ich kenne deinen Vater nicht, allein man sagt, er sei ein Hühnerdieb. Sagt das Kind: Kümmere dich um eure eignen Hühnerdiebe. Denn es wird ärgerlich, da es doch den Weisen hören will. Was aber tut der Weise? Er wundert sich, zumal er den Anfang dieses unerquicklichen Gesprächs offensichtlich überhört hat, offensichtlich nicht erwartend, daß andere vor ihm das Wort ergreifen; er wundert sich über das Nachtwächterkind, daß es so unhöfliche Worte spricht: Kümmere dich um eure eignen Hühnerdiebe! Sagt der höfliche Nachbar: Ich anerkenne ja, daß du eine löbliche Ausnahme bist. Sagt das Kind: Ich pfeife auf deine Anerkennung. Gewiß, sagt der andere, auch wir haben Hühnerdiebe. Sagt das Kind: Das ist bekannt. Allein, sagt der andere, bei uns stellen die Hühnerdiebe stets eine Ausnahme dar. Sagt das Kind: Darüber haben wir schon tausend Tage lang gesprochen. Oh, sagt der andere, wie kannst du überhaupt sprechen, wo du den Hunger nicht erlebt hast? Sagt das Kind: Dein Hunger ist kein Grund, meinen Vater anzurempeln. Nur wer den Hunger kennt, sagt der andere, nur wer den Hunger kennt... Unterdessen, es ist eine kostbare Stunde vergangen, wischt der Weise seinen sprachlosen Mund, wahrlich nicht gewohnt, daß er eine ganze Szene lang keinen anderen Text hat als die puritanische Floskel: »Very interesting.«

Erst draußen, den Kopf schüttelnd, der in einer Stunde so viel Köstliches zu verschenken vermöchte, sagt er:

»This young man – no!...«

Damit meint er das Kind des Nachtwächters, das tausend Tage und diese Stunde verbraucht hat, sich am Ärgerlichen zu ärgern. Eine Rakete, die ins Wasser gefallen ist, läßt sich nicht mehr anzünden! das weiß das Kind... Wie recht du hast! sagt nun der andere und wischt sich plötzlich eine durchaus ungefragte Träne: Wir alle sind Hühnerdiebe, wir alle sind Hühnerdiebe! –)

Das war die Begegnung mit Thornton Wilder.

Arabeske

»Ich weiß nicht«, sagte Don Juan nach einem leidenschaftlichen Gespräch, dessen lässiger Zuhörer er war: »Ich weiß nicht, was ihr gegen die Kirche habt – in einer Stadt, die nicht genannt sein möchte, habe ich einmal eine Geliebte gehabt, eine meiner ersten, ein sehr junges Ding, das mich die Liebe gelehrt hat wie keine zuvor, so frei von Hemmung, so wild, so unschuldig, daß man wirklich jede Scham verliert, eine Spielerin, eine Begabung ohnegleichen, ich habe selten einen Menschen gesehen, der so körperlich leben konnte, der mit seinen Sinnen so versöhnt war wie sie... Ich will nicht weitererzählen!« sagte er und nahm sich eine Zigarette: »Aber dann, als ich schon schlummerte, weckte sie mich und war bestürzt, ehrlich bestürzt, daß ich vor dem Einschlafen nicht betete – Nie? sagte sie. Nie? Das muß man aber! sagte sie, das muß man aber!... Und zur Beichte gehst du auch nicht?«

Hamburg, November 1948

Der Begriff der Kultur – (eine der großen, dringenden Fragen, die mich immer wieder beschäftigt, obschon sie meine Denkkraft immer sehr bald übersteigt) – Kultur, Kunst, Politik... Eines geht sicher nicht: daß man Kultur reduziert auf Kunst, daß ein Volk sich einredet, es habe Kultur, weil es Sinfonien hat.

Zu den entscheidenden Erfahrungen, die unsere Generation, geboren in diesem Jahrhundert, aber erzogen noch im Geiste des vorigen, besonders während des zweiten Weltkrieges hat machen können, gehört wohl die, daß Menschen, die voll sind von jener Kultur, Kenner, die sich mit Geist und Inbrunst unterhalten können über Bach, Händel, Mozart, Beethoven, Bruckner, ohne weiteres auch als Schlächter auftreten können; beides in gleicher Person. Nennen wir es, was diese Menschenart auszeichnet, eine ästhetische Kultur. Ihr besonderes, immer sichtbares Kennzeichen ist die Unverbindlichkeit, die säuberliche Scheidung zwischen Kultur und Politik, oder: zwischen Talent und Charakter, zwischen Lesen und Leben, zwischen Konzert und Straße. Es ist eine Geistesart, die das Höchste denken kann (denn die irdische Schwere werfen sie einfach über Bord, damit der Ballon steigt) und die das Niederste nicht verhindert, eine Kultur, die sich strengstens über die Forderung des Tages erhebt, ganz und gar der Ewigkeit zu Diensten. Kultur in diesem Sinn begriffen als Götze, der sich mit unsrer künstlerischen oder wissenschaftlichen Leistung begnügt und hintenherum das Blut unsrer Brüder leckt, Kultur als moralische Schizophrenie ist in unserem Jahrhundert eigentlich die landläufige. Wie oft, wenn wir einmal mehr von Deutschland sprechen, kommt einer mit Goethe, Stifter, Hölderlin und allen andern, die Deutschland hervorgebracht hat, und zwar in diesem Sinn: Genie als Alibi –.

Wenn Menschen, die eine gleiche Erziehung genossen haben wie ich, die gleiche Worte sprechen wie ich und gleiche Bücher, gleiche Musik, gleiche Gemälde lieben wie ich – wenn diese Menschen keineswegs gesichert sind vor der Möglichkeit, Unmenschen zu werden und Dinge zu tun, die wir den Menschen unsrer Zeit, ausgenommen die pathologischen Einzelfälle, vorher nicht hätten zutrauen können, woher nehme ich die Zuversicht, daß ich davor gesichert sei?

In einer seiner jüngsten Reden hat Winston Churchill, in bezug auf den deutschen Eroberer von Rundstedt, den Rat erteilt, man solle jetzt das Geschehene endlich geschehen sein lassen. Das ist, wenn ich auch den Zweck dieser Amnestie leicht durchschaue, die kürzeste Formel für das, was mich bestürzt. Leider ist es ja so, daß das ›Geschehene‹, noch bevor es uns wirklich und fruchtbar entsetzt hat, bereits überdeckt wird von neuen Untaten, die uns in einer willkommenen, einer fieberhaften und mit verdächtigem Eifer geschürten Empörung vergessen lassen, was Ursache und Folge ist; nicht nur in Deutschland, auch bei uns reden wir gerne vom Heute, als stünde kein Gestern dahinter. Das Geschehene endlich geschehen sein lassen! Besonders obszön empfinde ich es, wenn man es mit Goethischem kleidet: mit dem schöpferischen Schlaf des Faust, mit dem heilenden Segen des Vergessens usw. Das alles darf der Erschütterte sagen, nur der Erschütterte. Zwar meinen wir, das ›Geschehene‹ zu wissen, und zwar, wie jedermann sagt, zur Genüge. Ich habe noch wenige Erschütterte getroffen, so erschüttert, daß der Chor der antiken Tragödie einschreiten würde mit seinem: Genug! Jeder sagt: Das weiß man nun. Wenn man an Ort und Stelle steht, weiß man, daß man es durchaus nicht weiß; das Unvorstellbare entzieht sich unserem Gedächtnis, und das ist gut so, aber einmal, glaube ich, muß das Entsetzen uns erreichen – sonst gibt es kein Weiter.

Was hat, so sagt man, Kunst mit Politik zu tun? Und unter Politik versteht man nicht, was die Polis angeht, das Problem, wie die Menschen, da keiner doch allein bestehen kann, zusammen leben, das Problem der gesellschaftlichen Ordnungen, dessen Lösung immer den Anfang der Kultur darstellte, die Kultur gewährleistete, wenn nicht in wesentlichen Graden sogar ausmachte, oder den Untergang einer Kultur verursachte – unter Politik versteht man schlechterdings das Niedrige, das ordinäre, das Alltägliche, womit sich der geistige Mensch, der glorreiche Kulturträger, nicht beschmutzen soll. Der Kulturträger, der

Kulturschaffende. Es ist immer wieder auffällig, wieviel deutsche Menschen (besonders deutsche) unablässig besorgt sind, geistige Menschen zu sein; vor allem, *wie* sie besorgt sind: indem sie von Literatur, von Musik, von Philosophie sprechen. Und Schluß. Auffällig ist die Angst, ein Spießer zu sein; man wird kaum einem Deutschen begegnen, der dieses Wort nicht schon im ersten Gespräch braucht. Spießer, gemeint als Gegenstück zum geistigen Menschen. Wenn sie Gottfried Keller auf der Straße oder in seiner Staatskanzlei oder gar an einem Schützenfest gesehen hätten, ich bin überzeugt, daß die allermeisten, die dieses ominöse Wort in den Mund nehmen, ihn als Spießer klassifiziert hätten, als das Gegenteil eines geistigen Menschen, eines Kulturträgers, eines Kulturschaffenden, weitab von der Elite. In der Tat empfinden wir, was den Begriff der Kultur angeht, einen nicht unbedeutenden Unterschied zwischen dem deutschen und dem schweizerischen Denken, das hier vielleicht am selbständigsten ist gegenüber dem deutschen. Das jedem Volk unerläßliche Gefühl, Kultur zu haben, beziehen wir kaum aus der Tatsache, daß wir Künstler haben; zumindest empfinden wir die Begabung eines Gotthelf (um es bei einem bewenden zu lassen) nicht als Entschuldigung dafür, daß es in seinem Lande auch Verdingbuben gibt, eine hanebüchene Einrichtung in bezug auf das Soziale. Unter Kultur verstehen wir wohl in erster Linie die staatsbürgerlichen Leistungen, die gemeinschaftliche Haltung mehr als das künstlerische oder wissenschaftliche Meisterwerk eines einzelnen Staatsbürgers. Auch wenn es für den schweizerischen Künstler oft eine trockene Luft ist, was ihn in seiner Heimat umgibt, so ist dieses Übel, wie sehr es uns persönlich trifft, doch nur die leidige Kehrseite einer Haltung, die, von den meisten Deutschen als spießig verachtet, als Ganzes unsere volle Bejahung hat – eben weil die gegenteilige Haltung, die ästhetische Kultur, zu einer tödlichen Katastrophe geführt hat, führen muß.

»Natürlich war er ein Schwein«, sagt jemand: »aber ein Mensch von seiner Begabung – seine Begabung geben Sie ja selber zu! – und überhaupt, ich bitte Sie, was hat Kunst mit Politik zu tun?«

Dazu nur eins:

Es gibt leider kein menschliches Wesen, das nur Kunst macht – und wenn er eines Tages, um seine Kunst machen zu können, beispielsweise eine Unterschrift gibt, die andere an den Galgen liefert, ehemalige Freunde vielleicht, zumindest Menschen, die ihn keineswegs bedroht haben, so interessiert mich seine Begabung nur teilweise, auch wenn er versichert, daß er sich ›grundsätzlich‹ nicht in Politik einmische und daß er ›nur‹ ein Künstler sei, ein ›Kulturschaffender‹.

Wer sich nicht mit Politik befaßt, hat die politische Parteinahme, die er sich sparen möchte, bereits vollzogen: er dient der herrschenden Partei.

In diesen Zusammenhang gehörte auch der literarische Begriff der Tendenz, die, wie man allenthalben hört, mit Dichtung nichts zu tun hat – Tendenz als eine Deutung der Verhältnisse, die der Deutung, welche der Leser hat, nicht entspricht und somit eine ›Entstellung‹ genannt werden muß, somit nicht als reine Dichtung bezeichnet werden kann – denn von reiner Dichtung sprechen wir erst dort, wo die Tendenz uns als solche nicht mehr bewußt ist, wo die Deutung, die ja immer vorhanden ist, sich mit der unseren deckt, indem sie die unsere geworden ist, und wo wir zu jenem reinen Genuß kommen, der darin besteht, daß ich meine Ansicht als die einzigmögliche, die wahre, die absolute sehe...

Die Heidenangst, ein Spießer zu sein, und das Mißverständnis, das darin schon enthalten ist, die Bemühtheit, sich in den Sphären des Ewigen anzusiedeln, um auf der Erde nicht verantwortlich zu sein, die tausend Unarten voreiliger Metaphysik – ob das für die Kultur nicht gefährlicher ist als alle Spießer zusammen?

Pflanzen der Bäume, lauter schöne und meistens große Stücke, Stämme über sieben Meter, so daß man sie mit großen Wurzelklumpen versetzen muß: Weiden aller Art, Ahorn, Platanen, Eschen und Erlen, Pappeln, Eichen, Akazien, Buchen und einige Nadelhölzer, deren Dunkles wir als Akzente brauchen – eine köstliche Arbeit, aber leider im Nebel, die kahlen Stämme wirken sehr dürftig, und es ist schwierig, sich den Sommer vorzustellen, das Grüne, das Dichte oder das Schüttere der verschiedenen Bäume; ich bin ganz auf den Gartenberater angewiesen, der die eintreffenden Stämme identifiziert, und auf die eigene Phantasie.

Nachmittags wieder in die Baumschulen.

Wir beschränken uns jetzt auf die wesentlichen Gruppen, etwa vierhundert Bäume und gegen tausend Sträucher; den Rest pflanzen wir dann im Frühling je nach Wirkung und verbleibendem Geld, es fehlen noch die Birken und Lärchen.

Café Odeon

Wieder ein italienischer Film, der erschüttert, als sähe man diese Dinge zum erstenmal. Wieder der unverblümte Mut, das menschliche Versagen an der eignen Nation aufzuzeigen. Ohne das Peinliche der Selbstzerfleischung. Und wieder das Ergebnis, daß das Eingeständnis der Schwächen, ausredenlos erbracht, auch den ausländischen Zuschauer keinen Augenblick verführt, auf eben diese Nation herabzuschauen, im Gegenteil: es gibt kein europäisches Volk, das uns zur Zeit so mit Zuversicht erfüllt wie das italienische. Gerade durch seine Selbstkritik. Eine weitere Wirkung, die für diesen Film spricht: ich bin restlos überzeugt, daß auch wir, wäre uns der Faschismus nicht verunmöglicht worden durch den glücklichen Umstand, daß er von vornherein unsere Souveränität bedrohte, genau so versagt hätten, wenn nicht schlimmer zumindest in der deutschen Schweiz.

Letzigraben

Wintermorgen, überall Reif, die Sonne als roter Ball hinter einem metallischen Dunst, das spröde Gezweig unsrer Bäume, zierlich und zart, wie mit Tusche gemalt auf eine graue, etwas ins Violette schillernde Seide, und unter den Schuhen, wenn man über das braune Feld geht, klingt es wie zerbrechendes Glas...

In einer Woche ist Premiere.

Ich bin sehr glücklich, mindestens weiß ich: diese Tage, wo zwei Entwürfe so verschiedener Art sich verwirklichen dürfen, werden mir einmal als glückliche Tage erscheinen. Hier die Handwerker, dort die Schauspieler. Das Wirkliche: die Spannung dazwischen. Die Proben werden wie immer das schönste sein; man ist unter sich, unter den Menschen, die daran arbeiten, und das Fertige wird stets etwas trostlos sein, unheimlich; alles Fertige hört auf, Behausung unsres Geistes zu sein; aber das Werden ist köstlich, was es auch sei – man sieht jetzt den warmen Atem der Arbeitenden als silbernen Hauch, der sich immerfort verliert...

Neujahrstag 1949

Das Klima der Sympathie – wie sehr wir darauf angewiesen sind! Es zeigt sich, sobald uns eine Sympathie, die lang vorhanden gewesen ist, entzogen wird. Da ist es, als habe man keine Luft unter den Flügeln.

Frage:

Ist die Sympathie, die uns das Gefühl gibt, fliegen zu können, nichts als eine freundliche Täuscherei, eine schonende Unterlassung der Kritik, so, daß das andere Klima – dieses Klima ohne Sympathie – als das gültigere anzusehen ist, das einzig gültige?

Das Ansteckende: es genügt eine einzige Sympathie im ganzen Kreis, und wenn diese gekündigt wird, kündigt der ganze Kreis, der nichts zu kündigen hat.

(Wie ihr Blick, musternd, dich verläßt.)

Gewiß, man kann die Achseln zucken, sich dorthin wenden, wo Sympathie uns erwartet, oder neue erobern – das alles ändert nichts an dem Schrecken, wie verloren man ist, wo uns die Sympathie entzogen wird.

Verloren: ohne Schutzengel.

Sympathie nicht als Unterlassung der Kritik. Aber: Sympathie hat Geduld, die Geduld der Hoffnung, sie behaftet uns nicht auf einer einzelnen Gebärde, die ungehörig ist, vorlaut, tappig, eitel, rücksichtslos, selbstgerecht; sie läßt uns stets eine weitere Chance... Anders der Partner, der keine Sympathie empfindet: er verbucht, was ist, und gibt keinen Vorschuß, er ist aufmerksam und gerecht, und das ist fürchterlich. Sieht er uns richtiger? Wir werden, wie Polonius es mit den fahrenden Schauspielern tut, nach unserem Verdienst behandelt. Hamlet sagt: Potz Wetter, Mann, behandelt sie besser, viel besser; behandelt jeden Menschen nach seinem Verdienst, und wer ist vor Schlägen sicher?

Auch umgekehrt zu bedenken:

Wenn wir keine Sympathie haben, einem Menschen gegenübersitzen wie Geschworene, unvoreingenommen – wie verdächtig, wie anrüchig, wie unleidig jeder Mensch wird, wenn er fühlt, daß er unsere Gunst nicht hat, und also allein zu seinen Gunsten redet.

Das Gefühl, keine Luft zu haben, so, daß die Stimme nicht trägt, jedes Wort fällt auf den Boden und zerschellt, und wenn man sich verabschiedet, das Gefühl, daß man zuviel gesprochen habe, denn in der Tat ist jedes Wort zuviel gewesen, das Gefühl, in Scherben zu gehen, das Gefühl, zu bluten.

Die unbewußte, selbstverständliche Voraussetzung, ohne die man keinen Satz schreiben könnte, die Voraussetzung, daß man irgendwo, und wäre es noch so ferne, von einer Sympathie geschützt wird, ist das bereits Narzißmus?

Erinnerung an einen französischen Film, der schildert, wie einem Mann (Michel Simon) plötzlich die Sympathie entzogen wird, die er jahrelang im Quartier genossen hat; plötzlich, ohne daß er sich verändert hätte, fällt ein Verdacht auf ihn – oder man könnte auch sagen: plötzlich hat ihn der Schutzengel verlassen, und nun soll er sehen – er sieht: sein Gepäck, seine ganze Habe auf der Straße, er sieht die Nachbarn alle, die unter ihren Türen stehen oder aus den Fenstern gaffen, alle halten ihn für den Mörder, einer stellt ihm das Bein, er wehrt sich, keiner hilft ihm, andere spielen Fußball mit seiner Habe, plötzlich ist er wie ein Stier in der Arena, dessen Blut sie wollen, halb besessen und halb scherzhaft treiben sie ihn auf das Dach, bis er zu Tode stürzt –.

Das Mysterium des Hasses.

(Antisemitismus.)

Erzählung eines Bekannten, der schon mehrmals aus Versehen verhaftet worden ist, ein junger Arzt, ein empfindsamer und mit viel Gewissen belasteter Mensch, verhaftet und abgeführt von vier Gendarmen: durch eine Gasse von Menschen, die zwischen Neugier und Abscheu halb drängen, halb zurückweichen, und wie er versichert, daß er Doktor sei und von einem Kranken erwartet werde, fällt für die Gendarmen der letzte Zweifel, daß sie ihn endlich haben, den gesuchten Kindermörder –.

Der Schutzengel: die Sympathie, wir brauchen ihn immerzu. Wir haben ihn als Kind, sonst wären wir längst überfahren, wir wachsen damit auf, wir verlassen uns auf ihn – und dabei ist es nur ein Hauch, was uns schützt, was uns von dem Ungeheuerlichen trennt, von dem Rettungslosen, wo nichts mehr für dich zeugt, kein eignes Wort, keine eigne Tat...

Zürich, 8. 1. 1949

Erste Aufführung im Zürcher Schauspielhaus: »Als der Krieg zu Ende war.« Regie: Kurt Horwitz. Hauptdarsteller: Brigitte Horney, Walter Richter, Robert Freitag. Bühnenbild: Caspar Neher.

Kleine Schlägerei im Foyer.

Letzigraben

Mit Brecht auf der Baustelle. Ich habe ihn, da er das Telefon während der Arbeitszeit nicht abnimmt, vom Schreibtisch holen müssen, seinem Wunsch gemäß. Wie immer, wenn er sich eine sachliche Belehrung verspricht, ist er sofort bereit. Mitten aus einer Szene heraus, die er in der Schreibmaschine hat, zieht er die Schuhe an; auf dem Bett liegen Bühnenbilder für Berlin, Entwürfe, die mich interessieren. Er will aber auf den Bau; über Theater kann man auch bei schlechtem Wetter sprechen. Von allen, die ich bisher durch die Bauten geführt habe, ist Brecht der weitaus dankbarste, wißbegierig, ein Könner im Fragen. Fachleute vergessen leicht die großen, die grundsätzlichen Fragen;

Laien hören zu, nehmen Lösungen entgegen, wo sich ihnen nie eine Frage gestellt hat, und besonders unergiebig finde ich die Literaten, die allem Sachlichen, bevor sie es erfassen, durch Meditation entfliehen, Stimmungsfritzen, Schaumschläger ihres Witzes oder ihrer Innerlichkeit. Brecht hat einen erstaunlichen Blick, Intelligenz als Magnet, der die Probleme anzieht, so, daß sie auch hinter den vorhandenen Lösungen hervorkommen. Ihm zu erläutern, wie etwa ein Sprungturm geworden ist, wie die architektonische Form sich aus der statischen Aufgabe entwickelt, aber nicht nur entwickelt, wie es der Form obliegt, jene Aufgabe nicht nur zu lösen, sondern sie dem Auge darzustellen, solche Erläuterungen werden zu einem wahren Vergnügen, einem gemeinsamen. Über zwei Stunden stapfen wir umher, hinauf und hinunter, hinein und hinaus, rundherum; hinzu kommt, was den Schaffenden unterscheidet vom Kenner, unweigerlich – das Brüderliche, das aus Erfahrung lebendige Bewußtsein: Zuerst ist nichts!... Die Kenner, wenn sie etwa eine Zeichnung sehen, gehen von Dürer oder Rembrandt oder von Picasso aus; der Schaffende, gleichviel wo er selber wirkt, weiß um das leere Papier.

Rezensionen

Goethe gibt den Rat, man solle einem Rezensenten niemals antworten, es sei denn, er behaupte in seiner Rezension, man habe zwölf silberne Löffel gestohlen – doch so weit gehen unsere Rezensenten kaum... Es bleibt also wirklich nur eins: schweigen und weitermachen, solange man Lust dazu hat, sein eigener Kritiker werden, keine silbernen Löffel stehlen und basta! – und dankbar sein, wenn eine Rezension, ob lobend oder tadelnd, ernsthaft ist, anständig, indem sie nicht annimmt, daß der Verfasser selber keine Bedenken und Einwände habe gegen sein Werk; solche Rezensionen gibt es ja auch, sogar mehr als unser Gefühl zugibt; ein Mensch, der uns bei Tisch etwa das Salz gibt, zählt ja nicht weniger als jener, der uns in die Suppe spuckt, aber der letztere beschäftigt uns länger, und leider weiß er das, auch wenn man ihm nicht antwortet.

Nichts leichter als das: man schneidet eine Kartoffel zurecht, bis sie wie eine Birne aussieht, dann beißt man hinein und empört sich vor aller Öffentlichkeit, daß es nicht nach Birne schmeckt, ganz und gar nicht!

Meistens ist es wohl so, daß das Unbehagen, das unsere Rezensenten befällt, irgendwo berechtigt ist. Aber wo genau? Vielen, scheint es, genügt die erste beste Deutung, die ihnen angesichts ihres Unbehagens einfällt, in ihrem berechtigten Unbehagen scheint ihnen alles berechtigt, was in die Feder fließt, und je menschlicher ein Unbehagen ist, je tiefer es im Persönlichen wurzelt, um so größer ist die Gier nach artistischen Mängeln, um so wahlloser auch; man spürt, wie froh sie darum sind, daß der dritte Akt mißraten ist – ich hätte ihnen einen größeren Gefallen nicht tun können.

Es ist schwierig, ein Rezensent zu sein; über die fachlichen Schwierigkeiten hinaus, die zu jeder Arbeit gehören und nicht besonders anzuführen sind, meine ich vor allem die menschlichen. Rezensionen, die ich als Student geschrieben habe, kann ich heute nicht ansehen, ohne zu erröten, wobei es weniger Unkenntnis ist, was beschämt, sondern der Ton ganz allgemein, der sich für witzig hält, eine Mischung von Dreistheit und Herablassung, und dabei, weiß ich, war ich voll Minderwertigkeitsangst. Das Rezensieren war für mich eine Notwendigkeit, eine Labsal, aber nur für mich. Sicher gibt es Seelen, die am Unvollendeten leiden, ehrlich leiden, rasend werden und nicht umhin können, auf den Tisch zu hauen und grob zu werden, daß die Wände wackeln. Dagegen ist nichts zu sagen. Die meisten aber, die allermeisten werden nicht rasend, sondern hämisch, witzig, dreist, herablassend. Hämisch im Falle des Tadels; brüderlich im Falle des Lobes, und das ist das andere, was mich an jenen studentischen Rezensionen verstimmt: die Anbiederung. Nichts ist schwieriger als Loben. Schon die Wörter werden bald allgemein, so, daß sich ganz Verschiedenes, sogar Gegensätzliches damit beloben ließe. Es muß keine Mißgunst sein, keine Miesmacherei, wenn der Kritiker sich scheut, Lobesworte zu schreiben; das Lob, das ernsthafte, kann in der Tat fast nur mittelbar gesagt werden, beispielsweise durch die Namen, die zum Vergleich herangezogen werden, insbesondere durch die Höhenlage der kritischen Auseinandersetzung. Das unmittelbare Lob hat wenig Überzeugungskraft, und wenn jemand noch so inbrünstig sagt: Das ist das beste Gedicht! sagt er nichts über das Gedicht, und man fragt sich dann: Woher hat der wohl das Schwert, womit man jemand zum Ritter schlägt? und man wird den Eindruck einer fuchtelnden Selbstüberschätzung nicht ganz los, gerade wenn einer lobt. Vor allem aber, wenn ich nach Jahren auf eigene Rezensionen stoße, merke ich fast ohne Ausnahme, daß ich stets mich selber gelobt habe, gelobt, was eigenen Bestrebungen entgegenkommt und sie durch Gelingen heiligt, das ist es, was ich (und nicht selten auf Grund eines flinken Mißverständnisses) durch Lobesworte unterstrichen habe...

Es ist schwierig, ein Rezensent zu sein.

Es gibt viele Kenner, vortreffliche Kenner, doch wenig Leute, die von ihrem Dasein erfüllt sind, und vielleicht hätten diese allein die kostbare Gabe der Kritik. Nicht daß sie es selber besser machten! das ist eine kindische Forderung. Kritik ist ein Vermögen für sich. Aber die Erfüllten, gleichviel wo sie ihre eigene Erfüllung gefunden haben, sind nicht genötigt, sich gegen alles Geschaffene, das ihnen in ihrer Zeit begegnet, aus Notwehr zu behaupten.

Kritik am Artistischen, glaube ich, ist meistens eine Ausrede. Es gibt ganz wenige, deren Unbehagen wirklich aus dem Artistischen kommt. Es zeigt sich schon daran, daß die gleichen Leute, wenn unsere Aussage eine angenehme, eine harmlose oder gar schmeichelhafte ist, dem gleichen Verfasser gegenüber kaum ein Bedürfnis haben, das Artistische zu erörtern. Das Stück, dessen

Aussage ihnen genehm ist, bezeichnen sie stets als das bessere, das weitaus bessere.

Man müßte, um das Unbequeme sagen zu können, ein vollendeter Artist sein – damit sie für ihren Zorn keinen Ausweg haben.

Kritik am Artistischen.

Jemand sagt mir, daß ich an meinem Nachbarn ein arges Unrecht begangen habe, und ich sage: Herr, Sie haben ja eine Zahnlücke! und wenn er keine Zahnlücke hat, finde ich vielleicht, um den Unbequemen nicht anhören zu müssen, einen offenen Hosenknopf. Herr, sage ich, Sie haben ja einen offenen Hosenknopf. Und wenn er den offenen Hosenknopf geschlossen hat? Dann sage ich: Herr, ich glaube, Sie stinken nach Tabak, und das vertrage ich nicht, mir ist ganz übel. Und wenn er eines Tages wiederkommt und er stinkt nicht mehr nach Tabak, denn vielleicht hat er überhaupt nicht gestunken, und er fährt fort, mein Unrecht zu schildern? Dann sage ich: Herr, Sie reden ja immer das gleiche, das ist langweilig, das wissen wir nun nachgerade...

Lob und Tadel –

Mit einem Lob, das uns verfehlt oder gar läppisch erscheint, müssen wir uns nicht auseinandersetzen; darüber kann man rasch hinweggehen, und man tut es auch. Über einen Tadel hinweggehen, weil er uns verfehlt oder gar läppisch erscheint, das ist nicht so einfach, das hat stets etwas Verdächtiges. Der Tadel bleibt kleben.

Unter Umständen müßte es heißen: Was der Soundso erstrebt, halte ich für einen argen Irrtum, jedoch verwirklicht er sein Streben in hohem Maß. Statt dessen heißt es: Der Soundso ist nicht imstande, ein wirkliches Stück zu schreiben. Ein wirkliches Stück, das ist ein Stück, wie der Kritiker es für erstrebenswert hält. Rezensionen dieses Musters, und es gibt davon nicht wenige, sind nicht böse, aber unergiebig.

Ein Schauspieler gibt den Romeo, und eine Rezensentin, die der liebe Gott nun einmal als Lesbierin gewollt hat, schreibt darüber in der Zeitung. Sie kann schreiben: Zum Romeo des Herrn Sternenhagel finde ich keine Beziehung. Dagegen ist nichts einzuwenden. Sie schreibt aber nicht so, sondern unpersönlicher, unbedingter: Dem Romeo hingegen (hingegen) fehlt jede männliche Ausstrahlung –.

Will sagen: Es ist das heilige Recht jedes Rezensenten, seine Empfindungen auszudrücken. Unser Recht ist es, sie nur als die seinen anzuerkennen – was übrigens alles andere als ein Trost ist! In gewissen Augenblicken, nicht in selbstgewissen, aber in mutigen oder verzweifelten Augenblicken sehnte man sich danach, sich einem unbedingten Maßstab unterziehen zu können.

Kritik der Schaffenden? Die Schaffenden, denke ich, sind besonders befangen, aber ihr Urteil hat einen kostbaren Vorzug: wir kennen die Art ihrer besonderen Befangenheit, ausgedrückt in ihrem Werk, und vor allem hat ihr Urteil immer etwas Geschwisterliches. Es drängt uns niemals in den Sumpf der Selbstgerechtigkeit, was den Rezensenten so leicht gelingt.

Goethe sagt, man solle nicht antworten, er sagt nicht, man solle nicht hinhören. Vielleicht ist es nötig, daß man sich zwei oder drei Wochen lang in Ärger badet, und wäre es auch nur zum Zweck, wieder einmal zu erfahren, wie es mit unsrer Abgeklärtheit steht. Die Kritik, die hilft, kommt von vier oder fünf Menschen; darunter sind Nächste und ganz Ferne, Unbekannte, die keine Ahnung haben, wie förderlich sie gewesen sind. Ähnlich wie die Kritik der Schaffenden, finde ich, ist die Kritik kluger, unliterarischer Frauen; persönlich, entschieden, geschwisterlich. Die Kritik, die hilft: sie hilft, keine Zeit zu verlieren, sie beschleunigt die Selbstkritik, die einzige, die für das Weitere anwendbar ist.

Basel, Fastnacht 1949

Morgenstreich: – wie die bunten, riesenhaften, immer ein wenig wankenden Laternen auf den Marktplatz kommen, aus allen Gassen hört man das Getrommel der Larven, urwaldhaft, ihr Getrommel hat etwas Gestautes, etwas Gestottertes, es zittern die Fensterscheiben und kichern, die Luft ist wie zerrissen von der monotonen Schrille der Pfeifer, und dann sind sie da, Kohorten von übermenschlichen Larven, Vögel, Kobolde, Kohlköpfe, immer eine Gruppe, alle mit einer schrägen Pfeife am Mund, so daß die ganze Gruppe immer auch eine gleiche Haltung hat, ungeheuerlich gerade durch das Mehrfache, das Uniforme, der Dämon nicht als Individuum, sondern als Rasse...

Abends auf einem Maskenball.

Das Ganze, seines Ruhmes würdig, erinnert an eine Sitte, die es in China geben soll: einmal im Jahr kommt die ganze Sippe zusammen, setzt sich im Kreis, alle verstopfen sich die Ohren mit Lehm, dann sagen sie einander die Wahrheit, das heißt, sie sagen einander alle Erdenschande, verspotten, verfluchen, verhöhnen einander, bis sie keuchen, jeder gesteht seine Ehebrüche, seine Geschäfte, seine Listen, seine Süchte, seine Ängste, gesteht und schreit, bis er heiser ist – und dann, wenn keiner mehr kann, polken sie den Lehm aus den Ohren, lächeln, verbeugen sich zierlich, begleiten einander nach Hause, laden sich gegenseitig zum Tee und leben wieder ein Jahr lang zusammen, wie es sich gehört, friedlich, höflich und gesittet...

Stuttgart, 29. 4. 1949

»Die Schweiz in Stuttgart«, eine Woche schweizerischer Veranstaltungen aus mehreren Gebieten der Kunst, Theater, Konzerte, Ausstellungen, Vorträge usw.

»Kultur.«

Zum Glück wird das Wort ziemlich vermieden, man beschränkt sich auf saubere Begriffe wie Musik, Malerei, Literatur,

Architektur; das immer etwas Rührende und Komische solcher Veranstaltungen, die an den Sonntagsspaziergang eines stolzen Vaters erinnern: Seht, das sind unsere musikalischen Kinder, Othmar Schoeck, Frank Martin, Willi Burckhardt, Arthur Honegger...

Gastspiel des Zürcher Schauspielhauses: »Als der Krieg zu Ende war.« Ein eisiges Schweigen zu Anfang, wir haben mit einem Skandal gerechnet und sind vom Gegenteil überrascht, Gespräche mit vielen Menschen, wertvoll vor allem das leider unterbrochene Gespräch mit einer jungen Frau, die selber die Russenzeit sehr persönlich erlebt hat – auch bei Zustimmung bleibt das Grundsätzliche: wenn der Schreiber eines historischen Stückes in die Lage kommt, denen gegenüberzutreten, die damals gelebt haben, beispielsweise, wenn ein Romancier, der sein Anliegen etwa in den Dreißigjährigen Krieg verlegt hat, sich verantworten müßte vor den schwedischen Offizieren, von denen er einen geschildert hat, und zugleich vor den böhmischen Frauen, vor dem Spanischen Hof, vor den niederländischen Bürgern, vor den deutschen Bauern, vor den Geräderten, vor den Verhungerten, vor den Gehenkten und vor den Henkern, die beide dabei gewesen sind und sich schon untereinander auf eine Darstellung des Gewesenen kaum einigen können, grundsätzlich wird es immer die gleiche Frage sein, nämlich woher der Dichter eigentlich das Recht nimmt, zu dichten. Er nimmt es daraus, daß er ein Dichter ist. Aber wenn er das nicht ist oder nicht genug? Dann werden sie mit Recht sich über ihn werfen, die böhmischen Frauen, die schwedischen Offiziere, die niederländischen Bürger, die spanischen Henker; dann mit Recht...

Nacht in Gesellschaft.

Morgenfrühe in einem hohen Wald, Stämme und junges Grün, Glanz der ersten Sonne, ihr gleitendes Glitzern in den Spinnweben, Vogelzwitschern, Duft von Knospen, das Gras voll Tau, die Luft ist kühl, Brunnenwasser, Bienen um blühende Zweige, Sonntag, Gebrumm eines fernen Geläutes, dann die ersten Morgengänger, die mit der Straßenbahn auf die Höhe gefahren sind, sich mit höflicher Zurückhaltung etwas verwundern über meinen schwarzen Anzug und die Lackschuhe und all das ohne Mantel, ohne Hut; endlich die Auskunft, daß die Stadt Stuttgart, deren Gast ich mich nennen darf, gerade in der entgegengesetzten Richtung liege –.

Letzigraben

Es geht dem Ende zu!... Die Möbel, die Vorhänge, die Blumen, die Schriften, die Goldfische. Überall kommen jetzt die letzten Verzweigungen in die reine Zierde. Die Leute, die es machen müssen, sind von einer guten Laune erfaßt; Witze, gute und schlechte. Die Frau des Hauswartes wünscht Blumenkisten vor den Fenstern. Es sei! Heute habe ich unter einem sachlichen Vorwand veranlaßt, daß zum ersten Male die große Fahne aufgezogen worden ist – sie flattert noch jetzt in einem leichten Wind, und die Kinder der Nachbarschaft scharen sich natürlich um den flachen Springbrunnen, dessen Strahl etwas schmächtig ist. Am Feierabend, wenn unsere Arbeiter mit ihrem leeren Rucksäcklein sich auf die Räder schwingen, um heimzufahren, kommen die andern aus den Fabriken, stoppen am Randstein, drücken ihre Nasen an den Drahtzaun. Das Ganze hat etwas von öffentlicher Bescherung. Die Gärtner begießen die frischen Blumen.

Story

Jemand erzählt eine Geschichte, die sich in der Nähe von Stuttgart ereignet haben soll: – In einem kleinen Bauernhof lebte eine Frau, deren Mann, damals ein junger Soldat, während des ersten Weltkrieges in russische Gefangenschaft kam. Da sie nach vielen Jahren immer noch mit der Rückkehr ihres Mannes rechnete, galt die Frau als verrückt; die Nachbarn erzählten sich, daß sie sein Bett immer wieder mit frischer Wäsche bezog, und obschon sie durchaus kein Zeichen von ihm hatte, war sie von der Überzeugung, daß er immer noch lebte, nicht abzubringen, zehn

Jahre nach dem ersten Weltkrieg, zwanzig Jahre. Dann kam der zweite Weltkrieg. Die Frau überlebte ihn; in allen Dingen, die nicht ihren verschollenen Mann betrafen, wirkte sie durchaus vernünftig. An ihrem stillen, unausgesprochenen, nur durch ihr Verhalten bezeugten Wahn, daß ihr Mann eines schönen Tages zurückkehren würde, änderte auch der zweite Weltkrieg nichts. Wieder gab es Hunderttausende von Frauen, die auf ihre Männer aus Rußland warteten, gläubig oder ungläubig. Unter den ersten, die wirklich wiederkehrten, war ein sehr alter Mann, den die Nachbarn, als er sich bei ihnen meldete, tatsächlich als den Mann jener Verrückten erkannten; er erkundigte sich, ob seine Frau noch lebte, und erfuhr, daß sie nie an seinen Tod geglaubt hätte. Erst nach dieser Kundschaft wagte er es, sich dem Hause zu nähern. Die Nachbarn warteten bis zum anderen Morgen, ehe sie hinübergingen, um zu sehen und zu hören, wie die Frau mit dem unwahrscheinlichen Ereignis fertig würde. Man traf sie gänzlich in Ruhe, unverändert, wobei sich zeigte, daß sie von dem Mann, der gestern gekommen war, überhaupt nichts wußte. Sie glaubte ihren Nachbarn nicht ein Wort, bis die Nachforschungen ergaben, daß die Nachbarn sie nicht zum Narren hielten und daß sie, die achtundzwanzig Jahre lang an seine Rückkehr geglaubt, sich nicht verstiegen hatte; man fand seine Leiche in der Jauchegrube, die sich beim hinteren Eingang befindet.

Letzigraben

Heute, Samstag achtzehnter Juni, ist die Anlage eröffnet worden. Sonniges Wetter und viel Volk. Sie schwimmen, springen von den Türmen. Die Rasen sind voll von Menschen, halb nackt und halb bunt, und es ist etwas wie ein wirkliches Fest; ein paar alte Leutchen, die natürlich nicht baden, bewundern die vielen Blumen, und der Pavillon mit den blauweißen Stores, der auf dem Galgenhügel steht, hat stürmischen Betrieb. Noch wird alles, bevor es benutzt wird, wie ein neues Spielzeug betrachtet; nur die Kinder planschen drauflos, als wäre es immer so gewesen.

Die Anlage, erbaut von der Stadt Zürich, kostet viereinhalb Millionen Franken. Sie faßt viertausend und zweihundert Menschen, enthält drei große Wasserbecken, Schwimmer und Nichtschwimmer und Sport, das Wasser wird durch einen Filter ununterbrochen gereinigt. Die Anlage, die zweite dieser Art, die Zürich bisher erstellt hat, befindet sich in einem Stadtteil, der hauptsächlich von Arbeitern und Angestellten bewohnt ist. Die Bauzeit dauerte zwei Jahre, meine Arbeit vier Jahre.

Café Odeon

Ein Freund, ein verehrter, schreibt:

»Ich kann nicht verschweigen, daß ich dieses gewaltsame Offenhalten von Wunden, zu dem Du Dich wie so viele andere offenbar verpflichtet fühlst, für ein eigentliches Unglück halte.«

Ich halte für ein eigentliches Unglück: das Verbinden von Wunden, die noch voll Eiter sind – und sie sind voll Eiter – das Vergessen der Dinge, die nicht durchschaut, nicht begriffen, nicht überwunden und daher nicht vergangen sind.

Aber sind auf meiner Seite so viele?

Unterwegs

Die Affen im Zoo – Eindruck: die hocken gerade an der Grenze, wo die Langeweile beginnt. Plötzlich halten sie inne, blicken in die Luft, einen Augenblick lang haben sie die ganze Melancholie, die den Menschen auszeichnet; nur können die Affen nicht ins Konzert, ins Theater, sie können noch keine Kunst daraus machen, sie lausen sich, zur Wissenschaft fehlt ihnen die Vernunft, sie spielen mit Nüssen oder mit ihrem Geschlecht, weiter reicht es noch nicht. Aber sie spielen bereits! Die Molche spielen nicht; die liegen auf dem Bauch, atmen und verdauen; die haben von Langeweile noch nicht einmal eine Ahnung. Ein Mensch von Geist, sagt man hin und wieder, könne sich nicht langweilen.

Geist ist die Voraussetzung der Langeweile! Neulich habe ich wieder von den griechischen Göttern gelesen; wie die sich langweilen! Sie stiften Mord und Krieg, nur damit sie sich unterhalten in ihrer Unsterblichkeit... Die Götter, von keinem Ende bedroht, und die Molche, die auf dem Bauch liegen und atmen, ich möchte weder mit den Molchen noch mit den Göttern tauschen. Das Bewußtsein unsrer Sterblichkeit ist ein köstliches Geschenk, nicht die Sterblichkeit allein, die wir mit den Molchen teilen, sondern unser Bewußtsein davon; das macht unser Dasein erst menschlich, macht es zum Abenteuer und bewahrt uns vor der vollkommenen Langeweile der Götter... Heute fragt Ursel, unsere Sechsjährige, mitten aus dem Spiel heraus, ob ich gerne sterbe.

»Alle Leute müssen sterben«, sage ich hinter meiner Zeitung: »Aber gern stirbt niemand.«

Sie besinnt sich.

»Ich sterbe gerne!«

»Jetzt?« sage ich: »Wirklich?«

»Jetzt nicht, nein, jetzt nicht –.«

Ich lasse die Zeitung etwas sinken, um sie zu sehen, sie sitzt am Tisch, mischt Wasserfarben.

»Aber später«, sagt sie und malt mit stiller Lust: »später sterbe ich gerne.«

Der Harlekin, Entwurf zu einem Film

Sonntagabend, Kirmes in einer kleineren Stadt, zu sehen ist der dickste Mann der Welt, widerlich, aber jedesmal, wenn der Ausrufer an seiner schrillen Glocke zieht, strömen die Leute hinein. Und dann sitzt er also auf einer ebenso winzigen wie schäbigen Bühne, verkleidet als chinesischer Mandarin, ein zuckerkranker Mann aus lauter Fett und Falten, die Augen verschwinden fast unter den Wulsten, aber er bewegt sich wirklich, er lächelt, er lebt. Das Publikum tuschelt. Damen mit zartem Gemüt halten ihre Hand vors Gesicht. Der Ausrufer, mit einem schlanken

Stäblein auf den Bauch zeigend, der wie ein Ballon aussieht, gibt einen kurzen Lebenslauf:

»Meine Damen und Herren«, sagt er: »das ist der Mann, der sich glücklich preisen würde, wenn er arbeiten könnte, aber dazu ist er nicht imstande –.«

Draußen dröhnt es von Karussells, es bimmelt, wirbelt, dreht sich mit bunten Glühbirnen und fliegenden Röcken, es leiert von allen Seiten, einer schlägt den Herkules, und immer wieder hört man das silberne Glöcklein, wenn er es geschafft hat, dazu eine Arie aus dem Rigoletto, Schreie auf der Achterbahn, Schüsse in einer Schießbude... Gottlieb Knoll, der Held unsrer Geschichte, bleibt stehen und steckt sich eine Zigarette an.

»Meine Herrschaften«, ruft es von der andern Seite: »wer wagt es? Die Gespensterbahn! Nur für starke Nerven! Dreißig Groschen, wir zahlen den Preis sofort zurück, wenn Ihnen die Haare nicht zu Berge stehen – Die Gespensterbahn, das Erlebnis der Woche!«

Ein Pärchen wagt es.

»Immer hereinspaziert!« ruft es abermals von dieser Seite: »Hier sehen Sie das Wunder aller Wunder, hier sehen Sie die pure Wahrheit: Tschau Hing, der chinesische Mandarin, der dickste Mann der Welt, der Mensch, der nicht arbeitet – Tschau Hing!«

Das hat Gottlieb schon gesehen, er schlendert weiter, viel Geld hat er nicht mehr, aber etwas will er sich noch leisten, bevor es Montag ist, bevor er wieder an seinem Pult hockt. Die Dame ohne Unterleib? Einen Augenblick bleibt er stehen, kann aber nicht einsehen, welchen Reiz das haben soll, und geht weiter – vorbei an den heißen Würstchen, an den glitzernden Buden, die mehr versprechen, als das Leben halten kann... Gottlieb zieht es vor, an eine jener geheimnislos offenen Buden zu treten, wo man Bälle werfen kann; ganz allein. Ein Mädchen gibt ihm die Bälle aus Stoff, gefüllt mit Sägemehl. Gottlieb nimmt sie in die Hand, dann wirft er auf die Puppen, die er teilweise trifft; aber es genügt nicht für eine Brosche. Also weitergeworfen! Eine zweite, eine dritte, eine vierte Serie; Gottlieb schmettert, daß die Bude zittert, und indem er mit dem Arme ausholt, entdeckt er erst die Menge der Gaffer, die sich bereits versammelt haben, ein Umstand, der ihm jede Kapitulation unmöglich macht. Nach der elften Serie, es steht nur noch eine einzige Puppe, ist es bereits eine Volksfreude, Gottlieb schwitzt wie ein Held, wortlos, das Mädchen gibt ihm die Bälle nur mit Zögern, erinnert ihn an die Kosten. Aber für Gottlieb, das kann sie nicht verstehen, geht es jetzt ums Ganze; die letzte Puppe, der Teufel soll es holen, erinnert ihn immer mehr an seinen Direktor. Eine Puppe mit Monokel und Zylinder. Schon dreimal hat er sie getroffen, aber sie hat sich immer wieder aufgerichtet. Nach der siebzehnten Serie, als sie noch immer steht, zieht Gottlieb nur die Jacke aus; Kapitulation kommt nicht in Frage, und wenn er seine Uhr versetzen müßte – der Kerl muß herunter!...

Zur gleichen Zeit, kaum dreißig Schritte entfernt, ereignet sich übrigens ein ähnlicher, aber wirklicher Streit – hinter einer jener Buden, deren Vorderseite so glitzernd ist... Es handelt sich um einen Ringer, der streikt, um einen riesenhaften Kerl in gestreiftem Trikot, der imstande wäre, beide zusammen in die Luft zu halten, links den Gendarm und rechts den Budenbesitzer. Er tut es nicht; er sitzt auf einer Kiste und streikt. Das ist alles.

»Vertrag ist Vertrag.«

Der Ringer spuckt auf den Boden.

»Wenn Sie nicht sofort hineinkommen und weiterarbeiten«, sagt der etwas schmächtige und etwas zitternde Budenbesitzer, »lasse ich Sie auf der Stelle verhaften. Auf der Stelle. Wie stehe ich da? Die Bude voll Zuschauer, das Geld in der Kasse –«

Der Ringer läßt sich nicht rühren.

»Luft schnappen!« wiederholt der unglückliche Budenbesitzer: »Sie reden ja wie ein Kind. Und das an einem Sonntagabend, wo das große Geschäft ist! Wenn das jetzt der Dank ist – oder habe ich Sie nicht immer wie einen Menschen behandelt? Wie oft habe ich gesagt: Meier, erkälten Sie sich nicht! Und wie oft, wenn Sie einmal Pech hatten, wie oft habe ich Sie mit Verbandstoff beschenkt? Bin ich ein Unmensch? Bin ich ein Ausbeuter? Vertrag ist Vertrag, das müssen Sie schon einsehen, ich habe Ihre beispiellose Kraft erkannt, als Sie noch ein armer Schlucker waren, ein Arbeitsloser. Wer hat die große Reklame gemacht für Sie? Und was habe ich alles getan für Ihre beispiellose Kraft? Wer gibt Ihnen eine solche Hühnersuppe? Sagen Sie selber, mein Freund, wer hat Sie besser behandelt als ich? Wenn Sie mich nicht hätten – ich lasse Sie ringen in meiner Bude, Abend für Abend, und das ist der Dank: einfach davonlaufen und streiken, Luft schnappen…«

»Was soll ich anderes tun!«

»Meier –«

»Herrgott nochmal«, sagt der Ringer nicht ohne einen Unterton von seelenvoller Zartheit, »ich kann mich nicht anders wehren gegen Ihresgleichen. Ich bin ein Ringer; wenn ich mich anders wehre, sind Sie tot –.«

Gottlieb, der Ballwerfer, hat dann doch kapituliert. Einfach wegen des Geldes; was er noch hat, reicht höchstens für ein Bier. Das Mädchen hat ihm einen Blick herzlicher Teilnahme geschenkt, die Gaffer haben sich zerstreut, das Tingeltangel geht weiter, es bimmelt, es wirbelt, die Ausrufer rufen ihre großen Versprechen, es leiert von allen Seiten, einer schlägt den Herkules, und immer wieder hört man das silberne Glöcklein, wenn er es geschafft hat, dazu die immer gleiche Arie aus dem Rigoletto, Frauen schreien auf der Achterbahn, Schüsse in der Schießbude… Gottlieb setzt sich und bestellt das letzte Bier. Morgen ist Montag. Dagegen ist nichts zu machen. Übrigens setzt er sich abseits, nicht zu den Bekannten, die er wohl bemerkt; er hat jetzt gar keine Lust, mit einem vernünftigen Menschen zu reden, und lieber setzt er sich an einen leeren Tisch oder aber, da es einen solchen nicht gibt, zu dem fremden Ringer.

»Wenn es gestattet ist«, sagt Gottlieb.

Und schon kommt Knicks, der Kellner:

»Was darf ich bringen?«

»Bier.«

»Warum so finster, Herr Knoll?«

Keine Antwort. Und auch als das Bier kommt, kein Ton. Da

sagt der Harlekin, der plötzlich an ihrem Tischlein sitzt, der Teufel weiß woher, ein Harlekin, wie er im Buche steht; er sagt:

»Prost!«

»Danke«, sagt Gottlieb.

»Sie haben Durst«, lächelt der Harlekin: »Sie haben sich wakker angestrengt –.«

Gottlieb leckt sich den Bierschaum von der Oberlippe, er schämt sich ein wenig, der Harlekin hat offenbar auch zugeschaut und gesehen, wie Gottlieb sich gegen eine Puppe ereifert hat.

»Ich kann das verstehen«, sagt der Harlekin: »Die ganze Woche lang hockt man an seinem Pult, blickt auf den Kalender, jeden Morgen rupft man einen Zettel ab, damit es wieder Sonntag wird, und dann ist er da, der Sonntag...«

Gottlieb will nicht davon reden.

»Sie sind wohl ein Künstler?« fragt er, um abzulenken: »Ich bin in allen Buden gewesen, aber Sie habe ich nirgends gesehen.«

»Ich bin Zauberer.«

Gottlieb leert das Glas.

»Zauberer?« sagt er mit einem gewissen Unbehagen, das halb aus Hochachtung, halb aus Mißtrauen besteht: »Was zaubern Sie denn, wenn man fragen darf?«

»Was die Herrschaften wünschen!«

Gottlieb lacht:

»Zaubern Sie auch Bier?«

»Bier?«

»Oder Wein?«

»Roten oder weißen?« fragt der Harlekin, und natürlich hat Gottlieb es nur als Scherz gemeint, aber der Harlekin fragt ihn allen Ernstes: »Roten oder weißen?«

Gottlieb verlegen:

»Wenn Ihre Kunst mit sich reden läßt, offen gestanden, ein roter ist mir lieber, ein französischer zum Beispiel –«

»Und Sie?« fragt der Harlekin, indem er sich höflich an den Ringer wendet, der nach und nach zugehört hat.

»Ich?«

»Roten oder weißen?«

»Hören Sie mal«, sagt der Ringer: »das ist aber nicht Ihr Ernst.«

»Warum nicht?«

»Warum nicht!« wiederholt Gottlieb, der wirklich Durst und kein Geld mehr hat: »Wenn der Herr ein wirklicher Zauberer ist –.«

Man einigt sich auf einen roten, einen Dôle, und schon hat der Harlekin auch den Kellner gerufen, genauer gesagt, er hat mit den Fingern geschnalzt, worauf Knicks sich verbeugt, um so höflicher, je schlechter man ihn behandelt.

»Bringen Sie einen Dôle«, sagte der Harlekin: »Und drei Gläser.«

Knicks hat sich nicht getäuscht, Flaschenweine werden in dieser Pinte selten bestellt, er hat sich nicht umsonst verbeugt. Knicks weiß sofort, was er dem seltenen Ereignis schuldet: er nimmt die Serviette und wischt den Tisch. Gottlieb und der Ringer schauen ihn nur so an. Wie er das macht, wie er die Serviette schwingt und davonschwebt!

»Hören Sie mal«, sagt Gottlieb sehr ernsthaft: »so war das nicht gemeint –«

»Was?«

»Das ist doch keine Zauberei, mein Herr, das ist doch kein Kunststück. Einfach bestellen! Das kann doch jeder, wenn er Geld hat.«

»Wenn er Geld hat«, sagt der Harlekin mit bedeutsam gezogenen Augenbrauen, ohne sich weiter auszusprechen; auf ein zweites Schnalzen seiner Finger ist bereits der Zigarrenjunge erschienen, um einen ganzen Turm von Schachteln auf den Tisch zu bauen.

»Was darf es sein?«

»Offen gestanden«, sagt Gottlieb: »ich kenne mich da wirklich nicht aus –.«

Der Harlekin rät ihm zu einer schönen Brasil, Dannemann zum Beispiel. Und also geschieht es. Das duftet schon anders als Stumpen! Auch der Ringer entschließt sich zu einer Brasil,

Marke Dannemann. Der Junge zeigt ihnen, wie man das Knöpfchen abdreht, dann gibt er Feuer, und der Harlekin bezahlt...

»Besten Dank«, sagt Gottlieb nach den ersten Zügen, das dunkle Ding betrachtend: »Schmeckt großartig – Geld, ja, das müßte man zaubern können!«

»Nichts leichter als das.«

»Ich meine richtiges Geld –«

Leider kommt Knicks, der Kellner, der das Gespräch unterbricht. Und vor Dritten spricht man nicht von Geld. Schweigend schauen sie zu, wie er den Dôle entkorkt, rauchen an ihrer Brasil, wartend, schweigend, bis die Gläser gefüllt sind und der Kellner sich wieder entfernt.

»Prost!« sagt der Harlekin.

Sie trinken.

»Ich verstehe die Menschen nicht«, sagt der Harlekin: »Morgen ist Montag, und da hocken sie wieder alle an ihren Pulten. Tagein, tagaus. Woche um Woche. Jahr um Jahr. Ein ganzes Leben lang. Nichts als arbeiten! Ich weiß nicht, wie die Leute das aushalten.«

»Ich auch nicht«, sagt Gottlieb.

»Und dennoch machen sie es.«

»Ja«, sagt Gottlieb.

»Auch Sie?«

»Ja –«, sagt Gottlieb, nimmt einen Schluck, dann starrt er nachdenklich vor sich nieder: »Was bleibt uns anderes übrig! Wir sind keine Zauberer...«

Der Harlekin lächelt.

»Ja«, sagt auch der Ringer in seiner langsamen Art: »Was bleibt uns anderes übrig?«

Der Harlekin füllt ihre Gläser.

»In einer Viertelstunde werde ich verhaftet«, sagt der Ringer, »wenn ich nicht an die Arbeit gehe. Vertrag ist Vertrag, sagen sie –«

»Verhaftet? Wieso?«

Der Ringer erzählt seinen Fall.

»Verhaftet!« sagt Gottlieb: »Das ist ja die Höhe, das ist ja die Höhe –«

Kurzum, das Gespräch ist das übliche, die Klage des kleinen Mannes, der kein Zauberer ist, das heißt, er kann sich das Geld nicht anders beschaffen als durch Arbeit, durch eigene Arbeit. Der Harlekin hört zu, füllt ihre Gläser und lächelt... Einmal kommt ein altes Weib, eine Bettlerin, und der Harlekin gibt nicht eine Münze, sondern eine Note; erschrocken küßt sie seine Hand. Einmal kommt ein Blumenkind; auch ihm gibt er eine Note, ohne eine Blume anzunehmen; eine Note; einen vollen runden Monatslohn – Gottlieb und der Ringer, verstummend mit offenen Mündern, blicken einander nur an, ihre Zigarre zwischen den Fingern... Und ringsum immer das Tingeltangel, es bimmelt, es wirbeln die Karusselle mit ihren bunten Glühbirnen, es leiert von allen Seiten, einer schlägt den Herkules, und immer wieder hört man das silberne Glöcklein, wenn er es geschafft hat, Frauen kreischen auf der Achterbahn, Schüsse in der Schießbude, dazu das stete Bewußtsein: morgen ist Montag... Der Dôle schmeckt vortrefflich, er kostet auch vortrefflich; aber der Harlekin, scheint es, hat ja Noten zum Verstreuen –

»Im Ernst«, fragt Gottlieb mit jener Scherzhaftigkeit, die nichts als Vorsicht ist, Tarnung, damit die andern nicht unseren Ernst auslachen können: »Sie können wirklich zaubern? Ich meine, im Ernst – Geld – wirkliches Geld –«

»Nichts leichter als das.«

Gottlieb mag die Aufschneiderei nicht.

»Nichts leichter als das!« wiederholt der Harlekin und streift die Asche von seiner Zigarre, lächelnd, wie wenn ein Professor etwa nach dem Einmaleins gefragt würde, nicht unwillig, eher gerührt über die Ahnungslosigkeit unsres Gottlieb: »Eine einzige Unterschrift, mein lieber, und Sie sind der reichste Mann auf dem Platz –.«

»Ich?«

»Bitte.«

Noch ist Gottlieb nicht betrunken, noch sagt er sich selbst: Quatsch! Glaube ich nicht! Indessen hat der Harlekin, zum Beweis seiner Kunst herausgefordert, in seine Brusttasche gegriffen, die Zigarre im Mund, blinzelnd, da ihm der Rauch in die Augen kommt.

»Bitte«, sagt der Kerl, der geschminkte: »unterschreiben Sie dieses Papier – nichts weiter – und Sie haben Geld, mehr als Sie brauchen können.«

Auch der Ringer lacht über den Scherz.

»Sie wollen mich zum Narren machen!« sagt Gottlieb, indem er das Papier immerhin zur Hand nimmt, ein wenig erschrocken, denn etwas Teuflisches hat er schon, dieser Harlekin, aber das macht die Schminke, doch schließlich ist Kirmes, denkt Gottlieb, einen Jux muß man sich schon gefallen lassen. Was soll es anderes sein? Ein Papier, eine Unterschrift –

»Warum zögern Sie?« fragt der Harlekin.

Gottlieb sucht seine Füllfeder.

»Ich nehme Sie beim Wort!« lacht er: »Aber Sie müssen nicht meinen, daß ich daran glaube.«

»Sie werden ja sehen.«

»Was?«

»Kaum haben Sie unterschrieben«, sagt der Harlekin nicht ohne lächelnde Betonung: »schon ist es geschehen, im gleichen Augenblick ist er gestorben –«

»Gestorben?«

»Im gleichen Augenblick.«

»Wer?«

»Der reichste Mann der Welt, Tschau Hing, der chinesische Mandarin –.«

»Gestorben?«

»Und Sie sind sein Erbe.«

Gottlieb erblaßt... Er weiß wirklich nicht, was er denken soll. Der Harlekin füllt abermals ihre Gläser, obschon die Flasche, müßte man meinen, schon lange geleert ist.

»Mein Herr«, sagt Gottlieb: »das können Sie einem anderen angeben, aber nicht mir –«

Hier wird das Gespräch ohnehin unterbrochen, denn die Viertelstunde, die sie dem streikenden Ringer gesetzt haben, ist vorbei, der Augenblick der Verhaftung ist gekommen und also der Krach, denn der Ringer hat gar keine Lust, sich abführen zu lassen von den beiden Gendarmen, jetzt schon gar nicht, wo er eine Zigarre hat, die erst zur Hälfte geraucht ist, und ein Glas voll Dôle. Kommt nicht in Frage, und wenn sie den Knüppel ziehen! Die Ausrufer rufen umsonst und ziehen ihre schrillen Glocken, kein Bein geht in ihre Buden, alles strömt zu unserem Ringer, der, die Zigarre im Mund, einen Gendarmen schlechterdings in die Luft hält, den Leuten zur Freude, den Gesetzen zum Trotz. Er meint es nicht böse, unser Ringer, aber der Gendarm blutet, die Leute pfeifen und johlen, spielen Fußball mit seinem weißen Helm, und auch Gottlieb ist außer sich.

»Das ist ja die Höhe«, sagt er immerfort: »das ist ja die Höhe!«

In fünf Minuten werden sie wiederkommen, das ist klar, ein ganzer Lastwagen voll, ein Dutzend oder mehr, um den armen Ringer abzuführen; die Empörung ist allgemein, alle auf seiten des Ringers, der als einziger schweigt und seinen Wein trinkt – der Harlekin füllt abermals sein Glas!... Die alte Bettlerin, der Kellner, das Blumenkind, alle stehen um das Tischlein herum, auch Doktor Knacks, der etwas versoffene Rechtsanwalt, und Schopf, der alte Bäckermeister, Gottliebs väterlicher Freund, keiner weiß einen Rat. Nur Gottlieb könnte helfen. Mit einer einzigen Unterschrift! Geld ist Macht.

»Gib sie!« sagen sie: »Gib sie!«

Etwas muß geschehen, denkt Gottlieb, auch er spürt den Wein, und ob es stimmt oder ein Jux ist, was der Geschminkte schwatzt, Geld ist Macht, das stimmt – ...Tschau Hing, der reichste Mann der Welt, der noch nie in seinem Leben hat arbeiten müssen, und Gottlieb sein Erbe, Gottlieb Knoll, wie er sich dann erheben und sagen würde: Hände weg, lassen Sie den armen Ringer bloß in Ruhe oder Sie haben es mit mir zu tun, mit Gottlieb Knoll! Und kaum würden sie den Namen hören, wären ihre Gesichter wie verwandelt, etwas verlegen, denn Gesetz ist Gesetz, und vor dem Gesetz sind alle gleich. Und Gottlieb würde sagen: Machen Sie sich deswegen keine Sorgen, die Behörde kennt mich, ich bin der beste Steuerzahler, man wird sich hüten, mich vor den Kopf zu stoßen wegen einer Lappalie. Und da die Gendarmen immer noch nicht verschwinden, sondern sich verlegen an ihrem eignen Gürtel halten, würde Gottlieb fortfahren und sagen: Vor dem Gesetz sind alle gleich, versteht sich, aber machen Sie sich wirklich keine Sorge, die Kaution wird morgen bezahlt, oder wenn Sie wollen, gerade jetzt! sagt Gottlieb, greift in die Tasche, wo er die Noten hat – und so... Wunderbar wäre es schon, mächtig zu sein, seinen Freunden helfen zu können und selber nicht aufstehen zu müssen, wenn es Montag ist, wenn der Wecker rasselt, sondern liegenzubleiben, im Bett zu frühstücken und in der Zeitung zu lesen: Gottlieb Knoll stiftet ein Heim für arbeitslose Ringer und für alle andern, denen es verleidet ist. Wunderbar wäre es schon, nicht auszudenken –

»Wenn es bloß ohne töten ginge!«

Der Harlekin lacht über ihn:

»Was heißt töten?«

»Was es halt heißt«, sagt Gottlieb.

»Eines Tages stirbt er sowieso, der Mandarin. Und warum soll man mit diesen Wichten zimperlich sein? Wenn Sie ihn sehen würden –«

»Dann könnt ich's schon gar nicht.«

»Sie müssen ihn auch nicht sehen«, verbessert sich der Harlekin: »Das verstehe ich. Drum ist es ja ein Mandarin in China. Je ferner, um so leichter. Das ist der Segen unserer Technik, beiläufig bemerkt; so von Angesicht zu Angesicht, das gebe ich zu, da sind wir alle etwas zimperlich. Wer ist schon imstande, mit dem Küchenmesser auf seine Schwiegermutter loszugehen? Ganz wenige. Oder siebenhundert Menschen eigenhändig zu ersäufen, Menschen wie an dieser Kirmes, Frauen, Männer, Kinder, wem dürfte man das ohne weiteres zutrauen? Eigenhändig, verstehen Sie: wenn man jeden einzelnen nehmen müßte, unser Blumenkind zum Beispiel, und man müßte ihm den Kopf in die Badewanne halten, bis es keine Bläschen mehr gibt, und das siebenhundert Mal. Wer schafft das? Ein Torpedo, das ist doch etwas ganz anderes. Ein einziges Torpedo, ein Blick auf den Winkelmesser, ein Blick auf die Uhr, ein Druck auf den Knopf; das kann jeder, und wären seine Augen noch so blau. Was ist dabei! Sehen Sie sich einmal die Jungens an, die die Bomben lösen; kein Makel im Gesicht. Was heißt töten? Natürlich an Ort und Stelle – aber dazu haben wir ja die Technik, mein Freund, oder wie ich zu sagen pflege: man muß grundsätzlich denken, und das gelingt den allermeisten nur dann, wenn sie ihre Tat nicht mit Augen sehen. An Ort und Stelle erscheint es immer wie ein Mord, mag sein, aber wozu haben wir das Ferndenken? – Sie müssen ihn nicht sehen, das ist ja der Witz, drum ist es nicht Ihr Direktor, sondern ein Mandarin in China.«

»Das schon«, sagt Gottlieb.

»Ich will Sie nicht überreden!« lacht der Geschminkte: »Er selber ist nicht so zimperlich wie Sie, sonst wäre er nicht so reich. Hunderttausend Kulis schuften für ihn, treten die Wassermühlen, damit das Reisfeld seine Zinsen trägt, Tag für Tag, Woche um Woche, ihr ganzes Leben lang, Montag um Montag. Meinen Sie, der geht hin und sieht es sich mit eigenen Augen an? Er sitzt auf seiner Yacht, Tschau Hing, der selber nie geschuftet hat, da sitzt er und rülpst und nährt sich von der Arbeit der andern –.«

Der Ringer nickt:

»Jaja, so ist das!«

Gottlieb schweigt etwas verlegen. Auch die andern nicken, nicht nur die alte Bettlerin und der Kellner und das Blumenkind, sogar der Rechtsanwalt, Doktor Knacks, der in einer Welt, wo es mit rechten Dingen zuginge, nie so verlottert wäre und so versoffen.

»So ist das«, sagt Knacks mit dem ganzen Gewicht, das die Aussage eines Akademikers hat: »Und warum ist es so?«

»Warum?« fragt Gottlieb.

»Die Juden –«

Gottlieb hört nicht weiter zu, sondern betrachtet das leere Papier, übrigens ein ganz gewöhnliches Papier. Eine Unterschrift, denkt er, und ich bin der mächtigste Mann auf dem Platz! Alle reden ihm zu. Nur Schopf, der Bäckermeister, macht ein verächtliches Gesicht; auch wenn es ein Jux ist, er kann den geschminkten Schwätzer und Gaukler nicht ausstehen, er rümpft die Nase wie beim Jassen, wenn er, die Karten betrachtend, dem kommenden Spiel mißtraut. Gottlieb ist sein Freund; er mag nicht, wenn sie ihn zum Narren machen. Gottlieb ist imstande und glaubt daran!

»Was grübeln Sie denn?« lacht der Harlekin: »Wagen Sie es oder wagen Sie es nicht?«

»Natürlich –«

»Aber?«

»Wenn ich's mir so vorstelle –«

»Vorstellen!« lacht der Harlekin sehr unwillig, ein Lachen, das Gottlieb vor den anderen lächerlich macht: »Wenn Sie sich jedesmal vorstellen, was Ihre Unterschrift bedeutet, bleiben Sie Ihr Leben lang ein Kommis! – Oder habe ich nicht recht?« fragte er die andern: »Wenn einer einen Scheck unterzeichnet, hups, und ein andrer verreckt, weil der nichts zu unterzeichnen hat – was ist das anders? Unterschrift ist Unterschrift. Was ist der Unterschied? Oder wenn Sie einen Stimmzettel unterschreiben und Sie wählen Dschingiskhan, glauben Sie, daß Sie damit keinen Menschen töten? Ich bitte Sie –«

Man lacht.

»Oder habe ich nicht recht? Wie?«

Gottlieb mit der Füllfeder:

»Soll ich?« fragt er – wobei er es offenläßt, ob er es für Jux oder Ernst nimmt, er will sich ja nicht lächerlich machen, auch die andern zeigen nicht, wieviel sie daran glauben, ganz geheuer ist es ja nicht, es hat schon wirkliche Zauberer gegeben, Teufelskerle – Gottlieb ist entschlossen, sich wenigstens den Anschein zu geben, daß er es für einen Jux hält; er fragt sie noch einmal: »Soll ich?«

»Klar«, sagt der Rechtsanwalt.

Nur Schopf unterläßt jedes Nicken.

»Und wenn das Geld wirklich kommt?« fragt der erblaßte Gottlieb: »Werdet ihr mich nicht im Stich lassen, wenn ich euch einlade, euch alle – zu einem Fraß, meine Lieben, zu einem Fraß, wie sich unsereiner gar nicht vorstellen kann – werdet ihr mich nicht im Stich lassen?«

Sie lächeln verlegen.

»Knicks«, sagt der großartige Gottlieb: »was wollen wir auftischen? Kosten spielen keine Rolle –«

»Pfannkuchen!« sagt das Blumenkind.

»Quatsch!«

»Blutwurst –«

»Unsinn!« sagt der Ringer: »Wenn die Kosten keine Rolle spielen, dann schon lieber einen rechten Schinken –«

»Oder Leberknödel!«

»Das esse ich nicht.«

»Leberknödel, richtig gemacht –«

Nur der Rechtsanwalt hat Niveau:

»Das beste wäre eine Gans«, sagt er gelassen: »eine Gans mit Kastanien –.«

»Und dazu Preiselbeer«, sagt der Kellner.

»Und vorher Fisch –.«

»Und Champagner!«

»Das paßt nicht«, sagt der Rechtsanwalt: »Ich mach Ihnen den folgenden Vorschlag –«

»Knicks, schreiben Sie auf!«

»Erstens: Bouillon mit Mark. Zweitens: Forelle blau, dazu einen schönen Wein, einen weißen, Johannisberg oder so. Drittens: Gans, gefüllt mit Gänseleber und Kastanien, dazu Spätzli, Preiselbeer, Salat nach Jahreszeit. Zum Schluß: Fruchtsalat mit Kirsch oder Maraschino, Kaffee, Zigarren und so weiter – vergessen habe ich den zweiten Wein, einen schönen roten: Pommard...«

Knicks hat alles notiert.

»Na ja«, sagt der Ringer: »Sie müssen es ja wissen, Herr Doktor, aber genug muß es geben –.«

Darüber wird noch viel gesprochen, der Champagner soll doch nicht fehlen. Wenn schon, denn schon: man beerbt nur einmal den reichsten Mandarin der Welt! Allen läuft das Wasser im Munde zusammen, nur bei Gottlieb bleibt es trocken – bevor er die Unterschrift gibt, und da sie nun alle drauf warten, wird er um diese verrückte Unterschrift nicht herumkommen, aber vorher möchte er immerhin noch wissen, was das bedeutet; auf dem Papier steht:

Erste Unterschrift –

Zweite Unterschrift –

Dritte Unterschrift –

»Ach so«, sagt der Harlekin: »das habe ich ja noch gar nicht erklärt. Verzeihung. Das ist ganz einfach. Erste Unterschrift: Tod eines chinesischen Mandarins, also eines Menschen, den Sie nie gesehen haben, den Sie gar nicht kennen.«

»Weiter!«

»Zweite Unterschrift: Tod eines Menschen, den Sie kennen, eines Freundes, der Ihnen im Wege steht –«

»Eines Freundes?«

»Keine Angst«, lächelt der Harlekin: »diese Unterschrift müssen Sie ja nicht geben. Niemand kann Sie dazu zwingen.«

»Und die dritte?«

»Dritte Unterschrift: daran stirbt der Mensch, den Sie am meisten lieben – aber wie gesagt, auch diese Unterschrift müssen Sie natürlich nicht geben, wenn Sie nicht wollen.«

»Hm.«

Pause.

»Nein«, sagt Gottlieb: »das mache ich nicht.«

»Wie Sie wollen.«

»Das ist ein Teufelspakt –«

»Wie Sie wollen.«

Für die Enttäuschung, daß der tolle Schmaus nicht zustande kommen wird, bleibt übrigens gar keine Zeit – schon hört man die verhaßte Sirene der Gendarmerie, der Lastwagen ist da, der erwartete, und bevor sie es ganz begreifen, sind sie umringt von zwanzig weißen Helmen, ganz zu schweigen von den zwanzig Knüppeln. Es ist kein Spaß. Ein Gendarm hat aus der Nase geblutet; das kann der Staat nicht hinnehmen, jedermann wird das begreifen, Ordnung muß sein, auch der Ringer würde es begreifen, wenn er nicht den schweren Dôle getrunken hätte. Drei Gendarmen, die sich unserem Ringer nicht unhöflich genaht haben, sind bereits in die Stühle geflogen, so daß es scheppert von

Gläsern und Helmen; die siebzehn andern, von der Menge mit Pfiffen geschmäht, halten sich an das Reglement, das die Reihenfolge der erlaubten Mittel genau bestimmt: Höflichkeit, Knüppel, Tränengas, Revolver. Jetzt sind sie beim Knüppel, ebenfalls erfolglos, zwei weitere Gendarmen werden von fliegenden Aschenbechern getroffen und fallen vorläufig aus; der Ringer, der sich von seinem erloschenen Zigarrenstummel nicht trennen kann, steht in der Mitte eines leeren Kreises, größer als alle andren, ein Stuhlbein in jeder Hand, und da er nach wie vor sein gestreiftes Trikot trägt, sieht es wirklich wie eine Darbietung aus, Publikum strömt herbei, endlich eine Darbietung ohne Eintritt, die Gendarmen wirken wie eine Sperrkette. Was weiter? Mit Knüppeln ist nichts zu machen, das Publikum klettert bereits auf Tische und Bäume. Was weiter? Der Ringer wischt sich die Augen mit beiden Handrücken, ohne die Stuhlbeine loszulassen, wischt sich die Augen wie ein flennendes Kind – Tränengas...

»Pfui Teufel!« rufen die Leute.

Der einzige am Platz, der helfen könnte, ist Gottlieb. Mit einer einzigen Unterschrift. Er verspürt die gleiche Wut wie vorher in der Ballbude. Plötzlich sagt er:

»Her damit, ich unterschreibe!«

Unterdessen haben sie den weinenden Ringer bereits gefesselt, so daß er sich nicht einmal mehr die Augen wischen kann; die Empörung ist allgemein, aber ohnmächtig – Und dann der große Augenblick: der Harlekin, dankend für die Unterschrift, faltet das Papier, wirft es in die Luft, wo es einen Knall gibt, einen schwefelgrünen Blitz wie von einer Rakete und weiter nichts... der Ringer wird auf den Wagen verladen, Gottlieb steht da, der Wagen fährt los, als wäre nichts geschehen, man hört seine verhaßte Sirene, das Publikum murrt und zerstreut sich, das Tingeltangel geht weiter, auch der Harlekin ist verschwunden, ein wenig stinkt es von dem schwefelgrünen Blitz, das ist alles –

»Ein bengalischer Furz.«

Der Rechtsanwalt findet immer das rechte Wort. Gottlieb ist totenblaß. Der Kellner sammelt die Aschenbecher, die Bettlerin

zieht weiter, ebenso das Blumenkind, der Rechtsanwalt grinst:
»Der hat wirklich dran geglaubt!«

Nur Schopf, der Bäckermeister, läßt unseren Gottlieb nicht im Stich, greift ihn am Ellbogen und sagt:

»Sei froh. Es ist besser so. Sei froh, daß es ein Schwindel gewesen ist.«

Ein paar Schritte gehen sie zusammen.

»Du hast es ja gut gemeint«, sagt Schopf: »aber so geht das nicht. Und ob es ein Unrecht ist! Aber mit Zauberei, weißt du, das ist nichts. Und mit Töten schon gar nicht –. Sei froh, daß es ein Schwindel gewesen ist...«

Dann ist Gottlieb allein.

Geld hat er keines mehr, nach Hause mag er nicht gehen, so steht er herum vor den wirbelnden Karussells, die Hände in den Hosentaschen, umgeben von Geleier und Gebimmel, einer schlägt den Herkules, Frauen kreischen auf der Achterbahn, ein Ringer sitzt im Gefängnis, aber das Leben geht weiter... So ist die Welt! denkt Gottlieb nicht ohne Tiefsinn, der sich mit Dôle und Tingeltangel mischt: So ist die Welt, lieblos bis ans Herz hinan – denkt er und spürt im gleichen Augenblick, wie ein Arm sich in den seinen schiebt. Es ist das Mädchen, das ihn auf den Hund gebracht hat, das Mädchen mit den Bällen; außerdem ein sehr nettes Geschöpf, jung, nicht unerfahren.

»Ich heiße Jenny«, sagt sie.

Ein Stücklein gehen sie Arm in Arm, wortlos, Gottlieb findet es schön, nicht einsam zu sein in dieser Welt, aber über die Lippen bringt er kein Wort; erst nach einer Weile fällt ihm etwas ein, er bleibt stehen und sagt:

»Ich habe kein Geld.«

»Weiß ich –.«

»Und überhaupt«, sagt Gottlieb: »was wollen Sie eigentlich von mir?«

Jenny lächelt:

»Sie haben mir so leid getan.«

»Wieso?«

»Das mit den Bällen«, sagt Jenny: »Sie haben sich ereifert, Sie haben Ihr ganzes Geld verschleudert.«

»Allerdings.«

»Warum das?«

»Ja«, lacht Gottlieb: »das war sehr blöd von mir, aber der Kerl mit dem Monokel hat mich so an meinen Direktor erinnert –.«

Ein Stücklein gehen sie wieder Arm in Arm, Jenny hat Feierabend, vermutlich auch Hunger, jedenfalls blickt sie nach jedem Stand, wo Würstchen verkauft werden, und wie hübsch wäre es jetzt, wenn Gottlieb sie einladen könnte: Gans mit Spätzli, Preiselbeer, Salat nach Jahreszeit. Von neuem steigt ihm die Wut; er kann sie nicht verwürgen.

»Wenn Sie unseren Direktor kennen würden«, sagt Gottlieb: »dann könnten Sie mich schon verstehen. Gestern habe ich ihm ganz freundlich gesagt, ich brauche mehr Lohn. Gelacht hat er! So einer ist das –.«

Einmal stehen sie vor dem Restaurant; durch die Scheibe sieht man Hummer, Kellner, Mayonnaise, Flaschen, Pelze.

»Kommen Sie«, sagt Jenny: »Zu Hause habe ich noch eine Wurst –.«

Sie ist ein liebes Ding, kein Zweifel, sie schiebt ihre Finger zwischen die seinen, so leid tut er ihr, und auch seine Gefühle sind ehrlich, man muß zusammenhalten, Jenny hat gewußt, daß er kein Geld mehr hat, und dennoch mag sie ihn, das kommt nicht jeden Sonntag vor. Jenny wohnt am Fischmarkt, eine düstere Gegend, aber Gottlieb ist froh, nicht allein zu sein. Vor der Haustüre, als Jenny nach ihrem Schlüssel kramt, sagt er:

»Ich heiße Knoll, Gottlieb Knoll.«

Jenny schließt auf.

»Komm«, sagt sie.

Das war der Sonntag.

Im Gefängnis, das sei nicht verschwiegen, haben sie den Ringer wieder ganz höflich behandelt. Sie haben sogar seine Fesseln gelöst, zumal sie für seine beispiellose Gestalt viel zu klein sind, allerdings gegen sein Ehrenwort, daß er sich auch seinerseits wieder an die Regeln der Höflichkeit hält und das Eisengitter nicht herausreißt. Es wäre ihm nicht ein Leichtes, aber ein Mögliches. Indessen ist er vernünftig genug, sein Ehrenwort zu halten und die Nacht auf der Pritsche zu verbringen, obzwar sie zu kurz ist; immerhin genügt sie, um den Dôle auszuschlafen. Wenn er die Eisengitter ausreißt, sagen sie, dann gibt es eine Buße, und wenn er diese Buße nicht bezahlen kann, kommt er abermals ins Gefängnis; das Ausbrechen hat also gar keine Zukunft, das sieht er ein. Überhaupt sind die Leute viel höflicher, wenn man sich nicht wehrt...

Die Nacht mit Jenny – nur so viel sei gesagt: Gottlieb träumt von einem toten Mandarin, und als er erwacht, ist er sehr glücklich, daß es nur ein Traum gewesen ist, er ist noch nie mit einem Mädchen so glücklich gewesen... Natürlich verspätet er sich, und bevor Gottlieb seine Ausrede starten kann, weiß er, daß er auf der Stelle entlassen ist, wenn das noch einmal vorkommt.

Kleinlaut geht er an sein Pult.

»Nun?« grinsen die andern: »Wie geht es mit der chinesischen Erbschaft?«

Das muß er noch manchmal anhören...

Genau sieben Wochen lang: – bis zu dem denkwürdigen Montag, wo die liebe Jenny schier verzweifelt, weil sie es kommen sieht, daß Gottlieb seinen letzten Bus versäumt. Er wird zu spät kommen und auf der Stelle entlassen sein. Es ist genau sieben Uhr und vierunddreißig Minuten; Jenny streicht ihm ein Brot, Gottlieb gurgelt noch immer hinter der spanischen Wand, und in elf Minuten geht der Bus, Jenny tut alles für ihn, gießt Kaffee ein und dazu kalte Milch, damit er sofort trinken kann.

»Gottlieb«, sagt sie: »Du kommst zu spät!«

Seine Antwort: gurgeln.

»Gottlieb, es ist sieben Uhr siebenunddreißig. Du machst, bis sie dich entlassen. Das hast du selber gesagt: wenn du noch einmal zu spät ins Geschäft kommst –«

Jenny ist sprachlos, sie traut ihren ungewaschenen Augen

nicht: Gottlieb kommt hinter der spanischen Wand hervor, trägt einen Morgenrock, wie man sie sonst nur im Schaufenster sieht, und dazu eine Ruhe, eine Ruhe...

»Gottlieb!«

»Gib mir einen Kuß«, sagt er.

»Was soll das heißen?«

Jenny gibt den Kuß, damit keine Zeit verlorengeht, und woher er diesen stinknoblen Morgenrock hat, wird sie ein andermal fragen.

»Trink«, sagt sie: »Die Milch ist kalt.«

Gottlieb ist sehr gelassen:

»Jennylein, ich muß dir etwas sagen –«

»Was denn?«

»Aber du darfst nicht erschrecken!«

»Gekündigt?«

»Wenn es nur das wäre –.«

»Gottlieb, was ist denn los?«

Er faßt sie an beiden Armen, sein Lächeln ist sonderbar, er zieht sie auf sein Knie.

»Jennylein«, sagt er: »ich muß dich etwas fragen, etwas sehr Ernstes sozusagen –«

»In sechs Minuten geht dein Bus.«

»Antworte mir ganz aufrichtig!«

»Klar, natürlich.«

Und dann schluckt er ein wenig:

»Jennylein, habe ich mich verändert?«

»Wieso verändert –.«

»Ja oder nein?«

»Bist du mir untreu?« fragt sie.

»Wenn es nur das wäre –.«

»Du machst mir wirklich Angst«, sagt Jenny: »Wieso sollst du dich denn verändert haben?«

Er schaut sie an.

»Unser Samstag, unser Sonntag, sag aufrichtig, ob es schön war oder nicht.«

»Dummkopf!«

»Ich meine, war ich anders als sonst?«

»Übermütig bist du gewesen, ja –«

»Aber nicht anders? Wie soll ichs sagen: nicht herrschsüchtig oder so, nicht eigensinnig, nicht unerträglich?«

Jenny lacht ihn nur aus, gibt ihm nochmals einen Kuß, einen zärtlichen, aber einen kurzen, denn es ist nun wirklich allerhöchste Zeit; er müsse sich wie ein Affe beeilen, meint sie. Aber das tut er gar nicht.

»Siehst du«, sagt er lächelnd, doch blaß vor Ernst: »dann bin ich zufrieden – dann bin ich beruhigt – dann kann ich es dir ja sagen... Nämlich die Erbschaft ist wirklich gekommen.«

Jenny kreischt.

»Die von dem Mandarin.«

Jenny ist anzusehen wie eine tragische Maske aus dem antiken Theater, alles offen, Augen und Mund, offen und stumm; während Gottlieb sich eine Zigarette nimmt.

»Tja«, sagt er, »so ist das.«

Der Bus fährt ohne ihn... Schon am Samstag ist es gekommen, ein Brieflein, eingeschrieben, ein Scheck, daß einem jeden, wenn man ihm die Summe nennen würde, Hören und Sehen verginge. Gottlieb wollte nichts davon sagen, damit sie noch einmal ein schönes Wochenende haben, hier in dieser Bude am Fischmarkt. Es war eine kleine Bude, gewiß, aber es war eine nette Zeit, denkt Gottlieb, trotz Gestank aus dem Hinterhof... Das erste, was Jenny dazu sagt:

»Drum –!«

»Was?«

»Drum hast du diesen Morgenrock gekauft?«

»Ja«, lächelt er etwas verlegen: »ich wollte nur wissen, ob es stimmt, weißt du, mit diesem Papier. Ob das wirkliches Geld ist. Ich geh in die Bank. Was wollen Sie? Ich zeige den Scheck. Bitte sehr, und plötzlich ist der windelweich, führt mich durch die Halle, verbeugt sich immerzu, bis ich in einem großen Zimmer sitze, ganz allein, weißt du, nichts als Leder und Nußbaum. Bitte sehr! Mir läuft der Schweiß. Du, die geben mir wirkliches Geld. Das kann nicht stimmen! denke ich. Und ich geh in den nächsten

Laden. Bitte, und die geben mir, was ich will, ohne Wimperzukken. Und an der Tür verbeugen sie sich, als wäre ich selber ein chinesischer Mandarin –.«

Pause.

»Ich bin so froh, Jennylein, daß du sagst, ich habe mich nicht verändert.«

Und indem er in die Tasche greift:

»Weißt du, wo Calcutta liegt?«

»Calcutta –?«

»Dort befindet sich zur Zeit unsere Yacht«, sagt Gottlieb und liest den Zettel vor: »Item eine chinesische Yacht, zur Zeit in den Gewässern von Calcutta, inbegriffen die hundertzwanzig Ruderknechte; item sämtliche Ländereien, inbegriffen die Menschen darauf; item die Fabriken –«

»Fabriken?«

»Schwarz auf weiß.«

»Was wollen wir denn damit?«

»Jennylein!«

»Verstehst du dich auf Fabriken?«

»Mach dir keine Sorge«, lacht Gottlieb: »das mußt du richtig begreifen. Item sämtliche Fabriken; was verstehe ich davon, wie man Porzellan macht oder Glühbirnen oder Seide, und doch werden die Fabriken laufen, unsere Fabriken! Weil die Arbeiter, die es wissen, ebenfalls leben müssen, und wenn sie nicht sterben wollen, müssen sie in die Fabrik, gleichviel wem sie gehört. Müssen! ohne daß ich sie mit der Geißel zwinge – du wirst schon sehen!«

Jenny umarmt ihn:

»Du!«

»Komm, laß mich weiter lesen –.«

»Du«, schwärmt sie: »am tollsten finde ich die Yacht – aber wie kommen wir nach Calcutta?«

»Die Yacht kommt hierher.«

»Hierher?«

»Habe ich bereits gedrahtet.«

»Wie ist das möglich?«

»Bitte«, sagt Gottlieb mit einer Gelassenheit, die er bisher nur an seinem Direktor gekannt hat: »inbegriffen hundertzwanzig Ruderknechte –«

Hier klopfte es.

»Herein?«

Es klopft ein zweites Mal.

»Herein!«

Es klopft ein drittes Mal.

»Teufel nochmal! Herein!«

Und dann, wie schon der alte Brauch mit dem dreifachen Klopfen hat vermuten lassen, erscheint der Harlekin, fröhlich und beflissen, etwas dienerisch auch er, aber sicher im Auftreten, geradezu weltmännisch; er sagt:

»Die Leutchen sind da!«

»Wer?«

»Knicks, der Oberkellner, bittet um die Wünsche betreffend das Diner.«

»Das haben wir doch schon damals auf der Kirmes besprochen!« sagt Gottlieb etwas ungnädig, dann zu Jenny: »Das habe ich dir ja noch gar nicht gesagt – Versprechen ist Versprechen, ich habe sie eingeladen, alle meine Freunde!«

»Hierher –?«

»Mach dir keine Sorge, wir werden sowieso umbauen –«, sagt Gottlieb und wendet sich wieder zum Harlekin: »Sie kommen wirklich?«

»Garantiert.«

»Großartig«, sagt Gottlieb und wendet sich wieder zu Jenny: »Sieben Wochen lang haben sie mich gefoppt, du weißt es, gehänselt haben sie mich. Nun was macht die chinesische Erbschaft? und so. Aber davon kein Wort! Ich bitte dich. Wir wollen uns nicht rächen, weißt du, nicht einmal zum Spaß. Schon so werden sie lange Gesichter machen. Aber unsrerseits, verstehst du: Noblesse... Es liegt mir dran, daß sie meine Freunde bleiben. Sie sollen es wie Fürsten haben.«

Jenny, von den weltmännischen Blicken dieses Harlekins etwas verwirrt, zieht ihr blaues Nachthemd über die Brust.

»Was weiter?« fragt Gottlieb.

»Smith, Tailor, London.«

»Was will der?«

»Das Maß nehmen, damit der Anzug noch fertig wird bis zum Diner –.«

»Sogleich.«

»Ferner fragt das Orchester, was es spielen soll.«

»Musik – etwas Rassiges – was sie halt können... Wo bleibt das Kleid für die Dame?«

Der Harlekin schnalzt mit den Fingern, es kommen Hutschachteln und Kleider, ein ganzes Schaufenster voll, Schuhe, Strümpfe, Pelze, Jenny kann es nicht fassen, sie weint:

»Gottlieb, Gottlieb!«

Gottlieb fragt den Harlekin:

»Was weiter?«

»Die Arbeiter sind da.«

»Also los!« sagt Gottlieb: »Umbauen –!«

Der Harlekin schnalzt mit den Fingern... Es ist nicht zu glauben, aber man sieht es mit eignen Augen: die Wände des kleinen Zimmers entfernen sich, vernobeln sich zugleich, aus der alten zerschlissenen Tapete wird ein lichter Stoff, modern, die Zimmerdecke entschwebt und wird sauber wie Schnee, und von oben kommen die neuen Lüster, schick, sehr schick, die Fenster werden breiter, vor allem höher, während auch schon die Vorhänge aus den Wänden fließen, Kaskaden von köstlichem Stoff, schlicht, aber köstlich über alle Kataloge hinaus, nicht zu vergessen der alte Ofen aus Gußeisen und das Ofenrohr, das verdampft in nichts, die Heizung ist in der Decke, Strahlungsheizung, versteht sich, und der Linol, der ehemals geblumte, dann verwetzte, an der Schwelle und unter dem Tisch schon lange verlöcherte, er rollt sich zusammen wie ein brennendes Papier, das in Asche zerfällt, ein Staubsauger nimmt die Asche, lautlos, und schon kommen die Arbeiter, verkleidet als Heinzelmänner, was ihnen selber sehr mißfällt, aber zum Murren ist keine Zeit, man muß froh sein um Arbeit, Gott segne die Herrschaften, die Geld haben, im Nu kleben sie das Parkett, ein Würfelparkett, Esche mit

Nußbaum – leider ein Irrtum, der Harlekin sagt kein Wort, schüttelt nur den Kopf und zieht den linken Mundwinkel, sofort reißen sie das Parkett wieder heraus, das kommt ins Musikzimmer, nicht hierher, schon kommen sie mit den geschliffenen Platten, die sogleich einen ganz anderen Eindruck geben, kühler, vornehmer, darüber ein purpurner Teppich, der sich von selber entrollt – leider, der Teufel kann sich irren, ist auch das wieder ein kleiner Irrtum, das gehört in die Halle, versteht sich, der Harlekin sagt kein Wort, er blickt nur den Vorarbeiter an, der die Schuld sogleich auf seine Schultern nimmt, mit einem Preßluftbohrer werden die erlesenen Platten entfernt, für den Fachmann ist es zum Heulen, aber Kosten spielen keine Rolle, die Platten müssen natürlich ersetzt werden, jetzt kann man keine Zeit verlieren, die neuen Möbel warten bereits, bis der Spannteppich aufgezogen ist, ein Spannteppich, daß man vor Wonne immerzu gehen möchte, nichts als gehen ... Das ist es natürlich, was sich ziemt, und die Weite der Räume, mein Gott, diese Weite – nur, versteht sich, die kleine alte Bettkammer hat man noch stehen lassen, solang Jenny sich umkleidet, die kleine alte Bettkammer ...

Der Harlekin:

Allein in dem gediegenen Raum, nachdem er die letzten Arbeiter durch ein kurzes Schnalzen der Finger entfernt hat, betrachtet er das Ganze mit einem prüfenden Blick, etwa wie ein Inspizient, da und dort verstellt er ein Möbel, verteilt die Aschenbecher, versucht, ob sich die Vorhänge auch wirklich ziehen lassen, findet eine Vase ohne eine einzige Blume, spuckt hinein, und noch während eine Garbe von frischen Chrysanthemen aus der besagten Vase emporwächst, hat er sich gewendet, reibt sich das Kinn, nochmals das Gesamte betrachtend, winkt einem Lüster, daß er weiter herunter komme, und dann, nach einem nur aus alter Erinnerung lüsternen Blick in die kleine alte Bettkammer, wo Jenny sich umkleidet, tritt er zum neuen marmornen Kamin, öffnet die Klappe, die sich mit einem kunstreichen Griff aus Messing bedient, und entschwindet durch den Rauchfang ...

Stille.

Der erste der Gäste, der hier das Staunen lernt, ist Schopf, der Bäckermeister. Er tupft sich den Schweiß von der Stirn, so hat er sich beeilt, denn man hat ihm nur sagen lassen, Gottlieb sei in der Klemme, es sei etwas passiert. Da hat er seine weiße Schürze losgebunden, er war gerade in der Backstube; nun steht er da in seinen hellen Bäckerhosen, sockenlos, die Schuhe voll Mehl, Hemd ohne Krawatte, die Ärmel gekrempelt, Teig unter dem Ehering – aber von Gottlieb ist nichts zu sehen, und pfeifen, das spürt er sogleich, schickt sich hier nicht; doch ein Mädchen ist auch nicht da, niemand, die Türen öffnen sich von selbst, amerikanisches Modell. Hat nichts mit Wunder zu tun, Technik, das ist alles. So etwas mit Elektrofoto ... Schopf, wie gesagt, tupft sich den Schweiß von der Stirne; der Teufel solls holen, so hat er noch in keiner Backstube geschwitzt – und schon öffnet sich die Türe vor dem nächsten Gast: die Bettlerin.

»Sie hier –?«

»Was soll das bedeuten –?«

»Das frage ich mich auch –.«

Natürlich wiederholt sich das bei jedem, der kommt. Der nächste ist Knacks, der Rechtsanwalt, der weniger aus Freundschaft kommt, sondern aus Neugier, übrigens der einzige, der auf einem Spannteppich gehen kann, ohne die Füße besonders zu heben, und sich nicht verdutzen läßt.

»Ich rieche Schwarzhandel –« sagt er.

»Glauben Sie?«

»Kennen wir«, sagt er, indem er die Einrichtung etwas befühlt: »Mit seiner Hände Arbeit hat das noch keiner verdient –.«

Dann das Blumenkind.

»So was«, sagt sie: »So was –.«

Sie strahlt. Übrigens wird alles nur geflüstert, und je zahlreicher die Gäste werden, um so leiser; Getuschel wie vor einem Begräbnis, Achselzucken, Nicken auf Entfernung. Es sind ferner gekommen: Zapf, ein Schulkamerad von Gottlieb, Inhaber einer Tankstelle, und die alte Frau Holle, die Zimmerwirtin von Gottlieb, die auf alles gefaßt war, seit er nicht mehr zu Hause geschlafen hat, auf alles, flüstert sie, aber nicht gerade so ... Einen lauten

Ton gibt es erst, als die Türe sich zum letzten Male öffnet, und es erscheint der Ringer im gestreiften Trikot; da rufen sie alle:

»Mensch Meier! –«

Er kommt geradezu aus dem Gefängnis, jawohl, der Gendarm kann es bezeugen. Der Gendarm nämlich, das ist sein neuer Freund; übrigens der gleiche, der damals aus der Nase geblutet hat. Stramm heißt er, ein Herzenskerl, wenn man ihn außerdienstlich kennt; jetzt kommt er außerdienstlich, versteht sich. Und natürlich muß der Ringer erzählen, wie es gewesen ist. Und wieso man ihn hat laufen lassen?

»Kaution«, sagt er.

»Was ist das?« fragt das Blumenkind.

»Freiheit«, sagt der Rechtsanwalt und streichelt dem ahnungslosen Kind das junge Haar: »– Geld.«

Die Freude, daß Meier sich auf freiem Fuße befindet, ist laut und allgemein, einen Augenblick vergessen sie darüber, wo sie stehen; so laut, daß Gottlieb, der Spender solcher Freiheit, zuerst gar nicht bemerkt wird, als er unter der großen Flügeltüre steht: Gottlieb im Frack –

»Freunde«, sagt er in seiner schlichten Art: »da seid ihr ja!«

»Ah!« machen alle.

»Schopf!« sagt er: »Mein Lieber –«

Und so, überströmend von Herzlichkeit, geht Gottlieb auf sie zu, auf seine alten guten Freunde, die ihn mustern. Und Katty, das Blumenkind, tut sogar einen Knicks; Gottlieb lacht sie aus; kein Wort bringt sie über die Lippen.

»Was ist denn los?« sagt Gottlieb: »Was glotzt ihr denn so? Alle stehen; wieso hockt ihr nicht?... Macht keine Flausen, ich bitte euch!... Ich finde es wirklich schön, Kerls, daß ihr gekommen seid! Und das an einem heiligen Montag, mitten aus der Arbeit raus – Zapf!« lacht er erleichtert: »Auch du?«

Und so, wie gesagt, geht er zu jedem, schüttelt ihm die Rechte, wozu er seinerseits, seine Freundschaft deutlicher zu zeigen, beide Hände verwendet. Schon das ist faul, denkt Schopf, der Bäckermeister; sehr faul, wenn es mit einer Hand nicht genügt.

Auch Zapf, der Schulkamerad, ist darüber etwas verlegen; das ist der Händedruck der Gaukler und Pfaffen.

»Setzt euch doch«, sagt Gottlieb: »Jenny wird gleich kommen... Ihr nehmt doch einen Apéritif?« fragt er, dieweil sie sich gehorsam setzen, und damit ja keine Stille entsteht, schwätzt er gleich weiter: »Wie geht es denn immer?«

»Danke.«

»Ja, meine Lieben, wer hätte das gedacht! Damals vor sieben Wochen. Mir kommts wie eine Ewigkeit vor! Dieser Harlekin mit dem bengalischen Furz – und nun ist er doch kein Schwindler gewesen...«

Sie blicken sich verstohlen an.

»Ein Mann, ein Wort!« lacht Gottlieb: »Bouillon mit Mark, Forelle blau. Ihr werdet sehen! Gans, gefüllt mit Kastanien, Spätzli, Preiselbeer, Salat nach Jahreszeit. Fruchtsalat mit Kirsch oder Torte für die Damen, Kaffee, Zigarren. Und Wein, hoffentlich habe ich mich richtig erinnert, Johannisberg und Pommard –.«

Der Ringer haut sich auf den Schenkel.

»Gottlieb«, sagt der bedächtige Bäckermeister: »das alles ist doch nicht dein Ernst?«

»Ein Mann, ein Wort.«

»Was soll das bedeuten –?« fragen sie.

Jetzt kommt Knicks, zum Oberkellner befördert, gefolgt von neun Unterkellnern, jeder mit einem silbernen Tablett. (Kann als Ballett aufgezogen werden). Die Kapelle spielt. Und dann, wie jeder Gast ein köstliches Gläslein hält, die alte Bettlerin und das Blumenkind nicht ausgenommen, sagt Gottlieb mit ehrlichem Bemühen, nicht ganz so feierlich zu werden, wie ihm wirklich ums Herz ist:

»Auf unsere Freundschaft – kipp!«

Also geschieht es.

»Klasse«, sagt der Ringer.

Die Kellner füllen sofort nach... Auch Stramm, der Gendarm, läßt es sich gefallen. Er ist schon bei manchem Schwarzhändler gewesen. Und Knacks, der Doktor, will sogar die Etikette sehen;

das Blumenkind mustert die Garbe von Chrysanthemen; die alte Bettlerin betastet die Vorhänge; Zapf, der Mann von der Tankstelle, schiebt seine verölte Schirmmütze aus der Stirne, wie er es in der Wirtschaft immer macht, und Schopf, noch immer den Lüster musternd mit geistfernem Staunen, kratzt sich unwillkürlich das Brusthaar – kurzum, sie werden freier... Und auch Gottlieb, seinen Frack vergessend, nimmt, kaum hat er das Gläschen hingestellt, seinen linken Fuß in die rechte Hand, ihn übers Knie ziehend: ein Gottlieb, wie jeder ihn kennt, ganz der alte, wenn er bloß nicht so viel von Freundschaft schwätzte.

»Im Ernst«, sagt er: »eure Freundschaft ist mir wertvoller als alle Schätze dieser Welt. Ich habe euch allen das gleiche berichtet: Lieber Schopf, liebe Katty, lieber Zapf, mir ist was zugestoßen, ich brauche dich sehr – und keiner hat mich im Stich gelassen. Ihr seht es selbst! Ihr habt mich gefoppt, nun ja, aber das habe ich schon gewußt, daß ihr zu mir steht, wenns ernst wird – und das ist es halt nun geworden... Ja, deswegen müßt ihr nicht die Augen niederschlagen. Ich bleibe der Alte. Das ist doch klar. Ich habe mich nicht verändert, Jennylein kanns bezeugen, nicht so viel. Das müßt ihr mir schon glauben. Ich bin heute nicht ins Geschäft gegangen, das gebe ich zu. Keiner an meiner Stelle wäre heute ins Geschäft gegangen – aber unter uns, meine ich, da hat sich nichts verändert, das ist doch selbstverständlich, darüber wollen wir doch keine Worte verlieren, denke ich – Wir bleiben die Alten!« sagt er und nimmt das Gläslein: »Trinken wir auf unsere Freundschaft!«

Sie nehmen ihre Gläslein.

»Wieso bist du nicht ins Geschäft gegangen?« fragt der nüchterne Schopf: »Du willst doch nicht sagen –«

»Stoßen wir an!«

»Das mit der Unterschrift –«

»Stoßen wir an!« sagt Gottlieb.

»Und das mit dem Mandarin –«

»Stoßen wir an!«

»Der Mandarin«, fragt das Blumenkind: »der ist wirklich dran gestorben?«

»Der Teufel soll ihn holen«, sagt Gottlieb: »davon wollen wir jetzt nicht reden – trinken wir auf unsre Freundschaft! sage ich, und damit Prost!«

»Prost.«

Endlich ist es soweit, daß Jenny aus der alten kleinen Bettkammer kommt, großartig anzusehen, unwahrscheinlich, aber etwas verzagt; am Rücken bringt sie einen Knopf nicht zu, Gottlieb soll helfen.

»Ihr müßt doch nicht alle aufstehen«, sagt er: »Herrgott nochmal!«

Ein Abendkleid nicht zu beschreiben; Jenny ist eine Dame, nicht wiederzuerkennen als die Jenny vom Fischmarkt, und keiner der Männer, die je durch diese Bettkammer gegangen sind, Kaufleute aller Stufen, Studenten, Familienväter, Arbeitgeber, Arbeitnehmer, keiner würde auch nur wagen, sie unterzuhaken.

»So was!« sagt das Blumenkind.

Und alle bleiben stehen; aufrecht.

»Ich komme gleich«, sagt Jenny. Sie will nur noch die Lippen malen – ein Schrei, so, als wäre sie verbrüht worden, und Jenny, die Dame, liegt auf dem Boden. Gottlieb eilt hinzu, den Anblick ahnend, der die arme Jenny in solche Ohnmacht geworfen hat; sogleich, ohne selber einen Blick hineinzuwerfen, reißt er den Vorhang vor, damit niemand in die Bettkammer sieht, wendet sich, starrt seine Gäste an, blaß wie aus Wachs:

»Was starrt ihr denn so?«

Unterdessen wird das Diner aufgetragen...

»Warum setzt ihr euch nicht?«

Man setzt sich, alle außer Zapf.

»Jenny wird sich gleich erholen –.«

Gottlieb ist seltsam, duldet nicht, daß man sich um die arme Jenny kümmert; wie ein Tollwütiger springt er empor, als Zapf sich nur dem Vorhang nähert, reißt ihn zurück, daß er taumelt, und steht vor der Bettkammer, die weiße Serviette in der Faust.

»Was soll das heißen?« sagt er mit einer nie gehörten Stimme: »Ich habe euch zum Essen eingeladen, nicht um mein Haus zu durchsuchen. Bin ich ein Verbrecher? – Sagen Sie, was Sie denken, Doktor, sagen Sie es rundheraus!«

»Ich? Was?«

»Daß ich ein – Mörder bin...«

»Wer sagt das?«

»Keiner! Keiner! Aber jeder denkt es. Sehe ich doch euren Augen an –«

»Unseren Augen?«

»Heuchler!«

Sagt es und wirft die Serviette hin.

»Gottlieb, Sie tun uns Unrecht. –«

»Heuchler«, wiederholte er: »Hosenscheißer – warum eßt ihr denn nicht? Ihr alle. Auch du, Schopf! Warum rührt ihr euer Mark im Teller herum, und keiner nimmt einen Bissen? Ist es euch zu heiß, was? Oder ist es euch nicht gut genug, was? Oder – glaubt ihr vielleicht, hinter dem Vorhang sitzt eine Leiche –.«

Totenstille.

»Herrgott im Himmel«, sagt er mit grimmigem Vorwurf: »wenn das eure ganze Freundschaft ist!«

»Gottlieb –«

»Was gafft ihr denn alle nach dem Vorhang?«

Schopf nimmt den Löffel.

»Gottlieb hat recht«, sagt er zu den andern, die wie versteinert sind: »wir wollen nicht den Kopf verlieren.«

Der Bäckermeister, besonnen wie immer, will das gute Beispiel geben, indem er den Löffel in die Suppe taucht und mit dem Mahl beginnt; doch er hat den Löffel noch nicht im Mund, als Gottlieb ihn an der Joppe packt:

»Wie meinst du das? Wir wollen nicht den Kopf verlieren. Wie meinst du das? Hm? Heißt das, daß ich es auf euren Kopf abgesehen habe – oder was?«

Gottlieb ist verwirrt, sie verstehen noch gar nicht, was er meint, blicken auf das Mark im Teller und wissen wirklich keine Antwort, nicht einmal ein Verhalten – bis Zapf, der unterdessen an den Vorhang geschlichen ist, einen leisen Schrei tut:

»Verflucht.«

Alle blicken auf ihn.

»Es stimmt«, sagt er tonlos.

»Was?«

»Ich hab sie gesehen.«

»Was?« fragen sie alle.

»Eine Leiche.«

Hiermit, scheint es, ist das festliche Essen schon zu Ende, jedenfalls haben sich alle erhoben; umsonst bettelt Gottlieb:

»Ihr wollt mich verlassen?«

Es ist schließlich Montag, Werktag, jeder ist gekommen, wie man bei einem Hilferuf kommt, aber so viel Zeit haben sie natürlich nicht, das muß Gottlieb schon verstehen; der Bäckermeister hat noch die Wähen im Ofen, und auf die Lehrlinge ist ja kein Verlaß. Auch Knacks, der Rechtsanwalt, hat noch eine Verabredung im Kaffeehaus. Und eine Tankstelle, wo niemand bedient, wie soll man das verantworten? Umsonst spricht Gottlieb mit jedem einzelnen, um ihn zu überzeugen, daß ihnen die Leiche nichts antut; unterdessen hauen alle andern ab – man hört seine Stimme draußen in der Halle:

»Damals auf der Kirmes, ihr Hunde, ihr verdammten, wer hat gesagt, ich soll unterschreiben? Kein langes Geflunker, der Mandarin soll sterben – damals auf der Kirmes – Für wen habe ich es denn getan? – Ihr Hunde, ihr verdammten, ihr elenden...«

Ganz allein, wie er sich im ersten Augenblick vorkommt, ist unser Gottlieb nicht, als er in den verlassenen Raum zurückwankt. Der Harlekin ist auch noch da! Der hockt halb auf dem gedeckten Tisch, einen Fuß auf dem nächsten Stuhl, einen sehr absonderlichen Fuß, wenn man ihn so genauer sieht, und frißt Toast mit Mark; indem er Salz darauf streut, lächelt er:

»So ist das immer mit den kleinen Leuten! Kaum wissen sie, daß eine Leiche hinter dem Vorhang sitzt, schon mundet ihnen das beste Essen nicht mehr – und nachher klagen sie darüber, daß sie ihr Leben lang Kartoffeln fressen...«

Schwupp, hinein mit dem Mark.

»Na ja«, fügt er hinzu: »nun laufen sie natürlich davon und schwatzen es in alle Winde –.«

»Glaubst du?«

»Klar.«

»Wie kann man das verhindern?«

»Nichts leichter als das.«

»Wie?«

Das Lächeln von Leuten, denen man ausgeliefert ist, Gottlieb kennt es, nichts widerlicher als ihre gelassene Art, diese höfliche Art, wie der Harlekin, kaum hat Gottlieb sich eine Zigarette genommen, sein Feuerzeug schnappen läßt, dem Anschein nach ein beflissener Diener, in Wahrheit ein rechnender Folterer.

»Nichts leichter als das –.«

»Aber wie?« fragt Gottlieb: »Wie?«

Der lacht nur:

»Galeere!«

Aber davon will Gottlieb nichts wissen, versteht sich, so einer ist er nicht, Gottlieb Knoll, der nur das Gute will, und schließlich sind es doch seine Freunde. Warum soll er seine Freunde auf die Galeere schicken?

»Freunde«, lacht der Harlekin.

»Es sind meine Freunde!«

»Gewesen.«

Gottlieb kniet:

»Jennylein? Jennylein?«

Noch ist sie nicht bei Bewußtsein.

»Unsinn«, sagt Gottlieb: »wieso sollen sie nicht mehr meine Freunde sein?«

»Weil sie dich fürchten.«

»Fürchten!« sagt Gottlieb: »Was habe ich ihnen denn getan? Wo ich doch nur das Beste will, wo ich sie alle an meine Tafel lade – Wieso fürchten sie mich denn plötzlich? Das ist doch Quatsch. Wieso fürchten?«

»Weil du die Macht hast.«

»Ich will gar keine Macht –«

»Aber du hast sie«, lacht der Harlekin: »Das haben sie gesehen. Und drum fürchten sie dich, drum ist ihnen der Appetit vergangen. Keinen Löffel voll haben sie genommen. Nicht einmal die Bettlerin ...«

Gottlieb hat sich erhoben, nachdem er die arme Jenny umsonst gestreichelt hat. Er mag jetzt die Tafel nicht ansehen! Am Fenster steht er, die Hände in den Hosentaschen, Blick auf den Fischmarkt, der menschenleer ist; nur Gendarmen gehen auf und ab, jedes Palais will bewacht sein. Gottlieb schüttelt den Kopf, so lächerlich dünkt ihn der ganze Spuk.

»Macht«, sagt er: »Was heißt Macht?«

»Eine tödliche Unterschrift.«

Pause.

»Hol sie!« sagt Gottlieb, indem er sich entschlossen wendet: »Ich will, daß sie zum Essen kommen. Entweder sind sie meine Freunde und kommen, oder ich schicke sie wirklich auf die Galeere. Sag ihnen das. Ich will, daß sie zum Essen kommen.«

»Schön.«

»Und zwar sofort!«

Bereits hat der Harlekin, beflissen wie er ist, seine Zigarette ausgedrückt, hat auch schon die Klappe im marmornen Kamin geöffnet, als Gottlieb ihn an der Schulter faßt:

»Du wirst sehen, sie kommen!«

»Sicher.«

»Ohne Zögern.«

»Weil sie dich fürchten.«

»Ich werde sie fragen, du, ganz offen werde ich sie fragen, ob sie meine Freunde sind oder nicht.«

»Und sie werden sagen: Ja.«

»Mehr will ich nicht ...«

»Ja«, nickt der Harlekin: »aber es ist gelogen. Darüber bist du dir klar? Sie werden lügen, was du willst, sogar schwören, nur damit sie nicht auf die Galeere kommen –«

»Lügen?«

»Das ist die Macht«, lächelt der Harlekin mit einem Zucken der Schulter, mit der Gebärde eines Händlers, der nicht mit sich markten läßt: »Sie wissen, deine Unterschrift ist tödlich, sie fürchten dich, sie hassen dich, aber sie gehorchen dir – das ist die Macht.«

Gottlieb stampft auf den Boden:

»Ich tu ihnen doch nichts!« schreit er voll Vorwurf. Der Harlekin grinst. Und Gottlieb ist dem Weinen nahe: »Sag ihnen, sie sollen mir glauben. Sag ihnen, ich wolle wirklich nur das Gute, Frieden und Freundschaft! Sie sollen mir vertrauen.«

»Leicht gesagt.«

»Ehrenwort! Ehrenwort!«

»Leicht gesagt. Sie wissen, du kannst dich daran halten oder nicht; sie wissen, du hast noch zwei solche Unterschriften –«

»Ich werde sie nie gebrauchen!«

»Leicht gesagt. –«

»Nie! Nie.«

»Und wenn sie dich dazu zwingen?«

Gottlieb hält sich an der Wand.

»Harlekin, was soll ich denn tun –«

»Schick sie auf die Galeere!«

»Meine eigenen Freunde?«

»Du hast keine Freunde mehr.«

»Keine?«

»Außer mir.«

Sagt es und entschwindet durch den Rauchfang...

Als Jenny wieder zu sich kommt, langsam die Augen öffnet, erinnernd, daß es Montag ist, und als sie Gottlieb erkennt, der noch immer nicht auf den Bus gelaufen ist, sondern vor ihr kniet, ist die erste Leistung ihres Bewußtseins, daß sie nach der genauen Zeit fragt.

»Jennylein«, flüstert er: »mach dir keine Sorgen – vor allem keine Gedanken.«

»Du bist so lieb.«

»Nur jetzt keine Gedanken...«

Sie auf das Bett legen, was natürlich das vernünftigste wäre, das kann er leider nicht; auf dem Bett befindet sich ja die Leiche des chinesischen Mandarin. Wenigstens ist der Vorhang gezogen. Jenny liegt auch in seinem Arm nicht übel; ihr Gottlieb ist ein Könner im Zärtlichen, sonst wäre sie nicht sieben Wochen bei Gottlieb verblieben, der mit seinem Lohn gerade die Forderung des Tages erfüllen kann, Miete, Pension, Altersversicherung, Zigaretten, Zahnarzt, Straßenbahn, Kino, aber nicht viel mehr. Jennylein liebt ihn aus purer Liebe, kein Zweifel, und das ist etwas Schönes. Ein Könner im Zärtlichen: auch jetzt küßt er immerzu ihre Augen, damit sie nicht sieht, wo sie sich befinden. Unterdessen erzählt Jenny, was sie Gräßliches geträumt habe: – Montag, Gottlieb in einem Frack, Gesellschaft, eine Leiche im Bett, anzusehen wie Tschau Hing, der dickste Mann der Welt – und so...

»Wie bin ich froh«, sagt Jenny: »daß alles nur ein Traum gewesen ist.«

Aber gelegentlich, obzwar Gottlieb alle verfüglichen Kosungen einsetzt, bemerkt sie natürlich doch, daß er wirklich einen Frack trägt, ein weißes steifes Hemd, Perlenknöpfe, und daß auch sie, die Jenny vom Fischmarkt, in eine Robe gehüllt ist, in ein Vermögen aus Seide, eine Robe, die ihr bisher nur in Filmen vorgekommen ist. Es ist kein Traum. Jennylein sieht es im Spiegel: eine Dame. Einen Augenblick lang, gewiß, findet sie es toll, dreht sich vor dem großen Spiegel, um mit wachsendem Entsetzen zu begreifen, daß sie das selber ist. Sie rührt sich nicht mehr.

»Eine Dame –.«

»Jennylein«, tröstet Gottlieb.

»Eine Dame –.«

Dann, und ihr Schrecken hat wiederum ein durchaus antikes Format, starrt sie auf den befrackten Gottlieb:

»Was hast du aus mir gemacht –?«

Der Harlekin ist wieder da, meldet, daß die Leutchen, wie er sie nennt, sogleich zum Essen erscheinen werden. Ferner bringt er ein Pergament, das er mit ironisch-feierlicher Pose entrollt, ein echtes Pergament voll baumelnder Siegel; die Universität, obzwar noch in keiner Weise bedroht, hat das Bedürfnis, Gottlieb Knoll zum Ehrendoktor zu machen.

»Wie komme ich dazu?« sagt Gottlieb.

»Das ist hier nicht die Frage.«

»Sondern?«

»Wie kommt die Universität dazu –.«

Gottlieb hält das Pergament, hilflos.

»Was soll ich tun?« fragt er.

»Stifte etwas.«

»Was?«

»Die Leiche«, meint der Harlekin: »Für das völkerkundliche Museum, das könnte für unsere Studenten ganz aufschlußreich sein –«

»Leiche?« fragt Jenny: »Leiche?«

Ein Blick von Gottlieb, und der Harlekin versteht. Die Dame hat sich offensichtlich noch nicht an ihren Stand gewöhnt, kommt aus kleinen Verhältnissen. Kommt Zeit, kommt Zynismus! Ein weiteres Schreiben, das der Harlekin vorzulegen hat, ist eine Huldigungsadresse der führenden Schriftsteller, ein Beitrag zum Verhältnis von Stil und Charakter; ihre Huldigung besteht darin, daß sie alles, was jetzt geschehen mag, als Befreiung bezeichnen. Gottlieb weiß wirklich nicht, was er glauben soll. Der Harlekin hält solche Huldigungen, selbst gelogene, nicht für wertlos; es sind Schecks, ausgestellt von Schwindlern, aber ausgestellt auf Kosten von hunderttausend Gläubigen, die eines Tages dafür zahlen werden. Im übrigen: Wer öffentlich lügt, den schont man nicht, auch wenn er heimlich die Wahrheit spricht... Aber davon mag Gottlieb jetzt nichts hören.

»Davon später«, sagt er knapp.

Und dann, siehe da, kommen sie wirklich, die Freunde, die Getreuen, die lieber mit Gottlieb an einem Tisch sitzen, als daß sie auf die Galeere wandern – als erster verbeugt sich Knacks, der Doktor, der es aus besseren Tagen noch weiß, wie man sich in besseren Häusern benimmt; er ist, seiner Verantwortung als Gebildeter bewußt, vorangegangen, gefolgt von den Verschüchterten. Sogar Schopf, der Bäckermeister, und auch Zapf, der Schulgenosse, auch sie versuchen sich in einer kleinen Verbeugung, nicht ohne nach dem Harlekin zu schielen.

»Nehmt Platz«, sagt Gottlieb so leutselig als möglich: »Nehmt Platz!«

Die Suppe ist natürlich kalt, man geht jetzt an den zweiten Gang, Forelle blau, sie stecken sich die Serviette in den Kragen, und der Harlekin macht bereits den Mundschenk, Johannisberger, alles wie versprochen. Gottlieb fragt:

»Wo bleibt unser Ringer?«

Schweigen.

»Meine Lieben«, sagt Gottlieb: »Ihr habt mich vorher im Stich gelassen, aber jetzt seid ihr ja wieder gekommen. Strich darunter! Ich trage nichts nach, das wißt ihr, ihr kennt euren Gottlieb. Und somit: kein Wort mehr davon! – aber wo bleibt der Ringer?«

»Er kommt nicht.«

»Kommt nicht –.«

Gottlieb wird blaß.

»Kommt nicht!« schreit er plötzlich. »Seinetwegen habe ich die verfluchte Unterschrift gegeben. Seinetwegen! – Kommt nicht... Ich habe ja Muskeln, ich lasse mir nichts befehlen! – verstehe, verstehe. Kaum habe ich ihn aus dem Gefängnis befreit – Kommt nicht!«

Und zum Harlekin sagt er:

»Auf die Galeere mit ihm.«

Natürlich springen alle empor –

»Auf die Galeere«, wiederholt Gottlieb mit ruhiger Stimme: »Dort kann er seine Muskeln zeigen.«

Der Harlekin nickt, Gläser füllend.

»Bitte«, sagt Gottlieb, »setzt euch.«

Sie setzen sich, und nachdem Gottlieb mit einem Wink bedeutet hat, daß jetzt Musik am Platze wäre, kommen auch schon, einem Ballett ähnlich, die Kellner mit den blauen Forellen.

»Hoffentlich schmeckt es euch, meine Lieben. Ich möchte, daß ihr zufrieden und fröhlich seid. Oder was habe ich euch denn zuleide getan? daß ihr einfach abhaut, wenn ich ein Bankett gebe? – Doktor, antworten Sie!«

»Ich?«

»Was habe ich Ihnen zuleide getan?«

»Nichts.«

»Und du, Zapf –?«

Alle sagen: nichts.

»Also«, lacht Gottlieb: »dann nehmt euer Glas und laßt uns anstoßen.«

Sofort nehmen alle ihr Glas, erheben sich, nur Gottlieb bleibt sitzen.

»Was denn?« lacht er: »Warum steht ihr denn schon wieder auf. Zum Teufel nochmal! So stoße ich nicht an – Stehen sie auf wie die Hofschranzen! – Sternenhageldonnerwetter, sind wir nicht zusammen in die Schule gegangen? Was soll das heißen, Zapf? Sind wir nicht mit unsern Kesselchen in die gleiche Volksküche gepilgert, haben wir nicht die gleiche Suppe gelöffelt? Ja oder Nein? Ich frage.«

»Haben wir – ja.«

»Und du, mein lieber Schopf! Wie kommt ihr mir denn vor? – Schopf, mein Alter, erinnerst du dich nicht mehr, wie du bei uns zu Haus den Sankt Niklaus gemacht hast? Mensch! und wie ich geschlottert habe, wenn du das große Buch genommen hast, das Sündenbuch. Da ist noch etwas ganz Schlimmes! hat er gesagt. Ich weiß schon, sagte ich, ich weiß schon. So sag es gleich selber! brummte er durch seinen Wattebart. Ein Erstklässler, wollte er sagen, dürfte nicht mehr ins Bett machen. Aber dazu kam er gar nicht. Ich weiß, sagte ich mit roten Ohren, man soll den Schulmädchen nicht unter die Röcke greifen –«

Gottlieb hört sein eigenes Lachen, sonst nichts.

»Ich bitte euch wirklich, meine Lieben, setzt euch. Laßt uns anstoßen, wie wirs immer getan –«

Sie setzen sich.

»– auf unsere alte Freundschaft!«

»Ja«, sagte Schopf: »auf die alte.«

»Prost.«

Eine kurze Weile, nachdem sie getrunken haben, schwätzt Gottlieb noch weiter, Erinnerungen aus dem Quartier, Bubenstreiche; eine kurze Weile, dann unterbricht er sich selbst:

»Warum eßt ihr nichts?«

Antwort:

»Es stinkt nach Leiche.«

Gottlieb springt auf:

»Wer hat das gesagt?«

»Ich sage nur, was jeder riecht. Es stinkt nach Leiche«, sagt Schopf: »das bin ich nicht gewohnt.«

»Das ist nicht wahr!«

»Dann halt nicht.«

»Lach nicht!«

»Hast du selber gesagt, wir sollen lustig sein –«

»Das ist kein Witz, Schopf, das weißt du ganz genau, das ist kein Witz –«

»Sondern die Wahrheit.«

»Es gibt keine Leiche!«

»Dann halt nicht«, lacht Schopf, der Bäckermeister, und fängt zu essen an: »Um so besser, mein Freund, dann schmeckt es mir natürlich auch. Forelle blau! Wo bleibt die zerlassene Butter?«

»Noch mehr?« fragt der Kellner.

»Immerzu, mein lieber Knicks, mir schmeckt alles, wenn es nicht nach Leiche schmeckt«, sagt Schopf, indem er, den Mund voll Forelle, zu Gottlieb blickt: »Warum setzest du dich nicht?«

»Schopf –!«

»Das ist verdammt ungemütlich, weißt du, wenn der Gastgeber selber keinen Appetit hat. So eine Forelle! das erinnert mich ja geradezu an meine Hochzeit. Da bist du ja auch dabeigewesen, Gottlieb – damals, ja, wer hätte das gedacht!«

»Was?«

»Und so ein Weinchen! Wieso trinkt ihr nicht, meine Lieben? Wieso eßt ihr nicht? So einen Fraß, ich sage euch, das seht ihr kein zweites Mal –«

»Was willst du damit sagen?«

»Gottlieb ist mein Freund. Schaut ihn an! Wie er keine Rast und Ruhe hat, wie er dasteht und schaut, ob ihr alle bedient seid. Ist das ein Herzensjunge oder ist das kein Herzensjunge? Wir kennen uns seit zwanzig Jahren, haben uns nie beschwindelt, so ist das mit der Freundschaft. Nie wird ers übelnehmen, wenn ich ein offnes Wort sage!«

»Sag es!« befiehlt Gottlieb.

»Natürlich sag ich es –«

»Sag es!«

»Und ihr werdet sehen, wie er es aufnimmt! Wie nur ein Herzensjunge es aufnimmt. Und wenn er Kaiser von Europa wäre, ich sag es rundheraus: –«

»Sag es!«

»Gottlieb – sage ich – Gottlieb, deine Forelle wird kalt.«

Jetzt nach einem versichernden Blick von Gast zu Gast, lachen sie alle, platzen vor Lachen, bis Gottlieb, rot wie ein Krebs, seinen Teller auf die Tafel schmettert, daß es klirrt.

»Gesindel«, schreit er: »hinterhältiges Gesindel – Ihr, ja, ihr!... Ich werde euch das Lachen schon austreiben, verlaßt euch drauf, ihr Bande, ihr Verräter –!«

Natürlich hat keiner widersprochen, in der Tat, man hat ja nur so geplaudert. Umsonst hat Jenny versucht, ihn von der Unterschrift abzuhalten. Aber schon hat er sie gemacht: auf eine Serviette. Man soll im Jähzorn nie eine Unterschrift geben; Gottlieb weiß es, er meint es auch nur als Drohung; aber die Unterschrift ist gemacht, und er muß die Serviette nur noch in die Luft werfen, damit es sich erfüllt. So steht er da, die Serviette in der Hand, grimmig wie ein verwundetes Tier:

»Ihr glaubt, daß ich euch glaube – wo ich weiß, wie ihr lügt; wo ich es rieche – wie ihr lügt – rieche, wie ihr alle es riecht – Da!« sagt er und reißt den Vorhang auseinander: »Bitte.«

»Oh –.«

»Bitte.«

In der Tat, da sitzt nun die Leiche des chinesischen Mandarin, den die erste Unterschrift getroffen hat, ein Wicht aus lauter Fett und Falten, die Augen verschwinden fast unter den Wulsten, ein widerlicher Anblick, selbst wenn er nicht stinken würde.

»Bitte«, sagt Gottlieb mit der teuflischen Serviette in der Hand: »wer von meinen lieben Freunden und Gästen wagt zu behaupten, er habe in meinem Haus eine Leiche gesehen?«

Schweigen.

»Keiner?« lacht Gottlieb: »Keiner?«

Kommt der Harlekin mit einem Buch, das in Rindsleder gebunden ist, eine Art von Gästebuch, das er aufschlägt und mit graziöser Würde auf den Tisch legt, höflich, nicht gebieterisch, beflissen, aber auf weltmännisch-verhaltene Weise:

»Die verehrten Freunde und Gäste werden gebeten, hier zu unterzeichnen! Daß sie nichts von einer Leiche bemerkt haben. Auch hinter den Vorhängen nichts«, erläutert der Harlekin, fügt mit lässiger Stimme auch das Allzubekannte hinzu, ordnungshalber: »Wer widerspricht, ist tot. Wer unterschreibt, ist frei.«

Schweigen.

»Herr Doktor?« sagt Gottlieb.

Knacks, der Doktor, nimmt langsam seine Füllfeder; er ist kein Träumer mehr, kennt die Historie, die Praxis, die Literatur, weiß, daß wir dem Greuel nicht mit eigner Tat begegnen können, sondern einzig und allein mit Vertrauen in die Metaphysik. Das heißt: er unterschreibt.

»Schopf?« sagt Gottlieb etwas banger.

Schopf, der Bäckermeister, hat keine Füllfeder, aber er braucht sie auch nicht; er nimmt das Buch, betrachtet es kurz, dann zerreißt er es, was nicht ohne weiteres gelingt, aber mit Wut geht es dann doch –

»Was schon«, sagt Schopf: »Du hast wohl den Verstand verloren, Gottlieb, das ist doch nicht dein Ernst. Wenn man die Leiche mit eignen Augen sieht –«

»Du willst nicht unterschreiben?«

»Das ist doch Quatsch –«

»Ja oder nein.«

»Gottlieb, wir sind doch Freunde –«

»Das eben ist die Frage!«

»Aber das heißt doch nicht, daß ich dir recht gebe, wenn du Unrecht tust –«

»Ich kann dich töten, Schopf.«

»Das tust du nicht.«

»Woher weißt du das?« schreit Gottlieb.

»Mensch! wenn man einmal mächtig ist, gewinnt man keine Freunde mehr. Das kannst du dir doch an den Fingern abzählen. Wer sich fürchtet vor dir, das ist doch eine alte Geschichte – Gottlieb, du bist auf der schiefen Ebene...«

Eine Weile hört Gottlieb sich alles an, die Serviette in der Hand, wünschend, es wäre nichts als eine Serviette. Schopf meint es nicht schlecht, das spürt auch Gottlieb; aber was hilft ihm das – jetzt, wo es schon einmal so weit ist – was hilft ihm das: Du sollst nicht, du hättest nicht dürfen! Es braucht kein Schopf zu kommen, um ihm das zu sagen.

»Schweig«, sagt Gottlieb.

»So ist es aber –.«

»Schweig«, sagt Gottlieb: »Oder du bist auf der Stelle tot.«

»Dann bist du erst recht ein Mörder –«

»Schweig! sage ich.«

Schopf schweigt, nicht ohne die andern anzublicken, achselzuckend. Auch wenn sie seinen Blick nicht erwidert haben, sondern beharrlich den Spannteppich mustern, weiß Gottlieb, daß sie einverstanden sind – er wäre es selber an ihrer Stelle – einverstanden gegen ihn, eine Verschwörung, und wenn er es duldet, daß Schopf so redet, dann werden es alle tun, alle, die ganze Stadt, die ganze Welt.

»Ich bitte dich«, sagt Gottlieb mit der überraschenden Ruhe letzter Beherrschung: »unterschreibe, daß du nichts gesehen hast.«

»Aber Gottlieb –.«

»Ich bitte dich, Schopf.«

»Fällt mir nicht ein!«

»Hörst du, ich bitte dich.«

»Idiot! –« lacht Schopf.

Und schon, Gottlieb ist nicht minder verblüfft, fliegt die Serviette in die Luft: Knall, Blitz, man kennt das bereits, und Schopf, der Bäckermeister, liegt auf dem Boden... Das war die zweite Unterschrift.

Die andern, man verarge es ihnen nicht, haben dann ohne Zögern bezeugt daß sie nichts gesehen haben, nichts von einer Leiche, obzwar es nun deren zwei sind – und einen davon, den Bäckermeister, haben sie ein Leben lang gekannt – und dann sind sie davon geschlichen, einer nach dem andern, ohne einander anzusehen, sich immerzu verbeugend, während Gottlieb, kniend vor seinem toten Freund, ihnen sprachlos nachgafft.

»Hunde!« sagt er schließlich: »So verleugnen sie ihn, unseren treuen Schopf – und meinen, daß ich ihnen traue – solchen Hunden!«

Der Harlekin lacht.

»Auf die Galeere mit ihnen!« sagt Gottlieb: »Ich will sie nicht mehr sehen –.«

Und indem er weint:

»Schopf, mein lieber guter Schopf, warum hast du mir das angetan, mein Freund, mein einziger Freund –.«

Gottlieb ist wirklich ergriffen, er schluchzt, er streicht dem Bäckermeister über die Stirne, und da dieser sich nimmer rührt, wird Gottlieb immer kindischer, bittet um Verzeihung, um Verständnis, bittet ihn, wieder aufzustehen und zu atmen... Der Harlekin hat bereits mit den Fingern geschnalzt, und schon erscheint das Ballett der Kellner, um die Leichen abzuräumen.

»Nein!« heult Gottlieb.

»Willst du warten, bis er ebenfalls stinkt?«

Sie tragen ihn weg.

»Madame sind etwas blaß«, lächelt der Harlekin: »Madame sollten sich etwas setzen –.«

Jenny starrt immerzu auf Gottlieb.

»Jennylein –?«

»Mörder«, sagt sie.

»Sag das nicht –«

»Mörder.«

»Jennylein, das ertrag ich nicht –.«

»Mörder.«

»Was soll ich denn tun?«

Ihre Antwort: sie wendet sich zum Gehen –

»Jenny! Ich habe noch eine Unterschrift«, sagt Gottlieb, und das genügt, daß sie stehenbleibt: »Du wirst mich nicht verlassen.«

Jenny schweigt.

»Liebst du mich nicht mehr?«

Sie schweigt.

»Jennylein, zwinge mich nicht zu dieser Unterschrift. Sie trifft den Menschen, den ich am meisten liebe. Zwinge mich nicht. Ich liebe dich, Jennylein, du wirst mich begleiten – auf unsrer Yacht...«

»Ich –?«

»Nicht traurig sein!« lächelt der Harlekin: »Auf der Galeere, Madame, da gibt es Tanz und Musik, Feuerwerk, und wenn sie noch so stöhnen, die Ruderknechte, da oben ist von alledem nichts zu hören. Nicht ein Laut. Wozu gibt es Musik? Und dann der Mond, Madame, der Mond über dem Wasser, überhaupt das Schöne –«

»Sie – Teufel!« sagt Jenny.

»Madame merken das erst jetzt?«

(Hier ist die Geschichte nicht zu Ende, aber das Interesse der Filmgesellschaft, der dieser Entwurf zugedacht war – weswegen ich das Ende nicht verraten möchte, bevor es mir auch abgekauft wird... Nur soviel: das Ende bleibt ebenfalls ganz märchenhaft, also positiv, und zwar spielt es eben auf dieser chinesischen Yacht, die sich auf unserem lieblichen See, das muß ich der Filmgesellschaft zugeben, etwas sonderbar ausnimmt, etwas chinesisch; aber was bleibt unserem Gottlieb anderes als das Leben auf einer solchen Yacht, die für alle andern eine Galeere ist, die Vereinsamung der Mandarine? Es bleibt ihm, wie gesagt, die dritte Unterschrift, die letzte. Eine Seele von Mensch wie ers nun einmal ist, wartet er mit dieser Unterschrift noch einen ganzen dritten Akt lang; denn niemand tötet gern den Menschen, »den er am meisten liebt«. Was ist ein Leben ohne Jenny? So sitzt er denn auf der köstlichen Galeere, spielt Schach mit seinem Harlekin, der ihn mattsetzt, Zug für Zug, sei es mit den Bauern oder mit der Dame. Gottlieb wirft das Schachbrett um, pumps! aber das än-

dert nichts an der wirklichen Lage, die etwa so aussieht: Die Sklaven streiken, ihr Dasein ist so elend, daß der Tod nach und nach nicht mehr ins Gewicht fällt, lieber verhungern sie, die Yacht kommt nicht mehr von der Stelle, vielleicht verhungert auch Gottlieb daran. Das ist ihre Hoffnung. Und der andere Zug, der mit der Dame: Jenny hat es heimlich mit dem Harlekin, ja, sie betrügt ihn also, und zwar nicht wenig, denn sie ist jung, und wer könnte einen Menschen lieben, den man fürchtet? Gottlieb ahnt es übrigens sehr. Man kann alles erzwingen, nur nicht Liebe. Da hilft ihm keine Zauberei; sie haßt ihn, und wie soll er auf die Dauer einen Menschen lieben können, der ihn haßt? Jenny hat auch keine Angst mehr vor seiner Unterschrift; sie ist nicht mehr der Mensch, »den er am meisten liebt«. Er versucht, die streikenden Sklaven zu überreden, Zapf vor allem, seinen früheren Schulgenossen, daß sie ihn doch endlich an ein Ufer rudern; im Augenblick, wo alle Sklaven auf Deck versammelt sind, zieht jemand den Vorhang der Kajüte auseinander: Jenny in den Armen des Harlekins – Gottlieb, und das läßt sich ja nachfühlen, greift zur letzten Unterschrift, Knall, Blitz, und am Boden liegt der Mensch, den er einzig liebt: also er selbst ... Ich fände dieses Ende, wie gesagt, sehr positiv. Natürlich ist der Teufel nicht aus der Welt. Aber keiner dieser Ruderer, siehe da, gibt ihm eine Unterschrift. Das wäre das Märchenhafte daran. Im Gegenteil, sie werfen den Harlekin sogar über Bord, gehen gemeinsam an die Ruder, um das Ufer zu erreichen, und singen dazu noch einen Choral, dieweil die Fahne der Freiheit gehißt wird. Ich habe mir auch schon überlegt, wie diese Fahne in meinem Film aussehen müßte. Ich stelle mir vor: ein Mast, sonst nichts, jedes Fahnentuch ist wieder des Teufels. –)

Kampen, Juli 1949

Endlich ein Arbeitszimmer, wie man es sich wünscht: groß und licht, bequem auf eine nüchterne Art, zwei Fenster hinaus auf das Wattenmeer, viel Platz zum Gehen, Tische, wo man Papiere ausbreiten kann, Entwürfe, alte und neue, Briefe, Bücher, Muscheln und Seesterne, Ketten von trockenem Tang – ich bin schon die dritte Woche in diesem lieben Haus – und draußen flötet der Wind, Regen prasselt gegen die Scheiben, die vom Anfall des Windes zittern, Wolken jagen über das Uferlose. Man sitzt und schaut, ganz sich selber ausgesetzt. Hin und wieder kippe ich einen Steinhäger oder zwei; man braucht das bei so viel leerem Himmel. Oder ich greife zum Feldstecher, der auf dem Sims liegt, schaue, ob jemand über die Heide stapft, ein Briefträger, ein Mensch. Das rötliche Gras, büschelweise im Winde wogend, hat das Fliehend-Bleibende von Flammen; anzusehen, als brenne der ganze Hang. Hin und wieder ein britischer Düsenjäger, der über die Insel jault. Viel Raum. Man spürt den Raum, auch wenn man nicht hinausschaut; wenn ich lese oder an der Schreibmaschine sitze oder an dem Pültchen stehe, wie eben in diesem Augenblick, es hört ja nicht auf, das Flöten des Windes, es bleibt das Gefühl, man befinde sich am Rande der Welt. Ein förderliches Gefühl; vieles macht es leichter. Noch habe ich mich keine Minute gelangweilt. Was ich an Menschenwerk sehe: sechs Häuser, weit ins Weite verstreut, jedes einsam, geduckt unter einer Kapuze aus mausgrauem Schilf. Ganz in der Ferne sieht man den Hindenburgdamm. Und natürlich einen Leuchtturm; eine verkehrte Uhr: der Zeiger steht, die Wolken fliehen dahin. Meine Unterhaltung, wenn es nicht die Arbeit ist, sind Ebbe und Flut; das Wattenmeer mit glitzernden oder schäumenden Wellen, dann wieder ist es eine Wüste von Schlick, Möwen stelzen in spiegelnden Tümpeln, ganze Rudel, anzusehen wie ein Feld von weißen Narzissen. Ein Fischerboot sitzt mit schrägem Mast auf dem schwärzlichen Grund, wartend auf die nächste Flut. Am Ufer reitet ein Mädchen mit offenem Haar.

Post: –

Zwei Freunde, Männer von literarischer und theatralischer Erfahrung, schreiben mir auf diese Insel hinaus ihre Meinung über das neue Stück (»Graf Oederland«), das noch im Werden ist. Der eine findet es jedenfalls besser als die früheren Stücke, obzwar er noch dieses und jenes wünscht; der andere findet es jedenfalls schwächer als die früheren Stücke. Wer hat recht? Beide schreiben klug, sachlich, verständlich. Eine Ermutigung zum Weitermachen, eine Ermutigung zum Verzichten. Wem soll ich nun folgen? Beide zusammen haben die Weisheit des Orakels, das im Grunde stets den gleichen Rat gibt, den einzig möglichen, den in freundliches Dunkel verhüllten:

»Entscheide dich selbst.«

Auch heute, trotz Regen, eine Stunde am Strand entlang, schräg in den stoßenden Wind gelehnt. Die Nordsee ist grün, fleckenweise auch violett. In der Ferne, irgendwo hinter dem wässernen Horizont, steht eine silberne Garbe von Sonne. Auf dem Kliff bläst ein Wind wie im Gebirge; man muß sich, um atmen zu können, auf die andere Seite drehen. Die Strandkörbe sind leer. Eine Brandung, wie ich sie noch nie gesehen habe. Ich habe die Schuhe ausgezogen, denn immer wieder kommt eine überraschende Zunge, schäumig wie Seifenwasser, dann sinken die Füße in den rieselnden Sand, am Rand der wässernen Zungen schwabbert der Schaum, Gischt der großen Brecher, er schwabbert eine Weile lang, bis der Wind ihn zerflockt; trocken wie Watte fliegt es davon. Es bleibt ein Saum von zerbrochenen Muscheln und Tang, zuweilen ein Seestern mit den Bewegungen seines blinden Lebens. Auch eine Bombe hat es angeschwemmt, leer, verrostet mit verbogenen Flügeln.

Ein nicht unbedeutender Vorteil: daß man in einem fremden Land nicht meint, man müsse allem gegenüber eine heimatliche Übereinstimmung empfinden. Man erwartet nicht, was es niemals geben kann. Schon das gibt dem fremden Land jedesmal etwas Befreiendes, Erfrischendes, etwas Festliches, was uns dann der Heimat gegenüber oft ungerecht macht. Es sind überall nur wenige, denen man zugetan sein kann. Das Ungerechte: in der Fremde bin ich dankbar für die wenigen, in der Heimat entsetzt über die Menge der andern.

Gestern ist meine liebenswerte Gastgeberin verreist; in Frankfurt erwartet man Thomas Mann – wie ich den Zeitungen entnehme: mit viel Haß...

(Der Fall, scheint mir, hat etwas Tragisch-Groteskes: ein deutscher Zeitgenosse, ein Weltmann, dem es vergönnt war, die Weltachtung der deutschen Sprache durchzuhalten, kommt nach Deutschland, aber nur wenige schauen ihm ins Gesicht, die andern glotzen auf seine Füße, warten darauf, daß er stolpere. Was werden sie dabei gewinnen? Eine Emigration ist fruchtbar geworden; das ist für jene, die diese Emigration verhängt haben, ein leidiger Anblick, und nichts ist begreiflicher als ihr wildes Bedürfnis, die Fehler dieses Mannes aufzuzeigen. Wer möchte leugnen, daß er sie hat? Auch die bekannten, von ihm selbst gepflegten, nicht immer mit Ironie gepflegten Anbiederungen an den alten Goethe, wer würde ihm einen Vorwurf daraus machen, wenn Thomas Mann nicht sonst so unbequeme Dinge geschrieben und gesprochen hätte? Für viele seiner Landsleute, selbst wenn sie sein Werk kaum kennen, ist er etwas wie eine Innenfigur geworden; sie lechzen nach Weltachtung, er hat sie, aber sie können sich nicht mit ihm verbrüdern, ohne daß sie etliches zugeben müßten, was er zu ihrem Unbehagen gesagt hat – so begnügen sich jetzt die meisten mit dem Versuch, ihm die Weltachtung abzukratzen: als könnten sie dabei gewinnen.)

Wie ich in der Nacht nach Hause gehe, traue ich meinen Augen nicht. Das Haus steht auf dem Hügelchen wie sonst, aber das ganze flache Vorland ist verschwunden. Der Weg, den ich vor Stunden noch gegangen bin, ist nicht mehr; die Lattenzäune stehen in nächtlichen Wellen, die der Mond beglänzt, ebenso die Heuhaufen. Es werde, sagen die Nachbarn, nicht weiter steigen. Immerhin – ein bißchen Sintflut ist es schon...

Heimat.

Die Summe unsrer Sitten und Unsitten, eine gewisse Gewöhnung, das Gemeinsame einer gleichen Umgebung, all das ist nicht wertlos. Am gleichen Ufer gespielt zu haben, natürlich hat es etwas Verbindendes; es für Wesensverwandtschaft anzusehen, wäre ein Irrtum, der uns früher oder später, indem wir ihn nur als Enttäuschung erleben und nicht als Irrtum erkennen, ungerecht macht. Heimat ist unerläßlich, aber sie ist nicht an Ländereien gebunden. Heimat ist der Mensch, dessen Wesen wir vernehmen und erreichen. Insofern ist sie vielleicht an die Sprache gebunden. Vielleicht; denn in der Sprache allein ist sie ja nicht. Worte verbinden nur, wo unsere Wellenlängen übereinstimmen; das wiederum heißt nicht Einverständnis, das es nirgends so häufig gibt wie unter Wesensfremden, die einander mißdeuten, sondern Erreichbarkeit, und gerade wo man sich unter anderen Bedingungen trifft, erleben wir, durch keine gleichen Gewöhnungen getäuscht, das Verwandte oft um so reiner, um so überraschender und um so dankbarer, um so fruchtbarer.

(Sinn des Reisens.)

Was ich in Deutschland suche: die Weite im Verwandten. Die anderen Größenverhältnisse spiegeln sich immer auch im Menschlichen. Viele tragen hier den Kopf etwas höher, als ihnen zukommt, und verwechseln sich gerne mit der Größe ihrer Anzahl, also mit einer Größe, deren auch die Schafe und die Läuse sich rühmen könnten; doch wo man eine wirkliche Persönlichkeit trifft, ist sie freier als im kleinen Land, unverkürzt, unverstümmelt, unverklemmt, bei gleicher Anlage hat sie meistens eine reichere Entfaltung; überall spürt man den größeren Spielraum – auch im Erfreulichen.

Man badet hier ohne alles, und das ist herrlich, man verwundert sich höchstens, wie selbstverständlich es ist. Heute liegen wir in einer Gruppe, es kommt ein junges Paar, beide im Badkleid, Bekannte, und als sie uns auf dreißig Schritte erkennen, bleiben sie stehen, machen das einzig Geziemende, streifen ihr Badzeug herunter, nehmen es in die linke Hand und kommen zur Begrüßung –.

Beim Lesen:

Es gibt immer weniger Werke, die wir wirklich bewundern können, aber die wirkliche Bewunderung wird immer größer, je länger wir uns selbst versucht haben. Bewunderung: Das könnte mir nie gelingen, und wenn ich siebenmal leben dürfte. Und vor allem, scheint mir, schärft sich der Unterschied zwischen Bewunderung und Achtung; ein Unterschied ohne Übergang. Achtung nenne ich es, wenn der andere, den ich lese, zwar weiter gekommen ist als ich, aber er geht auf der gleichen Ebene, ich werde ihn nicht mehr erreichen, aber es ist nicht unerreichbar von vornherein, er hat im wesentlichen keine anderen Mittel als ich, vielleicht hat er mehr davon, vielleicht nutzt er sie glücklicher, sein Vorsprung sei nicht geleugnet, aber sein Gelingen liegt nicht jenseits meines Begreifens. Das ist die große Mehrzahl der Schriftsteller und Dichter, die man achtet, zuweilen auch beneidet, etwa wie Sportler einander achten oder beneiden, wenn sie unterliegen – Dann aber, und das ist das Erlösende der wirklichen Bewunderung, gibt es solche, die uns von jedem Vergleiche befreien; der Unterschied ist unerbittlich klar: wir gehen – er fliegt...

(Trakl zum Beispiel.)

Von den Fliegenden, denke ich, kann der Fußgänger wenig lernen, was für ihn nicht eine Pose bliebe.

Wanderung nach Keitum. Die ersten Bäume seit Wochen; was wir Landschaft nennen: das grüne Vergessen, daß wir auf einem Gestirn wohnen. Draußen auf den Dünen vergißt man es keinen Augenblick.

Fragwürdig wie alles, was wir treiben, ist auch die Selbstkritik. Ihre Wonne besteht darin, daß ich mich scheinbar über meine Mängel erhebe, indem ich sie ausspreche und ihnen dadurch das Entsetzliche nehme, das zur Veränderung zwingen würde – das Entsetzliche, das mich doch jedesmal wieder einholt, wenn ein andrer sie ausspricht.

Eine Dame mit weißem Haar, namhafte Schauspielerin zu ihrer Zeit, umjubelt in Wien und Berlin, jetzt sitzt sie am Fenster und strickt; ich frage:

»Sie haben auch Kainz gekannt?«

»O ja.«

»Sie haben mit ihm gearbeitet?«

»O ja.«

Eine Weile schweigt sie, weiterstrickend, unschlüsssig, ob sie ihr Leben erzählen mag oder nicht. Jedenfalls hat sie keine Lust, Brosamen zu geben. Nach einer Weile, als ich mich innerlich schon auf den Weg mache, läßt sie die Strickerei doch plötzlich sinken, zum Erzählen entschlossen, aber so, wie es sich für ein erfülltes Leben geziemt: von Anfang bis Ende, gelassen, nicht weitschweifig, aber in einem großen Bogen – und die Stunden vergehen im Nu...

»Das war mein erster Erfolg«, sagt sie, nachdem sie auch das Kostüm, das sie damals getragen, mit inniger Akkuratesse beschrieben und dann mit einem lächelnden Schweigen sozusagen verabschiedet hat: »Am andern Tag meldete sich ein Herr von Hofmannsthal. Was will der? sagte ich, ich war siebzehn Jahre, ein dummes Ding, ich wußte soviel wie nichts. Später war ich oft in Rodaun, er zeigte mir ein Stück, dessen Titelrolle ich spielen sollte. Er saß am Schreibtisch, seine Frau stand in der Ecke, und ich mußte vorlesen. Er wollte es immer wiederhören. Er selber war ja ein Lispler, er schlug mit der Zunge an; wenn er sprach, hatte ich immer das Gefühl, er sabbert. Kurzum, ich sollte also die Elektra spielen. Ich glaube übrigens, er mochte mich sehr, etwas zu sehr. Ich dachte immer: Was will dieser alte Herr von mir! Damals war er knapp über dreißig. Sein Schnurrbart erinnerte mich immer an Seehunde. Später habe ich viele Briefe von ihm bekommen, leider sind sie in Düsseldorf alle verbrannt –.«

Über Wedekind:

»Ein schlechter Darsteller seiner eignen Werke, aber unvergleichlich als Bänkelsänger. Sein Doktor Schön, ich sage Ihnen: unmöglich. Sein Marquis von Keith, das ging noch. Weil er es selber war. Am besten war sein Jack, der Lustmörder. Ein Schauspieler war er nicht, aber ein Dichter –.«

Später hat sie dann doch wieder gestrickt, damit der Nachmittag nicht verloren sei, weitererzählend von Männern und Frauen, unbekümmert um ihren heutigen Ruhm oder ihre Entthronung; sie ändert ihre Liebe so wenig wie eine Mutter, wenn die Welt, die auch nur aus Menschen besteht, ihre Kinder rühmt oder schmäht, und auch ihre Verachtung bleibt unerschüttert... Wedekind, Hofmannsthal, Ibsen, Strindberg, Hauptmann, Gorki, es fallen Namen auf Namen, Kainz, Stanislavsky, Reinhardt, Valentin, Duse, Steinrück, Moissi, Jessner, Bassermann – nehmt alles nur in allem: es war doch eine Zeit, und langsam kann ich ihren Zorn schon verstehen, ihre Verachtung gegenüber den Leutchen, die sie gestern besucht haben.

»So ein Pack«, sagte sie: »so ein Pack.«

Sie ist sogar aufgestanden. »Nein, so ein Pack –.«

Die Lippen gepreßt, hart wie eine Greisin es sein kann, den Kopf schüttelnd, gefaßt, ohne es fassen zu können, was sich heutzutage tut, steht sie an der Fenstertüre, lange wortlos, beleidigt, obschon es sie nichts mehr angeht, über die eigene Person hinaus beleidigt; schließlich steckt sie die gelockerte Spange in ihr weißes Haar, wendet sich und fragt:

»Oder ist das nicht ein Pack?«

Dieselbe Insel, bei Nebel und Regen ganz ins Spukhafte verdämmert, hat plötzlich etwas Antikisches. Eine Luft wie Glas: die Ferne ist fern, aber klar und genau, ungespenstisch, heiter und endlich. Das alles gibt es auch im Norden, die blaue Finsternis des Meeres, das Lichterlohe, daß wir nicht wissen, wohin mit dem Dank für unser Dasein. Ein Tempel, ein dorischer, würde nicht überraschen; es ist aber nur ein gesprengter Bunker. Und dann, unversehens, steht da ein nackter Mensch auf der Düne, ein junger Mann, seine Hände in die Hüften gestützt; auch eine junge Frau, beide braun, herrlich wie am ersten Tag. Einen Augenblick stehen sie vor lauter Himmel. Dann gehen sie weiter über den lichten Sand, Hand in Hand, und plötzlich laufen sie, vom eigenen Übermut gejagt, verschwinden hinter den Büscheln von hohem, dürrem, wehendem Gras...

Gespräch über Ehrlichkeit.

Wenn die Ehrlichkeit darin bestünde, einfach alles zu sagen, es wäre sehr leicht, ehrlich zu sein, aber wertlos, nicht lebbar, alles zerstörend, Tugend auf Kosten der andern. Wo aber beginnt die Lüge? Ich würde sagen: wo wir vorgeben, in diesem Sinne ehrlich zu sein – kein Geheimnis zu haben.

Ehrlich sein: einsam sein.

Endlich einmal zu den Baracken, die man immer von weither sieht. Ein Lager von schlesischen Flüchtlingen. Schmutzwäsche an der Sonne, Kinder, Blechgeschirr, Arbeitslose, Kaninchenstall voll Volksgenossen, ganz abseits wie die mittelalterlichen Siechenhäuser. Nur der Staat reicht ihnen die nötige Nahrung. Man spricht nie von ihnen. Das einzige, was ich bisher gehört habe: sie haben wieder ein Huhn gestohlen! – daneben die Leute im bunten Bademantel, die glänzenden Limousinen, die es auch wieder mit deutschen Nummern gibt... Ferner denke ich an den polnischen Bauer, der uns vor einem Jahr bewirtet hat, den braven, der jetzt auf ihren Feldern pflügt, weil man ihn auch von den seinen vertrieben hat, und der ein genaues Tagebuch führt über seine Arbeit, auch über die Arbeit dieses heutigen Tages, über Saat und Ernte –.

Wem wird er es einmal zeigen müssen?

Denen mit der Limousine?

Wieder einmal Wedekind gelesen, der zu den wirklichen Theatralikern gehört, und Hauptmann. Wie oft beim Anblick ganzer Lebenswerke: was die Größe eines Lebenswerkes entscheidet, ist nicht so sehr die Größe des schöpferischen Vermögens, sondern das Verhältnis zwischen dem schöpferischen und kritischen Vermögen. Bei Hauptmann erscheint das Schöpferische oft ohne jedes Spalier, verwuchert sich in ein Solala, das mancher Mindere sich versagen würde; das Urteil hält nicht Schritt, die Schere des Gärtners kommt nicht nach. Man könnte sich auch die umgekehrte Gefahr denken: das kritische Vermögen ist überwach, voreilig, selbstherrlich, so daß es das Schöpferische, das vorerst immer einer gewissen Schonung bedarf, schon im Keime umbringt. Hier ein fruchtbares Verhältnis zu finden, eine Balance dieser beiden Vermögen, so wie sie einmal gegeben sind, das ist die stete und allereigenste Aufgabe jedes Künstlers, lösbar nur aus der eignen Erfahrung, aus dem aufmerksamen Umgang mit den eignen Bedingungen. In dieser Aufgabe ist er vollkommen einsam. Aller Rat, den wir einem Künstler geben, hilft immer nur seinem kritischen Vermögen. (Ganz abgesehen davon, daß der Ratende im Grunde immer sich selber rät.) Unter Umständen könnte es also richtig sein, daß er dem Rat seiner besten Freunde davonrennt und sich scheut, sie durch eine schlechtere Arbeit zu enttäuschen; gerade diese Arbeit, von den Freunden nur mit Bedauern hingenommen, kann für ihn wertvoller sein als das Bessere, was sie erhofft haben, wertvoller nicht als Werk, aber wertvoller für sein Schaffen, nötig für die Wiederhersellung seiner produktiven Balance. Wie wenig sich die wirklichen Künstler um ihr künstlerisches Prestige kümmern! Ihre erste Sorge ist nicht das Meisterwerk, sondern das Schaffen-Können, das Lebendig-Bleiben, selbst wenn es sie oft unter das errungene Niveau zurückwirft.

Schwimmen in der Brandung! Heute war Flut, so daß wir die Buhnen nicht sahen, die Pfosten, die von bläulich-schwarzen Miesmuscheln ganz überpanzert sind; sogleich ist man blutig. Aber sonst ist es eine Wonne ohnegleichen, fast ohnegleichen, das Springen im Gischt, dort, wo die letzten Wogen sich höhlen und dann zusammenstürzen; oft kommt es wie Lawinen, die verstäuben, und in der Abendsonne sieht es aus, als bade man in purem Messing oder Nickel.

Die Möwen:

Wie sie immer den Kliff entlangsegeln, den Hangwind nutzend, mit beinahe steifen Flügeln, schnell wie ein Pfeil, bis sie sich plötzlich, wie abgeschossen, auf das Wasser fallen lassen, eine Beute fischen, aufwirbelnd vor der nächsten Welle –

Teegespräch in einem gar tadellosen Landhaus, Stil der guten dreißiger Jahre, Klinker, Truhen aus alten Bauerngeschlechtern, Stiche, Geländer aus Schmiedeeisen, Berliner Porzellan, Kamelhaardecken, Rassehunde.

»Die Schweiz hat doch nichts gelitten!«

»Nein«, sage ich.

»Hätte Ihrer Schweiz aber ganz gut getan«, sagt die Dame: »gerade der Schweiz! Leiden ist gesund, wissen Sie –.«

Wir sitzen in einem gar tadellosen Garten, der in den guten dreißiger Jahren, wie ich später höre, manche Uniformen empfangen hat, hohe und höchste, braune und schwarze; die Aussicht ist herrlich; nur ganz am Horizont sieht man die Baracken der schlesischen Flüchtlinge, dieser Opfer eines verbrecherischen Auslandes.

Zur Schriftstellerei:

Vor Jahren habe ich als Architekt eine jener Fabriken besucht, wo unsere glorreichen Uhren gemacht werden; der Eindruck war niederschmetternder als jemals in einer Fabrik, aber noch in keinem Gespräch ist es mir gelungen, gerade dieses Erlebnis, eines der stärksten, dermaßen wiederzugeben, daß es sich auch im Zuhörer herstellte. Es bleibt, ausgesprochen, stets belanglos oder unwirklich, wirklich nur für den Betroffenen, unsäglich wie jedes persönliche Erlebnis – oder richtiger: jedes Erlebnis bleibt im Grunde unsäglich, solange wir hoffen, es ausdrücken zu können mit dem wirklichen Beispiel, das uns betroffen hat. Ausdrücken kann mich nur das Beispiel, das mir so ferne ist wie dem Zuhörer: nämlich das erfundene. Vermitteln kann wesentlich nur das Erdichtete, das Verwandelte, das Umgestaltete, das Gestaltete – weswegen auch das künstlerische Versagen stets mit einem Gefühl von erstickender Einsamkeit verbunden ist.

Wanderung nach List, Wanderdünen, zurück über die Vogelkoje, überall trifft man auf Anlagen der deutschen Luftwaffe.

Um neun Uhr scheint noch die Sonne, die Dämmerung dauert bis Mitternacht, bis sie sich fast unmerklich in Mondhelle verwandelt. Man mag nicht schlafen. Die Regenpfeifer schwärmen auch noch über die Heide. Geruch von Salz, von Tang, von Heu. Die Tümpel des Wattenmeeres gleißen wie Scherben unter dem Mond. Der Leuchtturm, der bei jedem dritten Atemzug meinen warmen Heuhaufen bescheint, hat etwas rührend Arbeitsames in dieser großen Stille. Ein andrer blinkt drüben an der dänischen Küste, aber sehr winzig. In einer Umzäunung weiden zwei Pferde. Oft hält man den Atem an, als müsse jeden Augenblick etwas Unglaubliches geschehen. Ein Pferd hat sich geschüttelt, weiter nichts. Eine erregende, unerlöste Stille, wie sie einem Engel vorausgehen müßte –

Einmal eine Sternschnuppe.

Reminiszenz

Das Teegespräch mit einer braunen Dame – Unter dem Allerlei, was mir dazu einfällt, findet sich die kleine Erinnerung an meine letzten Diensttage, April 1945 in Graubünden. Ich ging oft an die Grenze, unterhielt mich mit den deutschen Wachen; es waren lauter ältere Jahrgänge, zehn Männer, die nicht einverstanden waren, dazu zwei Braune. Einer von den zehn, der ein ungewöhnlich liebes Gesicht mit fast kindlichen Augen hatte, war aus Rothenburg. Sein Ausspruch: Immer wieder kommt der Krieg über unser armes deutsches Volk! Wir betrachteten den Abend und sprachen über den Frühling, über die Vögel, über das Wetter. Er war Familienvater, Katholik, sein Sohn war in Rußland gefallen. Wir vereinbarten, daß ich an dem Tag, wo Rothenburg von den Amerikanern genommen ist, einen bestimmten Stein aus der Mauer reiße. Denn sie konnten nur an die Grenze kommen, wenn sie Dienst hatten. Sie waren froh um Tabak und Nachrichten... Tagsüber hatte ich einen Posten oben im Wald, wo man mit dem Scherenfernrohr das ganze Tal überwachte. Im Morgengrauen sah ich jedesmal den Ausmarsch der Zwangsarbeiter, sah, wie sie die Hände rieben und endlich zur Schaufel griffen, sah die deutschen Wachen, die danebenstanden mit umgehängtem Gewehr und an den Füßen froren, während ich schon die

Sonne hatte. Zu melden gab es wenig; hin und wieder eine feldgraue Limousine, die von Italien nach Österreich eilte, stundenlange Kolonnen während der Nacht, tagsüber eine Bäuerin auf dem Feld. Ich erinnere mich genau an das tiefenlose Bild, das man im Scherenfernrohr hat, an den lautlosen Film mit den Gesten der Sprechenden, dann wieder ein Wölkchen aus der Pfeife, gegen zehn Uhr bekamen die Sklaven ihr erstes Frühstück... Am Abend, wenn ich frei war, ging ich wieder an die Grenze hinunter, hockte auf die Felsen, bis einer mich sah und kam. Einer war ein Berliner, immer etwas übermunter erzählte er von seinen Verwandten in der Schweiz, wo es gewiß nicht an Speck und Butter fehlte. Und Schlagrahm! Noch könnten sie leider nicht herüberkommen, sagte er, denn die »Beiden« ließen sie nicht aus den Augen. Auch dieser war von einer rührenden Naivität. Seit Jahren bewachten sie die fremden Sklaven, die auch Frau und Kinder haben, sie bewachten sie nicht mit Vergnügen, das glaubte ich ihnen ohne Zögern, und infolgedessen erschien es ihnen als ein beispielloses Unrecht, wenn sie ihrerseits – wo sie doch nichts verbrochen hatten – in eine Gefangenschaft geraten sollten. Ich hielt es für geziemend, zu hören, nicht zu sprechen. Dabei hörte ich viel von den »Beiden«, die jeden, der muckst, noch heute umlegen würden. Nur einmal fragte ich: Was macht ihr mit den beiden, wenn es vorbei ist?

Einer sagte:

»Die soll der Teufel holen –.«

So standen wir da; den Teufel habe ich nicht gesehen, nur die Männer: jeder mit einem Gewehr und einem Gürtel voll Patronen... Und mit einer Pfeife – Schüsse habe ich nie gehört, das Tal war still, friedlich, unheimlich, wir drehten an unserem Scherenfernrohr, um zehn Uhr bekamen die Sklaven wieder ihr Frühstück, Berlin war erstürmt, Goebbels verstummt, zu hören war nichts als der schmelzende Schnee, das Tropfen, manchmal plumpste ein ganzes Kissen von den Tannen herunter, zu sehen war nichts als das Tal, das Hin und Her der deutschen Wachen, die Felsen in der Sonne, das Drahtverhau, die vermooste Grenzstraße. Zu melden: Übergänger aller Art, die es während der

Nacht wagten. Mit der ersten Morgensonne kamen sie dann herunter, und gegen Mittag erreichten sie unseren Posten, hinkend, halb verfroren, zerschunden, meistens Franzosen, einmal zwei Russen. Täglich wurden es mehr. Einmal ein sehr junger Leutnant der Wehrmacht. Ich hätte gerne mit ihm gesprochen; ein schönes kluges Gesicht, ein Jüngling aus gutem Stall. Aber er hatte schon genug aufdringliche Leute um sich. Vor allem erinnere ich mich an zwei junge Burschen aus Belfort, die vor drei Jahren verschleppt worden waren; Neunzehnjährige. Sie waren von Stuttgart gekommen in einem ziemlichen Bogen; beide in den Kleidern, die sie damals in Belfort getragen haben; der eine war ein kränklicher Bursche, ein proletarisches Kind, der andere aus noblem Haus, ein dreister und abgebrühter Gangster, den sie schon zweimal auf der Flucht erwischt hatten. Zum Schluß winkte er ins Tal hinaus: Deutschland, rief er, adieu! Dazu spuckte er in hohem Bogen. An dem Tag, als ein Mann von der Waffen-SS kam, war ich leider auf Urlaub; mein Freund, dem ich vertraue, schilderte ihn als einen Entsetzten, jedenfalls hatte er viel erzählt, und meine Kameraden schilderten mit glänzender Übereinstimmung, wie die Ausrottung eines ukrainischen Dorfes vor sich geht. Wir wußten damals schon viel; endlich berichtete einer, der dabei gewesen war... Eines Morgens, als ich wieder an dem Scherenfernrohr saß, traute ich meinen Augen nicht: auf der Straße, wo wir bisher nur die deutschen Posten und manchmal eine alte Bäuerin erblickt hatten, erschienen sie in ganzen Kohorten, Zwangsarbeiter, die ohne Bewachung marschierten. Ich richtete das Fernrohr auf die Brücke; die deutschen Wachen waren bereits dabei, die Spanischen Reiter abzuziehen. Die Kohorte ging über die Brücke, die in den vergangenen Jahren so mancher einzelne hätte überschreiten wollen, und nicht wenige haben es versucht, aber die meisten hat irgendwo eine Salve erreicht. Die Kohorte ging wirklich über die Brücke, und obschon auf unsrer Seite niemand war, winkten sie mit Mützen und Tüchern. Ich nahm das Telefon und meldete: Friede. Das war leider verfrüht, aber in der Tat kamen immer neue Kohorten, nach meiner Ablösung ging ich an die Grenze hinunter. Viele sangen, vor allem die Franzosen. Auch Frauen waren dabei, eine junge Holländerin. Dazwischen Kriegsgefangene, Gesichter aus allen Völkern. Natürlich hatten wir alle Zigaretten gekauft, die es in dem kleinen Wirtshaus gab, und verteilten, soweit der Vorrat reichte; da sie kein Feuer hatten, gab es sich von selbst, daß man immer wieder ein einzelnes Gesicht ganz aus der Nähe sah. Die meisten hatten das Bedürfnis, etwas zu sagen:

»Ik – finf Jahr!«

Andere versuchten klarzumachen, wie viele Kinder sie hatten. Einer mit geschorenem Kopf, dessen Sprache ich nicht einmal erraten konnte, umarmte mich, küßte mich, wie mich einmal ein griechischer Bauer geküßt hat, und heulte vor Freude... Daneben standen die deutschen Wachen, der Berliner, der Rothenburger, der schwieg, während der andere sehr leutselig winkte:

»Gute Reise, viel Glück, gute Reise!«

Kurz darauf wurden wir versetzt. An der italienischen Grenze war es nicht minder rege. Am Ofenpaß erstellten wir Baracken für die Flüchtlinge, andere waren auf Patrouille. Selten kamen sie allein zurück. Besonders genau erinnere ich mich an einen Deutschen in Zivil, elend, hungrig, müde, denn in der Höhe lag noch viel Schnee, nachtsüber gefroren und harsch, tagsüber weich, so daß man bis zu den Hüften einsank. Wir setzten ihn an den Ofen, der unsere kleine Baracke wärmte. Suppe essend, die er nötig hatte, versicherte er, daß er nur nach Haus wollte, nach Köln, wo er für Frau und Kinder sorgen müßte, und alles war sehr begreiflich, sehr nachfühlbar, nur lag es nicht an uns, ob unser »Ländle« ihn aufnahm oder nicht. Wir warteten über zwei Stunden. Unser Korporal, ein Quatschkopf auf der ganzen Linie, gab ihm Zigaretten, zuerst einzelne, dann ein ganzes Päcklein, verbunden mit einem Eigenlob unsrer Güte, das zum Ausspucken war. Schließlich wies ich den Schwätzer zurecht, leider erfolglos, denn der arme Kölner unterstützte ihn mit beflissener Schmeichelei, als könnte dieser an der fälligen Entscheidung irgend etwas ändern. Die beiden waren sich ebenbürtig. Eine Wendung dieses leidigen Gespräches brachte erst eine illustrierte Zeitung, die zufällig auf dem Tisch lag. Ob er sie anschauen dürfte, fragte er höflich, er hätte seit Wochen keine Zeitung mehr gesehen. Es war eine alte. Die Leiche des erschossenen Duce, anzusehen wie eine umgekippte Statue. Er betrachtete es wortlos, blätterte weiter. Bilder von Warschau, schreckliche. Der Mann war sehr betroffen, schob die Zeitung weg und versuchte zu schweigen; erst nach einer Weile, als ich es nicht mehr erwartete, sagte er:

»Wenn eure Zeitungen solche Bilder bringen, wundert es mich nicht, daß man uns haßt.«

Dazu fiel mir nichts ein.

»Das glaube ich nicht«, sagte er versöhnlicher: »das machen Deutsche nicht. Ich bin selber bei der Wehrmacht gewesen – Nein!« sagte er mit einem entschiedenen Kopfschütteln und mit dem Ton eines Menschen, der allein zuständig ist: »Wie sie die Juden umgelegt haben damals in Riga und später in Rußland, das habe ich selber gesehen – aber das, nein, das glaube ich nicht! Unmenschen sind wir nicht.«

Damals habe ich kein Tagebuch geführt, doch diesen Satz habe ich mir aufgeschrieben. Später kam der Befehl, der Mann müsse wieder zurück. Er wurde sehr bleich. Während ich, da die Ablösung an mir war, Helm und Gewehr nahm, fluchte er natürlicherweise über unser Land, über Humanität und so. Der Weg war schmal; er stapfte voran, ich hinterher. Gesprochen haben wir wenig. Gerne hätte ich vieles gefragt, es ging aber schon äußerlich nicht. Ich hatte das Gefühl, als wären wir zu dritt: er und ich und ein geladenes Gewehr. Ich ging etwa zehn Meter hinter ihm. Er hatte den Rockkragen aufgestülpt, die Hände in den Hosentaschen. Ein sonniger Nachmittag; zuweilen dachte ich an die Wälder von Riga, und er kam mir wie ein erfahrener Mann vor, einer, der geschossen hat; ich dagegen hatte bisher nur auf Scheiben geschossen. Eine deutliche Herablassung, die er mir gegenüber hatte, kam vielleicht aus dieser Gegend; das Gewehr und ich hatten zusammen etwas Lächerliches, ich empfand es selbst. Wir hatten etwa eine Stunde zu gehen. Zuerst durch die Schlucht, wo der Schnee wie Porzellan aussah; der Mann fror wie ein Hund. Später durch offenen Wald; Sonne, Spuren von Ski, Stille, ein gefrorener Wasserfall, Spuren von Hasen, ein dunkelblauer Himmel, dazu das lichte Gold der besonnten Felsen. Einmal rauchten wir zusammen eine Zigarette. Er versicherte mir, daß er es anderswo schon schaffen würde, und zwar noch in dieser Nacht. Er hatte ein schmales, etwas schiefes Gesicht mit hellen Augen; ihr Blick war ebenso wach wie unbestimmt. Ich war froh, daß er nicht die Uniform trug. Gelegentlich gingen wir weiter; er lächelte. Ich glaube mich nicht zu täuschen, wenn ich es als ein Lächeln von gemeiner Verächtlichkeit bezeichne. Es war, als spürte er meine Unsicherheit; ich wußte nicht, was ich ihm zutraute, was nicht, und jedenfalls nahm er mich für den Dummen. In der Tat hatte ich alles andere als das Gefühl, der Überlegene zu sein. Das Gewehr gehörte eigentlich zu ihm; ein dummer Zufall hatte die Rollen vertauscht. Dabei blieb es. An der Grenze wollte er nur wissen, wie spät es wäre...

»Vier Uhr«, sagte ich.

»Na ja«, sagte er –

Wir verzichteten beiderseits darauf, etwas wie eine Floskel zu sagen; während ich damit beschäftigt war, meine Mütze über die Ohren zu ziehen, stapfte er weiter hinunter auf die andere Seite, es war ein kleines Päßlein, eine völlig menschenleere Gegend. Ich wartete noch etwa eine Stunde. Wenigstens in unserem Abschnitt, und hier mußte jeder durch die Schlucht hinunter, sahen wir ihn nicht mehr. Dafür andere. Unsere Baracken waren bald überfüllt, die Erschöpften fuhr man mit Lastwagen hinunter nach Zernez, besonders die Frauen und Kinder, die übrigen pilgerten zu Fuß, Grüppchen um Grüppchen. Auch hier gab es etliche, die sangen. Der Krieg war zu Ende, die Kapitulation war unterschrieben. Übrigens war fast allen, die ich habe sprechen können, eins gemeinsam: das Verlangen nach jenen Dingen, die so gerne der Verachtung ausgesetzt sind, nach dem Zuhause, nach der Familie, nach der Arbeit. Ich hatte damals gerade infolge dieser Begegnungen eine unschwärmerische Zuversicht, daß der Friede zu machen sei. Als letzte hatte ich eine deutsche Gruppe zu bewachen, Zöllner in Uniform, die sich bitterlich über die italienischen Partisanen beschwerten; nämlich man hatte ihnen sämtliche Uhren abgenommen. Andere klagten über ihre Füße und unsere mangelhafte Organisation, denn wir mußten sie im Regen draußen warten lassen. Ihnen zugeteilt, da ebenfalls ein Deutscher, war ein Mann in Zivil, ein schweigsamer Mensch, der sich lange abseits hielt; später platzte er, nannte sie eine dämliche Bande, dann Bluthunde, schließlich hielt er ihnen vor, wie sie die italienische Bevölkerung behandelt hätten und so weiter. Er selber, zeigte sich, war ein Deserteur. Die Szene war grausig; denn es war noch keineswegs sicher, ob sie nicht selbander über die Grenze zurück mußten. Je mehr die Uniformen schwiegen, um so offener packte der andere aus. Zum Glück mußten sie nicht zurück. Zu Hause, meinte er später, würde er mit denen schon fertig. Beim Abmarsch ging er mit sichtlichem Abstand. Ich mußte sie noch einige Kilometer begleiten. Er war ein Münchner; auf dem Marsch erzählte er noch weiter, was er auf dem Herzen hatte. Aber zu Hause, versicherte er, zu Hause würde man mit denen schon fertig. Meinerseits hatte ich mich nicht einzumischen. Ich begleitete sie bis zum nächsten Posten, wortlos, nicht gleichgültig –.

Westerland

Wieder einmal Zeitungen gelesen:
»Wiederbewaffnung Deutschlands –?«
(Durch Amerika.)

Kampen, August 1949

Was wir erleben können: Erwartung oder Erinnerung. Ihr Schnittpunkt, die Gegenwart, ist als solche kaum erlebbar: weswegen es selten gelingt, eine Landschaft zu beschreiben, solange man sie vor Augen hat. Zwar versuche ich es jedesmal wieder; das Ergebnis ist stets das gleiche: Krampf. Es steht auch gar kein echtes Bedürfnis dahinter. Solange ich alldies vor Augen habe, wozu soll ich es beschreiben? Jetzt ist Sehenszeit.

Ganz überspitzt: wer ein Schafott besteigt, erlebt die Angst vor dem Beil, nicht das Beil. Und wenn einer auf dem Schafott begnadigt worden ist, dürfen wir kaum annehmen, daß der Mann nichts erlebt habe. Noch kein Mensch hat seinen Tod erlebt; jeder erlebt die Todesangst, die Erwartung –

»Wir, die wir den Krieg erlebt haben –«

(Abgesehen von allem übrigen, was sich zu diesem immer wiederkehrenden Ausspruch sagen ließe, ist es komisch, wenn ein Mensch sich mit seinem Erlebnis brüstet: statt daß er uns zeigt, was das Erlebnis aus ihm gemacht hat – oder was er aus seinem Erlebnis gemacht hat.)

Verwechslung zweier Begriffe: erleben und dabei sein.

Das weitaus meiste, was Menschen erleben, liegt wohl im Bereich der Ahnung; schon der andere Bereich der Erlebbarkeit, die Erinnerung ist viel kleiner. Wäre es nicht so, gäbe es überhaupt keine Dichter, nur Reporter, und es gäbe vor allem auch keine Leser. Was tut denn der Leser, indem er ein Buch aufschlägt? Er verläßt sein Dabeisein, da es ihn nicht erfüllt; er begibt sich in den Bereich seiner Ahnung: um etwas zu erleben.

Hamburg, September 1949

Ausfahrt in der Morgenfrühe, Nebel über den Sandbänken, später die blanke Bläue über der offenen See. Ein paar Stunden ohne Küste. Gegen Abend fahren wir die Elbe hinauf; Parade der ausfahrenden Dampfer, jeder mit einer Schleppe von braunem Rauch. Möwen, Bojen, Leuchttürme. Und dann, je näher wir dem Hafen kommen, das Gewirr der Kranen, Schlepper, Kutter, Maste aller Art und aller Größen, Baggerschiffe, eine schwimmende Ruine aus Rost, Yachten, blank und spielerisch, Takelwerk, Fabriken dahinter und Schuppen ohne Zahl, Schlote, Gasometer, alles hat die gleiche verölte Schwärze, ob Eisen oder

Stein oder Holz – Menschenwelt: Güterzüge, Brücken, Straßenbahnen, Schleusen, Lastwagen, Flugzeuge, eine Milchstraße von Glühbirnen ... Jetzt ein Gewitter über der Alster, anzusehen wie das Schlußfeuerwerk eines Sommers, das mit Donnern nicht spart, oft in nächster Nähe schmetternd, daß man meint, nachher müßte man taub sein, dazu das Rauschen und Tosen in den Wipfeln einer alten Allee, Regen jagt mit klatschenden Fahnen über Dächer und Terrassen und See, über den Straßen schwebt es wie weißlicher Nebel, ein Schleier von Spritzern; nebenan die Ruine einer Villa, im Nächtlichen schimmernd wie andere Villen; dann aber, sooft ein Blitz sie durchzuckt, sieht man, daß sie keine Stockwerke mehr hat, und die Fassade erscheint wie eine schwarze Larve; dazu das übermütige Gurgeln aus einer überlaufenden Dachtraufe.

Unterwegs

Nationalistisch: wenn ich die Forderung, die meine Nation an mich stellt, allen anderen Forderungen überordne und einen anderen Maßstab als den Vorteil meiner Sippe nicht anerkenne; wenn ich sittliche Gebote, zum Beispiel christliche, zwar im Munde führe und sogar vertrete, solange meine Nation nichts dagegen hat, aber nie und nimmer, wenn sich diese Gebote einmal gegen meine Nation richten; wenn ich zu jeder Tat bereit bin, selbst wenn sie nach meinen sittlichen Begriffen ein Verbrechen ist, und wenn ich sie dennoch mit Stolz, mindestens mit Gehorsam verrichte, um ein guter Hottentotte zu sein; wenn ich nichts Höheres kenne als meinen Trieb und vor diesem auf die Knie falle, indem ich meinen Trieb, ins Millionenfache meiner Nation vergrößert, für etwas Geistiges halte, für das Geistige schlechthin, dem alles und endlich auch sein Gewissen aufzuopfern rühmlich ist, tugendhaft – kurzum, wenn ich ein Nihilist bin: ohne den Mut dazu.

Wenn der Unselige, der mich gestern besucht hat, ein Mann, dessen Geliebte es mit einem andern versucht, wenn er ganz sicher sein könnte, daß die Gespräche eines andern, die Küsse eines andern, die zärtlichen Einfälle eines andern, die Umarmung eines andern niemals an die seinen heranreichen, wäre er nicht etwas gelassener?

Eifersucht als Angst vor dem Vergleich.

Was hätte ich sagen können? Eine Trauer kann man teilen, eine Eifersucht nicht. Ich höre zu und denke: Was willst du eigentlich? Du erhebst Anspruch auf einen Sieg ohne Wettstreit, verzweifelt, daß es überhaupt zum Wettstreit kommt. Du redest von Treue, weißt aber genau, daß du nicht ihre Treue willst, sondern ihre Liebe. Du redest von Betrug, und dabei schreibt sie ganz offen, ganz ehrlich, daß sie mit Ihm verreist ist – Was, mein Freund, willst du eigentlich?

Man will geliebt sein.

Nur in der Eifersucht vergessen wir zuweilen, daß Liebe nicht zu fordern ist, daß auch unsere eigene Liebe, oder was wir so nennen, aufhört, ernsthaft zu sein, sobald wir daraus einen Anspruch ableiten...

Wie ist es möglich, daß sich die Eifersucht, wie es denn öfter vorkommt, sogar auf Tote beziehen kann, die mindestens als leibliche Gestalt nicht wiederkommen können?

Nur aus Angst vor dem Vergleich.

Ferner weiß jeder, daß er für die Frau, der er in Eifersucht gegenübertritt, alles andere als gewinnend ist. Seine Eifersucht, offensichtliche Angst vor dem Vergleich, ist für sie nicht selten die erste Ermunterung, sich umzusehen, Vergleiche anzustellen. Sie wittert plötzlich seine Schwäche. Sie blüht geradezu unter seiner Eifersucht – mit Recht findet er sie schöner als je! – blüht in neuer unwillkürlicher Hoffnung, daß ihre Liebe (denn warum hätte er sonst solche Angst?) offenbar noch ganz andere Erfüllungen erfahren könnte...

Männer, die ihrer Kraft und Herrlichkeit sehr sicher sind, wirklich sicher, und Weiber, die ihres Zaubers sicher sind, so sicher, daß sie beispielsweise nicht jedem Erfolg ihres Zaubers nachgeben müssen, sieht man selten im Zustand der Eifersucht. Dabei fehlt es auch ihnen nicht an Anlaß! Aber sie haben keinen Grund zur Angst, und zwar kennen sie den Verlust, die brennende Wunde, die keiner Liebe erspart bleibt, doch kommen sie sich darum nicht lächerlich vor, nicht verhöhnt, nicht minderwertig. Sie tragen es, nehmen es nicht als Niederlage, sowenig wie das Sterben eine Niederlage ist, machen kein Geheul über Untreue, und die Frau, der sie eines Tages nicht mehr genügen, beschimpfen sie nicht als Hure, was sowieso meistens ein falsches, unpassendes Wort ist –

Der Raub der Sabinerinnen – welcher gesunde und einigermaßen aufrichtige Mensch, Mann oder Weib, ist nicht auf seiten der Räuber? Umsonst besinne ich mich auf ein Kunstwerk, das uns die armen Sabiner zeigte, um uns zu erschüttern.

Und die Tugend?

Sabiner, die sich auf die Tugend ihrer Sabinerinnen verlassen müssen, tun uns leid, selbst wenn die Tugend hält. Sie sind Inhaber ihrer Weiber, gesetzlich geschützt, von Staat und Kirche versichert gegen jeden Vergleich, und damit sollen sie nun glücklich sein: bis die Räuber über den Berg kommen, bis die Welt es hören wird, wie die Sabinerinnen jauchzen, wenn ihre Tugend endlich nichts dagegen vermag, daß sie in den Armen der Stärkeren liegen.

Oh, die Angst vor diesem Jauchzen!

Die Sprache schon meint es nicht gut, wenn sie vom Gehörnten redet oder vom Hahnrei, ein besseres Wort hat sie nicht, und es ist kein Zufall, daß die Eifersucht, wie bitter sie auch in Wahrheit schmeckt, so viele Possen füllt. Immer droht ihr das Lächerliche. Sogar Kleist, der Tragiker, muß es in eine Komödie wenden, wenn er den Amphitryon zeigt, der immerhin von einem Zeus betrogen wird. Offenbar ist die Eifersucht, obschon sie Entsetzliches anzurichten vermag, nicht eine eigentlich tragische Leidenschaft, da ihr irgendwo das Anrecht fehlt, das letzte, das ihr die Größe gäbe –

Othello?

Was uns an Othello erschüttert, ist nicht seine Eifersucht als solche, sondern sein Irrtum: er mordet ein Weib, das ihn über alles liebt, und wenn dieser Irrtum nicht wäre, wenn seine Eifersucht stimmte und seine Frau es wirklich mit dem venezianischen Offizier hätte, fiele seine ganze Raserei (ohne daß man ein Wort daran ändern müßte) unweigerlich ins Komische; er wäre ein Hahnrei, nichts weiter, lächerlich mitsamt seinem Mord.

Warum übrigens ein Mohr?

Othello oder Der Mohr von Venedig, heißt der ganze Titel. Othello ist in erster Linie nicht ein Eifersüchtiger, sondern ein Mohr, also ein Mensch aus verachteter Rasse. Sein persönlicher Erfolg, den er soeben errungen hat, ändert nichts an seinem verwundeten Selbstvertrauen. Man achtet ihn zwar: obschon er ein Mohr ist. Es bleibt das Obschon, das er spürt, es bleibt seine andere Haut. Er leidet an seinem Anderssein; hier wurzelt die Tragödie, scheint mir, und so entwickelt sie sich auch. Noch handelt es sich nicht um Eifersucht; aber hinter allem, wie ein Schatten, steht jenes Gefühl von Minderwert, und der Mohr ist ehrgeizig, wie wir es alle sein müssen in dem Grad, als wir Mohren sind. Der einzige, der dafür eine Nase hat und die Wunde wittert, ist der verwundete Jago, dessen erste Worte, soviel ich mich erinnere, Worte eines verletzten Ehrgeizes sind. Er wie kein andrer weiß, wie er den erfolgreichen Mohren vernichten kann: durch seine eigne Mohrenangst, seine Angst vor dem Minderwert. Mit diesem Gefühl muß Jago arbeiten, wenn er sich rächen will, und das will er ja. Das allgemeinste Gefühl von Minderwert, das wir alle kennen, ist die Eifersucht, und der Griff auf beide Tasten, den Shakespeare hier macht, ist ungeheuer. Er deutet das eine mit dem andern. Das besondere, scheinbar fremde Schicksal eines Mannes, der eine andere Haut oder eine andere Nase hat, wird uns erlebbar, indem es in einer verwandten Leidenschaft gipfelt, die uns bekannt ist; die Eifersucht wird beispielhaft für die allgemeinere Angst vor dem Minderwert, die Angst vor dem Vergleich, die Angst, daß man das schwarze Schaf sei –.

Wenn Othello kein Mohr wäre?

Man könnte es versuchen – um festzustellen, daß das Stück zusammenbricht, daß es seine wesentliche Metapher verliert; um einzusehen, daß der Eifersüchtige immer ein Mohr ist.

Café Odeon

Rußland hat ebenfalls die Atombombe.

Nochmals Eifersucht

Einmal habe ich die Eifersucht bis zum Rande erlebt, gräßlich, habe eine Waffe gekauft und im Wald, nach einem zehnstündigen Marsch, Probeschüsse veranstaltet. Bisher kannte ich nur das Schießen mit Gewehr und Haubitze; dagegen hatte die Handwaffe etwas Flinkes, Lustiges, Persönliches, etwas Sportliches. Im übrigen war es mir natürlich sehr ernst. Es war November, Vollmond, Nebel über den Feldern. Um Mitternacht, bevor die Wirtschaften geschlossen würden, betrank ich mich nochmals in einem Dorf, wanderte dann weiter, bis ich vor Erschöpfung erbrechen mußte. Das war im Morgengrauen. Etwas leichter war mir schon, leichter als in all den vergangenen Wochen, deren Abende ich oft als Wachposten verbracht hatte. Ich wusch mich an einem kalten Brunnen auf offenem Feld, das Lächerliche war mir sehr bewußt, dennoch war das Ganze, worüber man nach Jahren ein etwas billiges Lächeln hat, alles andere als eine Schnurre. Nüchtern in jedem Sinn, zu müde für jede Pose, entsicherte ich nochmals die erprobte Waffe, ging weiter auf der morgengrauen Straße, bis ich etwas Lebendiges erspähte, eine Krähe, die auf einem elektrischen Mast hockte. Ich schoß. Die Krähe, aufflatternd, verließ die Isolatoren, deren einen ich, nach dem Geklirr zu schließen, getroffen hatte, und landete nach einer kurzen Schleife, als ginge die Geschichte sie nichts an, gelassen auf einem kleinen kahlen Birnbaum, näher als zuvor. Ich schoß. Die Krähe, aufflatternd wie zuvor, taumelte auf den Acker. Also getroffen. Als ich hinzutrat, flatterte sie neuerdings mit wilden Schlägen, flog, als wäre nichts gewesen, mindestens hundert Meter, bis sie in die Weiden eines angrenzenden Sumpfes taumelte. Ich stapfte auch dorthin. Stacheldraht, Gräben, Umwege. Meine Schuhe waren Lehmklumpen, meine Hosen klatschnaß, bis ich das Biest, das immer wieder einmal auf dem Boden umherwirbelte, endlich hatte, so, daß ich meinen Fuß auf seinen verschmutzten Flügel setzen und ihm die dritte Patrone geben konnte, die letzte, die ich hatte. Auf der Landstraße erschien der erste Radfahrer, ein Arbeiter mit Rucksack. Damit war die Geschichte erledigt. Indem ich die tote Krähe, die, an den Flügelspitzen ergriffen, eine überraschende Spannweite zeigte, ihrem Totsein überließ und auf die Straße zurückstapfte, erinnerte ich mich zwar sofort wieder an die Geschichte; aber sie erschien bereits in großer Ferne, nicht von heute, eine Erinnerung. Den Mann, dem sie plötzlich den Vorzug gegeben, habe ich nicht gekannt; ich wußte nur, daß er erheblich älter war... Ein nächstes Mal, könnte ich mir denken, wird er erheblich jünger sein... Jedenfalls wird er immer eine Eigenschaft haben, die wir ihm um nichts in der Welt streitig machen können und es wird immer, wenn es so weit ist, ein satanischer Schmerz sein.

Wenn es so weit ist: wenn der Blick zweier Augen, der Glanz eines vertrauten Gesichtes, den du jahrelang auf dich bezogen hast, plötzlich einem andern gilt; genau so. Ihre Hand, die dem andern in die Haare greift, du kennst sie. Es ist nur ein Scherz, ein Spiel, aber du kennst es. Gemeinsames und Vertrautes, jenseits des Sagbaren, sind an dieser Hand, und plötzlich siehst du es von außen, ihr Spiel, fühlend, daß es für ihre Hand wohl keinen Unterschied macht, wessen Haar sie verzaust, und daß alles, was du als euer Letzteigenes empfunden hast, auch ohne dich geht; genau so. Obschon du es aus Erfahrung weißt, wie auswechselbar der Liebespartner ist, bestürzt es dich. Nicht allein daß es nicht weitergeht, es bestürzt dich ein Verdacht, alles Gewesene betreffend, ein höhnisches Gefühl von Einsamkeit, so als wäre sie (du denkst sie auch schon ohne Namen) niemals bei dir gewesen, nur bei deinem Haar, bei deinem Geschlecht, das dich plötzlich ekelt, und als hätte sie dich, sooft sie deinen Namen nannte, jedesmal betrogen...

Anderseits weißt du genau:

Auch sie ist nicht die einzigmögliche Partnerin deiner Liebe. Wäre sie nicht gewesen, hättest du deine Liebe an einer anderen erfahren. Im übrigen kennst du, was niemanden angeht, nur dich: deine Träume, die das Auswechselbare bis zum völlig Gesichtlosen treiben, und wenn du nicht ganz verlogen bist, kannst du dir nicht verhehlen, daß alles, was man gemeinsam erlebt und als ein Letzt-Gemeinsames empfunden hat, auch ohne sie gegangen wäre; genau so. Nämlich so, wie es dir überhaupt möglich ist, und vielleicht, siehe da, ist es gar nicht jenes Auswechselbare, was im Augenblick, da ihre Hand in das andere Haar greift, einen so satanischen Stich gibt, im Gegenteil, es ist die Angst, daß es für ihre Hand vielleicht doch einen Unterschied macht. Keine Rede davon: Ihr seid nicht auswechselbar, du und er. Das Geschlecht, das allen gemeinsame, hat viele Provinzen, und du bist eine davon. Du kannst nicht über deine Grenzen hinaus, aber sie. Auch sie kann nicht über die ihren hinaus, gewiß, aber über deine; wie du über die ihren. Hast du nicht gewußt, daß wir alle begrenzt sind? Dieses Bewußtsein ist bitter schon im stillen, schon unter zwei Augen. Nun hast du das Gefühl wie jeder, dessen Grenzen überschritten werden und dadurch sozusagen gezeigt, das Gefühl, daß sie dich an den Pranger stellt. Daher bleibt es nicht bei der Trauer, hinzu kommt die Wut, die Wut der Scham, die den Eifersüchtigen oft gemein macht, rachsüchtig und dumm, die Angst, minderwertig zu sein. Plötzlich, in der Tat, kannst du es selber nicht mehr glauben, daß sie dich wirklich geliebt habe. Sie hat dich aber wirklich geliebt. Dich! – aber du, wie gesagt, bist nicht alles, was in der Liebe möglich ist...

Auch er nicht!

Auch sie nicht!

Niemand!

Daran müssen wir uns schon gewöhnen, denke ich, um nicht lächerlich zu werden, nicht verlogen zu werden, um nicht die Liebe schlechthin zu erwürgen –.

Arles, Oktober 1949

Avignon, Nîmes, Arles – man hält sich an Monumente, schön, aber einmal setzt man sich, bestellt einen Wein, schaut auf die Straßen hinaus: Städte als Gesicht unseres Menschseins. In fremden Städten, ohne den Schutz einer Gewöhnung, spürt man es krasser; vor allem, wenn es nicht die eigene Sprache ist, die ringsum gesprochen wird... Wozu das alles?... Ich stecke mir eine Zigarette an, es könnte auch eine ganz andere Stadt sein, man sitzt immer vor dem Rätsel eines Ameisenhaufens. Frage nicht wozu! Sie gehen halt hin und her, weil sie leben. Sie leben einfach. Schön. Das heißt, viele leben auch nicht schön, beispielsweise in Gassen, die ewiglich nach Ausguß stinken, aber das riechen sie nicht, Gewöhnung ist alles, jedenfalls leben sie, sie gehen oder sitzen, sie plaudern zusammen, und einer kommt gerade von der Jagd aus der Camargue, stellt die Flinte an die Mauer, bestellt einen Kaffee und erzählt von den Mücken, die ihn behindert haben. Möchte ich dieser Jäger sein? Oder sonst ein Bürger von Arles, beispielsweise der zweifellos sehr angesehene Herr zur Linken? Ich pfeife auf sein Ansehen, auf das Ansehen in Arles. Komisch. Wieso soll ein Ansehen anderswo tröstlicher sein, wesentlicher... Der Kellner bringt unseren Wein, Vin du pays – Culture, beginnend bei Agriculture, und dann, nach einigen Jahrtausenden voll Historie, eine Stadt wie diese oder andere, Autobusse, Läden voll bunter Flaschen, ein Anblick, der mich vor Verzückung jedesmal zum Verweilen zwingt, Weine, Liköre, Flaschen aller erdenklichen Arten, die beseligende Fülle des Unnötigen. Länder des Weines und der Muße, der Kultur, Muße und Wohlleben als unerläßliche Voraussetzung aller Kultur. Ein Laden voll Gemüse und Gefisch, ein Laden voll spielerischer Spirituosen, ein Laden voll Bücher, voilà, das ist unser Weg: vom Bedürfnis zum Spiel, vom Materiellen zum Spirituellen, vom Tierischen zum Menschlichen, vom Sein zum Bewußtsein... Aber wie schmal ist das Klima, wo dieses Lebewesen, dem wir angehören, hat entstehen können! Einige Küsten sind es, einige Flußläufe – dann, einmal entstanden, geht es natürlich weiter; es erobert sich Räume, wo es nie entstanden wäre, wo das Klima natürlicherweise keine Kultur gestattet, mindestens sie nicht begünstigt; aber unser Lebewesen richtet sie ein. Gegen das natürliche Klima. Es erschafft sich den Spielraum auch dort, wo die Natur ihn nicht schenkt. Durch Technik. Pont du Gard. Durch Errichtung einer außernatürlichen Welt, die ihm günstig ist: – Städte... Bei der Einfahrt in ihre Bahnhöfe, besonders wenn es Nacht ist und die Geleise glänzen im Regen, es flimmern die Lichter von hunderttausend Zimmern, oder bei der Ankunft in einem Hafen wie Genua oder Marseille oder Hamburg, in dieser Märchenwelt von menschlichen Errichtungen, von Schloten und Speichern und Kranen: wie unglaublich ist das Gebilde einer menschlichen Stadt, wie rätselhaft-außernatürlich, wie künstlich und müßig und kühn, wie bestürzend, wenn das Lebewesen gestorben ist und nur sein Gehäuse übrigbleibt, seine Verkrustung – etwas wie diese Arenen, die wir gestern und heute besucht haben... Ein deutscher Bildhauer, zornig über eine gewisse nordische Gegend, hat neulich gesagt: Was wollen Sie, mein Lieber, hier sind die Römer nie gewesen! Ich will ihm diese Karte schikken, die Arena von Nîmes. Hier sind sie gewesen, die Römer, und hat er nicht recht? Auch wenn sie keine großen Künstler waren, wir verdanken diesen Legionären so viel, als man den Technikern nur verdanken kann: sie roden den Urwald, sie überbrükken den Fluß, sie wässern das Land, sie errichten die Muße, sie pflanzen die Rebe, sie erweitern den Raum, wo der Mensch entstehen kann –

Die Muße!

Was ihre Arenen betrifft, verwundert mich am meisten, welche Riesenarbeit sich dieses Lebewesen macht, um sich zu unterhalten, um in seiner eroberten Muße nicht zu verzweifeln. Welche Bastion gegen die Langeweile! Und wie fleißig das gewölbt ist, wie unwitzig, wie massenhaft, wie römisch! Alles Römische: von Athen aus gesehen, hat etwas Russisches: von Paris aus gesehen... Eine Stunde lang haben wir auf der obersten Stufe gesessen. Nichts als Stein und Stille und Sonne; der Himmel der Provence, endlich hat er wieder einmal die Bläue seines Ruhmes! Ich habe mir die zwanzigtausend Legionäre vorgestellt, wie sie in dieser Arena sitzen, brüllend über einen Faustkampf, ein Lebewesen mit vierzigtausend Füßen, die zusammen viele tausend Meilen gegangen sind, ein Lebewesen mit vierzigtausend Händen, die hundert Brücken gewölbt haben, als Krönung aber haben sie diese Arena gewölbt, alles zusammen eine unsägliche Arbeit, bis unser Lebewesen wenigstens für einige Stunden auf seine Rechnung kommt: zu sehen, wie einer den andern in die Fresse haut... Manchmal stelle ich es mir schrecklich vor, diesem Lebewesen anzugehören; auch wenn ich zuweilen auf die andere Seite blicke, hinunter in die Gassen der Lebenden, auf die Balkone mit grauer Wäsche, die Höfe, die Fenster voll Finsternis, die Karren auf der Straße, die Kisten, die Gebärden der Handelnden, das Hin und Her, die Hunde, die Abfälle, die Kinder, die zerschlissenen Stores, die Katzen, das Gezänk eines Weibes, die Unzahl der Dinge –

»Schau es nur an«, sagt der Engel: »So ist das Leben der Menschen – hier und überall, heute und immer.«

Ich schaue.

»Möchtest du ein Mensch sein?«

Ich zögere.

»Wenn ich nicht geboren wäre«, sage ich höflich: »– nein.«

Mein Engel lächelt.

»Du bist aber geboren!«

»Ich weiß«, sage ich: »Und drum hange ich auch so am Leben –«

Ich hange am Leben, das ist wahr, auch wenn es mir manchmal

verleidet ist. Manchmal mitten am Tag, so, daß ich Wein trinke; mitten auf einer Reise, um die ich mich beneiden sollte. Mit den malerischen Reizen, die unsere abendländische Verlotterung haben kann, tröste sich, wer kann! Manchmal ist es mir einfach verleidet, dieses Überall von Ruinen, von alten und neuen, das wanzenhafte Gewimmel der Menschen im stinkenden Abfall ihrer Jahrhunderte. Ob es dann eine römische Arena ist oder ein Palast von verwittertem Mittelalter oder eine gesprengte Eisenbahnbrücke, kaputt ist kaputt! Etwas Ganzes möchte ich sehen, nicht Reste oder Teile oder Ansätze eines Ganzen, sondern etwas Ganzes, soweit ich sehe, nicht Landschaft, sondern Menschenwerk, Menschenwelt ohne Schaden, ohne Zerfall, ohne Verlotterung und Verlumpung, ohne Verwesung, ohne die penetrante Fratze der Vergängnis... Nicht einmal um die Kinder, die da im Schutte spielen, ist Hoffnung, Gloriole der Zukunft; sie werden zur Schule gehen und erwachsen werden, gewiß, aber nicht anders als die Erwachsenen von jetzt; hin und wieder werden sie die Marseillaise singen, gewiß, die Inbrunst und Hoffnung ihrer Ahnen: Le jour de gloire est arrivé! – Wir haben den Zug verpaßt, sonst wären wir jetzt in Marseille; wir haben Zeit, Constanze und ich, Zeit wie die Männer, die drüben auf den Bänken hocken, die Arme auf der gußeisernen Lehne, das Kinn auf den Armen. Was sie machen? Sie schauen auf die Straße. Es ist Donnerstag. Einmal kommt ein Begräbnis, ein kleiner Menschenzug, voran ein weißer Priester und ein Meßknabe, ein schwarzer Wagen mit gemaltem Silber, dahinter eine Witwe und etwas Gefolge im geduldigen Schritt. Da stehen sie auf, die Männer gegenüber, und ziehen ihre Mützen. Und irgendwo über den Dächern bimmelt eine Glocke. Der Mistral wirbelt das Laub. Kurz darauf ein Lastwagen mit jungen Burschen, die etwas feiern, wir haben sie schon vorher getroffen, betrunken und grölend; ein Lastwagen mit sieben Trikoloren. Vorbei. Die Luft ist wie ein Gespinst aus Glas, spröde und herbstlich, heiter, man sieht die Nähe des Meeres. Die Totenglocke bimmelt noch immer. Einmal ein kleiner Esel, der langsam einen girrenden Karren zieht, einen Zweiräder, traumhaft langsam; auf einem Bündel von Heu sitzt eine krumme, uralte Greisin, anzusehen wie die Historie in Person, immerzu überholt von hupenden Autobussen. Und dann, kurz darauf, zwei schlendernde Soldaten: zwei Schwarze – Leben ohne Zerfall, Gegenwart ohne Schaden, zwei Kinder der Zukunft...

Skizze

Heinrich Gottlieb Schinz, Rechtsanwalt, Vater von vier gesunden Kindern, deren ältestes sich bald verheiratet, ist sechsundfünfzig Jahre alt, als ihm eines Tages, wie er es nennt, der Geist begegnet... Schinz, wie der Name schon sagt, ist Sohn aus gutem Haus; das Verlangen, dem Geist zu begegnen, hat er schon als Jüngling; er spielt Klavier und macht mehrere Reisen als Student. Paris, Rom, Florenz, Sizilien. Später London, Berlin, München, wo er ein Jahr verbringt. Er schwankt zwischen Kunstgeschichte und Naturwissenschaft; sein Beruf als Rechtsanwalt, teilweise eine Entscheidung seines Vaters, der ebenfalls ein namhafter Rechtsanwalt gewesen ist, bringt ihm bald die üblichen Erfolge, Ehe und Ehrenämter, darunter auch solche von wirklicher, von mehr als gesellschaftlicher Bedeutung: Winterhilfe, Denkmalpflege, Umschulung für Flüchtlinge, Kunstverein und so weiter... Seine Begegnung mit dem Geist ist keineswegs unbemerkt geblieben, einige Wochen gehört sie sogar zum Gespräch in den Straßenbahnen; die Außenwelt, sofern man eine mittelgroße Stadt so bezeichnen will, sieht es allerdings als klinischen Fall, rätselhaft auch so, aufsehenerregend auch so, erschütternd auch so, aber für die Außenwelt ohne jede Folge.

Eines Sonntagmorgens, es schneit, ist Schinz, wie er das seit Jahren zu tun pflegt, in den Wald gegangen, begleitet von seinem Hund, gesundheitshalber. Aufgewachsen in dieser Gegend, wo schon das großväterliche Haus gestanden hat, kennt er den Wald wie sein Leben. Auch der Hund kennt ihn; eine Dogge. Sein Erstaunen, als die vertraute Lichtung sich nicht einstellt, ist nicht gering, aber durchaus gelassen. Eine Weile bleibt er einfach stehen, ebenso der Hund mit schwitzender Zunge; es schneit, aber nicht so mächtig, daß Schinz deswegen den Weg verfehlt hat. Der Weg ist durchaus sichtbar, nur die Lichtung nicht. Die Dogge muß sich gedulden, bis Schinz sich ein Zigarillo angezündet hat; wie er das gerne macht in Augenblicken, wo er nicht weiter weiß, sei es als Rechtsanwalt oder früher als Major. Ein Zigarillo gibt Ruhe. Es ist jederzeit möglich, daß Bäume verschwinden, ganze Gruppen, ein halber Wald; aber daß eine Lichtung verschwindet, ist nicht anzunehmen. Das kommt, sagt sich Schinz, allenfalls in der Poesie vor; wenn ein Dichter dartun möchte, daß auf märchenhafte Weise viel Zeit vergangen ist oder etwas dieser Art. Schinz ist belesen. Weitergehend, um die Dogge nicht länger warten zu lassen, denkt er so das eine und andere, sein Zigarillo rauchend; irgendwann wird die verdammte Lichtung schon kommen. Auch er hat sich einmal in der Poesie versucht; kein Grund, deswegen zu lächeln. Wie gesagt: das Verlangen, dem Geist zu begegnen, hat er schon als Jüngling gekannt. Dann die Zeit mit der Naturwissenschaft; eine schöne Zeit, Schinz denkt gerne daran, Mikroskop und so. Das eine und andere ist auch geblieben, nicht bloß gewisse Kenntnisse, die etwas verwischt sein mögen, aber eine gewisse Art, den Kindern zu zeigen, wie das Holz aussieht unter der Lupe, und zu erklären, wieso das Wasser von den Wurzeln emporsteigt in die Zweige. Doch all dies hören die Kinder jetzt in der Schule; Schinz hat die Lupe, auch wenn er allein ist. Und dann die Kunstgeschichte bei Wölfflin; damals in München. Auch eine gute Zeit, Schinz denkt gerne daran; im Kunstverein ist er zuweilen der einzige, der nicht faselt; das hat ihm der alte Wölfflin mit einer einzigen Blamage beigebracht, und kurz darauf hat er auch die Kunstgeschichte verlassen. Das eine und andere ist dennoch geblieben; Dürer und so. Die Welt, wenn man eine mittelgroße Stadt so bezeichnen will, hat wohl nicht unrecht, wenn sie Heinrich Gottlieb Schinz als einen geistigen Menschen betrachtet: obschon er seinerseits, das ist bemerkenswert, nie von Geist redet; er meidet dieses Wort, als hasse er es, umgeht es auf alle Arten, oft auf sehr witzige Art, als wäre es etwas Unanständiges, mindestens ist er in seiner Gegend sehr zurückhaltend, im Grunde nicht ohne Ahnung, daß der Geist, der wirkliche, etwas durchaus Fürchterliches ist, etwas Erdbebenhaftes, das man nicht rufen soll, etwas Katastrophales, das alles Vorhandene über den Haufen wirft, etwas Tödliches, wenn man ihm nicht durch außerordentliche Gaben gewachsen ist –.

Die Lichtung ist nicht gekommen.

Fünf Uhr abends, und Schinz ist zum Mittagessen erwartet worden, dämmert es, daß man bald überhaupt nichts mehr sieht. Schinz sitzt auf einem gefällten Stamm, froh, Spuren menschlicher Arbeit zu sehen; ein gewisses Bangen hat ihn doch beschlichen. Vor ihm die Dogge, keuchend, irgendwie entsetzt und verwirrt. Wie die Hunde vor einem Erdbeben! denkt Schinz. Zigarillos hat er keine mehr. Es schneit ohne Unterlaß. Stille; das Keuchen der Dogge, das nur dazu da ist, daß die Stille zwischen den Stämmen noch dichter wird. Einmal fällt Schnee von einer Tanne, ganz in der Nähe, aber lautlos. So muß es sein, wenn man taub ist. Dann macht Schinz, was bei belesenen Leuten vorkommt: er leistet sich den Witz, seine Lage literarisch zu sehen; die Dämmerung, die unfaßbare Zeit, die Stille zwischen den Stämmen, die Dogge, das alles ist sehr poetisch, irgendwie bekannt, und auch die Angst, plötzlich taub zu sein, ist nicht ohne Hintergründiges. Schinz ist sehr bewußt; er pfeift nicht, aber der kleine Witz, seine Lage literarisch zu nehmen, ist nichts anderes, als wenn ein Junge in den Keller gehen muß und dazu pfeift. Auch das ist ihm bewußt. Er schlägt den nassen Schnee von seinem Hut, entschlossen, aufzustehen und weiterzugehen. Wohin? Die Dogge sieht, wie der Herr einen gebrochenen Ast nimmt, einen Knebel; sie winselt vor Hoffnung, der Herr werde ihn werfen, sie läuft umsonst. Einmal, ganz unwillkürlich, schlägt er mit dem Knebel gegen einen Stamm. Nicht aus Angst, taub zu sein! Nur so. Wie es hallt: dumpf, fast ohne Ton, obschon er immer kräftiger schlägt, bis der Knebel zerbricht. Einen Ton, der wirklich trägt, hat es nicht gegeben. Das macht natürlich der Schnee. Alles wie Watte. Wieso sollte ein Mensch plötzlich taub werden? Er nimmt die Dogge an die Leine. Es gibt nichts als Gehen. Und vor allem sagt sich Schinz: Nicht sich selber verrückt machen. Das hat schon gar keinen Sinn. Jeder Wald hat irgendwo ein Ende! Und im übrigen sind sie immer noch auf einem Weg, Schinz und die Dogge, deren Knurren ihm anzeigt, daß jemand kommt. Von hinten. Nur jetzt nicht denken: Das ist der Geist. Die Dogge bellt, so daß er die Leine schon kräftiger fassen muß. Ein Mann im Lodenmantel, vielleicht ein Förster, ein Holzfäller, ein Naturfreund und Sonntagsgänger, der die Menge meidet, überholt ihn –

»Erlauben Sie«, sagt Schinz –

Obschon ihm der Schweiß auf der Stirn steht, ist er ganz ruhig, froh, seine eigene Stimme zu hören, die nach dem Weg in die Stadt fragt; dabei muß er die bellende Dogge halten, ist nicht imstande, den Fremden näher anzusehen.

»Sie haben sich verirrt?«

»Ja«, lacht Schinz: »das ist mir in meinem Leben noch nicht vorgekommen –.«

Schinz hört selber, wie ungeheuerlich das tönt: ein Mensch, der sich in seinem Leben noch nie verirrt habe! und fügt hinzu:

»Dabei kenne ich diesen Wald wie mich selbst.«

Die Dogge kann sich nicht beruhigen.

»Wo wollen Sie denn hin?«

»In die Stadt«, sagt Schinz: »wo ich herkomme –.«

Der Förster betrachtet die Dogge.

»Wo ich herkomme«, sagt Schinz noch einmal: »Bevor es Nacht ist.«

Die Dogge, springend wie gegen einen Einbrecher, reißt ihn fast um, so, daß Schinz kaum zum vernünftigen Sprechen kommt. Sie benimmt sich wirklich wie ein Biest, die verdammte Dogge, dann merkt man erst, was für ein Riesentier das ist. Zum Glück zeigt der Förster keine Angst, nur Interesse. Im übrigen, was den Weg in die Stadt betrifft, sagt der Förster, was Schinz sich selber hätte sagen können:

»Warum gehen Sie nicht einfach zurück?«

»Auf dem gleichen Weg –?«

Eigentlich wahr, denkt Schinz.

»Oder wenn Sie mit mir kommen wollen, ich weiß ja nicht, in der Strecke kommt es aufs gleiche heraus – so oder so...«

Schinz muß sich entscheiden.

»Sehr freundlich von Ihnen –.«

»Wie Sie wollen.«

Unterwegs, Schinz hat sich für das Vorwärts entschieden, ist die Dogge wieder ganz manierlich. Der Mann ist wirklich ein Förster. Sie sprechen über Doggen. Alles ganz alltäglich; warum sollte es anders sein! Natürlich reden sie nicht immerzu. Es gibt solche Holzwege, die im Kreis herumführen, um den Wald zu erschließen. Schinz ist zum Umsinken müde, aber zufrieden, auf Stunden kommt es ihm nicht mehr an, wenn er nur in die Stadt kommt. Das Literarische, das Hintergründige in dem Gedanken, daß er auf einem anderen Weg in die Stadt zurückkomme, Gedanken, die er in schweigsamen Viertelstunden vornimmt, das alles hat wenig Bestand, sobald der Mann im Lodenmantel, der im Dunkeln immer unsichtbarer wird, seinen Mund aufmacht; er redet wirklich nicht wie ein Geist. Einmal flucht er auf den Staat, obschon er bei diesem angestellt ist; Ärgerliches mit einem Konsortium. Es schneit immer noch. Ein andermal plaudern sie über Zellulose, wobei Schinz einige naturwissenschaftliche Kenntnisse verrät, die den Förster auf falsche Vermutungen bringen, so, daß Schinz sich genötigt fühlt, seinen wirklichen Beruf zu nennen.

»Rechtsanwalt sind Sie?«

»Ja«.

»Hm.«

»Warum nicht?«

Der Förster erzählt ihm einen Fall: so und so, etwas umständlich erzählt, so daß Schinz hin und wieder versucht, nach Art von Fachleuten einzugreifen, um allzu Bekanntes abzukürzen. Ein Fall wie tausend Fälle. Der Förster läßt sich seine umständliche Darstellung aber nicht nehmen.

»Nein«, widerspricht er: »der Mann hat nicht gestohlen, das sage ich nicht, der Mann war in schwerer Not, denn eines Tages –«

»Und dann hat er gestohlen.«

»Nein.«

»Aber Sie sagen doch –«

»Nein«, wiederholt er mit der zähen Beharrlichkeit gewisser einfacher Leute, die keine Nerven haben und etwas langsam denken: »Ich sage, der Mann war in schwerer Not, denn eines Tages –«

Schinz ist nicht an seinem Schreibtisch, sondern im Wald; er hat keine andere Wahl, als zuzuhören, seine große Dogge an der Leine. Kein Telefon, das ihr Gespräch unterbricht, keine Mamsell, die hereinkommt und dem Doktor einen deutlichen Vorwand bringt, um aufzustehen, nichts von alledem; Schinz muß zuhören. Von städtischen Lichtern ist noch immer nichts zu sehen. Der Fall ist nicht blöd, zugegeben, aber keineswegs ungewöhnlich, und es ist für Schinz nicht einzusehen, warum er alles in solcher Umständlichkeit anzuhören hat. Hin und wieder, wenn sie vor einer Gabelung ihres Weges stehen, verstummt das Gespräch; Schinz ist sich bewußt, daß er den Förster braucht. Mindestens bis zu den ersten Laternen. Es bleibt ihm nichts, als die Geschichte weiter anzuhören. Nicht daß der Mann keinen fachmännischen Einwand duldete! Schinz kann jederzeit sagen, wie er die Sache ansieht; der Förster fällt ihm nicht in die Rede, aber auch nicht aus der eigenen heraus.

»Verstehe!« sagt er nicht unhöflich: »Aber so war es nicht, das können Sie natürlich nicht wissen; eines Tages nämlich –«

Einmal sagt Schinz:

»Sie entschuldigen!«

Er kann nicht mehr anders, muß auf die Seite treten, wo er an einem Stamm etwas verrichtet. Die Dogge schnuppert, der Förster wartet, der Schnee fällt lautlos zwischen den Stämmen.

»Ich komme nach!« ruft Schinz.

Stille... Um die Pause zu verlängern, bringt er nicht nur seine Kleider in Ordnung, gelassener als sonst, er nimmt den Hut, um den Schnee abzuschütteln, sogar den Mantel, den er zum selben Zweck auszieht. Er sucht in sämtlichen Taschen, ob er nicht doch ein Zigarillo findet. Umsonst. Endlich wieder in Ordnung, bewußtermaßen mit einem neuen Gespräch gewappnet, stapft er auf den Weg zurück; der Schnee ist schon tief, die Hosenstöße platschnaß.

»Da sind Sie ja!« sagt Schinz erleichtert und aufgeräumt: »Als wir Buben waren, wissen Sie, da haben wir in diesem Wald einmal Räuber gespielt; da ist mir doch einmal das Folgende passiert –«

Der Förster hört zu.

»Im Hemd!« schließt der Erzähler: »Im Hemd stand ich da, sage und schreibe, und so mußte ich zurück in die Stadt.«

Sie lachen.

»Dieser Förster«, sagt Schinz nach einigen Schritten: »vielleicht waren Sie das!«

»Vielleicht.«

Schweigen.

»Und dann«, sagt die Stimme des Försters: »dann ging diese Geschichte natürlich weiter; wie gesagt, der Mann war in schwerer Not, er hatte keine Wahl, wie Sie selber zugeben, eines Tages hat er das Fahrrad gestohlen, und jetzt ging es natürlich los, eines Tages werde ich als Zeuge gerufen –«

Das ist von Schinz der letzte Versuch gewesen, dieser Geschichte mit dem Fahrrad auszuweichen. Eine kleine, aber umständliche, eine alltägliche, eine verzwackte, aber wirkliche Geschichte... Es ist, als sie endlich zu den ersten Laternen kommen, beinahe Mitternacht. In der Stadt ist der Schnee nicht geblieben, lauter Nässe, die Flocken sinken aus den städtischen Bogenlampen, eine Limousine fährt durch spritzende Tümpel, kein Mensch, zum Glück gibt es noch eine Straßenbahn, eine letzte, so daß Schinz, was der Förster hoffentlich begreift, sich nicht lange verabschieden kann. Hinein mit dem Hund! Drinnen grüßt Schinz mit dem triefenden Hut, ohne den Förster im Dunkeln zu sehen –.

»So ein Wetter!« sagt er.

Der Schaffner gibt keine Antwort, nur zwei Karten, eine für Schinz und eine für den Riesenhund, der auf der Plattform steht, dieweil Schinz sich gerne gesetzt hat... Im Licht ist alles wie nie gewesen!...

Natürlich hat Schinz keine Schlüssel, wenn er mit dem Hund einen Morgenbummel macht. Aber Bimba, versteht sich, hat ohnehin nicht geschlafen; sie ist außer sich.

»Nicht einmal ein Anruf!« sagt sie.

Sein einziger Wunsch: ins Badzimmer, bevor sie fragt, wo er gewesen sei. Sie wird es nicht glauben. Er gähnt; etwas mehr als unwillkürlich; um nicht sprechen zu müssen.

»Wo bist du denn gewesen?«

Keine Antwort; er zieht die Schuhe aus, im Grunde zufrieden, daß er wieder zu Hause ist, ärgerlich nur, um jetzt nicht gefragt zu werden. Umsonst! Bimba kennt ihn, weiß, daß er keine Auskunft geben will; kein Gespräch, sondern ein heißes Bad. Bimba läßt es einlaufen, ihrerseits ärgerlich, immerhin holt sie ein frisches Frottiertuch, legt es wortlos hin, ärgerlich über solchen Männerkniff: Ich habe Ärger, laßt mich in Ruhe! Auch der Hund, der im Office frißt, trieft vor Nässe. Die Kinder schlafen bereits, ebenso das Dienstmädchen.

»Wieso willst du nichts essen?« sagt Bimba: »Ich mache einen Tee, Eier, kaltes Fleisch ist auch noch da –.«

»Danke.«

Bimba sieht ihn an.

»Gottlieb, was ist mit dir?«

»Nichts«, sagt er: »Müde –.«

Das Bad ist voll.

»Danke«, sagt er –

Einmal gibt sie ihm einen Kuß, um zu wissen, ob er getrunken hat. Keine Spur. Schinz gibt den Kuß zurück, um endlich baden zu dürfen.

»Du hast ja Fieber?«

»Unsinn«, sagt er.

»Bestimmt hast du Fieber!«

»Komm«, sagt er: »Laß mich –.«

»Warum kannst du nicht sagen, wo du den ganzen Tag gewesen bist? Verstehe ich nicht. Nicht einmal ein Anruf! Ich sitze den ganzen Tag, rege mich auf wie eine Irrsinnige – und du kommst um Mitternacht, wo wir seit dem Mittagessen warten, und sagst nicht einmal, wo du gewesen bist.«

»Im Wald!« schreit er.

Türe zu!... Hoffentlich sind die Kinder nicht erwacht, es ist sehr unbeherrscht gewesen, sehr unschinzisch. Dreiviertel Stunden dauert das Bad. Als Schinz herauskommt, rosig und wie neugeboren, sitzt Bimba mit verheulten Augen.

»Was ist denn los?«

»Rühr mich nicht an!« sagt sie.

Bald zwei Uhr; es wäre wunderbar, jetzt schlafen zu können, wenn Bimba nicht weinen würde. Eine Frau von vierundvierzig Jahren, Mutter von vier gesunden Kindern, deren ältestes demnächst heiraten wird, schluchzt mit zitternden Schultern! nur weil der Gatte sich erlaubt hat, einen Sonntag lang sich im Wald zu verirren.

»Bimba«, sagt er – und streicht ihr immer noch schönes Haar: »Morgen ist Montag!«

»Bitte, geh schlafen.«

»Ich bin wirklich im Wald gewesen –«

»Wenn das wieder losgeht!« weint sie.

»Was?«

»Warum lügst du?« sagt sie plötzlich ohne Tränen: »Wenn es ein Frauenzimmer ist, warum sagst du es nicht?«

Pause.

»Es ist kein Frauenzimmer.«

Pause.

»Und wenn!« schreit er plötzlich: »Ich habe gelogen, ja, ich habe gelogen! Ein Leben lang habe ich gelogen---«

Bimba versteht kein Wort, eine Viertelstunde geht er hin und her, Heinrich Gottlieb Schinz, der nicht getrunken hat, das weiß sie; hin und her, schreiend, um so lauter schreiend, je mehr sie ihn dämpfen will, Dinge redend, die keinen Sinn haben, die alles auf den Kopf stellen, aber wirklich alles, kein Glaube bleibt an seinem gewohnten Ort, kein Wort, das gestern noch gegolten, ein Leben lang gegolten hat – Vielleicht hat er wirklich Fieber... Anders kann Bimba es nicht erklären, sein wirres Geschrei, Bimba sagt fast nichts; nur einmal:

»Gottlieb, ich bin nicht taub.«

Bimba hat ihn noch nie so erlebt.

Am andern Morgen, wie gesagt, es ist Montag, Arbeitstag, die Kinder müssen ins Gymnasium, frühstücken im Stehen, die Mappe unter dem Arm, obschon Schinz diese Schlamperei nicht haben will – am andern Morgen, als Schinz und seine Bimba zusammen frühstücken, scheint alles wieder in Ordnung; kein Wort über die nächtliche Szene; Bimba im Morgenrock, der ihr besonders schmeichelt, röstet die Brote wie immer am Montag, wenn das frische Brot noch nicht da ist; Schinz überfliegt die Morgenzeitung, indem er es ganz seinen Händen überläßt, das Ei zu köpfen, kurzum, die Gewöhnung: – alle Worte stehen wieder an ihrem Ort... Von Fieber kann nicht die Rede sein, Schinz hat sich gemessen.

»Gott sei Dank«, sagt Bimba: »du hättest dich zu Tode erkälten können.«

Sie glaubt jetzt an den Wald.

»Jedenfalls werden wir dich am Nachmittag wieder messen!« meint sie: »Die Anita hat eine wirkliche Erkältung erwischt.«

(Anita heißt die Dogge.)

Der Montag vergeht wie gewöhnlich, die laufenden Geschäfte bringen nichts Besonderes, Schinz fühlt sich durchaus in Ordnung, so daß sie die Karten für den »Rosenkavalier« nicht zurückgeben. Nach dem Theater, alles wie gewohnt, trinken sie ein Glas Wein; Bimba im schwarzen Pelz. Sie ist besonders zärtlich zu ihm, unwillkürlich, etwa wie zu einem Kranken. Schinz merkt es mehr als sie: etwas Behütendes, etwas auch von einer Mutter, welche die Leute nicht will merken lassen, daß ihr Kind ein fallendes Weh hat. Da er sich tadellos fühlt, kränkt es ihn nicht; immerhin bemerkt er es, hofft, sie werde diese etwas rührende Art bald wieder verlieren. Nicht Bimbas eigentliche Art! Doch sagen will er nichts. Mein Liebes, müßte er etwa sagen, ich bin nicht verrückt! Draußen auf der Straße kauft Schinz eine Zeitung, alles wie gewohnt; als er zum Wagen zurückkommt, sitzt Bimba bereits am Steuer. Sie möchte wieder einmal fahren! Schinz schweigt.

»Sonst verlerne ich es«, sagt sie.

Auf der Heimfahrt redet Schinz kein einziges Wort, das ist selten bei ihm, aber auch schon dagewesen. Immerhin sagt Bimba:

»Was ist mit dir, Gottlieb?«

»Was soll denn sein.«

»Bist so still!«

»Nichts«, sagt er: »Müde –.«

»Die Steinhofer war doch herrlich!«

»Sehr.«

»Sie ist reifer geworden«, sagt Bimba: »Oder findest du nicht?«

Keine Antwort.

»Ich fand sie herrlich.«

Wenn das so weitergeht, denkt Schinz, wird es eine Hölle. Wenn was weitergeht? Das weiß er nicht. Aber eine Hölle; das ist sicher... Er schließt die Garage, während Bimba, obschon es regnet, auf der Treppe wartet.

»Geh doch schon!« ruft er.

Sie wartet. Er, plötzlich am Rande seiner Beherrschung, reißt nochmals die Garage auf, macht Licht, öffnet den Wagen.

»Was ist denn los?« ruft Bimba.

Schinz hat die Zeitung vergessen.

»Geh schon!« ruft er –

Aber Bimba wartet, sie ist sogar einige Stufen heruntergekommen, als habe sie Angst, Schinz könnte den Wagen nehmen und nochmals wegfahren. In den Wald, zu der Geliebten in den Wald! denkt er, läßt sich außerordentlich Zeit, bis er die Garage wieder geschlossen hat. Sie wartet wie eine Krankenwärterin! denkt er...

Das ist der Montag gewesen.

Ebenso der Dienstag, der Mittwoch, der Donnerstag... am Donnerstag hat Schinz einen neuen Fall, einen ziemlich gewöhnlichen: Anklage auf Diebstahl. Nicht Diebstahl eines Fahrrades! Auch Schinz hat sogleich daran gedacht, etwas literarisch wie er nun einmal ist; überrascht hätte es ihn nicht, wenn es die Geschichte gewesen wäre, die der Förster so umständlich erzählt hat. Aber so ist das Leben ja nicht, so witzig, so vorlaut. Gestohlen wurde nicht ein Fahrrad, sondern ein Wagen, ein Citroën. Schinz hört sich die Geschichte an, eine umständliche, aber alltägliche, eine verzwackte, aber wirkliche Geschichte. Er ist bereit, die Sache zu führen, wie er es von jeher getan hat, nämlich gewissenhaft; er tut nichts anderes als sonst; er sucht das Recht; er stellt die Sache hin, wie er sie sieht – und der Skandal ist da!

(Sein erster Skandal.)

Heinrich Gottlieb Schinz, Rechtsanwalt, Sohn eines namhaften Rechtsanwaltes, ein bekannter und überall geschätzter Mann in einer mittelgroßen Stadt, Vater von vier gesunden Kindern, die das Gymnasium besuchen oder bereits überstanden haben, Heinrich Gottlieb Schinz steht im Gericht, dem er drei Jahrzehnte lang alle Ehre gemacht hat, und sagt:

»Nein! Der Mann hat nicht gestohlen, nicht mehr gestohlen als der Herr, dem dieser Wagen gehört, der Mann war in schwerer Not, denn eines Tages –«

»Nein! der Mann hat nicht gestohlen –.«

Es ist später ein geflügeltes Wort geworden, das einzige, das Schinz auf dieser Erde hinterlassen hat... Andere Witze, die man zur Zeit dieses ersten kleinen Skandales hören kann, sind nicht überpersönlich genug, um die Zeit zu überdauern; einer davon geht so:

»Wissen Sie das Neueste?«

»Was denn?«

»Schinz ist nicht mehr Rechtsanwalt.«

»Sondern?«

»Linksanwalt.«

Darüber hat mehr als einer gelacht, sogar Schinz – nur Bimba nicht, die das Ganze durch einen Anruf erfahren hat; etwa in dem Ton: Was ist los mit Ihrem verehrten Herrn Gemahl? Nicht umsonst ist Bimba auf alles gefaßt gewesen. Seit dem nächtlichen Ausbruch an jenem Sonntag. Die Nachricht empfindet sie fast wie eine Entspannung. Wenn es nur das ist! Peinlich genug, da es natürlich in der Zeitung steht. Schinz liest es beim Frühstück, nicht gleichgültig, aber auch nicht erregt.

»Das stimmt nicht«, sagt er nur.

Ein sehr gemeiner Bericht.

»Ich werde ihnen sofort schreiben«, sagt er, indem er seine Hauszeitung hinlegt und sich Kaffee eingießt: »das müssen sie richtigstellen.«

Nach zwei Tagen kommt seine Einsendung zurück, was ihn ordentlich betrifft. Wieder beim Frühstück. Bimba ist noch im Badezimmer, als er die Post bekommt. Er steckt das Kuvert in die Tasche seines Morgenrockes, bevor Bimba kommt.

»Weißt du«, sagt Bimba: »du solltest doch zu einem Arzt gehen –.«

Doch! sagt sie; weil sie im stillen schon seit Wochen daran gedacht hat. Schinz merkt mehr als sie. Und was sie gedacht hat: Nervenarzt. O ja! Um nicht zu sagen: Irrenarzt... Er löffelt sein Ei; eine halbe Stunde später erbricht er es wieder, tut aber alles, daß Bimba es nicht merkt.

»Wo gehst du hin?«

Keine Antwort.

An diesem Morgen geht Schinz zu seinem Freund, der allerdings nicht vom Fach ist, aber ein wirklicher Freund, eigentlich der einzige, wenn auch die Freundschaft etwas einseitig ist; für Schinz bedeutet sie mehr als für den andern. Er ist Musiker. Ein lieber Mensch, der etwas gerne recht gibt. Schinz weiß: Es heißt nicht viel, wenn Alexis dir recht gibt! Es heißt, daß er eine Sympathie zu dir hat. Aber darum geht es jetzt nicht. Alexis ist Emigrant, das ist wichtig; ein Fremdling. Als Zeuge ohne volles Gewicht; er hat sich halt daran gewöhnt. Alexis ist froh, wenn er geduldet ist; er liebt es nicht, sich einzumischen. Aber ein feiner

Mensch, einer von den wenigen. Für Schinz würde es sich nur darum handeln, daß Alexis die beiden Texte liest, den Bericht in der Zeitung und seine eigene Einsendung. Um dann zu sagen, ob er die Einsendung richtig findet oder verfehlt, anmaßend, übertrieben. Nur keine Übertreibung!

»Ich brauche deinen Rat.«

Alexis liegt noch im Bett.

»Ich habe einen kleinen Skandal –.«

»Ich weiß.«

»Nun ist folgendes –«

Telefon, Alexis nimmt es ab. Schinz wartet, erhebt sich etwas unrastig, tritt ans Fenster, um eine Zigarette zu rauchen... Bimba will wissen, ob ihr Mann vielleicht bei Alexis ist – Eine Minute später, ohne seine Sache vorzubringen, ist Schinz wieder gegangen, unhaltbar wie ein launischer Junge; ein Mann von sechsundfünfzig Jahren, Doktor Schinz, Rechtsanwalt, Vorstand des Kunstvereins.

Alexis ruft Bimba an:

»Was habt ihr denn?« fragt er.

Bimba weint...

So geht das weiter, alles etwas komisch, etwas kleinlich, etwas übertrieben. Schinz ist auf die Zeitung gegangen; man kennt sich gesellschaftlich, und die Leute müssen ihn empfangen, tun es auch, alles nicht unfreundlich, aber es gelingt ihnen nicht, Schinz zu überzeugen, daß seine Einsendung, um nur davon zu reden, unmöglich ist.

»Nein! der Mann hat nicht gestohlen –.«

Die Herren sehen einander nur an, schweigen, wie die arme Bimba geschwiegen hat, als Schinz damals hin und her gegangen ist, Dinge redend, die alles auf den Kopf stellen, aber wirklich alles, kein Glaube bleibt an seinem gewohnten Ort, kein Wort, das ein Leben lang gegolten hat...

»Gut«, sagt der Schriftleiter: »bleiben wir bei der Sache! Sie beharren also darauf, daß wir Ihre Einsendung veröffentlichen –«

»Ja.«

»Herr Doktor«, sagt der Herr: »darauf kann ich Ihnen nur eines sagen: ich bin bereit, aber ich warne Sie.«

Schinz, von dem zweifellos menschlichen Ton berührt, hat seine Einsendung nochmals zur Hand genommen, obschon er ihren Text nachgerade kennt. Der Herr hält es für seine menschliche Pflicht, Schinz zu warnen; er wiederholt das noch einige Male. Schinz will natürlich nicht starrsinnig sein. Eine Pose des Mutes? Der Herr hält es gar nicht für Mut, wenn Schinz daran festhält, sondern für Irrsinn; er sagt es gelinder: Fauxpas. Auch Schinz hält es nicht für Mut; die Einsendung sagt wirklich nichts, was ihm nicht selbstverständlich ist. Nicht so: Euch will ich es einmal sagen, ich, Heinrich Gottlieb Schinz! Sondern ganz simpel: Warum soll ich verschweigen, was ich finde? Als einer von Mut redete, hat es ihm fast Angst gemacht; aber er kann nichts Mutiges daran finden.

»Wie Sie wollen«, sagt der Herr –

Seine Einsendung bleibt also da.

»Und ohne jeden Strich?«

»Ja«, sagt Schinz: »es sind ja kaum anderthalb Seiten –.«

Schinz, seine Mappe in der linken Hand, hat sich verabschiedet, wie er es gewohnt ist, höflich, Auge in Auge; sie schauen ihn an wie einen, der an die Front geht... Am andern Morgen, wie er wieder beim Frühstück sitzt, ist die Einsendung erschienen. Oben auf der zweiten Seite, sehr sichtbar, versehen mit einem kurzen Nachwörtlein, worin die Schriftleitung, wie sie behauptet, es dem Leser überläßt, seine Meinung über einen solchen Rechtsanwalt zu bilden. Das ist das erste, was Schinz überfliegt. Dann liest er den eigenen Text, etwas bange, ob sie wirklich nichts verstümmelt haben. Das nicht; aber es ist, als würden die Lettern, gewohnt das genaue Gegenteil auszusagen, sich weigern, seinen Sinn wiederzugeben. Zum ersten Male, Schinz erbleicht von Zeile zu Zeile, zum allerersten Male merkt er, daß etwas geschehen ist, daß er sich verwandelt hat, daß das Selbstverständliche, was er zu sagen hat, im Widerspruch steht zu aller Umgebung, in einem endgültigen und unversöhnbaren Widerspruch. Darum die Warnung? Jetzt erst, gleichsam erwachend, bemerkt er auch den Titel, den sie darüber gesetzt haben:

»Nein! Der Mann hat nicht gestohlen...«

In diesem Augenblick weiß Schinz, daß er erledigt ist; allermindestens als Rechtsanwalt; allermindestens in dieser Stadt.

Der Rest ist wie ein böser Traum. Er ist bald erzählt, glaube ich, die Entscheidung ist gefallen damals im Wald, als er mit dem Förster gegangen ist, vorwärts statt rückwärts. Er kam aus seiner Stadt, er wollte in seine Stadt. Die Dogge, die schöne Anita, ist kurz darauf eingegangen; jeder Hund geht einmal ein; Schinz hat sich sehr gewehrt, diesem natürlichen Hundetod irgend etwas beizumessen, aber betroffen hat es ihn doch; es ist ihm, als habe er seinen letzten Zeugen verloren, seinen letzten Begleiter; eines Tages sieht Schinz sich an der Grenze, allein, anders als früher, wenn er nach Paris gereist ist, nach Rom, nach Florenz, nach London, nach München; ohne Gepäck, ziemlich unrasiert steht er in einem kleinen kahlen Raum, wo er sich ausziehen muß, ausziehen bis aufs Hemd – Schinz zögert, als könne er es nicht glauben, aber der Kommissar wiederholt es:

»Bis aufs Hemd.«

Jede Tasche wird untersucht, nicht grob, aber unbarmherzig. Schinz hat keine Ahnung, was sie suchen. Er ist nicht über einen Bach geschwommen, nicht über nächtliche Äcker gekrochen; er ist mit der Bahn gefahren. Ohne Gepäck. Vielleicht hat das ihn verdächtig gemacht. Sein Paß ist gültig, auch wenn man ihn gegen das grellste Licht hält. Waffen hat er nicht, auch keine Goldbarren, nicht einmal Schriftstücke, nichts, was aus seinen Unterhosen herausfällt. Aber verdächtig ist verdächtig. Schinz versucht, ruhig zu sein, nichts zu sagen. Die andern, die ihn betasten, sagen ebenfalls nichts. Körper eines älteren Mannes, das ist alles, was sie finden. Auch zwischen den Schuhsohlen, die trotz seiner ehrenwörtlichen Versicherung aufgetrennt worden sind, ist nichts. Schinz kann sich wieder ankleiden. Der Kommissar, seinen Paß in der Hand, verläßt die kahle Zelle; der Gendarm bleibt. Durch einen Türspalt sieht Schinz, wie die anderen Reisenden eben ihre geprüften oder ungeprüften Koffer wieder verschließen, Herren und Damen, Pelze, Hutschachteln, die Träger nehmen die bunten Colis.

»Wenn Sie so freundlich wären«, sagt Schinz: »die Türe zu schließen –.«

Der Gendarm gibt einen Fußtritt.

»Nur die Ruhe!« sagt er: »Den Zug bekommen Sie sowieso nicht mehr.«

»Wieso nicht?«

Der Gendarm trägt ein Gewehr.

»Wieso nicht?« fragt Schinz –

Der Gendarm könnte sein Sohn sein.

»Fertig?«

Das fragt nicht der Gendarm, sondern ein dritter, der die Tür wieder geöffnet hat, um sie wieder nicht ganz zu schließen; herein und hinaus – Fertig? nichts weiter als das: Fertig?... Schinz bemüht sich, nicht zu hassen; das ist ihr Dienst, sagt er sich, ein widerlicher Dienst, mitten in der Nacht eine Uniform anziehen und auf die verspäteten Züge warten, Leute sehen, die ans Meer fahren oder ins Gebirge, Leute untersuchen, die daran schuld sind, daß man solchen Dienst überhaupt machen muß. Schinz bemüht sich, seine mißhandelten Schuhe anzuziehen und nicht zu hassen. Ein älterer Mann wie er, im Augenblick nicht gerade gepflegt, Hosen mit Hosenträgern, Hemd ohne Kragen, dazu das grünliche Licht, Schinz begreift, daß er hier nicht die Formen erwarten kann, welche die Herren auf der Zeitung noch gewahrt haben, bevor sie den Titel wählten:

»Nein! Der Mann hat nicht gestohlen...«

Man wird sehr rasch bekannt.

»Nehmen Sie Platz«, sagt der Kommissar, als Schinz, seinen Mantel auf dem Arm, vor dem Tisch steht und wieder eine Krawatte trägt: »Bitte, nehmen Sie Platz.«

Schinz bleibt stehen.

»Ich möchte Sie darauf aufmerksam machen«, sagt er: »daß mein Zug in vier Minuten weiterfährt.«

»Das geht mich nichts an.«

Pause.

»Meinetwegen bleiben Sie stehen.«

Schinz setzt sich, es hat keinen Sinn, die Leute vor den Kopf zu stoßen; das ist ihr Dienst, ein widerlicher Dienst.

»Schinz, Heinrich Gottlieb –.«

»Ja.«

»Doktor jur.«

»Ja.«

»Rechtsanwalt –.«

»Ja«, sagt Schinz; es fehlt jetzt nur noch, denkt er, daß der Hornochse mir vorliest, wieviel Zentimeter ich habe.

»Geboren –«

»Ja!«

Draußen hört man das Gepaff der Lokomotive, bereit, jeden Augenblick abzufahren; Schinz beißt auf die Lippen, der Hornochse blättert im Paß, als hätte er noch keinen gesehen.

»Wo fahren Sie hin?«

»Hinaus«, sagt Schinz.

»Ich frage, wo Sie hinfahren.«

»Ich sage: Hinaus.«

Pause.

»Ich frage Sie zum letzten Mal.«

Schinz hat Mühe, nicht zu hassen, alle zu hassen in diesem Einzigen, der da hockt, seinen Paß in der Hand, zu hassen, zu hassen... Nicht die Nerven verlieren! denkt er: Ich muß hinaus, ich muß, ich kann es nicht aushalten, Unrecht zu sehen und zu schweigen, Zeitungen zu lesen, die das Gegenteil sagen, Menschen zu sehen, die mich wie einen armen Kranken behandeln, wie ein Kind mit einem fallenden Weh, zu fühlen, wie sie Angst haben vor meinem nächsten Fauxpas, diese mütterliche Sorge, ich könnte unseren Wagen auf ein Trottoir fahren, diesen freundschaftlichen Rat, ich solle nicht so viel rauchen und mich nicht in eine Sache hineinsteigern, das Schweigen, wenn ich mich erkläre, die unausgesprochene Hoffnung, daß ich endlich zu einem Nervenarzt gehe, ich halte es nicht mehr aus, ich muß hinaus! – und noch ist der Zug nicht abgefahren, die paffende Lokomotive, die zum Platzen voll Dampf ist...

»Wo fahren Sie hin?«

»Das geht Sie einen Dreck an!«

Schinz ist aufgesprungen.

»Bitte«, sagt der Kommissar –

»Das geht Sie einen Dreck!« schreit Schinz: »Das geht Sie einen Dreck an!«

Schreien ist so unschinzisch, er merkt es jedesmal, bereut es jedesmal, nicht weil der Hornochse ihn jetzt strafen wird, bereut es, weil es ihm nicht liegt... Gottlieb, hat Bimba damals gesagt, ich bin nicht taub – Und ob sie taub sind! Alle sind sie taub! Sie hören, daß man schreit, aber nicht, was man schreit. Das ist es! Natürlich sind sie taub, sonst würden sie sich selber nicht aushalten, sie würden eingehen wie die Dogge, weil sie es gehört haben und nicht sagen können, wie die Dogge! denkt er, während der Kommissar sich ebenfalls erhebt und trocken lächelt:

»Bitte. Sie können gehen.«

Den Paß hat er in die Schublade geworfen, die Schublade schließt er ab, den Schlüssel steckt er in die hintere Hosentasche, die Fülle seines Arsches zeigend – Schinz hat begriffen, nimmt seinen Mantel, geht hinaus, doch kommt er nicht weit, bis der junge Gendarm ihn einholt.

»Sie sollen zurückkommen.«

»Warum?«

»Sie sollen zurückkommen.«

Schinz geht zurück; der Kommissar steht, ein Pfeife anzündend, so daß er eine Weile nicht sprechen kann; dann sagt er:

»Schließen Sie die Türe wie ein anständiger Mensch, Herr Doktor.«

Schinz schluckt. Der Kommissar raucht, bereits anderweitig beschäftigt. Schinz schließt die Türe wie ein anständiger Mensch... Drei Uhr morgens, es regnet wieder in Strömen, geht er schwarz über die Grenze, Heinrich Gottlieb Schinz, Rechtsanwalt, ein Mann ohne Papiere.

Bimba weint.

Die Kinder schämen sich im Gymnasium.

Einige Nächte sieht sich Schinz, wie er in Stadeln übernachtet, nie ganz schlafend, wachsam, solange er sich im Grenzgebiet befindet. So ungefähr, denkt er, ist Alexis über unsere Grenze gekommen, der Emigrant, der als Zeuge kein volles Gewicht hat; man ist sehr rasch ein Emigrant. Man ist ansässig, wie man ansässiger nicht sein kann, hat einen Stammbaum und ein Haus; plötzlich ist man ein Emigrant. Das ist schon öfter vorgekommen! Man sieht die Dinge etwas anders, als die andern sie lehren; man kann nichts dafür, daß die Zeitungen das Gegenteil schreiben... Eines Tages melden sie, daß Schinz geschnappt worden ist, nämlich auf der andern Seite. Er soll, wie der behördliche Ausdruck lautet, abgeschoben werden. Abgeschoben! Für die Familie ein nicht ausdenkbarer Schlag. Nur Bimba hält sich großartig; sie ist alt geworden, hat fast keinen Umgang. Nicht daß die Menschen sie meiden! So sind die Menschen ja auch wieder nicht; nur Bimba hält sie nicht aus, nicht einmal ihr Schweigen. Sie verteidigt nicht alles, was Schinz gesagt und getan hat; etwa sein lächerlicher Zank mit der Zeitung; aber der Fall mit dem Wagen, ja, das findet auch Bimba, daß der Mann, je öfter sie darüber nachdenkt, und zwar allein, nicht gestohlen hat. Komisch, wie anders man sieht, wenn einmal der gewohnte Umgang etwas nachläßt! Und wie er nachläßt, wenn man anders sieht; das ist dann nicht mehr komisch, Bimba ist sehr alt geworden. –

Wieder sitzt da ein Kommissar:

»Schinz, Heinrich Gottlieb –?«

Schinz schweigt.

»Doktor jur.«

Schinz schweigt.

»Rechtsanwalt!« sagt der Kommissar, der diesmal keinen Paß hält, sondern einen Steckbrief, und fährt fort: »Warum leben Sie unter einem falschen Namen?«

Schinz schweigt.

»Sie haben die Grenze schwarz überschritten. Ihr eigenes Land hat Ihnen die Papiere entzogen –«

»Das ist nicht wahr!«

»Sie haben also die Grenze nicht überschritten?« sagt der

Kommissar nicht ohne Stolz auf die zwingende Führung des Verhörs: »Sie befinden sich also nicht in diesem Land?«

»Man hat mir keine Papiere entzogen.«

»Wieso haben Sie denn keine?«

Schinz, sich fürs erste mit einem kurzen hämischen Lachen begnügend, nimmt ein Taschentuch heraus, ein sehr ungewaschenes, wie es bei einem Schinz höchstens noch in der Bubenzeit hat vorkommen können, grau und verwurstelt, feucht, widerlich; dann sagt er:

»Das ist eine lange Geschichte –«

Bald erinnert er sich selber nicht mehr!

»Damit geben Sie also zu«, sagt der Kommissar: »daß Sie nicht Bernauer heißen, sondern Schinz – Heinrich Gottlieb, Rechtsanwalt?«

»Ja.«

Schinz schneuzt sich; es brauchte keine spiegelnde Fensterscheibe, damit er weiß, wie er aussieht! Kein Geld für frische Hemden, einige Nächte in den Wartesälen dritter Klasse, Verlust der Bügelfalten, einige Nächte im Freien, kein warmes Wasser. Seife von öffentlichen Aborten, ein Mantel, der sozusagen zu deiner Wohnung geworden ist, und das Kostüm eines Verdächtigen ist da. Verlasse dich nicht auf dein Gesicht, auf die Züge deines Gesichtes! Vergiß den Rosenkavalier, vergiß den Kunstverein, vergiß die Denkmalpflege; Kenntnisse dienen nur noch dazu, dich restlos verdächtig zu machen. Ein Mann wie du, der ein Haus hat und einen Wagen, warum hast du deine Stadt verlassen? Warum hast du es nötig, Bernauer zu heißen?... Das Protokoll, das erste von vielen kommenden, kannst du unterzeichnen, wenn es fertig ist; es sind da noch einige Fragen.

»Herr Doktor«, sagt der Kommissar, das noch bescheidene Dossier öffnend, und sein Ton, wenn er Doktor sagt, ist nicht etwa höhnisch, sondern durchaus achtungsvoll, da der gewöhnliche Landstreicher nun entlarvt ist als ernsthafter Fund: »Sie haben Verbindungen zu einem gewissen Becker?«

Schinz stutzt.

»Becker, Alexis, Emigrant.«

Schinz schweigt.

»Ja oder nein?«

Schinz schweigt.

»Bitte«, lächelt der Kommissar: »vielleicht erinnern Sie sich, wenn ich Ihnen das Bild zeige –.«

Schinz hat das Gefühl, rot zu werden.

»Das Bild ist allerdings alt«, sagt der Kommissar: »Ihr Freund trägt keinen Schnurrbart mehr, soviel wir wissen.«

Schinz schweigt.

»Ich will Sie nicht überrumpeln, Herr Doktor, Sie werden Zeit genug haben, sich alles zu überlegen«, sagt der Kommissar mit dem fast kollegialen Ton von Todfeinden, die ihre Spielregeln kennen: »Ferner kennen Sie sehr wahrscheinlich einen gewissen Marini...«

»Marini?«

»Francesco Marini.«

»Nein –«

»Oder Stepanow.«

»Stepanow?«

»Ossip Stepanow.«

»Nein!«

»Oder Espinel.«

»Nein!« sagt Schinz.

»Roderigo Espinel.«

»Nein!« sagt Schinz.

»Seine Namen tun nichts zu Sache«, sagt der Kommissar: »Aber wenn Sie ihn kennen, erinnern Sie sich an sein Gesicht – ein sehr markantes Gesicht, das hat noch keiner vergessen, der ihn einmal gesehen hat.«

Und damit gibt er das Foto:

»Ein fertiger Christuskopf!«

Schinz erbleicht...

»Sie erinnern sich, Herr Doktor?«

Schinz hält das Foto: der Förster, der Lodenmantel – Man will mich wahnsinnig machen, denkt er, man will mich wahnsinnig machen! – Er steht in dem Lodenmantel, ein Förster am Sonntag, der sich vor seine Stämme stellt und eine Aufnahme machen läßt, etwas verlegen, ein schlechtes Foto, aber deutlich, ein dilettantisches Foto. Schinz legt es auf den Tisch zurück, unwillkürlich und etwas rasch, so, als verbrenne es seine Finger oder als wäre es schwer wie ein Stein... Der Kommissar hat sich unterdessen eine Zigarette genommen, zündet an; jetzt sagt er:

»Kennen Sie den Menschen?«

Die Zelle, die Schinz bekommt, ist ganz ordentlich. Sie hat sogar Sonne, ein etwas hochgelegenes Fenster, so daß man nichts von der Welt sieht, nur einen Kamin, nämlich wenn Schinz auf seiner Pritsche steht. Die Pritsche ist hart, aber sauber, nicht unwürdig. Drei Uhr mittags verschwindet die Sonne; kurz danach hört man eine Turmuhr. Schinz findet es schon viel, daß er nicht gegen eine Mauer sieht, womöglich noch eine Schattenmauer, sondern gegen den Himmel. Seine Zelle ist offenbar im obersten Stockwerk; jedenfalls hört man oft das Geflatter der Tauben, hin und wieder schwirrt eine vor dem Gitter vorbei. Manchmal ist Schinz ganz heiter: Man muß halt nicht über die Grenze schleichen! sagt er sich. Die Zelle ist klein; es erinnert ihn an das bekannte Kloster in Fiesole. Überhaupt die Erinnerungen! Seine erste Angst, als er an dieser Stelle sitzt: Jetzt nicht den Glauben an deine Unschuld verlieren! Das Foto mit dem Förster, sagt er sich, ist eine Hysterie gewesen; er hat es ja kaum wirklich betrachtet; er ist erschrocken und hat es weggelegt. Erschrocken über einen Lodenmantel, wie es Tausende gibt! Das Gesicht, sagt Schinz sich mit Recht, hat er damals gar nicht so deutlich gesehen; es war ja schon Dämmerung, dann sogar Nacht. Laß dich nicht irrsinnig machen! Und wenn schon, denkt er ein anderes Mal, wenn er es wirklich gewesen wäre: was habe ich verbrochen? Ich habe ihn gesehen, gut, ich habe mit ihm geplaudert, gut, vor allem hat er geplaudert. Was weiter? sagt Schinz, indem er plötzlich in seinem Hin und Her wieder stehenbleibt: Was geht dieser Marini mich an oder dieser Stepanow oder wie er heißt? Dann legt er sich auf die Pritsche: Man will mich irrsinnig machen, sagt er sich ziemlich gelassen, man will mich irrsinnig machen. Draußen hört man das Gackern von Hühnern. Irgendwie schön. Ein Fenster voll Himmel; das Gitter davor ist nicht so schlimm; Schinz hat ja keine Absicht, hinunterzuspringen in den Tod oder hinauszufliegen über die Kamine. Einmal, denkt er, wird ein Gericht stattfinden. Hin und wieder hört man auch das Hupen von Wagen, aber ziemlich ferne; jenseits von Bäumen, jenseits eines Hofes oder so. Das ganze Gebäude, wer weiß, war vielleicht einmal ein Kloster; Schinz hat auf seinen Reisen so viele alte Klöster besucht, sich manchmal vorzustellen versucht: Wenn du in einer solchen Zelle leben müßtest? und dann ist Bimba gekommen, begeistert von einem Kreuzgang, man ist hinuntergegangen, hat Fresken bewundert, langsam ist man hinausgegangen, Sonne auf einer Piazza, gegenüber ein kleines Ristorante. Die Fresken: Sebastiano mit den Pfeilen im Leib, ein Kindermord zu Bethlehem, ein Christophorus, die drei bekannten Kreuze auf Golgatha, viel bittere Geschichten, aber schön. Wölfflin fällt ihm ein! Und so weiter. Zum Glück sind die Kinder schon groß. Manchmal steht Schinz einfach an der Wand, die Arme an der Wand, den Kopf in den Armen, so daß er nichts sieht; mit offenen Augen. Der Himmel ist zum Verzweifeln. Schlafen geht nicht. Träume machen alles so maßlos. Einmal wird das Essen kommen. Dann wird es sich zeigen! ob es Gendarmen sind oder Wärterinnen, Gefängnis oder Irrenhaus. Das ist seine einzige Angst. Wenn du nirgends auf der Welt ein voller Zeuge mehr bist. Als sie kommen, die Schritte, nimmt er den Kopf nicht von der Wand; die Türe geht auf, Schinz bleibt so, die Türe geht zu. Schinz schaut: ein Geschirr ist da, ein blechernes, aber sauber, Kartoffelsuppe und Brot, ein etwas komisches Gefäß mit frischem Wasser ... Wochen wie Jahre, Jahre wie Wochen, Verhöre, die sich wörtlich wiederholen, Namen, die Schinz nicht kennt, hin und wieder ist er durchdrungen vom Bewußtsein, daß alles nur ein Traum ist, aber das ändert nichts daran; sooft er erwacht, sieht er das Gitter vor dem Himmel, und jeden Morgen, wenn es grau wird, hört er, wie die Hähne krähen –.

Endlich ist es soweit.

Eines Tages sieht sich Schinz, wie er es von Bildern kennt, in

Hemd und Hose und mit einem kleinen Strick um die Handgelenke. Er ist nicht allein. Sie stehen in einem Schulhaushof, Kies, die Kastanien blühen mit weißen und roten Kerzen. Stunden ohne Ahnung. Die Soldaten, die sie bewachen, tragen eine Uniform, die Schinz noch nie gesehen hat; die Historie, scheint es, hat sich wieder einmal gewendet, die Mützen sind anders, der Schnitt der Hosen, anders ist auch die Art, das Gewehr zu tragen. Es ist schon ziemlich hell, aber vor Sonnenaufgang. Was Schinz, übrigens der einzige Deutschsprechende in seiner Gruppe, mehr beschäftigt als die unbekannten Uniformen, ist der kleine Hühnerhof des Hauswartes, wo er zum ersten Male die beiden bekannten Hähne sieht, die er jeden Morgen gehört hat! noch haben sie nicht gekräht... Auf der Treppe der Turnhalle erscheint ein Mann ohne Uniform, ein ziemlich junger Bursche, der eine Armbinde trägt; eine Liste verlesend:

»Stepanow, Ossip.«

»Hier.«

»Becker, Alexis.«

»Hier.«

»Schinz, Heinrich Gottlieb.«

»Hier.«

Die übrigen blicken auf den Kies. Je ein Soldat führt die eben Gerufenen aus ihrer Gruppe. Hinüber in die Turnhalle, die immer noch, obschon es tagt, hell erleuchtet ist. Natürlich wird nicht gekreuzigt, sondern erhängt. Die Vorrichtung ist lächerlich einfach, fast schulbubenhaft; drei Ringseile sind heruntergelassen, daran je ein ziemlich dünner Strick mit einer Schlaufe. Darunter je ein flüchtig genagelter Holzblock mit drei Stufen. Schinz denkt: Das kann aber nicht euer Ernst sein! ohne sich jedoch eine Hoffnung zu machen, daß es deswegen nicht stattfinden werde. Auch darüber ist Schinz sich klar, daß er nie mehr erfahren wird, worin sein Verbrechen eigentlich bestanden hat. Irgendwie spielt es wirklich keine Rolle; so weit ist er schon gekommen. Wieder vergeht eine Weile. Die drei Gerufenen sind so gestellt, daß sie sich den Rücken zuwenden, einander nicht sprechen und nicht sehen können. Schinz sieht einen Tisch, gemacht aus zwei Hürden und einem Brett, darauf ein Eisenstab, zwei Handschuhe, wie die Schweißer sie haben, drei kleine Schnappzangen, ein Bunsenbrenner, ein vielfach verglühter Draht, das genügt, damit läßt sich foltern, soviel man nur will. Eine Uniform spricht mit einer Art von Arzt, der mehrmals die Achseln zuckt. Dann, da die beiden offenbar zu keinem Ende kommen, wendet sich die Uniform, drei Fotos in der Hand; jeder wird nochmals mit seinem Foto verglichen. Dann kommt der junge Bursche mit der Armbinde, weist ihnen die Plätze an. Links Becker, Stepanow in der Mitte, rechts Schinz. Die Schlaufe sollen sie sich selber um den Hals legen – es ist wirklich der Förster. Er sagt:

»Warum haben Sie mich verraten?«

Schinz hat keine Stimme.

»Warum haben Sie mich verraten?«

Der Förster hilft ihm, vorwurfslos, so wie er dem armen Bekker schon geholfen hat, so, als wäre er schon unzählige Male gehängt worden, er selber. Schinz schaut ihn an und sagt:

»Ich verstehe kein Wort.«

Der Förster lächelt.

»Ich habe Sie nicht angesprochen, Herr Doktor, Sie haben mich angesprochen, Sie haben mich nach dem Weg gefragt –.«

»Nein«, sagt Schinz.

»Tragen wir es.«

Da, sein Christus-Gesicht vor Augen, kann Schinz es nicht ertragen, schreit, als könne er daran erwachen, schreit, wie ein Mensch nur schreien kann, schreit:

»Nein! Nein! Nein!«

Das ist das letzte Mal gewesen, daß Schinz seine eigene Stimme gehört hat––– Erwacht, schweißüberströmt, die eigene Hand an seinem Hals, der unversehrt ist, merkt er es nicht sogleich, Bimba streicht ihm die Stirne, Bimba ist alt, Bimba lächelt, der Arzt steht am Fußende des Bettes, Bimba bewegt die Lippen, aber sie sagt kein Wort, auch der Arzt bewegt die Lippen, aber niemand sagt ein Wort. Schinz ist taub. Als er es weiß, schließt er die Augen; als müßte, wenn er sie dann abermals aufmacht, alles verändert sein. Nichts ist verändert, sie bewegen die Lippen. Als er es sagen will, daß er sie nicht mehr hören kann, merkt er, daß er auch stumm ist.

Schinz hat nach diesem Ereignis noch sieben Jahre gelebt, ohne seine Vaterstadt zu verlassen. Mit dreiundsechzig Jahren stirbt er eines natürlichen Todes. Und nicht ohne Ansehen. Sein sonderbarer Fauxpas ist zwar nicht vergessen worden, aber verziehen; man hat den taubstummen Herrn auch auf der Straße immer zuvorkommend begrüßt; die Außenwelt, ausgenommen Bimba, hat das Ganze, wie schon gesagt, durchaus als einen klinischen Fall betrachtet, aufsehenerregend auch so, erschütternd auch so, aber für die Außenwelt ohne jede Folge.

Im Büro

Die vergangene Woche bringt ohne eine Bemühung meinerseits – ich habe mich öfter in diesem Sinn bemüht, aber immer erfolglos – zwei neue Aufträge; ein Landhaus und ein kleines Strandbad.

Café Odeon

Der Zufall ganz allgemein: was uns zufällt ohne unsere Voraussicht, ohne unseren bewußten Willen. Schon der Zufall, wie zwei Menschen sich kennenlernen, wird oft als Fügung empfunden; dabei, man weiß es, kann dieser Zufall ganz lächerlich sein: ein Mann hat seinen Hut verwechselt, geht in die Garderobe zurück und obendrein, infolge seiner kleinen Verwirrung, tritt er auch noch einer jungen Dame auf die Füße, was beiden leid tut, so leid, daß sie miteinander ins Gespräch kommen, und die Folge ist eine Ehe mit drei oder fünf Kindern. Eines Tages denkt jedes von ihnen: Was wäre aus meinem Leben geworden ohne jene Verwechslung der Hüte?

Der Fall ist vielleicht für die meisten, die sonst nichts glauben können, die einzige Art von Wunder, dem sie sich unterwerfen.

Auch wer ein Tagebuch schreibt, glaubt er nicht an den Zufall, der ihm die Fragen stellt, die Bilder liefert, und jeder Mensch, der im Gespräch erzählt, was ihm über den Weg gekommen ist, glaubt er im Grunde nicht, daß es in einem Zusammenhang stehe, was immer ihm begegnet? Dabei wäre es kaum nötig, daß wir, um die Macht des Zufalls zu deuten und dadurch erträglich zu machen, schon den lieben Gott bemühen; es genügte die Vorstellung, daß immer und überall, wo wir leben, alles vorhanden ist: für mich aber, wo immer ich gehe und stehe, ist es nicht das vorhandene Alles, was mein Verhalten bestimmt, sondern das Mögliche, jener Teil des Vorhandenen, den ich sehen und hören kann. An allem übrigen, und wenn es noch so vorhanden ist, leben wir vorbei. Wir haben keine Antenne dafür; jedenfalls jetzt nicht; vielleicht später. Das Verblüffende, das Erregende jedes Zufalls besteht darin, daß wir unser eigenes Gesicht erkennen; der Zufall zeigt mir, wofür ich zur Zeit ein Auge habe, und ich höre, wofür ich eine Antenne habe. Ohne dieses einfache Vertrauen, daß uns nichts erreicht, was uns nichts angeht, und daß uns nichts verwandeln kann, wenn wir uns nicht verwandelt haben, wie könnte man über die Straße gehen, ohne in den Irrsinn zu wandeln? Natürlich läßt sich denken, daß wir unser mögliches Gesicht, unser mögliches Gehör nicht immer offen haben, will sagen, daß es noch manche Zufälle gäbe, die wir übersehen und überhören, obschon sie zu uns gehören; aber wir erleben keine, die nicht zu uns gehören. Am Ende ist es immer das Fälligste, was uns zufällt.

Die Folge

1946

1947

1948

1949

Anhang

Seite 5
Santa Cruz
Eine Romanze (1944)
Erstes Theaterstück M. F.'s, das, und zwar nach *Nun singen sie wieder,* aufgeführt wurde. Es entstand auf Anregung von Kurt Hirschfeld, nach dessen Lektüre des Romans *J'adore ce qui me brûle oder Die Schwierigen:*

Unter den wenigen Zuschriften, die das Echo darstellten, fanden sich ein paar Zeilen vom Dramaturgen des Zürcher Schauspielhauses, Kurt Hirschfeld, der mich ermunterte, es einmal mit einem Theaterstück zu versuchen. (*Tagebuch 1946-1949* Bd. II, S. 585)
... ich war ein Mann über Dreißig, Architekt, einer, der nicht seine Lust am Theater, aber seine Hoffnung, die Bühne zu seinem Bauplatz machen zu können, längst begraben hatte. Was heißt Ermunterung? Ich kann einen Maler, zum Beispiel, noch so herzhaft ermuntern, ein Fresko zu versuchen, und es heißt gar nichts, wenn ich ihm nicht eine Wand, so groß wie meine Ermunterung, zur Verfügung stelle. Das hat das Zürcher Schauspielhaus getan, damals die einzige lebendige Bühne deutscher Sprache. Man ließ mich zu den Proben von Brecht, Sartre, Lorca, Giraudoux, Claudel... Proben, Sie wissen es, sind unwiderstehlich. Zwei Monate später – ich hatte mein Architektur-Atelier und tagsüber keine Zeit – brachte ich mein erstes Stück fertig. (In: Horst Bienek, *Werkstattgespräche mit Schriftstellern,* Deutscher Taschenbuch Verlag München 1965, S. 13)

Niederschrift des Stücks: August bis September 1944. Uraufführung am 7. 3. 1946 im Schauspielhaus Zürich; Regie: Heinz Hilpert; Bühnenbild: Teo Otto; Brigitte Horney spielte die Elvira. Zuerst erschienen in: Schweizerische Reihe Sammlung Klosterberg, Verlag Benno Schwabe & Co Basel 1947. Eugen Früh illustrierte die Erstausgabe.

Seite 76
›*Zu* Santa Cruz‹ (1946)
Zuerst erschienen in: Programmheft des Schauspielhauses Zürich zur Uraufführung des Stückes am 7. 3. 1946

Seite 79
Nun singen sie wieder
Versuch eines Requiems (1945)
Erstes aufgeführtes Stück M. F.'s; entstanden im Januar 1945. Uraufführung am 29. 3. 1945 im Schauspielhaus Zürich; Regie: Kurt Horwitz;

Bühnenbild: Teo Otto. Bei der Uraufführung sangen internierte Polen ein polnisches Volksklagelied. – Das Stück wurde nach Kriegsende, als erstes von M. F.'s Stücken in Deutschland während der Spielzeit 1946/47 aufgeführt, und zwar an den Münchner Kammerspielen unter der Regie von Bruno Hübner und an der Jungen Bühne/Hamburg unter der Regie von Answald Krüger. – Nach Ablehnung durch den Atlantis Verlag nahm Walter Muschg das Stück 1946 in die Schweizerische Reihe der von ihm im Verlag Benno Schwabe & Co. hrsg. Sammlung Klosterberg auf. Die Buchausgabe war »Kurt Horwitz in Verehrung gewidmet«. In späteren Auflagen entfiel das Motto von Paul Adolf Brenner.

Seite 137
›*Zu* NUN SINGEN SIE WIEDER‹ (1946)
Anmerkung von M. F. in der Buchausgabe des Stücks 1946.

Seite 139
DIE CHINESISCHE MAUER
Eine Farce (1946. 1972)
Entstehung:

Die Chinesische Mauer liegt in vier Fassungen vor. – Niederschrift der ersten Fassung November 1945 bis Mai 1946. Die Uraufführung der ersten Fassung des Stücks fand am 10. 10. 1946 im Zürcher Schauspielhaus statt. Regie: Leonard Steckel; Bühnenbild: André Perrottet von Laban. Buchausgabe in der Schweizerischen Reihe, Sammlung Klosterberg, Verlag Benno Schwabe & Co. Basel 1947.

Die zweite Fassung der *Chinesischen Mauer* entstand von Februar bis Juli 1955 für eine Inszenierung Oscar Fritz Schuhs bei den Berliner Festwochen 1955. Uraufführung am 28. 10. 1955 im Theater am Kurfürstendamm (Haus der Freien Volksbühne, Berlin); Regie: Oscar Fritz Schuh; Bühnenbild: Caspar Neher. – Die zweite Fassung der *Chinesischen Mauer* erschien im Suhrkamp Verlag 1955 und wurde 1962 in die Sammlung der *Stücke* aufgenommen.

Anfang 1965 regte Oscar Fritz Schuh, nun Intendant des Deutschen Schauspielhauses in Hamburg, abermals eine Neubearbeitung an. Die neue Fassung entstand innerhalb von zwei Wochen; am 26. Februar 1965 fand die Premiere in Hamburg statt; Regie: Oscar Fritz Schuh; Bühnenbild: Ursula Schuh. Diese Fassung wurde nicht veröffentlicht.

Die vierte Fassung der *Chinesischen Mauer* entstand für das Théâtre National de l'Odéon in Paris, in Zusammenarbeit mit dem Regisseur

Jean Pierre Miquel und dem Übersetzer Henri Bergerot; aufgeführt vom Jeune Théâtre National am 8. 11. 1972. Buchausgabe mit dem Untertitel »Version für Paris, 1972« in der edition suhrkamp im Februar 1972; in die Taschenbuchausgabe der *Stücke* von 1973 übernommen.
Fassungen:

Erste Fassung 1946: Min Ko ist »ein junger Mann von heute«. Es folgen Auszüge aus dieser ersten, später stark veränderten Fassung.

Erstes Gespräch zwischen Min Ko und Mee Lan S. 46-54:

MEE LAN Du bist es, dessen Lieder sie singen? Du? So wie Du vor mir stehst, Du bist Min Ko – Du?...

MIN KO Ich bin es, ja. Zum ersten Male weiß ich, daß ich wirklich bin: man fordert meinen Kopf. Zum ersten Male weiß ich, daß ich, ein Dichter, die Welt verändern kann.

[...]

MEE LAN Und wissen Sie, daß es sein Ernst ist, das mit dem Töten, das mit dem Kopf auf der Lanze, ein blutiger Ernst?

MIN KO Ich weiß, das Töten war immer sein ganzer Ernst.
»Denn an den Bäumen hangen,
Die meine Lieder sangen.«
Das Volk ist sonderbar! Sie singen die Wahrheit, Jahrtausende lang, und dennoch bleibt alles, so wie es war. Sie bleiben blind, solang sie unsern Kopf nicht auf der Lanze sehen... Da kommt schon der Tee.
Siu bringt den Tee und entfernt sich.

MEE LAN Sie trinken doch einen Tee, ja?

MIN KO Oh...

MEE LAN Nehmen Sie Platz.

MIN KO Ich bewundere Deine Geistesgegenwart, liebes Fräulein, die uns erlaubt, allein zu sein in dieser Stunde, meiner letzten vielleicht, sie auszufüllen mit einem Tee... Danke!... Ich habe das Leben unsäglich geliebt.

MEE LAN Ich weiß.

MIN KO Woher?
Sie trinkt Tee.
Ich habe das Leben unsäglich geliebt: Wenn ich an all die Vögel denke, die meine Freunde waren, und all die blühenden Pfirsichbäume, die Herbste, die Teiche voll abendlicher Wolken, die silbernen Monde der Nacht, ja, und alle die Mädchen, auch sie... Was brauchte ich mehr! wäre nicht immer die heimliche Scham, die den Glücklichen verfolgt in einem Reich, wo Millionen von geschändeten Menschen umhergehen, Scham, in diesem Reich ein Glücklicher zu sein. So trifft das Unrecht auch uns, die es nicht eigentlich trifft.
Er lacht.
Übrigens – ich war sehr erstaunt, als ich hierher kam: Es singen die Vögel auch in den Gärten eines Verbrechers.

MEE LAN Meinen Vater nennen Sie einen Verbrecher?

MIN KO Ich habe nie anders gesprochen von ihm, und darum, vermute ich, will er meinen Kopf.

MEE LAN Und warum, warum nennen Sie ihn einen Verbrecher?

MIN KO Weil er das Reich der Wahrheit verhindert.

Er trinkt.

Ein köstlicher Tee.

MEE LAN Und warum verhindert er das Reich der Wahrheit, mein Vater?

MIN KO Warum? Weil er weiß, daß er in Wahrheit kein Fürst ist, daß alle diese fürstlichen Gärten nicht ihm gehören, in Wahrheit nicht, und darum, vermute ich, fürchtet er das Reich der Wahrheit. Das heißt, nicht er allein!...

Er trinkt.

Ja, es ist komisch... Keine Lüge kann machen, daß das Wasser nach oben fließt, daß die Flamme nach unten lodert, und unsere Erde dreht sich um die Sonne, ob man es sagen darf oder nicht. Jede Lüge ist vergeudetes Leben –

MEE LAN Mag sein.

MIN KO Und dennoch handeln sie alle gegen ihr Wissen... Dein Vater zum Beispiel: obschon er es im Grunde seiner Verzweiflung weiß, daß er ein geborener Wasserträger ist, er schämt sich, daß es so ist, und lieber wird er ein Halunke, ein Spitzbube in Purpur, ein Fürst im Verbrechen, als daß er sein Wasser trüge im Reiche der Wahrheit... Oder ist es nicht so?

MEE LAN Sie sprechen von Hwang Ti, dem Ersten Erhabenen Kaiser: Sie sprechen sehr offen, mein Herr.

MIN KO Im Grunde tut er mir leid. Wie jeder dumme Mensch. Er tut allen Ernstes, als könnte er die Wahrheit töten, indem er den Menschen tötet, der sie sagt. Natürlich glaubt er das selber nicht, und dennoch wird er es tun! Er handelt gegen sein Wissen – eben darin, meine ich, besteht ja die Dummheit – und darum ist er so unselig, was immer er handelt, im Grunde voll Angst, die er mit all seinen Siegen nicht austilgen kann, und darum muß er immer neue, immer größere Siege erfechten, der arme Kerl –

MEE LAN Warum?

MIN KO Weil alles, was er tut, nicht fruchten kann: weil alles, was man außerhalb der Wahrheit tut, der Unsinn ist, die Leere.

[...]

MEE LAN Sie reden von einem Reich der Wahrheit...

MIN KO Kennst Du die Worte von Kung Fu Tse?

MEE LAN Welche Worte?

MIN KO »Jedermann im Volk führe seine Titel nach dem, was er kann. Er genieße die Früchte seiner Kraft zu seiner Zeit. Er bekomme seine Stellung nach seiner Arbeit... und so weiter – auf diese Weise wird erreicht, daß das Volk brüderlich ist; wenn das Volk brüderlich ist, so wird die Unzufriedenheit selten, und Unruhen erheben sich nicht. Das ist der Grund, worauf Staat und Haus lange dauern.«

MEE LAN Wer hat das gesagt?

MIN KO Euer Meister, Kung Fu Tse... Eben das nennen wir das Reich der Wahrheit, heute noch: zweihundert Jahre vor Christus, zweitausend Jahre danach!

MEE LAN Ein schönes Reich, mein Freund...

MIN KO Die Edlen freuen sich darauf, heute wie je!

MEE LAN Und jeder Taugenichts ist überzeugt, daß er der Edle sei. Nicht wahr? Und was das Edle ist, wer wird es entscheiden, die Mehrzahl aller Taugenichtse?

MIN KO Was edel ist, entscheiden die Dichter.

MEE LAN Ein schöner Beruf.

MIN KO Nicht immer, mein liebes Fräulein! Nicht alle hören sie gerne, die Stimme der Dichter, die ihnen sagt, was sie im Grunde schon wissen. Dein Vater zum Beispiel, wenn ich ihm sage: Durchlaucht, Sie sind ein Mörder –

MEE LAN Mein Vater? Ein Mörder?

MIN KO Nun ja –

MEE LAN Wieso???

MIN KO Wie soll ich es erklären... Das Unrecht, das an der Mehrzahl aller Menschen begangen wird, heute wie je, heute wie vor zweitausend Jahren, es besteht ja nicht darin, liebes Fräulein, daß man die andern um den Genuß einer gebratenen Taube bringt, um das Vergnügen, aufzutreten in eisvogelfarbener Seide wie Du. Was liegt daran!

MEE LAN Sondern?

MIN KO Entenleber mit jungen Bambussprossen, eßbare Schwalbennester gedämpft, Muscheln mit sauren Ameiseneiern, das alles ist es nicht...

MEE LAN Sondern?

MIN KO Das Übel, scheint mir, besteht darin, daß man die Mehrzahl aller geborenen Menschen, indem man ihnen Unrecht tut, daran verhindert, reifer zu werden... Ja – wer Unrecht erleidet, der dünkt sich gerecht: ohne daß er selber es sein muß. Das ist das Verfluchte! Jedes Unrecht, das wir unserem Nächsten tun, verzögert in ihm das Reich der Wahrheit. Denn es macht ihn selbstgerecht. Es verzögert den Frieden. Wir morden die mögliche Reife in ihnen allen, und das, scheint mir, ist mehr als leiblicher Mord.

Min Ko als Narr verkleidet zu Hwang Ti – S. 116:

DER NARR Ich bin die Stimme, die Sie aus sich selber hören, nichts weiter, die Stimme Ihres eigenen Bewußtseins, das Sie fürchten. Es liegt an Ihnen, Durchlaucht, ob Sie es für einen Narren halten oder nicht.

Mee Lan zu Hwang Ti S. 67:

MEE LAN Wir spielen ein Reich, das es nicht gibt. Das weißt Du doch. Wir reden von lauter großen Dingen, die wir selber nicht glauben. Wir tun nur so. Von Fürsten und Helden, von Siegen der Gerechtigkeit, von Frieden... Spürst Du nicht, wie leer all unsre Worte sind? Wir wohnen in einem chinesischen Palast, der nichts als Pappe ist, siebenfach überschmierte Leinwand, ein Vergleich für unseren Größenwahn, nichts weiter. Und was dahinter ist, die Wahrheit, das wollen wir nicht hören. Warum machen wir eine Farce aus unserem Leben? Wir spielen nicht die Rolle, die uns zukommt im Reich der Wahrheit, wie es die Dichter nennen.

Gespräch zwischen Mee Lan und dem Prinzen S. 91-94:

MEE LAN Lernen Sie sich selber kennen...

Kameradschaftlich:
Wir alle, Freund, lernen wir uns selber kennen. Wir müssen ehrlich werden. Im Ernst! Verkleiden wir uns nicht länger. Wozu das chinesische Getue? Sie schauen mich an. Warum machen wir eine Farce aus unserem Leben?
Sie tritt an die Rampe:
O ja, es ist grauenvoll, wenn wir auf einmal erfahren, daß wir nicht leben, nicht wirklich, und dennoch verrinnt unsere wirkliche Zeit! So oft ich das Gesicht eines Toten erblickte, meiner Mutter zum Beispiel, warum hatte ich jedesmal diesen Schrecken, so ein peinliches Gefühl: wir haben Mummenschanz getrieben? Warum machte meine Mutter, da sie tot war, plötzlich so ein andres Gesicht: als hätte sie zum erstenmal ein Wirkliches erlebt? Warum lassen wir uns nicht fallen aus allen Redensarten, die nicht das Leben sind? Wir stürzen nie tiefer, o Freunde, als in das eigene Herz. Das aber ist das Erwachen, der Augenblick, da man in Wahrheit geboren wird, der Augenblick, da man weiß, daß man ist: vielleicht sehr klein, erbärmlich und verzweifelt, aber man ist. Man tut nicht mehr, als ob man ein anderes wäre, eine Prinzessin von China! Man ist.
Sie tritt wieder in die Handlung zurück:
Ich weiß nicht, Prinz, ob Sie mich ganz verstehen?

PRINZ Vollkommen!

MEE LAN Dann ist es gut.

PRINZ Ich habe einem Fürsten gedient, der keiner ist! Ich glaubte an ihn; er hat mir das Glück versprochen, die Hand seiner Tochter –

MEE LAN Als Preis für Ihren Glauben?

PRINZ Lache nur!

MEE LAN Glaube an den Preis, Glaube an den Lohn, oh, das ist der Glaube der meisten, die meinen, daß sie glauben –.

PRINZ Lache nur! Wir sind nicht am Ende! Ich werde Dich weinen sehen, heute noch!

[...]

MEE LAN Sehen Sie denn nicht, daß Sie die Macht überschätzen? Sie reden wie die Menge, die draußen vor den Toren brummt, auch Sie erwarten von einem Fürsten, wer immer er sei, das Unmögliche: Sie träumen von einem Staat, der Ihnen müßte geben können, was Gott an Ihnen versäumt hat! Sehen Sie nicht, daß Sie sich selber betrügen mit einer lächerlichen Erwartung?

[...]

PRINZ Habe ich kein Anrecht auf Glück?

[...]

MEE LAN Glück, mein Freund, ist eine Sache der Begabung –

PRINZ Ich bin es, der den Sieg erfochten hat!

MEE LAN Wer leugnet es? Ich bewundere Ihren soldatischen Mut, oder sagen wir: ich wundere mich über diese Ausflucht in einen Mut, der Tausende von anderen Menschen unglücklich macht, ohne daß Sie selber, wie ich mit Bedauern sehe, dadurch glücklicher würden. Die größten Schlachten zu schlagen, es scheint leichter zu sein, als die kleinste Wahrheit über sich selber zu ertragen –

Zweite Fassung 1955: mit den stark veränderten Szenen 7, 10, 20 (die

Nummern entsprechen denen der Fassung von 1972). Neu hinzugeschrieben: Szene 13, Schluß von Szene 20 (Verleihung des Staatspreises an den Heutigen), und die folgende Szene 24:

Im Vordergrund, links und rechts auf der Bühne stehen Mee Lan (mit offenem Haar und zerrissenem Kleid) und der Heutige (mit goldener Kette am Hals); sie blicken einander an.

DER HEUTIGE Sieh mich an, den Ohnmächtigen!

MEE LAN Du hast gesagt, was du zu sagen hast.

DER HEUTIGE Und nichts erreicht!

MEE LAN Dennoch mußt du es sagen.

DER HEUTIGE Wozu...

MEE LAN Das ist die Wirklichkeit: Du, der Ohnmächtige, und ich, die Geschändete, so stehen wir in dieser Zeit, und die Welt geht über uns hin. Das ist unsere Geschichte. Warum verbirgst du dein Gesicht?
Sie kniet vor ihm.
Ich liebe dich. Ich habe dich erkannt und liebe dich. Ich, die Hochmütige, knie vor dir, dem Verhöhnten, und liebe dich.
Er schweigt.
Nun bist du der Stumme...

Die Masken sprechen in Stilzitaten.

Dritte Fassung: Einteilung in zwei Akte – Aktschluß nach Szene 18; Die folgende Schlußszene 20 (entspricht Szene 24 von 1955) neu geschrieben:

HEUTIGER Mummenschanz!
Er nimmt sich eine Zigarette.

MEE LAN Und wir?

HEUTIGER – wissen mit einem Strick um den Hals, daß es ein Mummenschanz ist und unser Totentanz, wenn wir das nicht wissen.
Er zündet sich die Zigarette an.
Es ist ein Mummenschanz.
Er raucht.

Seite 217
WO SPIELT UNSER STÜCK?
Brief an die Darstellerin einer Nebenrolle (1946)
Zuerst erschienen in: Programmheft des Schauspielhauses Zürich zur Uraufführung der *Chinesischen Mauer* am 10. 10. 1946.

Seite 220
ZUR CHINESISCHEN MAUER (1955)
Zuerst erschienen in: Akzente 1955.

Seite 226

CHINESISCHE MAUER 1965

Zuerst erschienen in: Programmheft des Deutschen Schauspielhauses in Hamburg zur Erstaufführung der dritten Fassung der *Chinesischen Mauer* am 26. 2. 1965.

Seite 229

ALS DER KRIEG ZU ENDE WAR

Schauspiel (1947/48. 1962)

Das Manuskript des Stücks lag im Juli 1948 vor. Titel: »Ihr Morgen ist die Finsternis«, dann »Judith«. M. F. gab das Manuskript an Bertolt Brecht; Brief Brechts an M. F. vom Juli 1948:

Lieber Frisch, Ihr neues Stück, das ich für mich selbst immer noch *Berliner Thema* betitle, hat mich weiter beschäftigt, abgesehen von den Siedlungen, durch die es führt und die so sehr anders sind als die Züricher. Ich schreibe im Augenblick an einem kleinen Organon für das Theater und unterbreche die Gedankengänge nicht eigentlich, wenn ich eine Wahrnehmung anläßlich Ihres Stückes zu Papier bringe. Es handelt sich dabei um einen Einwand und er betrifft nicht den Stoff, noch die dichterische Absicht und an der Ausführung nur Eines, nämlich daß dem Theater als einer Institution erheblich weniger zugemutet wird, als es von früheren Stückeschreibern Ihrer Begabung geschah. Ich würde diesen Einwand kaum erheben, wenn ich nicht dächte, daß er auch gegen Stücke, die ich selber geschrieben habe, erhoben werden sollte. Und es sind »äußere« Umstände, die uns veranlassen, mitunter über einen Gegenstand das erstbeste, anstatt eines der letztbesten Stücke zu schreiben. Plump gesprochen: ich habe den Eindruck, daß Sie es einfach ablehnten, zu analysieren, warum Ihnen der Stoff (in der Behandlung, die Sie ihm gleich zu Anfang zuerdachten) so fruchtbar erschien. Er enthält, und zwar so wie Sie ihn behandelten, sehr bedeutende Aspekte und es kommt mir so vor, als hätten Sie dafür nicht die adäquate Form gewählt, nämlich die sogenannte Große Form. Damit sind natürlich nicht Verse usw. gemeint, sondern eben eine Form, die die großen Aspekte herausarbeitet. Bei der Form, die Sie wählten, und die zweifellos gewisse Schönheiten produzierte, werden diese Aspekte lediglich leicht angedeutet, als hofften Sie, dieselben gerade dadurch zu eröffnen, aber für mich ist dies eine Hoffnung, welche von einer Gesellschaft ermutigt wird, die ein tieferes und vor allem allgemeineres Verständnis der gesellschaftlichen Vorgänge nicht wünscht und die gesellschaftliche Maschinerie nur »berührt« und nicht etwa kräftig angegriffen haben will. Sie wollen nicht, daß mit dem Zaunpfahl gewinkt wird – so wenig wie das die Diebe wollen. Aber die Geschichte des großen Dramas zeigt, daß der Zaunpfahl ein legitimes Instrument ästhetischer Veranstaltungen ist. – Von der klassischen Tradition aus gesehen, behandeln Sie das Judith-Thema und die neue Wendung besteht darin, daß die Vergewaltigte sich in den Vergewaltiger verliebt, als Vergewaltiger nunmehr den »rechtmäßigen Besitzer« ansehen muß und den Ansprüchen des Geliebten, der eine höhere Sittlichkeit vertritt, nicht gerecht werden kann. Das jedenfalls scheinen mir die angedeuteten, aber nicht gedeuteten Aspekte in Ihrem Stück zu sein: es sind politische. Ich hoffe, Sie nehmen diese Reklamation auf die leichte Achsel, die wir alle haben müssen, die wir es mit Kunst zu tun haben. Bei der Einstudierung des Stücks, der ich mit wirklichem Interesse entgegensehe, können wir vielleicht derlei allgemein Ästhetisches noch näher diskutieren.

Sehr herzlich Ihr (brecht), Zürich Juli 48

Uraufführung am 8. 1. 1949 im Schauspielhaus Zürich; Regie: Kurt Horwitz; Bühnenbild: Caspar Neher; die Agnes spielte Brigitte Horney. Die Buchausgabe erschien 1949 in der Schweizerischen Reihe der Sammlung Klosterberg, Verlag Benno Schwabe & Co Basel.

Anm. von M. F. zur Veröffentlichung der zweiten Fassung in *Stücke* 1962:

Der Verfasser hat 1962 den 3. Akt gestrichen, weil dieser das Thema nicht weiterführt, sondern bloß datiert.

Dritter Akt: Horst hat sich mit der amerikanischen Besatzungsmacht arrangiert; das Stück endet mit dem Selbstmord der Agnes.

Text der ersten beiden Akte in der zweiten Fassung unverändert.

Seite 277
›*Zur Inszenierung von* Als der Krieg zu Ende war‹ (1962)
Anmerkung von M. F. in den *Stücken* 1962; gekürzte Fassung seiner Anmerkung in der Buchausgabe 1949.

Seite 278
›*Nachwort zu* Als der Krieg zu Ende war‹ (1948)
Zuerst erschienen in der Buchausgabe des Stücks 1949; Überarbeitung des *Vorworts zu »Als der Krieg zu Ende war«* aus dem Programmheft des Schauspielhauses Zürich zur Uraufführung des Stückes am 8. 1. 1949.

Seite 285
Über Zeitereignis und Dichtung (1945)
Zuerst erschienen in: Programmheft des Schauspielhauses Zürich zur Uraufführung von *Nun singen sie wieder* am 29. 3. 1945.

Seite 290
Notizen über Geträumtes (1945)
Zuerst erschienen in: Programmheft des Schauspielhauses Zürich zur Uraufführung von *Nun singen sie wieder* am 29. 3. 1945.

Seite 292
VERDAMMEN ODER VERZEIHEN?
Ein Brief an Bi, den Verfasser des Leitartikels in der NZZ vom 23. 4. 1945 (1945)
Entstanden als Antwort auf den Leitartikel *Verdammen oder Verzeihen?* der NZZ Nr. 824 v. 23. 5. 1945, Bl. 5, Verfasser: Ernst Bieri, Redakteur der NZZ. Bieri hielt darin »die Säuberung der Schweiz von jenen Elementen, die sich auf den Verrat unserer Unabhängigkeit vorbereitet und die Vorschußlorbeeren des Machtgenusses unsichtbar, aber nicht minder stolz getragen haben«, für die dringlichste Aufgabe. Es folgen die Sätze gegen M. F.'s Stück *Nun singen sie wieder.* Die Antwort M. F.'s erschien zuerst in der Neuen Schweizer Rundschau, Juni 1945. In *Was steht zur Wahl?* berichtet M. F. 1966 seine Erfahrungen mit Ernst Bieri, einem der Bewerber um das Amt des Zürcher Stadtpräsidenten:

...die Erfahrungen, die ich mit dem Namen Bieri verbinde, sind bescheiden. Andere mögen andere haben. 1945, als er mich der Nazi-Hörigkeit verdächtigte, glaubte ich mich zu einer knappen Richtigstellung berechtigt; sie wurde nicht gedruckt, Begründung durch Chefredaktor Bretscher: Ernst Bieri bleibe bei seiner Meinung.

Seite 297
STIMMEN EINES ANDEREN DEUTSCHLAND?
Zu den Zeugnissen von Wiechert und Bergengruen (1946)
Zuerst erschienen in: Neue Schweizer Rundschau, Januar 1946. – Besprochene Werke: Ernst Wiechert, *Der Totenwald. Ein Bericht,* Rascher Verlag Zürich 1946 (entstanden 1939); *Totenmesse,* Rascher Verlag Zürich 1946 (entstanden 1943); Strophe 3-8 des Gedichts *Es geht ein Pflüger übers Land* (in: Ernst Wiechert, *Sämtliche Werke,* Bd. 10, Kurt Desch Verlag München 1957). – Gedichte aus: Werner Bergengruen, *Dies Irae* 2. Aufl., Die kleinen Bücher der Arche, Die Arche Zürich 1946.

Seite 312
DAS SCHLARAFFENLAND, DIE SCHWEIZ (1946)
Zuerst erschienen in: Neue Zeitung (München) v. 26. 4. 1946. – M. F. besuchte 1946 zum erstenmal nach Kriegsende München; Einladung der US-Army zur Uraufführung von Leopold Lindtbergs Film *Die letzte Chance;* Hauptrolle: Therese Giehse.

Seite 319

KLEINES NACHWORT ZU EINER ANSPRACHE VON THOMAS MANN (1947)

Am 10. 6. 1947 las Thomas Mann auf Einladung des Vortragsausschusses der Universität im Auditorium Maximum der ETH Zürich aus seinem unveröffentlichten Roman *Doktor Faustus*. In der Einführung wandte er sich an »eine Jugend, welcher die Idee der Humanität, das ist die Idee der Freiheit und der Güte, nicht abhanden gekommen ist«. (Th. Mann, *Gesammelte Werke in dreizehn Bänden*, Bd. X *Reden und Aufsätze 2*. 2. Aufl. S. Fischer Verlag Frankfurt 1974, S. 369) An diese Jugend appellierte er: »Notwendig zunächst ist eine Wandlung des geistigen Klimas, ein neues Gefühl für die Schwierigkeit und den Adel des Menschseins, eine alles durchziehende, wenn Sie wollen religiöse Grundgesinnung, der niemand sich entzieht, und die jeder im Innersten als Richter anerkennt. Das ist es, was ich den neuen Humanismus nenne, zu dem, wie ich glaube, die abendländische Menschheit, trotz aller gegenteiliger Ansichten, sich auf dem Wege befindet.« (ibid. 370)

Seite 323

AUS EINEM TAGEBUCH

Für Hermann Hesse (1947)

Zuerst erschienen in: Basler Nachrichten v. 6. 7. 1947.

Seite 326

ZU BERT BRECHT: FURCHT UND ELEND DES DRITTEN REICHES (1947)

Zuerst erschienen in: Schweizer Annalen, 1947. – Besprechung der ersten Aufführung des Stücks im deutschen Sprachraum: Stadttheater Basel am 16. 1. 1947; Inszenierung: Ernst Ginsberg.

Seite 330

›REDE FÜR BERTOLT BRECHT‹ (1948)

Bertolt Brecht las am 23. April 1948 in dem Zürcher Bücherkeller »Katakombe« sein Gedicht *An die Nachgeborenen;* danach trugen Helene Weigel und Therese Giehse weitere Texte Brechts vor. M. F. leitete die Veranstaltung ein; das Original der Rede ist verloren; vorliegender Auszug zuerst erschienen in: Therese Giehse, *»Ich hab nichts zum Sagen.« Gespräche mit Monika Sperr*, C. Bertelsmann Verlag München 1973, S. 89 u. 91.

Seite 332
THEATER OHNE ILLUSION (1948)
Zuerst erschienen in: Neue Zeitung v. 9. 5. 1948.

Seite 337
KULTUR ALS ALIBI (1949)
Zuerst erschienen in: Der Monat, 1949. – Anm. M. F.'s im Sammelband *Öffentlichkeit als Partner* 1967:

Votum in einer Veranstaltung der *Schweizerisch-deutschen Kulturvereinigung*, die sich nach dem Krieg um eine Normalisierung unsres Verhältnisses zu Deutschland bemühte, in Zürich.

Seite 344
FRIEDRICH DÜRRENMATT
Zu seinem neuen Stück »Romulus der Große« (1949)
Zuerst erschienen in: Die Weltwoche v. 6. 5. 1949. – Rezension zur Uraufführung von Dürrenmatts Komödie am 25. 4. 1949 im Stadttheater Basel unter der Regie von Ernst Ginsberg. M. F. hatte Dürrenmatt kennengelernt, als er zur Uraufführung von dessen Stück *Es steht geschrieben* am 19. 4. 1947 im Zürcher Schauspielhaus eine – nicht erhalten gebliebene – Einleitung gab.

Seite 347
TAGEBUCH 1946-1949
Ein Tagebuch der Jahre 1946 und 1947 hatte M. F. bereits 1947 im Atlantis Verlag unter dem Titel *Tagebuch mit Marion* erscheinen lassen. Es wurde geringfügig überarbeitet als Teil I des *Tagebuchs 1946-1949* übernommen. Bei der Überarbeitung entfielen folgende Texte:

Daß ich weiterreise, halb macht es mich zu einem König: daß ich es kann – halb macht es mich zu einem Schuft: daß ich es tue, was alle hier möchten und was ihnen versagt ist. Man muß sich hüten, daß man am letzten Abend keine Wunder verspricht. Fast ein kleines Fest haben sie gemacht; der amerikanische Leutnant, der auch hin und wieder in dieses Haus kommt, sorgte für Getränk. Eine Stunde lang kommt es zu lautem Übermut; aber das Getränk, da so viele Münder sind, reicht natürlich nicht für einen ganzen Abend. Das junge Mädchen, eine Siebzehnjährige, erzählt von Düsseldorf, wo sie während des ganzen Krieges lebte – ein dummer Zufall, ein Stichwort, und auch dieser Abend, unser letzter, kommt nicht mehr davon los: zwei volle Stunden erzählen sie wieder von den Bombennächten; die Groteske mit dem Pudding, der vom fünften Stock in den Hof versetzt wurde und erhalten blieb, während die ganze Familie verschüttet wurde. Eine Geschichte gibt die andere. Nicht als Unterrichtung für mich; sie tragen es wie ein Mal, das ihnen vor die Stirne gebrannt ist, und kommen nicht davon los.

Als es Mitternacht schlägt, erhebt sich das Mädchen, um eine Platte aufzulegen, damit wir noch einmal tanzen, und als die ausgeleierte Platte wieder spielt, als wir stehen und zum Tanzen bereit sind, erzählt sie weiter von den Erhängten; von den zwanzig Nachbarn im Keller, die verstaubt auf ihren Bänken sitzen, alle mit zerrissener Lunge, alle aufrecht und mit offenen Augen; sie erzählt von einem Kinderbein, das aus dem Schutt heraushing, man faßte es, zog es hervor und warf das Kleine auf den Wagen, der die Leichen sammelte, da schreit es zum Glück –

Und dann:

»Tanzen wir!«

Aber die Platte ist eben zu Ende.

(Tagebuch mit Marion, S. 43-44)

Wenn Marion sich nicht erhängt?

Dann allerdings gäbe es nur das Eine, daß er die Welt verändert, bis ein menschliches Leben darin möglich ist, oder daß er es wenigstens versucht –

Aber wie?

Es gibt, das sieht er schon, kein Zurück in die Zeit, wo er vor den Armen seines Dorfes spielte, ohne Frage, warum es Arme gibt und andere, ohne Bewußtsein, warum er spielt. Er ist in die Stadt gefahren, um seine Puppen vorzuführen, Judas und Pilatus und Christus, unwissend, daß es ein Auftrag war, was er auf sich genommen, oder man könnte es auch eine Sendung nennen, aber dieses Wort tönt immer so rauschhaft, und in Wahrheit war er ernüchtert wie noch nie. Er hatte sich wirklich erhängen wollen. Er hatte, als er sich unversehens in einem zerbrochenen Spiegel erblickte, bereits einen ledernen Gürtel um den Hals –

Dann die Nacht in den Straßen.

Langsam beginnt es zu regnen, es rieselt in den nächtlichen Bäumen, leise und hoch über ihm, es regnet auf sein Haar, seine Stirne, seine Hände, die er ausgestreckt hat auf der Lehne einer öffentlichen Bank –

Marion denkt:

»Morgen werde ich zum Herzog von Andorra gehen. Das ist der beste Weg, wenn man die Welt verändern will, jedenfalls der nächste…«

Der Herzog von Andorra –
Wie ist er eigentlich?
Unerreichbar –
Ja, gibt es ihn überhaupt?

»Ich habe das Leben unsäglich geliebt.« sagt Marion: »Wenn ich an all die Vögel denke, die meine Freunde waren, und all die blühenden Apfelbäume, die Morgen, die Teiche voll abendlicher Wolken, die silbernen Monde der Nacht, ja, und alle die Mädchen, auch sie; die Sommer, die Herbste – wäre nicht immer die heimliche Scham, die den Glücklichen verfolgt in einem Reich, wo Millionen von geschändeten Menschen umhergehen, Scham, in eurem Reich ein Glücklicher zu sein! So trifft das Unrecht auch uns, die es nicht eigentlich trifft.«

Eines Tages wird Marion sich fragen müssen, ob die Mehrzahl der Menschen, die er vom Unrecht befreien möchte, ob die Menge es wirklich will.

Die Menge will zufrieden sein –

Empörung genügt ihr –

Wäre es nicht so, wie wäre es möglich, daß soviele Menschen ein Leben lang leiden, die Mehrzahl aller Menschen, daß sie niemals in dieser Welt zu einem menschlichen Leben gelangen und daß sie, diese ungeheure Mehrzahl, dennoch die Welt nicht verändern? Warum eigentlich nicht? Wer Unrecht erleidet, der dünkt sich gerecht, ohne daß er selber es sein muß; er ist empört und zufrieden, daß er empört sein darf; das Mitleid mit sich selber, das sie befreit von jeder Erkenntnis einer eigenen Schuld –

Bis Marion das begreift!

Sie brauchen das Unrecht, nicht minder als das tägliche Brot, nämlich das Unrecht der andern, die sie die Großen nennen; das Bedürfnis nach Ausrede: das ist der Herzog von Andorra, unausrottbar, ob es ihn gibt oder nicht.
(Tagebuch mit Marion, S. 48-50)

Auch der Krieg, der schon wieder in aller Mund ist, als triebhafter Versuch in dieser Richtung, als mißverstandener Aufbruch von den Pültchen, wohin sie verflucht sind; niemand begreift so ganz, warum und wieso und wozu –.
(Tagebuch mit Marion, S. 84 [über den Kassierer])

Beim Segeln

Sie geben uns keine Barke, ohne daß sie selber fahren. Zur Muße gezwungen, da sich der alte Fischer nicht einen Augenblick von seinem girrenden Steuer lokken läßt, liege ich vorne auf dem Bug; das Poltern der Wellen, die über das Boot schwemmen, das Salz auf der Zunge, der Wind in dem knatternden Tuch, der Abend und der Herbst über den gelben Hängen, die Stille ihres Himmels, das tanzende Wasser, die Vögel über der Brandung, die küstenlose Flut, die sich unter der Sonne wölbt – nie und nicht einen Augenblick lang soll man glauben, daß man zum Glück nicht mehr fähig sei!
Es ist nur stiller als damals –
Und immer noch ohne Gesicht.
(Tagebuch mit Marion, S. 134)

Vor der Premiere

Das Stück, das ich eben auf der Hauptprobe zum erstenmal gesehen habe, kann nicht so sinnlos sein, wie ich jetzt meine. Ernst und Eifer, womit sie es pielen, lassen sich nicht heucheln; nicht in diesem Maße! Es ist kein Urteil, was ich jetzt habe, sondern ein Schock: – ein Mann kommt nach China, wo er noch niemals gewesen ist, er kommt auf einen öffentlichen Platz, wo viele Chinesen stehen, und schaut einem Tänzer zu, der ihn teilweise entzückt und verwundert, teilweise ekelt, und alle sagen, dieser Tänzer sei er; niemand anders als er. Im Augenblick, wo ich es begreife und glaube und zugebe, begreife ich überhaupt nichts mehr, keinen Satz, keine Szene; alles ist Fremdsprache; keine Ahnung, ob es etwas heißt –
Übermorgen ist Premiere.

Die Zuversicht, die freundliche Menschen uns jetzt entgegenbringen, ist halb ein Balsam, halb ein Stachel; ein Gefühl, man belüge sie, und sie zwingen einen dazu; wirklich erheitern kann in diesen Tagen nur der Neid, weil er komisch ist.
(Tagebuch mit Marion, S. 150)

Café de la Terrasse

Jetzt, da ich die Kellnerin endlich soweit habe, daß sie die Zeitungen bringt, die bei den andern Gästen umherliegen, jetzt lese ich sie kaum – blättere fast nur noch aus Anstand darin, Anstand gegenüber der Kellnerin – man weiß, daß vieles geschieht und vieles, was geschehen müßte, nicht geschieht; man weiß, daß es jetzt um Entscheidungen geht, die den Rest unseres Lebens bestimmen und Jahrhunderte darüber hinaus, und dennoch, sobald ich lese, langweile ich mich; ob sie in Moskau oder in Paris zusammen kommen, man weiß so ziemlich, was sie sagen, und es ist nicht einmal wichtig, daß man sie hinter den Worten liest –
Die Entscheidungen fallen anderswo.
Wichtig ist, daß wir die Kellnerin, die wieder eine ganze Garbe von Papier gebracht hat, nicht verletzen –
(Tagebuch mit Marion, S. 150-151)

Wo hat man das alles schon einmal erlebt? Es braucht so verblüffend wenig, daß man das Leben, das man führt, plötzlich nicht mehr glauben kann, und jedesmal, wenn es soweit ist, weiß man, daß man es schon einmal wußte; man hat es nur vergessen wollen. Das Gefühl: es stimmt; ich bin gegangen, ich weiß nicht worauf; ich habe gewohnt, ich weiß nicht wo. Ein andermal, vor wenigen Wochen, war es ein Traum, wo ich in unser Gärtlein lief: ringsum die blühenden Kirschbäume, aber aus allen Kaminen, die ich auf unseren Nachbarhäusern sehe, starrt eine grünlich-bläuliche Stichflamme, ebenso auf unserem eigenen Dach, und es ist hellichter Frühling; aus allen Ritzen der Erde raucht die Angst –.
(Tagebuch mit Marion, S. 184-185 [»Davos«])

Café de la Terrasse

Auch Cesario hat es nicht leicht.

Cesario ist Essayist, er liebt die Kunst und bekommt keine Kinder von ihr, keine eigenen. Nur manchmal findet er eine Waise, deren Vater vielleicht ins Irrenhaus kam oder aus Gründen, die man nicht mehr schildern muß, eines natürlichen Todes verhungert ist; dann übernimmt er das väterliche Amt eines Herausgebers, den es auch geben muß, und schreibt ein Nachwort dazu. Cesario ist für seine Nachwörter berühmt; sie sind von letzter Einfühlung, und man könnte sich die Haare raufen, daß Cesario nicht zur Zeit jener verstorbenen Künstler lebte, die von ihrer Zeit nicht verstanden wurden. Die Andorraner, wenn sie seine Nachwörter lesen, sind stolz auf Cesario und mit Recht; dennoch bleibt ein leiser und heimlicher Schmerz, den Cesario niemandem verrät, eine Melancholie, die er in Witz verwandelt, und diesen klemmt er sich wie das Monokel in sein Gesicht; es bleibt eine Wunde, eine lebenslängliche, die wir nicht berühren sollten, aber auch nicht vergessen, damit wir sie nicht aus Versehen berühren...

Einmal entdeckt er eine Begabung, eine lebende, so wie er seinerzeit auch Marion entdeckt hat, und das ist eine schöne Zeit. Ganze Vormittage sitzen sie im Kaffeehaus und rauchen, der junge Mensch, der seine ersten Versuche in einer fremden Hand sieht, einer behaarten, und Cesario, der es spürt, wie der junge Mensch auf seine Lippen schaut und wartet. Cesario raucht eine Zigarre. Sein Zuspruch, der von Herzen kommt und ehrlich ist, sogar begeistert, klug und voller Kenntnis, auch nicht ohne Spürsinn für das Mögliche, das sich in diesen Blättern noch kaum verwirklicht, aber dennoch offenbart, sein Zuspruch erfüllt ihn selber mit einem Jubel, den er sonst nicht kennt, fast mit einer Art von Rausch.

Er redet ganze Vormittage, oft hinreißend.

Dann aber, plötzlich, entdeckt auch der Entdeckte, daß er allein es machen muß, ganz allein, und es hilft ihm wenig, daß Cesario ihm seine ganzen Erfahrungen anbietet, die Erfahrungen eines Rubens, eines Matisse, eines Hodler, eines Picasso, die er dem jungen Menschen zur Verfügung stellt, sogar die ganze Erfahrung der alten Niederländer. Der andere kommt immer seltener, der Undankbare, er tut, als hätte er sich selber entdeckt, und wieder ist Cesario allein.

Es bleiben ihm wirklich nur die Großen, nur die Alten, die ihn verstehen. Fast jeden Tag verkehrt er mit Racine, mit Mozart, mit Hölderlin, mit Tizian, und meistens kommt Goethe dazu, der sich über die gleichen Gegenstände äußert, die auch Cesario beschäftigen. Schon daraus, vom Einverständnis abgesehen, spürt man eine Wahlverwandtschaft, die ihn jedesmal erhebt, die ihn ebenso erregt wie beruhigt. Oder es gesellt sich die Antike hinzu, Homer und Sophokles; ein andermal sind es Franzosen, Verlaine, oder die großen Russen. Jedenfalls ist es eine Gesellschaft, die seinen Anspruch, ob er will oder nicht, aufs höchste verwöhnt, und das ist das Schöne daran.

Neulich treffe ich ihn in einer Galerie, und er steht wirklich vor einem Tizian; er trägt einen kurzen Mantel mit Pelz, beugt sich nach vorne und hält seinen Zwikker in der Hand. Ein Verzeichnis braucht er nicht, und es ist bemerkenswert, daß er nicht einfach den Bildern entlang wandert; er geht, wenn er ein Bild verläßt, geradezu an eine andere Wand, so, daß er die Werke in einem anderen und durchaus eigenen Zusammenhang erlebt. Was sein Äußeres betrifft, so denke ich immer, er habe eine Glatze; ich weiß aber nicht, ob es stimmt, so wenig wie meine andere Vermutung, daß er ein Junggeselle sei. Jedenfalls müßte er eine Glatze haben, nicht aus Zufall, sondern von innen heraus. Und vielleicht ist es auch nicht ein Zwicker, der immer kleinlich wirkt, sondern eine Hornbrille, eine mit schwarzen Balken. Sein Händedruck? Ich weiß nur: wenn wir uns die Hände geben, habe ich jedesmal das Gefühl, ich hätte es unterlassen sollen, ich komme mir täppisch und zudringlich vor. Und wenn ich es unterlasse, so habe ich das gleiche Gefühl: ich weiß nicht, was seine Hand eigentlich will, und jedenfalls bin ich verwirrt; ich schaue auf seine Nase, während er von Tizian redet.

»Sehen Sie sich einmal diese Haut an...«

»Ja.«

»Gemalt mit neunzig Jahren...«

»Ja.«

»Das ist Malerei, Musik, Poesie: alles in einem.«

Seine Freude ist echt, er sprüht vor Glück wie immer, wenn er im Glanze eines Großen sich bewegt, der uns zwingt, die Augen niederzuschlagen: nämlich vor dem Großen, was sich auch ihm, dem bloßen Kenner dieses Großen, mit einem gewissen Genuß verzinst, mit einem Trost, den man nicht näher untersuchen soll. Es ist mindestens sonderbar, daß die erhabenen Geister, die Cesario beschwört, stets hinter dem Kenner stehen, nie hinter dem Künstler. Vielleicht mit Grund! Uns, und nicht ihm begegnen sie mit der erschreckenden Vollendung ihres Werkes, die immer auch eine Forderung ist; dem Kenner geben sie nur den Mantel, damit er ihn solange halte, und der Lakai, der den Mantel hält, genießt es, daß er in der gleichen Richtung blicken darf wie sein Herr:

Nämlich auf unsere Beschämung.

Das ist das Komische daran –.

Man müßte ihn übrigens schildern können, ohne daß man an diesen oder jenen denkt, und zugleich so, daß jeder verschnupft sein kann, der ihm ähnelt.

»Natürlich haben Sie mich gemeint!«

»Nein.«

»Warum leugnen Sie es?«

»Weil es nicht stimmt, Ehrenwort.«

»Nicht...?«

»Weil es nicht gerecht wäre.«

»Dann haben Sie also meinen Gegenspieler gemeint?«

»Auch er sieht ihm ähnlich, gewiß –«

»Nicht wahr!«

»Aber auch ihn habe ich nicht gemeint.«

»Warum nicht?«

»Weil es nicht gerecht wäre.«

»Aber wen, Herrgott, wen meinen Sie denn?«

»Cesario.«

Nachtrag

Ein Geschöpf, das unser Spott gebiert, kann es überhaupt ein Dasein haben? In Wirklichkeit wird man kaum einen Menschen kennenlernen, der hinter seiner Fassade, eben wenn man ihn kennenlernt, nicht anders ist, als er uns glauben machen wollte, und jedesmal, wenn er zur Begegnung kommt, ist es wieder ein Mensch, der nicht minder einsam ist als wir und nicht minder der Liebe bedarf; sogar der unseren. Dieses Bewußtsein, wenn man es nicht immerzu verlöre, müßte uns eigentlich davor bewahren, daß wir uns täglich durch Verehrung oder Verachtung verwirren lassen; es müßte uns gegenüber allen Menschen, wie immer sie sich auch geben, einen unerschütterlichen Mut verleihen.
(Tagebuch mit Marion, S. 185-189)

Auch Maja, als wir vor Wochen zusammen in dieser Wirtsstube saßen, habe ich natürlich die Geschichte erzählt, die Erinnerung an den kleinen Tisch in der Fensterecke. Wir hatten Glück; die Stube war leer. Wir aßen Schinken, als gäbe es hier nichts anderes, und der Wein war gut. Erst später kamen die lauten Männer mit dem großen Hund, der unter unserem Tischlein lag und schnaufte. Maja war zum erstenmal in dieser Gegend, die für mich voll verschwänzter Nachmittage ist, und offenbar hat ihr der Weg gefallen – vor zwei Stunden, als ich die Stube betrat, war das Tischlein wieder besetzt, wieder von einem Paar, und erst als ich mich selber niedergelassen habe, sehe ich, daß es Maja ist mit ihrem Freund, den ich übrigens zum erstenmal sehe. Es wäre kein Grund, daß wir verlegen sind, und daß es Zufälle geben muß, die wie Dichtung aussehen, kann nicht verwun-

dern, wenn man zu oft die gleichen Wege geht und die gleiche Wirtschaft besucht. Wird sie glauben, daß es keine Absicht war? Auch sie sagen sich Du. Bald aber, nachdem sie ihren Schinken verzehrt hatten, sind sie aufgebrochen, und da ich nicht auf den gleichen Zug möchte, gibt es Zeit genug zum Schreiben. Aber auch mit Albin Zollinger wiederholt sich die Erfahrung, daß man gerade über ein Werk, das man liebt, vielleicht am wenigsten aussagen kann –.
(Tagebuch mit Marion, S. 213)

Am 25. 11. 1947 besuchte M. F. die Premiere von Carl Zuckmayers *Des Teufels General* in Frankfurt. Nach der Aufführung lernte M. F. den Verleger Peter Suhrkamp kennen. Suhrkamp regte an, Frisch solle das *Tagebuch mit Marion* fortsetzen. Der bisherige Verleger M. F.'s, der Leiter des Atlantis Verlages Martin Hürlimann, war für den Plan nicht zu gewinnen. Ab August 1947 setzte M. F. das Tagebuch fort; das Manuskript ging am 16. 1. 1950 an den Suhrkamp Verlag vorm. S. Fischer ab. Am 25. 4. 1950 schloß Peter Suhrkamp mit Gottfried Bermann Fischer, als dessen Treuhänder er den Verlag seit 1936 geleitet hatte, einen Vergleich zur Beendigung der Streitigkeiten, die zwischen ihm und dem aus dem Exil zurückgekehrten G. Bermann Fischer entstanden waren. Dieser Vergleich besagte u. a., daß alle Autoren, deren Rechte seit 1936 bei Suhrkamp lagen oder die danach in den Verlag gekommen waren, optieren konnten, ob der neu zu gründende Suhrkamp Verlag oder der S. Fischer Verlag ihre Werke in Zukunft betreuen sollte. Brief von M. F.:

Zürich, 17. 5. 1950

An die Herren
Peter Suhrkamp und Dr. Gottfried Bermann Fischer, Frankfurt.

Sehr verehrte Herren!
Ich verdanke Ihren Brief vom 2. Mai, der die Veränderung in der Leitung des Verlages mitteilt, dem anzugehören ich die Ehre habe, und der einige seiner Autoren vor die Wahl stellt, ob sie ihren Vertrag, den sie mit dem bisherigen *Suhrkamp vormals S. Fischer Verlag* eingegangen sind, dem nunmehr wieder *S. Fischer Verlag* genannten Unternehmen, das von Herrn Doktor Bermann Fischer geleitet wird, oder dem in Gründung befindlichen neuen *Suhrkamp Verlag* übertragen wollen. Meine Entscheidung geht von Überlegungen aus, die Ihnen bereits bekannt sind; da es Herr Peter Suhrkamp gewesen ist, der sich seit mehr als zwei Jahren, bevor wir in persönlicher Bekanntschaft standen, mit meinen bereits veröffentlichten Arbeiten befaßt und dann insbesondere die Entstehung meines *Tagebuches*, das sich zurzeit im Druck befindet, eigentlich angeregt hat, erscheint es mir selbstverständlich, daß ich das genannte Buch, im Sinne des unterzeichneten Vertrages, an den in Gründung befindlichen *Suhrkamp Verlag* gebe.

Das *Tagebuch 1946-1949* erschien zuerst im September 1950 im Suhrkamp Verlag.

GESAMTINHALTSVERZEICHNIS

Band I
(1931-1944)

Band II
(1944-1949)

Band III
(1949-1956)

Band IV
(1957-1963)

Band V
(1964-1967)

Band VI
(1968-1975)

Band VII
(1976-1985)

Inhalt

Copyright-Nachweise